U1009065

上海市“十三五”重点出版物出版规划项目
马克思主义政治经济学译丛

Routledge Handbook of Marxian Economics

劳特利奇马克思主义政治经济学手册

戴维·M. 布伦南（David M. Brennan）等　编著
姜国敏　等　译

上海财经大学出版社

图书在版编目(CIP)数据

劳特利奇马克思主义政治经济学手册/(美)戴维·M. 布伦南(David M. Brennan)等编著;姜国敏等译. —上海:上海财经大学出版社,2023.3
(马克思主义政治经济学译丛)
书名原文:Routledge Handbook of Marxian Economics
ISBN 978-7-5642-3922-0/F·3922

Ⅰ.①劳… Ⅱ.①戴…②姜… Ⅲ.①马克思主义政治经济学-手册
Ⅳ.①F0-0

中国版本图书馆 CIP 数据核字(2021)第 273761 号

□ 策　　划　陈　佶
□ 责任编辑　陈　佶
□ 封面设计　贺加贝

劳特利奇马克思主义政治经济学手册

戴维·M. 布伦南
(David M. Brennan)　等 编著
姜国敏　等 译

上海财经大学出版社出版发行
(上海市中山北一路 369 号　邮编 200083)
网　　址:http://www.sufep.com
电子邮箱:webmaster@sufep.com
全国新华书店经销
上海华业装璜印刷厂有限公司印刷装订
2023 年 3 月第 1 版　2023 年 3 月第 1 次印刷

710mm×1000mm　1/16　32 印张(插页:2)　574 千字
定价:168.00 元

图字:09-2022-0928 号
Routledge Handbook of Marxian Economics
David M. Brennan,David Kristjanson-Gural,Catherine P. Mulder, Erik K. Olsen
ISBN: 9781138774933

© 2017 selection and editorial matter, David M. Brennan, David Kristjanson-Gural, Catherine P. Mulder, Erik K. Olsen; individual chapters, the contributors

All rights reserved. Authorised translation from the English language edition published by **Routledge, a member of the Taylor & Francis Group.** 本书原版由 Taylor & Francis 出版集团旗下 Routledge 出版公司出版，并经其授权翻译出版。

Shanghai University of Finance & Economics Press is authorized to publish and distribute exclusively the Chinese (Simplified Characters) language edition. This edition is authorized for sale throughout Mainland of China. No part of the publication may be reproduced or distributed by any means, or stored in a database or retrieval system, without the prior written permission of the publisher. 本书中文简体翻译版授权由上海财经大学出版社独家出版并限在中国大陆地区销售。未经出版者书面许可，不得以任何方式复制或发行本书的任何部分。

Copies of this book sold without a Taylor & Francis sticker on the cover are unauthorized and illegal. 本书封面贴有 Taylor & Francis 公司防伪标签，无标签者不得销售。

2023 年中文版专有出版权属上海财经大学出版社
版权所有　翻版必究

目 录

第三篇　资本主义的生产和再生产

第四篇　资本主义、非资本主义和社会形态转变

第五篇　马克思主义的各分支流派

总　序

习近平同志曾在2017年9月主持十八届中央政治局第43次集体学习时发表讲话指出："学习研究当代世界马克思主义思潮，对我们推进马克思主义中国化，发展21世纪马克思主义、当代中国马克思主义具有积极作用。"①"当代世界马克思主义思潮，一个很重要的特点就是他们中很多人对资本主义结构性矛盾以及生产方式矛盾、阶级矛盾、社会矛盾等进行了批判性揭示，对资本主义危机、资本主义演进过程、资本主义新形态及本质进行了深入分析。这些观点有助于我们正确认识资本主义发展趋势和命运，准确把握当代资本主义新变化新特征，加深对当代资本主义变化趋势的理解。"②上海财经大学马克思主义学院组织编译的这套《马克思主义政治经济学译丛》，正是遵循着习近平同志重要讲话所指引的方向，关注、追踪、分析、借鉴国外马克思主义在政治经济学领域当中的一些代表性理论成果，试图为国内读者学习研究当代世界马克思主义思潮提供一份助力，帮助读者更深刻地理解资本主义发展的内在规律和最新动向，更精准地诊断资本主义的症结、批判资本主义的反动本质、把握资本主义的变化脉络，为推进当代中国马克思主义、21世纪马克思主义的持续深入发展尽一份绵薄之力。

早在20世纪50—60年代，国内理论界就已经初步开展了对国外马克思主义若干代表人物和理论观点的关注，自改革开放新时期以来，对国外马克思主义的引介和阐释更是有了长足的发展，成为一门"显学"。到21世纪初，党中央领导实

---

① 《习近平谈治国理政》(第2卷)，外文出版社，2017年，第65页。

② 《习近平谈治国理政》(第2卷)，外文出版社，2017年，第67页。

施的马克思主义理论研究和建设工程推动设立了“马克思主义理论”一级学科，其中专门设立了“国外马克思主义研究”二级学科，科学界定了这项研究工作的地位和使命，研究好国外马克思主义是我们马克思主义理论学界“在马言马”不可或缺的组成部分。进入新时代，面对着中国社会主要矛盾发生改变，面对着中国胜利全面建成小康社会并昂首阔步迈上全面建设社会主义现代化的新征程，面对当今世界正在经历百年未有之大变局，习近平新时代中国特色社会主义思想全面系统地完善和总结了中国特色社会主义的基本路线、基本方略，并在实践进程中不断展现出中国特色社会主义的制度优势和文明图景，让科学社会主义的旗帜在 21 世纪的中国高高飘扬。当此时刻，通过比较分析国外马克思主义的思想理论积累和当代前沿成果，尤其可以为中国马克思主义的发展提供富源，我们应当像陈云同志所说的那样，以“交换、比较、反复”的辩证态度，对国外马克思主义与中国马克思主义的联系与区别做出深入的分析，继续深入推进马克思主义的科学事业。

而且我们特别需要指出的是，在我国之前开展国外马克思主义研究的几十年间，有一个比较显著的现象就是相关译介和研究的重心集中于哲学、文学、政治学、社会学等学科领域，而马克思主义的创始人早就一针见血地指出，“对市民社会的解剖应该到政治经济学中去寻求”[①]，社会变迁和政治变革的终极原因“不应当到有关时代的哲学中去寻找，而应当到有关时代的经济中去寻找”[②]。习近平同志讲话当中关于资本主义的生产方式、阶级、危机等理论主题的阐述，也正是完全契合了马克思主义创始人对问题域的重点关切，具有鲜明的政治经济学属性，指引我们在关注和吸收国外马克思主义的相关成果时，必须尤其注重其政治经济学理论，同它们在哲学等其他学科领域的话语相结合，这样才能厘清资本主义的结构、演进过程、新形态及本质的完整图景。

由于当今西方发达资本主义主导下的全球经济体系遭遇越来越多、越来越频繁的难题、困境、波折，特别是在 2008 年金融危机、“反全球化”、“逆全球化”浪潮兴起等带有根本性、普遍性的问题冲击之下，国外马克思主义以及更广泛意义上的左翼理论家的研究、分析、批判工作尤其得到了激活，包括国内出版界也注意译介引入了一些相关论著，例如前几年托马斯·皮凯蒂的《21 世纪资本论》等作品就在

① 《马克思恩格斯文集》(第 2 卷)，人民出版社，2009 年，第 591 页。
② 《马克思恩格斯文集》(第 9 卷)，人民出版社，2009 年，第 284 页。

我国引发了一阵关注和热议。但严格来说，国内这方面的努力还不够，对照马克思主义科学事业深入发展的要求，对照习近平同志的指示精神，还有很大的提升空间。尤其，我们可以遵循习近平讲话精神，突出提炼出国外马克思主义这种揭示和分析工作的两大特点：一是“新”，是针对当代资本主义新变化、新特征做出新的批判，而不是抽象地把握既往马克思主义的一些经典理论和做法，将它们简单重复、搬动、套用到今天；二是“大”，是要把握住资本主义的趋势和命运这类宏大叙事，而不是纯粹学究式地沉浸在一些哲学思辨或文本考据功夫当中，或者说这种细节功夫最终一定要落实到为宏大主旨服务中去，彰显马克思主义和社会主义、共产主义的鲜亮底色。

在当代国外马克思主义理论的“新”的方面，是在坚持马克思主义的批判的革命的本性前提下，对于经典马克思主义的一些具体分析社会现实的重要概念，比如劳动、资本、价值、剥削、阶级和阶级斗争等，与时俱进地反思和拓展其内涵外延，从而国外马克思主义在其论述中展现出了与经典作家和正统叙事不同的新见解，例如要结合全球化、金融化、数字化等新形态分析劳动、资本、价值、剥削、阶级和阶级斗争之类范畴的构成方式和经济意义，这成为国外马克思主义理论探讨当中一个非常热门的问题。在当代国外马克思主义理论的“大”的方面，其中的许多论者都注意到劳工问题、性别问题、种族问题、生态问题等与资本主义社会当中重大现实政治格局和实践走势有着紧密联系的议题，特别是注意到当今资本主义体系之下的新型社会关系尝试和萌芽，阐发其理论意义，给予其理论前瞻，而这就促使许多论者继承和发展马克思主义政治经济学，抓住经济分析的切入点，挖掘其背后的深层原因和运动机制，揭示全球性资本主义的不平衡发展和内在对立冲突，在新的高度上再次确证资本主义灭亡和社会主义胜利的宏大前景。

上海财经大学在马克思主义政治经济学领域具有深厚的学术底蕴，积累了十分丰富的研究成果，而这也是同我们积极关注和借鉴国外马克思主义政治经济学的有益元素分不开的。例如在“论”的方面，上财学人批判吸收国外马克思主义政治经济学研究的论题、观点和方法，同中国实际相结合，规范与实证、定性与定量研究有机统一，上财努力成为国内推进政治经济学学科范式创新的代表性学术高地；在“史”的方面，上财学人积极构建科学全面的评价话语体系，以程恩富教授主编的《马克思主义经济思想史》（五卷本）为代表，纵览世界范围内的代表性学术流派，给予深入分析和公正评价，彰显马克思主义政治经济学的开放发展性；在“人”的方面，上财在研究工作中注意同大卫·科兹等一批当代世界著名马克思主义政治经济学家保持密切往来，多次邀请这些学者前来讲学交流，包括引进他们所培养的优秀青年学人加盟上财团队，保持上财在马克思主义政治经济学研究的朝气和活力。那么同样地，我们对于国外马克思主义政治经济学的关注和借鉴也要体现在“书”的方面，我们以上海财经大学马克思主义学院的学科建设为依托，系统筹划，遴选出 9 部具有代表性的国外马克思主义政治经济学著作，甘做冷门，甘坐冷板凳，以追求真理的热忱将之译介给中国读者，以求开阔我们马克思主义政治经济学研究的理论视野。

这 9 部著作①的研究方向和阐述内容大致可以分为三个层次。

第一个层次，是对马克思主义的政治经济学理论的总体面貌，以及政治经济学同马克思主义整体理论和其他组成部分的关系，进行通览性的系统介绍和解读，带有一定的教材性质。**《劳特利奇马克思主义政治经济学手册》**（***Routledge Handbook of Marxian Economics***）作为哲学社会科学著名的通识读本“劳特利奇手册”的一员，全书 37 章依次介绍了马克思主义政治经济学从经典到前沿的一系列研究课题的基本内容、研究情况和发展动向，由当今英语世界学界的骨干学者亲自撰写，十分便于读者了解当今这一领域的研究动态。**《马克思主义体系：经济、政治与社会观》**（***The Marxist System：Economic，Political，and Social Perspectives***）则对马克思思想中的经济学、哲学和科学社会主义做出了卓越的阐述，并着重对其政治经济学要义及相关思想脉络做了翔实的回顾探讨。**《马克思主义政治经济学分析》**（***An Introduction to Marxist Economics***）充分借助了数学分析工具和图形推演，对劳动价值理论、货币增长、利润率下降趋势以及资本主义危机等丰富的话题开展了细致的探讨，从而使得本书无论在分析方法上，还是在结论呈现上都有着独特的价值。

第二个层次，是对马克思主义政治经济学当中一些论题的深入挖掘研究，特别是对资本主义存在矛盾和危机的内在必然性的揭示。**《价值、技术变革与危机：马克思主义经济理论探索》**（***Value，Technical Change and Crisis：Explorations in Marxist Economic Theory***）针对马克思主义传统中的一些重要主题，如价格、价值、

① 因本译丛各书的翻译和出版存在时间的先后，因此，所涉各书名以该书出版时为准。

利润、工资、剥削等进行了系统评述，并运用现代经济学的分析工具来完善这些概念，充分结合了定量与定性研究方法，展现马克思主义理论研究的时代性。**《马克思的危机理论：稀缺性、劳动与金融》**（***Marx's Crises Theory：Scarcity，Labor，and Finance***）为解释马克思的危机理论提供了一个总体框架，展示了如何运用马克思的辩证法去严格分析各种资本要素，进而揭示了这些要素之中所蕴含的深层次矛盾和未来发生经济危机的内在必然性。**《全球化与政治经济学批判：马克思著作的新视角》**（***Globalization and the Critique of Political Economy：New Insights from Marx's Writings***）以一种宏大的政治经济史框架来开展研究，帮助读者以全球视野重新认识马克思主义思想的伟大之处，充分体现其先进性和科学性，并结合全球化时代资本主义的新变化、新内容，向读者展现了《资本论》等巨著对资本主义经济规律的深入剖析所具有的普遍性价值。

第三个层次，是在马克思主义政治经济学同哲学、政治学、社会学等的交叉领域开展的创新话语研究。**《经济学与权力：马克思主义批判观点》**（***Economics and Power：A Marxist Critique***）探讨了在马克思主义语境下对于"权力"和"竞争"等经典概念的创新阐释，分析了政治经济学语境中的极端自由契约主义，作者的观点充分基于"批判现实主义"哲学，给出了马克思主义对于资本主义中的权力与高压政治的解释。**《马克思主义政治经济学研究——知识与阶级视角》**（***Knowledge and Class：A Marxian Critique of Political Economy***）则采用某种"后现代主义"的马克思主义解释路径，对辩证法、矛盾、知识、真理、阶级和资本主义等核心概念做出了重构性的阐述，力求突破各种形式的经济决定论视野，进而对马克思主义思想做出了新的构建。**《〈资本论〉与马克思的工人阶级政治经济学》（原书第二版）**［***Beyond Capital：Marx's Political Economy of the Working Class（Second Edition）***］主张以具体的雇佣劳动为主线建构起工人阶级政治经济学的新型叙事，突出人的需要与资本主义替代方案之间的内在关系，其理论话语颇有启示价值。

具体就《劳特利奇马克思主义政治经济学手册》一书而言，共包含了马克思主义研究领域颇负盛名的国际学者所撰写的37篇原创性论文，研究角度新颖、观点独树一帜。内容所涉及的领域相当宽泛，从一些广受关注的话题，如价值理论、劳动过程、价值积累和危机，到诸多前沿性的研究课题，如生态问题、国际人口迁徙和认识论等。

本书论域的覆盖面能充分体现马克思主义政治经济学在国际上的历史传承、最新动态及未来发展,即经济学、社会学、政治学、管理学、人类学及历史学等多学科的交叉碰撞。书中所反映的西方资本主义经济理论在解释系统性危机时的束手无策,能让广大读者清晰地认识到马克思主义政治经济学才是救世济民的良方。

正如罗林斯学院经济学荣誉教授埃里克·A. 舒茨(Eric A. Schutz)所言:本书对当代马克思主义政治经济学的发展做出了深入系统的多维阐释。最重要的是,其揭示了对马克思主义的热情从未减退,尤其是从2007年经济危机开始,随着各国的社会不平等和动荡现象日益加剧,对于马克思主义政治经济学经典思想的重温与关注与日高涨。

总而言之,我们希望以《马克思主义政治经济学译丛》的出版为契机,进一步推动研究分析当代世界马克思主义思潮,进一步发展完善马克思主义政治经济学理论话语,进一步推进21世纪马克思主义的真理事业。

我们诚恳希望广大读者能够对我们的译文提出宝贵的意见和建议,鞭策我们保持初心、砥砺前行!

章忠民

上海财经大学马克思主义学院　院长

作者简介

杰克·阿玛伊格里奥(Jack Amariglio),美国梅里马克学院经济学教授,曾任 *Rethinking Marxism* 杂志编辑。与戴维·F. 卢西奥(David F. Ruccio)合著 *Postmodern Moments in Modern Economics*,并与约瑟夫·奇尔德斯(Joseph Childers)、斯蒂芬·库伦伯格(Stephen Cullenberg)共同主编了 *Sublime Economy: On the Intersection of Art and Economics* 一书。

埃尔多安·巴基尔(Erdogan Bakir),美国宾夕法尼亚州巴克内尔大学经济学副教授。曾在 *Review of Radical Political Economics*、*Journal of Economic Issues* 以及 *Science & Society: A Journal of Marxist Thought and Analysis* 等刊物上发表文章。

法比安·巴拉迪尼(Fabian Balardini),美国纽约市立大学曼哈顿社区学院经济学副教授。著有 *Oil Price Cycles: A Theoretical and Empirical Investigation Using Marx's Theory of Value* 一书,曾在 *Socialism and Democracy* 和 *Razon y Revolucion* 等刊物上发表文章。

德鲁西拉·K. 巴克(Drucilla K. Barker),美国南加州大学人类学系以及女性和性别研究课程项目教授。激进经济学和女权主义经济学家,研究方向为全球化、女权主义政治经济学、经济人类学。相关研究论著涉及议题包括性别、种族和阶级因素在劳动(特别是情感性劳动)的社会定价中的作用,以及从女权主义角度如何解释晚期资本主义所特有的金融危机。

苏珊娜·伯格伦(Suzanne Bergeron),美国密歇根大学迪尔本分校女性研究及社会科学教授,女性和性别研究课程项目负责人。20 世纪 80 年代,她曾在本科阶段做过斯蒂芬·雷斯尼克(Stephen Resnick)的学生,由于雷斯尼克对马克思主义家庭政治经济学具有浓厚兴趣,她受其影响在研究生阶段继续从事这一领域的学习。此后，她发表了大量关于性别、发展和社会再生产的文章。

拉杰什·巴塔查里亚（Rajesh Bhattacharya），印度管理学院加尔各答分校公共政策和管理研究中心副教授，曾任教于南亚大学、加尔各答大学和总统大学。马萨诸塞大学阿默斯特分校经济学博士，研究领域包括马克思主义经济理论、发展政治经济学以及印度经济史。

戴维·M. 布伦南（David M. Brennan），美国宾夕法尼亚州富兰克林马歇尔学院经济学副教授。曾在 *Cambridge Journal of Economics*、*Review of Radical Political Economics*、*Feminist Economics* and *Rethinking Marxism*：*A Journal of Economics*、*Culture & Society* 等刊物上发表文章。

迪克·布莱恩（Dick Bryan），澳大利亚悉尼大学政治经济学荣休教授。近期主要研究金融衍生品的社会影响及其对价值理论的启示。

西奥多·布尔恰克（Theodore Burczak），美国丹尼森大学经济学教授。著有 *Socialism after Hayek*（2006）一书。此外，他还撰写过多篇文章对哈耶克以及奥地利学派经济学提出了进一步的批评。

安东尼奥·卡拉里（Antonio Callari），美国宾夕法尼亚州富兰克林马歇尔学院讲席教授。研究方向为马克思主义理论及思想史。

阿尔·坎贝尔（Al Campbell），美国犹他大学经济学荣休教授。主要研究当代资本主义的运行方式，并致力于从理论上探索构建一种以人为中心的政治经济体系来取代资本主义，关注现实中对这种新体系的各种试验。

古列尔莫·卡尔谢蒂（Guglielmo Carchedi），曾任纽约联合国总部社会事务官员、阿姆斯特丹大学教授，已退休。现为加拿大约克大学副教授，出版过大量关于认识论、社会学和政治经济学的专著和论文。

安詹·查克拉巴蒂（Anjan Chakrabarti），印度加尔各答大学经济学教授。同阿努普·达尔（Anup Dhar）、比亚斯德布·达斯古普塔（Byasdeb Dasgupta）合著 *The Indian Economy in Transition*：*Globalization*，*Capitalism and Development* 一书。2008 年荣获"拉奥社会科学研究奖"的经济学奖。

布雷特·克拉克（Brett Clark），美国犹他大学社会学和可持续发展研究副教授。曾与他人合著 *The Tragedy of the Commodity*、*The Ecological Rift*、*The Science and Humanism of Stephen Jay Gould* 以及 *Critique of Intelligent Design* 四部著作。

汉斯·G. 德斯潘（Hans G. Despain），美国马萨诸塞州尼科尔斯学院经济学教授，经济学系主任，学校荣誉课程项目负责人。主要研究领域包括马克思主义政治经济学以及教育的政治经济学。

阿努普·达尔(Anup Dhar),印度安贝德卡大学人类研究学院副教授,发展实践研究中心主任。与安詹·查克拉巴蒂合著 *Dislocation and Resettlement in Development: From Third Word to World of the Third*,与安詹·查克拉巴蒂、斯蒂芬·库伦伯格(Stephen Cullenberg)合著 *World of the Third and Global Capitalism*。

保罗·L. 多斯桑托斯(Paulo L. dos Santos),美国纽约新学院大学经济学助理教授。研究方向包括当代金融活动的社会和宏观经济因素,金融和发展的关系,收入分配问题,经济学研究中的数学方法,用发展统计力学来分析经济体系,等等。曾在 *Economic Letters*、*Journal of Post-Keynesian Economics*、*Metroeconomica* 以及 *Historical Materialism* 等刊物上发表文章。

埃斯拉·埃德姆(Esra Erdem),德国柏林爱丽丝-沙罗蒙大学社会经济学教授。研究方向为移民的政治经济学以及城市中的后资本主义实践。曾在 *Rethinking Marxism*、*German Politics and Society*、*Revista de Economia Mundial* 以及 *Acta Geographica* 等刊物上发表文章。

邓肯·K. 弗雷(Duncan K. Foley),美国纽约新学院大学经济学讲席教授,圣塔菲研究所外聘教授。耶鲁大学经济学博士,曾任教于麻省理工学院、哈佛大学、哥伦比亚大学伯纳德学院。研究方向为经济学基础理论、政治经济学、经济学史、数学建模、统计推理的基础理论。

萨蒂亚南达·加布里埃尔(Satyananda Gabriel),美国霍利奥克山学院经济学和金融学教授。曾任俄勒冈州大波特兰城市联盟(Urban League of Greater Portland)的教育事务负责人,以及位于波特兰市的金融服务学院(Financial Services Academy)负责人。曾作为全国农村学员(National Rural Fellows)课程项目和农村发展领导力网络(Rural Development Leadership Network)组织的学术事务协调人在各种替代性经济企业中授课,讲授有关生产性自我雇佣企业和集体企业的理论。此外,他还指导过俄勒冈州穆特诺马县成人教养所的缓刑人员的志愿帮扶工作,并担任过联合国开发计划署中美洲事务以及美国国内印第安人保留地事务的顾问。

戴维·克里斯特詹森-古拉尔(David Kristjanson-Gural),美国巴克内尔大学社会公正学院经济学教授、高级研究员。研究方向为需求在马克思主义价值和价格理论中的地位,马克思的方法论,“工人自我监督的企业”的伦理和实践价值(他特别强调这种类型的企业可以解决贫困问题)。曾在 *Rethinking Marxism*、*Research in Political Economy*、*Historical Materialism* 以及 *The International Journal for Pluralism in Economics Education* 等刊物上发表文章。

安德鲁·克里曼(Andrew Kliman),美国纽约佩斯大学经济学荣休教授。著有*Reclaiming Marx's "Capital"*以及*The Failure of Capitalist Production*等作品,并与尼克·波茨(*Nick Potts*)合编了*Is Marx's Theory of Profit Right?*一书。此外,他还参与编辑了Lexington Books出版社的Heterodox Studies in the Critique of Political Economy丛书。研究方向为价值理论、经济危机理论等,曾在*Cambridge Journal of Economics*、*The American Journal of Economics and Sociology*、*Capital and Class*以及*Marxism 21*等刊物上发表文章,并经常在公共媒体上亮相发声。

科斯塔斯·拉帕维查斯(Costas Lapavitsas),英国伦敦大学亚非学院经济学教授。其作品涉猎非常广泛,著有*Profiting without Producing*(2013),并与曾担任德国财政部副部长、联合国贸易和发展会议全球化和发展战略司司长的经济学家海涅·弗莱斯贝克(Heiner Flassbeck)合著了*Against the Troika* (2015)。

斯蒂凡诺·B. 隆哥(Stefano B. Longo),美国北加州大学社会学副教授。曾与他人合著*The Tragedy of the Commodity: Oceans, Fisheries, and Aquaculture*。

泰伦斯·麦克多诺(Terrence McDonough),曾任爱尔兰国立高威大学经济学教授,并担任澳大利亚悉尼大学政治经济学荣誉教授。研究方向为资本主义的发展阶段,全球化,环境问题,爱尔兰和美国两国的经济与历史。此外,他还积极开展社区经济学和劳动经济学的教学工作。

理查德·麦肯泰(Richard McIntyre),美国罗得岛大学经济学和政治科学教授,经济学系主任。著有*Are Worker Rights Human Rights?*(2008),撰写过大量学术论文以及普及性文章,并担任Routledge出版社New Political Economy丛书的主编。

弗雷德·莫斯利(Fred Moseley),美国马萨诸塞州霍利奥克山学院经济学荣休教授。教授过马克思主义经济学、经济思想史、美国经济史、宏观经济学等课程。曾发表过大量关于马克思逻辑方法的文章,特别是以此来考察转型问题。2015年10月,他出版了*Money and Totality: A Macro-Monetary Interpretation of Marx's Logic in Capital and the End of the 'Transformation Problem'*一书。

凯瑟琳·P. 穆尔德(Catherine P. Mulder),美国纽约市立大学约翰·杰伊刑事司法学院经济学副教授、课程项目负责人。著有*Unions and Class Transformation: The Case of the Broadway Musicians*以及*Transcending Capitalism through Cooperative Practices*,并在*Rethinking Marxism*等刊物上发

表过文章。此外，她还是经济与社会分析协会（Association for Economic and Social Analysis）的现任会长。

布鲁斯·诺顿（Bruce Norton），美国得克萨斯州圣安东尼奥学院副教授，经济学课程项目协调人。曾在 *History and Theory*、*History of Political Economy*、*Rethinking Marxism：A Journal of Economics*、*Culture & Society*、*Review of Radical Political Economics*、*Social Concept* 以及 *The Cambridge Journal of Economics* 等刊物上发表文章。

埃里克·K. 奥尔森（Erik K. Olsen），美国密苏里大学堪萨斯分校经济学副教授，罗格斯大学管理与劳动关系学院研究员。马萨诸塞大学阿默斯特分校博士，西北大学理学学士。曾在经济学多个领域发表过重要论文，最近致力于研究由劳动者集体所有并共同参与管理的企业，考察这类企业的内部结构、运营表现和可持续性。

迈克尔·拉夫蒂（Michael Rafferty），澳大利亚皇家墨尔本理工大学国际商务副教授。近期主要研究金融衍生品给社会造成的影响，特别是考察有关离岸金融中心和无形资产估值的问题。

伊丽莎白·A. 拉米（Elizabeth A. Ramey），美国纽约州霍巴特和威廉·史密斯学院经济学副教授。研究方向为性别问题和经济学，食品和农业问题的政治经济学。著有 *Class，Gender and the American Family Farm in the Twentieth Century* 一书。

布鲁斯·罗伯茨（Bruce Roberts），曾任美国南缅因大学经济学教授。发表和出版过大量研究马克思及价值问题的论文与专著。

戴维·F. 卢西奥（David F. Ruccio），美国圣母大学经济学教授，1997—2009 年曾任 *Rethinking Marxism* 杂志编辑。著有 *Development and Globalization：A Marxian Class Analysis*、*Economic Representations：Both Academic and Everyday*、*Postmodern Moments in Modern Economics*、*Postmodernism，Economics，and Knowledge* 以及 *Postmodern Materialism and the Future of Marxist Theory* 等作品。

阿尔弗雷多·萨德-菲略（Alfredo Saad-Filho），英国伦敦大学亚非学院政治经济学教授，曾任联合国贸易和发展会议高级经济事务官员。曾发表过大量关于发展政治经济学、产业政策、新自由主义、民主问题、替代性经济政策、拉美政治经济发展、通胀和稳定、劳动价值论及其应用等议题的论文。

马里哈·萨夫里（Maliha Safri），美国德鲁大学副教授，经济学系主任。曾在 *Signs*、*Middle East Journal*、*Organization*、*Rethinking Marxism* 以及

Journal of Design Strategies 等刊物上发表过文章，并主编过 *Making Other Worlds Possible*: *Performing Diverse Economies* 等书。她获得了美国国家科学基金会资助研究纽约的非资本主义经济，现该项目正在进行当中。

克劳迪奥·萨多尼(Claudio Sardoni)，意大利罗马大学经济学教授。本科毕业于罗马大学统计学专业，1982年获澳大利亚阿德莱德大学经济学博士学位，导师为后凯恩斯主义经济学家杰弗里·哈考特(Geoffrey Harcourt)。主要研究方向为宏观经济学以及货币理论，特别致力于阐述凯恩斯主义、后凯恩斯主义学派理论，并关注这些理论同古典学派和马克思主义的关系，围绕这方面议题撰写过大量文章以及相关著作中的专门章节，并出版了两部专著。

肖恩·塞耶斯(Sean Sayers)，英国肯特大学哲学荣休教授，并担任中国北京大学哲学客座教授。曾站在黑格尔主义-马克思主义立场上就多个哲学领域中的问题撰写过作品，包括：*Marx and Alienation*: *Essays on Hegelian Themes* (2011)，*Plato's Republic*: *An Introduction* (1999)，*Marxism and Human Nature* (1998)，*Reality and Reason*: *Dialectic and the Theory of Knowledge* (1985)，*Hegel*, *Marx and Dialectic*: *A debate* (*with Richard Norman*, 1980)。此外，他是 *Radical Philosophy* 期刊的创始人之一(1972年创刊)，以及在线刊物 *Marx and Philosophy Review of Books* (2010年创办)的创办者和主编。

伊恩·J. 塞达-伊里扎里(Ian J. Seda-Irizarry)，美国纽约市立大学约翰·杰伊刑事司法学院经济学助理教授，马萨诸塞大学阿默斯特分校经济学博士。研究方向为马克思主义经济理论，经济史，波多黎各的发展政治经济学。

安德鲁·B. 特里格(Andrew B. Trigg)，英国开放大学经济学高级讲师。曾在多部期刊和文集中发表文章，2006年在Routledge出版社出版专著 *Marxian Reproduction Schema*: *Money and Aggregate Demand in a Capitalist Economy*。

罗伯托·威尼兹亚尼(Roberto Veneziani)，伦敦政治经济学院经济学博士，伦敦玛丽女王大学经济学和金融学教授。研究方向包括马克思主义经济学，平等主义的原则，资源的代际分配，可持续发展，经济学的规范性原则。此外，还关注经济思想史以及政治经济学的数理化研究。

理查德·D. 沃尔夫(Richard D. Wolff)，马萨诸塞大学阿默斯特分校经济学荣休教授，纽约新学院大学客座教授。其最新作品都在线发表在 rdwolff.com 和 democracyatwork.info 网站上，最近出版的一本实体书是 *Capitalism's Crisis Deepens* (2016)。

前 言

马克思主义政治经济学是经济学领域中一个有着丰富历史并且还在不断发展的重要研究范式。近几十年来，马克思主义政治经济学自身的理论有了很大的发展，也积累了丰富的实践应用成果，甚至马克思主义政治经济学的论域范围都有了很显著的拓展。本手册正是要对马克思主义政治经济学论域当中的许多关键概念进行阐释，向读者描绘这一理论范式的最新发展状况。本手册所涉及的议题有很多，其中像价值理论、劳动过程、积累、危机和社会主义之类人们都比较公认是属于马克思主义的内容；但也有许多议题似乎和马克思主义的经典论域关系不那么紧密，例如女权主义、生态学、国际移民和认识论等。我们之所以把这两方面内容都包含进来，是为了全面反映马克思主义政治经济和社会理论的发展，既要考虑当代学术研究的历史传承，也要照顾到当下的前沿内容。

本手册共收录 37 篇原创文章，相关作者都是在马克思主义政治经济学的不同领域中有着深厚造诣的专家。这些作者来自美洲、欧洲、亚洲、澳大利亚等世界各处，其中既有相关领域的领军人物，也有许多已经崭露头角的青年学者。马克思主义政治经济学是在不断地争鸣当中前进的，各位作者按照手册的写作要求梳理了相关议题下的既往争论，并对当代的理论和实践发展状况做了详尽叙述。当然，每个作者都有自己的理论立场，这种立场在他们各自行文当中也会有所反映。我们作为编者尊重作者各自的立场，但也要求他们平和地叙述自身观点，不搞争论。并且我们在组稿中，也尽量做到了包容不同理论流派，兼收不同立场学者的作品。

无论是学生、研究人员、社会运动积极分子还是其他类型的读者，都可以利用本手册来加深对马克思主义相关理论的了解。熟悉理论的读者可以更深入地了解相关讨论的原始语境和前沿发展细节，不熟悉理论的读者也可以从中看到当今实践背后的理论渊源，并看到相关的理论探讨对实践形态发展的引领作用。我们衷心希望这两类读者都可以从本手册中受益。

此外，各位读者还可以注意到，虽然 37 个条目独立成文可以单看，但也可以划分成几大部分，要理解后面部分的内容，就要以前面部分中的相关阐发为基础。因此，大家最好完整地阅读本手册，从而为理解后文搭建好理论和知识背景。在手册最后一部分中，我们将具体介绍马克思主义政治经济学不同流派的基本观点。

我们这些编者都是受斯蒂芬・雷斯尼克之邀来编写本手册的，因为他认为当今学界很有必要推出一本全面涵盖马克思主义政治经济学来龙去脉的导引手册。马克思主义政治经济学所使用的许多关键概念（例如价值、劳动、资本、危机等）最初好像都是不言自明的，但其实它们的内涵和外延与日常语言以及主流经济学中的用法有很大差异，并且随着时间的推移，在马克思主义内部对它们的理解也会发生变化。因而本手册就是要详细阐述这些概念，向读者呈现历史上围绕它们所产生的大量争议，进而梳理出当代关于这些概念的新理解。在雷斯尼克及其合作者理查德・沃尔夫看来，马克思主义政治经济学之所以自成一体，不仅是因为存在于其原始文本当中的那些基本观点，而且也要从这些观点出发加以合理推导和发展，这才是马克思主义政治经济学活生生的存在。根据这一指导思想，我们由衷希望本手册能够激发相关研究者继续推进马克思主义研究工作，为建立一个更加公平公正的社会而奋斗。

致　谢

作为手册的编者，我们要感谢如下个人和机构为手册成书所提供的重要帮助。

我们要感谢各位撰稿人严谨的学术研究工作，他们为了撰写相关马克思主义研究文献的综述，兼容并包不同派别的争论，他们所给出的每一份综述同时也是对马克思主义研究的一种推进。我们也要感谢 Routledge 出版社与我们合作推进本出版项目的几位工作人员，艾米丽·金德利赛斯(Emily Kindleysides)最初启动了本项目，安迪·汉弗莱斯(Andy Humphries)和埃拉诺·贝斯特(Elanor Best)后续跟进直到全书完成，感谢三位的帮助和耐心。此外，我们还要感谢巴克内尔大学的凯伦·乔斯(Karen Jows)、富兰克林马歇尔学院的塔米·兰茨(Tami Lantz)、朱迪斯·钱(Judith Chien)博士对稿件编辑工作所做的贡献。

为本出版项目提供资助的机构包括：纽约市立大学约翰·杰伊刑事司法学院(纽约市立大学教工会以及约翰·杰伊刑事司法学院科研办公室分别提供了一笔资助)，富兰克林马歇尔学院，巴克内尔大学。Twin Oaks Indexing 团队为本书提供了帮助，我们感谢他们的出色工作。此外，各位家人、朋友、同事也都给予了我们莫大的支持和耐心，在此一并致谢。

最后，我们尤其要提及斯蒂芬·雷斯尼克和理查德·沃尔夫，他们关于马克思主义政治经济学的重要阐述影响了几代学人，向两位先生谨致谢忱。

译者序

劳特利奇出版社是英语世界久负盛名的学术出版商，尤其是它多年以来针对人文社科领域的各种理论范式、思想流派、代表人物、经典著作，出版了许多入门导引性质的书籍，形成了系列学术品牌。这些导引性作品通常是邀请学术大家来撰写小书，以朴实平和的语言来讲解深奥的学术问题，能够有效帮助读者快速上手，掌握相关领域的理论框架和学术发展概况，为进一步学习和研究打下基础。我们所翻译的这本《劳特利奇马克思主义政治经济学手册》也是这样，它比较全面地向读者介绍了当代英语学术界阐释、发展、应用马克思主义政治经济学的大致状况，是一部很好的学术通览。不过有一点我们需要注意，本书和劳特利奇系列手册的大多数情况不同，它不是由个别作者从其特定学术视角出发进行编写，而是由英语世界数十位学者分别撰写各章，他们各自有着不同的学术背景和理论立场。这些作者在赞成马克思主义立场方法的大方向之下，内部存在许多分歧和争鸣，所以我们在阅读中可以发现，某一章中的正面立论在另一章中就可能成了批判对象。不过从总体上来说，各章都没有刻意回避或者丑化分歧意见，而是在摆事实讲道理的基础上阐明自身见解，这种章与章之间的内部分歧本身就是对整个学术界分歧状况的生动反映。我们可以通过阅读各章，采用陈云同志所说的“交换、比较、反复”的辩证方法，全面了解各派差异观点，形成自己的判断。

不过在本书中还存在一种相对明显的思想倾向，即所谓“后现代主义”的马克思主义政治经济学，这可以说是本书对中国读者最具有启发性的方面。这一马克思主义政治经济学流派系由斯蒂芬·雷斯尼克(1938—2013)和理查德·沃尔夫(1942—)所创立，雷斯尼克生前的提议和撮合是本书诞生的直接导源，沃尔夫则老而弥坚,坚持研究阐释马克思主义,倡导彻底批判资本主义[1],是本书编写的灵魂人物。本书许多作者都当过他们二人的学生、助手,或者间接受过二人的影响。该流派所秉持的"后现代主义"立场不同于我们常见的文学艺术等领域的后现代主义思潮,后者主要是因为不满西方资本主义现代化道路和现代生活方式的弊端,所产生出的一种相对主义、怀疑主义和虚无主义思想,而雷斯尼克和沃尔夫等人则主要是从思想方法论上超越西方那种"现代性"观点,即那种单线式的因果决定论,避免以此来片面地、机械地理解马克思主义及其经济学理论,他们是在超越"现代性"观点的基础上更加全面和精准地展开对资本主义的分析批判。在"现代性"观点看来:世界由各种具有固定属性的事物作为元素所构成;某个事物 A 总是受到另一个事物 B 的决定,存在"因为 B,所以 A"的必然因果机制;事物纷繁复杂的表现形式背后存在某种绝对的、不变的本质,现象由这种本质所决定;人们对世界的科学认识就是要搞清楚因果决定机制,抓住某种单一绝对本质来解释复杂现象。与之相对,雷斯尼克和沃尔夫等人则强调世界的复杂性、多样性,注重动态地分析把握其中的机制:世界不是由各个单一事物所累加构成,而是由各种事物间的相互作用和发展过程所动态构成;任意事物 A 都不是单纯地由另外某个单一事物 B 的决定,B 影响 A,A 也影响 B,并且 AB 还同更多的事物 CDEF……一道构成复杂的体系,它们互相之间存在复杂影响;我们要把社会历史发展理解成由复杂相互作用所导致,并不存在某种单一的、绝对的本质性决定因素,有时这个因素占主导,有时那个因素占主导,我们必须要具体情况具体分析;人类的知识不是站在旁观者视角单纯反映客观世界,人是作为复杂社会过程的参与者,知识是复杂社会过程所造就的产品,也反过来对社会过程发挥重要的影响作用。

对社会进行阶级分析时,这种马克思主义政治经济学也强调,"阶级"不是指称某类特定人群的固定不变的属性,而是社会当中的过程性、动态性存在,我们特别是要从生产、占有和分配经济剩余的过程来动态地界定阶级。在某种社会形态中,并不是只有唯一一种阶级过程,而是存在基本阶级过程和从属性阶级过程;我们也不能把一个人理解为固定地作为某个阶级的成员,在上述两种阶级过程的相互作用中形成了一大堆阶级性的和非阶级性的社会关系,他同时处于这些复杂关系之中,他的具体地位、立场和行动方式要由这些关系的具体情况而定,我们只有开展具体分析才能精准地说明现实社会进程。我们在考察资本主义社会的具体表现时,无论是考察整个经济体系,还是考察某个特定历史阶段、某个企业等,都

---

① 理查德·沃尔夫:《真正的改变离不开马克思主义》,《人民日报》2018 年 2 月 22 日。

不能把它们解释成由某个单一的、绝对的本质性因素所必然决定，例如我们不能把利润率或者金融化之类作为资本主义绝对动因，机械地认为资本主义的其他方面表现都是由其所单一决定。同时，资本主义经济在共时层面上也是一个异质性的社会空间，无论是整个社会还是一个企业之类，其中都可能同时存在资本主义的、前资本主义的和后资本主义的（即社会主义和共产主义的）阶级过程，这里所说的社会主义、共产主义阶级过程，唯一标准就是追求由经济剩余的生产者来集体性地占有这些剩余。这些在当下资本主义社会中所存在的社会主义和共产主义的阶级过程，是我们能够超越资本主义的现实革命性因素，包括我们在当下社会中所产生的革命性观点也反过来会对当下社会发挥影响，我们只有发挥这些现实革命性因素的作用，才能变革资本主义社会。

可见，这种"后现代主义"的马克思主义政治经济学首先在哲学思想方法论层面，就强调了"世界不是既成事物的集合体，而是过程的集合体"①的辩证法思想，是贯彻了马克思主义那种"原因和结果这两个概念，只有应用于个别场合时才有其本来的意义……只要我们把这种个别的场合放到它同宇宙的总联系中来考察，这两个概念就交汇起来，融合在普遍相互作用的看法中，而在这种相互作用中，原因和结果经常交换位置；在此时或此地是结果，在彼时或彼地就成了原因，反之亦然"②的辩证因果观。其次，这种"后现代主义"的马克思主义政治经济学对资本主义的复杂性体系特征和多样化阶级过程的分析，是"对资本主义结构性矛盾以及生产方式矛盾、阶级矛盾、社会矛盾等进行了批判性揭示"③的典型，有效避免了从某种单一的、绝对的决定性因素出发来展开理论叙事，既不以此来一元化地解释资本主义纵向的历史发展进程，也不以此来一元化地描绘资本主义横向的社会存在图景，而是把"对具体情况作具体分析"这一"马克思主义的活的灵魂"④运用到极致，避免了为追求理论的抽象"统一性"而无视反例、削足适履，切实提高了马克思主义政治经济学的解释力。再次，这种"后现代主义"的马克思主义政治经济学实际上也依托对现实经济社会运动的阶级分析，回应了当代资本主义社会当中社会身份复杂化、工人阶级碎片化、革命主体边缘化的难题，对社会主义和共产主义事业的现实根据和可行路径进行了有益探索，他们既不是像西方某些左翼人士那样陷入改良主义悲观失望的泥淖，也不是像另外某些左翼人士那样抛弃工人阶级转而投向文化批判或者新社会运

---

① 《马克思恩格斯文集》第 4 卷，人民出版社 2009 年版，第 298 页。

② 《马克思恩格斯文集》第 9 卷，人民出版社 2009 年版，第 25 页。

③ 《习近平谈治国理政》第二卷，外文出版社 2017 年版，第 67 页。

④ 《列宁选集》第 4 卷，人民出版社 2012 年版，第 213 页。

动，他们是继承和发展了马克思主义从资本主义社会内部寻找新社会萌芽、革命主体和变革道路的思想。

作为一部介绍马克思主义政治经济学研究状况的作品，本书在行文中大量引述了马克思主义经典作家的语句，译者在翻译书中的各处直接引语时，查找并参考了中央编译局的通行中译本，并在原书标注的英语文献出处之后加注了中译本出处，以便读者查阅。需要说明的是，除了个别情况下作者是引述的经典作家德语原文或者经典作家原文就是用英语所写，大多数场合他们是引用相关著作的英译本，其对原著的理解把握和中译本不尽相同，所以对于两种译文之间某些存在重要差异的地方，我们径直按照本书所用的英译本措辞译出。中央编译局在翻译列宁著作的过程中也遇到过类似的情况，列宁所引用的马克思恩格斯著作俄译本表述同中译本不尽一致，故《列宁选集》在标注引文出处时，用"见《马克思恩格斯文集》第×卷第×页"表示该处同中译本完全一致，用"参看《马克思恩格斯文集》第×卷第×页"表示同中译本有一定的差异，系按列宁所用俄译本转译成汉语。译者参照《列宁选集》的这一做法，在标注出处时用"见"表示同通行中译本完全一致，用"参看"表示同中译本有一定的差异，系按作者所用英译本转译成汉语。

本书各章的翻译分工如下：

姜国敏：第 1—3 章，第 31—37 章。

夏明月：第 4—9 章，第 12—14 章。

孙鹏：第 16—18 章，第 22—30 章。

邬璟璟：第 10—11 章，第 15 章，第 19—21 章。

姜国敏对全书初译稿进行了校订和统稿。因为英语世界各位作者同我们中国在文化背景和表述习惯上存在差异，我们在个别语句的翻译中进行了必要的增删，并为书中某些难懂的概念表述加了译者注，以及将原书的每章章末注改为了每页脚注形式，使其更便于读者阅读。在本书的翻译过程中，孙昊鹏、侯婉月、尤惠阳、范文欣、王绍鹏、张鲁杰、陈子昂、朱怡静、王丽君、古再丽努尔、韩亚奇、任涛、高艺航、张虹、张博文等在读研究生参与了译稿审读工作，为译文更加准确、表述更加顺畅提出了许多宝贵意见，在此要向他们表示感谢。当然，本书所涉及的经济学理论和历史、哲学等方面的背景知识非常丰富，译者限于自身学识和能力，翻译错讹在所难免，这自然应当由各位译者，特别是由作为最后校订统稿者的本人来负责，我们诚恳接受广大读者的批评。

姜国敏

2022 年 10 月

·第一篇·

辩证法和方法论

第一章

辩证法和多元决定论

安东尼奥·卡拉里(Antonio Callari)

辩证法是一种研究事物的方法,这种方法要求我们在考察某个事物(例如“资本”和“社会”)时,要看到事物同本质之间所构成的复杂矛盾关系,事物是通过这些矛盾而发展的。在辩证法看来,本质既设定了事物当下的存在方式(及其外在表现),也推动事物(依照其潜能)超越当下的存在。马克思(Marx 1977,103)指出,他所使用的辩证方法是从黑格尔那里抽离出来的,抛弃了辩证法“神秘的(唯心主义的)外壳”。阿尔都塞(Althusser 1970)在论述把黑格尔的辩证法同其唯心主义分离开来的可能性时,提出用“多元决定”(overdetermination)的理论框架来表述唯物主义的辩证法,以此来取代唯心辩证法。

下文中我们依次介绍黑格尔的辩证法、马克思对辩证法的运用,以及由阿尔都塞所提出并被斯蒂芬·雷斯尼克和理查德·沃尔夫极大发展了的多元决定论。

辩证法

黑格尔的辩证法

在黑格尔之前,人们经过长期发展已经逐渐形成关于“进步”(“科学”“历史”)

的思想，但康德哲学的出现对人们的这种认同提出了重大挑战。在康德看来，“认识”和“存在”是两个相互分离的领域，他在两者之间划定了一条不可逾越的鸿沟，认为“自在之物”是无法认知的。德国唯心主义反对康德关于认识和存在相分离的前提设定，黑格尔的辩证法就是一种解释认识和存在之间“统一”的学说。

早期的德国唯心主义是把认识和存在的统一性阐述成一种单向的统一：费希特（主观唯心主义）把存在看作认识（“自我”）的产物，谢林（客观唯心主义）把认识看作存在的产物。费希特和谢林都把认识和存在设定成两极对立（其中一**极是能动的**，而**另一极是受动的**），认为两者处在一种**反映**的关系之中，能动的因素完全塑造了受动的因素，而后者只是前者的镜像。这样在费希特和谢林的哲学看来，认识和存在的关系就完全是一方把另一方吞噬掉了。他们二人都没有为历史或科学留出发挥积极作用的空间，而是把“天才”（“直观”）作为知识的确定性的保证。费希特和谢林所构建的都是一种形式化的（“理念的”）体系，如果某些特定的观念或实践超出了这个体系，那就只能被认为是谬误，必须把它们消除掉、把它们镇压下去。费希特和谢林的政治立场在黑格尔看来都是很成问题的，费希特把社会视为（凌驾于“自我”之上的）“专制”，而谢林则支持威权主义（以此来清除群众的无知）（Lukács 1976）。

黑格尔认为，费希特和谢林并未有效地回应康德；在他自己所构建的哲学体系中，存在和认识**都**是能动的。卢卡奇把黑格尔的唯心主义称为“绝对的”唯心主义，这并不仅是因为黑格尔所构建的体系涵盖了“主观”和“客观”两个领域，而且这个体系把主观和客观都看作能动的因素，从而体系要大于两个部分之和：有些因素在费希特和谢林那种认识和存在二元分立的唯心主义当中是无法被**积极**容纳的，而黑格尔的体系则有着广阔空间，可以把它们都容纳进来。遵循认识和存在的相互决定性，黑格尔在其哲学中囊括了一切能在实践中影响世界的观念，他把所有观念都看作**积极因素**，即使这些观念在这个或那个方面（现实地或者潜在地）看起来像是谬误，或者干脆已经确定它们就是谬误，黑格尔也要把它们包含进来，把它们看作积极因素（对此，我们可以比较一下谢林对大众意识形态的态度）。

所以在黑格尔看来，世界必须是一个**总体**，必须把真理（无论真理是作为“一”还是“多”）以及真理的各种局限性都理解为积极因素。当然，黑格尔的哲学仍然是“唯心主义”的，因为黑格尔认为认识和存在之间的相互决定作用是源自于一个**本原**的指引。既然人们追求在认识和存在之间最终达成某种（不同于康德的）确定性，那就必须要有一个指引。“唯心主义”这个术语很切合黑格尔对本原的看法：他认为本原是概念（理性，精神）。但是在哲学中，除了唯心主义的学说主张万物是由“概念”这个本原所派生，还有很多学说主张万物由“物质”本原所派生。下文中我们将会看到，只有物质这种本原才能够在哲学上保证黑格尔所设想的认识和存在的统一。

黑格尔哲学体系的前提是一种（与“形式”逻辑相对立的）“辩证”逻辑，他在《逻辑学》一书中对这种逻辑进行了论述：第一部分是客观逻辑（处理孤立的“存在”和“本质”）；第二部分是主观逻辑（处理知识、概念）(Blunden 1997)。本质论部分是黑格尔整部书中“最重要的部分”(Engels 1940，26；见《马克思恩格斯文集》第9卷，人民出版社2009年版，第463页)。本质既建构了世界的当下存在(be)方式，也推动着世界进入另一种状态（并逐步达到认识和存在的绝对统一）。“本质”使得事物的实存(exist)不是一个状态，而是一个过程、是历史。①

---

① 黑格尔（在《精神现象学》中）叙述了精神的发展历史，精神在这个历程中最终实现了与自身的统一，黑格尔把这一历史叙述为“主人-奴隶”的历史，马尔库塞(Marcuse 1954)对这种主-奴叙事进行了概括。一旦精神把世界设定为**它自身的他者**，“本质”就推动这个世界（经由人们追求知识和自由的种种具体斗争）走向与精神的统一。但是，这种统一是分阶段实现的，而不是在进程中的某一个环节就完成的。最初，人类对自然和社会的知识是空乏的，人类创造出了奴隶制。而在创造了奴隶制之后，奴隶制又辩证地创造出了关于自由的观念，这是对奴隶制**自身的**否定：在本质中，包含着对世界的“其他”样态的渴望，奴隶就是这一部分本质的代表（在本质中，也包含着符合世界现存状态的方面，主人就是这一部分本质的代表）。正是处在客观方面（存在）的奴隶们发展出了主观性的方面（认识）。奴隶们既发展出了关于自然的知识（劳动所必需的思维：抽象思维、数学、理论/原则、实践/应用，等等），也发展出了关于社会的知识（他们从对劳动和自然的思考中概括出了若干原则，从这些原则观念中，奴隶就能创造出关于自由的观念——他们是从缺乏自由的状态中创造出了关于自由的观念）。上面所描述的，还只是精神以及这个世界走向全面统一的一个阶段。从奴隶制中产生出来的自由观念，还不是精神的全面性的自由。这种自由观念走出奴隶制的唯一可能道路，就是从“观念”的片面形式当中产生出片面的（处在认知方面的）文化，即宗教和封建制。尽管封建制相比于奴隶制是一种进步，但封建制限制了精神的范围，把精神限制在宗教领域，使得精神无法在自然领域和社会领域中获得它自身所渴望的全面现实性（政治自由，商业自由，科学自由，生产自由）。从而，宗教时代尽管**处在一个更高级的阶段**，但它同样也在进行着主-奴关系的再生产。在这个阶段，专制君主代表着本质当中符合这个世界存在现状的部分，而正在兴起的资产阶级代表着本质当中渴望世界的“其他”样态的部分，在那个所谓的“其他”样态中，存在将会具备各种现实的规定性，变得更加全面。这个“其他”样态，实际上就是公民的时代、科学的时代、商业的时代，也就是现代世界（并且在某些人的历史公式看来，这就是**历史的终结**）。

我们需要注意，在这种主-奴叙事的**开端**，精神是把世界的原始的、未发展的、不具有任何规定性的状态设定为“它自身的他者”。康德和谢林把世界看作“在那里”而被“认识到”的东西，但在黑格尔这种叙事当中，就需要把从“无”开始的那个过程作为“认识到”的根源。要是黑格尔为最初的存在设定任何具体性质，他就得回答人关于那种具体性质的知识要如何才能得到保证，黑格尔的哲学体系就会塌缩成谢林体系。但是我们也要注意，这个开端于“无”的过程如果要最终达成黑格尔所追求的那种认知和存在的全面具体的统一，这个开端就必须有一个力量来设定（黑格尔把这种力量称为精神），这个力量把**无（抽象）和万物（具体）都**包含在自身之中。（我们将会看到，马克思把“商品”作为开端也和这个问题紧密相关。）总而言之，黑格尔所谓的本质，就是“无”和“万物”的结合，是抽象和具体的结合。因此，历史和科学无非就是一种过程，最初空乏的抽象通过这个过程而不断进步，其具体化程度会获得提升（变得更广泛、更深刻）。

后人把黑格尔的辩证法总结为几条基本规律。恩格斯(Engels 1940,26;见《马克思恩格斯文集》第 9 卷,人民出版社 2009 年版,第 463 页)列举了这几条规律:(1)“质转化为量**和量转化为质**”规律(强调为原文所加),这条规律阐明了质和量相互作用的过程,一个质(一个实体,例如资本)经过量的积累,就会在某个点上(打破了内在矛盾的统一性)转化为另一个质(例如资本从工场手工业转向机器大工业,转向集中化,转向社会化)——这条规律概括了存在本身的性质。(2)“对立的相互渗透(换句话说,就是统一)”规律,这条规律阐明了存在所具有的矛盾性质①——概括了本质的性质。(3)“否定的否定”规律,这条规律阐明了事物在进行转化时所要经历的几个阶段的结构样式(参见本文注释 1 所介绍的主-奴叙事当中几个历史阶段的转变),恩格斯认为这条规律是“构筑整个(黑格尔)体系的基本规律”。这三条规律都很重要,但我们会更加关注第二条“对立的相互渗透”规律,特别是关注其中一个的特定方面,即内容和形式的相互渗透,个中缘由我们很快就会明白。

在黑格尔的主-奴叙事当中我们看到,尽管其中设定了由本质来推动“内容”(即存在与认识的同一性)实现自我超越,但在精神发展的某个特定阶段,这个内容只能是以某种特定的形式“实存”(也就是说,在封建主义阶段只能是以宗教的形式实存)。既然存在和认识的同一性只能采取宗教的形式实际存在,那么内容当中所包含的本质虽然会推动这种同一性不断获得落实,但本质本身也并不能**自在地**实存。因此,这种本质既不能从观念领域中去寻找(黑格尔绝不会赞成把观念设定为一个自足的集合),也不能从对形式本身的逻辑分析当中去寻找。要找到这种本质,就必须分析形式在内容当中展现自身逻辑的**各条具体道路**,并且要分析这些道路中的断裂点(矛盾)。理论研究的任务就是通过分析和综合来找到这些断裂点②,并从这些断裂点中推演出本质,推演出下一个历史阶段的方向。

总而言之,我们要牢记,黑格尔《逻辑学》的几个部分构成了一个循环圈。在描述世界时,我们不是从存在到本质再到观念,也不是从观念到本质再到存在;甚至我们不是兵分两路,一方面从本质到存在,另一方面从本质到观念。实

---

① 量的积累表明了量本身之中的矛盾。黑格尔所谓的矛盾不同于形式逻辑的矛盾(二律背反)。黑格尔所谓的矛盾是一个实体内部的张力状态,而不是不同实体之间的对立状态。作为“存在”的矛盾状态,是世界本身之中的对立,不是在心理意象当中、定义当中的对立——是**自相**矛盾(a *contra*-diction),而不是**思想**矛盾(a contra-*diction*)。

② 在列宁所列举的辩证法的若干重大规律当中,包括了“分析和综合的结合”(Lenin 1972,220;见《列宁选集》第 2 卷,人民出版社 2012 年版,第 411 页)。

际上，存在（普遍，特殊）、本质（对立的统一，形式和内容）、概念（抽象和具体），这三者在其结构当中（例如内容和形式的相互决定）都是彼此之间共存和相互决定的。所以，我们可以从任意一个点进入黑格尔的循环圈，沿着环线返回进入点。但是我们也要牢记，黑格尔的循环圈有一个圆心（即对确定性的追求，认识和存在的统一），在以此为圆心、以统一性为半径所确定的整个区域当中，一切具体事物都是被这个圆心所统摄的。密涅瓦的猫头鹰只在黄昏起飞，但它栖息于世界的中心。

马克思对辩证法的运用

在这部分，我们主要关注马克思的《资本论》（Marx 1977）以及他从 1857 年开始写作的《资本论》手稿（Marx 1973）。[①]

如果我们考察黑格尔对《资本论》所产生的影响，那么最容易想到的就是矛盾。的确，马克思在《资本论》一开始就强调了商品的二重性（使用价值和交换价值），并在后文中对二重性所蕴含的各种矛盾一一加以阐明。但是本文在考察马克思同辩证法的关系时，首先关注的是内容和形式这对范畴。马克思曾说过，他在一开始谈论价值的那一章“卖弄起黑格尔特有的表达方式”（Marx 1973，33；见《马克思恩格斯文集》第 5 卷，人民出版社 2009 年版，第 22 页），马克思这里所说的黑格尔特有的表达方式既包括“质和量”（价值和交换价值），也包括“内容和形式”（价值实体和价值在交换中的形式），这两对范畴其实是互成的。

马克思是经过了一个过程才开始重视内容和形式之间的关系的，他的思想发展经历可以给我们很大的启示。马克思之所以着手对政治经济学开展宏大的批判工作［并形成了《政治经济学批判大纲》（Marx 1973）］，是由于 1857 年的经济危机，以及（在马克思看来）“社会主义”对危机的回应不够充分，例如蒲鲁东主义者达里蒙主张用“无息贷款”来对资本主义实施币制改革（Negri 1984）。之前在 1847 年，马克思（Marx 1963）就已经批判过蒲鲁东本人对货币的过分强调（即把货币看作经济不稳定、不公平的根源）。马克思批判了蒲鲁东对黑格尔的矛盾概念一知半解的运用，批判蒲鲁东把矛盾当作好的方面（表现为作为价值根源的劳动）和坏的方面（表现为对货币的所有权）的片面“对立”。马克思还驳斥了蒲鲁东主张（站在货币一边，用“劳动券”）单方面解决矛盾的想法，指出

---

① Rosdolsky（1992）重点考察了马克思同黑格尔的关系。在最近的一波研究黑格尔对马克思影响的热潮当中，代表性作品有 Bellofiore，Starosta and Thomas（2014）以及 Moseley and Smith（2015）。而 Negri（1984；2014）则为解读《大纲》（Marx 1973）提供了一种非黑格尔主义甚至反黑格尔主义的思路。

这是小资产阶级的想法。1857 年，马克思再次同蒲鲁东主义的片面化理论进行了斗争。

马克思在写作《大纲》的一开始(印刷版 10 页之内)就立刻强调了**形式**这个范畴，他写道："蒲鲁东及其同伙从来就没有在问题的纯粹形式上提出这个问题('关于流通同其余的生产关系的关系'的问题)……凡涉及这个问题的地方，每次都应该密切注意。"[①](Marx 1973，123；参看《马克思恩格斯全集》中文第一版第 46 卷上，第 64 页)马克思这里说要"在纯粹形式上""密切注意"这个问题，表明他本身也是在这种(非常纯粹的)层次上考察生产和流通之间关系的。所以我们可以看到，马克思在这里首次用到了黑格尔的"形式"范畴，他运用关于内容和形式的理论来批判蒲鲁东主义的工作由此起步。

同样，关于内容和形式的理论对马克思批判古典政治经济学也有很大帮助。马克思在致恩格斯的信中写道，黑格尔的《逻辑学》"帮了我很大的忙"，使得"我取得了很大的进展"，黑格尔给了马克思一个"推翻了迄今存在的全部利润学说"的范例(1858 年 1 月 16 日书信，见 Marx and Engels 1983，248；见《马克思恩格斯全集》中文第一版第 29 卷，第 250 页)——黑格尔的范例很显然对马克思提出剩余价值概念提供了参考借鉴。不难"看"出，黑格尔关于形式和内容的关系的理论可以启示马克思(马克思在经过同达里蒙的论战之后，也已经思考过形式和内容的一般关系)**在概念上**把利润**划分**成两个既相互联系又相互区别的样态：实体和形式。上文中我们已经看到，黑格尔认为内容总要由形式来给定(内容要采取某种形式而存在)，但内容又不同于形式(就像本质既包含存在又包含对存在的超越一样，内容既包含形式，又包含形式之外的其他一些东西)。马克思在其分析工作中只要比照这种关系结构，就很容易构想出一个(地位类似于内容/实体的)概念，它既包含了"利润"，又不同于(大于)"利润"。当然，这个概念需要有其自身特定的尺度(即劳动价值)，但这个尺度又要与利润(产品的价格)的货币形式的尺度成正比。话说到这个程度，这个概念也就呼

---

① 在同一页上，马克思把达里蒙关于无息贷款的观点描述成"无非是财产就是盗窃这一原理的虚伪的、市侩的、怯懦的形式"，"不是让工人从资本家那里**夺取**资本，而是让资本家不得不把资本交给工人"。(粗体为马克思原文所加。)

之欲出了，它就是剩余价值。[①]

马克思关于内容和形式的关系的学说还有第三个作用。要认识到黑格尔所谓的本质，必须先研究这个本质在世界中获得实现的具体的、矛盾的道路（见本文第一条和第三条注释）。马克思的空想社会主义者论敌们认为要认识到本质（即认识到那种起决定性作用的力量），可以在考察本质的各种具体表现之前单单通过哲学思辨就能达成目的，马克思则坚决拒斥他们这种关于黑格尔主义的浅薄理解。蒲鲁东就属于这一类人，马克思对他的观点进行了批判（见上文）。此外，马克思还嘲笑拉萨尔企图从货币作为交换媒介（作为"肯定和否定的统一"、作为"一切事物都向它的对立面转化"的一个例证）的职能中直接（即从观念上）推导出货币，而不关注执行这项职能的具体路径[1858 年 2 月 1 日、1859 年 2 月 25 日致恩格斯的信（Marx and Engels 1983；见《马克思恩格斯全集》中文第一版第 29 卷，第 262—263 页、第 385—387 页）]。同蒲鲁东和拉萨尔相反，马克思一再自豪于他自己的"科学的"研究方式（恩格斯也一再称赞马克思这种"科学的"研究方式），他要从理论抽象延伸到具体，对各种具体的关系进行分析。[②] 黑格尔关于形式和内容的关系的理论暴露了马克思的论敌在哲学上的浅薄，而这一点对马克思的科学研究工作产生了极大的影响，马克思把自己的工作称为对黑格尔方法的应用（当然，是在这一方法的颠倒形式上加以应用）。

通过内容和形式的关系这一中介，我们可以看清楚整部《资本论》（四卷）的架构。马克思的分析开始于第一卷第 1 章，他先是介绍了商品中包含着使用价值和交换价值的二重性的统一（这在开端上就奠定了危机的可能性）[③]、界定了

---

① 当然，仅仅按照这个思路，马克思还不能得出剩余价值和利润之间的数学关系式（即价值转形问题），并且分析剩余价值还必须用到劳动力的概念，这里也没有涉及。但是，这个思路确实有比较强的解释力，马克思很有可能是比照着这种包含关系来考察"利润"问题的。此外，他也很有可能是沿着同样的思路才会考察到利息、地租之类的其他剩余价值表现形式（剩余价值中既包含利润，又包含除利润以外的其他东西）。

穆雷（Murray 2015）也探讨过马克思的剩余价值概念同黑格尔《逻辑学》的联系。但在我们看来，黑格尔的理论影响在于揭示了内容和形式之间的互成关系，并且我们的论述也并不预设马克思在着手处理"利润"问题时有了一个业已成形、一以贯之的剩余价值概念。穆雷则把黑格尔的遗产理解为形式对本质的表现关系，本质就是剩余价值，"表面"形式则是利润，这种叙述就必须预设马克思一开始就已经有了剩余价值的概念，而且认为马克思把本质当作表面现象的根源（把内容作为形式的根源），但马克思本人关于本质的理解是否如此并不能肯定。

② 这个争论既是哲学问题也是政治问题。马克思之所以要尖锐批判蒲鲁东主义者和拉萨尔主义者出于浅薄的唯心主义所给出的抽象公式，是担心他们这种思路会给政治独断甚至政治反动大开方便之门，成为独断和反动的温床。

③ 回忆一下黑格尔对**开端**具有重要意义的看法。

价值的尺度(社会必要劳动时间),其后马克思直接转向对内容(价值实体)和形式(价值在交换中的形式)的关系的讨论。正是内容和形式的理论帮助马克思科学地确定了资本主义社会当中社会劳动所采用的存在方式(即以货币形式存在),而马克思的这一方式使得《资本论》其余部分的具体研究成为可能。这其中包括:(1)在第一卷第 2、3 章中探索资本的动力(用黑格尔的术语来说,就是资本的本质,本质推动着资本超越其自身,这种本质就是 M—C—M′关系);(2)在第一卷的其余部分分析资本的形式(绝对的和相对的)、机制(资本积累、产业后备军)和条件(原始积累);(3)在第二、三卷中,运用**上述**形式、机制和条件,分析资本流通和分配的具体过程;(绝不可忽视的)(4)在第一卷商品拜物教章节和第四卷(《剩余价值理论》)中,分析同社会劳动和剩余价值的存在相符合的认识形式。正是在这些具体研究当中,马克思(在认识和存在两方面)发现了矛盾的现实性,而在开始环节,商品的纯粹的二重性(使用价值和交换价值)还只是潜在地设定了矛盾。马克思著作的整体架构与黑格尔《逻辑学》的架构存在显著的相似性。

多元决定论

与上述强调继承性的观点相比,阿尔都塞(Althusser 1970)的“多元决定”理论更加强调马克思主义同黑格尔之间的差异,特别是要同黑格尔的矛盾理论划清界限,认为马克思主义关注的不是矛盾而是“革命的紧要关头”。所谓“革命的紧要关头”,是阿尔都塞借用了列宁对 1917 年的评语,但阿尔都塞本身也处在一个政治的紧要关头,马克思主义理论在这个紧要关头急需与时俱进,对于 20 世纪 60 年代(以及更往后的年代)而言,苏联式马克思主义的理论方法所提供的一整套意识形态带有极大缺陷,已经难以指导生动的政治实践了。

阿尔都塞(Althusser and Balibar 1970,Chap. 5)指出,人们往往把马克思主义理解为一种本质主义,认为马克思主义把“社会”归结为某种本质的表现形式(这种本质主义的习惯性理解源自于黑格尔的矛盾理论,因为在黑格尔看来,是从某种本质**当中**生发出了事物的矛盾,形成了两个对立面的**统一**)[①]。阿尔都塞进一步指出,这种对马克思主义的本质主义理解具体可以分为两个路径:一个是经济决定论,另一个是人本主义。这两种类型的本质主义都是抓住某种二元

---

① 在黑格尔那里,矛盾必须是这样一种二元的对立,因为在黑格尔哲学看来,本质并不单纯是把差异设定为他者,而是设定为**它的**他者。这是黑格尔达成认识和存在之统一的必要条件,因而在黑格尔对历史的哲学叙述当中,历史也就必须有一个开端和一个终结(见本文第一条注释)。

对立的矛盾来解释社会运动(经济决定论用生产力和生产关系的矛盾来解释,人本主义则用异化的矛盾来解释),而社会当中的各种具体关系都被认为是**那个**矛盾的表现形式。[①] 阿尔都塞则认为,马克思主义需要有一种截然不同的理论武器,从各种具体关系本身的特殊性出发来理解这些关系——正如列宁曾经指出的,就是要这些特殊性碰在一起,革命的紧要关头才会出现。阿尔都塞所说的新型理论武器就是"多元决定"理论,这一理论获得了许多马克思主义者的关注,因为这些关注者都急需一个理论框架来阐明当时迫切面临的问题-议题-主体-场所(例如种族、性别、后殖民性、统治术、文化-意识形态-欲望),而多元决定论超出了单纯的阶级决定论,正视了这些问题-议题-主体-场所,也会对社会中的具体关系发挥决定作用。

"多元决定"这个术语是阿尔都塞从弗洛伊德那里借用过来的,弗洛伊德《梦的解析》(Freud 1938)一书在阐述心理学的自由联想法时用到了这个词。弗洛伊德认为,要有效解析出精神病人梦的意义,鉴别出精神病人症候的根源,就必须采用自由联想法,不设固定起点来进行推演(我们可以说,弗洛伊德这一创见也造就了心理学领域中的革命紧要关头),因为之所以产生"梦"这种叙事,是由于人的"无意识"通过"转移"和"凝缩"作用压抑着人们关于症候根源的意识。"多元决定"这个词就是弗洛伊德用来称呼"凝缩"和"转移"这种非结构化过程的,正是通过凝缩和转移过程,"无意识"才会与"前意识"发生联系,人才会做梦。因此,对病人进行精神分析时,从他所讲述的梦境里的故事本身是看不出痛苦根源何在的,要找出痛苦根源,就只能让病人对梦境里的故事进行自由分离,把逻辑和意象分离开来,只关注具体的意象;然后,病人对这些分离出来的意象进行自由联想,调动其模糊的记忆,寻找到痛苦的根源。阿尔都塞追求的是一种全新的马克思主义,他不再关注一种确定性叙事,而是关注革命的紧要关头,考察紧要关头的具体条件。显然我们可以看到,阿尔都塞是受到了弗洛伊德观点的影响,弗洛伊德指出了意识(对精神分析来说,意识就是讲述"梦"中故事;对马克思主义来说,就是讲述"社会"故事)所受到的多元决定作用,并指出要走出痛苦状态(精神的痛苦是一种痛苦,社会的痛苦也是一种痛苦),就要对存在的各个具体方面(对梦的解析来说,就是梦中的各种意象;对社会分析来说,就是社会中的各种场所和实践)进行多线联结。

要将"多元决定"引入马克思主义,阿尔都塞(和他的同事们)任重道远,首

---

① 阿尔都塞指出,葛兰西没有选这两种路径,但在他看来,葛兰西也没有走出第三条路,没有说明社会的具体关系受哪些因素决定。

先要从理论上阐明什么是“多元决定”，然后还要阐明多元决定理论的各种具体细节。因而，阿尔都塞重述了关于“意识形态”的理论，认为“意识形态”本身就具有物质性（Althusser 1971），之后他又重述了唯物主义，阐发了一种“偶然的”唯物主义。类似的，巴里巴尔也重述了生产力和生产关系之间的关系（Althusser and Balibar 1970）。但这还没完，对马克思的文本本身也要加以反思。如果我们认为世界的具体样态不是本质及其二元矛盾的**表现**（反映），那么我们也就不能把马克思解读为对本质和矛盾**进行理论揭示**，而是要看作对世界进行理论干预，这种干预是有党性的（要站在工人们即理论上所说的工人阶级那一边，站在革命性变革那一边）。正因此，阿尔都塞试图改变对马克思的理解视角，不要站在结果视角上，即按照已经在理论上知晓剩余价值的方式理解马克思，而是要从过程视角理解马克思，注重马克思同政治经济学做理论斗争的过程，注重马克思在斗争过程中**对剩余价值概念所进行的探索**（Althusser and Balibar 1970）。

之前我们看到马克思说黑格尔“帮了大忙”，因为他在黑格尔哲学的帮助下创立了剩余价值的概念。但这样一来，我们就会看到，马克思是称赞黑格尔的，而阿尔都塞则否定黑格尔，阿尔都塞和马克思存在很大的分歧。其实，阿尔都塞和黑格尔所做的批判工作颇有类似之处，但他们在各自推进当中走出了大相径庭的路线。类似之处在于：阿尔都塞批判官方马克思主义，黑格尔也批判费希特和谢林；他们批判论敌时所抓住的点是类似的，都是批判政治和哲学方面的缺陷；他们的论敌产生缺陷的内在原因是类似的，都是由于其哲学框架追求知识的确定性；甚至黑格尔和阿尔都塞想要进行修正的切入点也是类似的，都是要抓住事物的具体性方面。

但是，黑格尔和阿尔都塞的修正方案有着明显差异，两人的哲学大框架更是天差地别。黑格尔本身仍然是在追求确定性的框架下做哲学，而一个世纪之后阿尔都塞的情况已经大为不同，当时确定性的观念在哲学和政治思想领域的权威地位已经动摇了。在这样的背景之下，追求具体性的取向相似并不重要，重要的是他们哲学大框架的差异性、他们追求具体性的不同方式。正是由于框架存在差异，阿尔都塞才会攻击黑格尔如下观点：(1)黑格尔认为各种具体性都处于一个总体结构当中，这个总体结构是由确定性所创造、以确定性为中心的；(2)黑格尔提倡本质，提倡本质主义的理论实践；(3)黑格尔认为矛盾是二元（某物与**它的**他者）的统一体结构；(4)黑格尔认为历史是一个过程，这个过程有一个开端和一个终结。[①]

我们认为，阿尔都塞之所以主张“多元决定”的理论框架，是因为他试图让马克思主义对具体性的追求摆脱一种本质主义的神秘外壳。马克思本人就指出，他所运用的辩证法是从唯心主义的神秘外壳中抽离出来的。阿尔都塞（Althusser 1970，89—94）认为，单单对黑格尔进行颠倒，用生产力和生产关系的矛盾统一取代精神的矛盾统一来解释历史发展，并没有完成辩证法的提取工作。要完成提取工作，就要让具体性摆脱本质主义设定，实现去中心化，需要进行一种彻底的重构，黑格尔哲学所谓的认识和存在的相互渗透需要重构，马克思主义基于这种特定的相互渗透架构而形成的分析路径也要重构。阿尔都塞提出了上述要求，他本人以及他的合作者一道也为完成这项工作做了许多努力，但只有《反思马克思主义》（*Rethinking Marxism*）杂志那一派理论家，特别是斯蒂芬·雷斯尼克和理查德·沃尔夫，才真正完成了阿尔都塞的重构设想，重构了认识和存在相互渗透的理论、重构了马克思主义的分析路径。

雷斯尼克和沃尔夫（Resnick and Wolff 1987）关于认识和存在相互渗透的理论已经极大超越了阿尔都塞的原初设想。在阿尔都塞的框架中，仍然坚持把经济和阶级作为一种起决定作用的主体，即使它们只是起“归根结底”的决定作用（大概也只有坚持这一点，他对世界的“解释”才称得上是马克思主义的“解释”）。而雷斯尼克和沃尔夫则发展了多元决定论，把社会和历史看作“无主体”的过程，把它们也一并纳入多元决定的框架。阿尔都塞在1970年之后逐步趋近于这种关于“无主体”过程的思想，雷斯尼克和沃尔夫则把多元决定本身看作一个过程，在这个过程中，具体性统摄了一切抽象性（经济、社会，甚至阶级、性别、种族、统治术，等等）。这些抽象性看似从属于某一个结构（乃至从属于多个次级结构，这些次级结构共同构成一个统一结构）、看似围绕在一个中心（乃至多个中心）周围，但这些都是表象。在雷斯尼克和沃尔夫看来，这些抽象性存在仍然可以作为理论的构成元素而保留下来，但它们只能作为叙事过程中的工具，甚至这些抽象性存在也可以影响人的行为，但它们本身并不具有真正独立的存在，不起决定作用，哪怕是“归根结底”的决定作用。

---

① 当然，这并不是说那些偏黑格尔立场的马克思主义者们就没有意识到问题，他们承认用本质主义的架构以及这种架构所产生的确定性（目的论）导向来解读马克思主义是有问题的。布坎南（Buchanan 2010，129）就说过，“弗雷德里克·詹姆逊（Fredric Jameson）认为”辩证法要“闲扯一下无法预知的意外事件”，但詹姆逊所谓的“意外事件”也并没有开启一种非本质主义的视域，“意外事件”仍然是本质的显露，只不过这种显露出人意料罢了。鲁特（Gert Reuten 2015）也阐述过马克思主义辩证法中的偶然性和“非决定论”成分，但在我看来，这种“非决定论”本身仍然蕴含着一种决定论的视域，而多元决定论则从根本上拒斥这种视域。

按照这种理论，确实是相互渗透才使得我们认识了世界，但并不是认识和存在的二元相互渗透，而是各种实践（各种行为、行动）的多元间相互渗透。实践是由思想/观念/认同所驱动，在一定的场所（工厂、家庭、企业机构、政府部门、学校……）当中形成的，并且实践和各种"名号"的过程（经济过程、文化过程、政治过程、心理过程……）都或多或少会有交集。这些实践、过程和场所并不具有自在的"存在"：以场所为例，任何一个场所只有同各种实践、过程和其他场所处在一定的关系中，才能成就它自身的"存在"，如果不通过这些关系而存在，这个场所就无法存在；过程和实践也都是这样，自身并不存在，要通过关系而存在（Resnick and Wolff 1987，24）。多元决定的相互渗透，并不是各个独立的实体（质、存在）的相互作用，也不是有一个 X 和一个 Y 它们相互作用，而是说 X 和 Y 本身只有通过这种相互成就的多元决定过程（因而也就是无中心的过程）才获得其存在。多元决定并不是要否定独立实体（例如资本、企业、家庭、国家、资本主义）的表观存在，而是要求人们不要把这些表观存在当成是给定的东西，也不要认为它们是从自身的本质和力量当中再生产出自身的。人们往往把这些表观的存在和再生产看作理所当然，多元决定论则要求人们把它们看作需要加以说明的东西，这些表观的存在和再生产并没有预设好某种结果，从它们当中完全可能产生别样的结果（从中也就可能产生构成"革命的紧要关头"的各项要素），我们要研究清楚有哪些可能性。①

从多元决定论的观点来看，马克思所思考的问题应当表述为：当一定的阶级关系（资本主义的剩余价值关系）存在时，那个叫作"资本主义"的东西究竟如何必然地导出一系列实践、过程、场所？按照马克思的这种思路来思考资本主义（马克思思考问题的主线和黑格尔的公式不同，甚至完全相反），我们并不需要用到那些本质主义的术语（我们无须用到中心和总体之类具有黑格尔主义色彩的术语）——也就是说，我们无须把资本再生产其自身（资本积累驱使人们以各种方式劳动）的内在力量表述为"中心"，也不必把整个世界（一切场所、实践

---

① 拉克劳和墨菲（Laclau and Mouffe 1985）在对"主体"概念的讨论中，只在考察同一性的性质时运用了多元决定的思想（也就是说，他们只考察了同一性不可被还原的问题，认为不能把同一性还原到社会中任何一个固定点上）。雷斯尼克和沃尔夫则极大地发展了多元决定思想，在他们那里，多元决定不仅是作为存在的性质（本体论的多元决定），而且也是认识的性质（认识论的多元决定），关于这两种多元决定思想所导致的政治理论方面的分歧（政治是否要绑定到"阶级"上），参见 Özselçuk（2009）。雷斯尼克和沃尔夫（Resnick and Wolff 1987，25—30）通过"接入点"的概念对主体性问题进行了探讨（诸多主体正是依照它们的具体接入点不同而互相区别），并把接入点概念同多元决定理论融贯起来（一个主体接入某个接入点是一种多元决定的结果）。欧扎丘克等人（Özselçuk and Madra 2005；Chakrabarti，Dhar，and Cullenberg 2012）运用拉康理论叙述了一种符合多元决定论的主体形成过程。

和过程)表述为被上述内在力量所制约的“总体”。马克思主义理论要认识和处理的是相当复杂的阶级过程,而阶级过程是要同“社会”当中一切其他的过程发生相互关系的,无论是阶级过程的生产和再生产,还是对阶级过程所进行的抵抗乃至革命,其间都要同其他过程发生关系。本质主义的概念对于马克思主义处理这些问题没多大帮助,或者说根本就是无能为力。

限于篇幅,我们在此无法详细介绍雷斯尼克、沃尔夫及其同事们(恕不一一列名)的理论细节,只能给出雷斯尼克和沃尔夫用多元决定论分析问题的梗概。他们阐述过马克思主义理论的诸多议题①,例如(对资本进行革命的)主体性和欲望,性别和种族同阶级之间的关系,发展,劳动的历史,资本主义的阶级过程同其他阶级过程以及非阶级过程的交错,认识,作为一种独特视角的共产主义,等等。我们在此只能粗略地说,所有这些工作都是为了给出一种关于资本主义的叙事,这种叙事把资本主义看作一个去中心化的总体,指出资本主义各种去中心化的再生产方式。这种叙事可以让我们认识到,资本主义并不是通过其本质的力量来再生产其自身,资本主义的再生产是一项复杂的工程,受到复杂的决定作用,也造成复杂的结果(也就是说,既多元地被他者决定,也多元地决定他者),通过这种复杂工程,资本主义也就维持着一种去中心化的存在。同时,我们从这种叙事中认识到,“革命的紧要关头”同样也是去中心化的,任何一次紧要关头都可以创造出世界的其他可能样态。

参考文献

Althusser, L. 1971. “Ideology and Ideological State Apparatus.” In *Lenin and Philosophy and Other Essays*, 85–126. New York and London: Monthly Review Press.

——. 1970. *For Marx*. Trans. by B. Brewster. New York: Random House.

Althusser, L. and E. Balibar. 1970. *Reading Capital*. Trans. by B. Brewster. London: New Left Books.

Bellofiore, R., G. Starosta, and P. Thomas, eds. 2014. *In Marx's Laboratory*. Chicago: Haymarket Books.

Blunden, A. 1997. “The Meaning of Hegel's Logic.” https://www.marxists.org/reference/archive/hegel/help/mean.htm (accessed May 1, 2016).

Buchanan, I. 2010. *Dictionary of Critical Theory*. Oxford: Oxford University Press.

Chakrabarti, A., A. Dhar, and S. Cullenberg. 2012. *World of the Third and global Capitalism*. Kolkata: Worldview Publications.

Engels, F. 1940. *Dialectics of Nature*. New York: International Publishers.

Freud, S. 1938. “The Interpretation of Dreams.” In *The Basic Writings of Sigmund Freud*, 181–468. New York: Random House.

Laclau, E. and C. Mouffe. 1985. *Hegemony and Socialist Strategy*. London: Verso.

---

① 雷斯尼克和沃尔夫(Resnick and Wolff 2012)在阐释当中进行了概念重构,重新分析了价值、剩余价值、价格、分配、危机、再生产、价值转形等范畴,使之摆脱了本质主义的框架。

Lenin, V. I. 1972. *Collected Works*. Vol. 38, *Philosophical Notebooks*. Moscow: Progress Publishers.
Lukács, G. 1976. *The Young Hegel*. Cambridge, MA: MIT Press.
Marcuse, H. 1954. *Reason and Revolution*. 2nd ed. New York: The Humanities Press.
Marx, K. 1963. *The Poverty of Philosophy*. New York: International Publishers.
——. 1973. *Grundrisse*. New York: Random House.
——. 1977. *Capital*. Vol. I. New York: Random House.
Marx, K. and F. Engels. 1983. *Collected Works*. Vol. 40. New York: International Publishers.
Moseley, F. and T. Smith, eds. 2015. *Marx's Capital and Hegel's Logic: A Reexamination*. Chicago: Haymarket Books.
Murray, P. 2015. "The Secret of Capital's Self-Valorization 'Laid Bare': How Hegel Helped Marx to Overturn Ricardo's Theory of Profit." In *Marx's Capital and Hegel's Logic: A Reexamination*, F. Moseley and T. Smith, eds., 189–213. Chicago: Haymarket Books.
Negri, A. 1984. *Marx Beyond Marx: Lessons on the Grundrisse*. Massachusetts: Bergin & Garvey Publishers, Inc.
——. 2014. "Review of *Karl Marx's Grudrisse: Foundations of the Critique of Critical Economy 150 Years Later*, edited by Marcello Musto." *Rethinking Marxism* 26(3): 427–433.
Özselçuk, C. 2009. "Post-Marxism after Louis Althusser: A Critique of the Alternatives." PhD Dissertation, University of Massachusetts, Amherst.
Özselçuk, C. and Y. Madra. 2005. "Psychoanalysis and Marxism: From Capitalist-All to Communist Not-All." *Psychoanalysis, Culture, and Society* 10(1): 79–97.
Resnick, S. A. and R. D. Wolff. 1987. *Knowledge and Class*. Chicago: University of Chicago Press.
Reuten, G. 2015. "An Outline of the Systematic-Dialectical Method: Scientific and Political Significance." In *Marx's Capital and Hegel's Logic: A Reexamination*, F. Moseley and T. Smith, eds., 241–268. Chicago: Haymarket Books.
Rosdolsky, R. 1992. *The Making of Marx's Capital*. London: Pluto Press.
Wolff, R. D. and S. A. Resnick. 2012. *Contending Economic Theory*. Cambridge, MA: MIT Press.

第二章

认识论

杰克·阿玛伊格里奥(Jack Amariglio)、
戴维·F. 卢西奥(David F. Ruccio)

认识论是马克思早期著述中的重点内容,也向来受到马克思主义者们的重点关注。哲学上所谓的认识论(epistemology),是指“关于认识的理论”(the theory of knowledge),一般来说,就是要从理论上阐明怎样达成“真理”,或者如果不用“真理”这个表述,那至少也得是为人们那些看起来经过整理的思想进行证成(justify)。而如果具体谈到什么样的理论才堪当此“关于认识的理论”的重任,那么哲学和科学的各个流派内部就会呈现出各种意见分歧,在马克思主义内部也是如此。同样的,在谈到究竟什么样的东西才算得上知识,或者谈到知识要经过怎样的规训和整理时,各种自认是站在马克思主义立场上的理论也有着不同看法。所以,我们其实可以把马克思主义的“关于认识的理论”或者说在马克思影响之下的“关于认识的理论”作为一个多元概念来考察。但是在本文这样的入门介绍中,我们不去关注如何从理论上确证真理的问题,而主要是关注认识的一些一般性问题。所谓关注认识的一般性问题,就是要深入考察认识的客体(被认知者)、认识的“主体”(认知者)、知识的形式与内容、知识被生产出来所要经历的社会过程或实践(换句话说,就是认识的“原因”)、认识所造成的多种多样的影响效果。

认识的客体

什么东西被认识？马克思主义者把什么东西作为知识的生产过程的客体？总的来说，马克思主义者都赞同物质世界，特别是由人的作用或劳动所创造或改造的物质世界，是认识的首要的——可能是唯一的——客体。弗朗索斯·拉鲁勒（François Laruelle 2015，5）指出，马克思主义把物质世界的不同要素看成同一个客体，包括从“自然界”到生产方式等，马克思主义都预设它们之间存在一种共性。有一些马克思主义者遵循恩格斯的思路（Engels 1940），谋求建立一种包含一切领域的、普遍的“自然辩证法”。而恩格斯之所以追求这个目标，则是遵循了马克思自己的著名宣示。马克思认为他颠倒了黑格尔的辩证法，不再像黑格尔那样把辩证法作为理性或理念在时间中的展开（Marx 1977，103），因而恩格斯就把辩证法运用到自然界当中。马克思和恩格斯熟练掌握他们那个时代的自然科学，参照这些科学成果来理解辩证法。马克思和恩格斯在各自或两人合作的作品当中，认为他们所创立的辩证唯物主义可以帮助他们看到自己的“科学”工作同化学、生物、物理、天文等领域的认识具有同构性，人们在认识化学、生物等物质运动领域时已经具有了成型的方法论，而马克思和恩格斯则相信，他们的辩证法可以为认识资本主义提供最有效的认识论工具，以此来探求关于资本主义经济和阶级结构的真理。恩格斯认为，知识建构中的诸多辩证法要素，也可以适用于上述那些“硬”科学，因此他在例如《反杜林论》（Engels 1934）和《自然辩证法》（Engels 1940）等著作中，表达了一种基于“自然”的认识论立场，而这最初也是马克思提出过的。在马克思看来，我们可以利用黑格尔关于原因、结果、运动、规律的基本观点——例如量转化为质（Marx 1977，423）或“否定之否定”（Marx 1977，929）——来把握建基于物质存在之上的（资本主义）社会存在（Ollman 1992）。恩格斯遵循马克思在这方面的提示，主张关于理论的理论（或者关于知识的知识）要有统一性，而要实现这种统一性，就要运用一种具有普遍性的经验方法。在恩格斯看来，这种方法可以呈现出经验世界、物质世界的真理构造。后来，列宁（Lenin 1927）在谈论马克思的科学方法时，也同样强调了这一立场。

但是，马克思本人的唯物主义认识论思想和上述思路是有所不同的。马克思本身是接续着黑格尔的“唯心主义”和费尔巴哈不完整的、抽象的一般唯物主义（参见 Lenin 1977）来进行阐发，但又同这两者尖锐对立。马克思本人想要展现和发掘的对象，首要的就是人类的生产和再生产，他心目中唯物主义认识论的首要任务，是认识这部分我们所把握住的现实，而不是整个“自然”。在马克思为《资本论》做理论准备而写作的笔记(《政治经济学批判大纲》)中，他一开始就说：“摆在面前的对象，首先是物质生产。”(Marx 1973，83；见《马克思恩格斯全集》中文第一版第 46 卷上，第 18 页)在物质生产和再生产的过程中，人类创造和再创造着人本身(Marx 1964)，尽管马克思也告诫我们，这种创造并不是在人们自己选定的条件下进行，也不是随心所欲地创造(Marx 1971，20)。在马克思的作品中，也间或谈到过自然的性质，但我们在谈论物质存在时，是把它设定为一个优先于、独立于以及/或者“外在于”人类力量的存在，而马克思则是在谈论物质存在所具体分化出的纷繁的存在形式，这些存在形式既有僵死的，也有活跃的。通过人类的脑力和体力劳动[参见索恩-雷特尔(Sohn-Rethel 1978)对马克思主义的劳动分类的讨论]，那种静默的自然就可以被人的目的所理解，甚至尽管有时自然也会对人做出很强的抵抗，但通常而言，它仍然会屈服于人的目的。马克思在《大纲》中指出，“自然界并没有制造出任何机器”(Marx 1973，706；见《马克思恩格斯全集》中文第一版第 46 卷下，第 219 页)；相反，机器、电力、一切转换或汇聚自然力的技术，都是“人类用手所创造出来的人类头脑的器官：是物化的知识力量”①。斯蒂格勒把马克思这一分析称为“认识的官能学”(Stiegler 2015，135)。

更为重要的是，马克思对于把社会过程自然化的观点是持批判态度的，在他看来，人所具有的力量以及人在劳动过程中的耗费，无论我们是考察它们的质还是它们的量，都不能归结为“物”。按照马克思在《资本论》第 1 章中的论述，物在资本主义社会就是商品的同义语(当然这是就绝大多数情况而言的)，或者说物从创造出来那天开始就被打上了商品的烙印。作为认识的先在对象，物的存在充满着艰辛，但是要如何认识到这些艰辛存在的物，马克思主义的不同学派有着不同的解释。例如卢卡奇(Georg Lukács 1971)认为，马克思之所以要提出一套历史唯物主义理论来说明认识何以产生，就是为了运用由诸多“中介”所构成的复杂的辩证法，细致发掘资本主义条件下社会生活所具有的神秘“物性”(thingness)。这种“物性”也就是说，社会生活在资本主义条件下是被浓厚的神秘主义外壳和流行的“虚假意识”所遮蔽和掩埋的，马克思把这种“虚假意识”称为“商品拜物教”[见 Marx 1977，163－177；科尔(Cole 2014)认为，马克思讨论这个议题最初是受到了黑格尔的影响]。当代的马克思主义者更多地受

---

① “物化的知识力量”(the power of knowledge objectified)是化用了培根的名言“知识就是力量”(Knowledge is power)。——译者注

到阿多诺、霍克海默、马尔库塞、本雅明等“法兰克福学派”(Arato and Gephardt 1982)的影响,这些思想家追随卢卡奇关于去神秘化的思想路线,描绘了资本主义的“文化工业”并对其开展批判。他们认为这些“文化工业”具有多重的虚假面相,在这些虚假面相当中,商品拜物教都被极大发展了,从而认识到资本主义的真理也就变得极为困难了。

在许多马克思主义者看来,物的商品化造成了幻象,遮蔽了劳动和生产受到剥削的真实社会关系,而劳动和生产才是物得以商品化的根源所在。只有去神秘化、去物化,才能在认识中摆正物的位置,也就是说,资本主义的商品归根结底应该被看作价值的载体,它们承载着由劳动所生产和定量的价值(Bewes 2002)。在这种观点看来,认识具有真理性和潜在的革命性,这种观点也承认物在商品化之后会对社会造成影响,但其仍然坚持社会所具有的因果决定作用,劳动是第一性的,劳动的结果是第二性的。既然马克思指出过商品拜物教这种活的意识形态把因果关系给搞“颠倒”了,那么马克思主义政治经济学的首要目标就是把人们对因果决定链条的认识重新“颠倒”过来。按照这种观点,马克思对商品拜物教的批判展现了一种“真实的抽象”(Finelli 1989;Toscano 2008),这种真实的抽象藏在具体的“使用价值”背后,而使用价值则是由交换——以及交换价值——在人们头脑中创造出来的。许多马克思主义者认为,马克思之所以别具一格地提出所谓知识的生产,其目的就是要破除抽象、显露出具体,抽象是单向的、单薄的,具体则是多向的、分层次的,所谓具体,在资本主义社会当中就是由种种商品关系所构成的“真实世界”,这个物质领域最初的构建者同时也是最重要的构建者,就是进行阶级剥削的生产活动。

但是近年来,“物性”这个概念获得了新的含义,有论者用它来表示商品本身具有一种“社会生活”。最早是人类学家阿尔让·阿帕杜莱(Arjun Appadurai 1986),其后是一些马克思主义者以及同马克思主义比较亲近的论者(Lamb 2011;Freedgood 2006;Brown 2004),他们研究了商品链条或者说商品循环圈何以形成、我们又要如何走出这种链条或循环圈的问题。根据他们的论述,一个商品有着多条循环路径,或者说在一条循环线路中扮演着多重角色,这就说明“对商品的认识”,以及对生产出商品、作为价值凝结在商品之中的那个劳动过程的认识,要比“商品拜物教”理论的描述复杂得多。最近几年,那些所谓的“面向客体的本体论”(Harman 2011;Bogost 2012)或“思辨实在论”(Meillasoux 2008;Gratton 2014)的论者进一步推进了“对物的严格理解”。在思辨实在论和“生机唯物主义”看来,如果人们对事物只是一声不吭地旁观,那么他们的知识就是欺骗和谬误,只有当人类按照知识行事,知识得到了运用,才是有效的、经验性的知识;在康德之后,一切本体论和认识论都是“人类中心主义的”(Bennett 2010;Coole and Frost 2010)。所谓事物,只能是站在人类实践立场上所看到的事物。有的马克思主义者也主张一种以人类为中心的唯物主义认识论,认为认识是由人类的体力和脑力劳动所驱动和指引的,这一派马克思主义今后很可能会同“思辨实在论”发生合流(Bennett 2015)。

为了认识到具体的、真实的东西,许多马克思主义者都对事物进行策略性或者说“症候性”的解读,试图解读出这些客体的本质内涵。(除了自然界中那些未曾受过人类影响的客体之外,)所有事物当中都蕴涵着生产过程,事物是通过生产过程才被创造和/或改造的。那些存续至今的事物,都是人们过去消耗劳动的结果。而对于过去的事物,只要追溯到其原初构成的线索,我们就可以对其进行研究,这种研究通常具有档案学或者考古学的性质。

这种“解读”需要将现存的那些不会说话的客体,同有关其生产条件的文献资料进行比较,从根本上说,这是一种考古实践。这里所说的生产知识的实践,可以从福柯哲学所谓的知识谱系学角度加以理解。实际上从 20 世纪 60 年代以来,许多马克思主义者正是运用了福柯的“知识考古学”(Foucault 1972, 1997;并参见 Barrett 1991,Montag 1995,Escobar 2011,Ryder 2013)来对马克思的认识论做出了重新解读。这些解读强调了认识论断裂的重要性,并强调在这种断裂环节中,确定和证成“真理”的标准会不可避免地发生改变。这种关于真理标准改变的思想在某些马克思主义者看来是成立的,但还有些马克思主义者不想采用福柯式的比较欧陆哲学化的语言,他们采用科学哲学中托马斯·库恩(Thomas Kuhn)关于“范式”发生改变的理论,又或者采用费耶阿本德(Paul Feyerabend 1975;Bhaskar 1975)的说法,后者认为历史和科学实践并没有定规,既没有特定的方法论原则,也没有在创造知识的实践中一以贯之、统摄性的标准。

要用知识考古学来看待知识的生产过程,还要对考古挖掘进行特殊的专业实践,这种挖掘要求发现和破译事物之间的联结,既要发现和破译**自在的**自然对象(包括人类早期生活)之间的联结,也要发现和破译由人所生产和塑造的事物之间的联结。所以,在知识考古学的论域当中也有马克思主义的一席之地(Saitta 1994,2005;McGuire 1992;Childe 1936),这种马克思主义知识考古学的挖掘方式,就是破解阶级的外壳对人造物的歪曲,对这种人造物进行动态的解读。

虽然马克思的知识生产理论把物质世界,特别是物质世界当中的人造物看作知识的本原对象(Castree 1995),并且他把观念及其生产看作处在现实世界之中，但与此同时，马克思也着力研究了观念和思维对社会关系的影响(Kain 1986)。马克思批判了关于“纯粹的思想”领域的假设(Marx and Engels 1970，39；见《马克思恩格斯文集》第 1 卷，人民出版社 2009 年版，第 513 页)，观念的产生和传输都是物质性的，观念必须通过具体的人类活动，借助于劳动所创造的技术，才能够被诉说、被听闻、被传达、被书写等。但是，即使我们具有对世界的感觉经验，可如果我们不形成观念[马克思在《大纲》(Marx 1973，101；见《马克思恩格斯全集》中文第一版第 46 卷上，第 39 页)中用的说法是“思维着的头脑”]，那么世界对人来说也仍然是静默的、不可理解的。马克思对唯心主义关于思维过程的叙事开展了全面、彻底(“无情”)的批判，揭示了说者和听者“归根到底”都是谈话(discourse)这种劳动的参与者。也正是通过谈话，说者和听者才在思维中构想出了“现实世界”——但在马克思看来，这种构想肯定是会出错的。

马克思对“唯心主义”认识论的错误所做的批判，可见于他著作中多处出现的关于去神秘化的讨论。马克思在这些段落当中，特别揭露了资产阶级政治经济学家所想象的“着了魔的、颠倒的、倒立着的世界”的“兴妖作怪”(Marx 1972，830；见《马克思恩格斯文集》第 7 卷，人民出版社 2009 年版，第 940 页)。在马克思看来，古典政治经济学部分地去除了这种神秘化，但它也常常会助长神秘化。古典政治经济学由于被“资产阶级的观点”(Marx 1972，830；见《马克思恩格斯文集》第 7 卷，人民出版社 2009 年版，第 940 页)所束缚而陷入了矛盾，经常出现理论错谬。

“成熟时期的”马克思在《资本论》中描述说，商品交换的迷雾塑造出了商品的拜物教性质，这种拜物教是资本主义最普遍的意识形态神话。马克思的这种理论可以追溯到他的青年时期，当时马克思就已经批判了抹杀事物的各种类别而追求普遍性的思潮，早期社会主义学说也犯了这种错误。马克思认为，辩证唯物主义的方法可以得出经得起检验的真理，弥合人的认识同被人认识的事物之间的分裂。这种分裂只是人们想象出来的，按照这种想象，好像是有一条分界线，“现实世界”在一边，纯粹的或者说“抽象的”观念世界则在另一边；“现实世界”存在于时空之中，是由人的劳动所创造的，观念世界则被迷雾所包围，它是超时空的，但又指引着历史中的人(以及超人)的事务和命运。

马克思主义(至少是那些意识到这种分裂的马克思主义流派)的作用，就是要揭示出现存社会关系所潜藏着的真理。根据这种观点，马克思主义就是一台认识机器，是生产出“思维中的具体”的工具，凭借马克思主义这台机器，历史为人的生产关系所奠定的真理也就暴露无遗了：生产关系集中表现为阶级，各个时代的社会结构都是带有暴力性质的对立统一关系(暴力主要是对劳动者的暴力)。马克思主义所揭示出的这一真理会使我们获得自由。

在这些马克思主义者当中,有人认为马克思主义认识论观点的直接来源是资本主义社会当中工人的经验,因为一旦工人们参透了几千年来(或者至少是从"原始"公社以来)阶级分化的历史,他们就能摆脱意识形态的虚幻性;一旦工人们具有了作为一个"自为"阶级的共识,他们就能完全把握住社会生活的基础。但另一些人则认为,马克思主义对知识的生产实践所进行的描绘,并不只是陈述或者反映现实,也并不是某个受到偏爱而被选中作为"历史主体"的阶级的自发经验。在他们看来,马克思主义首先的确是一种经过规训的、向所有人开放的规整话语(formal discourse),但马克思主义中的决定性因素是劳动,它是从劳动、通过劳动到劳动①,所以马克思主义一定要在各种矛盾和"多元决定"过程中呈现自身的理论形态。

说到把马克思主义理解为既受到规训又规训着他人的(所谓规训,就是指给分散的思想定下一套秩序)、受到多元决定的话语,其中影响比较大的一派是马克思主义政治经济学家斯蒂芬・雷斯尼克和理查德・沃尔夫的理论。雷斯尼克和沃尔夫(Stephen Resnick and Richard Wolff 1987)认为,马克思主义就像其他的形式化话语一样具有一个入口,马克思主义的理论实践者经由这个入口才得以构建出一种具有马克思主义自身独特性的知识。马克思主义之所以在认识论上有其独特观点,之所以关于"真理"有其独特话语,是由于马克思主义在"进入"社会领域的话语时就采用了一种独特的阶级概念。要想作为一个马克思主义者来从事"认识"活动,就要站在阶级的立场上来进行认识,在理解任何事物时,都要从"一开始"就具有关于阶级的意识,把阶级作为认识的入口、认识道路上的指引、认识的最终目标。这种关于认识的立场或入口的思想在女权主义认识论中非常普遍(参见 Harding 1993;Smith 2004;Bakan 2012;Anderson 2015)。黑人马克思主义学派(Robinson 2000;Kelley 2003)也是如此,这一派别批判了主流的白人马克思主义或欧洲中心主义的马克思主义,而他们的社会理论的起点也是设定了一种独特的认识论立场,即认为种族占据着支配地位,或者说种族与阶级之间具有交织影响(参见 Young 2004)。

如果马克思主义者接受了雷斯尼克和沃尔夫的观点,把阶级作为起点,也并不就是说一切事物——一切社会和经济过程——都是阶级的表现形式或直接结果(参见 Cullenberg 1996)。雷斯尼克和沃尔夫的观点只不过说出了(以及

---

① 黑格尔曾用一种晦涩的哲学话语描述说,精神的运动"是一种从无到无并从而回到自己本身的运动",恩格斯后来在多个作品中提到了黑格尔这一"从无通过无到无"的唯心主义哲学思路,作者在此处是化用这一表述,凸显马克思主义的唯物主义特性。——译者注

坚持了)马克思主义理论的独特性所在,指出了马克思主义在处理认识世界的问题时,是通过阶级的视角来提出问题和解决问题的——阶级的视角当然只是社会理论众多视角中的一个,理论家们自可以选择其中的一个或多个。

认识的主体

关于"认识的主体"问题,《德意志意识形态》(Marx and Engels 1970)认为一个从事认识活动的人——一个具有意识、进行思维的存在者——是人们的生活的众多真实历史环节的产物。因此,人们是通过他们的劳动实践而创造出历史,也是通过他们的劳动实践而开展认识活动并创造出了知识。在马克思的著作中,随处可见关于人们生产了知识、知识反过来也参与人自身的生产的观点,知识是人们的生活条件之一,它作为一种"上层建筑"参与人自身的生产。

乍看之下,好像马克思的起点和终点都是现实的、感性的个人,但这些个体结合在一起创造了他们的物质生活,从中也就形成了作为一般概念的人类,人类是"认识的主体",即在认识探索当中进行认识活动的人(或者说,是进行认识活动的人们)。尽管马克思大大发展了费尔巴哈的学说,但很多人往往会把马克思看成和他笔下的费尔巴哈一样,都认为认识是"抽象的"而非"具体的"。

然而与马克思同时代的很多马克思主义者就已经指出,马克思是一个战士,马克思看待知识的生产问题的方式、他的认识论立场是,认为工人——工人首先作为一个阶级,然后才作为个体——才具有认识能力,可以具体地、独特地、有效地(有人或许会称之为正确地)认识这个感性的世界。工人之所以具有这种认识能力,是因为他们经常性地从事物质生产,他们年复一年地遭受剥削。因此,工人依靠他们的劳动,依靠对生产力和生产关系的现实和潜在知识,能够把自身所处的社会理解为一个整体。有一些马克思主义者的观点比较激进,他们认为只有"无产阶级的科学"才是唯一正确的,这种"无产阶级的科学"认为全部的物质生活都是根据无产阶级(以及经过革命化的农民)的特定立场而产生出来的,也都符合无产阶级的特定立场(参见 Dominique Lecourt 1977,此书是研究李森科主义的,对此类"无产阶级科学"思潮的一个具体样本进行了批判)。事实上,马克思主义者经常有类似的主张,认为纵观历史上的全部革命性变革,无产阶级具有先前一切劳动者阶级都不具备的优势,他们能够自觉地理解现存的社会阶级形态并采取行动(Azad 2005)。在此种观点看来,无产阶级总是能够理解由他们的历史性时空位置所决定的总体关系。他们能够"认识"那些赋予无产阶级以历史独特性的物质和历史因素。

当代的马克思主义流派中也有持相反意见的，例如斯蒂格勒(Stiegler 2010)认为无产阶级化的过程是一个丧失知识的过程，正如马克思在《资本论》中所描述的那样，工人的知识转移到了机器上，工人经历了去技能化的过程，特别是丧失了“知道如何去做”的知识。但是，尽管泰勒把现代工业中的工人描述为“不幸”“受过训练的猩猩”，葛兰西仍然认为这些工人：

“理解所谓‘受过训练的猩猩’只是个说法而已，……只要工人度过了适应性危机而没有被消灭，工人就仍然是人，甚至来说，工人在劳动时会进行更多的思考，或者至少是进行思考的机会会更多……工人本身会进行思考，而且因为他们在劳动中无法获得直接满足，他们会意识到资本家正在试图把工人还原为受过训练的猩猩，这就会引导工人进行一连串的思考，他们绝不会循规蹈矩。”

(Gramsci 1988，295)

有一派马克思主义者把认识的主体看作历史的主体[霍兰德(Holland 1998)把这种观点称为马克思式的“先验主观主义”]，认为只有赋予知识这种至高地位才能让它摆脱抽象哲学(形而上学)的陷阱，形成完备的、可靠的、自由的知识。另外，还有些马克思主义者认为，工人去追求认识物质世界、追求认识他们所遭受的剥削性社会关系，促使他们保有并践行这种追求的自我意识并不是自发性的，如果没有马克思主义的指导，这种自我意识并不会自行在工人阶级和全社会中普及。马克思经常嘲笑那种认为思想家能够命令世界“张开嘴等着绝对科学这只烤乳鸽掉进来”(Marx 1978，13；见《马克思恩格斯文集》第 10 卷，人民出版社 2009 年版，第 7 页)的观点，而这里的思想家也包括进行自发学习的无产者和达到了自觉程度的革命分子。马克思把知识的生产置于辩证唯物主义理论的基础之上，工人的生活条件使得其自我意识实现突破，成为科学的知识，辩证唯物主义理论也是这种生活条件当中的一项，是必要不充分条件。

如果说阶级知识的生产是马克思主义的目标，那么受剥削阶级就是马克思主义认识论所首要关注的“认知者”，在资本主义社会中，“认知者”就是“生产性”劳动中的雇佣工人，以及他们在其他阶级中的同盟军和支持者。认识论和其他理论话语一样，都是各种观点相互竞争的战场，人们践行各种认识论立场的过程也就是一场广义的阶级斗争，哪一种认识论立场在斗争当中占据优势脱颖而出，就要由它来裁断“真理”是否符合具体现实。也有马克思主义者不同意这种对主体的界定，他们认为历史主体的存在样态也就与这些主体的阶级地位和观念一样，换言之，主体并不是一个内部无矛盾的整体，不是说从阶级斗争当中胜出的知识就会由无矛盾的历史主体来占有，这种主体只存在于想象当中。

历史主体也是受到阶级以及其他社会和自然过程的决定作用的，包括生产性劳动者这种历史主体也不例外，如果在这个决定作用的闭环中要存在不受决定的情况，那么就只有一种可能，即主体本身直接“空缺”了。

因此，这种地位的复杂性构成了临时性的、流变的、由个体结合而成的主体“统一性”——或者可以说，认识的主体是“去中心化”的——认知者之所以有能力看清受阶级制约的相对真理，正是由于这种脆弱的、易逝的结合关系的影响[拉克劳和墨菲(Ernesto Laclau and Chantal Mouffe 1985)在葛兰西“霸权”理论的基础上，提出了所谓去中心化的政治主体，这是上述结合形式的进一步发展]。在马克思主义诸多流派中，长期以来有很多人热衷于提出一套同弗洛伊德精神分析理论相对立的“主体”理论。研究诸主体间的结合与协调，特别是研究主体在资本主义社会中的结合与协调，就关系到了这些具有内在矛盾的主体如何构建知识、传播知识的问题(Eyers 2015)。要弥合多个主体间的隔阂与裂痕，达成所谓的主体性(subjectivity)——或者更准确地说，是要达成主体化(subjectivation)——人们一般认为要靠精神活动来进行协同，但精神活动往往并不能达成这个使命，认识的主体究竟产生哪种知识、获得哪种知识，其实仍然没有搞清楚。当各个主体被自己的激情所奴役时(而且他们往往是乐于接受这种奴役的)，当主体的激情同他们的受奴役状态相绑定时，尼采所谓的“求知的意志”又会何去何从呢(Lordon 2014)？近些年来，有一派马克思主义从法国弗洛伊德主义理论家拉康的立场出发来考察主体问题和精神协同问题(参见Žižek 1989，1997；Copjek 1994；Özselçuk and Madra 2007；Madra forthcoming)。这个派别强调，正是激情、愉悦、欲望和狂热构成了主体性(subjectivity)。因此，认知者进行认识既有可能是顺应欲望的，也有可能是违背欲望的，由此就带来一个关键问题：当欲望、愉悦、狂热无法避免时，“真理”还有什么存在的余地吗？

还有一派更加激进的马克思主义是沿着阿尔都塞开启思路，诉诸理性和批判(Althusser 1971；Resch 1992)，不管知识是断裂的、不完备的还是整体性的，它可能并没有某个定向的主体。让-皮埃尔·杜普伊在反思控制论革命时曾说过，知识的生产在今天(如果说过去还不是这样)也包含着“无主体的过程”(Dupuy 2009，155－156)，或者说，这就是“无主体的知识”(Dupuy 2009，157；另可参见Smith 1985)。

知识的内容和形式

现在我们来考察知识的内容和形式。传统上认识论重点关注的问题是什么东西才算得上真理，如果人们主张自己认识到了某些东西，那么首先就要考察他们的认识活动是如何进行的，他们如何对自己的认识加以“证成”；其次，还要考察知识是如何区别于非知识的（这种非知识人们通常称为“信念”）。马克思主义长期以来都是遵循现代性思潮的范式，要摒弃“意识形态的”非真理。某种主张如果要成为真理，它就需要获得证成，要用实践（通过实践）来证成，并且用“科学的方法”来推导和概括。马克思主义长期以来把意识形态同科学相对立［见 Amariglio（1987）对阿尔都塞关于意识形态和科学之区分的研究，并参见 Rossi-Landi 1990 和 Kitching 1994］，对此马克思主义者中有两派不同的评价，双方都回到马克思那里找到了一些依据。一方认为，马克思确实创立了一门新的科学（Murray 1988），另一方则认为，马克思主义本身所提出的规则和方法并没能驱逐意识形态，马克思也和其他那些把意识形态与科学对立起来的现代性思潮一样失败了。至于失败的原因，论者通常认为这是由于马克思主义误用了古典认识论的观点和方法，包括误用了“实证主义”的观点和方法。在后一派观点看来，马克思主义要达成科学性尚需努力，它需要剥离掉前科学的、意识形态的成分。在马克思各种作品特别是《资本论》的方法当中，我们可以发现/揭露——“解读出”——其中所蕴含的特定认识论标准，这些标准都是前科学的、意识形态的。按照他们的观点，真理是相对于生产真理的话语而言的，它在本原上就是包含在这种话语之中的，这才是马克思主义的正确性标准和证成性标准，虽然这套标准也有一些科学研究本身的共性，但总的来说是马克思主义所特有的标准，为其他流派的话语所未见。

在马克思主义的话语当中，真理只是偶然地等价于“确定性知识”，这一点和其他一些现代性科学话语是一样的。马克思在其著作中的某些地方也阐述过两者之间的联系。例如，《资本论》第一卷叙述“纺织厂主”在殖民地进行开拓的曲折故事时（Marx 1977，725—730），可能是作为一种夸张的修辞，马克思宣称这里有真理被发现了①。又如，《资本论》在说到一些很显然的真理时，马克思经常会加上一句宣布裁决式的旁白“我们知道……”，但这种所谓的“知道”，是马克思在详尽研究了资本主义的阶级剥削状况、研究了剩余价值被从其创造者手中夺走的过程之后才得出的。在马克思看来，如果我们沿着这条路径去阅读他，那么对剥削进行认识就不用再去走其他话语的含混路径了，按马克思所说，这种认识就会“完全不同”了。马克思主义对知识生产过程的看法很独特，认为

① 马克思描述纺织厂主韦克菲尔德的故事说：“他在殖民地发现了关于宗主国的资本主义关系的真理。”（见《马克思恩格斯文集》第 5 卷，人民出版社 2009 年版，第 877 页。）——译者注

暴露和爆发矛盾会使认识变得清晰和精准。

把马克思的工作说成研究“确定性知识”，乃至于说他是这一研究领域最为成功的学者之一，这种观念也有其历史原因。在马克思主义过去的170年（左右）几起几落的历程中，有许多论者在为这个观点鼓与呼，试图在所谓的（符合资本主义口味的）“思想市场”当中为马克思主义争得一席之地。但近年来，后现代主义思潮关于这个议题表现出了完全不同的倾向。这种关于真理的后现代或后结构主义思潮（Anderson 1995）强调一种要根据历史和语境来决定的“不确定性”，或者说，就是一种非决定性[关于这种非决定性，参见Silverman（2013）的评论，并参见Resnick and Wolff（2013）对其的回应]，他们认为在对马克思著作的阅读中，以及在马克思主义的曲折研究历程中，我们都能够看到这种非决定性。后现代（以及后殖民）马克思主义者（特别是Callari 1986，Resnick and Wolff 1987，Gibson-Graham 1996，Callari and Ruccio 1996，Ruccio and Amariglio 2003，Charusheela 2004，Bergeron 2006）经常强调“相对主义”，他们认为相对主义是马克思认识论的中心思想，并且相对主义在马克思的文本中有着非常显著的表现。这一派论者选取了一个很特殊的视角：马克思从博士论文开始就很倾心于伊壁鸠鲁和卢克莱修的哲学，特别是后者认为原始的物质是世界的真正存在。在卢克莱修的哲学中，马克思不仅发现了初步的唯物主义（像在斯宾诺莎那里一样[①]），更是发现了关于变化的思想，并据此来表述历史的偶然性。在后现代主义的马克思主义者看来，马克思的唯物主义是一种偶然的唯物主义（Callari and Ruccio 1996，Hardy 2014），这种唯物主义在知识领域表现为一种不完全的决定性，是一个话语性的、开放的整体。后现代主义的马克思主义受德里达的“解构”（Derrida 1967）影响，认为话语的特性就是滑动、难题、置换、延缓。在他们看来，意义是多元决定的，也是不确定的。“确定性的认知者”只是一个自相矛盾的术语。

并且，如果科学话语并不是对自然的反映，那么一切知识生产也就都有着“伦理”的维度。科耐尔·韦斯特（Cornel West 1989）运用实用主义哲学家理查德·罗蒂（Richard Rorty）的思想，从一种伦理和政治的视角来处理相关的认识论问题，包括我们如何进行认识、我们认识到了什么、我们要用所获得的知识去做什么等等，颇成一家之言，具有建设性。最近，德马蒂诺（DeMartino 2016）和蒂斯金（Diskin 2016）也指出，认识论实践具有伦理的内涵。

---

① 斯宾诺莎是近代哲学家，在年代上要晚于古罗马的卢克莱修，但他的唯物主义理论仍然停留在初步水平上，并且是机械的、封闭的，乃至于是采用一种几何学式的公理-定理体系来加以阐述。——译者注

启蒙和后启蒙的认识论话语当中还有一个重要的主题是“符合”，对真理的追求，是否就在于让思想如实地再现外部世界呢？[关于马克思主义认识论中的符合论，请参见 Ruben1979，该书认为列宁的《唯物主义和经验批判主义》(Lenin 1927)就给出了这样一种符合论。]作为真理的知识，它之所以为真，之所以同非知识性的话语相对立，是否就因为它是在本质上同现实相符合的思想呢？在回答这个问题时，这里所谓的现实被赋予了多重含义，它是先于心灵、不依赖心灵、完全外在于心灵的存在物。但是在有些符合论者看来，是心灵所具有的普遍的、超越性的范畴创造出了“思想当中的现实”，只有这种“思想当中的现实”才能理解外部现实的根本真理；客观的现实确实存在，思想归根结底是要符合这种客观现实的，但是，这种客观现实并不会轻易露面。例如有马克思主义的理论家指出，马克思对本质和现象进行了区分，这种区分表明马克思的认识论是一种需要进行复杂提取工作的认识论，或者按马克思自己的说法，是要发现“神秘外壳中的合理内核”(Marx 1977，103)。阿尔都塞指出，提取的过程，大致就是马克思对黑格尔辩证法所做的那种“颠倒”，马克思宣告，辩证法在此前是被黑格尔头足倒置的，而马克思本人已经把辩证法从这种神秘的、唯心主义的形态中拯救出来了。真理只有经由解释的实践才能显现，只有正确地进行解释的实践，真理才能符合现实物质世界。

这种马克思主义的认识论阐述方式，同马克思主义本身的内容密切相关。有一种说法是，马克思致力于揭示支配一切社会经济形态，特别是资本主义社会经济形态的“运动规律”，为了实现这个目标，马克思主义者主张要发扬马克思的精神，把马克思的科学——辩证唯物主义(Paolucci 2007)运用到所有主观领域中去。这些马克思主义者主张，马克思的方法就像人们所公认的其他科学一样，是致力于揭示出物质世界如何运行的真理，进而也要揭示出关于物质有规律地运动的知识如何在时空中运行的真理，这是马克思主义的认识论学说不可或缺的组成部分[这是列宁的归纳(见 Lenin 1930)]。

知识的生产

要创造知识，就会有所谓的生产过程，马克思主义的不同流派关于知识的生产过程的看法分歧比较大。有些派别立足于马克思在《大纲》中的简要说明[Marx 1973；并参见 Stuart Hall(2003)对马克思 1857 年《〈政治经济学批判〉导言》所做的解读]来看待知识的生产。马克思在第一册笔记本中说，人们第一步感知到的是具体，知识的生产过程的起点就是具体；第二步是抽象，在这一步中要把原先具体的感觉材料整合起来，感觉材料都源自同一个外部对象，但是驳杂的，经过整合它们就成为一个综合体；不过，做到第二步还没有完，马克思批判许多人就停留在了第二步，他本人则是进到了第三步，达到了最终的具体，用马克思自己的话来说，这种具体是许多规定性的综合。这种综合是在运动中形成的统一，只有沿着思维的正确步骤前进才能掌握这种综合。在这一派观点看来，马克思在这里就提出了一套认知的机制，经由这套机制真理就显现出来了，也就是说，人们生产出了正确的知识，这种知识反映了知识本身在程序上的规定性。

阿尔都塞则给出了另一套关于知识生产的理论，他主张要通过马克思的作品，对马克思进行症候性的“解读”。这种解读要求在马克思文中说到的东西之外，指出马克思所没有说到的东西，或者说是“缺席的在场”，说到的东西之所以有意义，正是由没说到的东西所赋予的。阿尔都塞在其讨论中，把这种解读称为“理论实践”（Althusser and Balibar 1970；Hindess and Hirst 1975；Patton 1978；Althusser 1990；Sharp 2000）。阿尔都塞反对经验主义的认识论，反对把真理看成一种存在在那里等人去获取的东西。阿尔都塞把科学看作一种过程，经由科学话语的内在实践，知识也就生产出来了。知识并不是去寻找现实世界的本质。这如果用本质主义的尺度来衡量的话，那知识就不是“客观的”（Milberg and Pietrykowski 1994）了，因而马克思主义的认识论立场也就可以说是反本质主义的，或者说是倾向于反本质主义的（Resnick and Wolff 1987）。

在这种反本质主义的思路看来，真理是内在地建构出来的，其他种类的科学是在发现真理，它们有自己的标准和方法，但建构真理的科学具有自己相对独立的标准和方法。阿尔都塞认为，马克思的辩证唯物主义就是这种建构真理的理论实践。关于真理如何构成以及它如何传播扩散的问题，辩证唯物主义拥有自己的认识论标准。理论实践是在“思维中的具体”领域内生产出真理的，在“思维中的具体”之外，还存在着具体的现实，“思维中的具体”总是由具体的现实来塑造的，但并不等同于后者，也不是后者的镜像（参见 Rorty 1979，罗蒂站在非马克思主义的立场上，批判了那种认为知识是自然之镜像的观点）。里德（Read 2005）认为，“科学与其说是由其特定内容来定义，不如说是由其实践来定义、由对新的知识对象的生产来定义。”阿尔都塞（Althusser 1970）详细论述了从前科学的、意识形态的概念和“事实”（阿尔都塞称之为“第一种普遍性”）向科学的知识（“第三种普遍性”）的转变。而在两者之间作为中介的“第二种普遍性”就是知识的生产过程，知识是通过“问题式”（“problematic”）而生产出来的。问题式是一个大框架，它确定了我们需要处理哪些具体问题，也确定了我们需要进行哪些理论劳动，包括实验的协作方式，区分意识形态和科学知识的检验手段，加以证明的特定标准，等等。并没有什么超验的、超话语性质的因素——例如数学——可以把科学同理论框架中的其他东西区别开来(Ruccio 1988)。在阿尔都塞主义者看来，知识是物质的、相对的、互相联系的、多元决定的——在科学的生产中，知识的各个组成部分都是必需的，它们相互影响才生产出了科学。

马克思主义中的批判实在论(Bhaskar 1975;Bhaskar and Callinicos 2003;并参见 Brown,Fleetwood and Roberts 2005)是另一种试图避免认识论中的经验论和唯理论争论的思路。批判实在论认为，科学知识的生产需要预设外界现实的多层次结构。在他们看来，本体论意义上的现实是一种潜在的存在，它是各种深层结构的集合，对表层现实起决定作用。这种本体论意义上的现实必然存在，因为科学实践就是要把握这种现实(参见 Ruccio 2009 对经济学领域中批判实在论思潮的重要批评)。

此外，还有些马克思主义者认为知识是属地化的(参见 Santamaria 1992)、特殊的、历史的，随着理论话语的物质生活条件发生变化，话语的内部成分也会变化。有些马克思主义者认为资本主义已经产生了一个新阶段，知识的生产、传播、消费在这个阶段占据着中心位置。这一派论者称这个阶段是知识资本主义(Vercellone 2007;Boutang 2012)，它的特征是劳动的“非物质化”，非物质劳动和非物质资产的重要性不断提升。在这个资本主义的最新阶段，知识的生产主要是靠“信息”或数据，而不是靠对“信息”或数据的分析。不过，马克思主义者虽然认同这种知识资本主义的新阶段存在，但他们对于“智力资本”和“知识产权”之类流行表述持反对立场，他们认为在这个新阶段马克思主义的认识论观点仍然适用，无论劳动是非物质的还是物质的，知识总是要从劳动当中产生。

知识的影响

最后，我们要考察知识所带来的影响。在看待认识的目的和知识影响周围世界的实际结果时，马克思主义内部同样存在多种流派。显然，所有的马克思主义者都熟知马克思关于费尔巴哈的提纲第十一条，“哲学家们只是用不同的方式解释世界，问题在于改变世界”(收入 Tucker 1978,145)。知识是工具、是武器，而马克思主义对知识所做出的独特哲学反思，则可以而且应当作为理论形式的阶级斗争(Althusser 1976)。因此，马克思主义把理论和实践紧密联系在了一起，真理既是实践的也是政治的。从而也就可以做出推论，在政治上取得胜利对于知识生产来说是至关重要的，知识的生产中包含着政治的因素，围绕权力（Foucault 1980；Stoddart 2007）和操控所进行的斗争参与到了对“纯粹”科学的多元决定作用当中。按照这种马克思主义的观点来看，对知识的追求并不是在无私、中立的环境当中进行的。观点和理论之争不管离开其他社会生活领域的斗争是近还是远，这种斗争终究还是属于一种社会生活，是一种有组织的思想生活。马克思主义把它那套科学理论同其真理观结合在了一起，这种真理观要考察马克思主义的真理在历史紧要关头的现实力量，而这种真理观本身就影响着马克思主义的真理所能发挥的力量。

但除此之外，考察知识对周围事物的影响方式还可以有另一种视角，这就是阿尔都塞（Althusser and Balibar 1970）关于“知识的影响”的理论。阿尔都塞提出“知识的影响”这个概念是为了克服以下两种关于科学知识生产的看法。第一种看法认为，知识的生产过程是决定性的，而知识是结果，是生产过程所带来的影响（与此同时，知识也是生产过程的原因），总而言之，知识是一个物质产品（Althusser 2003）。第二种看法认为，知识虽然是结果，但它也是伪装、是狡计，这种狡计只是作为思维中的具体而存在，并不是“现实的知识”，或者说，知识是可感知对象的想象出来的本质。一切知识都只是伪装成了存在，知识的确不是幽灵，但从本质上来说，它也不是具体和现实的。只有“现实的”东西才可以被人们充分认识，知识要成为现实的东西，就必须遵循其问题式所内在要求的科学流程，穿越那弥漫着意识形态话语的生活世界，并在一定程度上改造这个生活世界。因此，知识突破了古典认识论对于现实和思想的二元划分，知识就是现实和思想在理论形态上的统一（这一观点也体现了阿尔都塞的斯宾诺莎主义立场，参见 Althusser 2006）。知识的影响可以波及社会形态的方方面面，还可以同其他的认识材料［包括“日常”的观念（Ruccio 2008）］结合起来形成生产力。在许多马克思主义认识论的研究者看来，知识是能动的，是作为物质性的观念（material image）/物质所构成的观念（image of the material）而存在的，对于马克思所主张的革命性经济社会变革，特别是阶级变革来说，知识是其中一项必备的条件。

参考文献

Althusser, L. 1970. *For Marx*. Trans. by B. Brewster. New York: Vintage Books.

——. 1971. *Lenin and Philosophy, and Other Essays*. Trans. by B. Brewster. New York: Monthly Review Press.

——. 1976. *Essays in Self-Criticism*. Trans. by G. Lock. London: New Left Books.

——. 1990. *Philosophy and the Spontaneous Philosophy of the Scientists, and Other Essays*. Trans. by B. Brewster, J. H. Kavanagh, T. E. Lewis, G. Lock, and W. Montag. London: Verso.

——. 2003. *The Humanist Controversy and Other Writings*. F. Matheron, ed. Trans. by G. M. Goshgarian. London: Verso.

——. 2006. *Philosophy of the Encounter: Later Writings, 1978–1987*. F. Matheron and O. Corpet, eds. Trans. with an Intro. by G. Goshgarian. London: Verso.

Althusser, L. and E. Balibar. 1970. *Reading Capital*. Trans. by B. Brewster. London: New Left Books.

Amariglio, J. L. 1987. "Marxism Against Economic Science: Althusser's Legacy." In *Research in Political Economy*, P. Zarembka, ed. 10: 159–194. Greenwich, CT: JAI Press.

Anderson, E. 2015. "Feminist Epistemology and Philosophy of Science." In *The Stanford Encyclopedia of Philosophy*, Fall 2015 Edition, E. N. Zalta, ed. http://plato.stanford.edu/entries/feminism-epistemology/ (accessed July 18, 2016).

Anderson, W. T., ed. 1995. *The Truth About Truth: De-confusing and Re-constructing the Postmodern World*. New York: G. P. Putnam Sons.

Appadurai, A. 1986. "Introduction: Commodities and the Politics of Value." In *The Social Life of Things: Commodities in Cultural Perspective*, A. Appadurai, ed., 3–63. Cambridge: Cambridge University Press.

Arato, A. and E. Gephardt, eds. 1982. *The Essential Frankfurt School Reader*. London: Bloomsbury Academic.

Azad, B. 2005. "Marxism, Science, and Class Struggle: The Scientific Basis of the Concept of the Vanguard Party of the Proletariat." *Nature, Society, and Thought* 18(4): 503–533.

Bakan, A. B. 2012. "Marxism, Feminism, and Epistemological Dissonance." *Socialist Studies/Études Socialistes* 8(2): 60–84.

Barrett, M. 1991. *The Politics of Truth: From Marx to Foucault*. Stanford: Stanford University Press.

Bennett, J. 2010. *Vibrant Matter: A Political Ecology of Things*. Durham: Duke University Press.

——. 2015. "Systems and Things: On Vital Materialism and Object-Oriented Philosophy." In *The Nonhuman Turn*, R. Grushin, ed. Minneapolis: University of Minnesota Press.

Bergeron, S. 2006. *Fragments of Development: Nation, Gender, and the Space of Modernity*. Ann Arbor: University of Michigan Press.

Bewes, T. 2002. *Reification, or The Anxiety of Late Capitalism*. Verso: London.

Bhaskar, R. 1975. "Feyerabend and Bachelard: Two Philosophies of Science." *New Left Review* 94: 31–55.

Bhaskar, R. and A. Callinicos. 2003. "Marxism and Critical Realism: A Debate." *Journal of Critical Realism* 1(2): 89–114.

Bogost, I. 2012. *Alien Phenomenology, or What It's Like to Be a Thing*. Minneapolis: University of Minnesota Press.

Boutang, Y. M. 2012. *Cognitive Capitalism*. Cambridge: Polity Press.

Brown, A., Fleetwood, S., and J. M. Roberts, eds. 2005. *Critical Realism and Marxism*. London: Routledge.

Brown, B. 2004. *Things*. Chicago: University of Chicago Press.

Callari, A. 1986. "History, Epistemology, and Marx's Theory of Value." In *Research in Political Economy*, P. Zarembka, ed. 9: 69–93. Greenwich, CT: JAI Press.

Callari, A. and D. F. Ruccio, eds. 1996. *Postmodern Materialism and the Future of Marxist Theory: Essays in the Althusserian Tradition*. Hanover, NH: Wesleyan University Press/University Press of New England.

Castree, N. 1995. "The Nature of Produced Knowledge: Materiality and Knowledge Construction in Marxism." *Antipode* 27(1): 12–18.

Charusheela, S. 2004. "Postcolonial Thought, Postmodernism, and Economics: Questions of Ontology and Ethics." In *Postcolonialism Meets Economics*, E. O. Zein-Elabdin and S. Charusheela, eds. 40–58. London: Routledge.

Childe, V. G. 1936. *Man Makes Himself*. London: Watts & Co.

Cole, A. 2014. *The Birth of Theory*. Chicago: University of Chicago Press.

Coole, D. and S. Frost, eds. 2010. *New Materialisms: Ontology, Agency, and Politics*. Durham: Duke University Press.

Copjek, J. 1994. *Read My Desire: Lacan Against the Historicists*. Cambridge, MA: MIT Press.

Cullenberg, S. 1996. "Althusser and the Decentering of the Marxist Totality." In *Postmodern Materialism and the Future of Marxist Theory: Essays in the Althusserian Tradition*, A. Callari and D. F. Ruccio, eds. 120–149. Hanover, NH: Wesleyan University Press/University Press of New England.

DeMartino, G. 2016. "The Economist's Oath: On Economic Agency, Economic Theory, Pluralism, and Ecogenic Harm." *Rethinking Marxism* 28(1): 47–56.

Derrida, J. 1967. *Of Grammatology*. Trans. by G. Spivak. Baltimore: Johns Hopkins University Press.

Diskin, J. 2016. "Ethics and Epistemology in The Economist's Oath." *Rethinking Marxism* 28(1): 16–24.

Dupuy, J.-P. 2009. *On the Origins of Cognitive Science: The Mechanization of the Mind*. Trans. by M. B. DeBevoise. Cambridge, MA: MIT Press.

Engels, F. 1934. *Herr Eugen Dühring's Revolution in Science* [Anti-Dühring]. Moscow: Co-operative Publishing Society of Foreign Workers in the U.S.S.R.

——. 1940. *Dialectics of Nature*. C. Dutt, ed. and trans. New York: International Publishers.

Escobar, A. 2011. *Encountering Development: The Making and Unmaking of the Third World*. Princeton: Princeton University Press.

Eyers, T. 2015. *Post-Rationalism: Psychoanalysis, Epistemology, and Marxism in Post-War France*. London. Bloomsbury.

Feyerabend, P. 1975. *Against Method*. London: New Left Books.

Finelli, R. 1989. "Some Thoughts on the Modern in the Works of Smith, Hegel, and Marx." *Rethinking Marxism* 2(2): 111–131.

Foucault, M. 1972. *The Archaeology of Knowledge and the Discourse on Language*. Trans. by A. M. S. Smith. New York: Harper and Row.

——. 1980. *Power/Knowledge: Selected Interviews and Other Writings, 1972–1977*. Trans. by C. Gordon, L. Marshall, J. Mepham, and K. Soper. New York: Pantheon.

Foucault, M. and J. Faubion. 1997. *Aesthetics, Method, and Epistemology*. New York: New Press.

Freedgood, E. 2006. *The Ideas in Things: Fugitive Meaning in the Victorian Novel*. Chicago: University of Chicago Press.

Gibson-Graham, J. K. 1996. *The End of Capitalism (as we knew it): A Feminist Critique of Political Economy*. Cambridge, MA: Blackwell Publishers.

Gramsci, A. 1988. *A Gramsci Reader: Selected Writings*. Ed. by D. Forgacs. London: Lawrence & Wishart.

Gratton, P. 2014. *Speculative Realism: Problems and Prospects*. London: Bloomsbury.

Hall, S. 2003. "Marx's Notes on Method: A 'Reading' of the '1857 Introduction'." *Cultural Studies* 17(2): 113–149.

Harding, S. 1993. "Rethinking Standpoint Epistemology: What is 'Strong Objectivity'?" In *Feminist Epistemologies*, L. Alcoff and E. Potter, eds. London: Routledge.

Hardy, N. 2014. "Wolff, Althusser, and Hegel: Outlining an Aleatory Materialist Epistemology." *Rethinking Marxism* 26(4): 454–471.

Harman, G. 2011. *The Quadruple Object*. Winchester: Zero Books.

Hindess, B. and P. Q. Hirst. 1975. *Pre-Capitalist Modes of Production*. London: Routledge & Kegan Paul.

Holland, E. 1998. "Spinoza and Marx." *Cultural Logic* 2(1): 21–47.

Kain, P. J. 1986. *Marx' Method, Epistemology, and Humanism: A Study in the Development of His Thought*. Medford, MA: Springer.

Kelley, R. D. G. 2003. *Freedom Dreams: The Black Radical Imagination*. Boston: Beacon Press.

Kitching, G. 1994. *Marxism and Science: Analysis of an Obsession*. University Park, PA: Pennsylvania State University Press.

Laclau, E. and C. Mouffe. 1985. *Hegemony and Socialist Strategy: Towards a Radical Democratic Politics*. London: Verso.

Lamb, J. 2011. *The Things Things Say*. Princeton: Princeton University Pres.

Laruelle, F. 2015. *Introduction to Non-Marxism*. Trans. by A. P. Smith. Minneapolis: Univocal Publishing.

Lecourt, D. 1975. *Marxism and Epistemology: Bachelard, Canguilhem, and Foucault*. Trans. by B. Brewster. London: New Left Books.
——. 1977. *Proletarian Science?: The Case of Lysenko*. Intro. by L. Althusser. Trans. by B. Brewster. London: New Left Books.
Lenin, V. 1927. *Materialism and Empirio-Criticism*. New York: International Publishers.
——. 1930. *The Teachings of Karl Marx*. New York: International Publishers.
——. 1977. "The Three Sources and Three Component Parts of Marxism." In *Collected Works, Vol. 19*. 21–28. Moscow: Progress Publishers.
Lordon, F. 2014. *Willing Slaves of Capital: Spinoza & Marx on Desire*. Trans. by G. Ash. London: Verso.
Lukács, G. 1971. "Reification and the Consciousness of the Proletariat." In *History and Class Consciousness*. Trans. by R. Livingstone. Cambridge, MA: MIT Press.
Madra, Y. Forthcoming. "Process: Tracing Connections and Consequences." In *Marxism without Guarantees: Economics, Knowledge, and Class*, T. Burczak, R. Garnett, and R. McIntyre, eds. London: Routledge.
Marx, K. 1964. *The Economic and Philosophic Manuscripts of 1844*. Ed. and Intro. by D. J. Struik. Trans. by M. Mulligan. New York: International Publishers.
——. 1971. *A Contribution to the Critique of Political Economy*. Intro. by M. Dobb. Trans. by S. W. Ryazanskaya London: Lawrence & Wishart.
——. 1972. *Capital: A Critique of Political Economy, Vol. 3*, ed. by F. Engels. London: Lawrence & Wishart.
——. 1973. *Grundrisse: Foundations of the Critique of Political Economy*. 1973. Trans. with a Foreword by M. Nicolaus. New York: Vintage.
——. 1977. *Capital: A Critique of Political Economy. Vol. 1*. Intro. by E. Mandel. Trans. by B. Brewster. New York: Vintage.
——. 1978. "For a Ruthless Criticism of Everything Existing." In *The Marx-Engels Reader*, 2nd Edition. R. C. Tucker, ed. New York: W. W. Norton & Co.
McGuire, R. G. 1992. *A Marxist Archaeology*. San Diego: Academic Press.
Meillasoux, Q. 2008. *After Finitude: An Essay on the Necessity of Contingency*. London: Continuum.
Milberg. W. and B. Pietrykowski. 1994. "Objectivism, Relativism, and the Importance of Rhetoric for Marxist Economics." *Review of Radical Political Economics* 26(1): 85–109.
Montag, W. 1995. "'The Soul is the Prison of the Body': Althusser and Foucault, 1970–1975." *Yale French Studies*. 88: 53–77.
Murray, P. 1988. *Marx's Theory of Scientific Knowledge*. Boston: Humanities Press International.
Ollman, B. 1992. *Dialectical Investigations*. London: Routledge.
Özselçuk, C. and Y. Madra. 2007. "Economy, Surplus, Politics: Some Questions on Slavoj Žižek's Political Economy Critique of Capitalism." In *Did Somebody Say Ideology?: On Slavoj Žižek and Consequences*, F. Vighi and H. Feldner, eds., 78–107. Newcastle: Cambridge Scholars Publishing.
Paolucci, P. 2007. *Marx's Scientific Dialectics: A Methodological Treatise for a New Century*. Leiden: Brill.
Patton, P. 1978. "Althusser's Epistemology: The Limits of the Theory of Theoretical Practice." *Radical Philosophy*. Spring: 8–18.
Paynter, R. 2005. "Contesting Culture Histories in Archaeology and Their Engagement with Marx." *Rethinking Marxism* 17(3): 399–412.
Read, J. 2005. "The Althusser Effect: Philosophy, History, and Temporality." *Borderlands* 4(2).
Resch, R. P. 1992. *Althusser and the Renewal of Marxist Social Theory*. Berkeley: University of California Press.
Resnick, S. A. and R. D. Wolff. 1987. *Knowledge and Class: A Marxian Critique of Political Economy*. Chicago: University of Chicago Press.
——. 2013. "On Overdetermination and Althusser: Our Response to Silverman and Park." *Rethinking Marxism* 25(3): 341–349.
Robinson, C. 2000. *Black Marxism*. Foreword by R. D. G. Kelley. Chapel Hill: University of North

Carolina Press.
Rorty, R. 1979. *Philosophy and the Mirror of Nature*. Princeton: Princeton University Press.
Rossi-Landi, F. 1990. *Marxism and Ideology*. Oxford: Oxford University Press.
Ruben, D.-H. 1979. *Marxism and Materialism: A Study in Marxist Theory of Knowledge*. Atlantic Highlands, NJ: Humanities Press.
Ruccio, D. F. 1988. "The Merchant of Venice, or Marxism in the Mathematical Mode." *Rethinking Marxism* 1(4): 36–68.
——. ed. 2008. *Economic Representations: Both Academic and Everyday*. New York: Routledge.
——. 2009. "(Un)real Criticism." In *Ontology and Economics: Tony Lawson and His Critics*, E. Fullbrook, ed., 263–274. London: Routledge.
Ruccio, D. F. and J. Amariglio. 2003. *Postmodern Moments in Modern Economics*. Princeton: Princeton University Press.
Ryder, A. 2013. "Foucault and Althusser: Epistemological Differences with Political Effects." *Foucault Studies* 16: 134–153.
Saitta, D. 1994. "Agency, Class, and Archaeological Interpretation." *Journal of Anthropological Archaeology* 13: 201–227.
——. 2005. "Marxism, Tribal Society, and the Dual Nature of Archaeology." *Rethinking Marxism* 17(3): 385–397.
Santamaria, A. S. de. 1992. "Economic Science and Political Democracy." In *Real-Life Economics: Understanding Wealth Creation*, P. Ekins and M. Max-Neef, eds., 10–20. London: Routledge.
Sharp, H. 2000. "'Is it Simple to be a Feminist in Philosophy?': Althusser and Feminist Theoretical Practice." *Rethinking Marxism* 12(2): 18–34.
Silverman, M. 2013. "'Overdetermined' or 'Indeterminate'?: Remarks on *Knowledge and Class*." *Rethinking Marxism* 20(3): 311–324.
Smith, D. E. 2004. "Ideology, Science, and Social Relations: A Reinterpretation of Marx's Epistemology." *European Journal of Social Theory* 7(4): 445–462.
Smith, S. B. 1985. "Althusser's Marxism Without a Knowing Subject." *American Political Society Review* 79(3): 641–655.
Sohn-Rethel, A. 1978. *Intellectual and Manual Labour: Critique of Epistemology*. Trans. by M. Sohn-Rethel. Atlantic Highlands, NJ: Humanities Press.
Stiegler, B. 2010. *For a New Critique of Political Economy*. Cambridge: Polity Press.
——. 2015. *States of Shock: Stupidity and Knowledge in the 21st Century*. Trans. by D. Ross. Cambridge: Polity Press.
Stoddart, M. C. J. 2007. "Ideology, Hegemony, Discourse: A Critical Review of Theories of Knowledge and Power." *Social Thought & Research* 28: 191–225.
Toscano, A. 2008. "The Open Secret of Real Abstraction." *Rethinking Marxism* 20(2): 273–287.
Tucker, R. C., ed. 1978. *The Marx-Engels Reader*, 2nd Edition. New York: W. W. Norton & Co.
Vercellone, C. 2007. "From Formal Subsumption to General Intellect: Elements for a Marxist Reading of the Thesis of Cognitive Capitalism." *Historical Materialism* 15: 13–36.
West, C. 1989. *The American Evasion of Philosophy: A Genealogy of Pragmatism*. London: Palgrave Macmillan.
Wolff, R. 1996. "Althusser and Hegel: Making Marxist Explanations Antiessentialist and Dialectical." In *Postmodern Materialism and the Future of Marxist Theory: Essays in the Althusserian Tradition*, A. Callari and D. F. Ruccio, eds. Hanover, NH: Wesleyan University Press/University of New England Press.
Young, R. J. C. 2004. *White Mythologies: Writing History and the West*, 2nd edition. London: Routledge.
Žižek, S. 1989. *The Sublime Object of Ideology*. London: Verso.
——. 1997. *The Plague of Fantasies*. London: Verso.

第三章

马克思的阶级分析

理查德·D. 沃尔夫(Richard D. Wolff)

阶级概念的多重含义

“阶级”是一个具有重要理论和实践意义的概念，在经济、政治和文化等各方面的话语当中都有着广泛的应用。但人们在谈论阶级话题时，各自都有着不同的学术规范，对阶级的理解并不一致。“二战”结束以来，由于冷战及其余波的阻碍，我们在探讨社会的趋势、事件和危机时往往会缺失阶级的概念，未能从阶级的角度来探讨其中的产生原因、构成因素和影响结果。许多人之所以拒斥阶级概念，其实是借此来拥护资本主义和/或反对批判资本主义。这些人反对把阶级的概念运用于美国或者其他发达资本主义国家，认为这个概念已经过时了(因为当代资本主义使得社会成员之间变得均质化了，大家都是“中产阶级”)。① 也有许多人之所以拒斥阶级分析，是因为觉得这种分析“缺乏客观性”(他们采用了其他一些概念来代替阶级，认为这些替代性概念才具有客观性)。直到最近由于 2008 年的全球资本主义大萧条，阶级的概念才得以重新浮出水面，回到了公众视野当中。

可能有人会说这是阶级话语在饱受压制之后实现了回归，但这种说法是很

① 值得注意的是，同一时期的苏联也在拒斥阶级分析。苏联认为它的社会已经是一种“后阶级”结构，阶级分析已经不适用于这样的社会形态。苏联的这种看法和美国如出一辙。

成问题的，因为并不存在某种单一化的阶级概念，人们在使用“阶级”这个词进行思考和交流时，实际上有着多重含义，彼此间差异很大。很少有人会明确地指出他在什么意义上使用“阶级”这个词，他选取这个义项的道理是什么。大多数人使用阶级概念时是把它当成了一个专门概念，仿佛大家对这个概念的含义具有普遍共识。但实际情况并非如此，因而各种使用阶级范畴的话语往往都是充满着混乱和误解的。今天，阶级和社会变革之间的关系已经成为一个具有实践意义的问题，澄清阶级概念的内涵尤其具有历史紧迫性。

至少从古希腊时代开始，人们就已经开始根据财富和/或收入来把整个社会中的人口划分成多个子群体。正如同我们可以为了某些目的而根据性别、身高、体重、年龄来对人口进行分级(classify)一样，当我们出于另一些目的比如我们要解释社会冲突时，也完全可以根据财富或收入来进行分级，古希腊人正是这样做的。阶级(class)作为称呼这些社会子群体的名词形式，也是动词“分级”(classify)的派生词。在经济上进行分级就分出了富人和穷人两个阶级，他们处于两极位置。接下来，再对处于富人和穷人中间的人口做进一步划分，就可以分出更多的子群体。这些子群体——中产阶级——所拥有的财富和/或获得的收入要比专门意义上的穷人多，但比专门意义上的富人少。富人和穷人这种分级方式预设了私有财产的概念，以及某个人的财富和/或收入同另一个人的财富和/或收入之间存在边界(就像年龄的分级也要预设关于年龄的度量方式，从而才能够确定不同人的不同年龄)。

也正是从古希腊开始，许多人就已经用**按照财富和/或收入所确定的**阶级概念来思考各种社会问题，思考解决这些问题要采取何种行动。例如，古希腊的公民、领袖以及社会观察家等不同人士都会共同认为，一个社会之所以有内部矛盾冲突，正是由这个社会当中富人阶级、穷人阶级和中产阶级的特定划分格局所造成的。这些人会给出解决方案说，要改变财富和/或收入的分配模式，或者在初次分配之后采取二次分配。上述这些阶级分析和围绕阶级问题所给出的解决方案都是按照财产来确定阶级，当时的人们都相信这种分析和解决方法对社会的改进是有益处、有实效的。

但在古代还广泛使用另一种含义的阶级概念，与上面所说的阶级大不相同，这就是**按照对他人的权力**来确定的阶级。人们用这种权力问题中的阶级概念把人分为发号施令者和俯首听命者。一个阶级拥有权力，是统治阶级；另一个阶级没有权力，是被统治阶级。与以财产为基础确定的阶级概念一样，以权力界定的阶级当中也有中间阶级，这些中间阶级的社会成员既向一些人俯首听命，又向另一些人发号施令。几千年来，有许多人在解释某种社会体的结构和变化、社会体中存在的问题和解决方案时，都会去考察社会体的阶级结构：该社会体的组织形态是怎样的，分成哪些子群体，某个子群体所拥有的权力较之其他子群体是多还是少。

由于存在两种不同的阶级概念，对现实社会进行阶级分析时会产生不同结果。按照财产的有无以及处于中间状态来划分出的阶级，不同于按照权力的有无来划分出的阶级，财产的社会分配不同于权力的社会分配，社会中拥有最多财产的个人或群体不一定拥有最多的权力。论者在不同定义下进行“阶级分析”，本身就已经蕴含着混乱的苗头。如果他们没有意识到定义的差别，对他们各自所使用的定义不加认识、不加明确、不加论证，混乱就必然产生了。

人类历史中周期性的社会革命凸显着“阶级”的意义。革命者要追求实现社会变革，就要把改变社会的阶级结构作为关键。这些社会变革一言以蔽之，就是要实现平等和民主。秉持财产性阶级概念的革命者致力于财富和收入的再分配，或者彻底重构初次分配，他们的目标是更加平等的财富和收入分配。而秉持权力性阶级概念的革命者则致力于权力的再分配和/或彻底重构权力的初次分配，他们的目标是更加平等的权力分配。

当然，同时基于财产和权力来进行阶级分析的情况也不鲜见，但这样做的人很少意识到两种阶级定义间的差异。比如，财产阶级论者会给出一种简化版的设定，认为只要改变财富和收入的社会分配格局，就必然会相应地改变社会的权力分配格局。同样的，权力阶级论者也会给出一套反向的决定论，认为改变权力分配格局就必然会改变财产分配格局。又如，人们在理论分析和实际行动当中往往还会存在第三种简化版设定，认为拥有了财富的人相应也就会获得权力，而如果缺少了财富或权力中的一样，相应也就会缺少另一样。

在欧洲几千年的历史中，人们在解释社会体的结构和变化、社会体中存在的问题和解决方案时，阶级分析方法时而流行、时而式微。除了上述两种基本的阶级定义彼此争胜、互有消长，有时人们还会把两种定义结合起来制定出更加复杂的阶级定义。但是，欧洲历史上一次又一次阶级革命都是不充分的革命，最终都归于失败，即使有时这种阶级革命“成功”了，至多也只是革命的力量打败了那些希望阻止革命性变化的力量。无论这些革命取得了怎样的进步成果，革命的目标都并没有达成，没有实现财富和收入以及/或者权力的平等分配。

革命的失败使很多人产生了某种宿命论的观点，认为这种革命目标超越了人类所能达到的范围，另外有一些人则是去思考革命的指导思想问题。这后一类人提出疑问：我们关于社会的结构、社会的变化、社会中存在的问题的思考，乃至我们通过持续不断的革命运动所给出的社会问题解决方案，是否还存在某些缺失和误解呢？如果对缺失或误解加以矫正，革命是否就能最终达成平等和民主的目标了呢？

马克思关于阶级的新概念

马克思就是进行这种思考的人之一。马克思为了给出他的答案，提出了一种新的、与众不同的阶级概念。当然，马克思本人也经常使用古老的财产性和权力性阶级概念，这是他从一代又一代革命先辈那里继承下来的。

马克思认为，之前的革命先辈们之所以没有达成平等和民主的基本目标，是因为他们都没有认识到所有社会所具有的一个基础性过程。他们没有认识到这个过程，也就无法改变这个过程，他们的革命事业缺乏根基，因而是无法取得成功的。即使这些先辈们的革命实现了财产和权力分配方面的重大社会进步，平等和民主的程度也达不到他们原先所盼望并为之奋斗的目标，而且往往他们所取得的进步也只能维持很短一段时间。在马克思看来，法国大革命就是这样一场获得有限成功的革命，部分改变了人们的境遇。法国大革命推翻了封建制度，但“自由、平等、博爱”的革命目标并没有达成。

马克思在《资本论》中分析了这个被以往阶级理论所忽视的社会基础性过程，即剩余的生产和分配，下文中我们将介绍马克思对这个基础性过程的分析。《资本论》揭示了在剩余问题上阶级过程对社会的财富和权力分配方式所起的决定性作用。既往的革命（例如法国大革命）之所以未能实现真正的、持久的平等和民主，正是因为这些革命都没有能够认识、理解和改变在剩余问题上的阶级过程。

尽管马克思一生中花了很大力气来研究和揭示这种按剩余来界定的阶级概念，但许多读者和追随者忽视了马克思新的阶级概念的创新之处。他们在解读马克思的著作时，仍然只是把马克思笔下的阶级看成对旧概念的新应用，阶级概念本身是旧有的，是财产和权力意义上的阶级，马克思只不过是运用这种阶级概念来分析资本主义社会。应用当然也很重要，是马克思的一大贡献，但要是只看到这一点，就会忽视马克思基于剩余问题提出新的阶级概念所具有的重大意义，我们只有依据这种新的阶级概念才能阐明资本主义、超越资本主义。马克思围绕剩余问题所提出的阶级概念至今仍然具有对社会的批判分析功效，我们应当认识并运用这个理论工具。

在《资本论》第一卷中，马克思界定了新的阶级概念。他把阶级定义为一种特定的社会过程，这个社会过程和肉体的劳动过程相伴而生，两者在所谓的生产活动中达成统一。在生产中，工人们进行劳动，他们作为人来运用他们的头脑和肌肉，把自然形态的对象改造为有用的产品。工人的劳动需要生产资料的协助，包括原材料、工具设备、厂房等。但是，劳动过程和阶级过程是两回事。阶级过程是人们在生产活动当中所必需的某种联系，这种联系不同于制造某个特定产品的劳动协作。

在马克思看来，所谓阶级就是剩余的生产方式。一切人类社会都生产出剩余，但如何组织生产、如何分配剩余，各个社会之间并不一样。马克思认为，各种人群共同体（从家庭到村落乃至国家）当中，都有一定的子群体从事劳动，他们生产出商品和服务。这些子群体除了生产他们本身消费所需，还总是会生产出更多的产品，这就是“剩余”产出，或者简称为剩余。这种剩余就会被分配给共同体内部或外部的其他人。

因而，一个共同体或者社会当中的阶级结构就是这个共同体或社会特有的生产组织方式和剩余分配方式。会有一个特定的子群体被安排专门生产剩余（即他们生产超过自己消费的份额），这种安排可能是有意识做出的，也可能是无意识的；可能是出于习俗，也可能是有明确的规定。生产者本身获得了剩余或者另外有一拨人从生产者那里获得剩余之后，还会进行再分配，把自己所获得的一部分或者全部分配给第三拨人，即剩余的分享者。每个共同体或社会都会做出某种安排，让分享者有权获得剩余，而他们本身不生产剩余，要靠消费其所分享到的份额来生存。类似的，每个社会也都会安排一个子群体从事不生产剩余的劳动，为生产剩余的劳动提供配套。这些剩余生产的辅助者也需要从剩余当中获得一块分配份额，这块份额既要负担辅助性劳动者的消费，也要负担执行辅助职能所需的劳动资料。例如，为从事剩余生产的劳动者提供簿记的人就属于辅助者，负责清理生产中的废渣的也是辅助者，从事剩余生产的劳动者只有获得了辅助者的保障才能完成生产任务。马克思区分了“生产性”劳动者和“非生产性”劳动者，前者直接生产剩余产品，后者是为剩余产品的生产提供必要条件的辅助者。任何一种阶级结构要存续，都需要有生产性劳动者和非生产性劳动者，但两种劳动者同剩余产品之间的关系是大不相同的。前一种劳动者生产出了剩余，而后一种作为辅助者的劳动者是靠剩余的分配来供养的。

这种在剩余问题上的阶级（class-qua-surplus）超出了马克思主义之前的那种阶级概念（财产和权力分配意义上的阶级）所能容纳的范围。要是用那种前马克思主义的阶级概念来理解和/或改造社会，那么其所得出的阶级分析结果就认识不到也运用不了剩余概念。这样得出的社会分析和改造方案没有考虑其所分析的社会究竟如何组织生产、如何分配剩余产品。因而这种分析和改造方案看不到社会(在剩余问题上的)阶级结构的存在,也看不到这种结构的社会影响。

马克思的《资本论》引入了这种基于剩余问题的阶级分析,主张运用这种阶级概念来改造社会。马克思之所以这样做,是因为他坚信那种前马克思主义的阶级概念(即财产和权力意义上的阶级概念)束缚了以往那些追求社会平等、民主和自由的革命事业。要是当初那些革命能够掌握并运用这种新的阶级概念,从剩余的问题上来看阶级,革命会搞得更好、走得更远。马克思认为,他本人在理论和革命实践上的贡献就在于准确地推动了对这种新的阶级概念的应用。

所谓运用马克思新的阶级概念,就是要使得以后的革命都去阐明并改变社会的生产组织方式和剩余分配方式。如果社会在剩余问题上的阶级结构没有得到改造,那么即使革命斗争实现了一些在财产和权力分配方面的平等性改革,这种改革也是不可靠的。因为既然在剩余问题上的阶级结构未经改变,那么它就可以消解这些改革。十月革命后的俄国就是这个样子,由于苏联没有充分改变生产中对剩余的组织方式,革命所达成的对财富和权力分配的改造成果就被逐渐消解掉了。[①]

马克思所追求的,是要改变剩余问题上的社会阶级结构,要超越既往革命的局限性,他在《资本论》中对此进行了论述。马克思认为,既往在剩余问题上的阶级结构都是剥削性的,而自己则主张要将其变为非剥削性的。这里所谓阶级结构的剥削性,马克思是指剩余不归生产者所有,而是由其他人获得并加以分配。在奴隶制度中,奴隶生产剩余产品,奴隶主获得剩余产品并进行分配。在封建制度中,农奴生产剩余产品,领主获得剩余产品并进行分配。

《资本论》指出在资本主义的生产过程中,所消耗掉的原料和生产资料本身凝结着一定量的价值,而劳动者运用头脑和肌肉把原料和生产资料改造成产品,他们这一直接生产性的劳动也为产品增添了价值。直接生产者所增添的价值,再加上所消耗生产资料的价值,就等于产品的价值。之所以用“价值”作为尺度,是因为在马克思所分析的资本主义经济体中,产品以商品的形式存在,产品通过市场交换才从其生产者手中传递到消费者手中。交换使得人类劳动的产品同价值联系在了一起,只要产品是通过市场从生产者手中传递到消费者手中,这种联系就一直会存在。

在马克思的价值理论看来,资本主义社会中产品的价值由两部分相加而

---

① 关于苏联整段历史进程的详细论述,请参见 Resnick and Wolff(2002)。

成：一部分是所消耗的原料、工具、设备中的价值，生产过程把价值从所消耗的那部分生产资料中搬运到了产品中；另一部分是由运用工具设备、改造原料的活劳动所增添的价值。马克思指出，资本主义社会之所以存在剥削，是因为由直接生产者在生产劳动过程中所增添的价值，总是高于资本家付给他们让他们从事劳动的那份价值。

换句话说，劳动者在生产过程中所增添的价值当中有一部分是剩余价值，即工人所增添的价值超出其工资的份额。在资本主义体系中，这份剩余要由资本家来占有，而资本家通常不是直接生产剩余价值的劳动者，他们是雇主。雇主在获得或者占有剩余价值之后，也要对其进行分配。因此，资本家剥削直接生产者（无产者）正如同奴隶主剥削奴隶、领主剥削农奴一样。

资本主义制度并没有把奴隶和农奴从剥削中解放出来。资本主义只是改变了剥削的形式，改变了用以维持剥削的特定社会组织方式。

平等和民主

资本主义的剥削对争取平等的社会运动起着消解作用。剥削使得工人和雇主在生产中总是保持着一种矛盾冲突的状态。工人为了自身的利益，谋求用劳动换得更高的工资，以便保障和改善其生活水平。雇主为了自身的利益，谋求从直接生产者那里榨取更多的剩余价值、向辅助者支付尽可能少的报酬。由于双方资源不对等，在这种冲突中，通常雇主会比雇员更占优势。从趋势上看，雇主所占有的剩余价值要比实际工资增长得更快。在资本主义社会中，这种不平等的趋势不断增长蔓延，也从根基上消解着政治和文化领域中的任何平等化趋势。

当然，资本主义的不平等趋势也会同资本主义的其他方面（例如资本循环）相互影响，从而促使政治和文化发生反作用，逆转不平等。但这种逆转终究是暂时的，因为资本主义的根本趋势是不平等，这一趋势会消解这种逆转（对逆转进行逆转）。[①] 例如在 20 世纪 30 年代，美国的左翼（以“产联”成立为代表的工会发展浪潮，以及大批的社会主义和共产主义党派）迫使美国逆转了 1929 年以前那种资本主义的极端不平等。这一逆转延续到 20 世纪 70 年代，终究还是被资本主义根本性的不平等趋势所消解。由于美国资本主义在剩余问题上的阶级结构从根本上具有剥削性，所以既然左翼在 20 世纪 30 年代以后的社会斗争

① 参见 Piketty(2014)。

和社会改革没有改造这种结构，不平等的趋势也就会重新确立。

类似的，资本主义对剩余的组织方式也同民主直接对立，会对暂时出现的民主起到瓦解作用。这种直接对立尤其表现在典型的资本主义企业的组织形式上，无论是大企业、中型企业还是小型企业。企业一般来说只是一小群人的企业，由这群人行使所有权和经营权；例如在公司形式的企业当中，这一小群人就是控股股东，他们选举出董事会。这个小群体理论上完全可以杜绝广大雇员染指所有权和经营权，实际情况也大致如此。民主的逻辑——凡是受决策影响的人们都有权参与制定决策——在资本主义企业当中是被排斥的。在美国的政治领域中，民主至少在形式上还是受到推崇的，但在经济领域中，民主就是完全被否定的。

对成年人来说，他们除睡觉之外最主要的时间都花在了工作场所，那么既然在这个领域没有民主，民主的实际效力也就会被消解掉，并且往往人民对政治民主的诉求也都会被消解掉。同时，资本主义所造成的不平等也会使得雇主和广大群众相比具有不成比例的财政资源，他们能够违背广大群众的意愿，把群众排斥在外，塑造雇主自己想要的那种政治和文化。其结果就是在美国，政治民主**在形式上**大得很，而**在实际上**却少得可怜。民主诉求会出现周期性的高涨，乃至在某些情况下会取得一些民主改革成果，但最终都会流于失败，因为资本主义在剩余问题上的阶级结构没有改变，这个阶级结构从体系上来说就是反民主的。

马克思在《资本论》中详尽阐述了他对资本主义所做的阶级分析。在第一卷中，马克思揭示出资本主义社会中的剩余是如何生产出来、如何被获得和占有的。在第二、第三卷中，马克思考察了资本家从直接生产者那里占有剩余之后是如何进行分配的。剩余的分配首先是要为阶级剥削的可持续提供条件保障，要为资本主义剥削的辅助者即非生产性劳动者提供一定份额的生产资料和消费资料。这些辅助者包括监督直接生产者进行劳动的管理人员、企业的保卫人员，以及秘书、职员、经理层、销售和采购人员等。此处不对资本主义的阶级过程展开详细论述。①

资本主义的剩余生产方式使得生产剩余的工人和占有剩余的资本家两极分化。资本家将剩余分配给非生产性的辅助者，这种做法保障了他们自身的资本家地位，保证了自己能够占有和分配剩余。有了剩余的生产才能进行剩余的分配，反过来说，也只有存在剩余的分配，才能进行剩余的生产。在马克思看

① 参见 Resnick and Wolff（1987，Chapter 3）以及 Wolff and Resnick（2012，Chapter 4）。

来，资本主义体系的阶级结构就是资本主义对剩余生产和分配的特定组织方式。

当然，这种阶级结构的再生产并不是上天注定或者自我实现的，它有赖于一定的环境。剩余价值的占有者在进行分配时，只是在追求能够确保阶级结构的存在条件和再生产条件，他们只是在用可供占有和分配的剩余来尽可能地营造环境。分配方式有可能实现，也可能实现不了。资本家有可能占有不到足够的剩余，达不到分配所需的必要限度。剩余本身可能是够的，但剩余的占有者有可能分给自身消费部分太多，也可能他分给阶级结构存续所需的另外某项条件太少。剩余的分配方式会影响阶级结构的发展，从而影响这个阶级结构所生产的剩余数量。阶级结构的不断变动从理论上就蕴含着变革成另一种阶级结构的可能性，而现实情况正是如此。

共产主义的阶级结构

如果我们用上述关于阶级的理论来考察非资本主义的阶级结构，特别是考察马克思所设想的共产主义的阶级结构，我们就可以更好地反过来理解资本主义的阶级结构，理解在剩余问题上的阶级概念。共产主义和资本主义两种阶级结构的区别是非常简单明了的，共产主义的阶级结构就是没有剥削。在共产主义的阶级结构中，剩余的生产者和占有者是同一批人，而在资本主义的阶级结构中是两批不同的人。在共产主义的阶级结构中，一个企业里的生产性劳动者们作为一个集体来占有他们所生产的剩余，从而也就是这些劳动者来充当剩余的分配者。生产性劳动者取代了资本家的位置，在共产主义的阶级结构中不存在资本家。

当然，共产主义的这种剩余生产者/占有者/分配者也需要供养剩余生产的辅助者。共产主义的剩余分配确定了两个端点：一端是生产性劳动者，他们同时也是剩余的占有者和分配者；另一端是非生产性劳动者，他们是剩余分配的获得者，分享一份剩余。同其他的阶级结构一样，剩余的分配者和获得者之间会存在斗争，通过斗争来决定分配过程。但是共产主义和一切剥削性阶级结构的关键区别在于，在共产主义阶级结构的企业中，生产性和非生产性劳动者取消了曾经横亘在他们中间的剥削阶级（奴隶主、封建领主、资本家雇主），双方取消了中介而直接进行谈判，共同决定剩余的份额和分配方式。

这种区别具有非常重大的意义。首先，如果资本家处于分配者的位置，他们就会把剩余分配给（作为所有者、股东和/或公司高层的）自己。很显然，他们的分配权力很大。资本主义社会中之所以具有不平等的趋势，是资本主义自身造成的，关键问题就在于由谁来分配剩余。在资本主义社会中决定分配的一小撮人是为他们自己服务的，他们不断强化着不平等。而如果由生产性和非生产性劳动者共同民主地决定剩余分配，排除资本家的插手，不平等的程度就会小得多。

其次，我们可以看企业面临生产技术革新的情况。技术革新既可能增加利润，也可能造成生态方面的威胁或毒害。资本主义的企业很可能选择进行革新，因为更多的利润就会带来更多的分配额度。进行决策的资本家是极少数人，并且他们有足够财力来躲避毒害后果，例如他们可以选择住到其他地方去等。而共产主义的企业很可能选择不搞技术革新，因为集体决策（即由生产性和非生产性劳动者进行民主决策）的制定者会做权衡，如果使用这项有毒有害技术的话，他们和他们的家人、邻居将要承担怎样的健康风险和代价。这样，把企业中的资本主义阶级结构改为共产主义阶级结构，就可以减少一个生态损害因素。

再次，我们可以看生产从高工资地区迁往低工资地区的问题。资本家在近半个世纪中搞过很多这样的生产迁移，他们离开北美、西欧和日本而迁往中国、印度、巴西等。资本家之所以迁移他们的企业，是因为在新厂址他们可以榨取到更多的剩余。他们用这些多出来的剩余就可以更好地保障资本主义的生产条件，并使自己获得更高的薪水和分红。如果这些企业变成共产主义的企业，企业决策者（企业的生产性和非生产性劳动者共同进行民主决策）在评估企业的选址时就会考虑对劳动者本身和劳动者社区的影响。这种共产主义的阶级结构既然决策群体不一样，其对于代价和收益的看法就会不一样。是代价还是收益？代价和收益有多大？两者孰轻孰重？对这些问题会得出不一样的结论，做出不一样的决策。如果共产主义的阶级结构在经济领域发挥更大的影响力，自 20 世纪 60 年代以来资本主义企业的大规模迁移现象就会少得多。

进一步来说，在资本主义企业中的管理方式是不民主的，这里所谓的管理是指企业内部的管理，是企业为自己圈定一个行动方案的可选范围，从中最终选出一个方案。在当代，资本主义的企业主要采用公司制形式，是由董事会来做基本决策，决定生产什么、怎样生产、在哪里生产、怎样处理剩余之类的问题。董事会通常由 12—20 人组成，由股东选举产生，或者更准确地来说，是由极少数控股股东选举产生（因为选举是一股一票，而股份的所有权是高度集中的）。公司的雇员虽然有成百上千，占了企业成员的绝大多数，但被排除在董事会决策之外。董事会的决策结果制约着雇员的工作和生活，但雇员对决策制定无从插手。

共产主义的企业则反其道而行之。在共产主义企业中，生产性和非生产性劳动者联合起来进行集体决策、民主决策，取代了资本主义企业董事会的职能。企业管理中的民主是共产主义阶级结构的特色，这种民主对社会更大范围内的政治民主起到支撑和巩固作用。要把政治民主从形式民主转化为实质民主，一个很重要的途径就是要实现企业的民主化，而实现企业民主化就需要把资本主义阶级结构改造成共产主义阶级结构。

阶级分析的变例

基于剩余问题来分析阶级，从其基本逻辑中就可以推出一个在任何社会的生产中都存在的基本问题。在社会的任意一个场所当中，如果有人运用其头脑和肌肉把自然事物改造成对自己或者其他人有用的事物，那便成了生产。但这样问题就来了，剩余是在这个场所中就生产出来的吗？如果答案是肯定的，那么接下来我们就要进行阶级分析，需要研究生产剩余、分配剩余的具体细节，生产需要在一个社会体当中进行，因此就要研究这些细节究竟如何塑造出那个社会体的经济、政治、文化等各方面样态。

但在我们看来，对这个基本问题的回答应当是否定的。人类可以是进行了生产但并不生产出剩余。假如有一个人走进树林，把一块木头雕成玩偶并送给附近的小孩，那么在这种情况下就不存在剩余，因而也就不存在阶级过程。但是，如果是由雇佣劳动者来从事雕刻，由雇主来提供刻刀和木料，然后雇主把玩偶收走并出售，这里就存在剩余，在这种情况下，阶级分析才适用。

长期以来，我们以及绝大多数经济学分析的流派都局限于谈论企业，把企业作为生产的社会场所。但现在我们要放宽这个界限，生产同样也在其他的社会场所中进行，例如在家庭和国家等场所中也存在生产。

在最近两个世纪中，资本主义的阶级结构已经在企业中实现了广泛覆盖，但在家庭中还没有。家庭当然也是一类生产场所。人们通过劳动、工具和设备把食物原料改造成食物成品；人们把脏屋子和衣服改造成干净整洁的屋子和衣服；等等。并且对烹饪、保洁这类劳动的直接承担者来说，他们的产出也超出了自身消费的额度，生产出了剩余家务。我们也完全可以确定这种剩余家务的占有者和分配者，描绘出家庭当中的阶级结构。

在美国的大部分历史阶段中，传统型家庭所呈现出的阶级结构和大多数企业当中的资本主义阶级结构有很大不同。在家庭当中并不存在工资和市场交换，也不存在利润，相反是由一定的习惯和传统来规定由谁来生产剩余家务，由谁在何时何地以何种方式获得/占有剩余家务，这些习惯和传统通常还会获得宗教教义和规则的支持。同样的，家庭和家族生活的传统规范也决定着剩余家务的占有者要拿出多少份额分配给家务生产的辅助者，从而为家庭当中的阶级结构提供条件保障。

在美国传统的家庭当中，是由妻子生产剩余家务，如果孩子年龄足够大，那么孩子通常也会协助做家务。丈夫占有剩余家务并把它分配给家庭其他成员，这些成员既包括做家务的，也包括不做家务的，丈夫的这种占有和分配方式是得到传统和宗教支持的。在这种家庭当中，提供剩余家务的妻子既不是丈夫的奴隶，也不是丈夫的雇佣劳动者。妻子能够获得平等，能分享到自己所生产的剩余家务，并不是因为她已经处在了共产主义的阶级结构当中，但她在家庭当中的确也是占有者。美国典型的家庭阶级结构其实反而和中世纪欧洲的封建阶级结构最像。①

我们从而可以推论说，当今的“资本主义社会”的阶级结构要比经济学中所分析的资本主义、比大众所认知的“资本主义”修饰语复杂得多。现代资本主义中的家庭这一场所往往具有不一样的阶级结构、非资本主义的阶级结构。这就意味着在现代资本主义社会当中，具体个人所参与其中并被塑造成其中一个零件的阶级结构是具有多重性的，有着不同的样态。要在剩余问题上分析阶级，也就需要对诸多个体和群体做出更加复杂和精妙的分析，单纯分析某人在财产和权力分配问题上居于何种地位，或者单纯分析在企业分配剩余的过程中他们居于何种地位，都还远没有完成任务。

国家也可能作为生产和阶级的社会场所。例如，国家官员按照国家职能建立起了生产性组织，其中也存在剩余产品的生产、占有和分配。大众通常把这种组织叫作“国营企业”，这是十分准确的，因为这种组织在干和非国营企业一样的事情。国营企业之所以能够和“私营”企业区分开，是因为在我们的认识中，国营企业的生产和阶级是发生在国家的场所中的。例如在美国，州政府对州立的高等教育机构行使所有权和经营权，这些州立院校生产并出售文凭；联邦政府向公众出售邮政和铁路服务；地方政府出售交通运输服务；等等。在这些国营单位当中，存在着剩余的生产、占有和分配，也存在生产性和非生产性劳动者。但与家庭不同，在国营的场所当中，在国营企业当中，阶级结构要更加接

① 参见 Cassano(2009)，其中对家庭做了详细的阶级分析。不过读者需要注意，如果家庭被缩减为一个不搞生产只进行消费的场所，基于剩余问题所做的阶级分析就不再适用。

近私营企业的资本主义结构。

基于剩余问题对国营机构进行阶级分析还会得出一些有意思的结论。例如,如果国营企业通过向私营企业收费而增加了自己的企业规模和生产能力,不会改变这个社会的资本主义阶级结构,也不会从资本主义变为非资本主义或者说"社会主义"。有观点认为会改变,这是误解了阶级的含义,或者说拘泥于阶级的文字概念,而没有抓住阶级的本质就是对剩余的组织方式。只要国营企业当中的阶级结构和私营企业当中的阶级结构一样,它在理论上就完全可以是资本主义性质的,当今的国营企业通常来说正是如此。生产是国营的多一点还是私营的多一点,只不过是改变了资本主义阶级结构所处的场所,并没有消除资本主义,也没有为另一种社会制度腾出空间——至少当我们关注剩余问题上的阶级时,结论就是如此。

只有当国营企业是按照另一种不同的方式、按照非资本主义的方式来组织剩余的生产和分配,从私营变为国营才会使得生产的阶级结构也相应发生改变,从资本主义变到非资本主义。假如国营企业能够按照共产主义的阶级结构来运行,例如企业的生产性劳动者能够集体地、民主地占有和分配自己所生产的剩余,那么从私营变到国营就会使得生产的阶级结构也从资本主义变为共产主义。

阶级和收入

基于剩余问题来对收入进行阶级分析是简单明了的。某人从事剩余劳动并且/或者接受剩余的分配,他就获得了收入(也就是说,凭借上述职位而获得了一份工资或薪水)。资本家只是一个中介,他获得并分配剩余。资本家本身只应获得很少的收入(事实上,董事会成员通常在履职中只拿很少一点报酬)。

生产性劳动者生产了剩余,他们拿到工资,拿到了自己劳动所创造价值的非剩余部分。非生产性劳动者也拿到了工资,但他们的工资是资本家从生产性劳动者那里占有的剩余中的一部分。资本家把一部分剩余分配给非生产性劳动者,这是为了保障资本主义的生产条件。所以,在剩余问题上对工资进行阶级分析,就可以得出生产性和非生产性劳动者的工资性质是不同的。支付这两种报酬是出于不同的目的:一个是为了让劳动者生产剩余,另一个是为了让劳动者为他人生产剩余而提供辅助。生产性和非生产性劳动者可能意识到也可能意识不到他们之间的区别。他们可能认为大家都是一样的,因为大家的生活体验都是在领工资而已。或者,他们可能是按照专业分工来区分不同劳动者,例如分成白领和蓝领之类。

但我们在剩余问题上对他们进行阶级分析，就要根据他们在剩余的组织方式中所处的不同地位来分析，要对他们做出另一种区分。一类劳动者生产剩余，另一类劳动者辅助生产，靠这种辅助作用来换得一份剩余分配给他们。在剩余问题上进行阶级分析，"工薪阶级"或"工人阶级"之类的概念是很成问题的。工薪收入者或者工人并不是都处在同样的阶级地位。他们分处两类不同的阶级地位，并且这两类人通常对经济和社会运行也有着不同看法，对经济上应该实行怎样的改进和革新、对社会应该实行怎样的革新策略等观点也不一样。

当然，如果我们的目标是把生产性和非生产性劳动者联合成一股社会力量，那么在剩余问题上进行阶级分析也就需要认识到并协调好他们的阶级差异，从而构建并维持他们的统一。如果这种统一只是基于他们都是工薪收入者、都是工人阶级之类，那么从战略上来看并不恰当，或者说可能效果并不好。实际上，资本家及其意识形态帮凶为了阻止这种统一，长期以来总是在强调工薪收入者之间的其他差异（如年龄、性别、种族、技能、教育程度、文化族群、白领蓝领等）。要构建他们的统一性，就需要去研究并认识到这些实际存在的差异，协调好这些差异。对于剩余问题上的阶级差异，同样应当如此处理，否则构建统一性的努力就很可能失败。

相对来说，很少有剩余的生产者会通过获得工资或薪水而富起来。财富首先是要流向生产的保障者手中，剩余价值的占有者会分配给他们一大份，进而控股股东也会从剩余中进行分红，上层经理人则是领取高额薪水和工资包（pay package），这些都是剩余的分配形式。剩余的占有者还要向借贷资本家和土地所有者支付利息和地租，以此来获得对所借货币和土地的使用权，为他自己占有剩余提供条件和保障，利息和地租也是从他所占有的剩余中拿出一部分来进行分配。在这里就体现出了私有制的另一个重要影响，私有制使得生产资料（土地、货币等）的所有者能够从生产中扣下一份给自己。只有当生产资料所有者从资本主义企业所占有和分配的剩余中获得利息和地租收入，他们才会允许别人使用自己所拥有的生产资料，生产才能得以进行。

而如果在共产主义的阶级结构下，因为已经有效实现了企业的民主化，生产性劳动者占有并分配他们所生产的剩余。由谁来获得剩余的分配份额，为什么要获得这个份额，都要由生产性和非生产性劳动者双方集体谈判做出决策。同那种由控股股东和董事会做出的不民主决策（他们会分配给自己最大的份额）相比，共产主义的剩余产品分配的不平等性会小得多。

阶级斗争

马克思在剩余问题上分析阶级也为阶级斗争赋予了新的内容。首先，马克思分析阶级主要是着眼于把一定的阶级作为斗争要实现的目标，而不是作为斗争的主体。根据上文所述阶级分析的复杂性，把“阶级”看作社会中的行动主体是很成问题的。所谓把在剩余问题上的阶级作为社会斗争的目标，既有量的方面，也有质的方面。量的方面包括：(1)所生产和分配的剩余的规模；(2)剩余分配给不同接受者的份额。各个社会群体就是围绕着这些量的方面进行斗争。例如，生产性劳动者和资本家进行斗争，是为了付多少工资、工作日长度，以及资本主义剩余生产和占有的其他问题。又如，资本家和政府进行斗争，是为了在利润当中分多少税收给政府、为了资本主义的剩余分配份额而斗争。围绕剩余的生产和分配在量的方面进行阶级斗争，大致来说，可算是阶级结构中的常态，在奴隶社会、封建社会中也会像资本主义社会一样存在斗争。

有时候，政治和文化方面的冲突积累起来会和经济冲突合流，推动阶级斗争超出剩余的量的问题。此时斗争的目标就会发生变化，例如会变成关于企业究竟要实行哪种阶级结构的斗争，变成资本主义和非资本主义阶级结构的对决。在当今的美国，有一股社会运动就是主张搞工人合作社，以期取代资本主义的公司。参与这股运动的多数人还没有认识到马克思阶级理论对该项运动的意义。马克思的阶级理论指明了合作社和公司这两种企业的差别所在，即它们对剩余的生产和分配有着不同的组织方式。尽管如此，这股社会运动毕竟代表了在质的方面进行阶级斗争的早期阶段。

对财产、权力和剩余等不同问题上阶级概念的研究现状

马克思着眼于对剩余的组织方式进行阶级分析，不同于早先那种财产和权力意义上的阶级概念。各种左派和右派理论对于阶级有着无数种定义，往往这些定义都被挂在了马克思或马克思主义名下，但其实它们只是古典阶级定义的变种，都是从财产和权力来定义阶级。这类定义充斥于政界、舆论界、学术界。很少有人意识到阶级定义具有多样性，也很少有人去费心专门论证一下自己所用的那一派定义。人们在谈到资本主义时，心目中的基本概念仍然是“私营企业＋自由市场”，并认为“社会主义”或“共产主义”之所以同资本主义有区别，就在于“国家管制或国家经营的企业＋国家管制或国家计划的资源和产品分配”。

这种思维模式的关键就是从财产(由谁来拥有企业)和权力(由谁/由什么东西来分配投入和产出)角度来看待阶级,而忽视了企业的内部组织方式。

但是,现在关于阶级的基本概念也不断有一些新观点产生,比较接近马克思关注剩余问题的阶级观点。之所以会产生这些新见解,是受到了两种社会变化的推动。一种变化是过去人们基于阶级的财产和权力定义建立了那么多经济体,但它们都垮台了。人们感受到这些经济体缺乏真正的民主参与,最终他们在理论上认识到,流行的定义具有根本的缺陷。对流行的定义的反思就促使很多人回到马克思,在马克思作品中发现了上文所说的着眼于剩余问题的阶级观点。

第二种社会变化是从 2008 年以来的资本主义全球危机。在西欧、北美和日本这些原先资本主义的中心,绝大多数居民越来越感受到社会运转失常,在经济上贫富分化加剧,政治民主则不断被削弱。人们对于新自由主义所倡导的私营和市场资本主义的批判激增,这类批判观点也会依其各自的方式而回到马克思主义。

一个有意思的地方是,上述两种社会变化都使得人们重新发掘了合作经济。合作社这种经济样态以及相关的理论和理论家在冷战期间是被边缘化的,无论在大众当中还是在学术话语当中都是被边缘化的。合作社及其支持者都怕自己被妖魔化,怕被贴上反资本主义等标签,行事都非常低调。而现在,他们重新高调亮相了。劳动者采用合作的形式来行使企业所有权,合作开展经营,合作进行自我监督等,这些合作化的运营方式尖锐地指向了一种非资本主义的企业组织方式,用合作的方式来组织经济已经成为人们批判当代资本主义、建构非资本主义企业的主流指导思想。加尔·阿尔佩罗维茨(Gar Alperovitz)和戴维·施韦卡特(David Schweikart)等论者并没有直接运用或参考马克思在剩余问题上的阶级理论,但他们在对资本主义进行批判时,要比传统的社会主义者更加关注资本主义企业内部劳动的不平等性。[①] 类似的,迈克尔·A. 莱博维茨(Michael A. Lebowitz)的作品论述了古巴经济发展战略的变革,空前强调劳动者合作经济,这反映出社会主义也在进行反思,在理论上和实践上开始转向基于剩余问题来把握阶级。[②]

在 democracyatwork. info 网站上聚集着一批研究者,他们运用马克思关于剩余的理论和基于剩余问题所做出的阶级定义,或者更准确地说,他们是发展

---

① 参见 Alperowitz(2011)和 Schweickart(2011)。

② 参见 Lebowitz(2014)。

了马克思的理论，创作出了一大批相关成果。这批研究者的努力方向包括对全球资本主义的当代发展做出系统性批判，规划资本主义的替代方案，尤其是规划如何把资本主义的企业变革成工人自我监督的企业。他们的目标就是从马克思所着眼的剩余问题出发，恢复劳动者合作企业在社会变革战略中的核心地位。[①] 资本主义现在是“臭大街”了，马克思与众不同的新的阶级概念就像马克思的众多理论成果一样，正在回归资本主义批判的第一线。

参考文献

Alperovitz, G. 2011. *America Beyond Capitalism: Reclaiming Our Wealth, Our Liberty, and Our Democracy.* 2nd edition. Takoma Park, MD and Boston, MA: Democracy Collaborative Press and Dollars and Sense.

Cassano, G. ed. 2009. *Class Struggle on the Home Front: Work, Conflict, and Exploitation in the Household.* New York: Palgrave Macmillan.

Lebowitz, M. A. 2014. *The Contradictions of Real Socialism*. New York: Monthly Review Press.

Mulder, C. 2015. *Transcending Capitalism through Cooperative Practices*. New York: Palgrave Macmillan.

Piketty, T. 2014. *Capital in the Twenty-first Century.* Cambridge, MA: Harvard University Press.

Resnick, S. A. and R. D. Wolff. 1987. *Knowledge and Class: A Marxian Critique of Political Economy.* Chicago: University of Chicago Press.

——. 2002. *Class Theory and History: Capitalism, Communism and the USSR*. New York and London: Routledge.

Schweickart, D. 2011. *After Capitalism*. 2nd edition. Lanham, MD: Rowman and Littlefield.

Wolff, R. D. 2012. *Democracy at Work: A Cure for Capitalism*. Chicago: Haymarket Books.

Wolff, R. D. and S. A. Resnick. 2012. *Contending Economic Theories: Neoclassical, Keynesian and Marxian.* Cambridge, MA: MIT Press.

---

① 参见 Wolff(2012)和 Mulder(2015)。

第二篇

分析和论述中的若干论题

第四章

剥　削

古列尔莫·卡尔谢蒂(Guglielmo Carchedi)

所谓剥削,就是劳动者所创造的价值中有一定比例被资本所占有。之所以会存在剥削,是因为资本家作为生产资料的所有者购买了工人的劳动力,他强迫工人除了生产出自身再生产所需的资料(即生产出工资品),还要工作更长一段时间。生产这些工资品所需的劳动是必要劳动;生产工资品所需的劳动时间是必要劳动时间。除了这段必要劳动时间,工人所从事的就是剩余劳动,这是必要劳动之外的额外付出。由于在资本主义社会中价值就是工人为资本所付出的劳动,所以既然新增加的劳动可以分为必要劳动和剩余劳动,那么新增加的价值也就可以分为劳动力价值和剩余价值。由于价值(劳动时间)必须表现为货币量,那么必要劳动和剩余劳动也就表现为工资和利润。

剥削首先发生在生产中。只要商品没卖出去,价值和剩余价值就只是潜在的存在。资本家要先向工人付工资,然后再把包含剩余价值的商品被卖出去,那时才轮到价值和剩余价值获得实现。

剥削一方面取决于劳动力的价值,另一方面取决于工作日的长短和劳动强度。

“劳动力价值是由平均工人通常生活的必需品的价值决定的。这些必需品在一定社会的一定时代,量是一定的,所以可以看作一个不变量。”

（Marx 1967，519；参看《马克思恩格斯文集》第 5 卷，人民出版社 2009 年版，第 593 页）

特定时间点上的劳动力价值是一个给定的量。然而由于各种因素的影响，特别是由于价值与工资之间关系的影响，劳动力价值会随着时间而变化。工资是在生产周期开始的时候，在雇佣劳动力时就已经商定好的，但要在生产结束时才会支付，其间劳动者必须自己垫支工资。这里的工资就可以说是劳动力价值的货币表现，这些货币可以表现（不同类别的）劳动者的（客观的和精神的）社会必需工资品的数量和质量。当新的一个周期开始时，资本家可能会压低工资，工资就低于劳动力的价值。但是，如果工资每次都低于劳动力的价值，那么就会成为劳动者新的生活标准，劳动力的价值就会下降。这样一来，工资下降也就成了劳动力价值下降的货币表现形式。因此，资本与劳动之间的力量对比也参与决定了劳动力的价值和剥削率（Marx 1967，522—523）。

在某些有利（于劳动）的历史条件下，以前属于奢侈品的商品也可能被算入生活必需品（工资品）范畴，例如由于工人阶级力量的强大，或者由于这些奢侈品的生产变得更加便宜。如果这样的时间段足够长，那么劳动力的价值就不再固定在原值上，它已经因为上述因素而变化了。但如果这些有利条件不再满足，那么纳入工资品范畴的奢侈品就会重新划归奢侈品。

我们假定劳动力的价值（在短期内）是给定的，那么剥削就由三个因素所决定：工作日的长度（工作日越长，价值和剩余价值的量就越大）、劳动强度（劳动强度越大，所创造的价值和剩余价值就越多）和劳动生产率（例如，如果生产率提高，给定数量的工资品所包含的价值就会减少，导致实际工资下降，进而导致劳动力价值的下降）。

劳动者出卖劳动力换取工资时，还没有形成剥削，劳动力的出售只是剥削的一个条件。因为劳动者必须出卖自己的劳动力，资本家才能迫使他们的劳动时间超出再生产所需要的时间。马克思这种观点和新古典经济学截然不同。

在新古典经济学看来，运转良好的经济体系当中不存在剥削。剥削是由于工资和边际产品的价值之间的差额造成的，因为从长期来看，劳动和所有其他生产要素都是按照边际生产力来付钱的，剥削是体系自我纠正失灵的表现，而不是像马克思认为的是体系中的一个基本要素。新古典经济学认为经济是均衡的，或者说具有均衡的趋势，这个观点既不符合马克思文本中的论证，也与经验上可观察到的现实相矛盾。新古典经济学观点的基础是**经济人**假设，这只是一个意识形态上的想象，并没有什么科学性（参见 Carchedi 2011，Chapter 2，Section 6）。

也有论者是从新李嘉图主义的立场来看问题的，他们否认剥削是资本占有了一部分劳动所创造的价值。例如，G. A. 柯亨（G. A. Cohen 1979）认为劳动并不会创造价值：

“如果劳动创造价值，那么过去劳动就创造价值；如果过去劳动创造价值，那么过去劳动就决定了产品的价值。但是劳动价值论认为，价值量是由当前劳动的必要劳动时间所决定的。”

这种观点是对马克思理论的严重扭曲。《资本论》第一卷对资本主义生产过程的分析中讲得很清楚，过去劳动**在过去**创造了新价值，过去的生产过程中将价值输出，而这些价值又被输入了当前生产过程中，**转移**到了当前商品的价值中。当前的劳动决定了**当前**所创造的新价值。因此，商品的价值是由过去和当前的劳动**两者**共同赋予的，而不是像柯亨所错误引申的那样要在过去和当前的劳动之间**二选一**。

柯亨对他所理解的那种劳动价值论持否定态度，他认为劳动并不创造价值，而只是创造了使用价值。劳动创造的东西有价值，但价值并不是抽象劳动。柯亨的这种批评意见背离了马克思理论的一个基本观点，即对具体劳动和抽象劳动的划分。在马克思看来，劳动在每时每刻都既是具体劳动（创造使用价值的劳动），又是抽象劳动（创造价值和剩余价值的劳动）。以柯亨为代表的新李嘉图主义观点忽视了抽象劳动，因此和马克思的理论不具有内在逻辑一致性，并不是马克思的理论，而是另一种不同的理论。同时，这个理论难以克服不可公度性（incommensurability）问题，因为具体劳动从定义上来说就是具有差异性的，不同的具体劳动之间缺乏一个可供比较（可相加、相减等）的共同因素。如果认为是货币使得不可公度的使用价值变为可公度（commensurable），那就忽视了货币本身也是价值的表现，如果货币是表现使用价值，它就不可能执行公度的职能。为了实现可公度，货币必须是代表抽象劳动。只有抽象劳动才有可能进行比较，但新李嘉图主义否认其存在。

同时，他们对价值形式的理解也导致了对马克思剥削理论的偏离，克里斯·亚瑟（Chris Arthur）是这种观点的主要代表。亚瑟区分了两种剥削形式，即“生产中的剥削”和“分配中的剥削”。首先来看他所谓的“生产中的剥削”。由于劳动者在整个工作日中都在为资本工作，所以剥削“涵盖了整个工作日”，而不仅仅是所谓的“剩余劳动时间”才存在剥削（Chris Arthur 2004，55）。因此，抽象劳动并不生产价值，它只生产剩余价值。在亚瑟看来，价值和剩余价值是资本在剥削行为中所“设定”出来的，而不是创造出来的。但这里所谓的“设定”只是一个托词，是**搪塞**的说法，它所起到的作用无非就是掩盖了价值是被创造出来的这一事实。如果价值不是由劳动创造出来的而是由资本所“设定”的，那么也就可以说不是由劳动创造了价值和剩余价值，而是资本创造了它们。这种说法是与马克思的理论内核相悖的，甚至我们只要稍作简单观察就可以看出这种观点的矛盾之处。如果剥削“涵盖了整个工作日”，那为什么资本家还要不断地减少必要劳动时间（即降低工资）而延长剩余劳动时间（即提高利润）呢?

在亚瑟看来，资本所能设定的价值数量可以用社会必要剥削时间（socially necessary exploitation time，SNET）来度量，即从事控制和监视工作的社会必要时间。但这样一来，理论上就存在不一致了。一方面价值可以通过社会必要剥削时间（SNET）来度量，另一方面又可以通过社会必要劳动时间（socially necessary labor time，SNLT）来度量（Arthur 2004，205）。

亚瑟所谓的“分配中的剥削”概念同样存在问题。他专门补充强调说，分配中的剥削“源于新创造出的财富和生产中被剥削者所获**回报**之间的差距”（Arthur 2001，33）。但是，如果价值是由资本根据社会必要剥削时间来“设定”的，亦即如果劳动者并不创造价值，那么也就不需要回报给他们什么财富（价值），只有“设定”价值的资本才需要给回报；那么将这一思路推到极致，反而可以说是劳动剥削了资本。

与上述这些否定和消解剥削的理论相反，马克思主义的女权主义学派则试图推进对于资本主义本质和剥削性质的认识。狄克逊（Marlene Dixon 1977）认为，职业女性受到了超额剥削。这一方面在于她们进入劳动力市场时除了要像男性劳动者一样被剥夺剩余劳动，还会被迫从事比男性劳动者更加低质和低薪的工作，并且即使在这种工作当中，她们的收入也低于男性；另一方面超额剥削还源于核心家庭当中“资本拒绝对劳动力生产和再生产所消耗的劳动力提供补偿”。

弗拉德等人（Fraad，Resnick and Wolff 1994，Chapter 1）主张在家庭中也存在剥削，他们对此进行了有力论证。他们把剥削定义为男性对女性家务劳动所创造的使用价值的占有。这种理论扩大了剥削的概念，将非资本主义生产关系中对使用价值的占有也算作剥削，这一方面有助于在概念上凸显这类经济压迫，但另一方面用相同的词语来表述资本主义和非资本主义的不同情形，也就间接地弱化了资本主义剥削在历史上的特殊性。

不可否认，女性在其家眷和她自身劳动力的再生产当中发挥着举足轻重的作用，她们在进行这种再生产家务劳动时也的确受到了压迫，对于她们这种有利于社会的不可或缺的劳动当然应该给予回报。但是在家庭内部，女性并不是直接被资本所雇佣的，因此也不会受到资本主义意义上的剥削。女性所受到的剥削（即压迫）不仅和资本主义剥削分属不同类型，而且这种剥削对资本主义体系的再生产所造成的影响也不同于资本主义剥削。仅举一个例子来说明：资本主义剥削会造成资本主义体系的危机，而女性所受的家庭剥削（压迫）则不会有这方面的影响。

马克思的政治经济学批判认为，**精神生产**中的剥削不能用劳动时间来度量，但也可以参照劳动时间的度量方法来进行处理。精神生产中所实现的利润除以支付给精神劳动者的工资，就得出了货币形态的剥削率。我们可以用这个比率来度量精神劳动者的工作日，得到劳动时间形态的剥削率。劳动价值理论和剥削理论不仅适用于物质商品的生产，而且适用于知识的生产（Carchedi 2014）。

参考文献

Arthur, C. 2001. "Value, Labour and Negativity." *Capital and Class* 73: 15–39.

——. 2004. *The New Dialectic and Marx's* Capital. Leiden: Brill.

Carchedi, G. 2011. *Behind the Crisis*, Leiden: Brill.

——. 2014. "Old Wine, New Bottles and the Internet." *Work organization, labour and globalization* 8(1).

——. Forthcoming. "Crises and Marx's Law." In G. Carchedi and M. Roberts, eds., *The World in Crisis*. London: Zero Books.

Cohen, G. A. 1979. "The Labor Theory of Value and the Concept of Exploitation." *Philosophy & Public Affairs* 8(4): 338–360.

Dixon. M. 1977. "On the Super-Exploitation of Women." https://www.marxists.org/subject/women/authors/dixon-marlene/super-exploitation.htm (accessed September 29, 2016).

Fraad, H., S. A. Resnick, and R. D. Wolff. 1994. *Bringing It All Back Home: Class, Gender, and Power in the Modern Household*. London: Pluto Press.

Marx, K. 1967. *Capital*, Volume I. New York: International Publishers.

第五章

劳动和劳动力

埃里克·K.奥尔森(Erik K. Olsen)

对劳动和劳动力进行区分是马克思主义政治经济学中的一个基本概念,也是马克思在《资本论》第一卷中提出的核心观点之一。马克思这一创见具有十分深远的理论意义,有助于我们理解一系列重大问题:剩余价值的来源,绝对和相对剩余价值,资本和劳动的关系,劳动过程,生产技术的演变,管理和监督在资本主义企业中的作用,宏观经济运行,等等。马克思《资本论》第一卷把**实际**进行的劳动同劳动的**能力**或者说**潜能**区分开来,并引入了"劳动力"一词来专门指称这种能力(Marx 1967a,167,171)。两者的区别很明显:劳动力是生产的能力或潜能,劳动则是实际进行的生产。而两者之间的联系则被描述为"劳动力的使用就是劳动本身"(177;见《马克思恩格斯文集》第5卷,人民出版社2009年版,第207页)。劳动和劳动力之间之所以存在差异,是由于工人投入的实际工作量是可变的,他们工作的速度或者强度可以低于他们能力所及的水平。

一切形式的生产当中都存在劳动与劳动力之分,但对于资本主义生产而言,这一区别尤其重要,因为劳动力和工资之间的交换是进行劳动的前提。工人在市场上出售其劳动力,资本主义生产商则购买劳动力投入生产。雇主一旦购买了劳动力,就要使用这些劳动力,要让工人在他们的指挥下进行劳动(Marx 1967a,175－176,ch. Ⅶ)。但与其他商品不同的是,资本主义购买的劳动力商品还只是一种潜能,消费这些劳动力实际能获得多少劳动量要取决于工人在生产中的表现,从而劳动力商品的购买和消费就有一个独特之处:资本家购买的只是潜在的东西,他们最终能获得多少东西取决于他们从劳动力中提取劳动的本领有多大。

马克思在《资本论》第一稿(《政治经济学批判大纲》)中发现了劳动力商品的独特之处,他第一次(Nicolaus 1973,20—21,44—47)明确了劳动和劳动力的区别(虽然他还没有开始一以贯之地使用这个新术语),并且重点关注了劳动力商品的交换问题。[①]

"如果我们现在进一步考察资本与劳动之间的交换同简单交换(流通)在内容上的不同,那么我们会发现……**在资本和劳动之间的交换**中,(出售劳动力换取工资)**是交换,是完全正常的流通**;(从劳动力中提取劳动)**是一个在性质上与交换不同的过程,只是**由于滥用字眼,它才会被称为**某种交换**。这个过程是直接同交换对立的;它本质上是另一种范畴。"

(Marx 1973,275;参看《马克思恩格斯全集》中文第一版第 46 卷上,第 232 页)

从劳动力中提取劳动是不同于简单商品交换的"另一种范畴",因为在完成商品交换之后,买方开始消费商品时还会存在斗争,斗争结果要受到交换双方的相对实力、谋划、组织性和阴谋诡计等的影响。对于两种过程之间的区别,马克思带有嘲弄地说,流通领域是"天赋人权的真正伊甸园",而在"隐蔽的生产场所"当中则要围绕劳动过程开展斗争,生产需要由斗争来驱动(1967a,176;见《马克思恩格斯文集》第 5 卷,人民出版社 2009 年版,第 204 页)。众所周知,泰勒(Frederick Taylor 1919,10,49—51)曾经用"科学"的方法来帮助管理人员从劳动力中提取劳动,他很形象地把这种斗争称为车间里的"战争",可见在出售劳动力换取工资的简单商品交换之后,交易双方在实际交付商品时就完全是另一番景象了,双方要陷入一场战争。

形式化定义

马克思对劳动力概念进行了非常严密的界定,但劳动力要如何度量还是一个很大的问题。劳动力有两个维度:持续时间和能力。劳动力的持续时间可以很容易地用时间作为单位进行度量,在大多数工作场合,监督工人投入工作的时间本身也是一种常规操作。但工人投入工作的能力就不太容易进行观测或

---

① 最早是由恩格斯指出,马克思直到 19 世纪 50 年代末才揭示出了劳动和劳动力的区别(Engels 1976,5—6)。恩格斯认为马克思这个发现非常重要,以至于他在再版马克思一些早期著作时,仍按照这一区分修订了原文。

度量了。相对来说，人们都会承认在人体当中存在某种能力，但这种能力可能是依赖于情境的、可变的，甚至拥有这种能力的人本身可能也不完全知道自己拥有多少能力。例如，一个工人的知识和技能可能是在其一生中不断增加的，但他身体的能力则先是会逐渐增加，到一定年龄之后又转而下降。不过虽然存在这些难题，但我们说一个工人在一个时间点上拥有那么一套可供发挥的能力，这大致还是可以成立的。

我们用 L_p 来表示从一个工人那里购买的劳动力数量。它可以定义为：

$$L_p = t\alpha \tag{1}$$

其中，t 是时间单位，α 是一个指数（一个无量纲的数值），表示这个工人在其受雇岗位上相对于总体工人来说发挥了多大能力。如果雇主是从能力各不相同的工人群体当中雇佣了大量人员，那么可以说这些雇员的劳动力也就反映了人群的平均能力，此时这组工人的 $\alpha=1$，L_p 只要简单测算持续时间即可。

劳动量有三个维度：持续时间、能力和强度。前两个维度可以从劳动量和劳动力的关系当中直接推导出来，但第三个维度则要取决于工人努力程度的变化。事实上，劳动和劳动力之间的关键区别就在于劳动者的努力程度是可变的，实际的劳动量取决于劳动者在这段时间内所发挥出来的技能和能力。用马克思的话来说，“劳动强度的提高是以在同一时间内劳动消耗的增加为前提的”（1967a，524；见《马克思恩格斯文集》第5卷，人民出版社2009年版，第599页）。当劳动者所付出的努力最大化时，其产出也会最大化，进而使得企业利润最大化，但我们完全可以想象，工人并不会按照这个标准来努力。马克思（1967a，331—332；1972，505）强调，雇主和雇佣工人之间存在着不可避免的“利益对立”，因为工人会倾向于选择有利于他们自身福利的努力程度，而不是追求企业利润最大化。独立的商品生产者要是提高了自己的劳动强度水平，他是可以从中直接受益的，而工人和雇主是工资雇佣关系，工人并不会因为劳动强度高而受益，他这样做只会有利于雇主，给雇主带来更高的利润。增加劳动强度符合雇主的利益，但工人则承担了成本，他们的劳动增加了。① 由于劳动者的努力程度具有可变性，再加上资本主义雇主与雇佣劳动者之间存在利益对立，这就使得如何从劳动力中提取劳动的问题成为资本主义社会的普遍性问题。

---

① 当然，工人也可能会觉得自己从劳动中毕竟还是有回报的，但是这种意识并不会持久，因为雇主会不断增加劳动速度和强度，并且通过搞机械化和专业细分化来改变劳动过程本身。无论劳动对于工人来说有什么魅力，资本主义都不会把这一点作为自己生产的目的。资本主义的初心是创造利润，而不是职业满足感。

其后，鲍尔斯(Bowles 1985)[①]把劳动者的努力程度定义为 l^*(以每小时的劳动量来度量)，从而工人的劳动总量 L 就可以被定义为：

$$L = l^* L_p \tag{2}$$

定义式(2)中把努力程度和劳动持续时间两个因素区分开了，有助于我们理解马克思主义经济学中若干重要观点。

区分劳动和劳动力对资本主义企业和经济的影响

马克思基于劳动和劳动力的区分所得出的第一个重要成果，就是解释了剩余价值的起源问题。要解释剩余价值(以及由此产生的利润)的来源，就需要解释为什么资本主义企业家按交换价值购买了商品投入生产，最终却会产出比投入更高的价值。企业家用货币换取了劳动力和其他生产资料，这是等价交换，但随着生产过程中对劳动力和其他劳动生产资料的消费，最后生产出来的商品的交换价值要超过生产成本。所以在这些投入被消费的同时，肯定还创造出了更多的一些东西。马克思把多出来的东西称为“Mehrwert”，字面意思就是“更多财富”或“更多价值”，马克思在解释这些多出来的东西的起源时指出：

“因此，这种变化只能从这种商品的使用价值本身，即从这种商品的消费中产生。要从商品的消费中取得价值，我们的货币占有者就必须幸运地在流通领域内，即在市场上发现这样一种商品，它的使用价值本身具有成为价值源泉的独特属性，因此，它的实际消费本身就是劳动的对象化，从而是价值的创造。货币占有者在市场上找到了这样一种独特的商品，这就是劳动能力或劳动力。”

(1967a，167；见《马克思恩格斯文集》第 5 卷，人民出版社 2009 年版，第 194—195 页)

消费劳动力的过程也就是创造价值的过程，因为按照定义来说，价值就是由人们所进行的(社会必要)劳动来创造的。由于雇主所支付的劳动力成本不是由劳动者提供的劳动力数量决定的，所以雇主可以提取出比自己购买成本更高的劳动量。但我们要注意，如果想让在消费劳动力的过程中所获得的劳动量超过购买劳动力所花费的货币形式的劳动量，就必须达到足够的劳动时长 L_p 和劳动强度 l^*。既然剩余价值的产生(因而也包括利润的产生)受到这两个因素的制约，那么如果想让剩余价值的产量提高，同样也要靠这两个因素有所提

① 并参见 Gordon(1981)。

高。要提高绝对剩余价值，就要在不增加工资总额、不减小劳动强度 l^* 的情况下提高劳动时长 L_p。要提高相对剩余价值，就要降低工资品的价值，从而降低实际工资成本，或者是增加劳动强度 l^* 使得每单位劳动力能够提供更多的劳动量。上述这些手段都可以增加剩余价值和利润，不过本文只考察其中的一项，即提高努力程度 l^*。

增加劳动强度

马克思指出①，资本家努力加大工人劳动强度以便提高生产力，因而造成了技术本身的进化：

"资本占有历史上遗留下来的或者说现存形态的劳动过程，并且只延长它的持续时间，就绝对不够了。它必须变革劳动过程的技术条件和社会条件，从而变革生产方式本身，以提高劳动生产力。"

（1967a，315；见《马克思恩格斯文集》第 5 卷，人民出版社 2009 年版，第 366 页）

马克思的这个观点非常尖锐地指出了生产技术和生产方法并非只是技术问题，不是独立于阶级关系的自主存在，而恰恰是阶级关系造就了生产技术和生产方法。

从对机器大生产的早期调查研究中，我们可以显著观察到资本主义企业的中心任务就是围绕控制生产速度开展斗争。尤尔的《工厂哲学》（Ure 1835）研究了英格兰北部制造业自阿克莱特在克罗姆福德建立第一家工厂之后 60 年间的发展，在尤尔看来，发明水力纺纱机只能在阿克莱特的成就里排第二位，他第一位的成就是让工人服从工厂纪律。

"我认为，主要的困难并不在于发明一种好用的自动机器来把棉花拉出来并捻成一条连续的线，而是在于要把机器的不同部件安排成一个协同的机体，以适当的精度和速度来推动每个部件，其中首要的就是训练人类摒弃他们散漫的劳动习惯，使他们认同自动化复杂运行中的各项规矩。要设计并执行一套适应工厂需要的纪律，这项任务非常艰巨，而阿克莱特成功做到了，这是他的伟大成就。即使在今天制度已经高度完善，要花的工夫已经降到最低限度，我们也几乎不可能把过了青春期的人改造成工厂可用之才，无论是农民还是手工业

---

① 这个观点出现在《资本论》第一卷第四篇（Marx 1967a）。

者，都不可能对他们再进行改造了。尽管他们也会付出一些努力试图克服萎靡不振或桀骜不驯的习惯，但最终他们要么自己辞工，要么因为疏忽而被监工开除。”

(15—16；转引自 Marglin 1974，84—85)

尤尔正确认识到了克服工人对新劳动方式抵触的重要性，但他低估了阿克莱特的技术创新——用水力驱动持续性生产以取代手工业技术——本身就有助于工厂对工人进行纪律处分，这项创新使得雇主能够独断劳动速度。工厂的工人不再控制劳动过程，他们本身要受到机器的控制。在此之前，手工业工人是可以自己调节劳动节奏的，因此他们可以选择尤尔所说的“断断续续”的速度来劳动，而不是按照雇主希望的速度来劳动。

一些论者对马克思的观点加以阐发并形成共识，认为资本主义的雇主使用生产技术本身就是为了控制生产过程并提高劳动速度。马格林(Marglin 1974)研究了阶级关系在从前资本主义生产方式向资本主义生产方式的转变中所发挥的影响。在这一转变中，行会和手工业生产首先是演变为包买制，其后在马克思(1967a，336，ch. XIV)所说的“工场手工业”时期出现了大规模的工场，最终随着机械化的逐步实现，也就产生了现代资本主义的生产技术。马格林有力地论证说，这场演变的每一步都不是技术优势的结果，而是资本主义为了从工人手里夺取对生产过程的控制权才造成的(Marglin 1974，84)。例如他指出，工场手工业所采用的基本设备和技术与家庭生产是相同的，但工场将工人们从各自的家中搬到了同一屋檐下汇聚起来，从而就可以直接对工人进行监督和纪律约束，这在以前是不可能的。一个织布工揽活在自己家里工作和出卖劳动力在一个大工场工作，其中一个重要区别就是工场的雇主可以告知雇佣工人以怎样的速度工作。生产力的提高并不是因为实际生产过程发生了变化，而是由于雇佣工人必须听指挥；独立生产者则可以按照自己的速度自由工作，所以雇佣工人的生产力才提高了。只有在最歪曲的意义上，强迫劳动者采用同样的设备更努力地工作才能被称为技术的改进。但是，一旦工厂碰到有独立生产者的产品与自己竞争，那它就必须加快生产速度，否则就会失去竞争力。不同私人劳动者的产品在市场上相互竞争，这就迫使所有人都不得不面对同样严厉的纪律。

布雷弗曼主要关注资本主义出现之后的时代，他分析了劳动过程从早期工业资本主义变革为现代生产的推动力量。布雷弗曼强调了泰勒在这个时期对工业设计的影响，并提出了推动这一变革的三个基本原则(Braverman 1974，112—121)：(1)“劳动过程与工人技能的分离”(后来人们将之称为“去技能化”)；(2)生产的规划设计与实际执行的分离；(3)管理层对生产过程的知识垄断。生产过程原本是由直接生产者所控制的，因为这些生产者在从事独立手工业或行会形式的生产时会自己开发知识、方法和技术，而由于上述三项原则的共同作用，生产过程变成了管理层控制之下的程式化过程，生产所需的基本技能也相对比较容易获得。资本主义通过这种方法获得对劳动过程的控制之后，雇主就可以独断生产的速度和产出，他要更换某个工人也会相对比较容易，消除了由技能导致的工资溢价。

劳动过程的这种变革也对资本主义企业的选址具有重要影响。戈登（Gordon 1977）、皮特（Peet 1987）和奥尔森（Olsen 2010）等人都关注了工人和资本主义雇主之间围绕企业选址问题所进行的斗争，利用搬迁的手段可以加强对工作场所的管理控制。一旦雇主不再需要雇用特定地区掌握特定工艺的熟练工人，他就可以到工资水平低、劳动力充足的地方选址进行生产。企业和整个行业都可以摆脱历史传统区域，摆脱原先已经成为惯例的工资水平、规章制度、工作标准、地方文化（包括劳工斗争）、社会预期等。[①] 围绕劳动过程的控制权所进行的斗争——这一斗争归根结底是由从劳动力中提取劳动的压力所驱动的——影响着资本主义生产的地理分布，也是新自由主义和全球化不断发展的一项重要内容。

事实证明，去技能化、规划设计和实际执行的分离、对知识的垄断都是资本家控制生产过程的成功路径，资本家得以从劳动力中提取出更多劳动。但这些方法的效果也会受到限制，特别是受到20世纪30年代广泛兴起的工会运动的限制。爱德华兹（Edwards 1979，ch. 8）认为，工会给工人提供了一种在工厂讨价还价的手段，限制了雇主用技术手段来全面控制生产过程的能力。由于20世纪20年代普遍采用的泰勒主义（即布雷弗曼所认定的“技术控制”）并不足以在已经组织起工会的工厂中控制生产，因而管理层不断改进他们的控制手段，在“二战”以后进入了“官僚控制”时期。爱德华兹将官僚控制定义为：

> “内嵌于企业的社会化和组织化结构之中，并已经融入了岗位划分、工作规则、晋升程序、纪律、工资标准、责任界定等各方面……官僚控制最根本的一点就是企业中官僚权力的制度化。工作任务的确定和指挥，工人的业绩考核，奖惩的分配，都取决于精心设计、系统制定的既有规则和程序。”

---

① 在经济地理学领域，弗农（Vernon 1966）的产品周期理论极富影响力，他用产品的引进、成熟化和标准化来解释产业区位的变化，认为“从当地吸收熟练劳动力之类的经济要素”或“严重依赖外部经济”的生产过程无法出于降低生产成本的目的就进行搬迁。但有一点弗农及其信奉者都没有认识到，那就是生产技术并不是静态的，要实现生产的“标准化”，就要将其与带有当地特点的各项投入要素和整个当地经济脱钩，实现地域流动性，而从布雷弗曼开始的马克思主义理论正是研究了这种生产技术变化的情形。

(Edwards 1979,131)

但是爱德华兹所说的官僚控制并不是取代了技术控制,而是对技术控制进行了改进。这种官僚作风增长最明显的表现之一,就是战后资本主义企业在监督以及其他非生产性工作岗位的雇员增长。戈登(Gordon 1981;1990;1996,46—51)长期以来运用多种数据来源考察了不同分类口径下的生产/非生产或监督/非监督的分布状况,论证了美国企业官僚规模和监管强度从 1947 年以后都是在大幅增长,到 20 世纪 80 年代初达到了高点。[①]

爱德华兹的官僚控制理论和戈登的相关实证研究也证明了马克思在《资本论》中提出的一个重要观点:管理之所以具有(与其协调功能完全无关的)监督和纪律约束的功能,也是劳动和资本之间利益冲突所造成的结果。监督和纪律约束在资本主义的工作场所是根深蒂固的,但我们需要从一个历史的视角来认识它们,它们其实是由对立的生产关系所造成的。马克思指出,资本主义社会中存在的这种利益冲突,"凡是建立在作为直接生产者的劳动者和生产资料所有者之间的对立上的生产方式中"(1967b,384;见《马克思恩格斯文集》第 7 卷,人民出版社 2009 年版,第 431 页)都会存在。马克思反复指出了奴隶制与资本主义在这一点上具有相似之处(1967a,332;1967b,382—390;1972,355,507),并且针对其他一些经济学家未能认识到这一点进行了严厉批判。他在《资本论》第三卷(1967b,382—390)中分析管理的作用时得出结论说:只要生产还是建立在直接生产者和生产资料所有者对立的基础之上(例如在奴隶制和资本主义的情况下),监督和纪律约束就是必要的,非此便不能克服工人对生产的抵触。用马克思的话来说:"这种对立越严重,监督所起的作用也就越大。"(Ibid.,384;见《马克思恩格斯文集》第 7 卷,人民出版社 2009 年版,第 431 页)作为对照,马克思也展望了当时正在兴起的生产关系:"在合作工厂中,监督劳动的对立性质消失了,因为经理由工人支付报酬,他不再代表资本而同工人相对立。"(Ibid.,387;见《马克思恩格斯文集》第 7 卷,人民出版社 2009 年版,第 436 页)

马克思认为,监督和纪律约束是工人和资本主义雇主之间利益对立的必然结果,而他又认为在生产者的合作社中这一对立已经消除,那么也就可以推论说,在归工人所有的企业当中,监督人员和生产工人的比例应该有所降低。格林伯格(Greenberg 1986)曾对美国西北太平洋地区的胶合板合作社进行过研究,这可以为上述推论提供实证支撑。格林伯格指出,"(工人合作社)很容易管

---

① 戈德斯坦(Goldstein 2012)认为并不存在高点,管理人员岗位和工资从 1984 年到 2002 年一直在增长。

理生产，每个班次的工头不超过两名，而且往往只有一名，（常规所有制的工厂）通常需要六到七名。”（Greenberg 1986，45—46）

技术增加了劳动强度，也在很大程度上改变了企业本身。但是，从马克思主义的视角来看，企业总是存在于社会环境当中的，它既受到环境的影响，同时又影响环境。例如马克思认为，在失业率上升的时期，“失业工人的压力又迫使就业工人付出更多的劳动”（Marx 1967a，640；见《马克思恩格斯文集》第5卷，人民出版社2009年版，第737页）。因为就业工人受到失业的迫切威胁，被迫提高自己的努力程度。由于这个重大创见，如何提取劳动的问题也成为马克思经济周期理论当中的一个重要内容（Marx 1967a，612—640）。①

由于失业对劳动具有纪律约束作用，因而卡莱茨基（Kalecki 1943）对资本主义经济能否保持充分就业持怀疑态度。② 他认为，失业是资本主义的一个永恒组成部分，因为如果没有失业，那么雇主最重要的纪律约束手段，即他解雇工人的权力就失效了。在资本主义经济中，失业是必需的，雇主要依靠失业的帮助才能从劳动力中提取出劳动，维持自己的阶级地位。鲍尔斯（Bowles 1985）对这一观点进行了形式化演绎，在他的模型当中，工人的努力程度取决于两个因素：一是失业成本，二是雇主进行监管或者监督的水平。努力程度和这两个因素成正相关。失业成本取决于失去原岗位后找到替代岗位的可能性，而这种可能性是与失业率负相关的。所以，失业成本随着失业率增加而增加，工人的努力程度也是如此。③

按照马克思理论的预测，劳动生产率是反周期的（它的上升期就是生产的下降期和失业率的上升期），这在美国经济中存在正反两方面的实证。从传统口径下的生产率（每个工人的产出）来看，1947年到20世纪80年代初期基本是顺周期而非反周期的，而在20世纪80年代初以后的几十年则基本是反周期的。基于这种实证表现，马克思关于失业和工人努力程度之间联系的观点不太受重视，人们为了解释上述实证现象提出了“劳动囤积”（labor hoarding）的概念。所谓劳动囤积，就是企业愿意付给工人更多的工资，超过了维持对产品的有效需求所必需的限度，这是管理层在官僚控制时代使用的一种奖励手段。按

---

① 古德温（Goodwin 1967）对马克思的经济周期理论进行了形式化，他假定劳动生产率的增长速度是外生的，但这只是片面理解了马克思完整的经济周期理论。

② 另参见博迪和克罗蒂的研究（Boddy and Crotty 1975），他们立足于卡莱茨基对失业问题的政治因素的分析和马克思的经济周期理论（其中分析了失业对生产率的影响），发展出了一套政治商业周期理论。

③ 在鲍尔斯后来的作品中，基本的动力学解释仍然是与此一致的（Bowles 2005，ch. 8），但新模型中把失业成本这一项替换成了工人的替补方案的价值。

照这种解释，之所以在20世纪80年代出现了劳动生产率的反周期运动，是由于官僚控制衰落，新自由主义时代劳资关系形式变得越来越严酷。

结论

劳动与劳动力的区分是马克思主义政治经济学理论和实践中的一个基本概念。因为工资和劳动力的交换是资本主义的普遍特征，劳动和劳动力之间的差别也就带来了劳动力提取的问题。这个问题影响十分深远，因为企业为了克服劳动力提取难题、为了最大限度地提取剩余价值和利润而采取了许多重要的方法，资本主义企业的基本特征和资本主义宏观经济的各方面表现，实际上都是受到这些方法的制约才形成的。

对于劳动提取问题所造成的影响，相关研究还并不全面，还有很多值得关注和分析的问题，在此只略举其中两个提请读者注意。第一个问题是社会关系与社会生产力之间的关系。柯亨和金里卡[Cohen 2000(1978)，134－135；Cohen and Kymlicka 1988]持一种严格的技术决定论立场，认为：(1)生产力是自主进行发展的；(2)生产力对于社会的其余部分具有决定性影响，其他部分要和生产力发展相适应。他们的观点非常清晰，但本文观点与之相反，前文中我已经论述指出，生产力本身是由普遍存在的社会关系所深刻塑造的，生产力和社会关系之间的关系是相互影响的，并不是一方具有自主性和本原地位，而另一方要从属于它。第二个值得注意的是进步性经济政策的问题。由于劳动和劳动力之间存在区别并且带来了劳动提取的问题，人们也就有可能认识到劳动力交换工资的社会制度存在缺陷，如果采取某种工人集体所有制的形式，社会制度会变得更好。集体所有制消除了直接生产者和生产资料所有者之间的对立关系，从而可以从利益对立的根源上解决劳动提取问题。但在当今，决策者和进步性社会变革的倡导者们都不太重视这种形式的企业所具有的优越性。

参考文献

Boddy, R. and J. Crotty. 1975. "Class Conflict and Macro-Policy: The Political Business Cycle." *Review of Radical Political Economics* 7(1): 1–19.

Bowles, S. 1985. "The Production Process in a Competitive Economy: Walrasian, Neo-Hobbesian, and Marxian Models." *The American Economic Review* 75(1): 16–36.

Braverman, H. 1974. *Labor and Monopoly Capital*. New York and London: Monthly Review Press.

Cohen, G. A. 2000. *Karl Marx's Theory of History: A Defense* (expanded edition). Princeton, NJ: Princeton University Press.

Cohen, G. A. and W. Kymlicka. 1988. "Human Nature and Social Change in the Marxist Conception of History." *Journal of Philosophy* 85(4): 171–191.

Edwards, R. 1979. *Contested Terrain*. New York: Basic Books.

Engels, F. 1976. "Introduction." In K. Marx, *Wage-Labour and Capital, Value Price and Profit*. New York: International Publishers.

Goldstein, A. 2012. "Revenge of the Managers: Labor Cost-Cutting and the Paradoxical Resurgence of Managerialism in the Shareholder Value Era, 1984 to 2001." *American Sociological Review* 77(2): 268–294.

Goodwin, R. 1967. "A Growth Cycle." In *Socialism, Capitalism, and Economic Growth*, C. Feinstein, ed., Cambridge: Cambridge University Press.

Gordon, D. M. 1977. "Class Struggle and the Stages of American Urban Development." In *The Rise of the Sunbelt Cities*, D. C. Perry and A. J. Watkins, eds. Beverly Hills, CA: Sage Publications.

——. 1981. "Capital-Labor Conflict and the Productivity Slowdown." *The American Economic Review* 71(2): 30–35.

——. 1990. "Who Bosses Whom? The Intensity of Supervision and the Discipline of Labor." *The American Economic Review* 80(2): 28–32.

——. 1996. *Fat and Mean*. New York and London: Martin Kessler Books, The Free Press.

Greenberg, E. S. 1986. *Workplace Democracy: The Political Effects of Participation*. Ithaca and London: Cornell University Press.

Kalecki, M. 1943. "Political Aspects of Full Employment." *The Political Quarterly* 14(4): 322–330.

Marglin, S. A. 1974. "What Do Bosses Do?" *Review of Radical Political Economics* 6(2): 60–112.

Marx, K. 1967a. *Capital*, Volume 1. New York: International Publishers.

——. 1967b. *Capital*, Volume 3. New York: International Publishers.

——. 1972. *Theories of Surplus Value*, Part 3. London: Lawrence & Wishart.

——. 1973. *Grundrisse*. London and New York: Penguin Books.

Nicolaus, M. 1973. "Foreword." In K. Marx, *Grundrisse*. London and New York: New Left Books.

Olsen, E. K. 2010. "Class Conflict and Industrial Location." *Review of Radical Political Economics* 42(3): 344–352.

Peet, R. 1987. "The Geography of Class Struggle and the Relocation of United States Manufacturing Industry." In *International Capitalism and Industrial Restructuring*, R. Peet ed. Boston: Allen & Unwin.

Taylor, F. 1919. *The Principles of Scientific Management*. New York and London: Harper and Brothers Publishers.

Ure, A. 1835. *The philosophy of manufactures: or, An exposition of the scientific, moral, and commercial economy of the factory system of Great Britain*. London: Printed by William Clowes and Sons, Stamford Street.

Vernon, R. 1966. "International Investment and International Trade in the Product Cycle." *The Quarterly Journal of Economics* 80(2): 190–207.

第六章

抽象劳动

布鲁斯·罗伯茨(Bruce Roberts)

在任何社会中,物质再生产活动要生产和分配特定的产品(即生产和分配一定数量的特定使用价值)都需要对资源进行配置,既需要配置自然物质资源,也需要配置人类生产出来的物质资源,这其中最重要的就是人类劳动力。每个特定的使用价值都是由一部分现实的社会劳动在特定活动形式下生产出来的,因此无论何时何地,每个特殊的使用价值都与一组特定的人类劳动之间存在着内在联系。

马克思重点关注资本主义的社会关系,因而他就会碰到社会再生产的深层次问题。资本主义的生产是**为**交换而进行的生产:人们自觉地为了生产出商品而进行生产,生产就是**为了能够**交换,因此生产和交换是整个社会再生产过程中相互作用的两个阶段。当产品是为了作为商品而生产时,它们也就不只是单纯作为特殊的**使用**价值,而同时也是**交换**价值的"承载者",可以按照一定的比例同所有其他商品进行交换。因此,商品具有二重性:作为使用价值,每一种商品都具有特殊的、独一无二的属性,并据此在消费或生产中发挥其效用。但作为交换价值,这些特殊属性是无关紧要的,唯一重要的是它们的共性,即它们都具有可交换性:作为一种交换价值,商品仅仅是社会总产品在量上的一个特定组成部分,通过交换,它能够换取总产品中另一个和它在量上相等的部分。

由于马克思关注资本主义的社会(阶级)关系,所以他立即指出商品的这种二重性是源于生产出这些商品的劳动也具有“二重性”。[①] 一方面，正如上文所述，商品作为在质上具有特殊性的使用价值，正是由该种使用价值所需的特殊劳动造成的：“各种使用价值的总和……表现了同样多种的有用劳动的总和。”（Marx 1976，132；参看《马克思恩格斯文集》第 5 卷，人民出版社 2009 年版，第 55 页）另一方面，作为交换价值的承载者，每一种商品又是在质上相同的，只在量上有差异，所以“作为交换价值，它们代表相同的、无差别的劳动，也就是没有劳动者个性的劳动”（Marx 1970，28；见《马克思恩格斯全集》中文第一版第 13 卷，第 17 页）。用马克思的术语来说，使得商品具有使用价值的各种劳动是**具体**劳动，这些劳动是独特的、有差别的；而使得商品具有交换价值的无差别劳动则是**抽象**劳动、一般人类劳动，这种劳动是从各种具体的劳动形式当中抽象出来的。具体劳动创造了商品的使用价值，但是这些具体劳动同时也是抽象劳动的表现形式，抽象劳动才赋予商品价值：“无差别的人类劳动的单纯凝结……作为它们共有的这个社会实体的结晶，就是价值——商品价值。”（Marx 1976，128；见《马克思恩格斯文集》第 5 卷，人民出版社 2009 年版，第 51 页）马克思在这里进一步提出了价值这个范畴，用以分析市场上商品之间的交换价值比例。

《资本论》第一卷一开头就提到了价值的范畴（此时马克思还没有涉及货币范畴），价值是以抽象劳动时间的单位（小时）来进行度量的。决定商品价值的是“社会必要”劳动时间，即“在现有的社会正常的生产条件下，在社会平均的劳动熟练程度和劳动强度下”所需要的时间（Marx 1976，129；见《马克思恩格斯文集》第 5 卷，人民出版社 2009 年版，第 52 页）。因此，生产任何一种特定商品的特定类型劳动虽然存在个体差异（技能、生产率、劳动强度等），但我们要对其进行平均化处理，把它们都折算成平均社会条件下完成的劳动。各种具体劳动之间的其他方面区别，包括像人们从事劳动的技能会存在质的差异（即“复杂”劳动和“简单”劳动的差异），我们都可以假定用某种办法来“忽略掉”，用马克思的话来说，就是要经过某种“简化”过程，使得相互独立的个别劳动可公度，形成计算价值的无差别（抽象劳动）单位。[②]

马克思在一些段落中对这个把具体劳动简化为无差别抽象劳动的过程进行了更深入的阐述，其中他反复强调了交换在简化过程中的作用，后世理论界

---

① 的确，马克思在 1867 年 8 月 24 日致恩格斯的一封信中（Marx 1987，402）认为，“我的书（《资本论》第一卷）最好的地方”之一就在于指出了“劳动的二重性”。

② 是通过某种单一的简化方法就可以把各种劳动的不同内容处理成抽象劳动，还是说要具体情况具体分析来进行简化（把复杂劳动与简单劳动作为一个专门问题来研究），这个问题一直存在争议，请参见下文。在对复杂劳动和简单劳动问题的早期研究中，最为深入的是希法亭[Hilferding（1904）1949]。

对此有着不同的解读。马克思写道(强调为引者所加)：

“出发点**不**是作为共同劳动的个人劳动，相反，是私人的特殊劳动，这种劳动**只有在交换过程**中扬弃了自己原有性质后，才证明为一般社会劳动。因此，一般社会劳动不是现成的前提，而是实现的结果。……一方面，商品**必须**作为物化的一般劳动时间**进入**交换过程，另一方面，个人劳动时间**成为**物化的一般劳动时间，本身又**只是交换过程的结果**。”

(Marx 1970，450；参看《马克思恩格斯全集》中文第一版第 13 卷，第 34 页)

“(各个生产者的)私人劳动的独特的社会性质也**只有在**……交换中**才表现出来**。换句话说，私人劳动在事实上证实为社会总劳动的一部分，**只是由于**交换使劳动产品之间从而使生产者之间发生了关系。……劳动产品**只是**在它们的交换中，才取得一种社会等同的价值对象性……”

(Marx 1976，165—166；见《马克思恩格斯文集》第 5 卷，人民出版社 2009 年版，第 90 页)

“彼此完全不同的劳动所以能够相等，只是因为……它们已被还原为它们……的共同性质，而**只有交换才能完成这一还原**，使极其不同的劳动产品相互处于同等的条件下。”

(转引自 Rubin[①] 1972，148；见《马克思恩格斯全集》中文第一版第 48 卷，第 189 页)

“**只有**不同种商品的**等价表现**才使形成价值的劳动的这种特殊性质显示出来，因为这种等价表现实际上是把不同种商品所包含的不同种劳动化为它们的共同东西，化为一般人类劳动。”

(Marx 1976，142；见《马克思恩格斯文集》第 5 卷，人民出版社 2009 年版，第 65 页)

显然，马克思认为，各种商品之所以可以在交换中成为等价物、可以具有可公度性，正是由于各种具体劳动之间存在可公度性；因为商品价值是用抽象劳动来表示的，因而才具有了可公度性。但是理论界对于商品可公度性与劳动可公度性之间的关系有着不同的理解，到底是前者单纯“反映”和“表示”了后者，

---

① 这里所引用的段落是从《资本论》第一卷法文版(Marx 1872)的“商品拜物教”一节中翻译而来的。鲁宾强调，这句话的最后部分明确提到了交换，这是马克思插入法文版中的，是作者在有意识地澄清之前德文版相关论述的确切含义。

还是说两者之间存在更为复杂的因果决定关系?[①] 交换结果到底是简单地“表现”或“呈现”**已经在生产环节中**由劳动**决定好了**的数量关系,还是说生产劳动给价值“**定多少量**”也需要由交换环节参与决定?交换在价值决定问题上到底有多大作用?又或者说,我们得以用劳动时间来定量地度量价值,这种可能性本身是否受到了交换的影响?

有人认为,抽象劳动只能用货币来表示,因此也就没有必要去把价值还原为以劳动时间单位来表示。有一些赞成“价值形式”解释的论者形成了一个松散的学派(如 Reuten 1988;Reuten and Williams 1989;Arthur 2004),他们追求“系统辩证法”的方法,试图彻底摆脱价值“实体”的概念,甚至马克思本人所主张的那种价值“实体”他们也要抛弃。在他们看来,劳动是价值的来源,但不是价值的实体和尺度:“产品只有在市场中才成其为商品,生产商品的劳动只有通过货币才成其为抽象劳动”,所以“它在市场上所呈现出的货币形式是唯一的价值表示方式。在进入市场以前并不存在什么价值实体(比如在李嘉图主义的价值概念看来,价值实体就是物化劳动……)”(Reuten 1988,53—54)。商品生产者当然会预测市场的结果,并进行预先计算(“在观念中先进行一下公度”),但是“只有当劳动及其产品在市场上获得确认,才能决定实现多少(增加出来的)价值,在哪里实现”(Reuten 1988,57)。市场会给商品及其价值加上一个货币量度,给商品价值所表示的劳动加上一个货币量度,除此以外,就没必要甚至也不可能去度量生产环节中所进行的劳动:“抽象劳动……是一个对**社会**过程加以确认的范畴(……不是一个关于个别生产过程的范畴)。”(Reuten 1988,57)[②]价值形式学派的特色就在于他们否定用抽象劳动的单位来度量价值的可能性,而其他论者关于价值范畴的阐释一般都是关注价值的定量问题。

大多数论者把抽象劳动理解为定量的尺度,是商品价值的基本构成单位,但其中也有人认为抽象劳动这一尺度并不管用。对于马克思价值理论的批判

---

① 正如鲁宾(Rubin 1972,147)所认识到的那样,这里的问题“涉及了生产与交换之间一个非常严重而深刻的问题……一方面,价值和抽象劳动必须先已经存在然后才进入交换过程中,但另一方面,马克思在几处论述中又说抽象劳动是以交换过程为前提的”。

② 弗雷德·莫斯利(Fred Moseley)和价值形式学派有许多共同点,例如都坚持货币在度量价值的数量时处于首要地位。但莫斯利的不同之处在于,他是把在“个人生产过程”水平上可以度量的劳动看作“当期社会必要劳动时间的量”(**L**)(以抽象劳动小时为单位)(Moseley 2015,31)。但是他并没有考虑如何将不同的具体劳动归集在他的 **L** 之下——他没有提出所必需的“简化系数”。他认为只要说明“马克思仿照斯密和李嘉图的先例把简化系数简单看作一个给定的条件”(Moseley 1997,3)就足够了,这样就能“假设”把具体劳动“转化为了”抽象劳动(Moseley 2015,31)——因此莫斯利和价值形式学派一样,单纯把抽象劳动看作一个计数单位。

者来说，批判抽象劳动这个马克思理论中核心的定量概念就更不足为奇了——例如斯蒂德曼（Steedman）对异质劳动的看法，就是延续了他在《斯拉法之后的马克思》(*Marx After Sraffa*)一书中对马克思价值理论的批判。斯蒂德曼认为，马克思遵循（而且从理论一致性出发也**必须**遵循）古典经济学家的做法，通过与相对工资的比较，将各种具体劳动加总为"劳动量"（Steedman 1985，560)。斯蒂德曼根据数据中每一类具体劳动的实际工资束（real wage bundle)解读认为，只有当每一类具体劳动所增加的价值正比于该类型劳动的工资束的价值时，马克思所谓的统一的剥削率(e)才能成立。按照这种解读，就可以通过古典经济学的"工资加总"来将各种劳动在一个共同尺度上进行定量，也可以由此来确定商品在斯蒂德曼意义上的价值，这种价值就是用抽象劳动来表示的直接或间接物化在商品当中的具体劳动[①]（Steedman 1980，46—48)。

但斯蒂德曼认为这是一个空洞的胜利：

> "'抽象劳动'概念……是对这样一个事实的比喻：每个特殊的劳动都是劳动的社会分工的一部分。除（这一点）之外，这个比喻和概念对马克思的理论来说可以零成本地抛弃。"
>
> (Steedman 1985，573)

这种"新李嘉图主义"理论认为在推导竞争价格和利润的过程中，并不需要一个计算商品价值的步骤，因而在他们看来抽象劳动同样也是多余的，是一个"没有真正说明什么内容"的短语——"仅仅是一组单词"（Steedman 1985，568，573)。请注意，在这种新李嘉图主义的抽象劳动概念中并没有提到交换过程——只要根据生产的技术条件和实际工资统计信息就可以推导出抽象劳动。

法尔容和麦克弗用概率方法来处理抽象劳动的定量问题（Farjoun and Machover 1983)，这一路径在某种程度上与新李嘉图主义类似（尽管也有很大差异)。概率论派否认价值和价格之间存在任何"确定性"关系，他们的价格理论拒绝接受在竞争下会形成统一的利润率的观点，否认这种利润率有必然性和现实性。相反，他们将利润率和价格-价值比率看作随机变量，要用特征分布的理论来解释它们，而不是根据基础数据来计算它们。尽管如此，他们也意识到需要给出一种在经验上可度量、可检验的定义来界定商品"所包含的劳动"，这种"所包含的劳动"要独立于价格（以避免价值和价格之间存在什么"确定性"关系)。因此，他们明确地提出了如何将不同类型的具体劳动的剩余价值进行加

---

① 把直接和间接体现在工资束中的各个具体劳动写成一个矩阵，以$(1/1+e)$作为最大特征值将矩阵归一化，那么从这个矩阵的特征向量就可以得出每个具体劳动与单位抽象劳动之间的系数。

总的问题。他们指出，马克思的理论区分了“熟练”劳动和“简单”劳动，而这就需要推导出某种“技能系数”来对不同类型的劳动进行加权处理，但马克思并没有提出一个与价格无关的方法来推导出这种系数（Farjoun and Machover 1983，216）。他们对这种方法的可行性持怀疑态度，转而主张采用一种概率的方法（把价格-价值作为随机变量），从而不再需要进行加权计算："我们的概率理论不需要用到技能系数，我们也看不出会有什么合理方法可以确定这种系数”；因为“我们需要用一种一以贯之的方法来度量不同商品所包含的劳动”，所以“为这个问题选择了一个平等主义的解决方法”，这种方法在处理不同类型劳动对价值的贡献时，是“平等地进行度量，因此……面包师工作一小时（在度量时）就等同于工具制造者工作一小时”（Ibid.，221，215）。在度量某项具体劳动时，我们假定该项劳动的一小时是和其他劳动的一小时相同的，都是一小时抽象劳动。[①] 他们认为这种平等主义的计算方法既“在表面上简单”，又“完全符合抽象劳动的概念”（抽象劳动的概念被认为是马克思对商品经济“最深刻的见解之一”）（Ibid.，215，213）。最后，虽然他们拒斥新李嘉图主义关于价格-价值关系的决定论观点，但是他们的理论前提与斯蒂德曼完全一致，商品“所包含的劳动完全是在生产领域中决定的”，与价格以及任何其他交换现象无关（Ibid.，223－224）。

麦格隆和克里曼（McGlone and Kliman 2004）给出了另一种对抽象劳动进行定量的方法，他们的价值理论采用“分期单一体系解法”（temporal single system interpretation，TSSI）。他们把马克思关于劳动“二重性”的表述解释为“在资本主义生产中工人的劳动**直接**就是抽象的，正如他们的劳动直接就是具体的一样”（McGlone and Kliman 2004，141）。也就是说，我们所考察和度量的具体劳动同时也就是抽象的劳动时间：**“时钟上的时间就是在度量抽象劳动”**（Ibid.，149，n.4，强调为原文所加）。因此，尽管我们所考察的具体劳动在技能复杂性等许多方面都有所不同，但在麦格隆和克里曼看来，“尽管复杂劳动和简单劳动所创造的价值数量是不同的，……但复杂劳动和简单劳动都是抽象劳动”（Ibid.，136）。[②] 由于他们把抽象劳动的概念同技能复杂性的问题进行了“松

---

① 这种“平等主义的解决方法”不仅排除了技能系数，实际上它也忽略了任何其他可以把不同具体劳动区别开来的因素。

② 麦格隆和克里曼在这里对“抽象劳动”这个术语的特殊用法和其他讨论者不同（也可以说是和马克思的源头用法不同），因为他们所谓的抽象劳动时间显然不是无差别的。例如他们曾指出，“（织工）的抽象劳动平均来说比（裁缝）的抽象劳动复杂，或多或少总要复杂一点”，因而“抽象劳动的数量在不同行业之间是不同的”（McGlone and Kliman 2004，140－141）。

绑”，也就可以进入下一个问题，认识到“要把复杂劳动简化为简单劳动，预设了要有一种从具体劳动向抽象劳动的简化，这种简化具有独立的、优先的地位”(Ibid.，139)。人们往往认为这个复杂/简单劳动的问题只是一个“度量的问题，特别是要确定折算指数的问题”，这个问题可能造成一种“度量困境”，但其实对于马克思主义的价值分析这项大工程来说，度量的问题是“平凡的、不必要的”。① 最后，当我们把复杂的抽象劳动简化为简单的抽象劳动之后，工作一小时所创造的价值就可以用马克思关于“社会必要”劳动的定义来确定：“一个简单劳动力在平均工作强度和平均技术条件下工作一小时，……就是一小时抽象的社会必要劳动。”(Ibid.，140)麦格隆和克里曼认为，“抽象的、创造价值的劳动也就是人们实际所从事的工作，即生产使用价值的具体劳动，并且……只要某项工作是社会必要的，那它的一小时也就等同于其他某项工作的一小时。”(Ibid.，141)因此在这种 TSSI 理论看来，“资本主义生产过程中工人的劳动之所以是抽象的，正是由这个(生产)过程所造成的，抽象是这个(生产)过程中的抽象”(Ibid.，135—136)，“无论是要确定从工人那里提取出的抽象劳动力，还是确定产品的价值，都无须牵扯到产品的交换”(Ibid.，142)。事实上，要是允许交换在不同劳动的公度中发挥作用的话，劳动价值的分析也就变得“毫无意义”了(Ibid.，135)。

上面所考察的这些观点代表了两种截然不同的立场。一种路径是价值形式理论，它强调交换过程对于抽象劳动的形成起到了关键作用，但它认为不可能给出一个抽象劳动的计数单位(即给出一个货币之外的尺度)来对劳动进行定量的简化。新李嘉图主义、概率主义和 TSSI 理论则是另一种路径，它们都认同把抽象劳动作为定量的尺度，但都主张这种尺度是在生产领域内确定的，排除了交换过程的作用。除了以上两种路径，还广泛存在第三条道路，它们既认同存在可定量的抽象劳动单位，同时又承认交换过程的作用(正如前文中的引文所示，这是马克思最先提出的)，我们只有在交换过程中才能够运用一种抽象劳动来对各种各样的具体劳动进行公度。

伊萨克·鲁宾(Isaak Rubin)早期的一些文章(仅在 1972 年出版过英文版)强调了马克思在考察抽象劳动概念时多次重申的论述。鲁宾试图对抗当时流

① 麦格隆和克里曼像马克思一样，并没有给出把复杂劳动定量简化为简单劳动的“规则”(他们所举出的数字例子是假设“人们可以以某种方式确定”这个系数)，但是他们认为可以通过考察劳动力技能的必要培训时间进行简化；他们这种确定技能系数的方法受到了斯蒂德曼(“不可能认真加以对待”)以及法尔容和麦克弗(“我们知道并没有什么合理的方法来确定它们”)的驳斥(McGlone and Kliman 2004，138—139)。

行的对抽象劳动进行“生理解释”的观点，他坚持认为抽象劳动是一种“社会现象”，“我们必须构造”一个作为社会历史范畴的抽象劳动，用鲁宾的话说，就是要构造一种“关于抽象劳动的社会学理论”（Rubin 1972，135）。如果把个体行为看作一个更加广泛的整体当中的一部分，那么个体行为就可以被看作是社会性的，因此如果把私人的个体劳动行为“视为无差别社会劳动的总量中的一部分，或者如马克思经常说的，是从与社会总劳动的关系来看待这种劳动，那么这种劳动就是社会性的劳动”（Ibid.，141）。但是“劳动的均等化是通过物的均等化来实现的”（Ibid.，98）。不同的**使用**价值之间是相互独立的，正是它们之间的交换（它们之间的可公度性在于它们是作为等量的**交换**价值）才使得这些使用价值可以被看作总产品的组成部分。与此同时，这一交换过程也实现了第二种可公度性：虽然“生产者的具体劳动并不是直接成为社会劳动，而是**私人**劳动，……（但）这种私人劳动要想变成社会劳动，必须经过与其他劳动形式的均等化，而要实现劳动均等化，则必须先进行劳动产品的均等化”（Ibid.，98，141）。各个具体劳动都是独立个体特殊的私人行为，它们是在交换当中才具有了可公度性，成为社会的、一般的、普遍的劳动，成为由抽象劳动所表现的（无差别）社会总劳动的组成部分。

鲁宾考察了马克思的文本，强调“在《资本论》的后期版本中，马克思的理论越来越尖锐，强调在商品经济中只有交换才会把具体劳动转化为抽象劳动”（Rubin 1972，148；另参见本文第三条注释）。有批评观点认为，这样一来，就相当于说抽象劳动和价值是在交换领域中产生的，鲁宾也明确地反驳了这种（非马克思主义的）观点。鲁宾认为马克思在这个语境中所提及的交换，并不是指一个与生产阶段不同、接在生产阶段之后的“特定阶段”，马克思是把交换看作“生产过程的社会形式”，交换“给整个再生产过程都打上了特殊印记”（Ibid.，149）。在鲁宾看来，价值源于生产劳动而非交换关系，但只有交换的“特殊印记”才使得生产劳动能按照一个共同的定量尺度进行度量：

> “在商品经济中……如果两个抽象劳动的量相等，那么它们就只能作为社会劳动的组成部分而相等——相等只能通过劳动产品的均等化来确立……只有通过交换过程才能在抽象劳动的形式上具有相等性。”
>
> （Rubin 1972，155）

但是，虽然鲁宾认为抽象劳动是可以精确定量的，但他并没有给出定量的形式化方案。

克劳斯（Krause 1982）发展了鲁宾的理论，给出了一套定量方法，他是第一个系统地给出抽象劳动的形式化方案的人。克劳斯的方案依靠的是在等价交换中“推导出来的关系”：如果两种商品在市场上形成一定物理量上的等价关系(例如 20 码麻布等价于 1 件上衣)，那么这种等价关系就会“导致”在这些物理量上的“生产中所消耗的一定数量的不同种类的具体劳动‘相等’”(Krause 1982，94－95)。“从这个等价关系的角度来看，具体劳动也就是抽象劳动”(Ibid.，10)。这里很重要的一点在于，克劳斯认为得出这种关系，需要经由**价值**的中介；也就是说，要把各种直接或间接物化在商品中的具体劳动表达为抽象劳动的形式，从而抽象劳动的相对数量也就等同于相对价格，克劳斯把这种等同看作“基础性的关系”(Ibid.，90)。克劳斯又采用他所谓的“劳动的标准简化”来确定简化系数(一个单位的具体劳动能简化为多少抽象劳动)。[1] 克劳斯的体系把这几点结合起来就可以保证相对价格等同于相对价值，因为在克劳斯看来，价值就是用同一种抽象劳动来表现各种直接和间接物化在商品内的具体劳动。实际上，克劳斯之所以能够得出把各种具体劳动折算为抽象劳动的系数，其前提条件是要求存在统一的资本构成，但这个设定就会排除马克思所指出的价格-价值偏差情形，马克思在《资本论》第三卷以及之后的理论环节中认为，这种偏差是资本主义的一种常态。在克劳斯看来，这正是他的体系的优点(无须进行价格-价值转化)，但这也会带来一些非马克思主义的结论。[2]

罗伯茨极大地发展了这种将抽象劳动看作一种推导关系的观点(Roberts 2004，2005，2009)。罗伯茨的前提假设与克劳斯不同，他认为相对价值和(资本主义的)相对价格之间可以存在而且也确实存在系统性偏差。因此，当商品在市场中按照特定的比例(20 码麻布和 1 件上衣)建立起等价关系时，这是商品的**交换**价值“当中所包含的”具体劳动相等，而不是它们的价值相等(它们的价值通常是不等的)。在罗伯茨所援引的《政治经济学批判大纲》相关段落中，马克思所考察的问题是当我们认识到“作为交换价值，一切商品都只是一定量的凝固的劳动时间”时，要如何来度量“表现在交换价值中的劳动的特性”(Marx 1970，29－30；见《马克思恩格斯全集》中文第一版第 13 卷，第 17－18 页)。但马克思说得很明确，交换价值所代表的劳动时间是**社会**劳动，是排除了各种具体劳动的异质性才得到的“等同的”劳动。这要如何达到呢？对此，马克思是用

---

① 把投入-产出系数(每单位产出所需的商品投入)写成一个矩阵，从矩阵最大特征值所对应的左特征向量就可以得出系数。

② 除了给价格和价值之间强制确定比例，还存在其他一些问题，克劳斯必须从这些价格当中得出工资率和利润率，而不能采用马克思那种比较有说服力的做法，即根据劳动力再生产所需要的数值来确定(实际)工资，并把这个数值归结为由阶级斗争状况之类的因素来决定。

类比的方式来回答，我们要把交换价值看成是“劳动借以成为社会劳动的特殊方式”，他说：

“仿佛是不同的个人把他们的劳动时间结合在一起，并把他们共同支配的劳动时间的不同部分表现在不同的使用价值上。”

（Marx 1970，32；参看《马克思恩格斯全集》中文第一版第13卷，第21页）

罗伯茨（Roberts 2004，128）指出，不同的个人本身只能支配**具体的**（私人的、特殊的、个人的）劳动；但如果他们把各种具体的劳动“结合”在一起，就得到了可以“共同支配”的具体劳动的向量和。如果他们再把这个总和的“不同份额”分配给特定的商品，那么每一个这样的部分就都是总和当中的一个“份额”，每个“份额”的量不同，但**质是相同的**，都是“质相同，因而只有量的差别”的劳动向量（Marx 1970，30）。

马克思在这里分析劳动的度量问题时用了一个比喻性的说法，这个说法在他之后的论述中也反复出现，即经济的“相应部分”，其中实际的大小（所进行的劳动的大小，以及包括像资本或个别商品的大小）都是经由相同的“结合与支配”程序才推导成为等价的东西。马克思针对其中一个可能的例子写道：

“投入某个工业部门的……资本所提供的平均利润，并不是这笔资本作为这种特定情况下使用的资本，因而不是按这笔资本本身产生的剩余价值的比例提供出来的，而是这笔资本作为资本家阶级总资本的相应部分提供出来的。”

（转引自 Baumol 1974，55；见《马克思恩格斯全集》中文第一版第30卷，第267—268页）

在这个案例以及许多其他案例中，马克思都认为资本主义在竞争中所必然导致的这种结果，是与上述经由“结合”推导出的结果等价的（在这里，就是结合成“资本总和”），因而也就可以“支配”在质上统一仅有量的差异的各个部分（即“相应部分”）。在这里，每个资本所获得的利润份额都是从剩余价值总和的再分配中获得的，数量相当于同等规模的资本在资本有机构成处于平均水平时所产生的剩余价值；类似的，在上述《大纲》的引文中也有着同样的逻辑，具体劳动的各个行为之间之所以成为可通约的（成为商品交换价值的各个部分而公度），是因为某项具体劳动也就相当于同样比例的社会具体劳动总和（因为每项具体劳动都是社会具体劳动总和中相应的一个份额）在“劳动构成”处于社会平均水平时所进行的劳动。①

罗伯茨把马克思关于“结合与支配”的比喻说法同抽象劳动理论结合起来，建立了一个形式化体系，在这个体系中，实际的投入（商品和具体劳动的投入）都被代换为（“标准技术”下的）相应投入份额。该体系存在定解②，在体系当中：(1)直接和间接包含在商品中的具体劳动时间向量如果按照其“相应部分”或者标准技术条件折算，那么它们彼此是成比例的（都具有与具体劳动的总和相同的“平均”构成），因此可以直接相加，将每种商品表示为同质的（抽象）劳动的数额；(2)这些数额（即直接和间接物化在商品中的“平均劳动”）表示商品的交换价值（或者说，在完全竞争的资本主义中，表示商品的生产价格）。这就是所谓的“推导关系”：在交换过程中互为等价物的使用价值之间的相等也就表达（推导出）了“交换价值”所包含的劳动的相等。实际上，把马克思关于“相应部分”的比喻说法看成是对实际生产条件的技术异质性的一种抽象，就可以得出一个可行的（同质的）劳动时间单位，可以用这个单位来把交换价值量化为“物化的平均劳动”。而且，商品在竞争中是“作为总产品的一个不仅是实在的而且是观念的部分”（Marx 1971，112—113；见《马克思恩格斯全集》中文第一版第 26 卷下，第 120 页），这凸显了商品的二重性与生产这些商品的劳动的二重性之间具有直接联系：每个使用价值都表现为社会总产品的一个可交换的（相应的）部分，也就是这个使用价值所包含的具体劳动表现为社会（抽象）劳动总和的一部分。因此按照这种解读来看，价格的形成（即形成一种“趋势”，把相对价格调整到等价交换的水平上）是与抽象劳动的形成（即形成一个无差别单位，能够度量各种商品所包含的劳动）密不可分的。这是一个过程的两个方面，既把各个使用价值公度为市场上的等价物，又把各个具体劳动公度为抽象劳动，从而交换中的等价物确实“包含”等量的抽象劳动（Roberts 2005，155—156）。

就像马克思主义的其他分支一样，罗伯茨认为价值是在生产而非交换中产生的——价值的实体源于人们所进行的劳动，而人们的交换行为并不产生任何东西（使用价值和价值都不会从财产转让行为中产生）。但是“一般社会劳动”

---

① “一个‘社会平均’小时的劳动正如它的字面含义所示，是一个合成的小时（an composite hour），要把各种具体劳动按照它们在社会劳动总和中所占的比例来折算进去……（并且）把这样一个平均合成的小时所创造的价值设定为 1（一个抽象劳动小时）”，就可以定义价值的度量单位，活劳动所增加的价值等于劳动所花费的自然时间的总和（Roberts 2004，118）。

② 可以用马克思所假设的统一剥削率 e 来确定；e 是从生产条件和实际工资的日常数据中推导出来的，只要满足等价交换的“规则”即可，不必先求出价格（等价交换出现在《资本论》第一卷，利润率平均化出现在第三卷）。确定了价值和价格，某个特定具体劳动的简化系数也就随之确定了（Roberts 2009，Appendix）。请注意，这里的“价值”是采用“单一体系”学派的定义（参见本书第八章“价值和价格”）。

并不是在生产中立即就可以量化的——“一般社会劳动不是现成的前提，而是变成的结果”(Marx 1970，45；见《马克思恩格斯全集》中文第一版第13卷，第34页)。因此罗伯茨的观点和鲁宾类似(“劳动的均等化是通过物的均等化来实现的”)，只有把生产**和**交换结合起来，才能使价值**可度量**(各个具体劳动只有作为抽象劳动才是可通约的)。按照这种解读，正如同各个使用价值要在市场上相互等价才能变成“收入”，各个劳动(labors)也只有在市场上相互等价才能变成“劳动”。

总的来说，马克思主义在价值理论领域中显然还有一些问题悬而未决，特别是关于交换过程对于确定价值的量化单位会有怎样的影响(如果它在这个问题上确实有影响的话)：抽象劳动是完全由生产决定的，而交换只是为已经确定下来的量化关系提供一个外在表达或表现呢，还是说在生产领域所进行的具体劳动只有在交换领域才能成为可量化的抽象劳动，抽象劳动是等价交换的结果呢？

参考文献

Arthur, C. 2004. *The New Dialectic and Marx's* Capital. Leiden: Brill.
Baumol, W. 1974. "The Transformation of Values: What Marx Really Meant (An Interpretation)." *Journal of Economic Literature* 12(1): 51–62.
Farjoun, E. and M. Machover. 1983. *Laws of Chaos: A Probabilistic Approach to Political Economy.* London: Verso.
Hilferding, R. [1904] 1949. *Böhm-Bawerk's Criticism of Marx.* New York: Augustus M. Kelley.
Krause, U. 1982. *Money and Abstract Labour.* London: Verso.
Marx, K [1859] 1970. *A Contribution to the Critique of Political Economy.* New York: International Publishers.
——. 1971. *Theories of Surplus-Value*, Part 3. Moscow: Progress.
——. [1865] 1976. *Capital*, vol. 1. London: Vintage.
——. [1867] 1987. *Marx & Engels Collected Works*, vol. 42. London: Lawrence & Wishart.
——. [1872] 2012. *Le Capital*, vol. 1. Paris: Hachette Livre-BNF.
McGlone, T. and A. Kliman. 2004. "The Duality of Labour." In *The New Value Controversy and the Foundations of Economics*, A. Freeman, A. Kliman, and J. Wells, eds., 135–150. Cheltenham: Edward Elgar.
Moseley, F. 1997. "Marx's Concept of Abstract Labor: Substance or Form? A Critique of the 'Value-Form' Interpretation of Marx's Theory." International Symposium on Marxian Theory, Mexico City.
——. 2015. *Money and Totality.* Leiden: Brill.
Reuten, G. 1988. "Value as Social Form." In *Value, Social Form and the State*, M. Williams, ed., 42–61. London: Macmillan.
Reuten, G. and M. Williams. 1989. *Value-form and the State*. London and New York: Routledge.
Roberts, B. 2004. "Value, Abstract Labor, and Exchange Equivalence." In *The New Value Controversy and the Foundations of Economics*, A. Freeman, A. Kliman, and J. Wells, eds., 107–134. Cheltenham: Edward Elgar.
——. 2005. "Quantifying Abstract Labor: 'Aliquot Part' Reasoning in Marx's Value Theory." In *The Capitalist State and Its Economy; Democracy in Socialism*, P. Zarembka, ed., 137–169. Bingley:

Emerald Group Publishing.
——. 2009. "Ricardo : Standard Commodity :: Marx : __?__." *Review of Political Economy* 21(4): 589–619.
Rubin, I. [1923] 1972. *Essays on Marx's Theory of Value*. Detroit: Black & Red.
Steedman, I. 1977. *Marx After Sraffa*. London: New Left Books.
——. 1980. "Heterogeneous Labour and 'Classical' Theory." *Metroeconomica* 32(1): 39-50.
——. 1985. "Heterogeneous Labour and Marx's Theory." *History of Political Economy* 17(4): 551–574.

第七章

货　币

科斯塔斯·拉帕维查斯(Costas Lapavitsas)

导论

第二次世界大战结束后的二三十年里,货币理论在马克思主义政治经济学中的地位不太凸显,英美马克思主义尤其如此。马克思主义政治经济学为什么会出现这种情况,这值得经济思想史进行专门的研究,因为在马克思本人的作品当中,对货币的考察其实是一个很重要的组成部分。不过从20世纪70年代后期以来,事情已经不知不觉发生了变化,涌现出一系列涉及货币理论的论著,虽然还没有完全形成一套货币理论。

理论的这种发展反映了过去40年来资本主义的变革:自20世纪70年代以来,货币和金融在经济和社会运行中占有非常重要的地位。在这样的背景下,马克思主义的货币理论逐渐形成就不足为奇了。不过考虑到这些理论还缺乏内部连贯性等原因,本文不拟对它们进行专门讨论,而主要关注这些理论的基础,即马克思本人在《〈政治经济学批判〉导言》《政治经济学批判大纲》以及《资本论》三卷中对货币的研究。[1] 本文旨在梳理马克思关于货币的独特看法,特别是要将之同其他理论传统的基本著作进行对勘,从而为正在形成中的马克思主义货币理论做一些积极贡献。在此过程中,本文也会提及一些马克思主义

① Marx(1970;1973;1976;1978;1981)。

货币理论的新近发展。

具体来说，马克思关于货币的论著中有四个基本问题，对任何一派马克思主义的货币理论来说，这几个问题都是支柱性的：第一，是货币在人类社会中产生并执行经济职能的一般原理；第二，是货币产生的逻辑和历史线索；第三，是货币的职能和具体存在形式；第四，是货币如何转化为资本。马克思的货币观可以说就是依次考察这几个问题。

货币在人类社会中产生并执行经济职能的一般原理

货币在资本主义社会中是一个普遍的存在，但货币也是一个古老的经济形式，在非资本主义社会中一般也是存在货币的。因此，货币的经济职能问题具有内在的普遍性，按照马克思在《政治经济学批判大纲》中的提法，可以按照货币所发挥职能的不同，把社会的经济组织形式归纳为相互对立的两大类。①

第一类社会是在集权的基础上有意识地进行资源分配，并相应地根据一些总体原则（包括命令、习惯、等级和传统等）来分配最终产品。在这样的社会中，货币只是起边缘性作用，甚至在极端情况下可以把货币排除在外。这种类型的社会包括的范围非常大，从古代中东的宫廷经济到 20 世纪的一些社会形态都可以被归入。

第二类社会是资源分配为经济任务服务，也就是要通过非人格化的市场过程来分配最终产品，这一过程是无意识的。在这样的社会中，货币发挥着至关重要的作用，在资本主义社会中甚至劳动力也是要通过市场进程来分配的。②

因此，在马克思看来，货币在资本主义社会中的作用就是充当经济生活的无意识的、自动的组织者：货币是资本主义的**神经**。③ 具体而言，货币可以对各种可用资源进行计数；使人们对最终产品的索取具有可公度性；使人们可以把当前的索取转移到未来。货币的流通有利于把资源转移到那些希望用它们的人手里；货币的贮藏可以保存资源索取权，但也会造成资源分配的剧烈变动。总而言之，货币在资本主义社会中形成了巨大的社会力量。

---

① 例如，可参见 Marx（1973，156—174）。希法亭（Hilferding 1981，ch. 1）对马克思的基本论点做了简洁的总结。

② 奥地利学派的理论基础就是区分这两类社会形态以及货币在其中所发挥的不同作用，它专门提出了“非交换论”（acaclactic）和“交换论”（catallactic）的概念，例如，见米塞斯（Mises 1998）。同时，这一区分在波兰尼对资本主义的分析中也是至关重要的（Polanyi，Arensberg and Pearson 1957）。

③ 例如，参见 Marx（1976，228）（见《马克思恩格斯文集》第 5 卷，人民出版社 2009 年版，第 154 页）。

马克思主义货币理论的这些观点可以让人联想到当代经济学、社会学和人类学的理论，在这些理论看来，货币首先是一种记录对生产的贡献从而索取产品的手段；其次，货币是一个计数工具，使得人们可以对产出进行度量；再次，货币是一种促进资源转移的技术机制；最后，货币可以把当前的资源耗费与未来对产出的索取联系在一起。[①] 然而在马克思的货币理论看来，社会关系是市场的基础，这些社会关系使得货币能够发挥这些作用。货币绝不仅仅是解决经济和社会问题的技术手段，而必然是社会关系在交换中的结晶。

很显然，货币的组织作用是盲目的、自发进行的，基本上是以"外来"的方式在参与者之间进行组织。货币否定了以命令、习惯和等级为基础的有意识的、"亲缘性的"社会组织模式。由于货币是基于非人格化的市场机制，因此它不需要靠某种先在的义务和权威网络来实现资源的必要配置和分配。如果某个社会把交换和货币联系在一起，它就可以摆脱传统义务和习惯的束缚，但也会付出社交联系松动的代价。高度货币化的社会不可避免地要追求冷冰冰地计算货币收益。

那么问题就来了，如果货币对某些社会类型至关重要，它又是如何出现的呢？既然缺乏有意识的组织，那么是否由于社会对中介的组织作用有内在需求，所以货币才作为一种自发回应而产生的呢？马克思对这个问题给出了明确的回答。[②] 货币当然是交换的相互作用的自发结果，但它并不是在各个社会体内部产生的，而是在不同的社会体之间进行交流和贸易时产生的。在历史进程中，人们各个社会体的内部事务，包括资源分配，往往是通过习惯、等级和一般来说是"亲缘性"的机制来进行组织的。商品交换和货币只有在不同的社会体彼此接触时才会产生；在这些接触的场合中，人们的"亲缘性"机制要么很薄弱，要么就根本不存在。马克思深刻地指出，市场和货币都是外在于人类社会的，但它们必然会渗透进人类社会，破坏现有的关系，创造出新的包含货币因素的关系。

货币产生的逻辑和历史线索

那么，货币又是如何成为某些社会类型中有机的组成部分的呢，它产生的逻辑和历史进程是怎样的？为了回答这个根本性的问题，亚当·斯密把物物交

---

① 这些理论是指 Davidson(1978)、Hart(1986)、Kocherlakota(1998)。

② 参见 Marx(1973,223)，并参见 Marx(1976,447—448)。

换与货币交换进行了对比,他得出结论说,物物交换必然会遇到系统性的障碍,因为人们要交换的各种实物商品不一定能恰好凑齐数量、安排好时间和地点。[①] 而货币或者说某种人们所普遍接受的商品则可以提高交换的效率,因此商品所有者如果进入市场时带一些货币是可以从中获益的。

斯密关于货币交换比物物交换更有效率的说法当然是不争的事实,但他并没有告诉我们货币是如何产生的,这一获得人们普遍接受的奇妙商品是从哪里来的,又经历了什么样的过程?这个问题的重要性在19世纪60年代和70年代才开始显现,随着古典学派的衰落,新古典主义、德国的历史学派和马克思主义相继产生,它们各自提出了独特的回答,开启了当代关于货币问题的理论探索。同样值得注意的是,马克思是第一位深入解决这个问题的大经济学家。

新古典主义学派将资本主义视为市场的集合体。按照一般均衡分析的理想化假定,市场是完备的,市场参与者都能做出充分的预见。在这种情况下,货币就没有存在的空间了:商品所有者没有理由把他们的一部分财富存放在货币这种废物中,完全不能用来消费。

因此,奥地利学派关于货币产生的观点是新古典主义中最有说服力的,他们拒绝一般均衡分析,转而关注经济主体的行为。卡尔·门格尔(Carl Menger)假定说,货币是商品所有者之间通过市场上的相互作用而自发产生的。[②] 商品具有"市场性",即与其他商品进行交换的可能性,商品"市场性"的大小要取决于其他商品所有者的接受意愿。某种商品的所有者"有本事",那他就可以使该种商品的"市场性"优于其他商品,并利用这种领先地位不断增强"市场性"优势,直到彻底压倒其他商品。这个论证很漂亮,但它有两个弱点:第一,说商品本身内在地具有"市场性",这完全是一个主观任意的设定;第二,把交换手段作为货币的本质,这太过片面,无法涵盖货币这一经济现象的复杂性和它所造成的深远影响。

德国历史学派把资本主义看作一个由各种制度构成的复合社会体系,但并没有从理论上解释资本主义体系是如何运行的。货币使交换成为可能,但也引发了其他一系列经济和社会现象。与新古典主义相反,德国历史学派并不把货币看作商品交换的自发结果,纳普(Knapp)对此做出了极为清晰的论述,并奠定了货币"名目主义"(chartalism)思潮的基础。[③] 在纳普看来,货币是由非市场因素和过程创造出来的,一般而言,就是由国家权力所创造的。国家是货币的创

---

① 参见Smith(1904,vol. 1,ch. 5)。

② 例如,可参见Menger(1892)。

③ 参见Knapp(1924)。

造者,货币本质上是一个法律契约,是为了执行价值核算等一系列职能才缔结了这种契约。

德国历史学派已经不复存在了,但其关于货币问题的思想遗产在当今仍然很有市场。[①] 这种理论的诱人之处就在于强调了货币在资本主义社会中执行着广泛的职能,尤其是把货币的产生和国家联系在了一起。似乎人类的一切社会体中都存在货币,货币是国家权力中的一项关键制度。在当代资本主义社会中,这套理论似乎特别适合用来解释中央银行对货币流通的支撑作用。然而,它的弱点也是显而易见的:对这样一种重大经济现象,却通过国家任意性的权力来解释。接受国家与货币具有紧密联系是一回事,说货币天生是国家的创造物就是另一回事了。

马克思主义学派对货币是如何产生的问题提供了独到的回答。事实上,马克思曾经自豪地宣称已经解决了"货币之谜"。[②] 与新古典主义一样,马克思认为货币是商品所有者之间相互作用的自发结果。但马克思又同德国历史学派有一致之处,他也认为货币要依托于社会各项制度的整体而存在,并对经济和社会两方面都发挥着广泛的作用。在马克思看来,货币是商品所有者之间社会关系的外壳,是由这种社会关系所自发和必然创造的,马克思的这个观点可以从以下两个方面来看。

首先,货币是商品使用价值和交换价值之间矛盾统一的结果。商品作为使用价值,具有特定的数量,只能在特定的时间和地点用于特定的目的,也就是说,它是特殊的。而商品作为交换价值,没有任何特异性,可以任意进行分割,从原则上说,可以用于任何地点和时间,也就是说,它是普遍的。在交换过程中,商品的特殊性方面不断地与其普遍性方面相矛盾,从而导致交换失败,而货币则可以将商品的普遍性和特殊性分开,从而解决商品的这个矛盾。也就是说,由货币来代表所有商品的交换价值,而各种商品本身则只充当单纯的使用价值,这样矛盾就被克服了,直接交换被货币交换所取代。但是,货币交换会导致更大的崩溃,矛盾会在更高层次上再现。[③]

其次,对于第一点中所描述的这种克服使用价值与交换价值之间矛盾的历史过程,还必须进行逻辑上的论证。马克思在《资本论》第1章中论述价值形式的演变时谈到了矛盾得以克服的逻辑。在那里,马克思指出,价值的形式经历了四个阶段:偶然的形式、扩大的形式、一般的形式和货币的形式。在第一阶

---

① 他们的思想实质上是现代货币理论中名目主义的源头,例如参见 Wray(2000)。

② 参见 Marx(1976,ch.Ⅰ,sec.3)。

③ 参见 Marx(1970,42—46)。

段，两个商品所有者恰好发生接触，其中一个引导双方相互作用，主动进行引导的一方所拥有的是相对价值形式，被动接受引导的一方所拥有的是等价形式。在双方进行相互作用时，相对价值形式的所有者提出了相对价值形式同等价形式直接进行交换的初步可能性。换句话说，相对价值形式一方的活动使得等价形式购买相对价值形式成为可能。从这种初步的直接可交换性出发，经过价值形式的四个阶段的普遍化发展，也就最终产生了货币，即由某种单一商品所充当的一般等价物。货币作为一般等价物或者说独立的价值形式，是可以购买其他所有商品的商品。[①]

马克思从价值形式发展的角度对货币的产生进行了非常有力的逻辑推导。不过，马克思的论述并不是滴水不漏，关于社会制度、习惯和实践在特定社会体中的作用，即非经济因素在价值形式各阶段发展进程中的促进作用，其实还有很多值得说道的地方。马克思本人也明确承认说，价值形式之所以会发展到最后阶段，必然依赖于作为主流货币的那种商品（即黄金）的物理特征和人们对它的使用习惯。[②] 因此，货币的产生与特定商品的特定社会性、物理性用途是密不可分的。

总而言之，马克思的货币理论认为货币是商品所有者之间关系的外壳，是市场相互作用的必然结果。货币在那些存在商品交换的社会体中起着举足轻重的经济和非经济作用，但货币并不是由非经济力量比如国家之类所创造出来的。相反，货币是商品交换的产物，是由商品相互作用所自发地、必然地产生出来的。具体来说，货币是价值的独立形式，是可以购买所有其他商品的商品，它解决了物物直接交换所存在的问题。因此，货币在商品交换中发挥着关键性的职能，这些职能需要货币具备多种存在形式。

货币的职能和具体存在形式

在分析货币的职能和存在形式时，马克思的经济理论对货币、产品和价格之间的关系进行了比较深入的探讨，已经近乎形成了专门的货币理论。马克思指出了货币的三项基本经济职能及其相应具有的三种存在形式；货币之所以能对经济活动发挥影响，很大程度上就是在于其职能与存在形式之间具有这种对应关系，马克思对这种对应关系的揭示因而也就给出了一个货币理论的框架。[③]

---

① 参见 Lapavitsas(2005)。

② 参见 Marx(1976,162—163)。

③ 参见 Lapavitsas(1991)。

货币的第一项职能是度量价值,因而可以计量价格。马克思在其著作的多处表述中似乎都认为,货币之所以能够度量价值,就是因为货币这种商品本身包含价值。① 也就是说,如果1自然单位的商品x包含6小时的抽象劳动,而1自然单位的货币商品g(g的自然单位可能是克或盎司之类)包含3小时的抽象劳动,那么x的价值就应当表示为x/g=2(货币商品的自然单位)。在这组关系中,货币就是作为价值的尺度,或者更加准确地说,是作为价值的“外在”尺度,因为价值的“内在”尺度毫无疑问是劳动时间。

进而,如果按照通常做法把1自然单位的货币商品分割为若干由国家规定的标准单位,即若干单位的铸币,那么此时货币就要在价值尺度的基础上进一步承担计价单位(或者说价格标准)的职能。假定1自然单位的g要折算成3常用单位,把这个常用单位称为美元(\$),那么x的价值就可以用它的货币价格来表示,$p_x = x/(g/3) = \$\ 6$。

这种计价方式可谓简单高效,完全取决于货币商品本身的存在,以及这种商品自身所具有的价值。但如果我们实际所使用的货币本身是没有价值的,这套方法就无法用来度量商品的价值、无法用价格的形式来表示商品价值了。② 这就会牵一发而动全身,影响到马克思价值理论的整个结构。毫不奇怪,马克思主义政治经济学在处理像当代资本主义这样看起来并不存在货币商品的情形时,是面临很大困难的。但是之所以会碰到困难,其实是源于误解。

有一点,与马克思的看法恰恰相反,一个度量单位一般而言并不是必须和所度量的对象具有相同的实体。例如,长度是用“米”作为标准进行度量的,但多少米并不意味着一定要有一个人们公认是“一米的长度”的物品存在那里,实际上,标准的米只是光在真空中经过1/299 792 458秒所传播的距离而已。也

---

① 例如,可参见Marx(1976,192)。

② 这一点也就可以部分地解释由Duménil(1980)和Foley(1982)分别独立提出的“劳动时间的货币表达”(Monetary Expression of Labour Time,缩写为MELT)概念为什么会具有吸引力了。严格地说,他们提出这个概念不是处理货币理论的问题,而是为解决长期以来所存在的“价值转形问题”服务的。但弗雷的这个工作为马克思主义货币理论的复兴做出了重大贡献[例如,可参见Foley(1983)]。“劳动时间的货币表达”被定义为每一时期中货币增量总和与当期活劳动总和的比率,我们也可以把它理解成某种“货币价值”的倒数,并用它来把具体案例中的价值表示成货币形式。因此,这个概念在马克思主义货币理论最近的复兴中得到了广泛的应用,例如,可参见Moseley(2005)。此外,在以斯蒂芬·雷斯尼克为代表的后结构主义的马克思主义那里,他们的货币理论也用到了“劳动时间的货币表达”,例如,可参见Kristjanson-Gural(2008)。不过我们需要牢记,“劳动时间的货币表达”是**事后**确定的,要在社会总资本的循环完成之后才会有那两个总量,才能取它们的比值,这种意义上的“货币价值”和货币理论传统上所谈论的“货币价值”是大为不同的,传统上所谈论的“货币价值”是在循环完成之前就**事先**确定的,它本身对于确定价格总量具有决定性的作用。

就是说，长度是用光速和时间来度量的。以此类推，商品的价值也不需要用一个本身具有价值的东西（即货币）来度量（并用价格来表示商品所具有的价值）。

在这里，关键问题在于价值的观念度量和实际度量之间存在差异。上面所提到的度量商品价值的例子只是我们在头脑中、在观念中进行的，而商品价值的实际度量是通过商品的多次交换而盲目地、自发地进行的，最终形成了市场价格。货币商品（含有价值）在实践中进行度量，是通过与其他商品之间常规性、习惯性的交换来度量出它们的价值，而不是在纸面上进行度量，也不是把每个商品都在观念上做一下除法，看它包含多少单位的价值。之所以要把货币作为一个问题提出，就是要考察观念上的价值尺度同实际的价值尺度之间的关系。马克思谈论这个问题的前提预设是认为不可能存在一种无价值的货币来充当价值尺度，但现实情况是和这种预设完全相反的，无价值的货币可以和商品货币一样在实践中执行价值尺度的职能，只要商品所有者普遍接受这种无价值货币就可以了。商品货币和无价值货币在这里的差异其实就体现了观念度量与实际度量之间的差异，两种货币在度量商品价格时的数值浮动范围和稳定性不同。要进一步讨论这个问题，我们就需要转而考察货币的下一项职能。

货币的第二项职能是作为交换手段，或者说是作为狭义的流通手段。与第一项职能一样，交换手段的职能必须存在于实践之中，商品和货币之间必须存在常规性、习惯性的交换。而且，作为交换手段的货币自然会具有速度和数量的属性。马克思充分意识到“交换等式”的存在，将之简单地表示为 $M=TP/V$，其中 M 是货币数量，V 是货币流通速度，TP 是交换商品的总价格。[①] 但是马克思反对货币数量理论，认为商品总价格 TP 不是由货币量 M 决定的，情况是反向的。换句话说，在商品价格和货币流通速度给定的条件下，交换领域所需要的货币数量会通过货币的贮藏和释放过程自发地提供出来。

交换手段的职能对货币的存在形式有重大影响。作为交换手段的货币商品，其最直观的形式当然是国家所制造的铸币。但铸币经过流通之后不可避免地会产生磨损，也就是说，铸币会丢掉一些物质成分，变成一个符号。按照这种思路，国家就可以发行纯粹的货币商品符号，典型的例子就是发行贱金属铸币或者无价值的纸币。在实际历史中，18 世纪随着资本主义开始在欧洲和北美扎根，商品货币就开始让位于无价值符号。自那时以来，法币都是成熟的资本主义所不可或缺的基本组成部分。但在今天，法币的职能已经与信用货币发生了纠缠，下文中我们将会看到这一点。

---

① 参见 Marx（1976，210—220）。

很显然，作为交换手段的法币，其数量不同于商品货币。在价格和速度给定的情况下，商品货币的数量是由货币贮藏和释放所自发决定的。相反，法币的数量是由国家决定的。因此，假如国家发行的货币超过了流通所需的数额，假定速度保持不变，那么商品的总价就必然上涨。马克思在使用法币并且符合一定特殊条件的情况下，也接受了这种货币数量论的观点。[①]

但是在马克思看来，法币数量增加而导致价格异常上升，这实际上反映了货币的价值尺度职能的失灵。换句话说，商品货币和无价值的法币之间真正的差别并不在于后者不能度量价值，在实践中显然是可以的；真正的差别在于用无价值的货币对价值进行实际计量（用市场价格来表示价值）也受到货币数量的制约，例如在法币超发的情况下，计量工作就会被国家操纵。也就是说，无价值的货币当然可以度量价值，但用无价值货币的价格所表示的价值可能发生波动，甚至变成一个任意的数值。

马克思认为货币的第三项职能就是"作为货币"的货币，这是货币真正独特的职能，体现了货币在社会中所占有的特殊地位。具体来说，马克思把货币"作为货币"的职能细分为三种：贮藏、支付手段和世界货币，这三种细分职能都是"作为货币的货币"在不同方面的具体表现。货币在执行"作为货币"的职能时，是站在了交换过程之外，它不再是为交换过程服务，而是自身成为价值的独立形式，成为交换关系的物质结晶。"作为货币"的货币显示出了自身所具有的特殊经济和社会力量，在资本主义社会中它的这种力量尤其显著。

贮藏职能在马克思货币理论看来具有非常基础性的地位。首先，货币贮藏是货币流通所必须存在的对立面，贮藏起到蓄水池的作用，能够自发调节流通货币的数量，使之与商品价格和流通速度相协调。其次，货币的贮藏也就意味着货币从流通中撤出，体现了资本主义市场中总需求的撤出。[②] 最后，货币贮藏代表了以货币形式进行的价值积累，这些积累起来的货币可用于放贷，即它们是潜在的货币资本，因而货币贮藏是信贷体系的基础，也是资本主义经济中信贷供给的基础。

支付职能在马克思那里同样也很重要，它定义了"广义的流通手段"，从而为信用分析开辟了道路。需要强调的是，马克思主义的信用理论是建立在货币的基础之上的，是一种货币的信用理论。马克思当然不会认为信用是交换的参与者之间的首要关系，不存在一种信用的货币理论。信用关系源于货币关系。

---

① 参见 Marx(1970,118—119)。

② 参见 Lapavitsas(2000)。

具体来说，货币作为一般等价物，将出售行为 C—M 同购买行为 M—C 分离开来，这里 C 是商品，M 是货币。货币还可以将出售行为进一步一分为二，第一步是商品同付款承诺相对立，C—IOU，第二步才是支付货币进行结算，IOU—M，这里 IOU 是一种债务工具（付款承诺）。因此，最基本的信用形式就是贸易信用或者商业信用，这种形式可以说充斥于资本主义的流通过程，甚至可以说是资本主义流通的基础。在贸易信用的基础上，才进一步出现了涉及借贷的更复杂的信用关系。

货币为信用关系开辟了道路，它自身也在此过程中获得了巨大的发展空间。也就是说，信用交易过程中产生的借条如果能够被充分信任，具有承兑能力，就可以像货币一样流通。这就是信用货币存在的基础，信用货币这种形式和商品货币、法币都有明显不同。信用货币的基础是最终能够获得支付的承诺，商品货币和法币则不存在承诺支付的问题，它们本身就是用来进行最终支付的手段。此外，信用货币虽然也是无价值的，但它不像法币那样是作为商品货币的符号；相反，信用货币是一种私人创造的货币形式，它要建立在发行人的支付承诺的基础之上，通常是在缔结私人债务时产生的。

信用货币是发达资本主义中主流的货币形式，主要采取由银行来承诺支付（或对银行的债权）的形式。发行信用货币的银行一般会在其资产负债表上将它对信用货币的支付承诺专门列明，不与其他私人债务混同。信用货币是一种变形的货币，它不需要有实物形式，可以只是记账或电子信号。

发达资本主义的信用货币发生的最大一个变化是由于国家通过中央银行发行法币，从而使信用货币和法币发生了系统性的联系。在当代，中央银行是在信用体系的基础之上提供承诺来作为最终支付手段。央行的承诺——无论是银行券还是私人银行存款——只是承诺，不能再去兑换任何其他东西，是由国家把央行的货币宣布为不可兑换的法定偿付手段，虽然这种货币本身是央行通过向其他银行发放贷款所创造的。在当代，由国家背书的法币是法定偿付手段，央行通常还会持有国家发行的债务工具。

在成熟的资本主义经济体中，国家对央行的法币发行进行控制是国家能够广泛干预经济和金融的基础。由于央行掌控了最终支付手段，它就可以影响利率，从而影响到整个经济体的信贷供给。同样，央行也因此可以在发生危机时大量提供流动性，即提供最终支付手段，从而防止金融体系彻底崩溃。这是发达资本主义经济体的货币政策的基础。

最后，“作为货币的货币”的第三个细分职能是“世界货币”，在马克思对成熟资本主义经济体的货币所做的各种分析中，这一方面的分析是最复杂、最不充分也最具创新性的。马克思指出，世界市场上的货币与国内市场上的货币是不同的。世界市场是一个无政府的市场，没有哪个国家可以单独主导形成一套统一的机制，并且虽然世界市场中也有着庞大的金融市场，但并没有形成一个信用体系。分散在不同国家的私人资本以及各种跨国性私人资本之间发生着相互作用，世界市场只是为这种资本间的相互作用提供场所而已。要在世界上不同企业、不同国家之间进行支付和价值转移，就需要使用一种能够超越国界的特殊形式的货币。只要各个国家和各路私人资本想要参与世界市场，它们就必须接受"世界货币"。

马克思认为，货币要成为"世界货币"就必须再次回到商品货币的形式，即应当采用黄金的形式。[①] 这种观点显然反映了他写作时的制度框架，即19世纪下半叶的金本位制度。在20世纪，显然已经出现了某些国家的货币作为准世界货币的现象，这些货币往往并不需要能兑换成商品货币，或者说它们其实只能兑换自己。世界货币已经是由某些国家所创造的货币形式在充当，在一定程度上受到了货币所属国的管制。一个国家如果能够发行准世界货币，那它就可以从中获得巨大利益，例如它只要在国内制造更多的法币就可以用来支付国际债务了。

货币和资本

接下来，我们还要讨论一下货币和资本之间的联系。显然，货币作为一种经济和社会现象，早在资本主义生产方式出现之前就已经存在了。只要货币产生并执行其职能，人们就有了广泛的商品交换，但当时还并不存在资本主义的生产和流通，只有当资产阶级垄断了生产资料并用工资雇佣劳动力之后才会产生。而在资本主义社会形成之后，货币也就成了资本的基本存在形式，会系统性地变成资本。那么，货币和资本之间有什么样的联系呢？

首先，我们显然可以看到单纯作为货币的货币和作为资本的货币之间存在重大区别。马克思指出，货币是生产资本循环的自然起点和终点，他将之总结为 $M—C\cdots P\cdots C'—M'$，其中 M 是货币，C 是生产过程所投入的商品（生产资料和劳动力），P 是生产，C′是生产过程所产出的商品，M′是货币收入。[②] 在这里，货币是资本正常开始循环时的形式，也是资本必须返回的形式（加上利润）。同

① 参见 Marx（1976，240）。

② 参见 Marx（1978，ch. 1）。

时,货币也以"利润"的形式充当了循环的目标,即 M 到 M′的增量。最后,货币是实现这个目标的手段之一,因为它被用来雇佣工人和购买生产资料。因此,作为资本的货币的特定运动方式可以缩写为 M—C—M′。

与此相反,货币作为普通货币的特定运动方式恰好可以表示成 C—M—C′,即本文第二和第三节讨论的单纯市场交易(或者说简单交换)的两步加总。推动 C—M—C′的目标仅仅是获取不同的使用价值,货币只是撮合了这一过程。因此,作为资本的货币和作为普通货币的货币两者运动方式是截然不同的。

这样一来,问题也就变成了:货币是怎样变成资本的? 在什么条件下变成资本? 马克思在《大纲》中试图论证说,"作为资本的货币"是在"作为货币的货币"的辩证运动过程中才得以产生的,货币既处于循环过程之外,又必须在循环过程之中产生。[①] 这种说法并不是很有说服力,它与历史的经验相矛盾,资本主义的出现需要具备丰富多样的社会因素,而马克思则把这些多样性都塞进了一个普遍性公式中,只从普遍性公式的内在展开来解释现实。与这种做法相反,马克思在《资本论》中则正确地把劳动力成为商品作为资本主义的本质特征,抓住了劳动力对价值和剩余价值的创造作用。[②] 只有具备了产生资本主义的社会和历史条件——其中首先就是要形成资产阶级和工人阶级——之后,货币才会系统性地变成资本。

当然,即使在非资本主义的社会历史条件下,货币也是能够成为资本的。首先,货币在前资本主义社会显然可以成为商业资本。更进一步来说,货币还能够在不同社会体之间充当信用手段,在很多非资本主义社会体中都存在贸易信贷或者单纯的货币借贷。问题的关键在于,在资本主义社会中是出现了一套系统性的机制,把货币都集聚起来并将其转化为资本,服务于资本积累的目的。这种系统性机制,就是信用(更广泛的说是金融)体系。[③]

总之,在成熟的资本主义经济体中,货币转化为资本是一个整体性、制度性的过程,这一方面有赖于雇佣劳动和生产资料私有制的存在,另一方面要建立在社会将货币转化为资本的系统性机制基础之上。当然,货币依然还会保有纯粹货币的职能,例如用于支付工人的工资,只是它的社会和经济作用在转化为资本的历史进程中变得更加复杂了。

---

① 参见 Marx(1973,250—264)。

② 参见 Marx(1976,ch. 6)。

③ Marx(1981,pt. 5)对此进行了讨论。

参考文献

Davidson, P. 1978. *Money and the Real World*. London: MacMillan.

Duménil, G. 1980. *De la valeur aux prix de production*. Paris: Economica.

Foley, D. 1982. "The Value of Money, the Value of Labor Power, and the Marxian Transformation Problem." *Review of Radical Political Economics* 14: 37–47.

——. 1983. "On Marx's Theory of Money." *Social Concept* 1(1): 5–19.

Hart, K. 1986. "Heads or Tails? Two Sides of the Coin." *Man* 21(4): 637–656.

Hilferding, R. (1981). *Finance Capital*. London: Routledge & Kegan Paul.

Knapp, G. 1924. *The State Theory of Money*. London: MacMillan.

Kocherlakota, N. 1998. "Money is Memory." *Journal of Economic Theory* 81(2): 232–251.

Kristjanson-Gural, D. 2008. "Money is Time: A Re-interpretation." *Review of Radical Political Economics* 17(1–2): 201–211.

Lapavitsas, C. 1991. "The Theory of Credit Money: A Structural Analysis." *Science and Society* 55(3): 291–322.

——. 2000. "On Marx's Analysis of Money Hoarding in the Turnover of Capital." *Review of Political Economy* 12(2): 219–235.

——. 2005. "The Emergence of Money in Commodity Exchange, or Money as Monopolist of the Ability to Buy." *Review of Political Economy* 17(4): 549–569.

Marx, K. 1970 [1859]. *Contribution to the Critique of Political Economy*, Moscow: Progress.

——. 1973 [1939]. *Grundrisse*, London: Penguin/NLR.

——. 1976 [1867]. *Capital*, Volume 1. London: Penguin/NLR.

——. 1978 [1885]. *Capital*, Volume 2. London: Penguin/NLR.

——. 1981 [1894]. *Capital*, Volume 3. London: Penguin/NLR.

Menger, C. 1892. "On the Origin of Money." *Economic Journal* 2: 239–255.

Mises, von L. 1998. *Human Action: A Treatise on Economics*. Auburn, AL: Ludwig von Mises Institute.

Moseley, F., ed. 2005. *Marx's Theory of Money: Modern Appraisals*. London: Palgrave Macmillan.

Polanyi, K., C. Arensberg and H. Pearson, eds. 1957. *Trade and Markets in Early Empires*. Glencoe, IL: Free Press.

Smith, A. 1904 [1776]. *The Wealth of Nations*. London: Methuen & Co. Ltd.

Wray, L. R. 2000. "Modern Money." In *What is Money?*, J. Smithin, ed., 42–66. London: Routledge.

第八章

价值和价格

布鲁斯·罗伯茨(Bruce Roberts)

马克思关于价值和价格问题的讨论源于政治经济学之前的理论传统,但他的这种讨论同时也是一种对社会阶级问题所做的唯物主义分析。基于必要劳动和剩余劳动所做的阶级划分是一种基本划分,适用于一切社会,但是资本主义的商品交换使得我们必须对所谓必要和剩余进行更加精准的计量,以此才能对剥削及其后果进行量化和分析。

在最普遍的层面上,一切社会都要进行生产从而获得产品,满足人的各种需要,而要进行生产,就需要人自身的劳动再加上人之外其他因素的投入(即"自然"以及人所生产出来的生产资料)。因此,一切形式的社会生产都需要采用某种劳动模式,将劳动分配到不同的任务上去,但这就不可避免地产生了某种对产品的占有模式,即产品的社会分配(本质上,这种占有模式也就是对生产这些产品的劳动进行占有)。人类的各种分配模式之间肯定存在差异:某个生产产品的劳动者如果是通过社会的产品分配满足自身需要,那么他所分配到的质和量必然不同于个体劳动者。马克思主义之所以要考察阶级的组织原则,就是为了了解劳动和占有劳动的不同模式之间的差异和联系。

即使在这个最普遍的层面上,我们也可以看到劳动过程和生产的产品是密不可分的。所谓社会总产品是同总投入相对应的概念,生产所需的所有人力和非人力投入都属于总投入,但是如果我们加以分析,在生产过程中排除掉非人力的那部分投入,以及相应的在总产品中排除掉通过消耗物质投入所形成的部分,这样我们就可以得到另一对概念:生产中的**新劳动**和社会**净产品**。用这一对概念来表述:经济活动就是将人们进行的各种活劳动转化为净产品的过程,净产品可以表现为商品,但不必然是商品。净产品是社会再生产的物质基础,一切消费和净投资都来源于净产品。任何一个经济体无论多么复杂和独特,都无非是一个持续不断地把人类劳动转化为物质回报的过程。生产过程中的非劳动投入,特别是物质生产资料(physical means of production),其实顾名思义只是一种**手段**(means),是为实现转化过程而服务的。

考虑到社会净产品同这些产品的生产过程中所进行的劳动在本质上具有社会同一性,马克思认为社会分配作为对净产品的分割,这种分割暗含另一种对应的分割,即对生产净产品的总劳动的分割。“必要劳动”和“剩余劳动”这两个普遍适用于一切社会的术语为阐明阶级概念提供了基础:

> “在任何社会生产中……**总是能够区分出**劳动的两个部分,一个部分的劳动其产品直接由生产者及其家属用于个人的消费,另一个部分的劳动始终是剩余劳动,这部分劳动的产品,总是用来满足一般的社会需要,而不问这种剩余产品怎样分配……(或者)谁执行这种社会需要的代表的职能。”
>
> (Marx 1967,877—878,强调为引用者所加;见《马克思恩格斯文集》第7卷,人民出版社2009年版,第993—994页)

同净产品分成劳动者再生产部分和剩余产品部分相平行,从概念上也可以把总的新劳动分成必要劳动和剩余劳动两部分。虽然“社会需要”也可以由集体采用自觉的方式直接加以满足,但历史上更常见的满足方式是采用各种强制性的阶级剥削。

在存在系统的商品交换的情况下,要从理论上对剥削进行定量分析是很困难的。在资本主义中,要获得生产出来的商品就要经由市场的中介,市场中的每一项交易都同时涉及买方获得一部分社会产品而卖方获得一份收入。马克思主义(独特的)解决方式是用**两种**截然不同但又相互关联的方式来计量每一种商品。一方面,“价值”所计量的是“工作”(即所进行的劳动)流;在这里,每个商品所具有的“价值”就是度量为了创造该商品所“加进去”的人类劳动。另一方面,“价格”(更一般地说,是“价值形式”)的计量则要计算支出与回报、计算收入流:每个商品的价格不是表示生产它自身所需的劳动,而是表示它进行交换时所“换过来”的劳动。因此,要用劳动时间来度量异质的社会产品,就要通过每笔销售所产生的(货币)收入来表示劳动时间。马克思同时采用了这两种劳动时间的“计量”方式,因为他认识到这两种同时并存的计量方式既有区别又有联系,是资本主义社会关系的一个重要表现。每种商品的“数量”既是作为社会产品所产生的总收入流的一部分，又是作为生产总产品所需的总“工作”的一部分。通常而言，这两种度量方式是不同的，虽然不管把总产品看成是支出总和还是“工作”总和，都仍然是同样的总产品。

马克思在此基础上得出了一些对资本主义阶级分析的基本判断。首先，并非所有获得收入的人都从事劳动，由此易知，如果一些没做“工作”的人仍然可以支配生产出来的产品、可以获得收入，那么其他“工作”的人的收入肯定就要少于他们全部的“工作”所对应的等价物。用马克思更简单的语言来说，不工作的人也有收入，这本身就设定了“**剩余劳动**”的存在。这一点对于老年人、残疾人和低龄人士获得收入的情况很显然是成立的；资本收入也是某类不工作者获得了收入，在他们身上可能体现得不那么明显，但依然还是成立的，资本收入是由所有权带来的收入，而不是从事劳动的收入。存在非劳动收入，以及能够靠这种收入来获取一定的货物/服务，这本身就设定了剩余劳动或者说**无酬**劳动的存在，存在这种劳动也就会存在剩余产品（即超出了劳动者再生产所需的产品）。如果实际进行劳动的人既没有本身直接占有剩余劳动，也不是作为某个占有剩余劳动的集体的一员，马克思把这种情况称为**剥削**。

其次，如前所述，尽管作为所有“工作”之和的总产品和作为收入之和的总产品是同一的，但这一点对于个别商品而言并不一定成立。因此，商品的价值（某件商品作为一份产品所代表的“工作”，或者说它所凝结的社会劳动时间）不一定就等同于它的价格（这件商品在等价交换中所代表的社会劳动时间，由买方用货币的形式支付）。如果碰到两者不相等的情况，那么劳动时间就会通过交换活动进行**再分配**——商品的价值和价格之间的差异会促使包括剩余劳动在内的劳动时间发生转移，这样，由商品销售收入所代表的劳动时间就偏离了最初用来产生这些收入的劳动时间。因此一般来说，资本主义的收入分配（以及用这些收入购买的产品的分配）本质上是以劳动时间的再分配为先决条件的。并且结合前一点来说，资本在销售中实现的利润也就代表了对劳动者的**无酬**剩余劳动时间的**再分配**。

事实上，马克思写作《资本论》就是要来研究这样一系列再分配转移过程，最初是从雇佣劳动者转移到销售产品获得收入的雇主那里，但随后又会通过市场定价从行业中生产率较低的企业转移到生产率较高的企业，通过行业间竞争或垄断从一个行业转移到另一个行业，通过租金或债务利息的形式转移到商品生产之外的经济实体，通过税收转移到政府，等等，层层递进。资本主义经济会通过多重的、相互交叉的市场以及（有时是）非市场渠道进行劳动的再分配，以此来进行收入分配。由于存在各种有酬和无酬的“工作”，特别是其中的无酬

“工作”，就会产生各种各样的收入。因此，收入和产品的每一次分配都同时是劳动和价值的再分配，而马克思的价值理论及其对价值和价格范畴的并举，就是旨在为考察阶级的问题提供一套可观察、可量化的计量话语，做到理论融贯。

要达到这一目的，这项计量工作就要满足一些基本要求：要给出恰当的单位，以便能够在一个共同的尺度上对劳动进行公度（见本书第六章“抽象劳动”），并能够在劳动时间和货币这两种度量方式之间进行转换，具体应该做到以下几点：

1. 总产品的价值等于总产品的价格（无论是用货币进行度量，还是直接用劳动时间度量）；

2. 当期劳动所增加的价值等于社会净产品所代表的总收入，因为后者正是来源于前者；

3. 广义的总利润（财产所有权可获得的收入）能够表示剩余价值（由劳动所创造的新价值扣除创造新价值的劳动者的报酬）形式下的无酬剩余劳动，也就是说，总利润要等于剩余价值。

上述这三对计量关系必须同时满足，才能严格维持资本主义经济的运行，资本主义经济体是一个由阶级构成的场所，这一场所就是为对有酬和无酬劳动时间进行各种形式的再分配服务的。价值是由当期劳动所创造的，价值和剩余价值在此期间只是被“保存”，通过商品定价进行重新分配（当然，价值还可能会遭受多种形式的“破坏”，这就和正常商品交换无关了，是由其他原因造成的）。

从马克思那时起到现在，关于价值和价格问题出现了好几派相互竞争的观点，这些流派的分歧包括上述这几个命题是否能够同时成立、能够在多大程度上同时成立，为什么这些命题中的一些乃至全部会不成立，如果一些乃至全部命题不成立会有多大影响，或者是不是一些乃至全部命题其实并非必要条件，等等。

在李嘉图主义者、数学家博特凯维茨（Bortkiewicz）的影响下，20 世纪的许多论者在看待商品价值问题时都认为三对计量关系无法同时成立。这种传统的观点（Bortkiewicz 1907；Sweezy 1942；Seton 1957）认为马克思和李嘉图一样，都把商品价值看作由生产的技术条件严格决定的：如果要表示生产中消耗的生产资料所贡献的（“死”）劳动，那么只要看生产这些不变资本所需要的劳动就可以了，这里的需要是一种技术层面的需要；上述这块份额再加上由当期工人的（“活”）劳动时间所增加的价值，就可以得到产品的总价值。后来的一些论者（例如 Pasinetti 1977；Steedman 1977）将这一观点形式化，提出了“垂直加总的劳动系数”(vertically-integrated labor coefficients):$\boldsymbol{\lambda}=\mathbf{l}\,[\mathbf{I}-\mathbf{A}]^{-1}$。[①] 价值($\boldsymbol{\lambda}$)作为物化的劳动的量,可以形式化地表示为单纯由技术(单位投入系数,**A**和**l**)所决定,而无须考虑不同产品的规模、分配条件和交换条件,以及社会生产关系的具体形式。另一方面,资本主义经济中的价格——按其原初设定就是商品之间的交换比率——必然受到收入分配和标准外汇兑换率的影响,前者一般是通过某种形式的工资标准来影响,通常是劳动力再生产所需商品的“实际工资束”**b**,后者一般是通过预付资本的竞争性利润率 r 来影响。要在绝对尺度上表示出价格,就必须加入归一化约束条件。因此,这种对马克思的解读可以得出两种截然不同的(“二元”)方程式体系:一种是“价值体系”,其中技术条件唯一地决定了每一种产品中物化劳动的量;另一种是“价格体系”,它独立于价值,需要考虑其他一些因素(例如需要考虑**b**)对交换率的决定作用。后续通常还需要考虑产出水平(**x**)的因素,这样价格才能够依照某个绝对尺度进行归一化,使得价值和价格的量可以进行加总和比较。

在这种“新李嘉图主义”(neo-Ricardian,缩写为 NR)的价值理论看来,上述三对计量关系的成立是受限的,之所以受限,是因为在竞争性利润率的情况下,采用任何尺度来对价格进行归一化都无法达成这几对关系同时成立,它的这一观点今天已经广为人知。人们可以按照需要设定任意的特定尺度作为约束条件(例如,可以强制使总价值和总价格相等),但一般而言,这时其他等式就没法满足了(例如,会无法满足总剩余价值和总利润相等)。除非我们假定了某些非常特定的限制条件,才有可能让上述三对计量关系都同时满足。[②] 在马克思的批评者看来,这个不一致是源于一个更深层次的问题:如果只是要让价格结构符合利润的竞争性分配,那么就根本无须牵扯到价值和剩余价值。如果在这项工作中提价值是多余的,那么用劳动时间来进行计量的分析基础就产生了自我否定。

新李嘉图主义的批评引发了马克思主义阵营很多流派的回应,所有这些回

---

① 限于篇幅,我们这里只介绍一下对最简单情况的形式化处理。考虑有这样一种工业:无须固定资本、周转情况统一、劳动同质化、生产单一产品(也不进行联合生产),并且所有劳动都算成生产性劳动。各习惯用法的符号可以定义如下:**A**,每单位产出所需投入商品的系数矩阵;**l**,每单位产出所需投入劳动力的系数向量;**b**,每单位劳动力再生产所需的商品向量(“实际工资束”);**x**,总产品向量;$\mathbf{y}=[\mathbf{I}-\mathbf{A}]\,\mathbf{x}$,净产品向量;$\boldsymbol{\lambda}$,商品“价值”向量,它是劳动系数的垂直加总;**P**,用“货币”表示的价格向量;**p**,用劳动时间表示的价格向量。

② 参见斯蒂德曼(Steedman 1977),或参见罗伯茨所做的归纳(Roberts 1997);斯蒂德曼还列举了批评者认为会导致三对关系相互不一致或存在不确定性的其他一些原因,他用马克思主义的概念范畴进行了表述,例如固定资本、联合生产、异质劳动等。

应都强调了马克思的关键贡献就在于他阐明了劳动是价值的来源和实质，这是从定量方面对资本主义的阶级进行分析的基础。但是，新李嘉图主义仍然有其独特的价值，其关于价值理论的看法已经成为一个分水岭，在它之后马克思主义就绕不过其所提出的问题，必须给出相应的解决方案。马克思主义阵营的回应大致可以分成三种。第一种，**坚持**劳动价值的概念是直接或间接地以现有技术为基础的，他们捍卫商品“所包含的劳动”在解释价格现象时所具有的核心地位，而忽略这一点会导致计量关系不一致的问题。第二种，实际上是**放弃了**劳动具有核心地位的观点，他们固然也承认价值是物化的劳动，但认为这一点主要是在其他方面发挥作用，特别是在新增价值的分配问题上，劳动时间的计量还是有用的。第三种，**反对**价值是物化的劳动，认为这是错误的理论，他们主张对价值做出不同的解读，从而满足三对基本计量关系。

坚持价值是物化的劳动，那么就得接受三对计量关系无法同时成立的情况。有论者(例如 Shaikh 1984)认为无法同时成立并不是一个大问题，这只是流通过程的“相对独立性”所带来的结构性问题。如果假定总价格和总价值(“直接价格”)是相等的，那么推导得出的总剩余价值和总利润之间一般会存在偏差，这只是单纯反映了用于资本家消费的那部分剩余价值是从“资本循环”中流出，转而进入了“利润循环”[商品层面的价格－价值的总体偏差是对两种循环之间所发生转移的表现，这种偏差使得实际利润相对于剩余价值(“直接利润”)会存在增减](Shaikh 1984，54)。但是从经验上来看，这些偏差是相当小的，谢赫(Shaikh 1998)根据自身和他人的各种研究后指出，价格在不同部门间的横向变化和不同时期的纵向变化都与价值的变化密切相关。他认为尽管物化劳动的价值并不同时满足马克思分析资本主义时所得出的三对计量关系，但价值在实证层面上对价格具有**调节**作用。

在那些反对新李嘉图主义批评的人那里，呈现作为物化劳动的价值和价格之间的实证关联是一项非常核心的任务。法尔容和麦克弗(Farjoun and Machover 1983)提出了概率论的价格理论。资本主义的竞争确实会引导资本流向利润率高的领域，但他们认为这也就产生了一个趋势，即不存在一个统一的资本“均衡”利润率，而只存在“各种资本的不同利润率之间所具有的某种特征分布的动态均衡”(F&M 1983，18)。

由于他们放弃了存在统一利润率的观点，因而他们不仅可以用概率方法来计算利润率，还可以把价格作为随机变量。法尔容和麦克弗将单位价格作为一个随机变量，它与商品“所包含的劳动”是在统计学上相关，而不是决定论意义上的相关(也就是说，价格实际上并不等同于直接用物化劳动所度量的价值)，他们在论证这一点时用到了一些符合马克思思路的关于劳动居于核心地位的论点。沿着这一路径所进行的实证研究(Cockshott and Cottrell 1998；Frohlich 2013)提供了证据，商品所包含的劳动对市场价格具有显著的“吸引子”(attractor)效应，效力大致相当于新李嘉图主义计算出的生产价格。法尔容和麦克弗认为，他们的学说“重建”了马克思主义理论，因为他们坚持了“劳动价值……必须发挥核心作用”的立场——计量中所表现出的“矛盾”“并非源自劳动价值论，而是因为把劳动价值同个别价格和利润率之间的联系看成了一种决定论意义上的联系”(F&M 1983，137)。其实，即使我们放弃资本主义竞争会使得三对计量关系同时满足的“决定论”观点，也仍然可以保持马克思主义的基本立场，“通过无序的竞争机制，(在经济中创造的**剩余**劳动)在所有企业之间瓜分，成为它们的利润”(F&M 1983，156)。法尔容和麦克弗把三对计量关系同时满足批评为一种过于“决定论”的思想，他们改而用实证统计意义上的满足作为关键标准。

对新李嘉图主义的第二类回应方式也强调计量关系在实证上成立，但讲的不是统计相关性，而是指宏观经济数据。这一路径现在通常被称为“新解法”(new solution，缩写为 NS)派①(Duménil 1980，Foley 1982，Mohun 2004)，这一派大体上还是接受价值是物化劳动的观点，但他们更关注从商品价值出发去谈论(个体或集体的)社会关系，特别注重那些描述分配份额的社会关系。

这一派马克思主义者认为，既然当期的劳动创造了新价值，那么也就提供了可供分配的社会净收入；同时，那部分代表利润(这里的利润在其本义上使用，包括所有形式的财产收入)的劳动只不过是源于对当期劳动者的剩余劳动所创造的剩余价值的再分配。“新解法”派用自己的一套独特阐释方式维持了这两对计量关系的同时成立，顶住了新李嘉图主义的批评。他们的做法是对作为**无酬**劳动的结果的剩余价值进行重新解释，认为有酬劳动之所以是有酬劳动，之所以区别于无酬劳动，是在于劳动力获得了报酬这一点本身，而不是劳动者通过这笔报酬收到了商品中的物化劳动。

这里需要澄清一下：他们的所谓新解法实际上是设想了两个不同的计量领域，一个是价值领域，用劳动时间作为为计量单位，另一个是价格领域，用货币价格(记作 **P**)来进行度量。这两个领域当然是相互关联的，可以通过一个通常被称为“劳动时间的货币表达”(monetary expression of labor-time，缩写为

---

① “新解法”这个标签本身就反映了该学派的原初目的在于反驳新李嘉图主义对马克思“解法”的批评(马克思在《资本论》第三卷中把价值“转化”为生产价格，从而“解出”一般利润率)，但更准确地说，“新解法”派的马克思主义定价理论可以适用于任何形式的定价。

melt)的标量进行相互转换(记作 m)。新的活劳动所创造的价值可以用货币[新增的货币价值(money value added),记作 MVA]来表示,等于 m 乘以工作总时数($\mathbf{lx}$)。根据 MVA 的定义,它是用价格($\mathbf{Py}$)所度量的社会净产值,因而 MVA 也就可以反过来表示可供分配的社会净收入。综上所述,这就表示 melt(m)$=\mathbf{Py}/\mathbf{lx}$,这是一个建立在社会净产品($\mathbf{y}$)基础之上的概念。

当然,MVA 要分成总工资和总利润两部分,新劳动所增加的价值总量(无论是以劳动时间还是以货币进行度量)也要分成必要劳动和剩余劳动两部分。"新解法"派把剩余劳动解释为如下意义上的无酬劳动:以货币表示的总剩余劳动(亦即货币形式的剩余价值)等于 MVA 减去总劳动力的货币报酬,也就是说,($m\mathbf{lx}-\mathbf{Pblx}$)。由于按照定义,这个量要与货币利润总额($\mathbf{Py}-\mathbf{Pblx}$)完全相同,因此总利润等于剩余价值总额,无论是以货币($m\mathbf{lx}-\mathbf{Pblx}$)来度量,还是直接用无酬劳动时间($\mathbf{lx}-[\mathbf{Pb}/m]\mathbf{lx}$)来度量,其中 $\mathbf{Pb}/m$ 表示每小时劳动中"获得报酬的部分"(货币工资除以 m 就可以转化为有酬劳动的尺度;$\mathbf{Pb}/m$ 表示社会净收入中的工资份额)。①

"新解法"派这种观点显然突破了先前对剩余价值的一般理解,因为在这个意义上理解的总剩余价值,就脱离了同个别商品价值的直接关联。然而,由于商品价值的概念本身仍然是建立在传统的物化劳动基础上的,所以这并不能完全绕过新李嘉图主义的批评:来源于活劳动所新增的价值($\mathbf{lx}$)的净产品货币价值($m\boldsymbol{\lambda}\mathbf{y}$),确实等于该净产品的价格($\mathbf{Py}$),但总产品的货币价值($m\boldsymbol{\lambda}\mathbf{x}$)并不等于其价格($\mathbf{Px}$)。

"新解法"派认为这只是一个小缺陷,在实证适用性方面获得的收益要大得多。尽管他们所给出的"价格"的新解法是为了解决价格的理论问题,给定了统一的竞争性利润率的条件,但同样也可以对实际的市场价格向量进行计量;正因如此,"新解法"派的理论也可以借助 NIPA 数据开展马克思主义的宏观经济分析。不过,虽然"新解法"派可以同马克思主义理论在很大范围上相一致,但他们的学说在带来好处的同时也会对马克思主义造成损害。按照"新解法"派的计量方式,就不能认定资本主义价格的确定是源于劳动时间的多次再分配,因为 $m\boldsymbol{\lambda}\mathbf{x}$ 不等于 $\mathbf{Px}$,那就说明在计量总的劳动时间时,不能把它们"加在一起":总价值在通过定价结构进行再分配的过程中并不守恒。因此,虽然"新解法"派依然采用了传统的**剩余**价值概念或者说无酬劳动概念,认为利润来源于

---

① "新解法"派通常不采用实际工资束 $\mathbf{b}$ 作为分配数据,而是用货币形式的标量工资 w,把 w 填入上述关系中的 $\mathbf{Pb}$。

总剩余价值，对利润的各种分配都是对总剩余价值的分配，但他们很少会用到那种区别于价格的**价值**概念，无论是在个别商品层面还是在总体层面。

对新李嘉图主义的第三类回应方式不把重点放在实证方面，而是注重从理论上证明三对计量关系同时成立，他们试图给出一套对价值和价格概念的解释，使之能够完全满足马克思主义关于资本主义的价格源于对有酬和无酬劳动时间进行再分配的理论立场。虽然这一派论者的具体观点存在很多差异，但他们的共同点是拒绝接受传统上认为的商品价值就是物化的劳动($\boldsymbol{\lambda}$)的观点，各自提出了许多理论方案，认为商品价值是由其他一些因素所决定的。有人认为，这些不同方案都属于一种"单一体系"(single system，缩写为 SS)解法，而新李嘉图主义(以及大多数其他反对新李嘉图主义的马克思主义流派)的理论属于价值和价格的"二元"体系。

"单一体系"解法最初是由沃尔夫、罗伯茨和卡拉里所提出(Wolff，Roberts and Callari 1982)，之后罗伯茨(Roberts 1988，1997，2009)进一步发展了这一理论。[①] 沃尔夫等人搁置了劳动时间的货币表示(MELT)问题以及价值和价格变量的货币度量问题，把重点放在如何用相同的尺度来表述价格($\mathbf{p}$)和利润($\boldsymbol{\pi}$)，以及用相同的劳动时间单位表述价值和剩余价值(只要给定一个 MELT 的值，价格和价值的货币度量就必然和劳动时间度量成正比，具有相同的相互关系)。在他们看来，市场交换价值是围绕着马克思所说的"等价"交换的"重心"而波动的，因为非等价交换会引起供需调整，这就会产生一种"重力"，它会驱使价格进行调整，使交换比率被"束缚"在中心两侧的对称幅度内[②]。最为重要的是，确定重心的特定"等价规则"本身要取决于特定的社会环境——等价交换并**不是**简单地假设所有场合下都需要相等数量的价值换手(例如，竞争所导致的利润率平均化就会形成一种压力，在压力之下社会的等价规则就**不同**于《资本论》第一卷所描述的那种等价交换)。

一般来说(也就是在《资本论》第一卷所假设的特殊情况之外)，商品在进行(等价)交换时所对应的劳动时间，并不等于再生产这件商品所需的直接和间接劳动时间，"单一体系"解法的关键前提是，当这种情况是作为社会常态时，我们

---

① 这派理论的最新作品包括 Kristjanson-Gural(2009)和 Olsen(2013)等；更多本书未加详细讨论的复杂案例可参见 Roberts(1997)。

② 马克思在《资本论》中指出："不同生产部门的商品按照它们的价值来出售这个假定，当然只是意味着：它们的价值是它们的价格围绕着运动的重心，而且价格的不断涨落也是围绕这个重心来拉平的。"(见《马克思恩格斯文集》第 7 卷，人民出版社 2009 年版，第 199 页)马克思用物体围绕重心波动来比喻价格围绕价值波动，这个说法是从古典政治经济学那里继承过来的。——译者注

如果要**相对地**度量商品所包含的劳动，就要看前面这种劳动时间而非后面这种。它的这个前提可以看作对“新解法”派的核心思想进行了拓展。“新解法”派通过劳动力所获得的**报酬**（工资）来度量**可变**资本以及可变资本对产品价值的贡献，但对于不变资本，要看在生产过程中消耗了多少商品，而这些消耗的商品在当时的技术条件下包含了多少物化劳动。相比之下，“单一体系”派则对不变资本和可变资本一视同仁：在计量两者时，都是看用多少报酬可以代表制造它们所花费的劳动，也就是把它们统一都算入产品价值中的**有酬劳动**部分。

因此，对《资本论》第三卷所描述的竞争性资本主义经济而言，“单一体系”派所认为的价值(**v**)不同于 **λ** 这个价值：$\mathbf{v}=\mathbf{pA}+\mathbf{1}$，或者 $\mathbf{v}=\mathbf{pK}+\mathbf{s}$（其中 $\mathbf{K}=\mathbf{A}+\mathbf{bl}$，是生产中所消耗的用商品度量的不变资本和可变资本）。显然，**v** 和 **p** 不同于先前文献中那种“二元”体系下各自独立、相互区别的价值和价格。但是请注意，虽然这个价值等式看起来好像需要先有 **p** 的解才能得出 **v** 的解，有些人也确实是这样解读的，但其实**并非如此**（参见 Roberts 2009）。此外，在这里是用劳动时间来表示生产价格 **p**，价格并不是某种独立于马克思的价值计量的东西，在因果链条上是一回事，也可以在同一尺度上进行公度。其实正如马克思所说的那样，价格是“表示消耗在物上的劳动的量的一定社会方式”（Marx 1967, 82；参看《马克思恩格斯文集》第 5 卷，人民出版社 2009 年版，第 100 页）（参见 Roberts 1997，该文指出生产价格 **p** 代表在平均技术水平或者说“标准”条件下商品中所物化的劳动）。

在“单一体系”派看来，价值(**v**)和价格(**p**)是从同一个生产和交换的竞争性社会过程中产生的，并且两者都反映了**同一套**基本决定因素（所使用的技术、产出规模、分配方式，以及等价关系的社会形式——市场竞争的规则形式）。价值不同于价格，前者所度量的是要最终再生产出某种商品就必须进行的各种“工作”流，而价格则是收入的来源，使得人们可以凭借收入从社会产品所表示的“工作”总量中索取一部分——但无论是价值还是价格都可以从同一套数据中推导得出，无须两者之间有什么关联（Roberts 1997；2009）。

如果给定了 **v** 的值，那么上面提到的马克思主义所认为的三对计量关系就都可以得到满足[$\mathbf{vx}=\mathbf{px}, \mathbf{lx}=\mathbf{py}, \mathbf{sx}=(\mathbf{l}-\mathbf{pb})\mathbf{x}=\boldsymbol{\pi}\mathbf{x}$]。既然这三对关系同时满足，那么对劳动时间进行计量时，也就可以把商品在（等价）交换时所保持的价值“加在一起”。在“单一体系”派看来，让价值和价格的尺度保持一致，资本主义分配的**阶级**性也就显而易见了：商品和收入的每一次分配，本质上都是对“消耗在”这些商品上的（有酬和无酬）劳动时间进行**再**分配。

同“单一体系”学说类似的还有一种叫作“分期单一体系解法”（temporal

single system interpretation，缩写为 TSSI）学说，但这种强调时间维度的单一体系解法的最终结论和原本的单一体系有很大不同。“分期单一体系解法”（Kliman and McGlone 1988；Freeman 1995；Kliman 2007）并不关心在每个时间点的等价交换结构，它关心的是由于基本数据变化而在时间上产生的影响。同时，它也并不试图给出一套**兼顾**投入和产出环节、让每一时间点上的交换都满足等价性的特定价格（和价值）关系。“分期单一体系解法”把投入价格的集合看作给定条件（根据历史数据来得出不变资本和可变资本投入的估价，一旦它们进入生产过程，那就是给定的条件），然后根据当期情况推导出产品的价格，并不指望这两个价格能够相匹配。此外，它计算利润率的方法也有所不同，作为分母的“资本”是看**先前**周期（而不是当期）中资本的再生产成本。

因此，“分期单一体系解法”是明确拒绝同时处理价格决定问题的，而这一点恰恰是沃尔夫、罗伯茨和卡拉里的“单一体系”解法中的核心，包括在其他大多数关于利润率问题的学说中，一般也是把这一点作为核心的（尽管对于任意**给定**的基本数据集来说，所得出的价值和价格的“分期单一体系”解都会遵循时间序列而收敛到沃尔夫他们得出的“单一体系”解）。“分期单一体系”论者承认他们在符合马克思文本方面存在缺陷，要比“新解法”派之类缺陷更大，但他们认为自己在其他方面和马克思保持了一致，特别是在马克思主义关于利润率下降的观点上他们具有一致性，因而他们的理论是可以成立的：“分期单一体系”论者强烈地主张说，马克思关于劳动生产率上升和利润率下降两种经济运动趋势间存在内在联系的基本观点，只有运用他们对价值和价格的解释才能成立（Kliman 2007）。

“单一体系”解法的另一个变种是“宏观货币”解法（Moseley 2015），这一派观点立足于马克思关于预付**货币**资本的相关理论（预付的货币资本 M 在经过资本主义的生产和销售过程之后就变成了 M′），认为必须把不变资本和可变资本看成已经预先决定了的货币量，这些货币量是由价格的相关集合来表示。由于该派论者强调要用货币来度量各种标量，因而对作为社会劳动时间的价值的度量问题，乃至这种意义上的价值概念本身，都在很大程度上失去了根基，只能退化为一种分析工具，唯独只剩下当期活劳动的数量(1)一个重要变量不是货币形式，既不是由货币形式来直接给定，也不是从货币形式的变量中推导得出。

尽管这类“单一体系”解法中存在各种具体差异，但论者都认同一个共同的前提，即产品价值中所包含的不变资本成分是受到生产过程中所需投入的各种商品的支付条件影响的，而不是完全由生产的技术条件所决定。他们内部的分歧则是源于各自对劳动时间和价值之间关系的基本看法存在差异，从而在阐发马克思主义理论、回应三对计量关系无法同时成立的问题时形成了不同的支派。

更一般地说，对新李嘉图主义批评意见的所有回应，都是对价值和价格这两个马克思主义基本范畴的阐释与弘扬，都坚持了从这两个范畴出发来对剥削现象及其后果进行阶级分析的基本立场：工人的无酬剩余劳动和剩余价值成正比，资本主义通过各种市场和非市场机制对这种剩余劳动进行了复杂的分配。

参考文献

Bortkiewicz, L. von. 1952 [1907]. "Value and Price in the Marxian System." *International Economic Papers* 2: 5–60.

Cockshott, W. P. and A. Cottrell. 1998. "Does Marx Need to Transform?" In *Marxian Economics: A Reappraisal*, Vol. 2, R. Bellofiore, ed., 70–85. New York: St. Martin's Press.

Duménil, G. 1980. *De la valeur aux prix de production*. Paris: Economica.

Farjoun, E. and M. Machover. 1983. *Laws of Chaos: A Probabalistic Approach to Political Economy*. London: Verso.

Foley, D. 1982. "The Value of Money, the Value of Labor Power, and the Marxian Transformation Problem." *Review of Radical Political Economics* 14(2): 37–47.

Freeman, A. 1995. "The Psychopathology of Walrasian Marxism." In *Marx and Non-equilibrium Economics*, A. Freeman and G. Carchedi, eds., 1–28. Cheltenham: Edward Elgar.

Frohlich, N. 2013. "Labour Values, Prices of Production and the Missing Equalization of Profit Rates: Evidence from the German Economy." *Cambridge Journal of Economics* 37(5): 1107–1126.

Kliman, A. 2007. *Reclaiming Marx's 'Capital': A Refutation of the Myth of Inconsistency*. Lanham, MD: Lexington Books.

Kliman, A. and T. McGlone. 1988. "The Transformation Non-problem and the Non-transformation Problem." *Capital and Class* 35: 56–83.

Kristjanson-Gural, D. 2009. "Post-Structural Logic in Marx's Theory of Value." *Rethinking Marxism* 21(1): 14–33.

Marx, K. 1967 [1865]. *Capital*, Volume 3. New York: International Publishers.

Mohun, S. 2004. "The Labour Theory of Value as Foundation for Empirical Investigations." *Metroeconomica* 55(1): 75–95.

Moseley, F. 2015. *Money and Totality*. Leiden: Brill.

Olsen, E. 2013. "Similarities and Differences in Two Marxian Theories of Value." Working paper, University of Missouri, Kansas City.

Pasinetti, L. 1977. *Lectures on the Theory of Production*. New York: Columbia University Press.

Roberts, B. 1988. "What is Profit?" *Rethinking Marxism* 1(1): 136–151.

——. 1997. "Embodied Labor and Competitive Prices: A Physical Quantities Approach." *Cambridge Journal of Economics* 21(4): 483–502.

——. 2009. "Ricardo : Standard Commodity :: Marx : ___?___." *Review of Political Economy* 21(4): 589–619.

Seton, F. 1957. "The Transformation Problem." *Review of Economic Studies* 24(3): 149–160.

Shaikh, A. 1984. "The Transformation from Marx to Sraffa." In *Ricardo, Marx, Sraffa: The Langston Memorial Volume*, E. Mandel and A. Freeman, eds., 43–84. London: Verso.

——. 1998. "The Empirical Strength of the Labour Theory of Value." In *Marxian Economics: A Reappraisal*, Vol. 2, R. Bellofiore, ed., 225–251. New York: St. Martin's Press.

Steedman, I. 1977. *Marx After Sraffa*. London: New Left Books.

Sweezy, P. 1970 [1942]. *The Theory of Capitalist Development*. New York: Monthly Review Press.

Wolff, R., B. Roberts, and A. Callari. 1982. "Marx's (not Ricardo's) 'Transformation Problem': A Radical Reconceptualization." *History of Political Economy* 14(4): 564–582.

第九章

资　本

弗雷德·莫斯利(Fred Moseley)

马克思的书名是“资本论”,这清楚地表明了“资本”概念在他关于资本主义的理论中居于核心地位。正如马克思在《资本论》的第一稿《政治经济学批判大纲》中所提到的那样:

“准确地阐明**资本概念**是必要的,因为它是**现代经济学的基本概念**,正如资本本身——它的抽象反映就是它的概念——是**资产阶级社会的基础**一样。”

(Marx 1973,331;强调为引者所加,下文同;见《马克思恩格斯全集》中文第一版第 46 卷上,第 295 页)

在《资本论》中,马克思在第一卷第二篇介绍了他的中心思想,题目是“**货币转化为资本**”。第 4 章的题目是“**资本**的总公式”,这个资本的总公式可以用符号写成:

$$M—C—M' \quad (M'=M+\Delta M)$$

其中 M 代表预付用来购买生产资料和劳动力的初始货币资本,C 代表商品,M′代表通过销售商品所收回的最终货币资本,ΔM 代表在这个循环结束时出现的货币增量。

在这一章里,马克思把资本定义为:

“最后从流通中取出的货币,**多于**起初投入的货币。例如,用 100 镑买的棉花卖 100 镑+10 镑,即 110 镑。因此,这个过程的完整形式是 M—C—M′,其中的 M′=M+ΔM,即等于原预付货币额加上一个增殖额。我把这个增殖额或超过原价值的余额叫做**剩余价值**。可见,原预付价值不仅在流通中保存了下来,而且在流通中改变了自己的价值量,加上了一个剩余价值,或者说增殖了。正是这种运动使它(货币)[①]转化为**资本**。”

(Marx 1977,251—252;参看《马克思恩格斯文集》第5卷,人民出版社2009年版,第176页)

从这一段中我们也可以看出,剩余价值被定义为ΔM,即资本循环末端出现的货币增量。剩余价值的生产是资本主义生产的主要目的,也是马克思关于资本主义的理论(或者说任何关于资本主义的理论)所要解释的最重要的现象。资本的总公式把马克思的理论聚焦到了这个重要问题上:总的ΔM是从哪里来的呢?[②]《资本论》第一卷的大部分内容是来解决这个经济运动的核心问题的。[③]

在这一章的后文中,马克思把他的资本定义概括如下:

“因此,价值成了处于过程中的价值,成了**处于过程中的货币**,从而也就成了**资本**。它离开流通,又进入流通,在流通中保存自己、扩大自己,扩大以后又从流通中返回来,并且不断重新开始同样的循环。M—M′,**‘生出货币的货币’**——资本的最初解释者重商主义者就是这样来描绘资本的。”

(Marx 1977,256;参看《马克思恩格斯文集》第5卷,人民出版社2009年版,第181页)

在《1861—1863年经济学手稿》当中,马克思对此段落所写的早期版本的一开头,曾非常明确地提出过一个问题,这也是他的理论所要解决的主要问题:货币是怎样成为资本的?(Marx and Engels 1988,9;见《马克思恩格斯全集》中文第一版第47卷,第3页)。[④] 在几页之后,马克思用类似于上面引用的《资本论》

---

① 《资本论》原文中“它”应指价值。——译者注

② 马克思曾经说过,在货币资本的循环中,ΔM是“最明显”“表现得最为醒目”的特征(Marx 1978,140;见《马克思恩格斯文集》第6卷,人民出版社2009年版,第70页)。

③ 马克思在该卷第5章(Marx 1977,266—267;参看《马克思恩格斯文集》第5卷,人民出版社2009年版,第190—192页)中指出,他在第一卷中关于ΔM的理论是针对产业资本进行考察的,抽象掉了商业资本和生息资本。马克思在第三卷中进一步解释了商业利润和利息的问题,指出它们都是从产业资本所产生的总剩余价值中扣除出来的。这些特定形式的资本可以进一步证明马克思的资本概念是以货币的形式定义的,因为这些特定的形式显然是作为一定数量的货币而存在。这些特殊形式的资本在此不做进一步讨论。

④ 英文版全集的这一卷所收录的是《资本论》第一卷第二到第四篇的草稿,内容相当完整,20世纪80年代末才出版。这部手稿介于马克思剩余价值理论的第一稿《大纲》和最终出版的稿本《资本论》之间,是从前者通往后者的重要桥梁,很有研究价值。该手稿最初于1976年作为《马克思恩格斯全集》历史考证版(MEGA)第二部分第三卷第一册出版,原文是德文,1988年作为英文版全集第三十卷出版。《1861—1863年手稿》除第一册笔记本之外的部分其实早就已经被编入《剩余价值理论》出版过了,在这部分文字当中也包含《资本论》第三卷的初稿内容。

第一卷那样的表述，概括出了资本的定义：

“资本是一种作为适当的交换价值（货币）从流通中产生并具有独立形式（货币），但又重新进入流通、在流通中并通过流通而使自己保存并增大（增加）的价值（**货币**）。”

（Marx and Engels 1988，12；参看《马克思恩格斯全集》中文第一版第 47 卷，第 6—7 页）

由此我们可以看到，马克思对资本概念的定义很显然是在强调这是一种**货币**，是**变成更多货币的货币**。用货币定义出的资本显然也适用于预付的初始货币资本的两个组成部分——**不变资本**（预付用来购买生产资料的初始货币资本）和**可变资本**（预付用来购买劳动力的初始货币资本）（Marx 1977，Chapter 8）。从代数上来说，M＝C＋V，这些量都是用货币来表示（这里的 C 是指不变资本，而不是资本总公式中的商品）。马克思从劳动价值论出发，对不变资本和可变资本进行了区分，可变资本（或者说可变资本购买的劳动力）是剩余价值的唯一来源，而不变资本只是把自己先前的货币价值转移到了产品的价格之中。

对于《资本论》第一卷，有一个通行的解释是认为该卷只是考察劳动时间，而与货币或价格无关。也就是说，第一卷中的所有变量都是指劳动时间的数量，没有涉及货币数量（如 Sweezy 1942；Steedman 1977）。按照这种“两个体系”的解释，马克思的理论只是在《资本论》第三卷的“价格体系”中才去处理货币和价格问题，第一卷则是关于“价值体系”的，价值都是用劳动时间来表示的。即使第一卷谈到了**资本**的数量（不变资本和可变资本），人们通常也会将之解释为劳动时间的数量（分别物化在了生产资料和生活资料中）。[①] 我认为这种观点是对第一卷的根本性误解，它忽视了**资本的货币性质**，无论在资本主义生产中还是在马克思关于资本主义的理论中，这种性质都是资本的本质属性。《资本论》在第一卷第 1 章（第 3 节）中就已经引入了货币概念，它是**价值实体即抽象劳动的必然存在形式**，从那时起，马克思的理论就一直是在讨论货币的数量，这个数量由劳动时间的数量所决定，因而它是劳动时间数量的代表。第一卷的核心概念是资本，资本是用货币来定义的（即变成更多货币的货币）。第一卷的主要目的就是解释这个最重要的**货币**现象是如何产生的。

第一卷第 5 章和第 6 章认为要存在 ΔM（使 ΔM 成为资本主义经济的一般常态），就必须让资本家在市场上购买到劳动力，并且用这种劳动力进行生产，

---

① 非常遗憾，沃尔夫等人（Wolff，Roberts，and Callari 1984）不仅在第一卷的范围内把资本理解为劳动时间，而且在解释第三卷的转形问题时也是如此。

生产出比成本更高的价值。因此，雇佣劳动的存在是 ΔM 的必要条件，因此也是资本的必要条件。

也有人把马克思的资本概念解释为"社会关系"，我认为这个表述只是部分正确。在我看来，资本是货币变多的过程，但是这个过程**需要**雇佣劳动，也就是说，需要以资本和雇佣劳动之间的社会关系作为先决条件。所以，表述成资本**需要**雇佣劳动的社会关系，要比表述成资本**是**一种社会关系更加准确。后一种表述不够精准，没有囊括马克思用以界定资本概念的特质——变成更多货币的货币。

马克思用货币所界定的资本概念与新古典经济学中的资本概念有很大的不同，新古典经济学把资本界定为各种异质性的**实物商品**——是投入生产的各种实物(包括机械、设备、建筑、原材料等)的数量；也就是说，是执行生产职能的"资本品"。因此，新古典经济学所分析的资本就是"用来生产其他商品的商品"，而不是"用来创造更多货币的货币"，这种资本概念是适用于一切类型生产方式的一般概念，并不单指资本主义。

马克思曾经批判过古典经济学家类似的资本概念，他们也是把资本作为一般的、实物的存在：

> "资本就只是一个同人类一样古老的事物的新名称了，因为任何一种劳动，甚至最原始的劳动……都要有一个前提，就是把过去劳动的产品用作直接的活劳动的手段。"
>
> (Marx 1973，258；见《马克思恩格斯全集》中文第一版第 46 卷上，第 211—212 页)

与此相反，马克思的资本概念(变成更多货币的货币)是一个特定的历史概念，主要适用于资本主义生产方式。①

在第三卷的第 48 章中，马克思批判了"三位一体公式"所持有的非历史的资本概念：资本-利润，土地-地租，劳动-工资。"三位一体公式"把资本同土地和劳动相并列，而后两者在任何生产方式中都是要投入生产的项目。这样一来，也就隐含了在一切生产方式当中都需要有资本的投入，实际上，资本就成了物质生产资料的"另一个名称"了。马克思在这一章的主要观点则认为，资本**不是**生产资料的"另一个名称"，只有在资本主义生产方式下，生产资料才会以资本的特殊形式存在，在资本的形式下执行其生产职能。

---

① M→M+ΔM 过程也存在于非资本主义经济(奴隶制、包买制、高利贷)，但马克思的理论是处理资本主义经济中 M→M+ΔM 的过程。

"在这个公式中，第一件引人注目的事情是：在资本旁边，在一个生产要素属于一定生产方式……的这个形式旁边，……一方面直接排上土地，另一方面直接排上劳动，即直接排上现实劳动过程的两个要素，而这两者是一切生产方式共同具有的物质要素，与生产过程的社会形式无关。"

（Marx 1981，955；参看《马克思恩格斯文集》第 7 卷，人民出版社 2009 年版，第 924 页）

新古典学派用异质性的"资本品"来定义资本，这就导致他们无法解决"加总问题"——因为不同种类的物质生产资料加在一起是没有意义的。而与此相对，马克思的资本概念是以货币来定义的，因为货币都是同质性的，所以也就没有这种"加总问题"，我们完全可以把经济运动过程中货币资本的各个量加在一起。

货币资本的循环

众所周知，马克思把货币资本循环的扩大形式写成：

$$M-C\cdots P\cdots C'-(M+\Delta M)$$

其中 P 代表生产过程。我们可以看到，货币资本的这个循环发生在流通和生产**两个"领域"**当中，由**三个阶段**组成：(1)在生产之前**预付**货币资本购买生产资料和劳动力，这一阶段发生在流通领域；(2)**生产**过程，这一阶段发生在生产领域；(3)在生产之后销售商品**回收**货币资本，这一阶段也发生在流通领域。

马克思所描述的货币资本循环是一个**实际过程**，是在**实际的历史时间**中发生的。资本首先在流通领域以货币的形式存在，然后在生产领域以劳动力和生产资料的价格的形式存在，接着在生产过程结束时以商品的价格的形式存在，最后又会重新以货币的形式存在，而且此时资本的货币量已经超过了这一实际历史进程开始时所预付的量。从预付货币资本直到最后回收更多货币资本，这个过程需要很长一段实际时间。马克思非常简洁地表述了货币资本循环的这一时间性特点："在生产开始以前，我们有一个 500 镑的资本。在生产完成以后，我们就有了一个 500 镑的资本加上一个 100 镑的价值增加额。"（Marx 1981，124；见《马克思恩格斯文集》第 7 卷，人民出版社 2009 年版，第 41 页）[①]马

① 并参见 Marx(1977，256)和 Marx and Engels(1988，vol. 33，79)，其中也有类似的"以前"和"以后"的表述。

克思的理论解释了这一最重要的货币现象是如何发生的。[①]

此外,《资本论》全书始终都很注意区分商品价格中所包含的"旧价值"和"新价值",这一点也可以说明马克思对货币资本循环的时间性的重视。"旧价值"也就是"转移的价值",它在货币资本循环的第一阶段以初始不变资本的形式存在,这部分资本是被预付出来购买生产资料的,因而"旧价值"同样也是作为这些生产资料的价格的形式存在。原先存在的这个"旧价值"在生产完成之后就被转移进了产品的价格中。"转移的价值"的数量是由原先存在的"旧价值"的数量所决定的,不能超过"旧价值"本身。而"新价值"在循环开始时还并不存在,它是当期劳动的结果,因此也就是剩余价值或者说 ΔM 产生的来源,"新价值"要在这个循环周期的末尾才会产生。

货币资本循环构成了马克思剩余价值理论的逻辑框架。马克思理论的主要目的就是解释这一重要现象是怎样发生的,即循环开始时的初始 M 怎样在循环末端变为(M+ΔM)。"资本的总公式"并**不是**在第一卷的第 4 章中偶然引入而在理论的其他部分中无关紧要;相反,扩大的货币资本循环正是马克思在之后的《资本论》三卷中的理论的逻辑总框架。马克思在第一卷第 7 篇的引言中概括了这个总体框架说:

> "一个**货币**额转化为生产资料和劳动力,这是要执行**资本**职能的价值量所完成的第一个运动阶段。这个运动是在市场上,在流通领域内进行的。运动的第二阶段,生产过程,在生产资料转化为商品时就告结束,这些商品的价值大于其组成部分的价值,也就是包含原预付资本加上剩余价值。接着,这些商品必须再投入流通领域。必须出售这些商品,把它们的价值实现在**货币**上,把这些货币又重新转化为**资本**,这样周而复始地不断进行。这种不断地通过同一些连续阶段的循环,就形成**资本流通**。"
>
> (Marx 1977,709;见《马克思恩格斯文集》第 5 卷,人民出版社 2009 年版,第 650 页)

凯恩斯曾经把马克思所提出的 M—C—M′资本循环称为"极富启发性的观察",他同意马克思的观点,认为企业家的目标不是"更多的产品",而是"更多的货币",因而一种考察"企业家经济"的理论应该采用货币变量而不是实物变量(Keynes 1979,81—82)。但凯恩斯似乎并没有意识到马克思的 M—C—M′资本循环不仅仅是"极富启发性",而且构成了马克思理论的逻辑总框架。故而非

---

① "分期单一体系"解法(如克里曼)也强调马克思关于资本循环的理论是立足于真实的历史时间。

常遗憾，凯恩斯并没有在自己的理论中采纳马克思的 M—C—M′框架，他用的是总供给/总需求框架，其中总供给本质上是总成本，而包括当期利润率在内的各项成本都是给定条件。因此在凯恩斯的理论中，ΔM 就被掩盖成为一项“成本”(就像在大多数新古典经济学中那样)，这项“成本”实际上被作为 M(!)的一部分，从而凯恩斯的理论就完全不去解释最重要的 ΔM 了。

马克思关于货币资本循环的逻辑框架和斯拉法的理论框架也有很大的不同。斯拉法的分析采用的是实物量，把劳动输入向量和给定实物量的联立方程组写成输入-输出矩阵。[①] 斯拉法的逻辑框架是“生产的循环流”，它所表现的是物质投入和产出的循环流动，而不是货币资本数量的循环。斯拉法理论考察的不是 ΔM 而是相对价格，即再生产出原先所投入的实物量需要怎样的相对价格。

为了与马克思的框架进行比较，我们可以把斯拉法的框架大致写成：

$$Q\cdots P\cdots C'$$

其中 Q 代表劳动的量以及生产资料的实物量。[②] 斯拉法的框架(与马克思的框架相比)最显著的区别是其中**完全没有货币**，特别是没有资本主义经济的最重要特征 ΔM。货币资本在流通领域的第一阶段——预付货币资本以购买生产资料和劳动力——在这个框架里完全消失了，就好像在资本主义经济中完全不存在预付货币资本用来购买生产资料和劳动力似的，但实际情况绝非如此；货币资本在资本主义经济中是预付的，其数量是确定的，这个预付的货币资本量必须在剩余价值(ΔM)产生之前就收回。

关于货币资本流通，有一个有争议的问题是：从原则上来说，第一卷所讲的货币资本的数量，究竟是指我们所**假定的**同生产和生活资料的劳动价值成正比的货币资本量，还是指资本主义经济中流通中的**实际的**不变和可变资本的数量？后面这个实际的量就等于生产和生活资料的(长期均衡)生产价格。通行的解释(例如 Sweezy 1942；Steedman 1977)认为是前者——第一卷所讲的货币资本的数量是假定的数量，之后还必须在第三卷中转化成实际的量。我(和其他一些人)认为正好相反，第一卷中货币资本的数量是从一开始，也就是说，从

---

① 斯拉法还假定在总收入中存在一个给定的**工资份额**(范围在 0 到 1 之间)，这显然不同于马克思关于劳动力是由预付的可变资本来购买的思想。

② 斯拉法(Sraffa 1960)把这个过程描述为“用商品生产商品”，他还把这个表述作为自己的书名。不过，将其描述为“用**实物量**生产商品”会更为准确，因为在斯拉法的处理当中，实物投入并不是已经定价的商品。马克・布劳格(Blaug 1996，134)评论说，斯拉法的理论应该被称为“不用资本来生产商品”，这也是一个很好的标题。

第一卷第 4 章开始，就指货币资本的**实际**数量。[①] “资本的总公式”从原则上来说就是指货币资本的实际数量在现实资本主义经济中的流通。正如马克思在第 4 章结束时所表述的那样：

“M—C—M′事实上是**直接**在流通领域内**表现出来**的资本的总公式。”(Marx 1977,257;参看《马克思恩格斯文集》第 5 卷，人民出版社 2009 年版，第 181 页)[②]

第一卷的主要目的是解释资本循环开始时的实际 M 是如何在循环结束时变成实际 M+ΔM 的，而不是解释一个假定的、在第三卷才转化成实际量的 ΔM。

对货币资本循环的这两种不同解释对于解决马克思理论中所谓的“转形问题”具有重要意义。如果认为第一卷是在讲“假定”的货币资本，那么马克思的理论就会存在一个转形的问题，因为这些假定的量必须在第三卷转化为实际量。批评者认为，马克思“未能”在第三卷中实现从假定的价值量到实际的价格量的转形。反之，如果认为第一卷讲的是“实际”的货币资本循环，那么**马克思的理论就没有什么转形的问题**，因为第一卷的货币资本的量是从一开始就是实际量，这个实际的货币资本量在第三卷是作为给定条件而接受下来的，只不过第三卷相对于第一卷笼统的货币资本量，专门针对其中的实际 ΔM 的总量(这同样是第一卷中已经确定了的)进行考察，这部分量如何转化成跨行业平均利润、商业利润、利息、地租等不同部分。这种把货币资本循环看成“实际”资本量的解释路径，具体请参见莫斯利(Moseley 2016)的论述。[③]

还有一个与此相关的问题是：如果技术条件发生了变化，那么生产资料的价格自然也会随之而变化，在这段变化期内如果预付了不变资本来购买生产资料，然后用这份生产资料(特别是其中那些使用期长的机器设备)生产出了产品，那么最后进行销售时，不变资本的价格要怎么算呢？是按照该轮货币资本循环开始时购买生产资料的**历史**成本算，还是按照出售产品的时间点上买同样那些生产资料的**当期**成本算？通行的解释认为，在这种情况下，不变资本应该

---

① Mattick(1991)、Ramos(1998)以及 Moseley(2016)。

② 马克思在《1861—1863 年手稿》中写过这一章的早期稿本，手稿中提到了同样的观点：“我们首先考察了资本所直接呈现出来的形式，或者说资本**表现出来的外观**。”(Marx 1988,20;参看《马克思恩格斯全集》中文第一版第 47 卷，第 16 页)。

③ 沃尔夫等人(Wolff,Roberts and Callari 1984)也认为马克思理论中并不存在转形问题(即不变资本和可变资本在确定价值以及确定生产价格时都是同样的量)。但是如前所述，他们是将不变资本和可变资本定义为劳动时间的量而非货币的量。

以生产资料的当期成本来估价。但是,“分期单一体系”解法则认为,不变资本应该按生产资料当初的历史成本来估价(Kliman 2007)。我认为,文本证据是强烈支持采用当期成本的。例如,《资本论》第三卷第 14 章就讨论过阻碍利润率下降的一个反作用因素是“不变资本要素的贬值”:

“同上述情况有关的,是**现有资本**(即它的物质要素)随着工业发展而**发生的贬值**。它也是阻碍利润率下降的不断发生作用的原因之一……”

(Marx 1981,343;见《马克思恩格斯文集》第 7 卷,人民出版社 2009 年版,第 263 页)

这个因素对于利润率下降有着重要的影响,因为它会影响利润率的分母当中所包含的不变资本的量,但它对转形问题没有影响,因为转形问题处理的是一个特定时段内生产价格的确定,在这个特定时段内技术条件和生产资料的价格是不变的。

总而言之,在马克思主义的研究文献中,对于资本概念的界定,以及对于货币资本循环这一构成了马克思主义理论逻辑框架的重要内容,都还没有得到应有的重视。当然,这一现象近年来似乎正在发生改变,像哈维(Harvey 2010)和海因里希(Heinrich 2004)等人的作品都注意强调了马克思的资本概念所具有的货币属性。希望马克思主义经济学家能更多地关注马克思主义理论中的这些关键概念,毕竟马克思的书的标题是“资本论”!

参考文献

Blaug, M. 1996. *Economic Theory in Retrospect*. Cambridge: Cambridge University Press.

Harvey, D. 2010. *A Companion Guide to Marx's* Capital. London: Verso.

Heinrich, M. 2004. *An Introduction to the Three Volumes of Karl Marx's* Capital. Translated by A. Locascio. New York: Monthly Review Press.

Keynes, J. M. 1979. *The Collected Writings of John Maynard Keynes*, Volume 29, *The General Theory and After: A Supplement*, edited by D. Moggridge. London: Macmillan.

Kliman, A. 2007. *Reclaiming Marx's Capital: A Refutation of the Myth of Inconsistency*. Lanham, MD: Lexington Books.

Marx, K. 1973. *Grundrisse*. London: Penguin Books.

——. 1977. *Capital*, Volume 1. New York: Random House.

——. 1978. *Capital*, Volume 2. New York: Random House.

——. 1981. *Capital*, Volume 3. New York: Random House.

Marx, K. and F. Engels. 1988. *Marx-Engels Collected Works*, Volume 30. New York: International Publishers.

Mattick, Jr., P. 1991. "Some Aspects of the Value-Price Problem." *International Journal of Political Economy* 21(4): 9–66.

Moseley, F. 2016. *Money and Totality: A Macro-Monetary Interpretation of Marx's Logic in* Capital *and the End of the 'Transformation Problem'*. Leiden: Brill.

——. Forthcoming. "Wolff and Resnick's Interpretation of Marx's Theory of Value and Surplus-Value:

Where's the Money?" In *Marxism without Guarantees: Economics, Knowledge, and Class*, T. Burczak, R. Garnett, and R. McIntyre, eds. London: Routledge.
Ramos, A. 1998. "Value and Price of Production: New Evidence on Marx's Transformation Procedure." *International Journal of Political Economy* 28(4): 55–81.
Sraffa, P. 1960, *Production of Commodities by Means of Commodities: Prelude to a Critique of Economic Theory*. Cambridge: Cambridge University Press.
Steedman, I. 1977. *Marx After Sraffa*. London: New Left Books.
Sweezy, P. 1942. *The Theory of Capitalist Development*. New York: Monthly Review Press.
Wolff, R., A. Callari and B. Roberts. 1984. "A Marxian Alternative to the 'Transformation Problem'." *Review of Radical Political Economics* 16(2–3): 115–135.

第十章

资本循环

保罗·L. 多斯桑托斯(Paulo L. dos Santos)、
邓肯·K. 弗雷(Duncan K. Foley)

导 论

资本循环是马克思(Marx 1893)首创的用以分析资本主义积累过程的目标和潜在矛盾的理论工具。之所以形成这个工具,是因为马克思考察了资本所特有的运动方式,即资本价值为了通过剥削雇佣劳动寻求自我扩张,会经历一系列形态变化,马克思将这种运动写成如下形式:

$$M—C(lp,mp)\cdots P\cdots C'—M' \quad (1)$$

当表现为货币形式 M 的资本价值支出用以购买投入品 C,包括购买劳动力和生产资料,这时循环就开始了。这些投入在生产过程 P 中结合起来,最终完成产出商品 C′。当产出商品被出售时,循环结束,通常会产生超过原始资本支出的收入 M′,实现资本主义利润。这些利润是建立在剩余价值分配的基础上的,而之所以会有剩余价值,是因为雇佣劳动力对商品产出的贡献通常要大于其自身价值。从最一般的意义上来说,要实现资本积累,即实现经济增长,就要将一部分利润作为资本投入生产,推动循环规模扩大。

马克思强调指出,式(1)中资本价值在各个阶段的运动是在具体的历史时间内发生的。投入只能逐步地生产出产成品,从而会产生所谓的**生产滞后**(production lag)。产成品要逐步地出售,这就是**实现滞后**(realization lag)。资本主义企业留存的收益只能逐步地作为资本重新投入生产，这就是**财务滞后**(finance lag)。由于存在时间滞后，三种不同的资本价值存量可以在循环中积累。生产滞后确保生产中有投入品的库存；实现滞后确保有未售出产成品的库存；财务滞后确保有货币形式的资本存量等待重新回到循环中去。

社会总资本就是由无数个这样经历着资本循环的价值分量所合成的，因此在任何给定的时间，都会有一定量的价值正处在循环过程的各个阶段上。商品的需求和供应也需要结合一个个具体的循环来进行考察，从而形成一个动态的、由时间滞后与资本价值的存量和流量之间的必然关系来确定的宏观经济框架。马克思试图用这种宏大的理论来解释一系列问题，诸如生产消费品和投资品的行业之间的供求关系，积累过程中利润率的动态决定因素，以及现在所谓的“总需求”是如何形成的，等等。

弗雷(Foley 1982)将资本循环整合成了一个定义良好的资本主义积累的动态模型，形成了一个独特的宏大分析框架，可以对生产和消费企业之间的动态相互作用做出缜密的、存量和流量兼顾的解释。在这个框架下，大多数新古典主义、凯恩斯主义和卡莱茨基主义的积累总模型可以看作资本循环的特殊情况。弗雷(Foley 1982)的形式化工作最近还得到了进一步的推广应用，用于考察生产和金融领域的一系列发展，因为这些发展结果也动态地制约着当代资本主义的增长率、利润率和分配情况。①

基本框架

资本循环包括三种价值流量(资本支出、产成品价值、销售)和三种价值存量(生产资本、库存、金融或货币资本)。价值流量由五个参数控制：成本加成(由剥削率和资本构成所决定)、利润重新加入循环的比例(以下称为**资本化率**)，以及循环中的三个时滞(生产滞后、实现滞后和财务滞后)。

在构造循环的数学表达时，最容易做出的简化是假设循环中的时滞是简单延迟，即我们可以假设作为资本预付的1美元在一定时期内停留于生产过程中，然后又立即作为成品出现。要更一般性地考察时间滞后，就需要设定价值

① 参见Abeles(2013)将之运用于当代开放经济体的研究；Basu(2014)和dos Santos(2011)则考察了信贷分配的影响；Jiang(2014)在资本循环理论的基础上提出了一个动态的、基于主体的模型；dos Santos(2014，2015)研究了收入和财富在不同职能间分配的当代决定因素。其他作者的另一些重要应用研究目前正在出版中。

是在循环中的不同阶段逐渐流动，这在数学上就会更为复杂。[1]

用 Z_t、P_t、S_t 分别表示时间段 t 期间的资本支出、产成品（按成本计价）和商品销售的流量。同样，用 Π_t、N_t、F_t 分别表示该期间生产资本、库存商品（按成本计价）以及金融或货币资本的存量。资本构成以购买劳动力的资本支出 k 来度量。利润代表成本加成的实现：$q=k\varepsilon$，其中 ε 度量剥削率。循环中的生产、实现和财务滞后分别用 T_p、T_r、T_f 表示，它们的总和定义了循环的总周转时间，用 τ 表示。

该框架的等式单纯表示关于时间滞后和会计惯例的假设。一个时间点内产成品的流量将等于先前 T_p 期间的资本支出：

$$P_t=Z_{t-Tp} \tag{2}$$

同样，在一段时间内发生的销售与更早一段 T_r 时期内完成的产成品相对应。销售产生的收入既代表生产成本的回收，又代表利润：

$$S_t=(1+q)\ P_{t-Tr} \tag{3}$$

总销售额中代表生产成本回收的部分，以及表示利润的部分，分别如下所示：

$$S'_t=\frac{1}{1+q}S_t \tag{4}$$

$$S'_t=\frac{q}{1+q}S_t \tag{5}$$

利润的一小部分 $1-p$ 用于资本家消费，p 是资本主义部门将利润收入进行储蓄的倾向。如果资本支出完全使用自有资金，则资本支出如下：

$$Z_t=S'_{t-Tf}+pS''_{t-Tf} \tag{6}$$

从资产负债表和收益表的会计数据变动中，相应也就可以得出资本循环中价值存量的变化规律。例如，如果出现了资本支出，那么会增加生产资料和劳动力，从而生产性资本的存量就会增加；而如果生产出了产成品，那么生产性资本的存量就会减少。用 $\dot{Q}_t$ 表示任何存量 Q_t 的时间变化率，我们可得：

$$\dot{\Pi}_t=Z_t-\ P_t \tag{7}$$

类似的，产成品流量会增加库存，通过销售收回生产成本会减少库存；相反，销售收入会增加金融或货币资本的存量，资本家消费和资本支出会减少金融或货币资本的存量：

---

① 一般性地考察分布在各个阶段的滞后，首先是由 Foley(1982)提出了框架，其后 Foley(1986a)加以极大发展。Foley(1986b)提出了简化版的滞后限定条件，并以此为基础展开讨论。

$$\dot{N}_t = P_t - S'_t \tag{8}$$

$$\dot{F}_t = S_t - (1-p)S''_t - Z_t = (1+pq)S'_t - Z_t \tag{9}$$

式(2)—式(9)构成了资本循环的基本模型。

简单再生产

以上所构建的模型中最简单的一种情况，就是简单设定所有利润都被消耗掉，没有资本来扩大再生产的规模。马克思将这种情况称为简单再生产。由于没有利润资本化，企业只留存与生产成本回收相匹配的收入，保证资本支出（和积累）规模不变：

$$Z_t = P_t = S'_t \tag{10}$$

该模型并不能确定这些流量的规模；它所能确定的是，经济从何种水平"启动"，它们就会维持在该水平。此外，它还可以确定是资本家消耗了全部利润，用 qS'_t 表示。

式(10)中包含的恒等式也确保了式(7)—式(9)所描述的资本价值存量不会沿着这一积累路径发生变化。由于价值在每一存量中流动所需的时间长度是由各自固定的滞后所决定的，因此我们也就可以确定资产负债表上的存量必须有多大。由于资本支出的价值经历生产过程变成产出品，共需要 T_p 单位时间，因此生产资本的总存量必须等于 Z_tT_p。所以，式(10)可写成：

$$\Pi_t = Z_t T_p \tag{11}$$

$$N_t = P_t T_r = Z_t T_r \tag{12}$$

$$F_t = S'_t T_f = Z_t T_f \tag{13}$$

在循环中的资本价值总量 X_t，即三种存量之和，可由下式表示：

$$X_t = \tau Z_t \tag{14}$$

接下来，我们就可以形式化地考察简单再生产中的增长、盈利和分配的动态决定因素。显然增长为零。利润率 ρ 由利润流与流通中的总资本价值之比得出。形式化地写成：

$$\rho \overset{\det}{=\!=} \frac{S''_t}{X_t} = \frac{qS'_t}{\tau Z_t} = \frac{q}{\tau} \tag{15}$$

马克思对这一关系给予了高度重视，用以强调经常被人们所低估的资本总利润率的动态决定因素。式(15)指出，利润率由投入成本加成和循环的周转时间决定。加成率度量的是一单位的价值在一次周转中的扩张程度。周转时间决定了在任何给定单位时间内发生的周转次数。因此，式(15)中的比率度量的是单位时间内循环中的价值扩张的程度，这是度量盈利能力的自然动态指标。所有这些决定了价值在循环的各个阶段中流通速度的因素，都会同剥削率和资本构成一道发挥作用，可以直接影响利润率。

最后，收入在不同职能部门间的分配可以由利润与工资的比率来度量，用 ψ 来表示。在简单再生产中，这个比率如下：

$$\psi \overset{\text{det}}{=\!=} \frac{S''_t}{kZ_t} = \varepsilon \frac{S'_t}{Z_t} = \varepsilon \tag{16}$$

同利润率一样，这个式子中所显示的收入在各阶级的分配情况也是资本积累中一个重要的动态决定因素。分配显然受剥削率的影响，剥削率可以表示为生产中平均无酬劳动时间与有酬劳动时间的比率。分配还取决于当前商品销售的成本核算价值与当前资本支出的比率。这一比率之所以会制约分配，是因为正如马克思所竭力强调的那样，利润和工资并不代表产出的份额。从逻辑上讲，工资是在循环的起点即资本家做出生产决定的那个时候确定的。利润则是在循环的终点，即在产出商品被出售并实现其价值（包括剩余价值）时才得以实现。

对式(16)中的比率有一个直观的解释，即它可以作为度量资本主义“动物精神”的指标。成本核算的销售可以度量过去的资本支出，这些支出是目前因出售产出而结束的各个循环的起点。因此，这一比率提供了一个自然的标准，可以度量资本主义企业在多大程度上有效地扩大了总循环的规模。在简单再生产中，如果说剥削率精准描述了总利润与总工资流的比率的话，那么这个比率将是 1。当然如下文所述，这并不是积累过程的一般情况。

萨伊定律下的扩大再生产

我们也可以放宽“利润不发生资本化”的假设，允许考虑**扩大再生产**，即在不断扩大的规模上进行积累。与此同时，我们维持上述给定的实现滞后的假设，并设定总需求始终能够确保及时地出售产出——这就是萨伊定律。我们做一个工具假设，在扩大再生产中所有的流量和存量都以相同的、未知的指数速率 g 增长，即所有存量和流量 Q_t 都将按照 $Q_t = Q_0 e^{gt}$ 的方式演变。还要注意，这也意味着 $Q_{t-x} = Q_t e^{-gx}$。在此设定下，任何两个存量或流量之间的比率在演变过程中保持不变。指数式的扩大再生产可以理解成商品市场和货币保持均衡的演变，也就是说，销售与库存、销售与生产能力、财务资产及实际持有资产与总资产的比率保持不变。

只要对第 2 节中所论述的体系做一些替代，就可以拿来研究这类扩大再生产的演变。因为当前的销售依赖过去的生产，且过去的生产依赖更早的资本支出，所以当前的销售就要取决于为当前销售的商品生产提供资金的资本支出。形式化地表述这种关系，就可以从式(2)和式(3)得出：

$$S_t=(1+q)Z_{t-(Tp+Tr)} \tag{17}$$

当前的资本支出又靠过去的留存收益提供资金。根据式(4)—式(6)，这种依赖性可以表示为：

$$Z_t=(1+pq)\ S'_{t-Tf} \tag{18}$$

根据式(4)、式(17)和式(18)，可以将当前资本支出与其过去的价值联系起来，从而揭示循环的动态演变：

$$Z_t=(1+pq)\ Z_{t-\tau} \tag{19}$$

由于假设资本支出流动呈指数增长，这也可以表示为：

$$Z_0e^{gt}=(1+pq)\ Z_0e^{g(t-\tau)} \tag{20}$$

通过简单操作就能求出系统的增长率：

$$g=\frac{1}{\tau}\ln(1+pq) \tag{21}$$

这个等式蕴含了一些关于资本主义经济中扩大再生产的重要见解。加价率和资本化率都是资本主义经济扩张速度的条件。表达式 $1+pq$ 度量的是在资本循环的一次周转期间，单位资本价值自我增殖的速度。它取决于两点：一是社会关系和生产力的发展能够允许对雇佣劳动有多大程度的剥削；二是由第一点所决定的剩余能够在多大程度上有效地用于扩大再生产规模。正如预期的那样，资本价值在历史时间内的增长率完全可以用这个指标除以循环的周转时间来进行描述。

在目前设定的条件下，在指数式扩大再生产中还可以得出几个具有经济意义的存量-流量比率的表达式。要做到这一点，必须将系统归一化，在时间为零时测量生产性资本支出，因此 $Z_0=1$。由此，根据式(2)和式(3)就可以建立对产出-商品流、销售额及其内部两个组成部分指数式扩大再生产的相对度量，

$$P_0=e^{-gT_p} \tag{22}$$

$$S_0=(1+q)e^{-g(T_p+T_r)} \tag{23}$$

$$S'_t=e^{-g(T_p+T_r)} \tag{24}$$

$$S''_t=qe^{-g(Tp+Tr)} \tag{25}$$

我们也可以得出资本价值的三种存量在经济中的相对大小。例如，随着指数式演变，生产资本存量的增长速度必须与系统的其他部分相同。因此，$\Pi_t=$

$\Pi_0 e^{gt}$。但到式(7)时,其时间导数必须等于资本支出减去商品-产出价值流,

$$\dot{\Pi}_t = g\Pi_0 e^{gt} = (Z_0 - P_0)e^{gt} \tag{26}$$

但是,由于我们已经将系统归一化为对资本支出的稳态测量,因此 $Z_0=1$,并且式(22)告诉我们 $P_0=e^{-gT_p}$,因此生产资本价值相对于资本支出的表达式如下:

$$\Pi_0 = \frac{1}{g}(1-e^{-gT_p}) \tag{27}$$

按照同样的推理思路,可得:

$$N_0 = \frac{1}{g}(1-e^{-gT_r})\, e^{-gT_p} \tag{28}$$

$$F_0 = (1+pq)\frac{1}{g}(1-e^{-gT_f})\, e^{-g(T_p+T_r)} \tag{29}$$

$$X_0 = pq\,\frac{1}{g}e^{-g(T_p+T_r)} \tag{30}$$

在指数式扩大再生产中,利润率由利润的相对大小除以企业所提供的总资本价值的相对度量所决定:

$$\rho = \frac{S''_0}{X_0} = g\,\frac{qe^{-g(T_p+T_r)}}{pqe^{-g(T_p+T_r)}} = \frac{g}{p} = \frac{1}{p\tau}\ln(1+pq) \tag{31}$$

注意,式(31)就是剑桥方程,它指出了增长率、利润率和资本化率之间的平衡关系。还需要注意,如果 pq 足够接近于零,则该表达式将接近简单再生产中对利润率的度量:

$$p \approx \frac{q}{\tau} \tag{32}$$

最后,在考察扩大再生产时,我们可以用利润与工资的比率来度量收入在各阶级间的分配,由上可得:

$$\psi = \varepsilon\,\frac{S'_0}{Z_0} \tag{33}$$

与简单再生产不同,从定义上来看,规模积累的正增长需要资本支出规模不断扩大。这意味着在任何时间点,当期的资本支出都大于在当期通过销售收回的过去已承担的资本支出。这两项不同期资本支出的确切相对度量,也就决定了收入在阶级间分配的总体比率,这个比率会高于剥削率。一般而言,这个度量可以用来表示资本对销售的总投资响应度(aggregate investment responsiveness)。[①] 在当期资本循环的框架中，动态固定滞后项可以表示为：

$$\frac{S'_0}{Z_0}=e^{-g(T_p+T_r)}=(1+pq)e^{-\frac{T_p+T_r}{\tau}}=(1+pq)e^{\left(\frac{T_f}{\tau}-1\right)} \tag{34}$$

可以想见，这一比率取决于利润的实现及其资本化所导致的资本价值在每次周转中的增长。但与此同时，它也取决于由循环中的三个时间滞后所确定的动态关系；具体来说，取决于财务滞后在总周转时间中所占的份额。在指数式增长中，这一份额动态地制约着资本支出相对于销售额的大小。如果财务滞后比较小，这一指标就会下降，因此如果工薪阶层的消费行为模式保持不变，就会导致工资在总收入中所占的份额变大。相反，在同等条件下，如果生产滞后和实现滞后比较小，就会导致总收入中利润份额更大。[②]

需求驱动型增长

马克思(Marx 1893)还运用他的资本循环理论来研究总需求问题，探索为何会产生足够支撑起销售的货币流量、为何生产出来的商品能够按照其价值进行销售。马克思的第一个观点是：对生产出来的商品的货币需求，直接或间接地来自资本循环本身。凯恩斯分析总需求也是从这一基本观点出发的，总需求可以放在资本循环的分析中进行处理。我们只要扩展一下上文中的那套框架就可以实现这个要求，充分把握住生产、消费和资产负债表决策与总需求形成之间的相互作用。在此基础上，我们就可以得出一系列有关扩大的经济中增长、利润率和分配之间动态关系的重要见解。

在一个封闭的、私有制的经济体中，总需求可分为三类：资本对生产资料的需求，工薪阶层对消费品的需求，以及资本家对消费品的需求。虽然我们也需要看到消费需求中包含着收入和支出之间的时间滞后(类似于财务滞后)，但如果将工资以外的消费(如上文中说到的利润中的消费)也作为工资收入的一个

---

① 这些因素对于当代资本主义的理论意义和现实针对性，首先是由 dos Santos(2014，2015)所提出的。

② 这两点可以用存量-流量比率来说明，这个比率是由我们所考察的三个时间滞后来确定的。资本之所以愿意采取保持流动性较低的总资产的动态演变方式，是因为其所持有的生产性资本的比率相对于货币更高，在**其他条件不变的情况下**，这将导致更高的工资份额。如果在相反的情况下，资本就会愿意采用生产速度更快的动态演变方式，因为固定资本利用率的提高和库存的紧缩会导致相对更高的利润份额。

给定部分[①]，则分析将大大简化：

$$D_t=(1-k)Z_t+c^w kZ_t+(1-p)S''_t=(1-k(1-c^w))Z_t+(1-p)S''_t \tag{35}$$

其中 c^w 是工人的边际消费倾向。总需求为销售提供资金，根据式(4)和式(5)，它可以分解为利润和回收成本：

$$D_t=S'_t+S''_t \tag{36}$$

从式(36)两边减去资本家消费，并假设资本支出如式(18)所述完全由未消耗的资本家收入提供资金，则可以得到如下结果：

$$(1+pq)S'_t=(1+pq)(1-k(1-c^w))S'_{t-T_f} \tag{37}$$

在指数式扩大再生产中，这个条件只在以下情况下成立：

$$gT_f=\ln[1-k(1-c^w)] \tag{38}$$

由于财务滞后是非负的，所以如果工人进行储蓄，即 $c^w<1$ 时，增长率要为负值才能满足这一条件。即使工人消费了他们所有的收入，式(38)也只有在增长率和(或)财务滞后为零的情况下才成立。从这个角度来看，通过利润资本化来维持正增长似乎是不可能的，除非允许财务滞后消失为零，但这就要求货币流通速度无限大、资本主义企业处于完全无流动资金的状态。而如果财务滞后是一个为正的常数，那么即使在不考虑工人储蓄的情况下，过去的留存收益也无法支持为确保利润资本化规模的增长所必需的资本支出规模的增长。

资本积累这一明显的困境引起了罗莎·卢森堡(Rosa Luxembourg 1913)的注意，她在这一基础上对帝国主义进行了分析。卢森堡之所以要探索一个关于资本积累的系统性经济学基础理论，是为了解释她生活的那个时代中帝国主义间不断加深的敌对斗争。卢森堡认为，在一个封闭的、不断进行积累的资本主义体系中，总是会发生总需求不足，因此这个体系将被迫寻求外部市场来变现其过剩的产品。卢森堡非常正确地指出了只要利润的一小部分被资本化(并/或被工人所储蓄)，马克思体系中总需求的数量和有待变现的数量之间就会存在差额。但是，她认为这一点会从经济上迫使帝国主义进行扩张，通过扩张改善问题，这一论点并不令人信服。外部市场要从哪里得到资金来购买资本主义体系的剩余产品呢？如果外部市场是通过向资本主义体系出售某样东西来获得利润，那么它们对总需求的增加量和减少量是一样的。

马克思本人在《资本论》第二卷(Marx 1893，522－523)的末尾提出了另一种观点，布哈林(Bukharin 1924)以此观点为根据对卢森堡进行了批判。在商品

---

① 基于本文的写作目的，这并不丧失一般性。如果要一般性地考察包含动态消费滞后过程的资本循环框架，可参见 dos Santos(2014)。

货币体系中，货币商品不需要通过销售变现，它本身已经是货币形式的价值了。因而我们可以想象这样一种情况：该部门的产出流与资本家和工人所期望的“储蓄”完全吻合。不过虽然这种想法合乎逻辑，但它是人为设定的。一个更具说服力的论证其实已经隐藏在式(38)中，该式子表明如果工薪阶层愿意并有能力让消费超过他们的收入，正增长率就是可能的。在此条件下，要满足利润资本化的需求，最终就要由工薪阶层来承担债务。

更广泛地说，信贷制度和信用货币形式之所以会发展，是因为它们为资本主义提供了一种极富潜能的灵活手段，资本家和工薪阶层一方面会具有以货币形式积累资本价值的愿望，另一方面又会有一些企业或工薪阶层具有超过目前收入进行消费的愿望，信贷制度和信用货币形式就可以对这两方面愿望进行调节。假设总资本支出是通过过去留存收益和当前净借款两部分来提供资金的，那么，

$$Z_t=(1+v)(1+pq)S'_{t-T_f} \tag{39}$$

其中，ν 可以度量支持资本支出的杠杆。按照和导出式(37)时相同的操作，但是使用式(39)而非式(18)的资本支出表达式，就可以得出：

$$(1+pq)S'_t=(1-k(1-c^w))Z_t \tag{40}$$

经济中的流量可以由式(2)、(4)、(5)、(39)和(40)完全地加以描述。生产资本和库存仍按式(7)和式(8)的规定演变。要使模型完整，还需要另外两组限定条件。首先，必须描述每个部门财务状况的演变特征。在一个简单信用货币的金融体系下，一个部门的财务状况是通过其净货币状况来度量的，由持有的货币和债务的总和来确定。从利息流中进行抽象，工薪阶层看到他们的净货币状况随着他们的储蓄而变化：

$$\dot{M}_t^w=(1-c^w)kZ_t \tag{41}$$

同样的，资本的净货币状况根据留存收益和资本支出而变化：

$$\dot{M}_t^c=(1+pq)S'_t-Z_t \tag{42}$$

请注意，根据式(40)

$$\dot{M}_t^c=-\dot{M}_t^\omega$$

该经济体中提供的总量和用掉的总量要保持一致。

第二组限定条件涉及库存的变化以及决定经济增长率的总需求的范围。需求超过库存会导致需求拉动型通胀，而不是实际产出增长。需求只能在总库存为正的情况下确定产量或增长。

需求决定下的扩大再生产:限制和类型

上文概述的模型可以用来分析指数式扩大再生产。运用解出的各项参数，我们就可以把握总需求、商品生产和资产负债情况之间的相互作用，正是这些相互作用决定了资本主义经济的增长率、利润率和收入分配。这其中还包含着一些根据大多数传统宏观经济学方法所无法得出的有用结论。

如上所述，式(39)和式(40)可以确定体系中由需求决定的增长率：

$$g=\frac{1}{T_f}\ln\{[1-k(1-c^w)](1+v)\} \tag{43}$$

它适用于所有库存为正的指数式演变，即 $N_t>0$。

根据资本支出的度量对经济体进行归一化处理，就可以得出经济体中所有稳态的流量和存量的相对度量的表达式。产出流如式(22)所示。可以根据式(40)建立一个计入成本的销售核算方法：

$$S'_0=\frac{1-k(1-c^w)}{1+pq} \tag{44}$$

生产资本存量如式(27)所示。需求决定下的库存的计量方法则与此不同。它们在扩大再生产中的演化方式如下：

$$\dot{N}_t=e^{-gT_p}-\frac{1-k(1-c^w)}{1+pq} \tag{45}$$

这就导致稳态库存存量是：

$$N_t=\frac{1}{g}\left[e^{-gT_p}-\frac{1-k(1-c^w)}{1+pq}\right] \tag{46}$$

由此，工资劳动和资本的净货币状况将由下式决定：

$$\dot{M}_0^w=\frac{1}{g}k(1-c^w)=-\dot{M}_t^c \tag{47}$$

把资本主义企业的所有资产和负债加在一起，就得出了资产净值：

$$W_o=\frac{1}{g}\left\{\frac{pq[1-k(1-c^w)]}{1+pq}\right\} \tag{48}$$

从式(43)一式(48)中我们可以看出一系列结论。首先，经济增长率由需求决定，而这就清楚地说明“节俭悖论”在这个框架内是成立的。**在其他条件不变的情况下**，资本支出杠杆率的降低和工薪阶层消费倾向的降低，会导致增长率降低。这个结论也很重要，说明这个框架与凯恩斯主义框架的一个核心结论是相呼应的，都指出了需求对于设定产出和增长所具有的作用。但要做到这一点，还需要对总需求和生产活动之间的动态相互作用做出精准的计量。我们的这个结论可以说是对标准凯恩斯主义的结论进行了拓展。

我们的拓展作用在如下情况中表现得最为明显：我们必须认识到，只有在库存为正时，需求才能对实际产出数量产生独立影响。形式上，可以通过使用式(46)来表示扩大再生产路径的这一要求，由此得出①：

$$g \leqslant \frac{1}{T_p} \ln \left[\frac{1+pq}{1-k(1-c^w)} \right] \tag{49}$$

这一不等式确定了经济增长率的上限。这种约束不仅是由工薪阶层的储蓄行为所决定的，而且源于两个供给方面的因素——生产滞后(度量投入转化为产出的动态速度)，以及利润资本化为生产性投资规模扩张提供资金的速度。在这里，动态生产约束决定了总需求能够独立决定经济活动速度的范围，而动态生产约束的确切参数本身是由资本循环所决定的。

式(43)中经济增长率的内生表达式还指出了可能提高经济增长率的两大类变化之间所存在的区别，这一点也很重要。在式(43)和式(49)所确定的限制范围内，要实现增长：一是可以通过增加工薪阶层的总消费倾向，二是可以通过增加杠杆、提高将留存收益重新投入资本支出的速度。第一种可能的方式通过经济中工薪阶层消费量的增加推动经济增长，这可以称为“消费导向型增长”。第二种可能的方式由资本支出数量的增加来推动经济增长，也就是广义的“投资导向型增长”。

从对资本循环的分析中可以知道，这两种增长方式之间的一个重要区别就在于是否会对收入分配产生相反的影响。在当前设定下，利润与工资的比率由下式给定：

$$\psi = \varepsilon \, \frac{[1-k(1-c^w)]}{1+pq} \tag{50}$$

如果是由工薪阶层相对较高的消费倾向所导致的“消费导向型”增长，就会在总收入中有相对较大的利润份额。相反，如果是利润资本化率提高、相对投资指标增加，就会导致相对较高的工资份额。② 在资本循环中，消费和生产性支出在总需求中的相对数量直接影响收入的总分配。

---

① 在当前参数下，这一约束条件的外生变量的完整表述是：$1+pq>(1+v)^{T_p/T_f}[1-k(1-c^w)]^{1+T_p/T_t}$。

② 在大多数情况下，“投资导向型增长”的案例是由资本支出中较高的杠杆率来确定的，企业留存收益投资速度的加快也会导致相对较高的工资份额。之所以我们这里的案例不符合这一点，是因为工薪阶层的消费这个限定条件表明总需求的资本支出弹性正好是 1。见 dos Santos(2014)。

在由需求决定的条件下，消费和投资活动也会影响资本的利润率。在我们的设定中，利润率可以用净值回报率来度量，由式(44)和式(48)给出，由此得到：

$$\rho \overset{\text{def}}{=\!=} \frac{qS'_0}{W_0} = \frac{g}{p} \tag{51}$$

如上所述，这是剑桥方程的一个简化表述，其中增长是由式(43)给出。

资本循环显著地表明，资本支出杠杆率的提高，企业留存收益再次承担投资的速度加快，工薪阶层的消费行为更加积极，这些演变因素都可以在式(49)的限定条件下通过其对总需求数量的影响来促进增长。但是，根据对总需求**构成**的影响，每一项演变因素也会影响到收入在各阶级间的分配。

最后，这些限制条件也指出了扩大再生产的金融或货币要求。注意式(43)意味着正增长必须满足如下条件：

$$\frac{v}{1+v} > (1-c^w)k \tag{52}$$

也就是说，企业的借贷必须超过工薪阶层的储蓄。私营部门的储蓄所能提供的贷款量，满足不了日益增长的货币持有需求。经济增长需要持续地、积极地向经济体注入购买手段，必须进行货币扩张。这种需求可以说是当代信用货币体系发展的主要推动力。

参考文献

Abeles, M. 2013. "Duncan Foley's Circuit of Capital Model for an Open Economy." In *Social Fairness and Economics: Economic Essays in the Spirit of Duncan Foley*, L. Taylor, A. Rezai, and T. Michl, eds., 228–253 New York: Routledge.

Basu, D. 2014. "Comparative Growth Dynamics in a Discrete-Time Marxian Circuit of Capital Model." *Review of Radical Political Economics*, forthcoming.

Bukharin, N. 1972 [1924]. "Imperialism and the Accumulation of Capital." In *Imperialism and the Accumulation of Capital*, K. Tarbuk, ed. London: Allen Lane, Penguin Press.

dos Santos, P. 2011. "Production and Consumption Credit in a Continuous-Time Model of the Circuit of Capital." *Metroeconomica* 62(4): 729–758.

——. 2014. "A Note on Credit Allocation, Income Distribution, and the Circuit of Capital." *Metroeconomica* 65(2): 212–236.

——. 2015. "Not 'wage-led' versus 'profit-led,' but investment-led versus consumption-led growth." *Journal of Post-Keynesian Economics* 37(4): 661–686.

Foley, D. 1982. "Realization and Accumulation in a Marxian Model of the Circuit of Capital." *Journal of Economic Theory* 28(2): 300–319.

——. 1986a. "Money, Accumulation and Crisis." *Fundamentals of Pure and Applied Economics* 2. London: Harwood Academic Publishers.

——. 1986b. *Understanding Capital*. Cambridge, MA: Harvard University Press.

Jiang, X. 2014. "Endogenous Cycles and Chaos in a Capitalist Economy: A Circuit of Capital Model." *Meteroeconomica* 66(1): 123–157.

Luxemburg, R. 1972 [1913]. "The Accumulation of Capital-An Anti-Critique." In *Imperialism and the Accumulation of Capital*, K. Tarbuk, ed., 45–150. London: Allen Lane.

Marx, K. 1967 [1893]. *Capital*, Volume 2. New York: International Publishers.

第十一章

地　租

法比安·巴拉迪尼(Fabian Balardini)

马克思的地租理论

马克思在他两部被公认为最成熟的经济著作《剩余价值理论》和《资本论》中提出了他的地租理论。在1862—1863年所写的《剩余价值理论》一书中，马克思通过梳理相关的理论难题、前人的贡献以及前人所犯下的错误，考察了地租概念的历史发展。《资本论》的写作贯穿于19世纪60、70年代和80年代初，该书在马克思所称的**商品价值的一般规律和资本主义生产的一般规律**背景下，详细阐述了地租理论。接下来，将在这两部著作的基础上介绍马克思的地租理论。更具体地说，首先总结了他对早期思想家在这一问题上的相关理论的批判；其次，叙述了他在批判基础上所提出的地租理论的发展进程；最后，概述了到21世纪前15年为止，在马克思主义政治经济学传统中关于地租理论的多种解释和辩论。

对重农主义者和亚当·斯密的批判

马克思在《剩余价值理论》中开始了对地租的分析，他指出："所有经济学家都犯了一个错误：他们不是就剩余价值的纯粹形式，不是就剩余价值本身，而是就利润和地租这些特殊形式来考察剩余价值。"(Marx 1975，Ⅰ:40；见《马克思恩格斯全集》中文第一版第26卷上，第7页)在做出这一评价之后，马克思开始研究剩余价值、利润和地租概念的历史发展，他认为重农主义者是第一批为我们理解这些经济范畴做出重大贡献的思想家。在17世纪早期，重农主义者认为农业是创造剩余价值的经济部门，因为“劳动者……消费的生活资料总量……小于他所生产的生活资料总量”(Marx 1975，Ⅰ:46；见《马克思恩格斯全集》中文第一版第26卷上，第19页)。

重农主义者将剩余价值定义为农业工人生产出来的使用价值相较于他们消费的使用价值的超额部分，将地租定义为地主对这部分剩余使用价值的占有。马克思认为相较于之前重商主义思想家的分析，这是重大的理论进步，根据重商主义者的说法，剩余价值仅仅是货币利润的超额部分，源于国与国之间的不平等贸易。[①] 然而，马克思批评重农主义者将价值等同于使用价值，并将剩余价值等同于“一般的物质实体”(Marx 1975，Ⅰ:46；参看《马克思恩格斯全集》中文第一版第26卷上，第20页)，这相当于是按封建主义的精神为剩余价值下定义，即“是从自然而不是从社会，是从对土地的关系而不是从社会关系引申出来的”(Marx 1975，Ⅰ:52；见《马克思恩格斯全集》中文第一版第26卷上，第26页)。马克思认为，亚当·斯密最重要的贡献是在理论上提出剩余价值源于社会关系而非源于自然。根据斯密的理论，从出售商品中获得的货币利润(剩余价值)并非源于商品按照高于其价值而出售，也不是不平等交换的结果，商品恰恰是通过平等交换并按照其价值而出售。这一论点意味着商品的剩余价值包含在其价值中，反过来说，这又表明剩余价值来源于生产，而不是贸易或交换。在斯密看来，资本家的利润是“由于资本家对商品中包含的一部分劳动没有支付过酬劳却拿去出售而产生”(Marx 1975，Ⅰ:79；见《马克思恩格斯全集》中文第一版第26卷上，第57页)。

换言之，斯密超越了重农主义者对价值和剩余价值的封建主义定义，正确地得出了利润(剩余价值)是(资本家)占有他人(工人)的无酬劳动的结论。

在亚当·斯密的后继者中，唯有大卫·李嘉图坚持价值的决定是一个关于劳动时间的函数，把这一点作为“资产阶级制度的生理学——对这个制度的内在有机联系和生活过程的理解”(Marx 1975，Ⅱ:166；见《马克思恩格斯全集》中文第一版第26卷中，第182页)的出发点。斯密和李嘉图从劳动是价值的源泉这一点得出结论说，商品都是按照各自的生产价格出售的——而生产价格就等

---

① “在重商主义体系中，剩余价值只是相对的——一人赢利就是他人亏损，是‘让渡利润’，或者说‘财富的天平在有关双方之间的摆动’。因此，从一国总资本来看，在这个国家内部，实际上并没有形成剩余价值。剩余价值只有在一个国家同另一些国家的关系中才能形成。”(Marx 1975，Ⅰ:66；参看《马克思恩格斯全集》中文第一版第26卷上，第43页)。

于其价值——这使得资本主义生产者所投资的资本具有平均的利润率。尽管马克思承认斯密和李嘉图成功地将劳动确定为商品价值和剩余价值的来源，但他批评他们未能理解商品价值所经历的两个阶段转化，也就是说，商品最终出售的价格并不等于它的价值。

在《剩余价值理论》和《资本论》中，马克思详细分析了价值向生产价格转化的两个阶段，先从工人阶级那里提取剩余价值总量，然后在所有资本主义生产者之间进行分配，这需要整个一套机制，两阶段转化就是这套机制中的一个组成部分。马克思认为，这种剩余价值的分配是由资本主义生产者在各个经济部门内部进行竞争性的斗争来实现的，这种竞争性的斗争首先使得商品的个别价值转化为一个共同的市场价值，随后市场价值又通过不同经济部门间的资本主义竞争，转化为生产价格。斯密和李嘉图未能分析商品的个别价值转化为部门内的共同市场价值，这使他们无法得出马克思所称的级差地租的理论；同样，他们未能分析市场价值转化为生产价格，这使他们无法得出马克思所称的绝对地租的理论。

在讨论马克思的级差地租和绝对地租理论之前，有必要回顾一下斯密的后继者是如何运用基于劳动时间的价值理论来解释地租问题的。马克思认为这其中的难题

“在于证明，在剩余价值已经在各个资本之间平均化为平均利润之后，……从哪里又会冒出这种剩余价值的超额部分，由投在土地上的资本以地租形式支付给土地所有者”。

（Marx 1981：917；见《马克思恩格斯文集》第 7 卷，人民出版社 2009 年版，第 884 页）

换言之，由于地租是“作为租地农场主的资本家，为了得到在这个特殊生产场所使用自己资本的许可，……支付给土地所有者”（Marx 1981：754；见《马克思恩格斯文集》第 7 卷，人民出版社 2009 年版，第 698 页）的超过平均利润率的一个货币额，如果农业资本家销售他们产品的钱只够实现平均利润率，那他们又怎么会凑得到这笔额外的钱呢？通过对文献的详细回顾，马克思分析了斯密的后继者对这一难题的两种不同解释：（1）基于垄断价格的地租理论；（2）李嘉图提出的地租替代理论。关于基于垄断价格的地租理论，马克思指出：

“这种假设的前提恰恰是需要加以说明的东西，即在一个特殊生产领域中，商品的价格所提供的必然要比一般利润率，比平均利润多，为此，商品必然要高于它的价值出卖。因而，它的前提是，农产品不受商品价值和资本主义生产的

一般规律影响。并且，之所以要以此为前提，是因为初看起来，利润之外还特别存在地租，从而造成了这种假象。所以，上述假设是荒谬的。"

（Marx 1975，Ⅱ：36；见《马克思恩格斯全集》中文第一版第 26 卷中，第 29 页）

对李嘉图的批判

在指出了基于垄断价格的地租理论的荒谬性之后，马克思又讨论了李嘉图的地租理论。李嘉图认为，人口增长导致对农产品的需求增加。由于要满足这种需求就必须在质量越来越差的土地上耕种，因此农产品的价格最终取决于在边际土地上生产的产品的价格。从这个角度看，当那些在最好的土地上劳动的生产者（因此他们的生产成本较低）以最差土地上生产的农产品所确定的（较高）价格出售其农产品时，就会产生地租。在这一过程中，他们实现的利润超过了地主的平均地租。马克思指出了李嘉图的地租理论中一些错误的假设：第一，生产总是朝着边际土地的方向流动；第二，在农业领域存在永久性的过度需求状态；第三，农产品的出售价格总是等于最差土地上生产的商品的价值。

关于第一个假设，马克思认为，并非所有用于生产农产品的新土地的质量都是最差的，而且，关于生产总是朝着最差的土地流动的观点在历史上并不准确。基于历史证据，马克思也不同意李嘉图的第二个假设，即对农产品存在永久性的过度需求，因为要是存在这种需求，那它就总是会推动价格上涨。关于这一点马克思提出了经验证据，即在 18 世纪上半叶，由于供应过剩，实际上农产品价格下降了（Marx 1975，Ⅱ：144）。归根结底，马克思与李嘉图的主要分歧是，任何特定部门的产品价值不等于在任何特定类型土地上生产的产品的个别价值，而是等于该部门的共同市场价值，这个价值是由能够满足需求的各类土地上的农产品总产量决定的：

"市场价值不能高于在最坏生产条件下生产出来，但是作为必要供给的一部分提供的产品的个别价值，这个规律被李嘉图歪曲为市场价值不能降到低于这种产品的价值，也就是说始终都要由这个价值来决定。"

（Marx 1975，Ⅱ：271；见《马克思恩格斯全集》中文第一版第 26 卷中，第 304 页）

在马克思看来，商品的市场价值是代表他所说的社会必要劳动时间：生产满足社会需要或需求的商品数量所必需的劳动时间。在农业中，市场价值来自满足需求所需的商品总量（由在所有类型土地上劳动的资本主义生产者提供），如果想要让这个市场价值等于在最差的土地上生产的产品的价值(如李嘉图所说),那么必需的前提是这样生产的商品数量与满足需求所需的数量相一致。换言之,如果在最差的土地上生产的商品数量不等于满足需求所需的数量,或者如果这个数量是多余的,因为在最好的土地上生产的商品已经满足了需求,那么决定商品市场价值的就将是后者,而不是前者。李嘉图认为,农业商品的价格总是等于在最差的土地上生产的商品的个别价值(或价格),实际上是忽略了资本主义竞争和需求对确定商品市场价值的影响。

李嘉图坚持认为在最差的土地上生产的商品总是会决定商品的价格(或价值,因为他假设两者是同一个东西),这反映出他不但不能正确把握商品的价格和价值之间的区别,而且还不能正确把握商品的市场价值和个别价值之间的区别。马克思认为这一点在理论上非常重要,他在《剩余价值理论》第 12 章中提出了一个很长的定量的例子,其中他考虑了许多可能的情况,即在一个有地租的部门生产的商品(煤炭)的市场价值可能低于最差矿井生产的煤炭的个别价值,这是由于资本主义生产者所面临的商品需求具有不确定性,这些生产者之间的竞争强度决定了市场价值,而非如李嘉图所宣称的由最差矿井的产量决定。马克思还驳斥了李嘉图关于生产会有一个下降的方向,从最好的土地上转到最差的土地上这种假设,他提出,如果发现更高质量的土地,并且其产品能够满足需求,那么农业等有地租的部门的生产方向反而会从最差的土地上升到最好的土地。在这种情况下,决定市场价值的是最好的土地,如果它提供的数量足够大,足以导致市场价值下降,那么最差的土地可能被完全从市场上排挤出去。

除了批判李嘉图未能理解个别价值向共同市场价值的转化,马克思还针对李嘉图没有分析土地所有权对市场价值转化为生产价格的影响进行了批判。马克思认为,资本不受限制地跨部门流动,将市场价值转化为生产价格,通过这个过程,剩余价值在资本主义生产者之间是按照他们所投入的资本的大小来分配,他把这些投入的资本称为预付资本。然而马克思认为,对于存在土地所有权的部门来说,资本流入这些部门面临着障碍,因为相关资本家必须要向地主支付地租才能进行资本投资。因此,土地所有权作为资本投资自由流动的障碍,阻止了市场价值转化为生产价格。进而,无法将农产品的市场价值转化为生产价格,其结果是,这些商品不是按其生产价格,而是按其市场价值出售。

马克思的绝对地租和级差地租理论

马克思基于对李嘉图地租理论的彻底批判,提出了他自己的一套地租理论，即“土地所有权在经济上借以实现即增殖价值的形式”（Marx 1981，756；见《马克思恩格斯文集》第 7 卷，人民出版社 2009 年版，第 698 页）的地租理论。马克思确定了地租的两种基本类型：一种是绝对地租，由商品的价值和生产价格之间的差额决定；另一种是级差地租，由商品的市场价值和个别价值之间的差额决定。绝对地租是使用最差的土地而支付的地租，其产生由两个原因导致：(1)土地所有权的介入，它阻碍了资本投资的自由流动，从而阻止了商品的市场价值转化为生产价格。(2)商品按照价值出售，而它的价值高于其生产价格，这意味着在有绝对地租的部门生产的商品，其价值要高于在没有绝对地租的部门生产的商品。并且，在有绝对地租的部门，用于生产商品的劳动力或可变资本也要高于没有绝对地租的部门。

马克思区分了两部分货币：一部分是花在工人身上的，叫作可变资本(v)；另一部分是花在机器、设备和原材料上的，叫作不变资本(c)。他将两者之间的比例定义为资本的有机构成(c/v)。资本的有机构成较高的部门相比于资本的有机构成较低的部门，前者的劳动密集程度低，后者的劳动密集程度高。这就是说，有绝对地租的部门的资本有机构成低；在这些部门生产产品所需要的劳动更多(也就是说，其产品富集了更多的劳动)，因此，其价值要高于在资本有机构成较高的部门中生产的产品。

马克思利用农业方面的数据得出结论，在 17 世纪和 18 世纪，农业采用新技术的速度要慢于工业，这意味着农业资本的有机构成低于工业资本。不过他也指出，未来随着技术的进步，农业资本的有机构成很可能等于甚至高于工业等无地租部门资本的有机构成。如果发生这种情况，那么农业的绝对地租就会消失。

马克思还认为，由于土地所有权的介入，决定地租承担部门超额利润(转化为地租)的生产条件与决定工业超额利润的生产条件不同，因为

> “在工业中，由于平均价格降低而得到的超额利润，总是由最新出现的、生产率最高的资本提供的。在农业中，可能成为而且往往必然成为超额利润的原因的，并不是较好地段的肥力的绝对增长，而是它的肥力的相对增长，这种增长是由比较不肥沃的土地投入耕种引起的。”
>
> (Marx 1975，Ⅱ：95；参看《马克思恩格斯全集》中文第一版第 26 卷中，第 98 页)

换句话说，马克思认为农业与工业的区别在于，工业中的超额利润是通过廉价生产获得的，而农业中的超额利润则是通过高价生产获得的。因此，在有

地租的部门生产的商品，其市场价值往往是由生产率较低的生产条件决定的："关于级差地租，一般应当指出：市场价值始终超过产品总量的总生产价格。"(Marx 1981，799；见《马克思恩格斯文集》第 7 卷，人民出版社 2009 年版，第 744 页)马克思认为，土地所有权的介入改变了市场价值形成机制，所有在有地租的部门生产出来的商品都被创造出了一种"价值"，他称之为虚假的社会(或市场)价值："被当做消费者来看的社会在土地产品上过多支付的东西，社会劳动时间实现在农业生产上时形成负数的东西，现在对社会上的一部分人即土地所有者来说却成了正数。"(Marx 1981，800；见《马克思恩格斯文集》第 7 卷，人民出版社 2009 年版，第 745 页)。

马克思把级差地租定义为商品的市场价值与个别价值之间的差额。所有以低于市场价值的个别价值生产的商品都可以带来超额利润，这种超额利润是由地主以地租的形式获得的，而不是由资本家以超额利润的形式获得。如上所述，马克思之所以得出了级差地租理论，是因为他批判了李嘉图无法理解个别价值向共同市场价值转化。马克思的观点是，级差地租是由于资本主义在一个部门内的竞争而产生的超额利润，它产生了不同于个别价值的市场价值；这种差别是由地主来占有的，而不是由采用更高水平生产力的资本家来占有。

马克思在对李嘉图的隐含假设(在有地租的部门中不存在资本主义竞争，农产品的价格总是由最差的土地决定)的批判中还强调了这样一种思想：在有地租的部门中，其市场价值的形成也要遵循资本主义竞争的逻辑，这一点和没有地租的部门如工业部门是一样的。除了批判李嘉图，马克思还区分了两类级差地租，他所说的级差地租的第一种形式是"投在面积相等而肥力不同的土地上的等量资本所具有的不同生产率的结果"(Marx 1981，812；见《马克思恩格斯文集》第 7 卷，人民出版社 2009 年版，第 759 页)，而级差地租的第二种形式则是由于在相等面积和肥力的土地上不等量资本投资所产生的不同生产率所造成的。

马克思为地租这一经济范畴提供了一套逻辑一致的解释，将地租看成是资本主义条件下靠土地所有权来实现增殖的方式。只要地主成功地阻止了对其所在部门的资本投资，使投资资本的有机构成小于对那些没有土地所有权的部门的投资资本的有机构成，他们就能够以绝对地租的形式获得部分剩余价值。或者说，只要地主成功地将支付地租作为资本对其土地进行投资的必要条件，他们就能够以级差地租的形式从剩余价值的池子中占有一部分。

尽管马克思特别强调土地所有权会阻碍自由竞争，阻碍资本在部门内部和部门之间流动，并因此为形成级差地租和绝对地租创造了必要条件，但他也认为土地所有权是从属于资本主义生产方式的，从这个意义上说，土地所有权对资本主义本身的再生产并不构成任何真正的威胁。

马克思主义政治经济学的地租理论

本质主义解释

今天，马克思主义学者的一个普遍共识是，马克思把地租定义为地主阶级从资本主义生产者那里得到的报酬，是为了生产商品所需而使用土地或矿藏的必要条件。回顾一下马克思主义政治经济学关于地租理论的文献，我们就会发现其中存在一个令人惊讶的共识，绝大多数作者对马克思的地租理论的解释都是建立在对马克思市场价值理论的特殊解释基础上的。这种主流的对马克思市场价值理论的解释认为，尽管在工业部门中，商品的市场价值由平均生产条件决定的，但如果是承担地租的部门——存在土地所有权——商品的市场价值就不是由平均生产条件决定的，而是由最差的生产条件决定的。这种市场价值决定理论也导致有许多人把马克思的地租理论解读成级差地租是由最差土地和矿山的生产条件决定的。

其实马克思在对李嘉图的批判中已经驳斥过这种观点，而之所以人们会广泛采用这种解读（如前所示），部分原因可能是对马克思关于地租的著作缺乏兴趣、缺乏详细研究。埃内斯特·曼德尔（Ernest Mandel）在几十年前就指出："马克思的地租理论是他经济理论中最难的部分，与他体系中的其他主要部分相比，对这一部分的评论和发展要少得多，无论是追随者抑或批评者都很少涉及这一部分"（Mandel 1990，38）。

今天，资本主义体系所造成的环境破坏正迅速成为人类社会面临的最严重威胁，如果还对地租理论采取冷漠态度是很不妥当的。之所以会形成上述这种解读，也可以认为是大多数马克思主义经济学家采用了本质主义和确定性方法论的结果，这种方法论强调生产条件是价值的主要决定因素。具有讽刺意味的是，曼德尔正是最早将马克思的市场价值理论与马克思的地租理论联系起来、对地租理论做出本质主义解释的学者之一：

> "只要在人口增长和农业生产力滞后的条件下，农产品的需求就会超过供给，这个价格仍然是由在最差的盈利条件下生产的农产品的价值所决定……这个价格和在生产率更高的土地上生产的小麦产价格之间的差额，就是土地所有者收取的级差地租。"

(Mandel 1962,276)

曼德尔在这里正确地将农产品价格定义为由最差的生产条件所决定,"只要"如此这般,那么需求就自然会超过供给。然而在22页之后,当他再次讨论农产品价格如何确定时,他又说:

"根据马克思的地租理论,实际上是对农产品的需求最终决定了这些产品的价格。这个价格是基于生产条件最差的地块上生产的单位价值(边际价格),按照这个价格,产品就可以找到买家。"

(Mandel 1962,298)

从本质上讲,曼德尔是自相矛盾的:最初他说,小麦的市场价值是由最差条件下的生产决定的,"只要"如此这般,那么需求就自然会超过供给。而22页之后他又声称,尽管需求似乎是价值的决定因素,但实际上它已不再重要,因为他现在隐含地假设说,最差土地的产品也创造了自己的需求,因为它总能"找到买家"。

事实上,曼德尔描述的是一种特定的市场状态,即假定需求过剩是农业部门市场的永久状态,从而得出结论:总是由最差的土地决定农产品的市场价值。在曼德尔之后,采纳了这一观点的大多数作家在作品中完全不讨论甚至完全不承认曼德尔的矛盾,他们甚至更加强调生产条件所起的作用,而忽略了需求在决定市场价值中所起的作用。例如,法因(Fine 1979)在讨论承担地租的部门所生产的商品的市场价值时,就完全忽视了需求所起的决定作用。事实上,他是最早提出有地租部门的商品的市场价值必然会受到扭曲的学者之一,在他们这批学者看来,有地租部门是做不到像无地租的工业部门那样确定商品的市场价值的。法因认为:

"市场价值不是由正常价值的平均值决定的,而是由最差的生产方法决定的。这并不是因为最差的生产方法占主导地位,而是因为土地所有权的介入改变了农业中社会决定价值的方式。"

(Fine 1979,250)

然而,法因没有对土地所有权的介入导致市场价值由最差生产方法"决定"的机制做出明确解释,而是以令人费解的方式引用了《资本论》中的以下段落,但该段落其实是清楚地描述了马克思自己的观点:

"这是由在资本主义生产方式基础上通过竞争而实现的市场价值所决定的;这种决定产生了一个虚假的社会价值。这种情况是由市场价值规律造成的,土地产品受这个规律支配。产品(也包括土地产品)市场价值的决定,是一种社会行为,虽然这是一种不自觉的、无意的行为。这种行为必然是以产品的交换价值为依据,而不是以土地及其肥力的差别为依据。”

(Marx 1981:799;见《马克思恩格斯文集》第 7 卷,人民出版社 2009 年版,第 744—745 页)

伊藤诚(Itoh 1980)也提出过承担地租部门的市场价值确定受到扭曲的问题。伊藤认为“……满足社会需求所必需的边际最差条件成为市场价值的调控者”(Itoh 1980,89)。但遗憾的是,伊藤却没有考虑到边际最差条件所对应的生产可能并不能满足社会需求的情况,假如他考虑到这种情况,那他就会得出和马克思一样的结论,即在此情况下边际最差条件并不能成为市场价值的调控者。谢赫(Shaikh 1990)对承担地租部门的市场价值确定给出了几乎相同的解释:

“顺便说一句,需要注意的是,尽管这里所说的调控条件变到一个极端或另一个极端的情况需要有供需的‘特殊组合’才能促成,但也有其他例外情况。在技术变革时,最好的普遍可行的生产方法就会成为调控条件,而在农业和采矿业中,往往会由在肥力和位置上处于边际的生产来作为调控条件,也就是说,是要由生产用到的最差土地和最差位置来进行调控。”

(Shaikh 1990,256)

曼德尔在他为《资本论》所写的导言中,再次明确表述了所有这些作者关于永久性需求过剩状态的假设,他认为在土地所有权阻碍资本流入的部门中,“长期来看,需求大于供给。因此,行业中劳动生产率最低的那些企业仍然获得平均利润率(即这类企业决定了该行业生产的商品的价格或价值)”(Marx 1981,56)。

或者说,如果不假设需求过剩,那些支持最差土地总是决定着承担地租部门的市场价值的人士就会假设认为,最差土地的产品总是满足需求所必需的。然而,正如马克思反驳李嘉图时所说的,可能会有这样的情况:来自最好土地的供给使得来自最差土地的供给不仅是不必要的,甚至是多余的。在这种情况下,最好的土地既决定了市场价值,也决定了地主可分配的级差地租数额。

反本质主义解释

上述对马克思的市场价值和地租理论做本质主义解释的派别也受到了少数作者的挑战,并且挑战者的数量还在逐渐增加。这些反对者在详细阅读马克思著作的基础上认为，在不考虑需求和其他生产条件的情况下，得出特定生产条件（即最差的土地）本身决定商品市场价值的结论是错误的。例如，因达特（Indart 1988）认为，在没有地租的部门：

“需求条件决定了什么样的生产条件将成为决定价值的条件，但它们是从一组给定的生产条件中选择出决定条件的。正是在这个意义上，我认为需求条件对价值的决定起着间接的作用。”

（Indart 1988，457）

霍维拉克（Horverak 1988）对马克思的市场价值理论做了类似的解释：

“商品的市场价值现在将取决于社会对商品的总需求与生产商品所花费的劳动时间是否相匹配……市场价值的变动范围由个别价值决定：市场价值决不能高于在最差生产条件下生产的商品的个别价值，也不能低于在最好生产条件下生产的商品的个别价值。”

（Horverak 1988，282）

最近，克里斯特詹森-古拉尔（Kristjanson-Gural 2005，2009）的一些文章中批评了对马克思市场价值理论的主流解释。在这些文章中，克里斯特詹森-古拉尔提请读者注意这些解释中所隐含的本质主义方法论，认为这是与马克思自己的反本质主义方法论相矛盾的，他富有说服力地对马克思方法论的反本质主义性质进行了阐述。在他看来（Kristjanson-Gural 2009），马克思主义阵营由于没有掌握马克思的反本质主义方法论，在解释马克思的市场价值理论时犯下了一种他称之为比附（diachronic）的错误，这一错误

“是把两个处于分析的不同环节或层次上的逻辑主张进行类比的结果，没有考虑到在每个层次上所应用的概念之间是有着不同含义和不同关系的”。

（Kristjanson-Gural 2009，15）

更具体地说，这种比附性的错误导致人们无法理解马克思是如何在他的分析中逐步引入各种新概念从而发展出市场价值的含义的，无法理解市场价值这个概念同价值和交换价值之间的关系有何相干。马克思本人界定价值概念是分阶段逐步递进的，在《资本论》第一卷第 1 章中，价值是表示单个资本家生产过程的结果；在《资本论》第三卷第 10 章中，则已经发展到了更高阶段的价值，即在行业内部竞争条件下形成的市场价值。马克思主义阵营忽略了马克思的阶段性，也就无法把握作为社会必要劳动时间的价值概念所具有的逻辑发展。

对于市场价值和社会必要劳动时间的概念，根据马克思逐步递进的方法论

就可以给出与主流截然不同的解释。商品只有满足双重意义上的社会必要劳动时间,它的价值才是市场价值:第一种必要是指生产商品所必要的平均劳动时间,第二种必要是指为满足现有社会对商品的需求所必要的劳动时间。

与主流解释不同,反本质主义的解释并不会与马克思《资本论》第三卷第 10 章中对市场价值的表述相矛盾,按照这一章的说法,市场价值是由生产和需求条件所多元决定的:价值由生产过程决定,但是其具体数值是由需求相对于个体价值的范围所决定的,商品是由资本家为满足现有社会需要而在相互竞争中生产出来的,价值的具体数值可以在这些商品的最低个别价值到最高个别价值之间浮动。

反本质主义对马克思主义经济学的主流解释进行了批判,也就为马克思主义地租理论打开了一扇门,可以使我们更好地理解 21 世纪全球资本主义体系的一些重要特征,因为初级商品的生产和需求在 21 世纪的发达和新兴经济体中仍然发挥着关键作用,仍然需要用地租理论来处理相关问题。马克思主义经济学家需要重新思考他们对市场价值和地租的理解,要思考如何正确分析当前残酷的利润竞争,在各种类型土地上从事经营的生产者的行为都是被这种竞争所驱动的,我们决不能忽略这种分析。同样的,像人口增长对初级商品的需求或者说社会需要会产生怎样的决定性影响,也需要我们去重新思考。

参考文献

Fine, B. 1979. "On Marx's Theory of Agricultural Rent." *Economy and Society* 8(3): 241–278.

Horverak, Ø. 1988. "Marx's View of Competition and Price Determination." *History of Political Economy* 20(2): 275–297.

Indart, G. 1988. "Marx's Law of Market Value." *Science and Society* 51(4): 458–467.

Itoh, M. 1980. *Value and Crisis: Essays on Marxian Economics in Japan.* New York and London: Monthly Review Press.

Kristjanson-Gural, D. L. 2005. "Exchange, Demand and the Market-Price of Production: Reconciling Traditional and Monetary Approaches to Value and Price." *Rethinking Marxism* 22: 171–202.

——. 2009. "Poststructural Logic in Marx's Theory of Value." *Rethinking Marxism* 21(1): 14–33.

Mandel, E. 1962. *Marxist Economic Theory*, Volume 1. New York: Monthly Review Press.

——. 1990. "Introduction." In *The New Palgrave: Marxian Economics*, J. Eatwell, M. Milgate and P. Newman, eds. New York and London: W.W. Norton and Company.

Marx, K. 1975. *Theories of Surplus Value.* Part I and Part II. Moscow: Progress Publishers.

——. 1981. *Capital.* Volume 3. New York: Penguin Books.

Ricardo, D. 1973. *Principles of Political Economy and Taxation.* London and New York: Dutton.

Shaikh, A. 1990. "Market Value and Market Price." In *The New Palgrave: Marxian Economics*, J. Eatwell, M. Milgate and P. Newman, eds. New York and London: W.W. Norton and Company.

Smith, A. 1985. *An Inquiry into the Nature and Causes of the Wealth of Nations.* New York: Random House.

第十二章

生产性和非生产性劳动

埃里克·K. 奥尔森(Erik K. Olsen)

生产性劳动和非生产性劳动的区分是经济学中最有争议的观点之一。关于这个问题的讨论最早可以追溯到古代经济思想[①],而至少从17世纪开始,它就一直是现代经济思想的组成部分,并在重农学派和古典政治经济学中占有突出地位(Marx 1969,176-182;Boss 1990)。尽管这种区分被功利主义经济学所摒弃,但它仍然是马克思主义政治经济学的一个基本概念,当然在马克思主义内部对这个问题也存在着激烈争论。[②] 如今,讨论这个议题已经可以说是马克思主义政治经济学的特色了,尽管在其他一些非正统的流派中也可以找到非常类似的想法,例如在凡勃仑那里(Veblen 1901)。

从相关文献中我们可以看出,这两种劳动的区分长期以来都是马克思主义政治经济学的重要议题,我们需要对生产性/非生产性做出准确定义,从理论上进行融贯阐发,并为实证研究提供严格的基础。两种劳动的区分对于马克思的阶级和剥削理论来说同样是不可或缺的,并因而构成了马克思主义对资本主义开展伦理批判的一个重要方面。自20世纪以来,非生产性的经济活动有了极大的增长,对其进行研究的文献也不断丰富,但这一增长现象对于企业运行或

① 亚里士多德(Aristotle 1988,book Ⅱ,part Ⅹ,15)把零售业和高利贷归成一类,认为它们都属于用钱生钱的手段,在亚里士多德看来,这是不自然的,因为货币本身并不会创造出东西来。

② 有关这方面的文献,可参见亨特(Hunt 1979,309,note 4)所列的清单,不过我们并不赞成亨特本人对生产性/非生产性区分问题的看法。比较近期的例子是 Mohun(1996,2002)、Houston(1997)和 Laibman(1999)之间的交锋。

者经济总体运动究竟有何影响，人们还没有达成共识，属于21世纪马克思主义政治经济学的前沿问题之一。

马克思关于生产性和非生产性劳动的论述

马克思最初是在《大纲》(Marx 1993，272—273，305—306)中简要地阐述了生产性和非生产性劳动的概念，其后他在《剩余价值理论》(1969，152—300)中对其他流派关于生产性和非生产性劳动的理论进行了广泛的批判。基于亚当·斯密理论的启示，马克思对生产劳动作出定义说：

"从资本主义生产的意义上说，生产劳动是这样一种雇佣劳动，它同资本的可变部分相交换，……不仅把这部分资本(也就是自己劳动力的价值)再生产出来，而且，除此之外，还为资本家生产剩余价值。仅仅由于这一点，商品或货币才转化为资本，才作为资本生产出来。只有生产资本的雇佣劳动才是生产劳动。"

(Marx 1969，152；参看《马克思恩格斯全集》中文第一版第26卷上，第142页)

马克思在《资本论》中沿用了这种生产劳动的概念，只做了很小一点调整。[①]在《资本论》开始对劳动过程进行分析时，马克思提到只有从事产品创造的劳动才是"生产劳动"，但他同时也指出，在资本主义中，仅凭这一标准还不足以确定劳动是不是生产劳动(1967a，181)。因而他专门针对这个问题给出如下定义：

"资本主义生产不仅是商品的生产，它实质上是剩余价值的生产。劳动者不是为自己生产，而是为资本生产。因此，劳动者单是进行生产已经不够了。他必须生产剩余价值。只有为资本家生产剩余价值并且因而为资本的自行增殖服务的劳动者，才是生产性劳动者……因此，生产性劳动者的概念决不只包含活动和效果之间的关系，劳动者和劳动产品之间的关系，而且还包含一种特殊的社会生产关系，这种生产关系是历史地产生的，它把工人变成资本增殖的直接手段。"

(Marx 1967a，508；参看《马克思恩格斯文集》第5卷，人民出版社2009年

---

① 高夫(Gough 1972)在文章中提供了马克思在《资本论》和《剩余价值理论》中处理生产性和非生产性劳动的重要细节。并请参见马克思的《1861—1863年经济学手稿》(Marx 1994a，121—146)以及《直接生产过程的结果》手稿(Marx 1994b，442—452)，高夫的文章没有涉及这两个文本，但它们也都对生产性和非生产性劳动进行了重要阐述。

版，第 582 页）

这些描述给出了马克思主义定义资本主义条件下生产性劳动的两条具体标准，这种生产性劳动要能够最终获得剩余，就要满足两个条件：

(1)它是作为生产的劳动。

(2)它是资本雇佣的有酬劳动。

根据这一定义，不能同时满足这两个条件的劳动就是非生产性劳动。

这两个条件为生产性劳动提供了既在理论上严格又在经验上可靠的定义，大多数马克思主义者在讨论生产性劳动的定义时，认同将这两个条件作为基础(例如，可比较 Mohun 2003，45；Shaikh and Tonak 1994，ch. 2；Resnick and Wolff 1987，132－141；Foley 1986，118－120；Howard and King 1985，128－132)。马克思的这个定义涉及两方面的问题：一是生产性和非生产性活动之间的区别，这一点是所有相关经济理论所共有的；二是资本主义和非资本主义生产关系之间的区别，这一点是马克思主义所特别关注的问题。我们特别需要注意，马克思做出这个区分并不是为了评估某种活动是有用还是无用(无论以何种标准来进行评估)，不是为了说明这种活动是“好”活动而非“坏”活动。其次，我们还要注意，这个定义并不涉及物质劳动与非物质劳动之间区别(或者说商品与服务之间区别)的问题(Marx 1969，156－160)①，一种活动的生产性与否关键是看它是不是**生产**，它是否**被资本所雇佣**。这两个标准给出了相对简单的生产劳动定义，但我们还需要对其加以进一步的说明，讲清楚什么是生产，以及什么叫做被资本所雇佣。

资本主义雇佣

《资本论》第一卷的前面部分中有很大篇幅是用来阐发资本这个概念本身的。马克思认为资本是“自行增殖的价值”，并说道，当货币(价值)被预付用以获取更多货币时，货币(价值)就成了资本(Marx 1967a，153)。马克思所提出的资本循环理论，目的就在于准确解释这一自行增殖过程，并且根据刚才提到的条件(2)，只有进入资本循环的劳动才可能是生产性劳动。而当条件(1)也满足时，这种可能性就成为现实。

① 这一点是明确的[例如，可参见 Marx(1969，158)]，但在相关文献中经常因为这一点而造成混淆。马克思在其著作中举出过好多种职业，包括作家、学校教师、钢琴演奏者、演员、音乐家、妓女、小丑和歌唱家，他指出，要确定这些职业是生产性还是非生产性的，需要根据劳动过程所处的社会环境而定。因此，我们很难理解为什么在这个问题上还会有争议。

雇主预付资本以购买劳动力，而从资本中换取到工资的劳动力则成为(可变)资本。可是，并非所有生产者都出卖他们的劳动力，工资也并非都是资本预付。农民、手工业者和其他个体经营者也生产和销售商品，但他们既非出卖劳动力以换取工资，其主要生产方式也并非靠雇佣其他人来替他们从事生产。在马克思的论述中，生产性/非生产性的区别不适用于此类生产者，因为他们处在资本主义社会关系之外。

“那些不雇佣工人因而不是作为资本家来进行生产的独立的手工业者或农民的情况又怎样呢？他们——就农民的典型情况而言……——是**商品生产者**，而我向他们购买商品，……在这种场合，他们是作为商品的卖者，而不是作为劳动的卖者同我发生一定的关系，所以，这种关系与资本和劳动之间的交换毫无共同之处，因此，在这里也就用不上**生产劳动**和**非生产劳动**的区分——这种区分的基础在于，劳动是同作为货币的货币相交换，还是同作为资本的货币相交换。因此，农民和手工业者虽然也是商品生产者，却既不属于**生产工人**的范畴，又不属于**非生产工人**的范畴。他们的生产并不属于资本主义生产方式。”

(Marx 1994a，141；见《马克思恩格斯全集》中文第一版第 48 卷，第 58—59 页)

独立生产以供使用的情况(例如家庭劳动)同样不在资本主义范围之内，既不是生产性劳动，也不是非产生性劳动。相比之下，马克思认为从资本家“回报”(revenue)——此术语表示资本家用于支付个人消费的收入(income)(Marx 1967a，591；Marx 1969，291)——中支付酬劳的劳动是非生产性劳动，因为这种劳动出卖了劳动力，但没有涉及资本预付。马克思研究了许多方面的大量实例，他将那些由资本家回报来支付酬劳、为资本家从事个人服务的工人，同那些由资本支付酬劳、将同样的服务作为销售商品来生产的工人进行了对比。他从这些实例中得出的一般原则是，劳动的交换对象如果不是资本，它就不会进入资本循环、不为资本家创造任何剩余价值，也就不能算是生产性劳动。

国家机构雇员也是工人的一个重要组成部分，他们收到的工资和薪酬收入并不由资本来支付。国家机构执行着统治职能，也就是有学者所谓的“维护和再生产社会秩序”(Shaikh and Tonak 1994，60)。① 这种统治职能包括国家、州以及地方等不同层次。用以支持这类活动的资金主要来源于征税和发行债务所得，并且这类活动通常也不作为商品在市场上出售。马克思关于政府官员和

① 并参见雷斯尼克和沃尔夫(Resnick and Wolff 1997，ch. 5；2002)对国家机构的马克思主义分析。

雇员的讨论清楚地表明，他是追随斯密的观点将这些人视为非生产性工人的，但是他的分析非常局限。[①] 在有些场合，他是将这些雇员与地主、高利贷者和食利者归在一起，而在另一些场合，他又将他们与“意识形态阶级”（ideological class）归在一起（Marx 1967a，449；参看《马克思恩格斯文集》第 5 卷，人民出版社 2009 年版，第 513 页），认为这些人是直接或间接地为产业资本家服务的。在这两种情况下，这一人群都是由资本家的剩余价值来支付报酬的，但这些报酬并不会以可供销售的产品的形式直接返回到资本家手中，因此这些报酬并不是预付资本。马克思使用术语“faux frais”［字面意思是“错误成本”（false costs），可以有“间接成本”（overhead costs）和“杂费”（incidental expenses）等不同翻译］来代表此类成本，并且还把直接营业税也归入此类费用（Marx 1967a，220；1967b，421，457）。马克思认为国有**企业**的情况与国家**机构**不同，国有企业既有可能参与生产，也有可能经营资本存量（Marx 1975，200；1967b，97）。因此国有企业可能具有资本主义性质，并且这些企业中的雇佣劳动者可能从事生产性劳动并创造剩余价值。这种看法在现代马克思主义文献中得以延续（Resnick and Wolff 1987，231－274；Shaikh and Tonak 1994，59）。

生产和非生产活动

在《资本论》中，马克思将生产称作劳动过程，并描述说“是生产使用价值的有目的的活动，是为了人类的需要而对自然物的占有”（Marx 1967a，183－184；参看《马克思恩格斯文集》第 5 卷，人民出版社 2009 年版，第 215 页）。这种说法将生产表述为创造能够满足人类需求的商品或服务的有意识的人类活动。但在资本主义社会关系下，生产要采用某种特定的形式。在这种情况下，生产不仅必须满足某些需求或者需要，还必须有利可图。利润驱使着资本所有者参与生产；产品必须要有用或者能提供服务，但这还不是引发资本主义生产的充分条件。

生产是人类活动的一个子集，受到非生产活动的制约，但又区别于非生产活动，我们可以把这类活动单独拿出来分析。这种区别并非马克思主义独创。理查德·斯通和乔凡娜·斯通（Stone，R. and Stone，G. 1961，32）提出了“生产边界”（production boundary）的概念来界定生产活动，以此将这种活动与经济

---

① 马克思主义者普遍认为政府活动的非生产性是一个早已解决的问题，但很少有人对此进行详细分析。Shaikh and Tonak（1994，60）以及 Savran and Tonak（1999，138）是少数对此做出分析的。在马克思著作中有充分依据可以断定他本人也确实是这个立场（Marx 1969，303－304）。

中的非生产活动区别开来。[1] 斯通所说的非生产活动包括消费、积累和国际贸易，但这种划分并不唯一，生产和非生产活动之间的边界以及非生产活动的分类都是非常基本的理论问题，存在着各种相互竞争的观点。如何判定是不是生产的问题由来已久，并且这些争论中存在的不同立场也反映着经济学中不同范式的竞争。[2] 其实，对生产性和非生产性劳动的分歧很多是对生产的边界究竟在哪里的基本范式争论。

马克思的观点显然是以古典政治经济学为基础，因此与深受功利主义影响的当代正统理论大相径庭。举例来说，极力在经济学中推广使用功利主义方法的马歇尔在定义生产时就相当直白地表达了这种观点：

> "人类无法创造物质。当有人说他生产物质的时候，他其实只是在生产效用。在精神和道德世界中，他可能生产出新观点。但在现实世界中，他所能做的就是重新安排物质，使之更有用，例如他可以把木头做成桌子；或者，他可以让物质按照其自然方式发展，从而变得更有用，例如他可以播撒种子，由自然的力量使种子迸发出生命。人们有时会说，销售人员不生产：橱柜制造商生产家具，而经销商仅仅销售已经生产出来的产品。但这种区别并没有科学依据。他们都生产效用，而且他们都只是生产效用：家具经销商移动并重新安排物质，使得它比以前更有用，而木匠所做的事情也不过如此。"
>
> (Marshall 1890，116)

马歇尔的观点和在他之前的杰文斯(Jevons)一样(Brennan 2006)，都认为经济活动生产的是效用，并且任何创造效用的活动都是生产。他似乎并没有意识到，这将会极度放宽生产边界，以至于大街上行人互致微笑也成了生产，因为微笑也是生产效用的。比较新近的宣扬放宽生产边界的代表人物是贝克(Becker)，他自己也清楚地意识到把生产边界放到如此之宽也就和没有边界差不多了，生产几乎就是包含了大多数人类活动(Boss 1990，247－251)。贝克(Becker 1965，503－504)使用"生产性消费"这一概念，将通常被理解为消费(如进食、睡

---

① 这里"生产边界"一词的含义和通常用法不同。在通常用法中，"生产边界"是用来区分某种生产类型是否包含在国民账户之内，例如非法活动以及家务生产就在生产边界之外。我们这里是根据斯通的用法(Stone and Stone 1961)，用生产边界区分生产和非生产。

② 布伦南(Brennan 2006，404)从女权主义者的角度对相关的思想演变进行了非常有见地的分析，并认为生产边界是"经济思想中最受历史争议的方面之一"。斯图登斯基(Studenski 1958，11－26)追溯了自16世纪以来长达四个多世纪的经济思想史中生产和国民收入概念的发展。斯图登斯基的作品内容非常广博，但他对马克思的看法却极具误导性，受限于他的论战目的。斯图登斯基错误地把苏联那种只关注物质生产的国民经济核算方法看成是对马克思观点的准确表达。博斯(Boss 1990)介绍了一些比较新的文献，尽管对马克思的同情程度并不比斯图登斯基高，但在解释马克思的著作方面要做得更好。

眠和"游戏")的活动也称为生产。这导致他得出了这样的结论:"不仅将闲暇与其他非工作区别开来很困难,甚至将工作与非工作区别开来也很困难"(Becker 1965,504)。

与这些宽泛的观点相对的是,马克思(Marx 1973,83-111)很早就在其经济作品中采用了一种把分配、流通和消费定义为非生产活动的生产边界。这种生产边界在马克思著名的货币资本循环中已明确提出,即 M—C…P…C′—M′,其中 M 和 M′表示货币资本数量,C 和 C′表示生产投入和产出的商品资本数量,P 表示投入资本在生产中的转化。虽然马克思的这个理论大家都很熟悉,但人们往往会忽略生产只是循环中的一个环节。M—C 和 C′—M′这两个环节表示流通(货币转化为投入,生产产出转化为货币),因此是生产边界之外的非生产活动。

马克思在《资本论》中详细讨论了非生产活动,并特别关注了流通(Marx 1967b,chs 5,6;1967c,part Ⅳ)、金融(1967c,part Ⅴ)和土地租赁(1967c,part Ⅵ)。马克思在分析流通时指出,非生产活动对于进行资本主义生产确实必不可少,但是这并不能使它们成为生产形式①:

"在商品生产中,流通和生产本身一样必要,从而流通当事人也和生产当事人一样必要。再生产过程包含资本的两种职能,因而也包含这两种职能有人代表的必要性,不管是由资本家自己代表,还是由雇佣工人,即由资本家的代理人代表。然而,这并不是把流通当事人和生产当事人混淆起来的理由,正如不是把商品资本和货币资本的职能同生产资本的职能混淆起来的理由一样。流通当事人必须由生产当事人支付报酬。不过,如果说互相买卖的资本家,通过这种行为,既不创造产品,也不创造价值,那么,即使他们的营业规模使他们能够或必须把这种职能转交给别人,这种情况也不会发生任何变化。"

(Marx 1967b,126-127;见《马克思恩格斯文集》第 6 卷,人民出版社 2009 年版,第 143-144 页)

特别值得思考的是流通需要什么条件,因为正如马克思本人也意识到的那样,生产和流通通常是并存的,而不是像货币资本循环那样本身就表现出不同阶段,很容易就分开。实际上,流通通常是批发和零售贸易企业的业务,涉及几

---

① 博斯(Boss 1990,6-7)把马克思的这种推理方式称为"投入-产出错误",犯下了一种"非生产性谬误"。这些术语是她新创造出来的,但她并未提供令人信服的理论基础,而是似乎认为任何"在经济上必要的"事情就**必须**视为生产,如果持相反观点就是推理谬误。但是马克思的观点是说许多非生产活动,例如贸易、民政、军事、监察等,都是社会消费的形式,而不是生产形式(Shaikh and Tonak 1994,1-5)。

个不同的流程：运输、仓储、市场营销、交换商品所有权。这些不同活动都会在某种程度上反映到商品的最终购买者价格中，最终购买者价格也可以分解为生产者价格、批发和零售贸易利润以及运输成本（Lawson，Bersani，Fahim-Nader and Guo 2002，22）。马克思认为在一定限度内，运输和仓储是生产过程在流通中的继续（Marx 1967b，52—55，136—152；另参见 Savran and Tonak 1999 以及 Tregenna 2009），因而把贸易利润和运输成本分开的做法，是与马克思把贸易部门的活动分解为生产和非生产活动相一致的。这些贸易部门企业的非生产活动包括市场营销和所有权交换，这些活动本身并没有形成任何进入消费的商品或服务，这种活动只是为了所生产商品的实现而付出的成本。① 社会为了把生产的产品和服务分配给最终消费者可以采用很多方式，市场交换只是其中的一个而已，依托计划、彩票、印第安人散财宴（potlatch）、传统、血缘关系网、公民权利等来分配也都是可行的方式，但这些方式都不是生产形式。

当然，只要简单地假设贸易活动本身是在生产服务，就可以拒绝上面这个观点，这也是现代国民收入核算的惯例做法。但这样做的话，显然只是一个范式选择，而不是这些活动本身有什么显著特征或者内在本质可以支持它们属于生产。例如，我们可以考虑一下零售贸易部门**在其他条件不变的情况下**的增长。国民收入核算中的现行惯例是将这种增长列入**实际**国民收入和产品的增长，因为统计部门把零售贸易部门看作在生产某项服务，其产出以贸易的总利润来度量（Bureau of Labor Statistics 2012）。因此，只要零售贸易利润增长了，即使转移到消费者手上的商品总量保持不变，也仍然会被算作零售服务生产和销售增长。把一切有酬活动都假定为生产，这无论是在功利主义或者其他一些理论那里都没有什么深层的依据，只不过是这种研究范式自己的一种选择，只能用自己来论证自己。类似的例子比比皆是。以市场为基础的美国私人医疗保健系统较之于公立的非市场系统，在账务处理、风险评估和管理、财务、广告等方面的开支要大得多。这些流通活动与病人护理完全无关，但大大增加了提供护理的成本。然而按照当前的经济核算惯例，这些成本都被视为医疗保健部门"产出"的一部分。

除了流通活动，马克思主义认为大多数工作场所的监督也和流通一样是非生产活动，但其中的原因有所不同。当工人和雇主的利益发生矛盾或对立时，监督就不可或缺。马克思指出，当劳动是一个涉及许多不同劳动者共同工作的

---

① 巴兰和斯威齐（Baran and Sweezy 1966，ch. 5）采用了一种更加重视市场的马克思主义观点来分析流通。

“社会结合过程”时，协调是必要的，“这是一种生产劳动”（Marx 1967c，383；见《马克思恩格斯文集》第 7 卷，人民出版社 2009 年版，第 431 页）。但是他也指出，只要生产还是建立在直接生产者和生产资料所有者对立的基础上（奴隶制和资本主义都是如此），在管理活动中就必须包括监督和强迫，这样才能保证劳动生产率（Marx 1967a，330—332）。

我们很容易就可以识别出工人和他们的雇主之间存在利益对立。一个工人的努力程度是可变的，他产生的剩余价值量直接取决于工作强度。工作强度高对于员工来说代价高昂，需要耗费精力和注意力，但他们的努力程度又直接关乎企业的盈利能力。因此，无人监督的员工会选择的努力程度肯定低于他们的雇主选择的水平（见本书第 5 章“劳动和劳动力”）。因此，监督劳动是这种对立或矛盾关系的结果，是为了将雇主的目标强加于雇员所必需的。在这种情况下，监督并不是生产本身所需，而是资本主义制度下的生产所需，是因为工人和雇主的动机相冲突，所以才需要监督。[①] 当一个工人独立工作时，强迫性监督就没有意义，农民、自雇者等也一样，并且马克思认为在共产主义社会也无监督的必要（Ollman 1977，30）。那么我们就可以得出结论，监督劳动（与协调劳动不同）是非生产活动，因为只有对于对立性的社会生产关系而言，对于资本主义生产的强制逐利特性而言，这种劳动才是必需的，它并不是生产活动本身的内在特征。强制性监督不是生产性的投入，反而它要消耗生产过程中所创造的一部分剩余（Marx 1972，355）。马克思的这种观点与当今习见形成鲜明对比，当代的人们已经意识到了委托代理关系会引起所谓的代理问题，需要花成本去解决这个问题，但他们采用了拓展生产概念的办法，把用来解决问题的工作都算成了生产。

限于篇幅，我们在这里无法像《资本论》那样去详细讨论金融和土地租赁这两类非生产活动。马克思从未把这两类活动是不是生产看作一个严肃问题，他只是简单地宣布这些活动不是生产。金融部门通过吸收存款和贷款来获得收入，这就是为什么马克思关于生息资本的循环 M—M′当中既不包含生产也不包含流通的原因（Marx 1967c，391）。[②] 至于土地租赁，则是提供土地和建筑物的使用权。固然，缺了这两类活动就会对市场经济造成限制，但是与其采用这两个部门都生产了产品（用部门收入来度量）的可疑说法，倒不如简简单单说它

---

① 关于资本主义雇佣关系中的理性选择，请参见鲍尔斯所做的微观经济学分析（Bowles 1985；2004，269—278），他证明了在竞争均衡中必须存在非生产性的监管劳动。

② 马克思的观点当然要比这复杂得多（Marx 1967c，part Ⅴ）。并参见拉帕维查斯（Lapavitsas 2013，esp. ch. 6）对金融部门利润的现代分析。

们只是从生产部门那里索取产出而已。

实证估算

对非生产性劳动进行实证估算的马克思主义文献至少可以追溯到20世纪20年代，通常这种研究工作是作为国民经济中价值总量估算的一部分。[①] 这方面文献的出版国和出版语言众多，但英语文献主要关注的是美国，本文这里的讨论反映了这个方向。吉尔曼(Gillman 1958)、沃尔夫(Wolff 1977)和莫斯利(Moseley 1991)都对马克思主义实证研究的发展做出了显著贡献。谢赫和通纳克(Shaikh and Tonak 1994)所构建的方法现在已经成为评估生产性和非生产性劳动的标准方法。莫恩(Mohun 2005，2014)等详细介绍分析了这一方法，并对其做出了重大更新。奥尔森(Olsen 2011)使用这一基本理论方法提出了一种马克思主义的社会核算矩阵，并凸显了这项工作在阶级问题上的意义。

谢赫和通纳克估算了1948—1989年间的总就业人数中生产性和非生产性岗位的份额(Shaikh and Tonak 1994，Table F)。他们发现，美国经济在此期间的总就业增长中有85%是非生产性岗位，总就业中非生产性的比例从43%上升到了64%。此外，他们还发现，虽然大多数非生产性劳动存在于非生产性部门，但由于生产部门中的非生产性就业(贸易、管理等)增长，非生产性劳动的增长贡献率要远超其自身所占比例。[②] 莫恩(Mohun 2005，2006，2014)、帕塔里狄斯和佐尔斐狄斯(Paitaridis and Tsoulfidis 2012)提出了更加新的估算结果。但我们很难从中得出一般化的结论，因为这些不同的估算之间并不能简单进行比较。所有这些估算最终都是依托美国投入-产出账户、国民收入及产品账户，并以劳工统计局的调查作为补充，但在20世纪90年代后期和21世纪初，美国统计口径从旧的标准产业分类法(Standard Industry Codes，缩写为SIC)改成了现行的北美行业分类系统(North American Industry Classification System，缩写为NAICS)。由于两种口径有很大差异，使得SIC系统下的数据和NAICS的数据不能直接比较，同样，马克思主义学者使用这两种不同分类口径的数据所做的估算也不可比。方法上的差异、数据来源的修改，以及广义的政府是该被纳入还是剔除，这些都会导致估算结果产生显著差异。

---

① 谢赫和通纳克(Shaikh and Tonak 1994，161—172)对相关的早期马克思主义实证研究文献进行了全面梳理。

② 莫恩(Mohun 2014，Tables 2 and 3)按SIC和NAICS的部门划分法，提供了生产性和非生产性部门的全面细分列表。其附录中还包含对数据来源的重要描述以及对数据采集方法的深入讨论。

尽管这些研究存在分歧，但它们都可以表明，由吉尔曼(Gillman 1958)首先确认的那种总就业中非生产性份额的长期增长趋势，是从19世纪晚期开始出现的，一直持续到20世纪80年代，然后趋于平稳，但非生产性工人的工资和薪酬收入所占比例继续有增无减。20世纪美国经济的特点是非生产性劳动持续增长，非生产性劳动的工资和薪酬收入所占份额也同步增加，但这两种趋势在1990年之后开始出现分叉。莫恩(Mohun 2014，363—365)对美国的情况做出了简化版描述，他指出在1964—2010年间，非生产性劳动在工资和薪酬收入中所占的比例之所以会越来越高，这完全要归因于监督和管理人员，而“非生产性工人阶级”的份额则保持不变。莫恩的分析表明，马克思主义的阶级分析并不只是简单划分一下生产性劳动和非生产性劳动就够了，还需要考虑阶级的广泛性，在阶级内部是有着各种不同群体的。如果把非生产性劳动当成一个无差别的群体，那就掩盖了群体内部许多的重要差异。

生产性和非生产性的区分是否重要？[①]

马克思对生产性和非生产性劳动的划分或许在理论上是通的，也可以为实证研究提供扎实基础，但问题的关键是，做这种区分究竟能否为经济和社会分析提供一些重要结论呢？例如上文我们说到的有学者发现美国经济在20世纪中极大增加了非生产性劳动者数量，发现这一点重要吗？因为在这段时期的大部分时间里美国经济本身也在强劲增长，所以很多人是质疑这个发现的重要性的。把非生产性劳动者这个阶级不断增长的事实专门提出来，到底能对实际研究工作有什么促进作用呢？

马克思主义学者所持的一个共同观点是，非生产性活动对经济绩效来说只是一种拖累，因为它们会消耗剩余价值并减少利润，这就会干扰积累和增长(Gillman 1958，85；Moseley 1991，153；Shaikh and Tonak 1994，213；Paitaridis and Tsoulfidis 2012，217—218)。巴兰和斯威齐(Baran 1957；Baran and Sweezy 1966)总体上也是这个看法，但略有差异，他们认为非生产性活动在资本主义经济体系中是“浪费”，但是这种浪费带来了意想不到的好处。他们提出在垄断资本主义时期存在剩余上升的趋势(Baran and Sweezy 1966，chs 3—4)，可能会因为缺乏有效需求而导致剩余的实现碰到问题。在他们看来，非生产性活动的增长为不断扩大剩余提供了一条必要出路，从而支持了体系的有效再生产。

---

① 本节摘自 Olsen(2015)。

这种观点在马克思的著作中也可以找到一些根据，因为有些非生产性活动之所以会出现，就是源于资本主义的社会关系所固有的对立性；换句话说，是为了给这个阶级分化、阶级剥削的社会维稳，这才不得不执行一些意识形态的、政治的、公共福利的职能，在这个意义上这些活动确实是“浪费”。但是，要说马克思把所有非生产性活动都视为对资本主义再生产和增长的拖累，这也很难成立。马克思明确地指出，有些非生产性活动是可以增加资本主义生产中的剩余价值并从而增加利润率的，事实上，在很多情况下，这正是产业资本家愿意为之付出代价的原因。① 例如，马克思在分析流通时（Marx 1967b；chs 5—6；1967c，279—280）认为，商业资本缩短了循环 M—C 和 C′—M′的时间，从而减少了产业资本的周转时间，增加了剩余价值。监督劳动增加了生产性劳动者的劳动强度，也会增加剩余价值率。对其他一些形式的非生产活动，也可以做出类似的分析。

有一些马克思主义者确实沿着这个路线进行了研究。戈登（Gordon 1990；1996，ch. 3）研究了公司的官僚体制在战后时期的发展，他尤其关注监督劳动，认为美国公司对劳资关系的冲突采用了“大棒”策略，工人得到的工资越来越低，而且几乎没有职业保障，因此必须加强监督才能有效生产。② 杜梅尼尔和列维（Duménil and Lévy 2003，2011）则在研究企业内部的非生产性劳动时强调，这类劳动的关键在于其目的是使企业利润率最大化，并不局限于那类监督生产性劳动者增加劳动强度的劳动，各种因为有利于企业增加利润而发展起来的劳动都可以纳入考察范围。

雷斯尼克和沃尔夫（Resnick and Wolff 1987，187—191）可能是最早强调非生产性劳动在马克思经济运动理论中具有复杂而矛盾作用的学者。他们认为，只有当非生产性劳动的增长使马克思所说的利润率保持不变或下降的情况下，资本积累才会随着这种增长而下降。要说剩余价值做出了某种开支之后对企业利润率会有什么影响效果，那都是高度不确定的，因而其对资本积累的影响也高度不确定。例如，增加了企业内部官僚机构的开支，就可能会通过降低财务成本、购买成本等来降低总成本，从而增加利润和未来资本积累。但如果这笔开支只是在不降低总成本的情况下增加员工的报酬，那么利润和积累就会减少而不是增加。企业中几乎任何使用剩余的情况都存在这样的偶然性。

---

① 可能有人认为一方面说非生产性活动可以增加剩余价值的生产，另一方面又认为这种活动仍然是非生产性，这会产生矛盾。但这些活动之所以属于非生产，之所以是非生产性活动，是因为生产边界看的是某项活动本身的职能而非活动产生的效果。奥尔森（Olsen 2015，39）讨论了马克思对此问题的立场。

② 戈德斯坦（Goldstein 2012）将戈登的分析延伸到了 21 世纪头十年。

一些学者试图将非生产性劳动引入经济增长模型中，从而确定其影响效果。沃尔夫(Wolff 1987，ch. 4)是第一个致力于这方面工作的，但他的工作主要不是依据马克思主义的理论，而是用的鲍莫尔(Baumol)的两部门(制造业、服务业)不平衡增长模型和索洛(Solow)的新古典增长模型。沃尔夫实际上是接受了鲍莫尔关于商品部门和服务部门的生产率增长存在差异的理论，用这种模型来分析非生产性活动对资本主义经济的影响。杜特(Dutt 1991)就沿着沃尔夫的路径，直接提出了一种“新马克思主义”的两部门模型。但是，如果说经济的长期运行要由两个部门“生产率”增速的差异来驱动(生产部门为正，非生产部门为零)，那么实际上按照鲍莫尔的理论来说，最终就要靠某种类似于“鲍莫尔病”的东西来驱动了①。认识到鲍莫尔所说的这些影响对马克思主义来说肯定是有益的，但同样可以肯定的是，马克思主义关于经济运动的理论不能仅限于此，还要看到非生产性活动的其他影响。

在最近的一些关于非生产性劳动的研究中，有学者试图建立更加复杂的马克思主义模型。奥尔森(Olsen 2015)和瓦苏德万(Vasudevan 2016)也是把非生产性劳动纳入资本主义经济运动模型，但与沃尔夫一杜特方法不同的是，他们还考虑到了这些活动有可能增加劳动强度或/和减少资本周转时间。奥尔森还把因劳动过程不断变化而产生的技术变革作为内生变量，他发现雷斯尼克和沃尔夫在企业层面分析得出的结论也适用于经济总体层面，非生产性活动对经济绩效的影响是有条件的。它既可能是挤压利润、减少经济增长，也可能是增加劳动强度、缩短周转时间、推进技术变革提高生产率，从而会提高利润率和增长率。奥尔森通过分析谢赫和通纳克提供的数据(Shaikh and Tonak 1994)，指出在美国战后时期的多处不同地点都存在这两种不同情况。

这些新近文献表明，马克思主义阵营中关于非生产性劳动的理论正在发生着变化，而且这一动向促使我们去思考，为什么要把这种劳动称为“非生产性”的？当然也可以简单回答说，这就是马克思从古典政治经济学那里继承过来的，但这就掩盖了更加深层的原因：生产性/非生产性的区分是马克思阶级理论的基础。在马克思成熟时期的经济著作中为了讲清楚各种不同职业和社会群

---

① 鲍莫尔的制造业、服务业两部门模型中，认为制造业部门受技术进步影响大、生产率增长快，是所谓的“进步部门”，但因为人均生产率提高，其对劳动力数量的需求就会降低；而服务业部门受技术进步影响小、生产率进步慢，是所谓的“停滞部门”，但随着经济发展，全社会对服务业的需求往往会增加。因此，从长期来看，劳动人口会不断地从进步部门向停滞部门转移，全社会的经济增长速度将减缓，故称为“鲍莫尔病”。但另一方面，“鲍莫尔病”所描述的服务业发展，也可以提供大量技术含量低、劳动密集型的岗位，可以让更多的人有工作，而且其工资也会有长期上涨趋势，有利于提高内需，从而促进经济循环与可持续增长。——译者注

体之间的关系，他致力于考察这些人在生产、占有和剩余分配过程中的相对位置。[①] 而要做到这一点，就要清楚地阐明剩余在哪里产生，又如何在阶级结构的不同位置之间流通。在这样的分类体系中，有的人生产剩余价值，他们是生产性劳动者，有的人则是得到别人生产的剩余价值。马克思对资本主义阶级结构的分析与生产性/非生产性的区分密切相关，这种区分正是他的剩余价值起源理论的一部分。在马克思看来，资本主义是一个历史上特殊的阶级体系，它要通过剥削工人才能存在并再生产其自身，马克思之所以会对资本主义进行伦理和道德上的控诉，正是因为他看到工人虽然在生产中用劳动创造了剩余价值，但却得不到它们、控制不了它们(Resnick and Wolff 2005，34；Henry 1975)。但是，如果所有拿工资和薪酬的岗位都是生产，那么剩余价值生产就无所不在，没有历史的特殊性了，马克思的阶级理论及其伦理结论都会失去根基。

显而易见的是，马克思主义关于生产性/非生产性的区分具有充分的理论和实证基础，并且为批判资本主义经济提供了独特视角。直到最近，这种区分才成为社会科学研究的一项普遍方法，至于这种新兴的研究方向是否会产生超越资本主义的学术范式和政治界限的成果，仍然有待观察。

参考文献

Aristotle. 1988. *The Politics*. Edited by Stephen Everson. Cambridge: Cambridge University Press.

Baran, P. A. 1957. *The Political Economy of Growth*. New York: Monthly Review Press.

Baran, P. A. and P. M. Sweezy. 1966. *Monopoly Capital*. New York: Monthly Review Press.

Becker, G. 1965. "A Theory of the Allocation of Time." *The Economic Journal* 75(299): 493–517.

Boss, H. 1990. *Theories of Surplus and Transfer*. Boston: Unwin Hyman.

Bowles, S. 1985. "The Production Process in a Competitive Economy: Walrasian, Neo-Hobbesian, and Marxian Models." *American Economic Review* 75(1): 16–36.

——. 2004. *Microeconomics: Behavior, Institutions and Evolution*. Princeton: Princeton University Press.

Bowles, S. and A. Jayadev. 2007. "Garrison America." *The Economists' Voice* 4(2): Article 3.

Brennan, D. M. 2006. "Defending the Indefensible? Culture's Role in the Productive/Unproductive Dichotomy." *Feminist Economics* 12(3): 403–425.

Bureau of Labor Statistics (U.S. Department of Labor). 2012. "Wholesale and retail Producer Price Indexes: margin prices." *Beyond the Numbers* 1(8): 1–4. Available at: http://www.bls.gov/opub/btn/volume-1/pdf/wholesale-and-retail-producer-price-indexes-margin-prices.pdf (accessed July15, 2016).

Duménil, G. and D. Lévy. 2003. "Production and Management: Marx's Dual Theory of Labor." In *Value and the World Economy Today*, R. Westra and A. Zuege, eds. New York and Basingstoke: Palgrave Macmillan.

① 参见本书第三章“马克思的阶级分析”以及雷斯尼克和沃尔夫的书(Resnick and Wolff 1987，ch. 3)。赖特(Wright 2015，viii，9—11，44—47)讨论了马克思主义阶级理论的其他形式，他特别分析了剥削和阶级的问题。

Dutt, A. 1991. "Unproductive Activity and Stagnation: A neo-Marxian Model." *Review of Radical Political Economics* 23(1 and 2): 95–103.

Foley, D. 1986. *Understanding Capital: Marx's Economic Theory*. Cambridge, MA: Harvard University Press.

Gillman, J. M. 1958. *The Falling Rate of Profit*. New York: Cameron Associates.

Goldstein, A. 2012. "Revenge of the Managers: Labor Cost Cutting and the Paradoxical Resurgence of Managerialism in the Shareholder Value Era, 1984–2001." *American Sociological Review* 77(2): 268–294.

Gordon, D. 1990. "Who Bosses Whom? The Intensity of Supervision and the Discipline of Labor." *The American Economic Review* 80(2): 28–32.

——. 1996. *Fat and Mean*. New York: The Free Press.

Gough, I. 1972. "Marx's Theory of Productive and Unproductive Labour." *New Left Review* I/76: 47–72.

Henry, J. F. 1975. "Productive Labour, Exploitation and Oppression—A Perspective." *Australian Economic Papers* 14(24): 35–40.

Houston, D. 1997. "Productive-Unproductive Labor: Rest in Peace." *Review of Radical Political Economics* 29(1): 131–147.

Howard, M. C. and J. E. King. 1985. *The Political Economy of Marx*, 2nd edition. New York: New York University Press.

Hunt, E. K. 1979. "The Categories of Productive and Unproductive Labor in Marxist Economic Theory." *Science and Society* 43(3): 303–325.

Jayadev, A. and S. Bowles. 2006. "Guard Labor." *Journal of Development Economics* 79(2): 328–348.

Laibman, D. 1999. "Productive and Unproductive Labor: A Comment." *Review of Radical Political Economics* 31(2): 61–73.

Lapavitsas, C. 2013. *Profiting Without Producing*. London and New York: Verso.

Lawson, A. M., K. S. Bersani, M. Fahim-Nader, and J. Guo. 2002. "Benchmark Input-Output Accounts of the United States, 1997." *Survey of Current Business* 82: 19–43.

Marshall, A. 1890. *Principles of Economics* (1st edition). London and New York: Macmillan and Co.

Marx, K. 1967a. *Capital*, Volume 1. New York: International Publishers.

——. 1967b. *Capital*, Volume 2. New York: International Publishers.

——. 1967c. *Capital*, Volume 3. New York: International Publishers.

——. 1969. *Theories of Surplus Value*, Part 1. London: Lawrence & Wishart.

——. 1972. *Theories of Surplus Value*, Part 3. London: Lawrence & Wishart.

——. 1973. *Grundrisse*. London and New York: Penguin Books.

——. 1975. "Notes on Adolph Wagner." In *Karl Marx, Texts on Method*. Trans. and edited by T. Carver, 159–219. Oxford: Basil Blackwell.

——. 1993. *Grundrisse*. New York and London: Penguin Books.

——. 1994a. *Economic Manuscript of 1861–64*, in K. Marx and F. Engels, *Collected Works*, vol. 34, 7–247. New York: International Publishers.

——. 1994b. "Chapter 6: Results of the Direct Production Process." In K. Marx and F. Engels, *Collected Works*, vol. 34, 355–461. New York: International Publishers.

Mohun, S. 1996. "Productive and Unproductive Labor in the Labor Theory of Value." *Review of Radical Political Economics* 28(4): 30–54.

——. 2002. "Productive and Unproductive Labor: A Reply to Houston and Laibman." *Review of Radical Political Economics* 34(2): 203–220.

——. 2003. "Does All Labour Create Value?" In *Anti-Capitalism: A Marxist Introduction*, A. Saad-Filho, ed., 42–58. London: Pluto Press.

——. 2005. "On Measuring the Wealth of Nations: The US Economy, 1964–2001." *Cambridge Journal of Economics* 29(5): 799–815.

——. 2006. "Distributive Shares in the US Economy, 1964–2001." *Cambridge Journal of Economics* 30(3): 347–370.

——. 2014. "Unproductive Labor in the U.S. Economy 1964–2010." *Review of Radical Political Economics* 46(3): 355–379.

Moseley, F. 1991. *The Falling Rate of Profit in the Postwar United States Economy*. New York: St. Martin's Press.
Ollman, B. 1977. "Marx's Vision of Communism: A Reconstruction." *Critique* 8(1): 4–41.
Olsen, E. K. 2011. "Modeling the Economic Surplus in a SAM Framework." *American Journal of Economics and Sociology* 70(5): 1175–1207.
——. 2015. "Unproductive Activity and Endogenous Technological Change in a Marxian Model of Economic Reproduction and Growth." *Review of Radical Political Economics* 47(1): 34–55.
Paitaridis, D. and L. Tsoulfidis. 2012. "The Growth of Unproductive Activities, the Rate of Profit, and the Phase-Change of the U.S. Economy." *Review of Radical Political Economics* 44(2): 213–233.
Resnick, S. A. and R. D. Wolff. 1987. *Knowledge and Class*. Chicago: University of Chicago Press.
——. 2002. *Class Theory and History*. London and New York: Routledge.
——. 2005. "The Point and Purpose of Marx's Notion of Class." *Rethinking Marxism* 17(1): 33–7.
Rubin, I. I. 1973. "Productive Labor." In *Essays on Marx's Theory of Value*, I. I. Rubin, 259–275. Montreal and New York: Black Rose Books.
Savran, S. and E. Ahmet Tonak. 1999. "Productive and Unproductive Labour: An Attempt at Clarification and Classification." *Capital & Class* 22(68): 113–152.
Shaikh, A. M. and E. Ahmet Tonak. 1994. *Measuring the Wealth of Nations: The Political Economy of National Accounts*. Cambridge: Cambridge University Press.
Stone, R. and G. Stone. 1961. *National Income and Expenditure*. London: Bowes and Bowes.
Studenski, P. 1958. *The Income of Nations*. New York: New York University Press.
Tregenna, F. 2009. "Services' in Marxian Economic Thought." *Cambridge Working Papers in Economics* (0935), Faculty of Economics, University of Cambridge. Available at: http://www.econ.cam.ac.uk/research/repec/cam/pdf/cwpe0935.pdf (accessed July 15, 2016).
Vasudevan, R. 2016. "Financialization, Distribution and Accumulation: A Circuit of Capital Model with a Managerial Class." *Metroeconomica* 67(2): 397–428.
Veblen, T. 1901. "Industrial and Pecuniary Employments." *Publications of the American Economic Association*, third series, 2(1): 190–235.
Wolff, E. N. 1977. "Unproductive Labor and the Rate of Surplus Value in the United States, 1947–67." In *Research in Political Economy*, Volume 1, P. Zarembka, ed., 87–115. Greenwich: JAI Press.
——. 1987. *Growth, Accumulation, and Unproductive Activity*. Cambridge: Cambridge University Press.
Wright, E. O. 2015. *Understanding Class*. London and New York: Verso.

第十三章

异　化

肖恩·塞耶斯(Sean Sayers)

异化是现代生活的一个普遍特征。“异化”是马克思主义进入日常语言的少数理论术语之一，人们通常用它来表示感到不舒服、生活失去意义，意思比较含混。但马克思所说的“异化”有着黑格尔哲学的精确含义，在马克思的经济社会思想中有着非常核心的地位。在马克思看来，异化是指我们自己的活动或产品独立于我们而存在、同我们相对立的状态。[①] 而且，异化不仅仅是主观感受或表面现象，而且是客观的社会历史状况。

关于异化的政治纠葛

马克思关于异化的讨论，在他早期的著作尤其是《1844 年手稿》中最为突出和明确。《1844 年手稿》明显受到了黑格尔哲学的影响。[②] 这些早期著作在马克思全部著作中有着什么样的地位呢？更一般地说，马克思与黑格尔有着什么样的关系呢？这两个问题一直存在着争议。虽然马克思自己着力强调自己是黑格尔的忠实追随者[③]，但早期的马克思主义者大多对此无视，机械论和经济决

---

① “异化”(alien)是对马克思著作中 Entfremdung 和 Entäußerung 这两个术语的标准翻译。我认为没有任何显著证据可以表明马克思这两个术语的意思有什么不同。像大多数其他英文作者一样，我不对这两个术语进行区分。(这两个德语单词中文一般分别译成“异化”和“外化”。——译者注)

② Esp Marx(1975a);Marx(1975b).

③ Marx(1976,102—103).

定论的解释随处可见。在斯大林时代，这种解释成了共产党阵营的正统观点。黑格尔派的马克思主义者（如卢卡奇、柯尔施、葛兰西、德波林、伊里因科夫等）几乎都受到了排斥。

《1844 年手稿》也遭受了类似的命运。该手稿以及马克思的其他早期著作在他在世时都没有发表过[①]，多年来一直没有见于天下，直到 1932 年才在莫斯科首次出版[②]。苏联当局认为马克思写作手稿的时候仍然处在黑格尔的阴影之下，他此时还没有形成“成熟”的经济理论和历史唯物主义方法。很多其他马克思主义学者也持有同样的立场，很少提及或讨论这部手稿。[③]

随着 1953 年斯大林去世之后的“解冻”，情况迅速发生了变化。马克思的相关早期作品开始被翻译成英语以及其他欧洲语言，许多论者在讨论“正统”阵营对马克思主义的解释即所谓机械论和经济决定论的马克思的主义时，都重点援引了马克思的这些作品。东欧、西欧和美国各种“人本主义”的马克思主义者以及“新左派”思想家都赞颂这些作品，将之作为揭示马克思具有人本主义和伦理思想的新证据。[④]

但这种理论路径也受到了激烈反驳，反对者当中影响力最大的是阿尔都塞。许多人接受了阿尔都塞的意见，把研究焦点从马克思学说中的黑格尔和伦理议题转回到了他的政治、经济和历史观点。但是阿尔都塞热衷于从马克思主义中抹去黑格尔主义的痕迹，结果走向了另一个极端。他认为，马克思早期以异化为核心的黑格尔主义的伦理思想与他成熟的“科学”唯物主义理论之间存在着严重的“断裂”——认识论断裂。[⑤] 说马克思是“人本主义”纯粹属于术语滥用。按照他这个观点来看，在马克思主义经济学中并没有异化思想的存在空间。

分析的马克思主义学派也同样对马克思主义中的黑格尔议题以及异化思想怀有强烈的敌意（尽管原因截然不同），近年来，这种分析的马克思主义学派在英语世界中有着很大的影响力。[⑥]

今天，这个问题所附着的政治阴霾已经散去，马克思的早期思想和他后来的思想之间并不存在严重的断裂，这一点已经越来越清楚了。即使是阿尔都塞

---

① Esp Marx(1975a)；Marx(1975b).

② Marx and Engels(1927).

③ Musto(2010,89).

④ 例如 Tucker(1961)，Fromm(1963)，Schaff(1963)。参见 Kolakowski(1978，Vol. 3 ch. 13)。

⑤ Althusser(1969).

⑥ Cohen(1978)；Roemer(1986).

本人也放弃了这一观点，认识到在马克思一生的工作中都贯穿着黑格尔的议题。①

马克思在后期的著作中确实很少使用异化这个术语，但是如上所述，关于异化的思想是马克思思想的一大特征。从《政治经济学批判大纲》中可以清楚地看到这一点。②《政治经济学批判大纲》是马克思为《资本论》第一卷所写的第一个完整草稿，它就属于后期著作，在其中不仅有异化的思想，而且"异化"这个词也被大量使用。马克思为了寻找适合自己思想的表达方式，确实在不断进行着跳跃，但从《大纲》这个"缺失的一环"可以清楚地表明，在马克思的思想中有着更深层次的连续性。③

阿尔都塞主义和分析的马克思主义在过去五十年间主导着马克思主义哲学，导致人们对异化问题关注甚少，在马克思主义经济思想领域尤其如此，这是非常令人遗憾的。想要跳过黑格尔去理解马克思的哲学，在评价马克思前后期的工作时就会发生严重扭曲。而且，异化——即使在早期作品中——不是一个纯粹的道德概念，而是马克思首次尝试从社会和经济角度分析资本主义的核心所在。马克思并没有随着自己的思想发展而放弃对异化的分析，而是在后来的工作中进一步丰富和深化了异化的经济细节。

马克思早期作品

马克思早期作品中对异化阐发最深入的是《1844 年手稿》中的"异化劳动"部分。也有人认为，劳动是马克思使用异化概念的主要甚至是唯一领域，但事实并非如此。马克思认为在生活的许多领域，包括宗教、政治、社会关系和经济关系，都存在异化。在他最早的作品中，就是把宗教作为异化最重要的例子。马克思说，"人创造了宗教，而不是宗教创造人"④，但是我们所创造出来的神似乎是独立存在的，他会来审判我们，和我们相敌对。

异化劳动

从 1844 年起，马克思的著作越来越多地关注经济学。《1844 年手稿》是马

---

① Althusser(2006,211,258)；cf Roche(2005)，McLellan(1973，Introduction).

② Marx(1973). 1953 年首次出版。

③ McLellan(1973).

④ Marx(1978,53). 见《马克思恩格斯文集》第 1 卷，人民出版社 2009 年版，第 3 页。

克思第一次尝试把握古典政治经济学家亚当·斯密、詹姆斯·穆勒、萨伊等人的工作,这是他思想上的一个具有决定性的转折。人们常用马克思的异化劳动概念来描述纯粹主观的情况,即劳动中缺乏满足感。然而,马克思用这个概念分析的是资本主义社会中我们自己的产品同我们自己相独立、相敌对。

劳动是我们的"类本质"(Gattungswesen),人因为这种活动才同其他物种区分开来。其他动物是受它们个体的食欲和本能所驱使。在大多数情况下,它们直接消费那些直接呈现在面前的东西,从而直接满足自己的物质需要。相比之下,人是社会动物,是通过努力改变直接存在的东西来满足自己的需要。因此,劳动是一种独特的人类活动,是一种社会活动,劳动导致了人的自我发展和自我实现。人在劳动中"作用于他身外的自然并改变自然时,也就同时改变他自身的自然"[①]。然而,在异化的条件下,劳动被还原为"动物"的特征,失去了其独特的人性特征,成为单纯满足我们个人肉体需要的一种手段。这些观点直接来源于黑格尔哲学,马克思发展了这些观点并赋予其批判意蕴。[②]

经济关系

主流经济学认为劳动本质上是满足个人需要的个人活动。虽然劳动也可能是在与他人的关系中进行的,但这种被视为纯属偶然。相反在马克思看来,人本质上是社会的人。作为人类活动的劳动必然要在社会关系中进行。在《1844 年手稿》中,马克思指出我们在劳动中不只是创造物质产品,而且还在生产和再生产我们的社会关系。[③]

我们的社会和经济关系作为我们劳动的产物,我们应该认识到它们是对我们的力量和能力的肯定。然而,在异化的条件下,这种关系独立于我们,与我们相对立。每个个人都像原子那样相互分离,经济力量有了自己的独立存在,只会服从它自己的"准"客观规律。这是异化的另一个方面:"人与人"的异化。[④]

经济学通常就是这样来看待个人和经济的。但是,个人不是独立的原子,

---

① Marx(1976,283)。见《马克思恩格斯文集》第 5 卷,人民出版社 2009 年版,第 208 页。

② 对马克思与黑格尔思想之间关系的更详细论述,请参见 Sayers(2011b,chapter 2)。

③ "通过异化劳动,人不仅生产出他对作为异己的、敌对的力量的生产对象和生产行为的关系,而且还生产出他人对他的生产和他的产品的关系,以及他对这些他人的关系。"(Marx 1975a,331;见《马克思恩格斯文集》第 1 卷,第 165 页)

④ Marx 1975a,330. 马克思在这段话中指出了异化劳动的四个方面(劳动者与产品的异化,劳动者与劳动这种活动本身的异化,劳动者与人的类本质的异化,人与人的异化)。更详细的论述请参见 Ollman(1971)和 Sayers(2011b,chapter 6)。

经济规律也与自然规律不同，这种规律是社会的产物，是专属于特定社会形式的。因此，主流经济学实际上是对一种特定的、具有异化性质的社会形式的反映，但经济学自己觉得好像存在着什么客观的、普遍的经济形式似的。从而，马克思在这个方面对政治经济学所进行的批判，与他对经济学家关于劳动的看法所做的批判是平行的。

后续发展

马克思在后来的经济思想中并没有放弃这些观点，而是对其进行了发展。[①] 这方面很重要的证据就是他对抽象劳动概念以及拜物教的论述，特别是拜物教理论，可以说是马克思直到《资本论》才完成的价值理论中的核心。[②] 这些思想并没有如阿尔都塞所说的那样发生断裂，而是对马克思早期在"异化劳动"主题之下勾勒出来的思想进行了扩展。

抽象劳动

按照马克思经济思想的核心理论，即他的价值理论所说，商品有两个方面：使用价值和(交换)价值。有两种劳动参与创造了商品的这两个方面。就劳动创造一个使用价值(一个满足需要的产品)而言，它是具体的劳动。不同形式的具体劳动创造了在质上不同的产品，满足不同的具体需要(例如，木工是与制鞋不同的活动)。但是，只要劳动产品必须进行交换，那么参与创造它的劳动也就创造出了商品的价值，可以与其他具有等量价值的商品相等同、相交换。根据马克思的理论，这种价值之间的等同关系，要通过商品中包含的劳动量相等来实现。涉及这种价值关系的劳动就是马克思所说的"抽象的""无差别的""社会劳动"。[③] 这种抽象劳动单纯只是价值创造的手段，同商品具体的质毫无关系。

这里所涉及的抽象不仅仅是概念上的抽象，马克思认为，"这是社会生产过程中每天都在进行的抽象。"[④]这种抽象只有在商品生产已经成为普遍形式的情况下，也就是说，只有在资产阶级社会中才会发生。

---

① Esp. in Marx(1971), Marx(1973), Marx(1976).

② Marx(1976, chapter 1).

③ Marx(1976, 134—135). 围绕马克思对抽象劳动的论述还存在很多理论问题，但这些问题都和我这里所说的马克思思想的连续性无关(Kay 1999; Meikle 2007; Arthur 2013)。

④ Marx(1971, 30; 见《马克思恩格斯全集》第 13 卷，第 19 页), cf. Marx(1973, 103—106).

“对任何种类劳动的同样看待，适合于这样一种社会形式，在这种社会形式中，个人很容易从一种劳动转到另一种劳动，一定种类的劳动对他们说来是偶然的，因而是无差别的。这里，劳动不仅在范畴上，而且在现实中都成了创造财富一般的手段，它不再是同具有某种特殊性的个人结合在一起的规定了。”[①]

使用价值和价值之间的分裂可以追溯到人类开始进行交换的时代，但是只有在资本主义的商品生产占主导的情况下，它才能发展成完备的形态。

“在一切社会状态下，劳动产品都是使用物品，但只是历史上一定的发展时代，也就是使生产一个使用物所耗费的劳动表现为该物的‘对象的’属性**即**它的价值的时代，才使劳动产品转化为商品。”[②]

古代雅典的商品生产发展就带来了显著的社会影响，雅典是一个以商贸为基础的城邦。在柏拉图和亚里士多德的时代，使用价值和价值、具体劳动和抽象劳动之间的区别已经开始在社会上表现出来了。但具体劳动即生产使用价值的劳动还仍然是主要的生产形式。

柏拉图把手工劳动（如制鞋）和赚钱看成是两种各自独立、极为不同的活动，他认为工人的“专属”活动是追求自己的手艺**而不是**赚钱。[③] 亚里士多德非常明确地区分了使用价值和价值，并将产品的使用价值视为“专属”用途。[④]

“每件财产都有双重用途……例如，一只鞋既可以用来穿在你脚上，也可以用来交换。两者都是鞋子的用途；即使他是把鞋子提供给需要鞋子的人，并作为交换收到钱币或食物，这也还是把鞋子当作鞋子使用，但这不是鞋子的专属用途，因为鞋子并不是为了交换才特意造出来的。”[⑤]

现在，随着资本主义的发展，商品生产已经成为主流形式。大多数产品不是为了直接使用，而是为了进行交换。交换价值主导着使用价值；抽象劳动主导着具体劳动，也就是说，那种单纯作为外部目的的实现手段的劳动占据着主导地位。我们通常不是通过自己的劳动来直接满足自己的需要。相反，劳动是以雇佣劳动的形式进行的：进行劳动是为了赚取工资，劳动的产品不具有任何特殊意义，只不过是有价值的东西而已。

---

① Marx（1973，104；见《马克思恩格斯文集》第 8 卷，人民出版社 2009 年版，第 28—29 页）.

② Marx（1976，153—154；见《马克思恩格斯文集》第 5 卷，人民出版社 2009 年版，第 77 页）.

③ Plato（1987，Book I），Sayers（1999，14—15）.

④ Meikle（1995）.

⑤ Aristotle（1981，1257a，1255，1281—1252）。除了这里的论述，亚里士多德（Aristotle 1981，I. ix）还把“获得商品”（chrēmatistikē）的方式区分为“自然”与“非自然”两种。

这正是马克思在《1844年手稿》的"异化"劳动的标题下所分析的劳动形式。而在后期作品中,马克思是在"抽象劳动"的标题下进行论述的。"抽象劳动"这个概念在《政治经济学批判导言》(1859)中得到了充分的阐发,后来在《资本论》第一卷中,特别是在价值理论那部分(如上简述)得出了最终结论。这个概念的最早出现是在《政治经济学批判大纲》(1858)中,例如在下面这段论述中,早期的异化劳动与后来的抽象劳动概念之间的联系显而易见。

"工人劳动的规定性对于工人本身是全无差别的;这种规定性本身是工人不感兴趣的,只要是**劳动**,并且作为劳动对资本来说是使用价值就行。充当这种劳动——即作为资本的**使用价值**的劳动——的承担者,这就是工人的经济性质;他是同资本家对立的工人。手工业者、行会会员等等的经济性质就不是这样,他们的经济性质恰恰在于他们的劳动所具有的**规定性**以及他们同**一定的师傅**所发生的关系等等。因此,这种经济关系——资本家和工人作为一种生产关系的两极所具有的性质——随着劳动越来越丧失一切技艺的性质,也就发展得越来越纯粹,越来越符合概念。劳动的特殊技巧越来越成为某种抽象的、无关紧要的东西,而劳动越来越成为**纯粹抽象的活动**,纯粹机械的,因而是无关紧要的、同劳动的特殊形式漠不相干的活动。"①

经济和社会关系

经济和社会关系也是采取了一种异化的形式。马克思描绘了这样一幅异化的图景:

"这个曾经仿佛用法术创造了如此庞大的生产资料和交换手段的现代资产阶级社会,现在像一个魔法师一样不能再支配自己用法术呼唤出来的魔鬼了。"②

在《大纲》中,马克思再次明确阐述了经济关系的异化形式同劳动的异化形式之间的关系。

"不管活动采取怎样的个人表现形式,也不管这种活动的产品具有怎样的特性,活动和这种活动的产品都是交换价值,即一切个性、一切特性都已被否定和消灭的一种一般的东西。……活动的社会性,正如产品的社会形式以及个人

① Marx(1973,297;见《马克思恩格斯全集》中文第一版第46卷上,第254页.
② Marx and Engels(1978,478;见《马克思恩格斯文集》第2卷,人民出版社2009年版,第37页).

对生产的参与，在这里表现为对于个人是异己的东西，表现为物的东西；不是表现为个人互相间的关系，而是表现为他们从属于这样一些关系，这些关系是不以个人为转移而存在的，并且是从毫不相干的个人互相冲突中产生出来的。”①

在《资本论》中，马克思在“商品拜物教”的标题下对这种异化的经济和社会关系进行了分析。交换价值获得了一个“准”客观的存在，似乎它是客体的一个属性。经济关系呈现出一种看似客观和独立的经济规律。这样，社会关系呈现为物与物之间的关系，采用了“拜物教”的形式。

主流经济学认为经济规律就像自然规律一样是客观和永恒的。但马克思认为，这种规律是由资产阶级社会的具体的社会历史条件所创造的。只要社会条件发生改变，这种规律就可以改变。

说这些关于经济规律的观念从属于特定历史阶段，并不就是说它们是纯粹主观的社会表象或纯粹概念。相反，经济关系是客观的社会历史现象。“这种种形式恰好形成资产阶级经济学的各种范畴。对于这个历史上一定的社会生产方式即商品生产的生产关系来说，这些范畴是有社会效力的，因而是客观的思维形式。”②

因此，这些范畴并不是普遍的。它们所描述的经济关系随着商品生产取得主导地位才出现③，当资产阶级生产关系不再是经济生活的主导形式时，它们就会失效。④

异化和资本主义批判

上面这些观点是马克思批判资本主义的基础。尽管马克思对资本主义的批判无疑具有道德的维度，但即使在早期著作中，这一方面也不是他开展批判的主要特征。特别是道德并非异化概念的主要意义所在。马克思提异化，主要目的是分析资本主义各种经济形式的性质。这些资本主义经济形式并不完全是像道德解释所倾向的那样只造成消极影响，情况要更加复杂和矛盾。马克思

① Marx(1973，157；见《马克思恩格斯全集》中文第一版第 46 卷上，第 103 页).

② Marx(1976，169；见《马克思恩格斯文集》第 5 卷，人民出版社 2009 年版，第 93 页).

③ 对于异化是不是资本主义所特有的，马克思显然有些模棱两可，因为他有时似乎暗示异化是所有阶级分裂的社会都具有的一个特征。但是《1844 年手稿》中给出的主要描述，以及后来他关于拜物教和抽象劳动的思想，都清楚表明了异化是资本主义特有的。更详细的讨论请参见 Sayers(2011b，87f)。

④ 关于价值规律是否会继续在共产主义社会中发挥作用，一直存在着较大争议(Bukharin and Preobrazhenskii 1969；Mandel 1968)。

用历史的和辩证的方式来解释资本主义，因而他对资本主义的批判是历史的批判而非单纯道德的批判。

前资本主义的劳动形式，例如手工劳动，内容和范围都很有限。这些劳动局限于特定的材料和技术，是个体的、小规模的劳动。在资本主义生产关系发展起来之前，经济生活只能存在于家庭以及个人关系和地域关系之中。资本主义的发展也就意味着人们要脱离这些关系，转而从属于新的经济关系，一种使得劳动和社会生活采取抽象和异化形式的经济关系。但是，这些发展的影响并不完全是消极的。因为在这个过程中，人们逐渐从自然的和直接的关系中解脱出来。他们从属于各种经济关系，他们的活动和关系越来越广泛和普遍；他们也由此获得新的能力，在个性、自我意识和自由方面得以发展。[①]

这并不是说异化是一种值得欢迎的、令人满意的情况，在其中充满了苦难。但是，这些消极的方面本身就引发了克服它们的力量。从这个角度看，资本主义及其经济形式——异化和抽象劳动——不是纯粹消极的现象。它们在人类发展进程中也起着积极的作用。马克思对它们的评判，不是单纯的道德谴责，而是相对的、历史的评判。[②] 相对于社会关系的早期形式来说，异化正如我所指出的那样是一种积极的发展；但是随着克服异化的条件被创造出来，它就会成为消极的东西，成为发展的障碍。

这些辩证的、黑格尔主义的论题是马克思关于异化的论述及其对资产阶级社会进行批判的核心。然而在最近关于马克思思想的大部分讨论中，这些论题却往往被忽视甚至否定。例如，阿尔都塞及其追随者完全拒斥马克思思想中的这些黑格尔主义方面[③]，分析的马克思主义者通常也是如此。[④]

克服异化也就意味着重新控制我们的生产活动和经济生活。这并不是像有些人所理解的那样是要取消交换关系的中介，回归到直接生产的方式。有些过于迷信亚里士多德的思想家以及各种形式的绿色浪漫主义就有这种想法。[⑤] 这种回归在现在这个时代既不可能也不可取：因为它忽视了经济发展带来的物质和道德进步。马克思主义所设想的是，经济发展最终将创造条件，由“联合起来的生产者”对经济实施社会控制，以此来克服异化。到那时，经济生活就将不

---

① Sayers(2011a).

② Sayers(2011b，chapter 6).

③ Cowling(1989)，Cowling(2006)，Cullenberg(1995)，Resch(1992).

④ 不过柯亨除外，他对这方面议题做出了重要阐述(Cohen 1988；Cohen 1978，Introduction)，但令人遗憾的是，柯亨的分析方法的反历史性和反黑格尔主义设定完全掩盖了他对这些议题的认识。

⑤ MacIntyre(1998)，Gorz(1989).

再采取异化和敌对的形式。

这并不需要完全取消交换、取消价值或抽象劳动，要取消就只有回到最简单、最原始的经济和社会生活形式才有可能。我们应当设想的是对生产和交换进行社会组织和社会控制。这就可以克服交换价值主导使用价值、商品生产主导经济生活的情况，由我们重新控制自己的社会关系和经济生活，这样拜物教也就终结了。

异化思想及其在拜物教和抽象劳动理论中的体现，包含着这些极为宽泛的社会、道德、政治、经济议题，这一思想在马克思的经济思想中具有基础性的地位。

参考文献

Althusser, L. 1969. *For Marx*. London: Allen Lane.

——. 2006. *Philosophy of the Encounter: Later Writings, 1978–1987*. London: Verso.

Aristotle. 1981. *The Politics*. Trans. by T.A. Sinclair and revised by T.J. Saunders. Revised ed. Harmondsworth: Penguin.

Arthur, C. J. 2013. "The Practical Truth of Abstract Labour." In *In Marx's Laboratory: Critical Interpretations of the Grundrisse*, R. Bellofiore, G. Starosta and P. Thomas, ed., 101–120. Leiden: Brill.

Bukharin, N. I., and E. A. Preobrazhenskii. 1969. *The ABC of Communism*. Harmondsworth: Penguin.

Cohen, G.A. 1978. *Karl Marx's Theory of History: A Defence*. Oxford: Clarendon Press.

——. 1988. "The Dialectic of Labour in Marx." In *History, Labour, and Freedom*, 183–208. Oxford: Clarendon Press.

Cowling, M. 1989. "The Case for Two Marxes, Restated." In *Approaches to Marx*, M. Cowling and L. Wilde, eds., 14–32. Milton Keynes: Open University Press.

——. 2006. "Alienation in the Older Marx." *Contemporary Political Theory* 5: 319–339.

Cullenberg, S. 1995. "Althusser and the Decentering of the Marxist Totality." In *Postmodern Materialism and the Future of Marxist Theory: Essays in the Althusserian Tradition*, A. Callari and D. F. Ruccio, eds., 120–149. Hannover, NH: Wesleyan University Press.

Fromm, E. 1963. *Marx's Concept of Man*. New York: Frederick Ungar.

Gorz, A. 1989. *Critique of Economic Reason*. London: Verso.

Kay, G. 1999. "Abstract Labour and Capital." *Historical Materialism* 5(1): 255–280.

Kolakowski, L. 1978. *Main Currents in Marxism*. Trans. by P.S. Falla. 3 vols. Oxford: Oxford University Press.

MacIntyre, A. 1998. "The Theses on Feuerbach: A Road Not Taken." In *The Macintyre Reader*, Kelvin Knight, ed., 223–234. Cambridge: Polity Press.

Mandel, E. 1968. *Marxist Economic Theory*. 2 vols. London: Merlin Press.

Marx, K. 1971. *A Contribution to a Critique of Political Economy*. Moscow: Progress.

——. 1973. *Grundrisse: Foundations of the Critique of Political Economy (Rough Draft)*. Trans. by M. Nicolaus. Harmondsworth: Penguin.

——. 1975a. "Economic and Philosophical Manuscripts of 1844." In *Early Writings*, 279–400. Harmondsworth: Penguin.

——. 1975b. "Excerpts from James Mill's Elements of Political Economy." In *Early Writings*, 259–278. Harmondsworth: Penguin.

——. 1976. *Capital*. Trans. by B. Fowkes, Volume 1. Harmondsworth: Penguin.

——. 1978. "Contribution to the Critique of Hegel's Philosophy of Right, Introduction." In *The Marx-*

Engels Reader, R. C. Tucker, ed., 53–65. New York: W.W. Norton.
Marx, K. and F. Engels. 1927. *Marx-Engels Gesamtausgabe*. Berlin: Marx-Engels-Verlag.
——. 1978. "Manifesto of the Communist Party." In *The Marx-Engels Reader*, R. C. Tucker, ed., 473–500. New York: W.W. Norton.
McLellan, D. 1973. *Marx's Grundrisse*. St Albans: Paladin.
Meikle, S. 1995. *Aristotle's Economic Thought*. Oxford: Clarendon Press.
——. 2007. "Marx's Two Theories of Value." http://marxandphilosophy.org.uk/assets/files/society/word-docs/meikle2010.doc (accessed October 2, 2016).
Musto, M. 2010. "Revisiting Marx's Concept of Alienation." *Socialism and Democracy* 24(3): 79–101.
Ollman, B. 1971. *Alienation: Marx's Conception of Man in Capitalist Society*. Cambridge: Cambridge University Press.
Plato. 1987. *The Republic*. Trans. by H.D.P. Lee. 2nd revised edition. Harmondsworth: Penguin.
Resch, R. P. 1992. *Althusser and the Renewal of Marxist Social Theory*. Berkeley: University of California Press.
Roche, J. 2005. "Marx and Humanism." *Rethinking Marxism* 17(3): 335–348.
Roemer, J. E., ed. 1986. *Analytical Marxism*. Cambridge: Cambridge University Press.
Sayers, S. 1999. *Plato's Republic: An Introduction*. Edinburgh: Edinburgh University Press.
——. 2011a. "Macintyre and Modernity." In *Virtue and Politics: Alasdair Macintyre's Revolutionary Aristotelianism*, P. Blackledge and K. Knight, eds., 79–96. Notre Dame: University of Notre Dame Press.
——. 2011b. *Marx and Alienation: Essays on Hegelian Themes*. Basingstoke and New York: Palgrave Macmillan.
Schaff, A. 1963. *A Philosophy of Man*. New York: Monthly Review Press.
Tucker, R. C. 1961. *Philosophy and Myth in Karl Marx*. Cambridge: Cambridge University Press.

第十四章

原始积累

拉杰什·巴塔查里亚(Rajesh Bhattacharya)、
伊恩·J. 塞达-伊里扎里(Ian J. Seda-Irizarry)

导 论

“原始积累”这一概念在马克思主义传统中传承比较曲折。在马克思本人的著作中是用这个概念来对资本主义生产方式的起源进行历史分析。在很长一段时间,这个概念都局限于用来研究从前资本主义向资本主义生产方式转变的问题,特别是在“落后”国家所存在的这种形态转变的问题。然而在当代,这一概念也被用于分析富裕的资本主义经济体。在马克思的著作中,原始积累的概念已经展现出了重要的理论意义,后续的许多马克思主义者进一步对其进行了详细阐述和发展。

大多数 20 世纪的西方马克思主义理论话语中都并没有涉及原始积累,在他们看来,发达的资本主义社会就是建立在宪政、财产和权利的坚实基础之上的。人们认为原始积累在“欠发达”世界中才是进行时,那里才需要由国家作为新兴资本家的代表,公开使用武力和胁迫的手段,彻底铲除各种旧的共同体、公有财产和非市场社会机构,转变到资本主义生产方式。在这种观点看来,虽然国家机器的掠夺行径在世界其他地区肆意横行,但在发达国家是不存在这种超市场的强制性过程的,市场体系的默默运作就已然确保了资本的再生产,法律和社会制度控制住了资本和国家的掠夺冲动。

然而近 40 年来,随着发达国家的福利国家体系及相关监管机制瓦解,以及世界其他地区完成资本主义转型从而加剧了全球竞争，资本的面纱已经被揭下，暴露出了自己的暴力面孔，工人权利和社会保障措施被削减，生产资料所有制发生大规模私有化，经济金融化导致工人养老基金被系统性摧毁，抵押的房屋也无法赎回。与此同时，在重新调整生产地理格局的进程中，部分发展中国家的快速积累意味着它们的劳动者遭受了规模空前的剥夺。经过对这两种发展趋势的思考，当代资本主义的批评家们对"原始积累"的概念重新产生了兴趣。

不过，虽然原始积累这个概念具有经久不衰的吸引力，但在马克思主义政治经济学中，关于它的理论意义还远远没有定论。

马克思的"原始积累"概念

1858 年 2 月，马克思在创作其代表作《资本论》(Marx 1990)的初稿(即《政治经济学批判大纲》)时，给他的朋友拉萨尔写了一封信，他在信中表示，他的著作是"**对经济学范畴的批判**，或者，也可以说是对资产阶级经济学体系的批判"(Engels 1987，270；见《马克思恩格斯全集》中文第一版第 29 卷，第 531 页)。在马克思看来，批判某样东西并不意味着要绝对地拒斥它，而是要吸收/占有和超越这个既定的东西。在理论领域，这就意味着要考察资产阶级政治经济学所运用的范畴体系，指出其抽象的性质(局限、偏见、不一致性等)，辩证地利用其中的一些范畴，形成新的范畴，词好像还是这个词，但其含义与原范畴有了根本的区别。从这个意义上理解，马克思的"政治经济学批判"，既是对古典政治经济学的继承，又是对它的超越。

正如马克思在《资本论》中明确指出的那样，古典政治经济学家已经承认了"预先积累"的必要性，他们用这个概念来解释资本，并为利润进行辩护。① 亚当・斯密(Adam Smith 1937，48)谈到了"物资储备的预先积累"，先进行这种积累才能形成雇佣劳动。西尼尔(Senior 1965)用禁欲理论来辩护利润的正当性，解释资本的起源。马克思赋予了原始积累全新的含义，对这些关于资本和雇佣劳动何以产生的"资产阶级的"说法进行了有力的批判。这些"资产阶级的"说法试图论证说，"勤劳的、聪明的而且首先是节俭的精英"进行了节欲、囤积和储蓄，这些人因而就会积累起财富和财产，而反过来那些"懒汉"则陷于困顿，他们

① 马克思的德语表述是"ursprüngliche Akkumulation"，"ursprüngliche"有人译成"起源的"(original)，有人译成"原始的"(primitive)。对这两种不同翻译的理论含义的讨论，请参见 Bonefeld(2002：2—4)和 Bautista(2012：195)。

“除自己以外没有可出卖的东西”(Marx 1990;参看《马克思恩格斯文集》第5卷,人民出版社2009年版,第820—821页)。[①] 在马克思看来,这个“童话”(Marx 1990,874)是“资产阶级的”历史被自然化、永恒化的又一例证,这种说法为新兴的资本主义社会赋予合法性,同时掩盖了阶级斗争的历史。在这个问题上我们要牢记,马克思从早期著作开始就一直同“资产阶级的”理论及其抽象性进行着斗争。在《1844年经济学哲学手稿》中,他就批判了那种辩护性的理论框架把工资、地租和利润等概念都当成自然的、非历史的范畴,这种框架为私有财产和市场的优点大唱赞歌,但对于市场上有人除自身之外再无东西可卖的情形,对于这些人的依赖性和无力性,却视而不见、大力掩盖。

在《大纲》中,马克思花费巨大篇幅分析了前资本主义的所有制关系类型,将之与资本主义的所有制关系进行了对比,这些前资本主义所有制关系是导致这些社会能够进行共同生产、共同占有的前提,而在资本主义所有制下,资本主义必须是为了利润和积累而进行生产(Marx 1973,471—479)。在有关原始积累的段落中,马克思多次提到资本主义社会关系中的劳动力条件,即活劳动面临被过去劳动、物化劳动所统治,只是作为后者的工具。[②]

马克思的原始积累概念在《资本论》第一卷第8篇也就是最后一篇中得到了更全面的阐述,该篇的标题是“所谓原始积累”,他为读者提供了大量资料,揭示了资本主义**在历史上**是如何崛起成为西欧占统治地位的社会经济形态的。[③] 这一篇由8章组成,马克思在《资本论》前面的部分都是通过抽象的理论范畴的建构来对资本这个概念进行阐发(例如抽象劳动、劳动力、剩余价值等)。而到了这一篇,马克思转向了具体的历史,这说明他意识到了自己的历史分析模式必须破解一个难题,即必须说明自己所分析的那个历史——资本主义生产方式——的前史。

在《资本论》中,马克思试图揭示出“所谓原始积累只不过是生产者和生产资料分离的历史过程”,他阐述了这个历史过程中通过创造出“像鸟儿一样自

---

① 马克思通过比较“资产阶级的”原始积累叙事和神学对原罪的叙事,嘲笑了这种对于现代社会财产和财富的起源和分配的叙述的非历史性。

② 马克思的其中一次讨论可参见Marx(1973,461—462,471)。

③ 很多研究都指出,马克思在他生命的最后十年里,还针对西欧之外的许多前资本主义社会进行了考察,经过这些考察,他的历史观有了很大变化,以至于放弃了历史演变单线性的观点,这同他许多早期著作的观点有了抵牾(参见Dussel 1990;Anderson 2010)。

由”(“bird-free”)[①]的劳动者阶级而形成劳动力市场的过程——这些劳动者被解脱了(freed from)封建阶级关系的束缚,也被解除了(freed from)一切生产资料所有权(Marx 1990,874;见《马克思恩格斯文集》第5卷,人民出版社2009年版,第822,896页;并可参看《马克思恩格斯文集》第5卷,人民出版社2009年版,第843页)。马克思在对直接生产者**被剥夺/被同生产资料分离**的考察中,指出了是有多重过程的复杂的相互作用导致了直接生产者被剥夺或者是以其他形式被强制同生产资料分离:圈地运动,殖民,奴隶制,海外掠夺,国家对工资、税收、贸易和信贷等强制性政策,等等。

这个复杂的、长期的、曲折的历史产生了雇佣劳动者和工业资本家。在资产阶级社会中,各个成员享受权利、尊重权利,市场中占统治地位的是“自由、平等、所有权和边沁”(Marx 1990,280;见《马克思恩格斯文集》第5卷,人民出版社2009年版,第204页),但马克思剥下了资本的自然外衣,揭示了它的历史性,资本之所以形成,正是靠强力剥夺否定和消灭了(别的)权利和财产(Marx 1990,927),这种剥夺为建立在资本主义工业财富基础上的资产阶级社会奠定了基础。在马克思的著作中,原始积累是一个广泛的概念,它一头连接着资本这个理论性的概念——资本概念反映的是一种社会关系,是有钱人和受剥夺的劳动者之间的关系,另一头则连接着资本的历史,资本就是要在一个(资本家)阶级敛财而另一个(工人)阶级受剥夺的历史进程中,才能够产生,才能够集聚。而这个历史进程需要一整套干预手段,将有钱人和受剥夺的劳动者之间的偶然相遇转化为工业资本主义的关系。

原始积累的典型形式当然是英国在15—18世纪的多个时间节点通过私人行为和立法圈占农地,将农民从土地上赶走。传统经济中直接生产者所享有的许多习惯性权利被各种立法所废除(Tigar and Levy 1977)。例如,英国通过“狩猎法”阻止普通百姓在树林里狩猎,使他们无法获取独立生活所需的生活资料(Perelman 2000)。[②] 又如,英国通过立法禁止造船工人获得木材边角料,他们不再有“工资之外的经济来源”(McNally 2012,49)。

马克思在强调资本主义社会关系的起源这一核心问题时,还把它与各种不同的事件联系在了一起。例如,马克思指出了公债和财政制度是如何促成“财

① 马克思在原始积累的章节中使用了“vogelfrei”这个德文词,字面意思是“bird-free”,即像鸟儿一样自由,德语的实际含义是被放逐的、被剥夺公民权的。《资本论》译本中译作“不受法律保护的”。——译者注

② 马克思于1842年在《莱茵报》上针对当时普鲁士莱茵省议会制定林木盗窃法的问题发表过文章。

富的资本化和对群众的剥夺”的(Marx 1990,919—921;见《马克思恩格斯文集》第5卷,人民出版社2009年版,第867页),以及保护关税制度是“制造工厂主、剥夺独立劳动者、使国民的生产资料和生活资料资本化……的一种人为手段”(Marx 1990,921;见《马克思恩格斯文集》第5卷,人民出版社2009年版,第867页)。马克思也认识到“美洲金银产地的发现,土著居民的被剿灭、被奴役和被埋葬于矿井,对东印度开始进行的征服和掠夺,非洲变成商业性地猎获黑人的场所——这一切标志着资本主义生产时代的曙光”,以及为什么“这些田园诗式的过程是原始积累的主要因素”的原因所在(Marx 1990,915;见《马克思恩格斯文集》第5卷,人民出版社2009年版,第860—861页)。[①]

马克思的论述中还着重考察了在遭受剥夺的生产者进行抵抗的情况下,发展和维持劳动力市场需要怎样的政治和文化方面的条件。他在“惩治被剥夺者的血腥立法”一节中,记录了在15世纪末和整个16世纪英国是如何订立和执行针对流浪者的法律的。同时,知识阶层和立法机构都对“懒惰”和闲暇进行抨击(例如在取消国家假日问题上就表现得很明显),产生了关于勤奋劳动、劳动天经地义的话语(Perelman 2000)。汤普森(E. P. Thompson 1967)记录了文化因素是如何影响劳动人民的生活,引导他们适应资本主义下的新劳动制度的——一个重要标志就是时间开始由“时钟”来确定,人们形成了用时钟所显示的时间来测量工作长短的新观念。

在马克思看来,这些过程共同促成了工人阶级的形成,“由于教育、传统、习惯而承认这种生产方式的要求是理所当然的自然规律”(Marx 1990,899;见《马克思恩格斯文集》第5卷,人民出版社2009年版,第846页)。总之,直接生产者同生产和生活资料的分离是马克思所说的原始积累的核心,当然这种分离的具体历史过程是十分复杂的。但是,马克思把各种各样的干预因素都看作原始积累的环节,这就清楚地表明,直接生产者与生产资料的分离还不会必然产生资本主义阶级关系,也就是说,对原始积累的最终结果必须在具体的社会背景下进行历史的考察。

原始积累概念的当代用法

在马克思之后,原始积累这个概念一直被局限于叙述发展中国家向资本主

① 关于美洲、非洲和亚洲在欧洲的发展中扮演了什么样的角色,请参见Galeano(1997)、Rodney(1981)、Hobson(2004)、Habib(1975)等著作中的经典论述。

义转变的历史。但有意思的是，在苏俄快速工业化的背景下，原始积累的概念重新浮出水面。叶甫盖尼·普列奥布拉任斯基（Yevgeni Preobrazhensky）创造了"社会主义原始积累"一词，指的是在以农业为主体的经济体中为社会主义工业化提供资金的过程。近年来，关于原始积累问题的马克思主义著作已经在马克思主义话语中摆脱了边缘位置，人们开始将其置于资本主义分析的核心位置。这个概念今天被用于描述各种不同的情形，比如当代的土地掠夺（Basu 2007；Hall 2013）、性别与再生产（Federici 2004；Werholf 2000）、知识产权（Harvey 2006；Basu 2008；Perelman 2002）以及金融化与新自由主义（Harvey 2003）。[①]

此外，当代政治经济学中原始积累问题的凸显也导致了对这个概念本身的再分析。在整部《资本论》中，马克思本人关于历史变迁和社会形态转换的看法似乎是在两个方向上来回游移，一个方向是采用目的论式的观点，另一个方向则是采用语境决定的观点，认为由偶然性所决定。前一种叙事方式将历史唯物主义解读为一种目的论，认为人类历史本身是各种生产方式更替的漫漫旅程，资本主义生产方式取代前资本主义生产方式就是旅程中的一段，而原始积累就是"正在变成资本"，是这段取代进程的初始阶段。资本真正成为资本的起点是货币所有者与遭受了剥夺的工人之间的相遇，从这一刻起，成为资本的资本就会在生产力的驱动下，扩大再生产出这种剥夺关系（Engels 1987；Kautsky 1910）。[②]

对原始积累概念做出这种特殊的历史主义的解读，是在用黑格尔主义解读马克思，这种解读的基础是黑格尔逻辑学对"存在"和"变成"的区分，用这种两分法来解释一个自我再生产的总体是如何产生的（在这里就是解读资本这个总体如何产生）。[③] 按照这种方法，原始积累就被认为是资本主义阶级关系的历史前提，因此"在现实的资本存在时就消失了"（Marx 1973，459；见《马克思恩格斯全集》中文第一版第 46 卷上，第 457 页），因为资本现在可以从自身内部获得实

① 由于这方面文献数量庞大，我们在此无法详述，请参见 Bhattacharya（2010）和 Hall（2012，2013）所做的综述。

② 关于"生产方式"理论在马克思主义理论传统中的逻辑线索和历史发展，请参见 Olsen（2009）的详细讨论。

③ 这种解读也可以在马克思部分著作中找到根据，例如《资本论》第一卷关于"资本积累的历史趋势"一章（Marx 1990，927—928）。

现自身的条件。[①] 也就是说,资本一旦产生之后,就可以通过剥削和积累来创造新的资本,而不需要通过占有外部的财富。与此同时,它依靠产业后备军克服了对劳动力供给的自然限制,产业后备军不可避免地被卷入了商业周期运动。(扩大的)资本再生产的条件现在可以在资本主义经济的内部得到保证。而在资本“正在变成”资本的时候就是另一回事,需要从外部,即非资本主义世界中才能获得条件保证。

第二种解读则来自阿尔都塞的强力反驳。阿尔都塞在他晚年的作品中认为,马克思关于资本原始积累的章节是把反本质主义认识论引入政治经济学研究的典型例子,这些章节(以及类似的章节,如“争取正常工作日的斗争”的章节)游离出了**形式化**的本质主义架构,也就是说,脱离了《资本论》的“虚构的统一”。阿尔都塞提出要对资本做历史偶然性的解读,即货币拥有者和被剥夺者之间的相遇既不是命运注定,也不是理性决定。

资本主义生产方式的各种不同要素不是命运注定要结合在一起的,因为它们“并不是存在于一个某种生产方式一定要存在的历史中,而是存在于一个‘浮动’状态的历史中,这一历史要先于这些要素的‘积累’和‘结合’,每个要素都是它自己历史的产物,而不是其他要素的目的论式的产物,也不是这些要素所处的历史的目的论式的产物”(Althusser 2006,198)。阿尔都塞否认这种元素的相遇具有**必然性**或**不可避免性**,而是强调了相遇的偶然性。

> “‘碰巧’这场相遇发生了,并且‘扎根了’,这意味着它并没有一发生就消失,而是**持续着**,并成为一个公认的事实,这场相遇的既成事实,催生出了稳定的关系,也催生出了一种必然性,对这种必然性的研究产生了‘规律’——倾向性的规律,当然……关于这个概念,重要的不是对规律乃至对某种本质进行阐述,重要的是**这场相遇‘扎根’的偶然性,这场相遇产生了一个已经完成的事实**,这个事实的规律是可说的。”
>
> (Althusser 2006,197;强调为原文所加)

“相遇”及其稳定性是偶然的、暂时的,因此容易被解散或发生转化。从这个意义上说,原始积累这一过程也就是要不断再生产出资本主义生产方式的相遇,但是这种再生产总是偶然而不确定的。阿尔都塞倾向于用原始积累来指称

① 马克思在《大纲》中说,“一旦资本在历史上发展起来,它就会创造它自己存在的前提”(Marx 1973,459;此句文字为《大纲》编者根据文意所拟的标题——译者注),这种表述确实可以被认为是支持黑格尔主义的解读,一旦资本完全构成,它就具有了独立性。Chakrabarti and Cullenberg(2003)把这种逻辑称为“关于存在的完备性的形而上学”,按这种逻辑来理解资本,那它要再生产自身就不需要有“非资本主义的外部”。

资本主义生产方式的内在特性,即暂时的稳定性和根本的不确定性。①

罗莎·卢森堡和列宁都处在资本主义生产方式已经成熟并且不断扩大的时代,他们都从理论上复活了原始积累的思想,认为资本必须有一个非资本主义的空间可供侵略,在侵略之后这个外部会被摧毁,但资本自身可以获得自然资源、廉价劳动力和最终产品的市场,并且可以为有利可图的投资积累资金。因此,卢森堡和列宁都把原始积累与资本主义经济的内部矛盾联系起来,这些内部矛盾包括消费不足或利润率下降等。然而,列宁和卢森堡对非资本主义的"外部"都持一种功能性的态度,认为这种外部是建立在资本需要的基础之上的。

大卫·哈维采纳了卢森堡的观点,但剔除了其中的目的论内涵。哈维(Harvey 2003)认为,资本在面临过度积累的危机时,在某个时空点积极地"创造"了一个外部,它会在另一个时空点才去摧毁这个外部。哈维更倾向于用"通过剥夺来积累"这个说法来强调原始积累是一个连续的过程,而不是在资本主义生产方式出现后就消失了。同哈维一样,很多当代马克思主义著作都把"原始积累"看作一个正在进行中的过程,是这个过程保证了资本主义生产方式的再生产条件。② 只要意识到"原始积累"是资本主义运行的内在条件,那么关于资本主义生产方式会自我再生产、自我存续的观点就必须被抛弃,这些观点的"存在"和"变成"两分法所内在蕴含的目的论也必须被排除。因此,当代马克思主义著作在原始积累方面产生了一个新的问题范式。③

这些新近的研究认为,私有化过程,尤其是资本主义在最近几十年里出现的私有化浪潮,是原始积累最有力的工具之一。安德里亚森(Andreasson 2006)指出,由于私有财产制度的覆盖范围扩大,剥夺的范围也不断扩大,不仅通过传统手段剥夺,而且越来越多地采用更复杂、更新颖的手段来剥夺,例如"知识产权"。博伊尔(Boyle 2002)将"圈占思想的无形公地"称为"新型圈地运动"。④这几十年里原始积累的手段还包括通过新自由主义的私有化和商品化,破坏富裕国家中由福利国家制度所创造的"公地"(De Angelis 2001; Harvey 2003, 2006),以及将中国和苏联的国有资产融入全球资本积累进程中(Harvey 2003, 149)。金融也被视为通过剥夺进行积累的手段之一,金融市场促进财富的大规

---

① 关于偶然性在资本发展中的地位,请参见 Read(2002;2003)所做的进一步讨论。

② Klein(2007)用实证例子对这些理论论述进行了补充,这些例子表明了各种自然或人为的灾害(即金融危机)是如何被用来推动资本主义改革的。

③ "(在对原始积累的传统理解中的)这些假设的缺点是,它们将基于掠夺、欺诈和暴力的积累降格为一种'原始状态',认为和今天已经没关系了,或者是像卢森堡那样,认为这种积累至多只存在于资本主义的封闭体系的'外部'。"(Harvey 2003,144)

④ 并参见 Harvey(2006)以及 Perelman(2002)。

模再分配，有利于跨国公司资本。[1]

此外，"新自由主义"的国家机器在国内是实行劫贫济富的再分配政策，并通过私有化以及税收优惠、企业补贴等（与此同时却要减少社会方面开支）方式化公为私。在国际上，则会通过精心操纵的债务陷阱（20 世纪 80 年代和 90 年代的拉美国家）与金融危机（1997—1998 年的亚洲危机），使得财富从贫穷国家向富裕国家转移，因为危机会导致资产贬值，然后被跨国公司资本夺走。各个民族国家以及世界银行、国际货币基金组织等国际组织都在协同工作，进行细致的危机管理，推动"通过剥夺来积累"。

当代的不同研究路径都确认了原始积累对资本主义再生产的关键作用，但也因而带来了我们要如何区分资本积累和原始积累的问题。传统上进行区分的方式，一般是看积累是经济性的还是超经济性的，是通过市场还是非市场来进行，是从生产力中获取还是靠强力占有，因而，原始积累通常也就被等同于由国家机器所推动进行的积累，要依靠国家机器的权力垄断和任意妄为。但在今天的观点看来，原始积累应当从直接生产者与生产资料相分离这个角度去理解，自然、经济、文化和政治都可能在原始积累中发挥作用。资本积累和原始积累之间的区分，本身就成为一个理论上值得大力研究的问题（Zarembka 2002；De Angelis 2001；Bhattacharya 2010）。

原始积累和资本主义的"外部"

当代对原始积累的讨论也引出了另一个理论问题：如果围绕原始积累问题来搭建一套关于资本主义生产方式如何构成的理论，那么逻辑上资本就必然存在一个"外部"。当工业资本主义在历史上产生时，它当然是脱胎于前资本主义社会，而这种前资本主义社会就是资本的"外部"，资本正是从这种外部中历史性地产生出来的。而如果要把原始积累看作一个持续存在的过程来谈论，那我们就必须在理论上阐明一种持续存在的"外部"，并不是那种资本从中产生之后随即就可以与之脱离的"外部"，而是要有一种作为资本的界限的"外部"。

在马克思主义文献中，我们可以确定三种不同的资本"外部"的概念，每种的内部还会有一些细微分歧。首先，有一个**历史上的**"外部"：例如，传统的、前资本主义的社会，在这种社会中存在"物的依赖性"，生产和生活资料公有，工匠和小生产者有自己的生产资料，农民从事家庭农场工作等等。卢森堡（Luxem-

---

① 参见 Harvey（2006，154）。

burg 2003)的消费不足理论和列宁(Lenin 1916)的帝国主义理论是采用这种前资本主义"外部"概念的典型例子,而梅拉索克斯(Meillassoux 1972)和沃尔普(Wolpe 1972)则强调了这种"外部"可以承担一部分劳动力再生产成本,从而会压低劳动力价值。

巴苏(Basu 2007,2008)阐述了跨国资本所采用的一种新型原始积累方式,它们排他性地控制了市场上的产权和生产资源,从而可以靠这些垄断项目的使用权出让而获得"地租"。要获得这种地租必须先进行原始积累,但既然它们是赚地租,也就可以让既有的非资本主义生产方式保持原样,不需要将之改造成资本主义,例如跨国公司把转基因种子卖给发展中国家的农民耕种,公司自己获取地租就可以了。

第二种"外部"概念是将其解释为资本自身发展的结果。之所以有论者提出这种意义上的"外部",是因为他们认为资本不可能从内部保证自身的存续条件,特别是在危机时期不可能保证自身的稳定。

> "资本主义必然要创造而且始终在创造着自己的'他者'。因此,资本主义必然需要有某种'外部'。但是资本主义可以利用一些已经存在的外部……或者它**还可以积极地制造这种外部**……资本主义如果要应对和规避过度累积所带来的压力,就总是需要在它自身之外存在一批资产。如果手边没有这种资产,例如空闲土地或新的原材料来源等等,**那么资本主义就必须用某种方式把它们生产出来**。"
>
> (Harvey 2003,141—143;强调为引者所加)

桑亚尔(Sanyal 2007)认为,虽然资本在经济上是可以立足于自身而存续的,但是资本再生产的政治条件——特别是在后殖民时期——会要求资本积极地再生产非资本主义"外部"。桑亚尔认为,虽然原始积累不可避免地扩大了资本再生产,但原始积累的受害者——被剥夺的生产者——不可能被吸收到资本主义的雇佣关系中。桑亚尔将原始积累的经典叙事(圈地运动之后的"血腥立法"迫使被剥夺的劳动者进入工厂就业)与后殖民时期被剥夺的劳动者反而被赶出工厂大门的情况进行了对比。这种受排斥的劳动者成为一种"剩余劳动者",必须通过国家的福利政策来解决。受排斥的劳动者往往在小生产经济中重新与生产资料实现统一(他们创造了发展中经济体中的大部分非正规经济)。因此,后殖民资本主义的再生产包含着两个同时并存而又相互矛盾的过程,一个过程是原始积累,使得生产资料从非资本主义领域流向资本主义领域,另一个过程是政府福利,使得剩余进行反向流动,重建了一个非资本主义的领域,让受排斥的劳动者重新与生产资料实现统一。这种重构出来的非资本主义领域又是下一轮原始积累的目标。

第三种“外部”概念，是指对资本进行**抵抗**的产物。在发达国家，这种抵抗的例子包括在公众压力下所创建的直接向公民提供使用价值的福利国家机制，以及由各个人群社区创造的“公地”、自我雇佣的生产场所、由于激进工人运动而实施的反剥削法律，等等。[①] 在发展中国家，公共化的社会进程甚至会表现为对城市空间的集体侵犯，例如无房者抢占空置房屋、摊贩侵占公共空间等，人们用盗版来对抗版权，用生计权的道德主张来对抗私有财产权和市场制度，这迫使国家在坚持财产权和市场“规范”的前提下，以“例外”为由容忍了这种要求。

对资本“外部”的理论分析是一个很重要的问题，因为“要分析原始积累，就需要考察资本主义社会关系的‘边界’在哪里：资本主义‘内部’是什么，‘外部’又是什么？”(Hall 2012，1194)。

结 论

商品生产普遍化是资本主义生产方式的一个重要表现，而劳动者与生产和生活资料的分离则是实现这种普遍化的一个重要条件。所谓商品生产普遍化，就是劳动能力本身已大规模成为商品(劳动力)，工人的生存在很大程度上要依赖于市场。[②] 这一点为理解马克思关于抽象劳动和社会必要劳动时间的分析打开了一扇大门，正是由于劳动力也成为商品，市场的运动才“通过货币的中介把具体(个体)劳动转化为抽象(社会)劳动”，正是劳动力也成为商品，才导致“商品生产者把价值规律——由社会必要劳动时间决定交换——当作一种外部压力”(McNally 1993，178－179)。换句话说，原始积累为市场、货币和分工等机制(所有这些机制都先于资本主义而存在)赋予了全新的意义，它们从此就要在资本主义之内运行了，都要成为这个以价值自我膨胀为目的的体系中的一个组成部分。这些机制在资本主义生产方式下的运作，有助于掩盖剩余劳动的提取过程，掩盖了资本主义利润的来源。因此，原始积累可以说是具有历史和理论的双重功能，而在马克思探索“‘抽象概念’和‘具体现实’交汇的根源”的话语中，这种双重功能辩证地统一在了一起(Mezzadra 2011，305)。

---

① 参见 De Angelis(2001：19)。

② Wood(2002)认为资本主义同这种人们对市场的依赖性之间具有内在的关联，并且作者还认为，甚至在劳动者能够直接控制或使用生产资料的情况下，也可能存在这种市场依赖性。相反的观点可参见 Kozel(2006)。

参考文献

Althusser, L. 2006. *Philosophy of the Encounter: Later Writings, 1978–1987*. London and New York: Verso.

Anderson, K. 2010. *Marx at the Margins: On Nationalism, Ethnicity, and Non-Western Societies*. Chicago: University of Chicago Press.

Andreasson, S. 2006. "Stand and Deliver: Private Property and the Politics of Global Dispossession." *Political Studies* 54(1): 3–22.

Bautista, J. J. 2012. *Hacia la Descolonización de la Ciencia Social Latinoamericana: Cuatro Ensayos Metodológicos y Epistemológicos*. Bolivia: Rincón Ediciones.

Bhattacharya, R. 2010. *Capitalism in Post-Colonial India: Primative Accumulation Under Dirigiste and Laissez Faire Regimes*. Dissertations. Paper 252. http://scholarworks.umass.edu/open_access_dissertations/252

Basu, P. K. 2007. "Political Economy of Land Grab." *Economic and Political Weekly* 42(14): 1281–1287.

——. 2008. *Globalisation: An Anti Text; A Local View*. Delhi: Aakar Publications.

Bonefeld, W. 2002. "History and Social Constitution: Primitive Accumulation is not Primitive." *The Commoner*, March. Available at http://www.commoner.org.uk/debbonefeld01.pdf (accessed October 2, 2016).

Boyle, J. 2002. "Fencing off Ideas: Enclosure & the Disappearance of the Public Domain." *Daedalus* 131(2): 13–25.

Chakrabarti, A. and S. Cullenberg. (2003). *Transition and Development in India*. London: Routledge.

De Angelis, M. 2001. "Marx and Primitive Accumulation: The Continuous Character of Capital's Enclosures." *The Commoner* 2, September. Available at http://www.commoner.org.uk/02deangelis.pdf (accessed October 2, 2016).

Dobb, M. H. 1947. *Studies in the Development of Capitalism*. New York. International Publishers.

Dussel, E. 1990. *El último Marx (1863–1882) y la liberación latinoamericana*. México: Siglo XXI.

Engels, F. 1987. "Anti-Dühring." In *K. Marx and F. Engels, Collected Works*, volume 25. New York: International Publishers.

Federici, S. 2004. *Caliban and the Witch: Women, the Body, and Primitive Accumulation*. New York. Autonomedia.

Galeano, E. 1997. *Open Veins of Latin America: Five Centuries of the Pillage of a Continent*. New York: Monthly Review.

Habib, I. 1975. "Colonialization of the Indian Economy, 1757–1900." *Social Scientist* 3(8): 23–53.

Hall, D. 2012. "Rethinking Primitive Accumulation: Theoretical Tensions and Rural Southeast Asian Complexities." *Antipode* 44(4): 1188–1208.

——. 2013. "Primitive Accumulation, Accumulation by Dispossession and the Global Land Grab." *Third World Quarterly* 34(9): 1582–1604.

Harvey, D. 2003. *The New Imperialism*. New York: Oxford University Press.

——. 2006. "Neo-liberalism as Creative Destruction." *Geografiska Annaler* 88B(2): 145–158.

Hobson, J. M. 2004. *The Eastern Origins of Western Civilization*. Cambridge: Cambridge University Press.

Klein, N. 2007. *The Shock Doctrine: The Rise of Disaster Capitalism*. New York: Henry Holt.

Kozel, P. 2006. *Market Sense: Towards a New Economics of Markets and Society*. New York: Routledge.

Lenin, V. I. 1916. *Imperialism, the Highest Stage of Capitalism*. Chicago. Chicago International.

Luxemburg, R. 2003. *The Accumulation of Capital*, trans. by A. Schwarzschild. London and New York: Routledge.

Marx, K. 1973. *Grundrisse*. London: Penguin Books.

——. 1990. *Capital*, Volume 1. London: Penguin Classics.
Marx, K. and F. Engels. 1983. *Karl Marx/Frederick Engels Collected Works*, Volume 40. New York: International Publishers.
McNally, D. 1993. *Against the Market: Political Economy, Market Socialism and the Marxist Critique*. London: Verso.
——. 2012. *Monsters of the Market: Zombies, Vampires and Global Capitalism*. Chicago: Haymarket Books.
Meillassoux, C. 1972. "From Reproduction to Production: A Marxist Approach to Economic Anthropology." *Economy and Society* 1(1): 93–105.
Mezzadra, S. 2011. "The Topicality of Pre-history: A New Reading of Marx's Analysis of "So-called Primitive Accumulation." *Rethinking Marxism* 23(3): 302–321.
Olsen, E. 2009. "Social Ontology and the Origins of Mode of Production Theory." *Rethinking Marxism* 21(2): 177–195.
Perelman, M. 2000. *The Invention of Capitalism: Classical Political Economy and the Secret History of Primitive Accumulation*. Durham: Duke University Press.
——. 2002. *Steal this Idea: Intellectual Property Rights and Corporate Confiscation of Creativity*. New York: Palgrave Macmillan.
Read, J. 2002. "Primitive Accumulation: The Aleatory Foundation of Capitalism." *Rethinking Marxism* 14(2): 24–49.
——. 2003. *The Micro-Politics of Capital: Marx and the Pre-history of the Present*. Albany: State University of New York Press.
Rodney, W. 1981. *How Europe Underdeveloped Africa*. Washington, DC: Howard University Press.
Sanyal, K. 2007. *Rethinking Capitalist Development: Primitive Accumulation, Governmentality, and Post-Colonial Capitalism*. New Delhi: Routledge.
Senior, N. W. 1965. *An Outline of the Science of Political Economy*. New York : A. M. Kelley.
Smith, A. 1937. *The Wealth of Nations*. New York: The Modern Library.
Thompson, E. P. 1967. "Time, Work-Discipline and Industrial Capitalism." *Past and Present* 38(1): 56–97.
Tigar, M. E. and M. R. Levy. 1977. *Law and the Rise of Capitalism*. New York: Monthly Review Press.
Werholf, C. V. 2000. "'Globalization' and the 'Permanent Process of 'Primitive Accumulation': The Example of the MAI, the Multilateral Agreement on Investment." *Journal of World-Systems Research* 6(3): 728–747.
Wolpe, H. 1972. "Capitalism and Cheap Labour-Power in South Africa: From Segregation to Apartheid." *Economy & Society* 1(4): 425–456.
Wood, E. M. 2002. *The Origin of Capitalism: A Longer View*. New York: Verso.
Zarembka, P. 2002. "Primitive Accumulation in Marxism, Historical or Trans-historical Separation from Means of Production?" *The Commoner*, March.

第十五章

需求和社会必要劳动时间

戴维·克里斯特詹森-古拉尔(David Kristjanson-Gural)

价值理论有一个核心问题就是要把需求也涵盖在内,因为如果不能有效说明需求对商品价格的影响,我们讲商品价值就失去了意义。对于需求变化如何影响商品的价值和交换价值的问题,马克思主义理论家的观点可以分成三大方向①。第一种是传统的方向,认为需求只是通过改变生产者关于生产所需劳动力的决策,间接影响商品价值的确定。第二种方向我称之为货币论,它认为需求完全决定了商品的价值。这种观点认为市场价格与交换价值相一致,因此需求的变化直接影响每种商品的价值大小。第三种方向我称之为历时论,它认为在《资本论》第三卷第 10 章中,马克思提供了一种在需求过剩或不足的情况下确定商品价值的方法。根据这一解释,需求通过影响被认为是"社会必要的"劳动时间的大小,从而直接影响商品价值的大小,但与此同时,生产条件又决定了交换价值的变化范围。这三种方向在论证自身观点时都对相关经典文本进行了考证和分析,它们关于价值是什么、价值和交换价值有什么关系的问题,各自都得出了不同的结论。

---

① 这里需要明确一下,价值是指生产商品所需的社会必要的抽象劳动时间;而交换价值是商品在等价交换中所代表的社会必要劳动时间。价值和交换价值都是以货币的形式表现出来的,可以用货币单位和劳动单位两种方式来度量。在引入生产者竞争之前,价值和交换价值的量是相等的。如果生产者是在一个行业内竞争,那么交换价值就是市场价值;如果存在行业间竞争,交换价值就是生产价格;如果存在行业间竞争并且还有需求变化,那么交换价值就是生产的市场价格。市场价格不同于交换价值,是指给定时期内某一特定商品的所有生产者的平均货币价格。

马克思论社会必要劳动时间及需求的作用

这三种路径的理论家的分歧在于：马克思所说的社会必要劳动时间是什么含义？需求又如何影响价值和交换价值的确定？社会必要劳动时间有两种含义，传统路径的理论家强调第一种含义：如果劳动是在当时普遍存在的平均技术水平和强度下进行的，那么这种劳动就是社会必要劳动。在这里，需求对商品价值的大小没有直接影响，因为只有生产条件才能决定价值的大小。然而，马克思又指出过社会必要劳动时间还可以有第二种含义，这种含义表明需求在价值的决定中起直接作用。

“假定市场上的每一块麻布都只包含社会必要劳动时间。即使这样，这些麻布的总数所包含的已耗费的劳动时间仍然可能过多。如果市场的胃口不能以每码两先令的正常价格吞下麻布的总量，这就证明，在全部社会劳动时间中，以织麻布的形式耗费的时间太多了。其结果就像每一个织布者花在他个人的产品上的时间都超过了社会必要劳动时间一样。”

(Marx 1954，109；见《马克思恩格斯文集》第 5 卷，人民出版社 2009 年版，第 128 页)

在第三卷中，马克思又写道：

“总的来说，这个特殊部门消耗的社会劳动是过多了，就是说，产品的一部分已经没有用处。可见，只有当全部产品是按必要的比例生产时，它们才能卖出去。社会劳动时间可分别用在各个特殊生产领域的份额的这个数量界限，不过是价值规律本身进一步展开的表现，虽然必要劳动时间在这里包含着另一种意义。为了满足社会需要，只有如许多的劳动时间才是必要的。”

(Marx 1959，636；见《马克思恩格斯文集》第 7 卷，人民出版社 2009 年版，第 717 页)

马克思之前认为作为社会必要劳动时间的价值完全由生产所需的平均劳动时间所决定，而这一段落显然与此相矛盾。事实上，这一段就是在说以平均技术水平和强度而耗费掉的劳动却超出了现有的社会需要，这些劳动在第一种含义下是社会必要的，而在第二种含义下则不是社会必要的。因而，马克思主义理论家就碰到了如何解释这一明显矛盾的问题。

在《资本论》第三卷第 10 章中，马克思列举了三个例子来说明需求如何影响到市场价值的确定，他在行业层面上考虑商品的交换价值，而相互竞争的生产者各自以不同的资本构成和生产率生产相同的产品。对这三个例子的解释凸显了传统派、货币派和历时派关于需求问题看法的差异。

在第一个例子中，商品是由多种技术所生产的，每种技术的产品在总供给中所占比例大致相等。这些技术的算术平均值就定义了生产商品的社会必要劳动时间，从而决定了市场价值。在第二个例子中，其中一种技术提供了行业大部分的产出。在这种情况下，这种主导技术的个别价值就可以决定市场价值，即使它并不代表总劳动力支出的算术平均值(Eubin 1973，176)。在这两种情况下，马克思都假设需求刚好足够，可以按照等于市场价值的市场价格来吸收现有的供给。

马克思的第三个例子是设定市场价值由上述两种方法之一决定，而需求又偏离供给，在这个情况下，市场价值要如何确定呢？马克思认为，市场价值可以由一种极端的生产技术(效率最高或最低的生产者)决定，而正是需求量决定了市场价值偏离平均或主导技术所决定的程度(Marx 1959，184—185)。

在到谈到这种情况之前，在马克思的分析中对于商品的有效需求量都只是简单做了一个设定，但在碰到现在这种情况时，“只要一方面有了整个生产部门的产品，另一方面又有了社会需要，这个量就是一个重要的因素了。因此，现在有必要考察一下这个社会需要的规模，即社会需要的量”(Marx 1959，185；见《马克思恩格斯文集》第 7 卷，人民出版社 2009 年版，第 206 页)。引入了这种新的条件之后，我们就需要重新评估一下商品代表一定数量的社会必要的抽象劳动时间这个说法了。

> “正如商品按其价值出卖的条件是商品只包含社会必要劳动时间一样，对于资本的某一整个生产领域来说，这种条件就是，这个特殊领域所花费的只是社会总劳动时间中的必要部分，只是为满足社会需要(需求)所必要的劳动时间。如果这个领域花费多了，**即使每一单位商品所包含的只是必要劳动时间，这些单位商品的总量所包含的却会多于社会必要劳动时间**，正如单位商品虽然具有使用价值，这些单位商品的总量在既定的前提下却会丧失它的一部分使用价值。……由于这种比例失调而引起的**市场价值的提高或降低**，造成资本从一个生产领域抽出并转入另一个生产领域……”
>
> (Marx 1968，521；强调为引者所加；见《马克思恩格斯全集》中文第一版第 26 卷中，第 595 页)

虽然马克思引入这种带有偶然性的条件是为了讨论如何确定市场价值，但他不止一次地指出，这种分析做适当修改之后也可以适用于确定生产价格。马克思在下面的一段话中就指出了这一点，在这段话中发展出了一个更为发达的交换价值范畴：

“根据以上所说可以看出，市场价值（关于市场价值所说的一切，加上必要的限定，全都适用于生产价格）包含着每个特殊生产部门中在最好条件下生产的人所获得的超额利润。把危机和生产过剩的情况完全除外，这一点也适用于所有的市场价格，而不管市场价格同市场价值或市场生产价格有多大的偏离。”

（Marx 1959，198；也可见第 179 页；见《马克思恩格斯文集》第 7 卷，人民出版社 2009 年版，第 221 页）

而上面我们提到的采用三种解释路径的理论家们，正是对这些关键段落的解释存在分歧。

开创性贡献：鲁宾和罗斯多尔斯基

鲁宾（Rubin 1973）认为马克思的第三种确定市场价值的方法是错误的。他提出，在马克思说的第三种情况下，当需求不等于供给时，确定商品市场价值的正确方法是，根据能够对生产数量做出必要调整的技术的个别价值来确定市场价值。鲁宾主张修正马克思关于各行业间必然保持均衡的论点，市场价值的任何其他决定因素都可以破坏马克思关于不同部门之间存在均衡的假定。在鲁宾看来，市场价值所定义的就是那种维持各生产部门之间均衡状态的价值。如果市场价值由平均技术决定，而更有效率的技术能够扩大生产，这就会导致更有效率的技术发生扩张，从而行业间的均衡条件会被打破。

在鲁宾看来，马克思所说的第二种含义的“社会必要”指的就是市场需求偏离市场供给的不正常情况。因此，这个词表示的不是市场价值的确定，而是市场价格与市场价值的偏离。鲁宾认为，如果要对马克思的价值理论做融贯的解释，那就要维持这种偏离，传统派的理论家接受了他的这种推理（Shaikh 1981，278）。

罗斯多尔斯基（Rosdolsky 1954）的观点与鲁宾相反，他在解释市场价值如何决定的问题时接受了马克思关于需求作用的论述。他认为，当需求偏离供给时，市场价值可以等于马克思所说的两个极端生产者群体的其中之一的个别价值。罗斯多尔斯基考虑了这样一个行业，其中大多数生产者在使用效率较低的生产技术。对平均价值的商品的需求只需略大于供给，就可以让市场价值等于效率较低的生产者群体的个别价值。然而，只有当供给大大超过需求时，才会使得市场价值等于最有效率的生产者的个别价值。

> “只要需求稍占优势，市场价格就会由在不利条件下生产的商品的个别价值来调节。……如果需求小于供给，那么在最好条件下生产的那部分商品不管量有多少，都会把自己的价格缩减到自己个别价值的水平，以便强行占据市场。但市场价值决不会等于在最好条件下生产的商品的个别价值，除非供给极大地超过了需求。”
>
> （Marx 1959，184—185；见《马克思恩格斯文集》第 7 卷，人民出版社 2009 年版，第 205—206 页）

由于存在需求过剩或不足的情况，这就造成了市场价格与市场价值的偏离。然而，正如罗斯多尔斯基所说的那样，马克思明确指出有两种截然不同的偏离：

> “与此相反，如果这个（生产的）量小于或大于对它的需求，市场价格就会偏离市场价值。第一种偏离就是：如果这个量过小，市场价值就总是由最坏条件下生产的商品来调节，如果这个量过大，市场价值就总是由最好条件下生产的商品来调节，因而市场价值就由两端中的一端来决定，尽管单纯就不同条件下生产的各个量的比例来看，必然会得到另外的结果。如果需求和生产量之间的差额更大，市场价格也就会偏离市场价值更远，或者更高于市场价值，或者更低于市场价值。”
>
> （Marx 1959，185—186；见《马克思恩格斯文集》第 7 卷，人民出版社 2009 年版，第 206 页）

因此，罗斯多尔斯基拒绝了鲁宾对马克思的“纠正”，他的结论是需求的相对强度可以影响商品生产所花费的劳动力的计算方式，从而直接影响市场价值的确定。市场价值并不意味着就是由行业平均所决定，除非是在特殊情况下平均需求等于平均供给，这才会是由行业平均来决定。然而在一般情况下，市场并不是无摩擦的，因此不同行业的利润率会有所不同。他认为，马克思在这一章中的分析提供了一种方法，可以用来分析当我们碰到需求过剩或不足，以及不同行业的利润率存在差异的情况时，市场价值是如何确定的。在这种情况下，“在需求恰好大到足以按这确定的价值吸收掉全部商品的前提下”（Marx 1959，185；见《马克思恩格斯文集》第 7 卷，人民出版社 2009 年版，第 206 页），市场价值在生产条件所决定的范围内根据对有关商品的有效需求的强度而变动。

因此，传统派的解读接受了鲁宾的论点，即马克思错误地认为需求直接影响价值。货币派接受了需求影响价值的结论，但忽略了马克思在第 10 章中的分析，马克思在此章中讨论了由生产条件决定的市场价值可以发生移动的限度。历时派发展了罗斯多尔斯基的解读，他们接受马克思关于需求对市场价值具有决定性影响的说法，并将这一分析应用于行业间竞争，从而进一步发展了生产价格的概念，按照从马克思到罗斯多尔斯基的一贯思路，定义了生产的市场价格。

传统派观点

后续的马克思主义理论家们对于需求在价值决定中的作用分成三派不同看法，接受了鲁宾观点的这一派认为，需求不会直接影响价值或交换价值的大小。“线性生产理论”（linear production theory）（Semmler 1984；Lianos and Droucopoulos 1992）仅根据每个行业的平均生产技术来定义商品的交换价值，而不考虑第二种含义的社会必要劳动时间，即根据现有的社会需要而耗费的劳动。各行业的平均劳动要求，以及让各行业都获得一般利润率的要求，这两方面条件就决定了生产价格，而需求的变化只影响市场价格，让市场价格围绕着生产价格上下波动。由于需求会过剩或者不足，利润率就会有高有低，从而导致市场价格有一个趋向于生产价格的向心力。

因此，需求只能通过改变市场价格与交换价值（生产价格）之间的比例、改变行业间的相对利润率、引发资本流动和改变行业生产条件等途径，间接地影响价值。“相对市场价值的变化以及随之而来的生产价格的变化是由不同于供求规律的规律所决定的，供求规律只是调节着市场价格的**波动**”（Semmler 1984，24）。同时，交换条件也可以间接地参与调节，因为它可以通过改变相对利润率并进而引发资本流动。那些二元模型通常就采用这种方法，像使用物理量来求解生产价格的斯拉法模型就是这样。

谢赫（Shaikh 1981）和伊藤诚（Itoh 1988）提出了“调节资本理论”（regulating capital theory），认为交换价值并非由平均技术决定，而是由调节行业市场价格的技术所决定。两人对调节资本的定义略有不同。谢赫认为，由于需求的变化会引发资本流动，因此行业内的主导技术就将决定市场价格，因为一旦资本在该行业的流入或流出解决了需求扰动问题，这些技术就将决定生产价格。因此，没有必要确定平均生产条件；只需确定占支配或调节地位的资本就可以了。

伊藤诚（Itoh 1988）将调节资本定义为能够响应需求变化的、效率最高的可用生产技术。这种技术决定了在何种价格下生产者会失去进入这个行业的动力。由于新的生产必须假定使用效率最高的、普遍可用的技术，如果这种技术所提供的利润率高于平均水平，那么可以预计该行业的生产将会扩大。因此，动态价格调整理论应考虑这种“调节”性生产技术对生产市场价格的决定作用，以便从理论上说明市场过程。关根(Sekine 1980)发展了这一理论，认为必须考虑行业中每种生产技术的“边际响应比率”——需求增长被每种技术满足的比率。商品的生产市场价格是由各种技术的个别价值根据它们的响应比率加权确定。①

伊藤诚和关根进一步在理论上对交换价值——也就是马克思所说的“生产价格”——进行了发展。一旦将需求条件纳入分析，由此产生的价格形式，即生产的市场价格，就可以表示行业内和行业间竞争的影响。他们二人的结论是，生产的市场价格取决于多种因素，因此只能根据这些因素来确定某个特定的价格，但无法从理论上系统说明由于竞争而导致的市场变化。

这些关于需求作用的传统观点都没有采纳马克思关于社会必要的第二种含义，也都不承认需求在价值决定中的直接作用。价值是由第一种意义上的社会必要劳动时间决定的，即生产商品平均所需的劳动时间，其中所谓的平均，按不同人的不同理解是根据取平均值或者由主导性、调节性资本来确定。需求的变化只会调节市场价格，从而刺激资本流动，但不会直接影响商品价值的确定。

这种理论路径的优势在于解决了那些不依赖于短期调整过程的问题，包括价值与交换价值之间的关系问题，以及生产力的变化对价值分配的长期影响的问题。根据行业的平均或主导生产技术，相关理论家就可以利用投入-产出矩阵，从数学意义上确定生产技术条件的变化对各个竞争性行业中的长期价值和交换价值的影响。这种路径还详细阐述了价值和生产价格的不同决定方式，有助于厘清价值和交换价值之间错综复杂的关系，这种复杂性正是造成所谓转形问题的根源所在。

传统派理论的困难不在于它对长期价格变化的描述不准确，而在于它只把重点放在长期，而忽视、放弃了对短期价格调整进行理论说明的尝试。考虑到长期资本的存在，再加上需求的不确定性和可变性，即使有资本流动，市场价格与生产价格之间也可能出现长期和重大的偏差。传统派理论认为上面所列的这些因素只能决定市场价格，并且认为它们只是偶发因素，从而恰恰忽略了它们对经济结果所具有的最直接影响。当然，从长期来看，无论需求是上升还是

---

① 关根和伊藤诚对生产市场价格的解释与新古典经济学中的边际成本分析有着惊人的相似。

下降，行业价格变化的路径确实都是相同的，因而这一派理论没给需求留下多少发挥空间也是有一定根据的（Horverak 1988）。价值和交换价值的理论能够说明行业内生产者之间以及相互竞争的行业之间的价值分配情况，但不能说明需求是如何对价值进行再分配的，只能确定市场价格的长期路径。但因为价值的短期分配对于理解马克思的危机理论以及货币理论至关重要，传统解读的这一特点就成为其一大弱点。

货币派观点

根据货币派的理论，需求直接决定了商品价值的大小，但对这一结论具体又有两种不同的解释。一种比较早期的解释因为追随鲁宾的观点，被称为鲁宾学派，它认为具体的私人劳动只有通过交换才能简化为抽象的社会劳动。另有一派则是价值形式派，它沿着黑格尔主义的思路认为，商品的价值与交换价值之间的矛盾必然意味着价值要以货币的形式表现出来。

对于传统派那种关于价值与价格关系的理论，鲁宾学派就其中两点提出了异议。首先，由于传统派理论家假设价值存在于交换之前并且独立于交换，因此他们没有给货币留下什么发挥作用的余地。其次，传统派对于私人劳动和社会劳动、具体劳动和抽象劳动的区别并没有说出什么实质性内容。相反，鲁宾学派的理论家认为，交换行为可以赋予这些概念以明确内涵，生产者的私人具体劳动就是社会分工，而正是交换才使私人的、具体的劳动成为社会必要的、抽象的劳动。因此，价值不是在生产中决定的，而是通过交换来决定的。

在这一派看来，劳动并不是一开始就被简单设定为无差别劳动的；相反，将具体劳动简化为抽象劳动正是交换行为本身所造成的结果。科莱蒂（Colletti 1973）根据资本主义商品生产的特点论证了这一结论的正确性。

> “由于社会并没有进行任何自觉的安排或分配，因而个别劳动并不是社会劳动的**直接**表达；只有通过交换关系或市场的**中介**，个别劳动才能成为总劳动的一个部分或**相应的一份**。”
>
> （Colleti 1973，462；强调为原文所加）

事实上，似乎没有什么其他方法可以把劳动从一种形式简化为另一种形式。正如格斯坦所说：“……商品生产的过程并不是**直接**社会性的……（所以）……在实际造成了这种简化的市场之外，是没有办法预先将可观察的具体劳动简化为社会的抽象劳动的。”（Gerstein 1976，52；强调为原文所加）

这一观点的一个重要推论是，价值只能用货币单位来度量。由于“抽象劳动只能在一个地方——市场——才能被观察到……它采用货币的形式存在，从而具有了可观察的现实性……抽象劳动本身只有在它以独立的货币形式存在时才能被‘度量’，这种货币形式使它与商品的物的形式相对立，而它正是物化在这个商品的物的形式之中的”（Gerstein 1976，53；另参见 DeVroey 1981，189）。

第二个推论是，根据鲁宾学派的看法，马克思的价值理论不能为价格决定的定量理论提供依据。因为抽象劳动的数量是由市场所决定的，实际交换关系受制于理论范围之外的偶然事件，“……原则上，马克思的价值理论不能用来得出价格”（Gerstein 1976，53）。此外，正如鲁宾本人所说的，根据市场上的交换比率确定价值，就意味着价值不能是价格的唯一决定因素。因此，这一学派否定了马克思的价格理论和他的剥削理论（DeVroey 1981，193）。

第二种货币派理论从不同的前提出发得出了类似的结论。在价值形式学派看来，价值必须表达为货币，这是《资本论》中价值形式辩证发展的结果。根据对马克思方法论的黑格尔主义解读，货币形式作为对价值这一本质的表现，商品的使用价值和交换价值之间的矛盾也会导致货币形式有其发展进程。“正如商品的价值只能在交换关系中表达一样，价值的大小也只能在这些关系中表达”（Eldred and Hanlon 1981，35）。因此，不能认为价值在商品交换之前就已经存在。

这种观点认为，需求直接影响商品价值的确定，因为市场上的交换关系决定了商品的价值。“商品的价格表达了商品中所物化的特定种类的具体劳动被承认为一般劳动的程度……因此与马克思所说的相反，价格的波动就应当被视为商品价值大小的波动”（Eldred and Hanlon 1981，39）。

许多理论家都尝试发展这种可以用来定量分析价值的货币派理论。他们根据货币价值的定义，将价值量转换成抽象劳动时间的量。一些学者认为这种转换只能在宏观层面上应用。因此，这些理论家将马克思的价值理论解释为一种宏观经济理论，并放弃任何计算个别价格或价值的尝试（Bellofiore 1989；Foley 2000）。另一些学者则认为，货币价值可以应用于个别价格层面（Mohun 1994；Mosley 1993，2005；McGlone and Kliman 1996；Kliman 2006）。

莫恩认为，发生在交换之前、独立于交换之外的商品的生产条件决定了商品的价值大小，即社会必要劳动时间的大小。价值是在不考虑交换的情况下就已经确定了的，“以社会必要时间（将不同的劳动强度、生产力水平、技能等进行标准化处理之后得出）来度量”（Mohun 1994，395）。

但另一方面,抽象劳动是通过商品与货币的交换而**被**决定的量。正如鲁宾所说,货币发挥了价值等价形式的作用,使具体的私人劳动简化为抽象的社会劳动。与货币的交换决定了**价值形式**的大小,这个大小要以货币单位来表示。而用货币来表示之后,

> “使用价值直接表现为价值,具体劳动直接表现为抽象劳动,私人劳动直接表现为社会劳动……因此,一种商品的价值是由一般等价物的数量单位来表示的……任何商品的价值都表现为一定量的货币,或者说是通过(货币的)价值形式来表示。”
>
> (Mohun 1994,395)

因此,货币的价值“使得价格能够转化为劳动时间”(Mohun 1994,409)。在莫恩看来,“这是‘价格’的基本含义;‘价格’代表了某个特定商品所占据的一定比例社会总劳动时间。从这个意义上说,价格是价值的形式,是抽象劳动的形式”(Mohun 1994,403)。

由此,生产价格和市场价格都被视为价值的形式。前者是由行业间利润率平均化所确定;后者则是“在市场上任意特定时间所观察到的,由当前的需求和供应条件所决定……而导致市场价格与生产价格发生差异的那些决定因素可以看成理论的具体化”(Mohun 1994,399)。所以莫恩认为,商品交换只是根据需求水平在行业间重新分配劳动时间。市场价格本身就是价值的形式,市场价格除以货币的价值,就可以从货币量转化为抽象劳动的量。抽象劳动价值理论在鲁宾的启发下,结合了货币价值的定义,为价值与价格的关系提供了一个可以严格定量的理论。

麦格隆和克里曼(McGlone and Kliman 1996;Kliman 2006)认为,固定资本在前一期的市场价格决定其当期的价值。因此,这种分期单一体系解法沿袭了鲁宾学派的做法,用货币法来处理需求问题。在进入和离开某一特定生产周期的价值中,固定资本那部分的价值是由其市场价格决定的。克里曼认为,这种分期方法能够克服价值转形和确定价格大小的难题,并且由此得出的危机理论也要比线性生产理论的共时处理方法更加融贯(Kliman 2006)。但是,克里曼对市场价值做出的理论阐发,也没有指出由生产技术所决定的市场价值随需求变化而波动的范围界限是多大,所以他的方法只是注重了生产技术,而没有考虑第二种含义的社会必要劳动时间。莫斯利(Moseley 2005)也忽略了市场价值的确定。他认为,因为马克思首先是以货币来定义资本的(将之定义为“生出货币的货币”),所以在概念上来说,作为货币量的价值概念要优先于作为社会

必要的抽象劳动时间的价值概念。由此,价值量也就是与抽象劳动量相对应的货币量。他也没有考察马克思赋予社会必要劳动时间的第二种含义,只采用了货币派的观点,认为需求完全决定了价值的大小。

货币派理论的最大优点是认识到了交换对于价值的决定、对于将私人的具体劳动纳入社会分工所起的重要作用,而社会分工正是马克思用来区别资本主义商品交换与其他生产方式的关键因素。这一派理论将货币置于商品运动的中心位置,而不是单纯充当度量价值的手段。各种会对货币在资本主义经济中的职能产生影响的因素,货币的形式,货币的创造和分配方式,以及随之而来的矛盾,都被一揽子地纳入了分析之中。

但是,因为将需求直接纳入决定价值量的因素中,早期货币论者也遇到了三个困难。第一,因为把价值的定量决定问题归结为单一维度的货币单位,或者说价格,他们就无法从概念上把剥削定义为无酬劳动。“它无力**解释**价值对价格的决定作用,因为价值只能以价值的单位来度量”(Gleicher 1983,105)。第二,早期货币论者的两种具体理论都没有包含社会必要劳动的第二种含义。结果就是市场价值和市场价格混为一谈,违背了马克思第三个例子中所提出的要参照生产条件来确定市场价值和市场价格。第三,按照价值形式学派的理解,就会导致放弃价格决定的定量分析。

后期的货币派理论部分解决了其中的一些困难。莫恩将市场价格定义为价值,这实际上也可以认为他接受了社会必要的第二种含义。但是,将价值定义为生产一种商品所需的社会必要劳动时间,将价值形式定义为在交换中归属于商品的抽象劳动,这只是把社会必要的第二种含义用在了价值上,交换价值仍然没有采用这种含义。因此,仍然只能按照第一种含义——平均强度和时长下的劳动——来理解社会必要,以便维持生产条件是商品价值的唯一决定因素这个命题。此外,与莫恩的主张相反,货币的价值并不能用来把个别商品的价值转化为价格。因为固定资本的价值是被排除在货币价值的决定过程之外的,所以货币价值只能用来度量消耗新劳动所产生的价值。因此,该种分析无法解释由于使用固定资本而导致的价值在生产周期中的进出要如何进行转化。弗雷(Foley 2000)承认了这一点,他也正因此才主张将价值理论重新定义为一种关于总价值流的理论。

在所有这些货币派的理论中,社会必要劳动时间的定义都仅仅指鲁宾所认同的第一种含义,而没有涉及它的第二种含义——根据现有社会需要而耗费的劳动。这一理论路径将价值和交换价值定义为在交换中实现的货币价格,从而也就无法区分价值和交换价值。因此,它无法从理论上解释需求如何影响价值在生产者和接受者之间的再分配。

历时派观点

最后一种路径遵循罗斯多尔斯基对马克思需求理论的解释。我把这一派称为“历时”(diachronic)派,因为这一派的理论家的一个共同的核心观点是,阐述的顺序也就代表了价值以及价值同交换价值的关系所经历的历时进程。认识到这种历时顺序有助于解决其他两派解释路径所遇到的明显矛盾和困难。霍维拉克(Horverak 1988)和因达特(Indart 1990)是这一派的早期尝试者,试图在需求过剩或不足的条件下解释价值和交换价值之间的关系。他们都得出结论说,马克思在《资本论》第三卷第 10 章中对第三种可能性的描述并没有犯错误。当按照市场价值的需求超过供给时,市场价值和市场价格同时上升。当市场价值由最低效的生产技术所决定,并且需求超过供给时,市场价格就会偏离商品的市场价值。供应过剩时情况则相反。因此,生产条件确定了一个范围,市场价值可以在这个范围内变化,市场价格也随着这个范围内的市场价值的变化而相应变化。

霍维拉克和因达特认为,在第 10 章马克思所举的前两个例子中,他假设商品的有效需求刚好足够,可以按市场价值吸收供给,“不管这个市场价值是按以上研究过的三种情况中的哪一种来调节。这个商品量不仅满足了一种需要,而且满足了社会范围内的需要”(Marx 1959,185;见《马克思恩格斯文集》第 7 卷,人民出版社 2009 年版,第 206 页)。只要市场价值在生产技术所规定的范围内,在商品上所耗费的劳动就满足了“社会范围内”对商品的需求。只有在马克思考虑的第三个例子中——也就是说,存在行业间竞争时——才存在需求分配的问题。此时,必须考虑到需求和供给之间存在差异的可能性。

按照这种解释,历时派就可以整合社会必要劳动时间的两种含义,他们承认在一开始、在《资本论》第一卷中是第一种含义占主导地位,此时还不涉及第二种含义所针对的问题。直到《资本论》第三卷中引入了行业间竞争,马克思才放宽了假设,需求不一定刚好足以吸收供给,生产中所耗费的劳动也不一定是在第二种含义下的社会必要。此时要满足原来这两个假设的条件,就必须是在完成市场竞争之后才能达成。

因此,市场价值并不像传统派的线性生产理论所认为的:只根据独立于交换的生产条件来确定,并且是一个固定的值。但是,市场价值也并不像货币派所认为的那样是简单等同于市场价格。相反,如果在生产条件所规定的限度内,市场价值以及市场价格都要根据有效需求强度的变化而变化。而如果在这个限度之外,市场价值与市场价格就会存在偏差。因此,行业的生产条件对市场价值的波动范围有严格的限制。“因为根据马克思的看法,市场价值只能在三类生产者中某一类的生产条件(以及由此产生的个别价值)所规定的限度内变动”(Rosdolsky 1954,92)。

然而,由于行业间竞争意味着要按照生产价格而不是市场价值进行交换,这种历时性理论也就必须要解释生产价格的形成。该派理论家认为,正如引入行业间竞争就意味着交换价值要从市场价值转化为生产价格一样,引入需求也就意味着交换价值要再进一步从生产价格转化为生产的市场价格。罗伯茨(Roberts 1997;2004;2005)扩展了沃尔夫等人(Wolff,Callari and Roberts 1984)的观点,解释了在生产价格形成的过程中,交换是如何促成私人的、具体的劳动转化为社会必要的、抽象的劳动。当期生产资料的价值不是由生产这些资料所需的平均具体劳动时间所决定的,而是由这些生产资料在等价交换中所代表的社会必要的抽象劳动决定的。因此,生产资料的交换价值是指这些生产资料在生产过程中转移到商品中的价值。这种非二元论的解释既解决了转形问题,又解决了货币派理论无法解释的一点,即如何能够一方面维护对价值所做的微观层面的定量分析,另一方面又允许交换直接参与价值的形成。

但是,罗伯茨还保留了一个假设,即需求刚好足以吸收供给,因此,他只考虑生产价格,而不考虑生产价格如何受到需求变化的影响。将需求因素纳入罗伯茨的抽象劳动理论,就要确定每个行业的生产技术,并说明当需求偏离供给时,需求的变化如何影响交换价值的确定。由此产生的生产市场价格,已经在行业间竞争的层面上纳入了需求的影响,因此可以用来说明需求的变化如何在跨行业竞争的生产者之间重新分配社会必要的抽象劳动时间(Kristjanson-Gural 2003;2005)。

因此,这一解释完成了传统派试图要做的两大核心任务:一是生产条件通过限制生产的市场价格的变动来决定价值和交换价值;二是它有效整合了马克思提到过但没有详细阐发的生产的市场价格的概念(Kristjanson-Gural 2009)。同样,这一解释也实现了货币派的基本诉求,确定了交换在价值决定中的重要作用,并将货币纳入了决定过程。价值的货币表现形式是指流通中的总价值,它的作用是将价值和交换价值的货币表现形式从货币单位转化为社会必要劳动时间单位。价值和交换价值仍然是以劳动时间和货币两种方式计价(Kristjanson-Gural 2008)。因此,这种解释方法既整合了货币派的优点,又保留了传统派的线性生产理论关于生产条件变化如何影响利润率和价值分配的微观经济分析。

这种分析方法还可以进一步用于阐释马克思的绝对地租和级差地租理论，将之作为固定资本中存在不可再生要素条件下，生产的市场价格的特例（参见本书第十一章）。至于引入垄断定价的情况，现在理论界还在探索之中。需求问题是马克思价值理论中的一个关键问题，但很大程度上被人们所忽视了。需求在马克思价值理论中的地位，以及相应的生产的市场价格问题，都需要进一步进行争鸣和发展。

参考文献

Bellofiore, R. 1989. "A Monetary Labor Theory of Value." *Review of Radical Political Economics* 21 (1–2): 1–25.

Colletti, L. 1973. "Some Comments on Marx's Theory of Value." In *From Rousseau to Lenin: Studies in Ideology and Society*. New York: Monthly Review Press.

DeVroey, M. 1981. "Value Production and Exchange." In *The Value Controversy*, I. Steedman and P. Sweezy, eds., 173–201. London: Verso.

Duménil, G. 1983. "Beyond the Transformation Riddle: A Labor Theory of Value." *Science and Society* 47(2): 427–450.

Eldred, M. and M. Hanlon. 1981. "Reconstructing Value-Form Analysis." *Capital and Class* 13: 24–60.

Foley, D. 1982. "The Value of Money, the Value of Labor Power and the Marxian Transformation Problem." *Review of Radical Political Economics* 14(2): 37–49.

——. 2000. "Recent Developments in the Labor Theory of Value." *Review of Radical Political Economics* 32(1): 1–39.

Gerstein, I. 1976. "Production, Circulation and Value: The Significance of the 'Transformation Problem' in Marx's *Critique of Political Economy*." *Economy and Society* 5(3): 243–291.

Gleicher, D. 1983. "A Historical Approach to the Question of Abstract Labor." *Capital and Class* 21: 97–122.

Horverak, O. 1988. "Marx's View of Competition and Price Determination." *History of Political Economy* 20(2): 275–297.

Indart, G. 1990. "The Formation and Transformation of Market-value: A Note on Marx's Method." *History of Political Economy* 22(4): 721–743.

Itoh, M. 1988. *The Basic Theory of Capitalism*. Totowa, NJ: Barnes & Noble.

——. 2005. "The New Interpretation and the Value of Money." In *Marx's Theory of Money: Modern Appraisals*. New York: Palgrave Macmillan, 177–191.

Kliman, A. 2006. *Reclaiming Marx's* Capital: *A Refutation of the Myth of Inconsistency*. Lanham, MD: Rowan & Littlefield.

Kristjanson-Gural, D. 2003. "Demand and the (Re)distribution of Value: An Overdetermined Approach." *Rethinking Marxism* 15(1): 117–140.

——. 2005. "Exchange, Demand and the Market-price of Production: Reconciling Traditional and Monetary Approaches to Value and Price." *Research in Political Economy* 22: 171–202.

——. 2008. "Money is Time: The Monetary Expression of Value in Marx's Theory of Value." *Rethinking Marxism* 20(2): 257–272.

——. 2009. "Post-Structural Logic in Marx's Theory of Value." *Rethinking Marxism* 21(1): 14–33.

Lianos, T. and V. Droucopoulos. 1992. "Price determination in Chapter X of Volume II of Marx's Capital." *Review of Radical Political Economics* 24(1): 89–100.

Marx, K. 1954. *Capital: A Critique of Political Economy*, Volume 1. Moscow: Progress Publishers.

——. 1959. *Capital: A Critique of Political Economy*, Volume 3. Moscow: Progress Publishers.

——. 1968. *Theories of Surplus-Value*, Part 2. Moscow: Progress Publishers.

McGlone, T. and A. Kliman. 1996. "One System or Two? The Transformation of Values into Prices of Production Verses the Transformation Problem." In *Marx and Non-equilibrium Economics*, A. Freeman and G. Carchedi, eds. Cheltenham: Edward Elgar.

Mohun, S. 1994. "A Re(in)statement of the Labour Theory of Value." *Cambridge Journal of Economics* 18: 391–412.

Moseley, F. 1993. "Marx's Logical Method and the 'Transformation Problem'." In *Marx's Method in Capital: A Re-examination*, F. Moseley, ed. Atlantic Highlands, NJ: Humanities Press International.

——. 2005. "Money Has No Price: Marx's Theory of Money and the Transformation Problem." In *Marx's Theory of Money: Modern Appraisals*. New York: Palgrave Macmillan.

Roberts, B. 1997. "Embodied Labor and Competitive Prices: A Physical Quantities Approach." *Cambridge Journal of Economics* 21(4): 483–502.

——. 2004. "Value, Abstract Labor and Exchange Equivalence." In *The New Value Controversy and the Foundations of Economics*, A. Freeman, A. Kliman, J. Wells, eds. Cheltenham: Edward Elgar.

——. 2005. "Quantifying Abstract Labor: 'Aliquot Part' Reasoning in Marx's Value Theory." *Research in Political Economy* 22: 137–170.

Rosdolsky, R. 1977 [1954]. *The Making of Marx's Capital*. London: Pluto Press.

Rubin, I. I. 1973. *Essays on Marx's Labor Theory of Value*. Montreal: Black Rose Books.

Sekine, T. 1980. "The Law of Market Value." *Science and Society* 44: 420–444.

Semmler, W. 1984. *Competition, Monopoly, and Differential Profit Rates*. New York: Columbia University Press.

Shaikh, A. 1981. "The Poverty of Algebra." In *The Value Controversy*, I. Steedman and P. Sweezy, eds., 266–301 London: Verso.

Wolff, R. D., A. Callari, and B. Roberts. 1984. "A Marxian Alternative to the Traditional 'Transformation Problem'." *Review of Radical Political Economics* 16(2/3): 115–136.

·第三篇·

资本主义的生产和再生产

第十六章

资本主义企业

戴维·M. 布伦南(David M. Brennan)

马克思关于企业的理论贯穿于他的三卷《资本论》中,并且其所谓的"企业"概念在最初引入之后,还不断进行内涵的引申拓展,因为"每一个场所都展示着阶级过程和非阶级过程不断变化的形态。在马克思的理论中,企业和国家的概念不是固定不变的"(Resnick and Wolff 1987a,165)。马克思论述了各种不同类型的企业,但主要集中于三种类型的资本主义企业,分别是工业企业或者说生产性企业、商业企业、放贷企业。在马克思看来,这三类企业都是由各种各样的阶级过程所构成的,这些阶级过程决定了三类企业的特殊性,也对他从总体上把握资本主义至关重要。[①]

雷斯尼克和沃尔夫(Resnick and Wolff 1987a;1987b)充分介绍了马克思本人的企业理论,并在其中做出了许多广泛的方法论阐述和分析工作。传统上在西方也已经有了一套马克思主义的企业理论,但长期以来只是从属于积累和危机理论,从而导致了"对阶级持两极对立式的理解,对资本主义企业也是持一种相对偏本质主义的理解"(Norton 2001,24),我们有必要给出一套新的企业理论。那种传统的马克思主义理论并不是马克思的原版理论,它对企业的理解

---

① 奥尔森认为,"在《资本论》中,马克思是通过对资本主义企业进行切近紧密方式来阐述资本主义的历史的"(即将出版)。

过分简化了，将资本家与劳动简单地对立起来，对积累在企业中的地位也提得过高了。本文不仅是要同传统的马克思主义企业理论争鸣，而且要对企业本身进行再研究，争鸣对象包括亚当·斯密关于劳动分工的理论，阿尔弗雷德·马歇尔（Alfred Marshall）关于追求利润最大化的代表性企业的理论，罗纳德·科斯（Ronald Coase）和尤金·法玛（Eugene Fama）的“契约”理论等。[①] 同其他关于资本主义企业的理论不同，马克思的理论能够揭示剥削、揭示剩余价值的生产与分配中存在的斗争、揭示阶级的形成与矛盾斗争的动态走势，并最终促使我们认识到、设想出某些非剥削性的生产形式。

《资本论》第一卷集中论述生产性的资本主义企业。马克思之所以要阐述关于商品生产和资本主义企业的理论，是针对先前的政治经济学理论例如斯密的理论进行回应，但除此之外，马克思还想指出他认为正确的资本主义企业理论的发展方向，即要结合边沁关于个人主义和功利的观点，并要从根本上认识到生产就是另一种形式的交换、是雇员和雇主之间的交换。

《资本论》在前几章中首先对商品、交换和货币进行了阐述，这使马克思能够把简单交换同生产中的交换区分开来，这两种交换有着很大的差异。马克思并不认为生产是交换的延伸。在这部分的最后他论及了交换，他写道：“赚钱的秘密最后一定会暴露出来。”（Marx 1954，172；见《马克思恩格斯文集》第 5 卷，人民出版社 2009 年版，第 204 页）但是，在开始探讨资本主义生产的实质之前，马克思向读者做了一个保证，他即将在下文中对企业所做的分析是另一种完全不同的分析，并不是像之前章节里那种自由公平地交换商品（例如劳动力）的理论框架。马克思写道：

“劳动力的买和卖是在流通领域或商品交换领域的界限以内进行的，这个领域确实是天赋人权的真正伊甸园。那里占统治地位的只是自由、平等、所有权和边沁。自由！因为商品例如劳动力的买者和卖者，只取决于自己的自由意志。他们是作为自由的、在法律上平等的人缔结契约的。契约是他们的意志借以得到共同的法律表现的最后结果。平等！因为他们彼此只是作为商品占有者发生关系，用等价物交换等价物。所有权！因为每一个人都只支配自己的东西。边沁！因为双方都只顾自己。使他们连在一起并发生关系的唯一力量，是他们的利己心、是他们的特殊利益、是他们的私人利益。正因为人人只顾自己，

---

① 霍奇森（Hodgson 1998）将主要的一些公司理论，包括正统和非正统的理论，总体分为两大类（当然这两类有时会重叠）：一类是公司能力理论，另一类是公司契约理论。他将马克思的企业理论归入公司能力理论，属于其中一个他称为企业进化理论的小类。

谁也不管别人,所以大家都是在事物的前定和谐下,或者说,在全能的神的保佑下,完成着互惠互利、共同有益、全体有利的事业。一离开这个简单流通领域或商品交换领域——庸俗的自由贸易论者用来判断资本和雇佣劳动的社会的那些观点、概念和标准就是从这个领域得出的——就会看到,我们的剧中人的面貌已经起了某些变化。”

(Marx 1954,172;见《马克思恩格斯文集》第 5 卷,人民出版社 2009 年版,第 204—205 页)

马克思没有从个人和贸易开始,而是从阶级和生产开始来阐述自己的企业理论。他定义了关于剩余价值的生产、占有、分配和接受的阶级过程(Resnick and Wolff 1987a,109—163)。虽然权力和财产也是界定不同的阶级过程及阶级成员的重要条件,但马克思关于阶级的独到看法在于,他是基于剩余价值来定义阶级。生产性劳动者是剩余价值的生产者。他们为自己生产的商品或服务的价值所做的贡献要超过自己的工资收入。在资本主义制度下,开展生产的资本家或者说工业资本家是剩余价值的占有者,他们对剩余价值具有初始所有权。《资本论》第一卷的很大一部分,就是要从理论上阐明这一基本阶级过程、剩余价值的生产和占有、剥削的存在性,以及生产性劳动者和资本家之间的斗争。

只有把上述这种阶级理论与劳动价值论结合起来,才能把握劳动与资本在生产场所中的经典形态的对立冲突。[①] 人们可能对工资、工作时长、工作条件和劳动强度的斗争等比较重视,但往往他们对马克思涉及企业的论述的认识就到此为止了,忽略了马克思和马克思主义贡献了一套专门的关于资本主义企业的理论。

幸运的是,1887 年出版的《资本论》英文版中,马克思关于资本主义企业的理论要远远超出生产性劳动者和资本家之间的关系问题,对于理解现代资本主义企业仍然具有至关重要的意义。我们可以像马克思一样,先从生产性资本主义企业的理论出发,然后再去描述商业企业和借贷企业。生产性企业是生产剩余价值的场所,生产商品或服务的生产性劳动者就处在该场所之中。由于他们的报酬要低于其贡献的价值,因此其生产的剩余价值就被生产性资本家所占有,后者对于这些剩余价值有着合法的所有权。在大多数现代企业中,充当资本家的是董事会(Resnick and Wolf 1987b,211—213)。但是,一旦资本家占有

---

① 马克思主义和新古典主义理论采用的价值理论有很大差异,这一点非常重要。雷斯尼克和沃尔夫(Resnick and Wolf 1987b)明确指出了这种差异的存在,并阐述了差异的具体内容。

了剩余价值,他们就还必须对剩余加以分配。这些分配可以分为企业内部分配和企业外部分配。企业内部的分配可能是用于支付经理、内部律师、市场营销人员和信息技术支持人员等的报酬,这里只是随便列举了几个今天常见的分配阶级。这些雇员是非生产性劳动者。非生产性这个标签只是表示他们不直接生产剩余价值,而是从剩余价值当中获得初始分配。他们之所以获得分配,是因为他们为当代资本主义生产提供了必要的存在条件。正是由于这些企业内部阶级的成员提供了文化、行政、法律、技术和其他方面的条件,所在企业才能够作为一个资本主义企业来运行。例如,内部律师要按照企业所在州的法律规定出具必要的法律文件,营销人员要诱使消费者来购买,从而帮助实现由生产劳动所生产出来的剩余。这些剩余还可能有一部分是要付给负责监督和评估生产劳动的管理人员。

还有一些剩余的分配会超出企业自身的范围,因为企业要生存还需要有其他外部条件。例如,要把剩余分配给银行用以偿还债务,股东可能以股息形式分走剩余,国家会以税收形式参与分配剩余。由于银行、股东和国家也都为企业生存提供了条件,它们当然也要在分配中占有一个阶级位置。这些分配都在企业再生产中发挥着关键作用。

就生产性企业而言,即使在同一行业内,由于每家企业的**社会**关系各不相同,其剩余的最优分配也会因企业而异。例如,假设有两个不同的资本主义家具制造企业。一家公司同员工之间的关系可能是采取父爱主义的模式,有良好的医疗保险、公司野餐,上层经常会和车间木工、生产主管等搞点茶话会。这样的企业就需要有比较多的剩余分配才能维持这种情形。然而,另一家家具制造商与员工之间的关系可能非常不人性化、具有对抗性。这家企业当然也要花费剩余,但它是花在其他方面,包括要寻找新工人来代替离职的老工人,要支付高额的法务费用来应付员工投诉,要投入高成本的监控技术来确保高生产率。无论哪种情况,剩余的支出都没有花在制造家具的技术方面,而是花在了企业在某套生产关系下的运行方面。从这个例子中可以看出,每个企业的构成方式是不同的,有独特的社会生产条件。

除了生产性劳动者和资本家会针对生产剩余的规模而存在阶级冲突,围绕剩余的分配也会存在阶级冲突。管理人员可能寻求更高的薪水,寻求管理更多的资金和人力资源,以及其他各种类型的需求。营销部门希望获得更多的提成和资源控制权,信息技术支持人员也是如此。在企业之外,关联方的阶级冲突也是利润率变化的动态进程的一部分:企业管理层与股东之间的争夺会影响股息分配,政治环境会改变税率……这些关联方的阶级斗争的结果都将反馈到生产性劳动者的斗争中,因为资本家可能寻求提高剥削程度,以便支付更高的经理薪酬、股息、税收等。

虽然马克思主义的企业理论的核心关切是阶级问题,但是我们要记住,还有很多阶级以外的问题需要考虑。产品的市场竞争就是这样一个例子。具体而言,企业之间的价格竞争将通过定价机制引发剩余分配,从而影响单个企业实现剩余的规模(Roberts 1988)。最终来说,剩余的规模和分配的规模并不是由剩余自身的合理优化决定的,而是由企业内外部的阶级和非阶级冲突决定的。按照这样的观点来看,由于剩余总是在企业流入流出,那么企业的边界也就是比较虚化的。对这些剩余流及其背后的阶级关系进行具体分析,是许多马克思主义者研究资本主义企业的重点所在。

当然,并非所有企业都生产剩余价值。但是由于我们关注剩余价值流,因而也可以把理论从生产性企业(即生产剩余价值的企业)推广到其他种类的企业关系。商业企业做广告、布展,使最终消费者可以更容易获得产品,这些活动也都有助于实现先前已经生产出来的剩余价值。作为回报,这些企业就可以从生产企业所获得的剩余中分到一部分。例如,沃尔玛是一家贸易公司,因为它所销售的商品并不是自己生产的,而只是将它们展示出来,出售给最终消费者(Minder 2011)。沃尔玛从生产商处购买商品的价格要低于全价,然后它再以全价出售商品。这两个价值之间的差额就是商人分配到了生产企业所创造的剩余。生产性资本家乐于用这种方式出售商品,而不是动用自己的内部销售力量,开设零售商店,或者维持一个网站来销售给最终的消费者。

提出商业企业与生产性资本主义企业的不同,对于理解现代资本主义有着很重要的意义。由于商业企业并不生产剩余,那么它们也就没有剥削劳动,但它们为剥削的存在提供了一些重要条件。具体来说,如果市场支配力强的商人要求提高自己分到的剩余份额,那么生产性资本家就会寻求提高对生产性劳动者的剥削程度,以便能够满足商人方面对剩余的更高要求。

商业企业的员工不生产剩余,因此不可能被剥削,这里的剥削是指自己生产的剩余被他人所占有。此外,由于这些员工并不会收到初始分配的剩余(这是要交给例如商业企业董事会之类的人),而是要从商业企业那里获得后续分配,因此他们处于一种非阶级的位置。这并不是说商家的雇员必然得到适当的补偿或者说必然被良好对待。这些雇员可能在工作场所被欺压,工资可能低于最低生活所需,还可能被雇主剥夺医疗保险。所以这里的问题是:为什么马克思主义在理论上对于商业企业劳动者的看法,会不同于生产性资本主义企业的生产性劳动者呢?这个问题的答案就体现了马克思主义的独到之处。马克思主义是一种阶级理论，而它所谓的阶级是基于剩余价值问题来定义的。正是因为专注于剩余价值的生产、占有、分配和接受，马克思主义才得以在理论上“仔细区分阶级与非阶级过程，突出前者，突出前者的独特影响”（Resnick and Wolff 1987a，165）。阐明商业企业雇员的非阶级地位，一个重要原因就是要考察他们对基本阶级过程所发挥的作用。今天，商人是在出售资本主义条件下生产的商品，因此就是为资本主义的基本阶级过程提供了支撑。但是，如果我们接受了商业企业不是生产性资本主义企业的观点，那么我们也可以设想商业企业支持非资本主义生产过程的情况。也就是说，商业企业可以帮助实现任何一种基本阶级过程所生产出的剩余，比如古代的基本阶级过程、共产主义的基本阶级过程等，它们都可以支持。

放贷企业也是如此，它们可以支持任何类型的生产性企业。向生产性资本主义企业提供资金，就为资本主义的基本阶级过程提供了重要的生存条件，作为回报，它们就会从生产出的剩余中分配到一块利息支出。在这种情况下，放贷企业也是处于关联方的地位，而金融企业随后的分配（例如付给其雇员报酬）则是非关联方分配。虽然放贷企业的主体是向生产性资本主义企业提供贷款，但也有贷款是支持个人的古代式阶级生产，以及家庭中的封建式阶级生产。例如，西班牙巴斯克地区的蒙德拉贡合作社集团（Mondragon Corporation）旗下的“劳动信贷合作社”（Laboral Kutxa）专门就是为合作经济、为非剥削性的生产性企业提供融资。因此，贷款并不完全是支持剥削性企业的工具。

还有许多贷款是为买房、买车等非阶级过程提供支持的。显然，私人债务的非阶级过程会与基本阶级过程相互作用，从2007年开始的次贷危机就是明证。非马克思主义者看待危机时可能只看到金融上的问题，并不会探究个人债务爆炸问题所具有的阶级维度。马克思主义在看待大萧条时则认为，资本主义企业剥削增加是推动个人债务增加的关键因素（Wolff 2012）。

总的来说，在资本主义企业中，资本家为了应对生产性劳动者和关联方阶级成员（包括企业内部和外部）的多重力量叠加，可能对企业内部所雇人员和企业外关联人员加以调整。在内部，企业可能解雇心怀不满的生产性劳动者或生产主管。在外部，企业可能调整对各种政治运动及特定候选人的资金支持，从而改变与国家的关系；可能从股东手中回购股票，从而改变与股东的关系；可能调整经销商，从而改变与商业企业的关系；可能调整债务再融资，从而改变与放债人的关系。从这个角度来看，生产性资本主义企业是一个时时刻刻都在进行博弈从而争夺剩余价值的场所。

商业和借贷企业也可能试图改变，究竟要与哪些资本主义企业开展业务，又或者去和哪些非资本主义企业接触、参与非阶级贷款,等等。通过揭示这些阶级和非阶级的动态变化,我们就可以得出一个明显属于马克思主义的资本主义企业理论,其中包括以下三个特征。

第一个特征

我们不能把资本主义生产型企业简化为利润最大化的行为者。这是因为一方面,我们要看到企业行为假设只是假设了企业单纯寻求利润最大化——但企业不是所有时候都做得到。另一方面,我们还要考虑利润最大化行为的后果。关于企业总是寻求利润最大化的观点,马克思主义理论清楚地指出,企业是要满足多重要求的,这些要求包括剩余的生产方式、剩余的数量,以及各种分配方面的要求。因此,没有任何机制可以保证最大利润。我们在这里姑且用一下通用的利润概念,即"利润是从总收入中扣除总成本后还剩余的部分,是计算税款和派发股息的基础,是衡量一个企业成功与否的最佳指标"[①]。然而,如果生产性劳动者在劳动强度和时长不变的情况下提高了收入,利润就会下降。如果首席执行官、管理人员和生产主管等非生产性劳动者获得更高的薪水,利润也会下降。如果银行增加收费、房东增加租金,利润还是会下降。因此,内部员工和外部机构对于企业利润最大化恐怕都不会有什么利益认同感。但是资本主义董事会呢?显然,他们会寻求利润最大化,董事只是股东的法定代理人,没有什么理由不追求最大化,他们就是为了股东的回报最大化才当这个董事的。尽管在一些企业理论中经常就是像上述这样做假设的,但至少在美国法律中并不支持这样做。"尽管董事是由股东选举产生的,甚至股东无须理由就可以罢免董事,但董事不是股东的代理人。从严格意义上讲,董事也不是受托人,他们的立场是独特的"(Henn 1970,415—416)。董事会在谋划企业行为时,会顾及众多第三方成员以及企业之外各种因素的影响。[②] 因此,利润最大化并没有获得法律保证。

此外,从功能性角度来看,利润最大化也不是必需的,因为企业的阶级状况是在不断变化的,企业想要生存下去就必须不断地做出调整应对。从马克思的观点来看,利润并不是衡量企业成败的标准,因为利润本身并不能反映出企业

---

① 请参见 businessdictionary. com 的"利润"条目。

② 请参见布伦南(Brennan 2005)对董事会运作的法律框架更详细的考察。伯利和米恩斯(Berle and Means 1932)虽然不是从马克思主义的阶级观点来看问题,但他们的工作也指出了在现代企业结构中所有权和控制权已经分离,可以支持这里的结论。

的阶级状况。一个企业内部的资本主义基本阶级过程，可能剥削程度高，但因为付给关联方阶级的份额多，所以利润水平低，而这一基本阶级过程则是良好运行的；同样的，也可能剥削程度低，但因为付给关联方阶级的份额少而利润水平高，此时企业中的基本阶级过程却比较危险了。这一切都取决于企业面临的具体生存条件。因此，“如果因为算出来一个资本主义企业的利润率下降，就得出结论说这个企业处于危机时期，这种企业理论是非马克思主义、非阶级的”(Resnick and Wolff 1987a，183)。

第二个特征

与上述第一点相关的是，随着企业存在条件的不断变化，资本主义企业从整体上来说并不能优先考虑某个特定阶级的分配。确实马克思曾经说过：“积累啊，积累啊！这就是摩西和先知们！”(Marx 1954，558；见《马克思恩格斯文集》第 5 卷，人民出版社 2009 年版，第 686 页)但写这句话的时候，马克思所考察的分配关联方阶级还很有限，还只是从资本家消费一项扩展到了资本家消费加积累共两项。马克思关于积累的这种说法是为了批判他那个时代的经济理论把财富完全归功于资本家对消费的禁欲，这些理论家没有看到剥削性生产过程才是剩余的来源。在《资本论》后面的内容中，马克思还会继续扩展剩余的使用方式，形成内容更加丰富的企业理论，并不局限于说资本主义企业只是进行资本积累。

由于每个企业的存在条件不断变化，所以各种阶级和非阶级的分配也必须不断变化才能存在。这可能导致企业做出一些有意思的决策。例如，一个特定时期的资本主义企业，由于所在行业的特殊性，实际上可能通过向生产性劳动者提供更高的工资而受益。福特公司在 1914 年以每天 5 美元的薪水闻名，几乎使汽车工人的工资翻了一番，这就是一个很好的例子。工资增加减少了工人的流动率，并为福特提高生产率提供了动力。[①] 反过来，工资增加也可能导致剥削程度增加。总而言之，这个例子就是表明企业没有必要永远降低员工工资。当然，许多企业在面临各种阶级冲突交织的时候，往往会导致生产性雇员以及许多非生产性雇员的实际工资下降。然而，去分析企业在某一组具体的阶级和非阶级条件下降低工资是一回事，说企业总是必须追求降低工资则是另一回

① http://www.forbes.com/sites/timworstall/2012/03/04/the-story-of-henry-fords-5-a-day-wages-its-not-what-you-think/(2016 年 6 月 1 日访问)

事。因此,马克思主义的企业理论不能简单地归结为资本和劳动之间单纯围绕工资和劳动条件的固定议题发生斗争。许多极富影响力的马克思主义者的观点都与此相违背。例如,哈里・布雷弗曼(Harry Braverman)所著的《劳动与垄断资本》一书就是持这种反面观点。布雷弗曼在书中提出了**“生产过程的渐进异化”**的观点(Braverman 1974,58;强调为原文所加)。虽然资本主义的实践造成了异化并且还不断制造着异化,但按照我们这里的观点来看,异化并不是资本主义企业永恒、普遍和必然的内容。

第三个特征

这里提出的马克思主义企业理论也与那些立足于分析代表性企业或典型企业的企业理论形成对立。新古典主义的企业理论就是分析代表性企业,马克思主义中也有采用这种分析方法的。巴兰和斯威齐在《垄断资本》中,为他们分析“大企业的典型单位、现代公司”的做法进行了辩护:

> “我们对摄影式的现实主义并不感兴趣……要紧的是,经济中的决定性单位都在清清楚楚地向着一个确定的、可以辨认的模式运动,而且这个模式本身比任何同它接近的具体东西要重要得多。”
>
> (Baran and Sweezy 1966,15)

这样做的一个结果是,他们过分关注了积累在企业中的作用,忽视了企业其他的存在条件。而我们这里的观点更符合安东尼奥・葛兰西的观点。他在评论美国的福特主义时写道:

> “没有什么规律可以完美适用于各种制度,也没有什么生产和劳动方法可以对某一特定行业的所有企业都有效,过去没有,现在也不会有。因此可以说,每个企业或多或少都是‘独特’的……”
>
> (Gramsci 1971,313)

运用马克思主义对特定企业进行考察的例子,包括布伦南(Brennan 2003;2003b)对安然公司做过的阶级分析,穆尔德考察沃尔玛(Mulder 2011),美国橄榄球联盟中的绿湾包装工队(Mulder 2015a),英国广播公司交响乐团和伦敦交响乐团(Mulder 2015b)等。

除了这种对单一企业的考察,还有一些研究是运用马克思主义企业理论对行业层面进行考察,包括考察文理学院(Curbs 2001)、美国职业棒球大联盟(Weiner 2003)和工会组织(Annunziato 1990)等等。此外,马克思主义企业理论可以为资本主义、社会主义及其他生产形式之间的关系问题提供理论建议(Gibson-Graham 1993；McIntyre 1996)。

总而言之，马克思主义的企业理论是一种关于阶级问题的企业理论。这一理论试图确切地说明剥削的存在性和剥削存在的具体条件。认识清楚这些问题之后，就可以确立马克思主义分析资本主义的独特视角。但与此同时，马克思主义的企业理论也可以为非剥削性企业提供指导，为其提供现实范例和可行性论证，这正是该理论的革命潜力所在。

参考文献

Annunziato, F. 1990. "Commodity Unionism." *Rethinking Marxism* 3(2): 8–33.
Baran, P. and P. Sweezy. 1966. *Monopoly Capital*. New York: Monthly Review Press.
Berle, A. and G. Means. 1932. *The Modern Corporation and Private Property*. New York: Macmillan.
Braverman, H. 1974. *Labor and Monopoly Capital*. New York: Monthly Review Press.
Brennan, D. 2003a. "Enron: Understanding Deregulated Markets, Accounting Scandals, and Lost Savings." *Rethinking Marxism* 15(4): 554–564.
——. 2003b. "Enron and Failed Futures: A Critical Appraisal of Policy and Corporate Governance in the Wake of Enron's Collapse." *Social Text* 21(4): 35–50.
——. 2005. "'Fiduciary Capitalism,' the 'Political Model of Corporate Governance,' and the Prospect of Stakeholder Capitalism in the United States." *Review of Radical Political Economics* 37(1): 39–62.
Curtis, F. 2001. "Ivy-Covered Exploitation: Class, Education and the Liberal Arts College." In *Re/Presenting Class: Essays in Postmodern Marxism*, J. K. Gibson-Graham, S. A. Resnick and R. Wolff, eds., 81–104. Durham: Duke University Press.
Gibson-Graham, J. K. 1993. "Waiting for the Revolution, or How to Smash Capitalism while Working at Home in Your Spare Time." *Rethinking Marxism* 6(2): 10–24.
Gramsci, A. 1971. *Selections from the Prison Notebooks*. New York: International Publishers.
Henn, H. 1970. *Handbook on the Law of Corporations and Other Business Enterprises*. St. Paul, MN: West.
Hodgson, G. 1998. "Evolutionary and competence-based theories of the firm." *Journal of Economic Studies* 25(1): 25–56.
Marx, K. 1954. *Capital*, Volume 1. Moscow: Progress Publishers.
McIntyre, R. 1996. "Mode of Production, Social Formation, and Uneven Development, or Is There Capitalism in America?" In *Postmodern Materialism and the Future of Marxian Theory*, A. Callari and D. Ruccio, eds., 231–256. Hanover, NH: Wesleyan University Press.
Mulder, C. 2011. "Wal-Mart's Role in Capitalism." *Rethinking Marxism* 23(2): 246–263.
——. 2015a. *Transcending Capitalism through Cooperative Practices*. New York: Palgrave Macmillan.
——. 2015b. "State Capitalism vis-à-vis Private Communism." *Rethinking Marxism* 27(2): 258–271.
Norton, B. 2001. "Reading Marx for Class." In *Re/Presenting Class: Essays in Postmodern Marxism*, J. K. Gibson-Graham, S. A. Resnick and R. Wolff, eds., 23–55. Durham: Duke University Press.
Olsen, E. Forthcoming. "Class Analytic Marxism and the Recovery of the Marxian Theory of the Enterprise." In *Marxism Without Guarantees: Economics, Knowledge, and Class*, T. Burczak, R. Garnett, and R. McIntyre, eds. London and New York: Routledge.
Resnick, S. A. and R. Wolff. 1987a. *Knowledge and Class: A Marxian Critique of Political Economy*. Chicago: University of Chicago Press.
——. 1987b. *Economics: Marxian versus Neoclassical*. Baltimore: Johns Hopkins University Press.
Roberts, B. 1988. "What Is Profit?" *Rethinking Marxism* 1(1): 136–151.
Weiner, R. 2003. "Power Hitters Strike Out: New Perspectives on Baseball and Slavery." *Rethinking Marxism* 15(1): 33–48.
Wolff, R. 2012. *Democracy at Work: A Cure for Capitalism*. Chicago: Haymarket Books.

第十七章

马克思主义的劳动过程理论：从马克思到布雷弗曼

理查德·麦肯泰(Richard McIntyre)

当代“劳动过程”理论是基于马克思对劳动力和劳动能力的区分而形成的。雇主可以购买人们的劳动能力，即他们的劳动力，但一般而言并不能购买实际劳动。因此，政治经济学关于劳动的理论就是要研究雇主/资本家如何诱导和命令工人从事“剩余劳动”，即让劳动的价值超过工人自身再生产和补偿机器、建筑物、原材料所需的价值。

亚当·斯密在《国富论》一书中分三章介绍了劳动分工理论。他认为分工是国民财富的主要来源，特别是随着市场的扩大，这种分工获得了深化拓展，并同机械化结合在了一起。因此，劳动以及劳动要素的分解就是现代政治经济学的出发点。马克思在这方面研究中给出了大量创见，就我们的研究目的而言，主要关注的是劳动和劳动力的区分、劳动后备军，以及工人对资本主义的工作场所和生产规则的适应。

对劳动过程的分析实际上是马克思《资本论》第一卷的核心内容。关于劳动过程的章节占据了整本书800页中的400页，马克思这样安排一定是有他的意图在里面。但奇怪的是，在过去一个世纪里，几乎没有马克思主义者去阐发这些章节中的思想。从哈里·布雷弗曼的《劳动与垄断资本》(1974)开始，才开始涌现出一些相关的研究文献，这些研究从布雷弗曼和马克思的观点出发分析了当代劳动过程的发展，同时在理论中又对布雷弗曼和马克思有所批评。在本文中，我将总结马克思的相关观点，以及布雷弗曼研究本议题的背景和他得出的结论。在下一章中,我将介绍布雷弗曼之后的一些研究文献,这些文献涉及自 20 世纪 70 年代以来资本主义的变化,尤其是全球化与劳动过程之间的关系。

马克思

在《资本论》第一卷第 7 章中,马克思开始着手解决他在前六章中所提出的问题:如果所有的商品(包括劳动力)都按照其价值出售,那么利润从何而来?今天的人们习惯于将钱存入银行或者购买美国国债,因而他们可能以为货币天生就会自己增长。但这是荒谬的。增量来自哪里?马克思在第 5 章和第 6 章中给出简短答案说,增量不是从交换中来。虽然马克思也充分认识到商业资本和生息资本在历史上和在当时所起的作用,但他认为这两种资本在 19 世纪的英国只是从属于工业资本主义,后者才是主流。商业企业和银行只是重新分配价值,但并不能创造价值。价值是在生产中创造出来的,而关键条件就是雇佣劳动要普遍存在。在这里,马克思认为他发现了一种独特的商品,它生产的价值要超出它自身所包含的价值。

劳动力的价值最初就像一切商品的价值一样,是由(再)生产劳动力所需的各种商品的价值来衡量的。资本家必须向工人提供生存所必需的住所、食物、穿着,提供必要的技能培训,并且必须培养下一代劳动者以供未来接班之用。要做到这一点所需的各种商品的价值,就(多元地)决定着劳动力的价值。但是,劳动力的价值也包含着"历史的和道德的因素",因为所谓正常的人类需要,会由于地域、文明发展水平、阶级斗争态势等的不同而有所不同。再生产工人阶级所"必要"的劳动时间是一种社会变量。因此,劳动力这类商品的特殊性不仅在于它具有创造价值的潜力,**而且**在于它自身价值的决定方式也很特殊。在《资本论》第一卷中,马克思很少去分析这些历史和道德因素,忽略了后者的特殊性,直接假定劳动力价值等于工资。

为了检验劳动创造价值的能力,我们必须离开市场领域——正如马克思所说的"自由、平等、所有权和边沁"的领域——进入生产的隐秘居所,一个非自由的领域。在这里,工人生产的价值中超过了他所获报酬的那部分,就是马克思所称的**剩余价值**。

让我们用下图来表示马克思的分析。在 A 到 C 的一整天里,只要在其中一部分时间即 A 到 B 这一段里,工人所创造出的新价值就足以再生产他自身以及使用掉的生产资料。在这一天剩下的时间里,即 B 到 C 这一段,工人生产的新价值就会根据资本主义的传统产权规则,以剩余的形式流向资本家。

A……………………B………………C

劳动过程既包括生产商品的过程,**也**包括生产剩余价值的过程。在劳动过程中,人的劳动有目的地与原材料和工具相结合,以创造有用物品和剩余价值。马克思指出,**绝对剩余价值**最简单的形式,就是让工作日长度超出再生产工人和生产资料所必需的时间。工人获得了自己所出售产品的价值——劳动力的价值——因此,剥削工人的价值并不是发生在劳动力市场中,而是发生在劳动过程中。用图来表示增加绝对剩余价值,就要将点C向右移动。

为什么工人会同意让工作时间超出他自身再生产所需的时间呢?首先,必须存在一群雇佣劳动者,换句话说,要存在一群没有选择余地、唯有出售其劳动力才能生存的人。马克思顺便还指出,被剥夺了生产资料所有权的雇佣劳动并不是一个自然范畴,它的存在"显然是已往历史发展的结果,是许多次经济变革的产物,是一系列陈旧的社会生产形态灭亡的产物"(见《马克思恩格斯文集》第5卷,人民出版社2009年版,第197页)。这是一个暴力的合法剥夺过程,但马克思把这块内容放到第一卷结尾部分再加以论述。其次,工人为了换取货币而出卖自己的劳动力需要另一个因素,那就是要存在失业,或如马克思所说的"产业后备军"。由于劳动力的卖家通常总是要比买家多,所以一般情况下都会由资本家一方来设定雇佣条件,包括设定工作日长短。

历史上最早的一些劳工组织以缩短工作日作为斗争目标并非偶然。一天工作几小时,一周工作几天,一年工作几天,一生工作到多少岁,这都受到一系列文化和法律因素的影响,马克思在其关于工作日的长篇论述中,对英格兰以及其他一些地方的斗争情形进行了详尽的分析。这种对阶级斗争作用的分析,也开启了对资本主义内部改革的可能性及其限度的深入研究(McIntyre 2008,134—161)。

随着延长工作日的难度越来越大,资本家转向采取第二种策略,即通过技术变革和组织创新来减少必要劳动时间。事实上,资本家甚至在绝对剩余价值的潜力被耗尽之前就已经开始采取这种策略了,竞争迫使他们必须这么做。这种情况下,就要将上图中的B点向左移动,这也是劳动过程的当代形式的起点。

分工有了新的组织方法,工作场所中有了新的协作形式,采用了新机器,这些都可以减少工人自身再生产所需的时间,从而为资本家创造更多的剩余劳动时间。其中一些创新,特别是那些涉及工作场所中新型协作的创新,也可以向人们预示一种更美好社会的可能性,马克思坚信从资本主义中会产生这种新社会,但在资本主义生产关系下,这些创新一般来说都是有利于资本家的,反而会压制工人。马克思把工厂体制以及企业内部的分工描述为一种有计划的专制，这同市场以及企业之外的社会分工所呈现出的无政府状态恰好相反。

劳动过程和阶级斗争

在 20 世纪 30 年代，意大利工会和共产党领导人葛兰西对“福特主义”(Fordism)进行了考察，他认为福特主义不仅是组织劳动过程的新方式，而且是组织社会的新方式。葛兰西(Gramsci 1971)所说的福特主义，指的是采用机器化的方式，生产标准化的商品，并付给工人足够的报酬来购买这些商品，同时，还要在工作场所之内和之外对工人施加道德高压，把工人本身也变成标准化的工人。福特主义是一个新的“历史性集团”的创造，它可以通过和平变革来解决资本主义的一些困境。福特主义首先出现在美国，因为该国缺乏欧洲大部分地区存在的“大量寄生虫”。葛兰西对欧洲是否可能产生像美国那样的阶级权力和文化霸权的直接结合很感兴趣。[①] 直到 20 世纪 70 年代《狱中札记》被译成英语，他的思想才在英语世界中产生影响。即便葛兰西对“福特主义”的分析现在已经不太符合自 20 世纪 70 年代以来富裕国家的情况，但它至今仍然很有影响力(Harvey 1991)。除了这一点，马克思主义者在 20 世纪 70 年代之前对劳动过程所做的其他一些分析影响并不大。

在 60 年代后期和 70 年代工人斗争激化的情况下，涌现了许多关于劳动过程的著作。其中最有影响力的是哈里·布雷弗曼的《劳动与垄断资本》。布雷弗曼认为**泰勒主义**(Taylorism)是一种霸权体制，它使得 20 世纪的劳动发生了合理化和退化，也使得工人发生了合理化和退化。

布雷弗曼将泰勒主义描述为对劳动流程的科学管理，或者用他的话来说，是在车间中去技能化的科学过程。布雷弗曼分析了泰勒主义原则对各种劳动的普遍覆盖。商品流通、货币交换、信息交换等领域的劳动，甚至很大程度上也包括管理的劳动，都正在或者将要被去技能化。

布雷弗曼将“垄断资本主义”中这种劳动的变革与 20 世纪人类生活各方面的变革联系在了一起。在我看来，我们与其说布雷弗曼的书在谈去技能化，不如说是在谈社会生活的商品化和劳动的退化。例如，家庭不再需要进行生产了，转型为单纯的消费单位。这种旧的家庭形式的破坏，也为转变到更高级的

---

① 葛兰西用“寄生虫”来指称欧洲人数众多的脱离实际生产职能的寄生阶级，包括国家官员、知识分子、教士、地主、军队等，而当时美国的工业家直接就是统治阶级，直接在企业行使文化霸权，不需要太多这种寄生阶级的政治和意识形态辅助。——译者注

形式创造了可能性,但在资本主义中,就像前文我们提到的工作场所中协作的可能性无法充分发展一样,这些家庭的可能性也没有得到充分发展。

布雷弗曼很快招致了一大批人的批评。批评意见认为他的论述过于依赖美国的信息,把工人当作物,轻视劳动过程中的阶级斗争,完全忽视了工人对劳动过程变化的抵抗,偏重于考察男性产业工人等等。也有人认为,布雷弗曼和马克思都忽视了新技术会增加破坏性、毁灭性风险,因为新技术会增加人的依赖性。还有人声称,布雷弗曼高估了控制所起的作用,工人之所以会认同管理层、愿意与管理层合作,意识形态发挥着重要引导作用,这一点被布雷弗曼忽略了。

布雷弗曼的立场很大程度上是受到里克·爱德华兹的影响(Rick Edwards 1979)。爱德华兹认为,由于工人阶级处于分散状态,垄断寡头攫取了剩余中的最大部分,工人阶级唯一明智的选择就是支持社会民主主义的妥协方案(即罗斯福新政),保卫它并尽可能扩大它。不幸的是,与爱德华兹以及一些类似的激进观点的预期相反,由于资本家的反攻、全球范围内产业后备军的扩大,这种妥协在 20 世纪 80 年代和 90 年代分崩离析。

马克思和布雷弗曼**完全**明白工人被迫面对的是什么样的问题——生产提速、裁员、去技能化、专制。他们还指出,资本主义的特征是普遍的拜物教,这掩盖了剥削中剩余价值的来源。**看起来**工人是因为自己所生产的价值获得了报酬,但实际上根据马克思的说法,工人获得的只是他所出售的劳动力的价值。当然,有些劳动力要比其他劳动力更有价值,因为培养一个熟练工比非熟练工需要更多的时间。

也许是出于反对空想社会主义者的立场,马克思并没有在理论上过多阐述工人阶级的主观生活经验如何影响劳动过程。同样,马克思也没有去处理政治意识的问题,布雷弗曼认为避开这个问题是明智的。从历史上看,管理层的策略选择一直存在摇摆,有时选择压制工人,有时又让工人参与决策、征得工人的同意。但归根结底马克思主义者都认为,压迫性的一面更为重要。

资本流动、关闭工厂,以及在工作场所直接监督工人或采用技术手段监督工人,资本主义运用这些威胁方式对工人进行着规训。这些手段确实可能引起工人抵抗,但马克思认为,只要工人的抵抗还限于经济主义、工联主义的范围内,最终就必然选择让步。

马克思主义者想知道“怎么办?”①,但到目前为止,对劳动过程的研究还没

① 《怎么办》是列宁的代表作之一,阐述了当时俄国条件下工人阶级进行革命的基本策略,作者在这里化用了列宁这一名著的典故,借指工人阶级的革命策略问题。——译者注

有得出普遍的答案。但是这种研究揭示了资本主义生产关系的剥削性，揭示了各种管理策略之所以能从劳动力中提取到劳动的原因。

劳动和垄断资本

布雷弗曼原打算写一本关于美国的工作岗位变迁的书，但后来他发现，之前除了管理层和公司结构的协同演变问题，并没有人真正研究过工作岗位**当中**的劳动过程的变化。虽然马克思主义者普遍都认为资本积累不断改变着资本主义的生产过程，但布雷弗曼发现除了《资本论》第一卷，在马克思主义的传统中就没有其他什么关于这方面的先行研究。《资本论》一书的中间部分关于劳动过程的确很有深度、很有预见性，但之后马克思主义为什么就缺少了这方面的研究呢？

布雷弗曼认为原因在于后来马克思主义更加关注 20 世纪帝国主义、战争和经济危机等迫切问题，而工会运动内部则倾向于更关心分配而不是生产。或许还有一个更重要的原因，苏联这个公开宣称的马克思主义的国家里，更多的却是企图继续沿用资本主义式的劳动过程，而不是推翻这种劳动过程。在苏联的社会科学家们看来，工作满意度研究对改善工人状况而言是毫无意义的。苏联在劳动过程的组织方面同资本主义并没有什么明显的差别，一些西方分析家认为这实际上代表着两种制度之间的融合，甚至可以说，世界上就只存在唯一一种生产组织方式。

布雷弗曼对技术决定论持批评态度。"社会采用怎样的具体形式确实是'被决定的'而不是偶然的，但这种决定作用是由历史的一条条具体线索编织成的网络来决定，而不是某种外部公式强加给社会的决定"（Braverman 1998，15）。苏联的制度虽然未能超越资本主义制度，但这并不是必然的，它本身可以做得更好，我们也可以从苏联的失败当中汲取教训做得更好，真正找出一种超越资本主义的生产组织方式。①

由于以上几个原因，对劳动过程的分析从马克思主义的强项变成了弱项。只有古巴的革命实践，中国推进工人阶级自我管理、自我解放的实践，以及美国 20 世纪 60 年代的一些激进运动，可以算是积极发扬了马克思主义在劳动过程分析方面的优势。布雷弗曼认为激进运动尤其具有重要意义，因为青年、妇女、黑人等各种群体的不满情绪是发生在资本主义运行的高峰期，而不是发生在其

① 当代对于劳动过程理论中的决定论思想的讨论，请参见 Basole(2013)。

某个周期性崩溃的阶段。“不满并不是针对资本主义无法提供岗位，恰恰是针对它提供了岗位。”(Braverman 1998，10)布雷弗曼以及其他很多论者之所以得出这个结论，是受到了 1972 年通用汽车的洛兹敦工厂针对装配线进行罢工的启发，但在 20 世纪 60 年代末和 70 年代初工人斗争的国际性浪潮中，这种不满在大量的罢工和社会运动中随处可见(Barkin 1983)。在有些地方，工资上涨会抵消这种不满，但这并不能改变不满的根源是劳动条件而非工资的事实。布雷弗曼引用了一位岗位设计顾问的话，“我们可能已经创造了太多愚蠢的岗位，让太多愚蠢的人填满了这些岗位”(Braverman 1998，24)。

“去技能化假说”是劳动过程理论开展论证的关键，但实际上布雷弗曼从未使用过这个术语。他很清楚，管理层主要关心的是劳动力成本而不是技能内容。不过他确实也认为，绝大多数情况下只有办公室白领工人才会“工作内容丰富”，生产线员工是极少如此的，并且前一种情况也只是一种管理风格上的变化，而不是“工人地位的真正改变”(Ibid.，26)。工人们只是被赋予了一种自己做决定的错觉，而不是他真有权力来做决定。布雷弗曼用了一个家庭的例子比喻说，这就好像家庭主妇做蛋糕，直接买已经调配好的配料来烘焙她觉得有负罪感，于是她要把鸡蛋粉从配料包里扔掉，由自己来加生鸡蛋，这样她就有成就感了，好像她掌握了烘焙技能似的。

布雷弗曼的论述远远超出了劳动技能的议题。他在题为“工人对资本主义生产方式的习惯”一章中指出，工人阶级并不是一下子就形成，然后一直保持不变的，必须对每一代工人都进行调整，使之适应资本主义的劳动形式。正如他所言，这种习惯养成“成为资本主义社会的永恒特征”(Ibid.，140)。从 20 世纪 20 年代的霍桑试验开始，人们就知道生产率与工人的能力之间几乎没有什么关系，有时实际上还是负相关，工人对工作步调的集体抵抗才是管理的核心问题。工程师在不断地尝试缩小个人在工业生产中的作用，人事主管也在大力欢迎这种趋势。布雷弗曼进一步阐发了福特公司的例子，福特的高工资确实有助于让工人习惯精神麻木的工作，但无法消除抵抗。他指出，工人的敌意

> “是一股延绵不断的潜流，如果碰到岗位条件允许的情况，或者碰到资本主义所要求的劳动强度超出了体力和脑力界限，这股潜流就会涌出地面。这股敌意一代代在更新，因为它表明了大量工人对其工作感到无限愤恨和反感……”
>
> (Braverman 1998，151)①

① 布洛维(Burawoy 1979)归纳出了一个“抵抗—适应—习惯”的公式，他认为这是工作场所斗争的典型时间线。

在“普遍市场”一章中，布雷弗曼考察了个人、家庭和社会需要对市场的从属关系，这些需求都被改造成了为资本需要服务的需求。布雷弗曼认为整个社会已经变成了一个巨大的市场，而在他写这部书的时候几乎还没有什么人来研究这个市场。当然，一方面从那以后相关研究就多了起来，另一方面也是因为布雷弗曼选择用市场来比喻社会本身是个特例，其他研究的通常做法是把社会比喻成工厂。尽管如此，布雷弗曼还是预见到了后来女权主义学者提出的观点：家庭从生产单位转型为消费单位，以及城市化推动了商品形式的发展。与市场购买相比，家庭劳动力成本更高，但正如布雷弗曼所指出的，这是由社会习俗、家务技能退化以及家庭主妇和青少年都追求收入而导致的。这还只是第一步，随着时间推移，连身体满足和情感需要都从家庭外包出去了。社会生活和生产都撤出了家庭，只剩下了消费。家庭生产以及之前由家庭提供的人际关系都改用商品来代替了。娱乐和体育也从自行生产变成了营利性生产。当然，这遭到过抵抗，人们“私下”发明了许多娱乐和体育活动方式，但很快这种“私下”创新也被纳入营利企业。看护劳动日益被商品化，创造出了许多新职业和新行业。“……资本主义社会的居民被困在一个由商品和商品服务组成的网络中，几乎没有逃脱的可能……导致这一点……（是因为）能力衰退了。”（Braverman 1998，281）

增加对市场的依赖，相应也就增加了对资本雇佣的依赖。大多数新的“服务部门”工作不太容易受技术变革影响，因此生产率和工资都很低。而在最初的时候，正是这种文书之类的低效低薪工作将妇女带出了家庭，走上了有酬岗位。布雷弗曼对普遍市场的看法是有先见之明的，预见到了阿利·霍赫希尔德（Arlie Hochschild）、大卫·哈维（David Harvey）、内奥米·克莱因（Naomi Klein）和朱丽叶·肖尔（Juliet Schor）的研究结果。

最后，布雷弗曼论述了“工人阶级及其后备军的结构”，重点是农业人口和妇女的无产阶级化。前者中的许多人首先是进入工业领域工作，但他们所从事的岗位在进入自动化时代之后萎缩了，这些工人被迫转入生产率低的服务部门就业。布雷弗曼大量引用了马克思关于产业后备军形成过程的论述，并得出结论说“现代工业运动的完整形式，就是要有一部分劳动人口不断变为失业或半失业人口”（Braverman 1998，383）。因此在科技进步的时代，岗位增长最迅速的职业是那些没有发生进步的职业：零售销售、文书工作等。帝国主义侵略殖民地和新殖民地，打破了当地原有的经济形态，也会使一大批人成为过剩人口，使得产业后备军变得国际化，同时，女性人口也会成为“劳动力的原料储备库”（Ibid.，385）。

布雷弗曼沿用了马克思对产业后备军三种存在形式的划分——潜在的、停滞的和流动的——分别是没有完全融入资本主义生产的人、非正规就业的人，以及曾经有过好工作但现在失业的人。潜在的后备军在移民问题讨论中占有重要地位，停滞的后备军(连同乞丐和“流氓无产阶级”)在美国是通过监狱政策进行管理。20 世纪 70 年代，白人男性工人阶级中已经有一部分人变成了流动后备军，而且自那以后这种变化还在不断加速。布雷弗曼对此再次表现出了先见之明，指出了那些工资最低的行业会是发展最迅速的行业，其中许多行业的工资甚至低于维持生活的水平。这样看来，领取福利——在美国主要是食品券——的工人数量迅速扩张也并不令人惊讶，事实上，布拉弗曼还说过即使收入分布发生极化也是不足为奇的(Braverman 1998，397)。此外，他在书中还指出，由于人们为了维持家庭生计不得不同时打多份工，这将导致家庭关系的紧张。

关于《劳动与垄断资本》中所说的劳动退化，今天已经有了大量的佐证材料。当代分析人士对布雷弗曼的非议主要在于他把劳动退化简单理解成了去技能化。布雷弗曼在泰勒主义和科学革命的章节中特别强调了工作场所中规划设计和实际执行之间的分离，因为管理层打破了工匠对技能的垄断，把熟练劳动集中在了管理部门，而生产劳动都只是些机械化的简单劳动，排除了生产中的人格因素。他认为，虽然这一过程最初发生在生产岗位，但也会扩大到白领岗位，因此随着时间推移，这两种岗位之间的地位和工资差距将逐渐缩小。

目前文献中的共识是，去技能化充其量只是一种趋势，管理人员控制劳动力的愿望被布雷弗曼夸大了(相对于成本最小化的愿望而言)，并且由于布雷弗曼单纯关注美国，所以他未能看到其他一些可能性。例如在德国，由于其阶级-国家关系有一套和美国不同的结构，再加上德国特色的教育和培训体系，因此在德国，技能是能够保留在生产中的(Thelen 2004)。正如哈维指出的那样，马克思和布雷弗曼似乎过度关注于曼彻斯特(内部规模经济)，忽视了伯明翰(聚集经济)(Harvey 2010，214－215，289)。但是，《劳动与垄断资本》也有着重要的匡正意义，可以纠正 20 世纪八九十年代流行起来的那种关于后工业化、知识经济和信息社会的不切实际的乐观理论，纠正那种持续至今的认为美国经济中存在“技能短缺”的主张。此外，正如本书下一章所述，规划设计和实际执行**在空间上**的分离是当代以全球供应链形式组织生产的一个关键内容。

参考文献

Barkin, S., ed. 1983. *Worker Militancy and Its Consequences*, 2nd edition. New York: Praeger.
Basole, A. 2013. "Class Biased Technological Change and Socialism." *Rethinking Marxism* 25(4): 592–601.
Braverman, H. 1998 [1974]. *Labor and Monopoly Capital: The Degradation of Work in the Twentieth Century*. New York: Monthly Review.
Burawoy, M. 1979. *Manufacturing Consent: Changes in the Labor Process under Monopoly Capitalism*. Chicago: University of Chicago Press.
Edwards, R. 1979. *Contested Terrain: The Transformation of the Workplace in the 20th Century*. New York: Basic Books.
Gramsci, A. 1971. *Selections from the Prison Notebooks*. Edited by Q. Hoare and G. Nowell Smith. New York: International Publishers.
Harvey, D. 1991. *The Condition of Postmodernity: An Enquiry into the Origins of Cultural Change*. Hoboken: Basil Blackwell.
——. 2010. *A Companion to Marx's Capital*. London: Verso.
Hochschild, A. and A. Machung. 2012. *The Second Shift: Working Families and the Revolution at Home*. London: Penguin.
Klein, N. 2009. *No Logo*. New York: Picador.
Marx, K. 1977 [1867]. *Capital: A Critique of Political Economy*, Volume 1. London: Penguin.
McIntyre, R. 2008. *Are Worker Rights Human Rights?* Ann Arbor: University of Michigan Press.
Schor, J. 1993. *The Overworked American: The Unexpected Decline of Leisure*. New York: Basic Books.
Thelen, K. 2004. *How Institutions Evolve: The Political Economy of Skills in Germany, Britain, the United States, and Japan*. Cambridge: Cambridge University Press.
Edwards, R. 1979. *Contested Terrain: The Transformation of the Workplace in the 20th Century*. New York: Basic Books.
Gramsci, A. 1971. *Selections from the Prison Notebooks*. Edited by Q. Hoare and G. Nowell Smith. New York: International Publishers.
Harvey, D. 1991. *The Condition of Postmodernity: An Enquiry into the Origins of Cultural Change*. Hoboken: Basil Blackwell.
——. 2010. *A Companion to Marx's Capital*. London: Verso.
Hochschild, A. and A. Machung. 2012. *The Second Shift: Working Families and the Revolution at Home*. London: Penguin.
Klein, N. 2009. *No Logo*. New York: Picador.
Marx, K. 1977 [1867]. *Capital: A Critique of Political Economy*, Volume 1. London: Penguin.
McIntyre, R. 2008. *Are Worker Rights Human Rights?* Ann Arbor: University of Michigan Press.
Schor, J. 1993. *The Overworked American: The Unexpected Decline of Leisure*. New York: Basic Books.
Thelen, K. 2004. *How Institutions Evolve: The Political Economy of Skills in Germany, Britain, the United States, and Japan*. Cambridge: Cambridge University Press.

第十八章

马克思主义的劳动过程理论：从布雷弗曼至今①

理查德·麦肯泰(Richard McIntyre)

自布雷弗曼以来的劳动过程理论

布雷弗曼的《劳动与垄断资本》(1974)一书阐述非常清晰，非常切合时代，随后引发了大量研究“劳动过程”的文章和书籍面世，有评论将这一潮流称为“布雷弗曼热”。② 在本章中，我将集中讨论自1982年以来持续召开的国际劳动过程会议(International Labor Process Conference)所开展的研究工作，以及布洛维的研究工作，特别是他的著作《生产的政治》(*The Politics of Production*)。③ 这些研究工作都是立足于马克思主义，而不是寻求捍卫任何特定的正统。对于马克思和布雷弗曼的分析，请参阅本文第一部分。

现在有大量的管理学文献也在用工具主义的态度来研究劳动过程，换句话说，它们的研究是为了确定组织劳动的最佳方式，以求实现最大限度获得利润、

---

① 在此要向在伦敦举行的国际劳动过程会议第32届年会的与会者们致谢，感谢他们的批评和有益评论。本章接着上一章进行论述。

② 从不同立场和视角对这些文献进行考察的论著包括：Littler and Salaman(1982)；Spencer(2000)；Baldoz，Koeber and Kraft(2001)；O'Doherty and Wilmott(2009)。

③ 另一个重要作品是Bowles(1985)。鲍尔斯提出了一个精确的模型来解释在工作场所中命令对于从劳动力中提取劳动的重要性。他将命令的作用同技术变革、产业后备军以及分类施策之类的管理策略相提并论。不过，他没有谈到抵抗的形式。

保持企业持续经营等目的。这其中也有一些研究是受到了布雷弗曼之后国际上关于劳动过程问题讨论的影响，下文中也将顺带提到这方面内容，不过我们的重点仍然在马克思主义的劳动过程理论。

劳动过程的“核心”理论

通过举办每年一次的国际劳动过程会议、出版会议相关系列书籍，关于劳动过程问题的研究逐步形成。这项研究起源于20世纪70年代末英国关于《劳动与垄断资本》一书的争论，争论催生了大量的案例研究，对管理层控制劳动的各种技术进行了考察，并在一定程度上对工人的抵抗/适应进行了探索（Smith and Thompson 2016）。相关论者在研究劳动过程问题的同时，还搭建起了一个将劳动过程问题与政治经济学其他方面问题联系起来的理论框架。

所谓劳动过程的“核心理论”（Thompson 2010），就是把劳动过程中占有核心地位的不确定性问题作为其理论出发点，即雇主支付（给劳动力）的工资和雇主想要的（实际的劳动或工作）之间不能画等号。核心理论包含四项原则：

第一，劳动过程在政治经济学中具有特殊地位，因为劳动过程是人类实践的核心部分，剩余价值也正是在劳动过程中生产出来的；

第二，竞争迫使资本家不断对生产进行革新；

第三，资本家必须采用某种管理控制制度，因为单靠市场机制并不能调节劳动过程；

第四，可以把工作场所中的劳资关系描述为一种“结构性的对抗”。

无论是这种核心理论还是布洛维的相关研究，都摆脱了马克思主义中某些简单化的观点，对这种结构性对抗进行了深入分析。布洛维那些极富影响力的参与式观察研究表明，工作场所的资本-劳动关系和社会中的资本-劳动关系互相不具有决定性，既不是前者决定后者，也不是后者决定前者。核心理论的研究也表明了这一点。

最早一批关于劳动过程的讨论试图重述工人反抗问题，相关论者往往把阶级意识看作常态，试图解释为什么在某些特定情况下阶级意识未能产生。理查德·爱德华兹（Richard Edwards 1979）、安德鲁·弗里德曼（Andrew Friedman 1977）以及布洛维（Burawoy 1979）的早期著作《制造同意》（*Manufacturing Consent*），都在论述劳动过程时把控制和抵抗的辩证法作为主要议题。后来，布洛维（Burawoy 1985）超越了把抵抗推定为常态的简单化做法，他沿着葛兰西的思路，将重点放在了他所谓的各种“工厂体制”（factory regimes）都是如何生产出同意的。布洛维通过考察不同类别的工厂体制，提出了一套关于“生产的政治”(politics of production)的理论，他认为一个个工厂内部就像一个个国家一样，有自己的一套公民权规则。

布洛维认为，马克思所研究的典型体制是“市场专制”体制，在这种体制下，企业间竞争激烈，国家则处于雇佣劳动关系之外，劳动同生产资料完全分离并从属于资本，劳动力过剩是劳动力市场的一项常规条件。如果我们突破马克思这几项设定，那就会得出各种形式的工厂体制——父爱主义、族长制、公司国家、官僚专制、集体自我管理、霸权制等(Burawoy 1985，12，91)。

市场专制与霸权体制之间的对立最引人关注。布洛维指出，随着社会保险和劳动法的出现，工人不再完全依赖雇主来维持自己的生存，在工作场所也不再是完全无能为力。这就意味着雇主需要获得工人的同意才能生产剩余劳动，主要是让工人认同他们自己的利益与企业的利益、资产阶级的利益、整个社会的利益相统一。具体到美国的情况，这一点就有助于我们理解为什么资产阶级要抵制罗斯福新政，反对提高社会保障和工人权利，这就是两种体制对抗的表现(McIntyre and Hillard 2013；McIntyre 2013)。

英国的劳动过程学派的观点在一定程度上与布洛维相似，它建立了一个“控制—抵抗—同意”的模型，并且也认为工作场所的斗争与社会上的阶级斗争之间并没有必然联系。雇主需要控制劳动过程，这就会导致工人各种形式的反抗。劳资双方会进行谈判和讨价还价，最终达成某种形式的同意。最初，在有些论者的研究中还秉持着根深蒂固的老观点，认为工人作为一个集体来进行组织和行动是常态，是无须加以说明的。但劳动社会学学者通过详细考察历史发现，所有的国家案例都不符合这种“常态”：工人阶级的形成并不存在某种典型模式(Zolberg 1986)。

这批早期的劳动过程讨论比较局限于工作场所中的政治，而不愿进一步涉及全社会范围内的政治，但这样一来，劳动过程理论就无法谈论工人同意的规范性基础了[①]。还有评论者指出，这批早期学者的大多数案例研究“基本上未能

---

① 米歇尔·福柯的理论可以论证同意的规范性基础。一些劳动过程理论家求助于福柯理论来解释企业的价值观、监督以及自律文化是如何结合起来改变工人认同的。资本主义的劳动和雇佣关系倾向于使工人个人化，并破坏他们对于稳定和安全认同的追求。监视取代了抵抗在理论中的核心位置，无论是正式的还是非正式的集体抵抗都被认为是不可能的。这有点类似于主流管理学的理论范式用承诺文化取代了控制和官僚制。这种趋势在劳动过程理论界似乎不太受欢迎，也许是因为这样做就陷入了管理学的窠臼[例如，参见 O'Doherty and Wilmott(2009)]。试图将福柯和马克思结合起来研究劳动过程的作品可参见 Sakolsky(1992)。还有一种有趣的尝试方向，是根据斯宾诺莎的理论来建构工人同意理论(Lordon 2014)。

反映国际分工中资本、劳动和国家之间关系的复杂性”(Thompson and Newsome 2004,143),劳动过程理论如果不推广到整个国家范围,就解决不了这个问题。这种推广工作是今天研究的热门领域。

精益生产和高绩效工作

但另一方面,对劳动过程的研究为我们今天批判灵活分工(flexible specialization)和精益管理(lean management)理论提供了基础。在20世纪90年代,有人认为基于团队合作、灵活性和责任感的新型管理策略创造出了一种“互惠企业”(Kochan and Osterman 1994)。劳动过程理论的学者则通过许多案例研究表明,这些新型管理策略实际上是创造了一个“无形的铁笼”式的控制方式。精益生产并不能缓解大规模生产所造成的“令人麻木的压力”;它只不过是为雇主提取工人的工作量消除了障碍。在企业中,上层进一步集权,而下层则面临更多问责和更多工作量(Thompson and Newsome 2004,147;Hillard and McIntyre 1998)。可以想见,工人确实会持续改进工作业绩,但同时他们也会受到更严密的监管。在精益生产模式中,需要进一步加强管理中的意识形态因素,这样管理才会更有效,使工人立场与企业目标保持一致。

这种管理策略对工人的抵抗和集体行动的影响不是十分明确。精益生产或者说高效能生产并不是独立于官僚合理化、劳动强化和科学化等管理策略的。福柯和人力资源学者都强调了文化控制和电子监督所具有的霸权地位,劳动过程理论的相关学者也开始研究工人在传统工会活动之外的抵抗方式,例如实施不良行为和采取推脱方式。实施不良行为在一定程度上可以归因于身份政治,但至今还没有证据表明这种行为会推动集体抵抗或者工作场所以外的政治运动,不过也有一些学者认为,这种行为的存在表明,劳工现在的抵抗能力并不像低水平罢工活动那样弱(Barnes and Taksa 2012)。

精益生产和高效能劳动制度并没有实现其倡导者的承诺。工作压力会随着突发事件和不安全因素的增加而增加。工人的工作量被企业收集起来了,但风险被分散给了各个工人个体。最近的一些研究指出,这种劳动制度发展的主要原因并不是人力部门的推动,有的观点认为是金融资本和金融市场的主导所导致的,也有观点归因于商业资本的主导(Lazonick and Sullivan 2000;Lichtenstein 2013)。

马克思认为,资本家永不满足地追求占有剩余价值,从而使生产力发生了革命,但这些革命创造了与进一步积累以及阶级关系再生产相矛盾的条件,使得资本主义从本质上具有不稳定性,容易发生危机。资本家在企业内部的困境就在于,他要调动工人主动进行协作,但他对工人采取的通常是强制性机制。① 支配和从属的关系是劳动过程中的基本关系,而像工作内容丰富化、劳动与管理相互配合、工人与管理层一体化等,看来只不过是专门设计出来用以掩盖这对基本关系的而已。

要把精益生产的这些任务常规化,需要复杂的管理、技术和思维方面的技能,需要很强的适应能力,而这是和劳动退化的趋势相违背的。因此,正如马克思在《资本论》第一卷第 15 章第 9 节中所指出的那样,个体劳动遭到破坏也有助于发展多方面的能力、流动性和适应性。就像哈维所说:

“这里有一个深刻的矛盾:一方面,资本需要退化的劳动、不动脑子的劳动,像一只受过训练的大猩猩一样不假思索地执行资本的命令,但与此同时,资本也需要灵活的、适应性强的、受过教育的劳动力。”

(Harvey 2010,231)

一个解决办法就是工厂法中的教育条款。“资本需要劳动具有流动性,因此必须打破旧的父爱主义和族长制,用新的方式教育工人。”(Harvey 2010,233)

资本并不讨厌技能,它讨厌的是雇主无法垄断技能。资本家个人和整个阶级都在寻求消除这些自己无法垄断的技能,或者是找到这种技能的替代品。在今天,工程师、科学家、经理、设计师等的技能也属于这种雇主无法垄断的技能。我们还无法预知这方面技术是会“通过(这些人)成为资产阶级中一个特殊的组成部分”而完全为资本力量服务,还是会“被纳入作为集体的劳动力量的一部分”(Harvey 1982,109)。

有观察人士基于大量关于欧洲劳动条件的调查数据认为,近年来存在一种技能要求和工作量都普遍提高的趋势(McGovern 2013)。但是可以肯定的是,有许多职业仍然在继续退化。不管人们怎么看待这些调查的价值,但调查出来的相关变量的上升并不意味着资本主义就突然终止了对(一些)人生活的吞噬。而且除了这种上升的数据,同样也会存在许多其他变数。从近年对美国劳动力市场的分析就可以看到,绝大多数证据都表明技能状况和现有岗位非常匹配,

① 这个叫“资本家”的家伙是个难以捉摸的人物。马克思在《资本论》第三卷中指出,即使资本家阶级这种占有剩余价值的阶级过程继续下去,资本家也会在资本主义发展过程中消失。资本主义变成了一个名副其实的“无主体的过程”。这会给社会主义的战略谋划带来难题,因为社会主义必须有一个确定的靶子,也许这可以部分解释为什么研究劳动过程的各种文献未能发展出一套强有力的集体行动理论。

并不存在许多人认为的不匹配情况(Cappelli 2015;Abraham 2015)。

工作量之所以会提升,在一定程度上是由于计算机监测的进步,中低层工作尤其是这样。这种监测技术的进步对工作满意度的影响还不是很清楚,但提高人们的工作量、降低他们的独立性,一般说来并不会受欢迎。劳动过程理论可以纠正从20世纪八九十年代流行起来的那种关于后工业化、知识经济和信息社会的乐观理论,以及同期那种关于"技能短缺"的主张。只要随便分析一下数据,就可以证伪这种持续至今的关于技能短缺的说法。美国制造业对于阅读、写作和数学技能的要求只是在社区大学的水平上,乃至还要更低(Osterman and Weaver 2014)。说技能不足导致美国制造业的就业问题,这种可能性要远远低于由需求不足所导致。早在25年前,我就作为研究团队成员研究过20世纪80年代繁荣期尾声阶段的技能短缺问题,今天的情况和25年前是完全一样的。为什么这个神话一直持续至今是一个有趣的问题,但已经超出了我在这里考察的范围。正如保罗·克鲁格曼(Paul Krugman)在最近一篇专栏文章中写的那样:

> "相信美国遭受着严重的'技能短缺',这是今天头面人物们都认为肯定存在的一个事情,因为他们认识的每个人都说这是真的。这是一个典型的僵尸观念——它本来应该被证据杀死,但它不肯死。"
>
> (Krugman 2014)①

马克思和布雷弗曼在某些地方都隐含着一种思想认为,工人和劳动有一种单向的退化趋势,然而这可能是违背了他们的辩证法的。核心劳动过程理论和布洛维的理论纠正了这一片面结论,更加辩证地看待技能变化的可能性。

"后-战后"时期

20世纪70年代,"二战"后的繁荣期结束了,这导致国际竞争加剧,在社会层面威胁到了"社会国家"政策,在工作场所领域则威胁到了霸权体制下的内部管制规则。布洛维关于"霸权专制"(hegemonic despotism)的理论可以帮助我们分析这个问题。原本工人在工厂的霸权体制下是期望提高生产率之后获得分成,但结果这些收益越来越多地用于降低产品售价或者支付给股东和高管。随着通信和运输技术的进步,资本家发现可以将生产转移到生产率相对不高但工资降幅更大的贫穷国家。自由贸易协定和这些贫穷国家的法律可以为这些

① 另见 Head(2014)。

新的投资保驾护航。

雇主依然还在提倡建立工人和企业利益的共同体,但他们这样做只是为了让工人在谈判中让步、为了瓦解工会。同时,就业政策和劳动经济学也将关注重点从劳动力发展和劳动力需求转向了教育、人力资本理论和劳动力供给。

这些举动背离了福特主义下生产率和工资之间关系的特点,但也没有表现为泰勒主义那种将劳动过程细分的趋势。资本面对需求放缓和不稳定的情况,采取了一系列以“灵活性”为标志的创新——分包、外包、使用临时工、将临时工制度化、劳动力市场分割、降低对就业的社会和法律保护、增加劳动强度、将劳动力准备和维护成本转嫁给私人、让一人执行多项任务等等。所以,变化有很多,但是大型企业和企业集团的影响力**没有**变,规划设计和实际执行之间的分离也**没有**变。

将这一变化说成是回归市场是错误的。博尔坦斯基和夏佩罗(Boltanski and Chiapello 2007,223)对这一变化的把握非常准确:“过去一个集团要下设一大批下级单位,现在则会更多依赖分包商,具体干某项活的分包商规模不一定比原来的下设单位大,但其同总公司的整合度要比下设单位更高。”[①]并且在这种变化中,各种自动化的工作场所监控和远程监控形式也大为增加了,因此,与其说这种变化是在背离泰勒主义,不如说是在重塑泰勒主义:减少计划外休息时间,实行个性化的工作环境和薪酬,并将企业培育劳动力的成本转嫁给个人,或者在实施积极的劳动力市场政策的国家,那就是转嫁给国家。“……企业的策略变革成本主要是由社会来支付的——那些反对强制性税率的人并没有提到这一点。”(Boltanski and Chiapello 2007,254)

这种对泰勒主义的重塑,一个必要条件就是充分就业观念的终结。虽然凯恩斯和他的盟友们在建立布雷顿森林体系的时候以及其后都坚定承诺要争取充分就业,但在1938年之后,美国的对外贸易谈判代表和国内占主流的政治集团都认为,一边实行自由贸易,一边实施稳健的国内就业政策就已经足够了,这一群体赢得了胜利。因此,尽管在许多发达国家都在1955—1965年间达成了有效的充分就业,但并没有创造出一套维持充分就业的机制。于是在20世纪70年代的危机期间,反对充分就业的浪潮就针对薄弱的体制防护墙发起了冲击。

这种反对充分就业的浪潮产生了巨大的影响,其所采用的形式是自上而下的阶级斗争,其意识形态表达就是新自由主义。这一浪潮当然使得雇佣关系发

① 虽然他们是从法国的经验中总结出这一点的,但这种模式近乎是一种普遍发展模式。

生了变化，但劳动过程理论本身就是站在马克思主义的立场上来看待雇佣关系的，这一浪潮丝毫不会否定劳动过程理论。

全球化和劳动过程

布雷弗曼指出了计划与执行、劳动过程的设计与实际劳动过程的分离。这种分离也影响到了公司结构，例如生产/非生产的划分，以及企业（公司总部与制造工厂）的选址决策。通过这一点就可以理解全球化发展的关键。计算机和电子工业尤其可以看作“布雷弗曼生产圈”（Bravermanian product cycle）的实例。[①]

众所周知，东亚已经成为跨国公司跨境活动的一个中心（Hart-Landsberg 2013）。该地区出口占GDP的比例从1982年的15%上升到2006年的45%，远高于中低收入国家或整个世界的比例。该地区在制成品出口中所占的份额也急剧上升，主要是集中于信息和通信技术（information and communications technology，缩写为ICT）以及电气组件。到2007年，ICT和电气出口占该地区出口的75%。零部件重要性的日益增加，凸显了跨境生产网络的核心作用。2007年，东亚有超过一半的贸易是区域内贸易，而北美自贸区的区域内贸易占比是三分之一，欧盟15国则是五分之一。

这其中，中国扮演着关键的角色。从本质上讲，东亚的模式是其余地区向中国出口，中国向美国和欧盟出口。虽然中国的崛起引人注目，但总是有人会误解，把中国当作美国和欧洲资本主义的竞争对手，认为中国已经成为东亚区域的主导选手。但在布雷弗曼关于规划设计和实际执行相分离的理论中并没有把中国算在内。只要考察一下中国在ICT产业增加值中所获得的份额，就可以认清这一点。

我们在这里需要引入伯克利商学院教授戴维·蒂斯（David Teece）所提出的“占有权”（appropriability）理论的例子。[②] 蒂斯的典型例子是IBM的个人电脑业务，尽管个人电脑是IBM发明的，但后来英特尔和微软获得的利润越来越多，最终IBM在20世纪80年代后期失去了行业主导权。蒂斯模型的重点是在

① 感谢埃里克·奥尔森（Erik Olsen）发明的这一提法。

② 核心劳动过程理论已经和美国劳动社会学家一样开始进行地理性和比较性研究（McGrath-Clamp，Herod and Rainnie 2010；Hauptmeier and Vidal 2014），考察了全球化如何影响工作场所中对抗的结构（Baldoz et al. 2001）。蒂斯的理论（Teece 1986）实际上展现了资本主义企业沿着《资本论》第三卷所述的路径发生结构变化时，企业占有剩余价值的能力会受到怎样的影响。蒂斯所谓的“占有能力”用马克思术语来说，实际上是接受而不是占有剩余价值的能力。不过对术语的解构超出了我们的范围。史密斯（Smith 2016）为研究全球化资本主义如何改变剩余的流动方式开了一个好头。

原始创新出现之后，谁开发并控制互补产品，谁就能“占有”利润。尽管 IBM 发明了个人电脑，但英特尔控制了芯片生产，微软控制了操作系统，因此它们能够占有利润。

在价值链的任何环节上几乎都存在占有权的问题。在电子产品方面，原始设计制造商（富士康等）之间存在着激烈的竞争。品牌厂商进行概念设计、品牌推广和市场营销，分销由全球批发商完成，销售则由专业和综合零售商以及类似苹果等的自营店铺网络来进行。

克雷默等人的研究（Kraemer，Linder and Dedrick 2011）已经证明，苹果公司在 iPod 和 iPad 中引入了主导设计的机制，因此在选择互补产品和控制界面方面有很大的自由度。苹果公司与 IBM 不同，它保持了供应商之间的竞争以及设计中的保密和质量控制。①

因而，苹果公司可以继续从这些创新中获得最大的价值份额。虽然大多数组件是在中国生产的，但苹果的主要优势在于它继续在美国保留了大部分产品设计、软件开发、产品管理、市场营销和其他高薪职能。中国的角色与大多数观察人士所认为的不同。由于苹果公司控制了供应链，它就掌握了各个供应商的命运，可以生杀予夺。电子组装并没有多少剩余价值可供占有。这一点可以帮助我们正确看待中国的崛起以及美国国内关于让电子产品批量组装回归美国的争论，看清楚这种回归到底是不是实现“好工作”或经济增长的有效途径。

对于这种现象，我们也可以借助布雷弗曼的规划设计和实际执行脱钩的思想，并结合马克思在《资本论》第三卷中的论述来进行分析。马克思指出，在资本主义发展的过程中，资本家的职能会分解成不同部分，由不同的社会主体来承担。人们普遍认为的资本家那种单一的“大款”形象消失了，取而代之的是在社会空间和地理空间上都分散分布的不同群体，他们都寻求在（剩余）价值链中占据最理想、最有保障的位置。

这意味着劳动过程越来越不可能同剩余价值的接受和分配过程直接毗邻。剩余价值的生产、接受和分配发生在不同的地方，因此在社会分析中往往显得相互割裂。如果工人对工作场所的条件感到愤怒，他们会被告知这与他们的直接雇主无关，因为游戏规则是由库比蒂诺、波特兰或西雅图那边设定的（McIntyre 2008）。

这对工人的反抗以及工人形成阶级会有什么影响？对当代工人阶级的研

① 如果没有中国庞大的（劳动力）后备军是不可能做到这一点的。建立这些后备军从根本上来说是一个政治过程，这超出了我们的论述范围，请参阅 Cantin and Taylor（2008）。

究没有就此达成共识。并没有什么可信的证据表明从资本主义的发展到阶级的形成之间存在某种一般化进程。乐观的观点认为，某些地方的资本主义工业化就像19世纪的西欧和美国一样，正在重新为激进工人阶级的形成创造条件。例如，贝弗莉·西尔弗考察了汽车产业从欧洲及其外围转移到南非、南美和韩国等地新建投资的情况，认为这种产业转移导致了一种典型的动荡—阶级形成—反抗的循环（Beverly Silver 2003）。哈特和奈格里的看法更加乐观，他们认为劳动过程的当代变化打破了产业工人、服务业工人和农民之间的差异，全球化则创造了一种反对"帝国"的团结，这会导致一种新的群体即"大众"（multitude）的成长，这一新群体会扮演旧日统一的工人阶级的角色（Hardt and Negri，2000）。但是，现代劳动过程理论的创始人之一布洛维对此则表示悲观（Burawoy 2010）。

劳动过程在物质条件和地理条件等方面都已经发生了一定的变化。各个国家根据其处在工业时代、后工业时代或者正在工业化进程中的不同情况，其抵抗的形式要由当地的具体条件以及资本主义的具体类型来多元决定。[①] 但劳动过程理论仍然有助于我们理解这些由国际分工变化所引起的抵抗。

参考文献

Abraham, K. 2015. "Is Skill Mismatch Impeding U.S. Economic Recovery?" *ILR Review* 68: 291–313.

Baldoz, R. C. Koeber, and P. Kraft. 2001. "Introduction: Making Sense of Work in the Twenty-First Century." In *The Critical Study of Work: Labor, Technology and Global Production*, R. Baldoz, C. Koeber, and P. Kraft, eds., 3–20. Philadelphia: Temple University Press.

Barnes, A. and L. Taksa. 2012. *Rethinking Misbehavior and Resistance in Organizations*. Bingley: Emerald Group.

Boltanski, L. and E. Chiapello. 2007. *The New Spirit of Capitalism*. London: Verso.

Bowles, S. 1985. "The Production Process in a Competitive Economy: Walrasian, Neo-Hobbesian, and Marxian Models." *American Economic Review* 85(1): 16–35.

Burawoy, M. 1979. *Manufacturing Consent: Changes in the Labor Process under Monopoly Capitalism*. Chicago: University of Chicago Press.

——. 1985. *The Politics of Production: Factory Regimes under Capitalism and Socialism*. London: Verso.

——. 2010. "From Polanyi to Pollyanna: The False Optimism of Global Labor Studies." *Global Labour Journal* 1(2): 301–313.

Cantin, É. and M. Taylor. 2008. "Making the Workshop of the World: China and the Transformation of the International Division of Labor." In *Global Economy Contested: Power and Conflict across the International Division of Labor*, M. Taylor, ed., 51–76. London: Routledge.

Cappelli, P. 2015. "Skill Gaps, Skill Shortages, and Skill Mismatches: Evidence and Arguments for the United States." *ILR Review* 68: 251–290.

---

① 考察这些不同的抵抗和斗争超出了我们的范围，这其中中国的情况尤其值得研究，请参见Friedman（2014）。

Edwards, R. 1979. *Contested Terrain: The Transformation of the Workplace in the 20th Century*. New York: Basic Books.
Friedman, A. 1977. *Industry and Labour: Class Struggle at Work and Monopoly Capitalism*. London: Macmillan.
Friedman, E. 2014. *Insurgency Trap: Labor Politics in Postsocialist China*. Ithaca, NY: ILR Press.
Hardt, M. and A. Negri. 2000. *Empire*. Cambridge, MA: Harvard University Press.
Hart-Landsberg, M. 2013. *Capitalist Globalization: Consequences, Resistance, and Alternatives*. New York: Monthly Review Press.
Harvey, D. 1982. *The Limits to Capital*. Oxford: Basil Blackwell.
——. 2010. *A Companion to Marx's Capital*. London: Verso.
Hauptmeier, M. and M. Vidal, eds. 2014. *Comparative Political Economy of Work*. London: Palgrave MacMillan.
Head, S. 2014. *Mindless: Why Smarter Machines Are Making Dumber Humans*. New York: Basic Books.
Hillard, M. and R. McIntyre. 1998. "The Ambiguous Promise of High Performance Work Organization." *Review of Radical Political Economics* 30(3): 25–33.
Kochan, T. and P. Osterman. 1994. *The Mutual Gains Enterprise: Forging a Winning Partnership among Labor, Management, and Government*. Boston: Harvard Business School Press.
Kraemer, K. G. Linder, and J. Dedrick. 2011. "Capturing Value in Global Networks: Apple's iPad and iPhone." http://pcic.merage.uci.edu/papers/2011/value_ipad_iphone.pdf (accessed August 6, 2016).
Krugman, P. 2014. "Jobs and Skills and Zombies." *New York Times*, March 31: A21.
Lazonick, W. and M. Sullivan. 2000. "Maximizing Shareholder Value: A New Ideology for Corporate Governance." *Economy and Society* 29(1): 13–35.
Lichtenstein, N. 2013. "The Return of Merchant Capitalism." *International Labor and Working Class History* 81: 8–27.
Littler, C. and G. Salaman. 1982. "Bravermania and Beyond: Recent Theories of the Labour Process." *Sociology* 16(2): 251–269.
Lordon, F. 2014. *Willing Slaves of Capital: Spinoza and Marx on Desire*. Trans. by G. Ash. London: Verso.
Marx, K. 1977 [1867]. *Capital: A Critique of Political Economy*, Volume 1. London: Penguin.
——. 1993 [1894]. *Capital: A Critique of Political Economy*, Volume 3. London: Penguin.
McGovern, P. 2013. "The Experience of Work in Comparative Perspective." In *Comparative Employment Relations in the Global Economy*, C. Frege and J. Kelly, eds., 71–88. London: Routledge.
McGrath-Champ, S. A. Herod, and A. Rainnie, eds. 2010. *Handbook of Employment and Society: Working Space*. Northampton, MA: Edward Elgar.
McIntyre, R. 2008. *Are Worker Rights Human Rights?* Ann Arbor: University of Michigan Press.
——. 2013. "Labor Militance and the New Deal: Some Lessons for Today." In *When Government Helped: Learning from the Successes and Failures of the New Deal*, S. D. Collins and G. Schaffner Goldberg, eds., 120–145. Oxford: Oxford University Press.
McIntyre, R. and M. Hillard. 2013. "Capitalist Class Agency and the New Deal Order: Against the Notion of a Limited Capital-Labor Accord." *Review of Radical Political Economics* 45(2): 129–148.
O'Doherty, D. and H. Wilmott. 2009. "The Decline of Labour Process Analysis and the Future Sociology of Work." *Sociology* 43(5): 931–951.
Osterman, P. and A. Weaver. 2014. "Why Claims of Skills Shortages in Manufacturing are Overblown." Economic Policy Institute. http://www.epi.org/publication/claims-skills-shortages-manufacturing-overblown/ (accessed August 6, 2016).
Sakolsky, R. 1992. "Disciplinary Power, the Labor Process, and the Constitution of the Laboring Subject." *Rethinking Marxism* 5(4): 114–126.
Silver, B.. 2003. *Forces of Labor: Workers' Movements and Globalization since 1870*. Cambridge: Cambridge University Press.
Smith, C. and P. Thompson. 2016. "Background of the International Labour Process Conference."

http://www.ilpc.org.uk/Background.aspx (accessed August 6, 2016).

Smith, J. 2016. *Imperialism in the Twenty-First Century: The Globalization of Production, Super-Exploitation, and the Crisis of Capitalism.* New York: Monthly Review.

Spencer, D. 2000. "Braverman and the Contribution of Labour Process Analysis to the Critique of Capitalist Production—Twenty-Five Years On." *Work, Employment & Society* 14(2): 223–243.

Teece, D. 1986. "Profiting from Technological Innovation: Implications for Integration, Collaboration, Licensing, and Policy." *Research Policy* 15: 285–305.

Thompson, P. 2010. "The Capitalist Labour Process: Concepts and Connections." *Capital & Class* 34(1): 7–14.

Thompson, P. and K. Newsome. 2004. "Labour Process Theory, Work and the Employment Relation." In *Theoretical Perspectives on Work and the Employment Relationship*, Bruce E. Kaufman, ed., 133–162. Ithaca, NY: ILR.

Zolberg, A. R. 1986. "How Many Exceptionalisms?" In *Working-Class Formation: Nineteenth-Century Patterns in Western Europe and the United States*, I. Katznelson and A. R. Zolberg, eds., 397–456. Princeton: Princeton University Press.

第十九章

积　累

布鲁斯·诺顿(Bruce Norton)

当一家资本主义企业用它所得到的那部分剩余价值购买额外的生产资料和劳动力,并用后者来生产资本主义商品时,它就是在积累资本(Marx 1976, 709)。因此,“积累”这个术语表示的是一个非常简单、非常容易理解的过程。如果企业要维持自身并实现可能的增长,它们要使用一部分净收入来购买必需的生产资料和劳动力。

但是,“积累”这个术语也指向了更宏大的理论结构。当马克思在《资本论》第一卷中引入“积累”这一概念时,他不仅着眼于资本主义企业进行的积累,而且还看到了由各企业共同形成的相互作用体系在进行积累。正如马克思所表明的那样,资本家需要再投资和扩张才能生存和繁荣;他们倾向于积累资本以继续生存。但反过来,这种扩张可能产生阻碍资本主义持续运动的力量。因而,考察积累就为审慎评估和分析这两种趋向提供了广阔的舞台。资本主义并不是像有人认为的那样只要在阶级剥削的基础上建立起来之后就完成了,它在之后的时间里还会发展,而这种发展是以破坏性的方式进行自我塑造和重塑。

马克思在《资本论》第一卷中集中讨论了工人生活对于资本主义的破坏。马克思对积累的看法与亚当·斯密不同,他认为积累是“对立的”:财富的积累同时也就是过剩人口的积累,是劳动力市场的萧条,是工人重新陷入不公正和不可靠的依赖状态。如果在另一种条件下,我们完全可能取得和资本主义中的表现不同的进步。在资本主义的体系中,技术改进表现出一种“完全颠倒”的特征,因为“劳动生产率越高,工人对他们就业手段的压力就越大,因而他们的生存条件,即……出卖自己的劳动力,也就越没有保障”(Marx 1976,798;参看《马克思恩格斯文集》第5卷,人民出版社2009年版,第743页)。大量的待业和失业人员——“相对过剩人口”——与资本一起积累。相对过剩人口一是会从资本主义体系特有的危机中获得定期补充,二是会有其他一些更特殊的途径增加被边缘化、被贬值、被抛弃的工人数量,这些途径包括农业和旧行业的就业机会逐渐减少,工作条件使某些工人的健康严重受损而无法继续就业,等等。马克思把后面这类人都归入“工人阶级中一个会自行再生产和繁衍不息的要素”(Marx 1976,796;见《马克思恩格斯文集》第5卷,人民出版社2009年版,第741页)。

> “因此,在一极是财富的积累,同时在另一极,即在把自己的产品作为资本来生产的阶级方面,是痛苦、劳动折磨、受奴役、无知、粗野和道德堕落的积累。”
>
> (Marx 1976,799;参看《马克思恩格斯文集》第5卷,人民出版社2009年版,第743—744页)

马克思特意使用了强调字体,将这种运动机制表述为“**资本主义积累的绝对的、一般的规律**”。①

如果说马克思关于积累的理论特别关注资本主义对依赖其就业的人群的破坏性影响②,那么马克思主义中某些流派则增加了第二个重点:阐述资本主义**自我**破坏规律的理论。强调资本主义的自我破坏是恩格斯和考茨基所代表的古典马克思主义(19世纪70年代至1915年)的一个突出特点,并且在20世纪初,又有一些论者再度强调了这种自我破坏,包括罗莎·卢森堡(Rosa Luxemburg 1972,德文原版出版于1915年)和亨利克·格罗斯曼(Henryk Grossman 1992,德文原版出版于1929年),而在20世纪60和70年代,这一特殊观点在英

① 马克思继续说道:“像其他一切规律一样,这个规律的实现也会由于各种各样的情况而有所变化,不过对这些情况的分析不属于这里的范围。”(Marx 1976,798;见《马克思恩格斯文集》第5卷,人民出版社2009年版,第742页)请注意,马克思在该节中没有说过某个人们经常归属给他的观点:资本主义不断发展将导致工人平均的绝对生活水平下降。在《资本论》第一卷的第23章至第25章中,马克思追溯了靠出售劳动力谋生的人所陷入的各种依赖性和遭受的各种不幸,他明确地把相对贫困和日益不稳定的就业条件作为弊病。他写道:“不管工人的报酬高低如何,工人的状况必然随着资本的积累而恶化。”(Marx 1976,799;见《马克思恩格斯文集》第5卷,人民出版社2009年版,第743页)曼德尔在为《资本论》写的导言中详细阐述了马克思自己在《资本论》中的说法与人们普遍理解的“绝对贫困化”之间的差异(Marx 1976,69—72)。另参见 Michael Heinrich(2012,123—129)。

② 迈克尔·海因里希(Michael Heinrich 2012,35)特别强调了马克思积累理论的这一方面,他认为在整部《资本论》中,“马克思的意图”其实就是“指出人类和社会为资本主义发展所付出的成本”。

语世界国家被重新激活。[①] 从保罗·巴兰(Paul Baran)和保罗·斯威齐(Paul Sweezy)到保罗·马蒂克(Paul Mattick,Sr.)和埃内斯特·曼德尔(Ernest Mandel)等理论家,实际上都借鉴了最早出现在《共产党宣言》中的一种观点:资本主义的特征就是其生产力与生产关系之间存在致命矛盾。资本主义生产方式使得生产力不断扩大,超出并且破坏了资本主义自身的容量。马克思主义积累理论的任务就在于说明这种基本矛盾发展的确切方式,并指出资本主义体系的限制作用必然出现。

就如巴兰和斯威齐于1966年提出的那样,一旦积累在各行各业产生市场集中,资本主义就会破坏其自身。他们追随约瑟夫·斯坦德(Josef Steindl 1976)的观点,将资本主义企业内在地遵循扩张原则作为理论出发点,在这一派看来,扩张原则就是企业追求把利润储蓄下来再按照固定比率进行再投资(即进行资本积累)。在19世纪末期,美国大公司通过压低价格的方式进行扩张,迫使规模较小的竞争对手破产。随着资本持续集中,这种发展途径最终就会被堵塞。企业每单位销售的利润率很高,因此倾向于增加留存收益,但是其进行相应投资支出的能力会存在滞后。导致的结果是,如果没有诸如战争或创新之类可以刺激需求的偶然情况来发挥反作用,经济增长就必然放缓。[②]

因此,资本进行积累的冲动也就给资本本身的发展造成了限制,经济的正常运转却会造成经济的停滞。正如《垄断资本》(*Monopoly Capital*)一书所总结的那样,其结果是整个社会充满了浪费和不理性,人们无法赋予社会生活以意义和目的,这是一个需要进行根本性变革的社会。[③]

---

① 卢森堡在这个问题上的观点在随后的几十年中得到了特别明确的回应。卢森堡驳斥了爱德华·伯恩斯坦(Eduard Bernstein)对"崩溃"理论的攻击,她拒绝做出任何让步,认为:"如果我们与那些'专家'一起假定资本主义积累可以在经济上无限进行下去,那么社会主义赖以生存的重要基础就会消失。我们就会陷入前马克思主义的迷雾中……"(Luxemburg 1972,76)亨利克·格罗斯曼(Henryk Grossman 1992,71)和保罗·斯威齐[Paul Sweezy 1970,207(首版于1942年)]虽然具体阐发的理论框架有很大差异,但他们都把卢森堡的这些话作为指导思想。

② 在随后的几十年中,《每月评论》学派对这一框架进行了大力的阐发和应用,他们的理论是分析积累的"金融化"的主要源头之一。保罗·斯威齐和哈里·马格多夫(Harry Magdoff)早就清醒地指出了美国经济中金融部门的爆炸性增长[例如,参见 Sweezy and Magdoff(1987)],将该现象归因于资本主义体系的剩余日益增长而体系本身呈现出停滞的趋势。当代的垄断资本理论家福斯特和麦克切斯尼(Foster and McChesney 2012,28)认为,"全球垄断金融资本"正在形成"一种垄断资本积累的过程,这种过程是如此极端和扭曲",从而加剧了高收入国家中日益严重的收入不平等,引起了全球金融动荡和生态危机。拉帕维查斯对这派理论关于金融化的看法进行了清晰的评述和批判,请参见 Lapavitsas(2013)。

③ 巴兰和斯威齐对美国文化提出了批判,认为这种文化处于一个混合矛盾体之中,"一方面,社会的生产方法和体现这种方法的组织越来越具有合理性,另一方面,整个社会的运转和对它的理解却始终呈现出自然性和非理性"(Baran and Sweezy 1966,341)。

之前的马克思主义理论家也得出结论说，资本主义会内在地给自己创造压力和界限，但这主要是从资本主义生产过程的构成方式出发进行论证的，并不是归因于市场集中。而自20世纪60年代后期以来，许多具有影响力和创见性的学派则认为，正是由于资本家为了提取剩余价值而要同生产工人不断进行斗争，并且他们为了谋取利润在内部也要相互竞争，所以才会使得积累走上这条发展路径。

老马蒂克(Mattick, Sr. 1969)的《马克思与凯恩斯》(*Marx and Keynes*)就根据这种思路做出了解释，极具影响力。资本家被迫与同行业中的其他企业竞争，他们要不断提高劳动生产率，将生产成本削减到低于行业平均水平并寻求超额利润，同时还要保护自己不要被低成本企业淘汰。其结果是生产力不断提高，商品交换价值下降。像其他利润率下降学派的理论家一样，马蒂克认为这些发展趋势与某种重要因素密不可分：相较于劳动力而言，机械化更依赖不变资本(固定和流动的不变资本)，且依赖程度持续上升。他援引马克思在《资本论》第三卷、第一卷中的一些段落以及《政治经济学批判大纲》中的论述，认为劳动生产率一般是通过技术变革节省劳动力而增长的。

结论是：在给定的剩余价值率(剩余价值与可变资本的比率)下，随着不变资本支出相对于产生剩余的可变资本(劳动力)的增加，整个体系产生的平均利润率将降低。至于剩余价值率提高以及其他可以起反作用的因素(马克思在《资本论》第三卷中也简要提到了其中一部分因素)，确实可能抵消某些特定时期的增长——但这些因素也是可以从积累的基本动态走势中加以预测的。政府政策或其他临时性刺激力量也可能有影响。但是在马蒂克的理论看来，资本构成变化所导致的利润减少趋势足够强大，不会永远都被其他因素抵消。

马蒂克深受格罗斯曼对《资本论》解读的影响，他将利润率下降趋势看作马克思主义政治经济学理论的核心内容。他认为这种趋势其实是“通过将劳动价值论应用于资本形成过程而得出的理论结论”(Mattick 1969, 63)。马蒂克和大卫·雅夫(David Yaffe)、马里奥·科高(Mario Cogoy)、安瓦尔·谢赫(Anwar Shaikh)等人在20世纪70年代论证说，只有从这些基本动态走势出发解释资本主义危机，才称得上是马克思主义的解释。[①] 正如西蒙·克拉克(Simon

---

① 斯蒂芬·库伦伯格(Stephen Cullenberg 1994)对利润率下降派理论家同其批评者的争论进行了清晰的分析。西蒙·克拉克(Simon Clarke 1994)指出，在20世纪70年代之前，许多马克思主义者实际上并不拥护这种观点，因为危机理论家在不同时期对危机的根源有好多种说法，包括资本主义生产的无政府状态，周期性或者非周期性经济增长放缓导致的消费不足，部门间比例失调。克拉克指出，主流观点是随着时间推移发生过变化的，但理论家往往并没有充分地注意到这一事实。

Clarke)所指出的那样,时至今日这一派理论已经成为“马克思主义正统的危机理论”(Clarke 2012,93)。

这派理论将总利润率看作积累率的关键决定因素,而利润率会受到积累自身持续发展的周期性打压。马蒂克引用《资本论》第三卷指出,资本家被迫周期性地发生“生产过剩”和“过度积累”,即使面对利润下降的可能性,资本存量也会迅速膨胀,接着危机就会爆发。而资本主义正需要危机。在危机中,企业被迫破产,现有固定资本存量的交换价值被破坏,危机恢复了总利润率,为新的扩张期铺平了道路。(Mattick 1969,71)

他认为,这场表演不会永远进行下去,当然结局的时间很难预测。虽然相关分析

> “指出了资本主义的历史极限,但无法说明何时到达极限……但是,由于资本主义总是会被破坏性更大的危机所困扰,因此如果幸运的话,任何一次危机带来的社会动荡都可能导致足以终结资本主义体系的社会行动”。
>
> (Mattick 1969,99—100)

埃内斯特·曼德尔也对马克思主义政治经济学做出了极富影响力的解读,他既强化了这种积累理论,又赋予其新的形态。曼德尔的长波理论提出了一些对资本主义发展具有约束力的“运动规律”,一方面这些规律会推动体系利润下降、运行障碍增加,但另一方面,技术创新浪潮则会周期性地给体系提供向上的浮力(这也可以解释为资本主义内部运动规律的结果),这又抵消了第一种趋势(Mandel 1975)。曼德尔因此寻求对资本主义之所以能维持扩张的原因进行更全面的分析,例如要分析欧洲和美国在“二战”后的繁荣时期。尽管经常会有扩张,但最终仍有一些束缚力量是会起作用的。曼德尔在 1976 年为《资本论》第一卷新译本所写的导论中提出了马克思的“基本目标”,即“揭露那些支配着资本主义生产方式这一特定的社会经济组织形式的规律,这些规律支配着资本主义的起源、兴起、发展、衰落和消失”(Mandel 1976,12)。马克思为了给无产阶级运动创造“科学真理的坚实基础”,才开展研究并形成了马克思主义政治经济学理论(Marx 1976,17)(这一经济学理论同相关的主观和组织因素结合起来——但这些因素就不是完全可预测的了——对促进革命性变革是颇有成效的)。根据曼德尔的理解,马克思主义政治经济学理论就是一个完全由各种抽象描述的运动规律所构成的体系。

到 20 世纪 70 年代末期,利润率下降的理论框架开始被用于对美国经济进行实证分析,涵盖了美国经济在战后漫长的繁荣期及之后的衰退期。此后,包

括弗雷德·莫斯利(Fred Moseley)和安德鲁·克里曼(Andrew Kliman)在内的倡导者还将他们的研究扩展到了21世纪的头十年。

与此同时,还有另一种重要的解释路径,虽然这一派也和利润率下降派一样持"生产主义"(productionist)的立场,但他们不再是直接关注利润率的实际变化情况。这一派的代表人物本·法因和劳伦斯·哈里斯(Ben Fine and Laurence Harris 1979)与马蒂克一样,是将一个用马克思的术语构建出来的原则作为出发点:资本家为了在生产领域中从劳动力中提取无酬劳动就要进行斗争,这些斗争不断推进着机械化,从根本上说,也正是这些生产领域中的斗争塑造了积累过程。但在他们看来,之前的理论家也犯了错误,因为他们对积累原因的分析局限于生产领域中,而没有遵循马克思本人的思想,马克思所认为的原因是资本主义的复杂整体,是要由生产领域和交换领域之间的矛盾相互作用构成的。

按照这一派的分析,利润率下降理论的一个核心内容可以继续保留。由于竞争推进了机械化,"资本有机构成"确实有增加的趋势。但是法因和哈里斯强调,这个增加仅仅是以原始价值——在技术变革发生**之前**(或者在孤立地考虑的"生产领域"中)的主导价值——衡量的不变资本与可变资本之比的增加。然而技术变革进入核心阶段时,因为交换领域中价值的变化趋势大体来说是会对利润率下降趋势造成反作用,所以当整个交换领域都发生技术变革后,体系就必须调整为下跌后的价值,这时资本有机构成增加的趋势就会中断。萨德-菲略写道:"实际的调整过程如何发生……对于积累过程至关重要,因为大量资本的突然贬值会导致金融动荡和危机"(Saad-Filho 2002,80)。利润率下降趋势规律(Law of the Tendency of the Rate of Profit to Fall,缩写为LTRPF)仍然是一个重要发现,它使研究者注意到了资本积累过程中这种相互矛盾的内部结构,既强调了那种日常性的削减成本、优化内部结构的小压力,又突出了那种周期性爆发出来的大压力。

值得注意的是,在这一框架下,利润率可能下降但并不会引发危机;或者说它的下降可能是结果而不是原因,下降是由交换中断危害商品价值的实现而导致的。[①] 西蒙·克拉克(Simon Clarke 2012,93)和法因、萨德-菲略等理论家批评传统的利润率下降框架未能正确解释利润率下降必然导致危机的原因。后者写道:"相反,如果认为LTRPF在生产和交换的相互矛盾的两种趋势中都成

① 法因和萨德-菲略在转述马克思对危机的看法的同时也指出,其他一些导致危机的因素,如比例失调、消费不足、周期性的工资压力等,也可能对利润率下降有影响(Fine and Saad-Filho 2010,81)。

立，那就可以在积累过程的基础上分析危机。”（Fine and Saad-Filho 2010，102；see also 101）

从广义上讲，这两种从生产主义角度立论的积累理论对短期内情况的预测是相似的。积累过程会定期引发自身的中断；危机期间，企业经历的困境会导致资本价值的破坏，促进资本的持续集中[除非政策制定者阻止这样做，正如包括克里曼（Kliman 2012）和小马蒂克（Mattick，Jr. 2011）等传统派所言，最近几十年就发生了这种情况，结果导致经济增长缓慢（cf. Weeks 2010，139）]，进而继续积累的条件得以恢复。因此，资本主义“不仅是历史上最具有生产效率的生产方式，而且也是**最具有成体系破坏性**的生产方式”（Saad-Filho 2002，108；强调为原文所加）。

大卫·哈维也是采用类似的思路来解读马克思（David Harvey 1982），他和法因、萨德-菲略、威克斯（Weeks）等人运用这种积累分析的框架形成了大量极富创见性的作品，近几十年来这派观点在英语世界的马克思主义政治经济学中表现得尤为突出。

也有其他一些流派正在逐步形成。20 世纪 70 年代经济学界的发展经历了转折。像安德鲁·格林和鲍勃·萨特克利夫（Andrew Glyn and Bob Sutcliffe 1972）、拉福德·波迪和詹姆斯·克罗蒂（Raford Boddy and James Crotty 1974）所提出的“利润挤压”理论认为，垄断资本和利润率下降理论都不足以解释战后长期繁荣何以终结。他们认为真正有解释力的是马克思在《资本论》第一卷第 7 篇中强调的结论：资本主义不会长期维持工资增长的高就业水平，因为足够高的工资增长会抑制利润并阻止繁荣。马克思最初是在第一卷第 25 章中对工人受积累折磨的命运进行控诉时提出这一观点的。卡莱茨基（Kalecki 1971；首版于 1943 年）曾在当时凯恩斯主义的背景下再次对这一点进行了强调。20 世纪 60 年代扩张末期，利润挤压学派的理论家们对此重新进行了分析。正如他们所言，欧洲和美国劳动力市场的充分就业使得工人一方的力量上升，相应的结果显示在国民收入账户上就是：工资上涨，生产率增长下降，利润份额和利润率下降，资本积累率下降。

这些利润挤压论者基于积累理论给出了对战后长期繁荣以及之后衰落的解释，他们强调了阶级对立，并对资本主义的整个体系进行了批判，但他们并未试图从中推论出资本主义会因为无法控制生产力而不可避免地走向崩溃。这种利润挤压理论在原则上是可以进行拓展的[①]，包括可以纳入需求因素、金融运动，以及国内政策、国际贸易和投资潮流等各种变化；在随后的几十年中，它也确实在各个方面得到了拓展[②]。特别是安德鲁·格林（Andrew Glyn 2006）《放纵的资本主义》（*Capitalism Unleashed*）一书做了非常好的工作，记录了从 20 世纪 70 年代中期开始的 30 年中工人在选择、资源和经验等多方面的恶化。

从 20 世纪 60 年代以来，马克思主义哲学的新潮流也激发出了新的分析方法。路易·阿尔都塞（Louis Althusser）试图让马克思的思想与“黑格尔主义”保持距离，改变黑格尔式的社会总体观，不再把社会的各个组成部分看成是每部分各自表现着某个结构性本质或本质性矛盾，然后这些部分拼合成总体。[③]阿尔都塞用多元的因果决定论来理解马克思主义，构想了另一种形式的总体，在该总体中各个组成部分是相互构成的，相互之间具有复杂的关系。从这个角度来看，经济决定论的推理就是可疑的，我们并不能很可靠地预测到未来发展路径。

阿尔都塞对传统马克思主义理论运用黑格尔式方法的批评也得到了其他一些人的赞同。用吉列斯·德勒兹（Gilles Deleuze）的话来说，“不能忍受……黑格尔的‘正题－反题－合题’三段式和对否定的运用”（Deleuze and Parnet 2007，14）。德勒兹早期受过阿尔都塞的影响[④]，他一生大量的作品[通常与费利克斯·瓜塔里（Felix Guattari）合作]试图在斯宾诺莎、尼采和柏格森理论——而绝非黑格尔理论——的基础上对资本主义和生命概念进行重新阐释。阿尔都塞以及德勒兹和瓜塔里的作品都不赞成对“积累过程”进行预测性的表述，积累过程并不是对某些抽象定义的内在决定因素的表现，我们也不能预测说这个过程是具有还是不具有自我破坏性。

因此，在斯蒂芬·雷斯尼克和理查德·沃尔夫等后阿尔都塞理论家看来，资本家为了生存和发展所采用的各种不断变化的策略，其意义是不能被预先计算的[例如，参见 Resnick（2001）]。企业为了生存，除了积累还要进行各种支

---

① 正如诺顿（Norton 1988）所指出的那样，利润挤压学派的一些早期讨论其实在理论上对“力量”有一种本质主义的设定。

② 例如，参见 Marglin（1990）。特别是在美国，一些同情“利润挤压”解释的理论家又进一步转向了“积累的社会结构”理论，继续进行阐发。（请参阅本书第三十四章“积累的社会结构”。）

③ 这种黑格尔主义的思想极大影响了利润率下降理论，库伦伯格（Cullenberg 1994，19－50）对此进行了深入阐述。

④ “……把马克思从黑格尔手里解放出来，重新占有马克思，发现马克思关于差异机制和肯定机制的思想，这难道不是阿尔都塞所取得的令人钦佩的成就吗？……在错误的观点和错误的反驳之下，你会发现许多更具爆炸性的体系，即许多处于不平衡状态的非对称性整体……”（Deleuze 2004，145；这是他于 1969 年接受的一次访谈）

出，每种支出类型（不仅仅是购买不变资本和额外的劳动力）具有复杂而且不断变化的社会和经济影响。企业的所有策略和支出都值得分析；雷斯尼克和沃尔夫认为企业“存在于矛盾之中”，一方面企业尝试用各种方式获取收入，另一方面它们又要面临各种不断变化的支出需求（企业内部与外部的阶级和利益竞争都很活跃，企业必须为此大量开支）(Resnick and Wolff 1987，164－230)。他们写道：

“在我们看来，许多马克思主义文献经常将工业企业的行为简化为其内部的少数经济过程，认为这些过程是工业企业发展的最终决定因素。通常被归纳出的决定因素包括……购买额外的不变和可变资本（资本积累）、确定市场价格以及生产商品的物理性/技术性劳动过程等经济过程。”

(Resnick and Wolff 1987，319)

雷斯尼克和沃尔夫拒绝了这种对企业的狭隘理解，也拒绝了一些马克思主义政治经济学流派在其基础上所建立的关于积累的“结构主义”逻辑（Wolff and Resnick 2012，32）。[①]

许多他们以前的学生在这种关于企业的新理解的启发下，提出了一些重要的创见。斯蒂芬·库伦伯格（Stephen Cullenberg 1994）对利润率下降理论的争论进行分析并发现，参加 20 世纪 70 年代辩论的双方对企业概念做了两种不同的简化。利润率下降学派理论家构想了一类积累型企业，按照黑格尔主义的设定，每家企业都是对资本主义总体的展现，正是这一内在特性驱动着企业的运行。信奉置盐定理（Okishio theorem）的理论家则批评这种观点，他们针锋相对地设定了一种“笛卡尔主义”的企业，个体并不关心什么总体，企业只是通过谨慎、理性的利润最大化决策，推动并塑造出了宏观的经济总体。库伦伯格写道，“两种方法”都

“将资本主义企业简化为一个单一目标，资本主义发展的本质就是实现该目标……按照设定来说，资本主义企业的性质都是给定的，在各种分析中发生变化的只有经济环境，并且环境永远不会对资本主义企业的性质做出反应”。

(Cullenberg 1994，104)

卢西奥和阿玛伊格里奥在批判现代经济学的理论时，也对这种简化做法提出了相应的批评。他们像库伦伯格一样，也强调了马克思主义积累理论和新古

---

① 有关雷斯尼克和沃尔夫批评传统积累理论的例子，请参见 Resnick and Wolff(2006，293－296)。

典经济学之间的相似之处。[①] 这两派观点都是在按照现代性的思路寻找一种掩藏在无序表象下的秩序，尽管在马克思主义方面看来，其所考察的那种有序最终会导致无序。两派为了找到各自所追寻的秩序，都需要设定一种特殊的主体——一个置于考察中心的代表性企业，他们都认为这个企业是在坚持不懈地追求某个单一意图。（正如上文中我们已经说过的那样，在现代性的马克思主义理论看来，至少有一部分企业是在通过技术变革削减成本，从而追求超额利润或市场份额。）那么，这类企业所参与的竞争"从根本上来说是可以预测的，是统一而有序的过程"，其结果因此也是统一的和可预测的(Ruccio and Amariglio 2003，229)。此外，卢西奥和阿玛伊格里奥也像雷斯尼克和沃尔夫一样对《资本论》第三卷中的相关段落进行了解读，以求呈现出企业内部和边界上的冲突和无序是一种连续变化，并没有一个明确的边界——从这一点来看，要把行业内竞争作为关键环节来抽象构建所谓的积累路径，那就不太可靠了(Ruccio and Amariglio 2003，216—251)。[②] 他们的这种解读还原了阶级的本来面目，突出了剩余价值分配的复杂性，强调了这种复杂分配(同剩余价值的产生和各种非阶级过程一样)对于资本主义企业的维持至关重要。

雷斯尼克和沃尔夫的多元决定论认为，在任何情况下我们都不应该使用巴兰、斯威齐和(小)保罗·马蒂克那种两步法的理论构建过程，这种两步法方法首先确定了积累具有一种破坏性的抽象逻辑，然后再引入历史上具体的暂时性修正因素，但是修正因素并不会改变逻辑本身。[③] 雷斯尼克和沃尔夫也认为资本主义的经济增长过程具有破坏性，但这一点可以在(相对具体的)历史分析中得到证明，而不应该在抽象水平上建立一套关于积累具有自我破坏性的逻辑，然后再修修补补。

由于雷斯尼克和沃尔夫认为阶级是马克思主义理论中的核心关切，相应的，他们也把关注重点放在剥削率的上升、工资和就业趋势的恶化以及消费者

---

① 加内特(Garnett 1995a)还探讨了新古典主义与某些马克思主义流派所具有的相似的现代性观点，他建议(1995b)我们在解读《资本论》第一卷第1章时，既要听取现代的"声音"，又要听取后现代的"声音"。

② 更多相关内容，请参见 Resnick and Wolff(1987，192—200)一书中"企业之间的矛盾和竞争"一节。

③ 正如诺顿(Norton 1994；2001)所论证的那样，马克思自己在《资本论》第一卷第7篇中也没有构建过这样一个抽象设定的框架。诺顿重新阅读了马克思那些被广为引述的段落，他发现马克思在考察资本家的再投资率问题时是纳入了历史变化因素的，并不是将积累解释为某种抽象逻辑所预设好的东西。阿玛伊格里奥(Amariglio 2010)的考察视野更加广阔，他认为马克思对于原始公社的阶级过程所下的定义中，是存在文化/政治成分的，马克思已经放弃了用抽象的、完全经济性的因素来界定阶级过程。凯亚特金和乔鲁赛亚(Kayatekin and Charusheela 2004)对于封建阶级过程的分析也有类似观点。

负债的上升，这些是 20 世纪 70 年代中期以后美国物质生活的根本特征(Resnick and Wolff 2006，341—353)。近年来，沃尔夫运用这种观点对当代资本主义的危机易感性及其长期趋势进行了批判性研究。他提出资本主义这种经济体系在高收入国家中已经不中用了，无法提供基本收益，而以前它是因为有这种收益才免遭大众的批评。沃尔夫在其长期分析中特别指出，自 20 世纪 70 年代以来，企业能够更轻松地将生产转移到国外(例如 Wolff 2014)。因此，他将注意力直接集中在资本主义企业的阶级结构上(由雇员之外的人组成的董事会以及它为了股东利益而将剩余收入转移到国外进行生产的能力)，因为这正是寻求变革的人们需要观察的地方。

雷斯尼克和沃尔夫对“理论”之为“理论”这个深层次问题的理解也与先前的积累理论家不同。他们否认理性主义或经验主义认识论关于真理的主张具有可行性，他们将思维看作一个处于其他各种过程之中的过程，既影响着其他过程，也被其他过程所影响(Wolff and Resnick 2012，151)。因此，如果要对各种理论框架进行评价，在某种意义上来说，就是要根据它们可能产生的影响来评价才会准确。雷斯尼克和沃尔夫认为，聚焦于阶级的马克思主义理论可以为人们提供关于变革的有用见解，包括对当下企业进行变革，而在其他框架那里则看不到这一点。

相反，那些生产主义的理论框架一般说来则是表现为某种独特的概念推演过程(这个推演过程通常被简单地称作“马克思的理论”)所得出的结果，而这个概念推演过程被认为和资本主义发展的单一逻辑相符合、相统一。其中有些论者还会强调说，马克思之所以会达成这一成就，原因之一就是他对黑格尔《逻辑学》进行了借鉴和延续——正是《逻辑学》(如著名学者罗曼·罗斯多尔斯基所说的那样)使得马克思能够用他的“资本一般概念”(他在《政治经济学大纲》和《资本论》第一、第二卷中对此进行了阐发)来确定资本主义竞争的各种影响(《资本论》第三卷)和资本主义整体发展的概貌(Rosdolsky 1977，42—44)。这一派中也有其他一些学者不同意说马克思的推理是黑格尔式的，但他们仍然认为马克思之所以能对那些建构资本主义历史的力量进行独到的概念上的把握，正是因为马克思有一套更为开放的相互作用式的“唯物辩证法”(例如 Mattick，Jr. 1993；Saad-Filho 2002)。

马克思的这个真理有一个重要方面就是其政治意义。这种理论解释了经济和社会生活中的那些特殊问题是如何从一个普遍的、综合的和具有内在矛盾的经济体系中产生出来的。所谓革命，就是一举全面推翻这个总体，一劳永逸地解决问题，因而革命就是变革的努力目标(参见 Cullenberg 1994，106—107)。

然而，在经典马克思主义分裂成不同流派之后，各派对于他们所期待的政治变革要**如何**实际发生，这种变革又会产生**什么后果**，都有着不同的设想。[①] 垄断资本理论和传统的利润率下降理论(但不包括法因和萨德-菲略[②])实际上提出了一种进化论式的观点：(1)积累沿着(主要是由)它自己内在建构起来的增长过程进行；(2)积累的内在矛盾产生经济萧条；(3)人民被动员起来反对资本主义；(4)发生政治革命；(5)建立新的体系。但是，关于革命如何在阶段(4)发生，反抗资本主义的政治革命之后会发生什么以及何时发生，这些都未得到清晰阐释。此外，在阶段(3)中对工人的政治动员怀有经济决定论式的预期也备受批评。[③] 20 世纪 70 年代资本主义危机之后的政治失败凸显了这个问题。

一些拒绝理性主义认识论的人还提出了一个更加具有普遍性的问题：人们是为了结束资本主义剥削才建立起这个架构的，但这个架构是否真正促进了目标的实现呢？吉布森-格雷厄姆(Gibson-Graham 1996)生动地指出事实并非如此。她们认为，这一愿景并不能使左派增强自信、受到启迪，反而会使他们裹足不前，适得其反。因为这种传统的解读错误地将资本主义[在刚才所说的阶段(1)和(2)上]解释为一种力量强大的、自我建构的、具有扩张性和侵略性的体系，从而蒙蔽了人们的眼睛，人民无法发现在所处的社会中已经存在各种阶级过程，也无法信心十足地投身于其他某种企业和活动形式的建设。马克思主义者把“资本主义体系”树成了靶子，但又把它说成具有高度的进取性、统治力和自我复制能力，任何变革在它面前都相形见绌，那么当下进行变革的可能性就被削弱了——只能寄希望于未来——甚至未来的可能性也变得越来越小，因为要实现实在太难了。吉布森-格雷厄姆(Gibson-Graham 1996；2006)不想让读者仅仅停留在反对资本主义的愿望层面，因此她们对传统马克思主义积累理论

---

① 经典马克思主义关于在资本主义的发展中创造社会主义这一思想，请参见狄斯金(Diskin 1996)非常具有启发性的讨论。

② 法因和萨德-菲略(Fine and Saad-Filho 2010)在分析积累时已经纳入了政治的维度，虽然表述非常简化。他们认为，危机本身并不会加剧工人的反抗，相反，“经济衰退时期是工人阶级比较弱势的时期。此外，生产方式内部的变化，不能仅仅看经济条件，因为这种变化是高度依赖于政治和意识形态条件的，至于从一种生产方式转变成另一种生产方式，那就更是如此了。在经济繁荣时，这些政治和意识形态因素以及劳工运动的经济地位往往是最强的。因此经济分析与革命之间的关系不仅非常复杂，而且取决于其他方面的影响……”(Fine and Saad-Filho 2010，85—86)。

③ 相关例子参见詹姆斯·奥康纳(James O’Connor 1987)、恩斯特·拉克劳和查特尔·墨菲(Ernesto Laclau and Chantal Mouffe 1985)、劳伦·贝兰特(Lauren Berlant 2011)和弗雷德里克·洛顿(Frederic Lordon 2014)，这些论者虽然理论路径各不相同，但都有很大参考价值。特别是洛顿的书中阐述了斯宾诺莎的情感(affect)理论和马克思的阶级分析之间的重要联系。

框架下的政治观点发起了直接挑战。[①]

出于类似的原因，一些理论家现在开始着手研究资本主义企业和社会的历史，并有意避免援引那种认为积累是企业和社会发展的内在逻辑的观点。例如，蒂莫西·米切尔（Timothy Mitchell 2011，7 n. 15）在《碳民主》（*Carbon Democracy*）一书中就认为，是不断变化的能源提取和使用方式建构出了资本主义。威廉·康诺利（William Connolly 2008）的《资本主义与基督教：美国风格》（*Capitalism and Christianity，American Style*）使用德勒兹和瓜塔里的"机械组合"概念来分析基督教福音派的"投射"是如何为当代美国严酷的资本主义提供"共振机器"的，这种"共振机器"既为严酷提供支持，又从这种严酷中获得启发。[②] 安德里亚娜·弗拉丘（Andriana Vlachou 2005a；2005b）打破了资本主义下或各种公有形式下的剩余分配必然受生态规律决定的假设，结合具体情况来重述其中的关联。从激进主义者的角度来看，广受赞誉的沃尔夫（Wolff 2012）的《劳动中的民主》（*Democracy at Work*）和吉布森-格雷厄姆（Gibson-Graham et al. 2013a）的《夺回经济》（*Take Back the Economy*）都认为，总体中组成部分的变化（包括商品生产企业的阶级结构的变化）对总体有重大影响，甚至在发生全面政治变革之前就可以发挥这种影响。阿达曼和马德拉（Adaman and Madra 2002）以及康尼尔（Conill et al. 2012）分别对该思路进行了理论和实证阐述，后者关注的是危机时期的西班牙。

卡拉里和卢西奥（Callari and Ruccio 2010；1996）给出了更加一般化的理论，他们在阿玛伊格里奥和卡拉里（Amarigli and Callari 1993）、雷斯尼克和沃尔夫、吉布森-格雷厄姆等人的基础上，抨击了"关于社会、社会主体和社会变革的一维式观点"，而阐发了关于"经济是脱嵌的、自我调节的结构"的观点[③]，特别值得注意的是，他们还对社会主义进行了重要阐述（Callari and Ruccio 2010，407）。

---

① 伯杰隆（Bergeron）将吉布森-格雷厄姆等人的理论应用于倡导全球范围内的"位置的政治学"（politics of location）。伯杰隆发现许多左翼思想都是采用一种资本中心主义的"抽象政治学"来看待主体，因此她呼吁人们改用"女权主义话语"来叙述"全球资本主义"，从而"不仅在全球资本主义的过程中，而且在过程的空白和缝隙中，认识和创造各主体间的矛盾性和异质性……"（Bergeron 2006，160－163）。

② 这样一种组合方式可以看作生活的各个部分以及世界的各个部分之间的持续连接，这种方式可以避免陷入黑格尔式的窠臼，任何一个部分都不是另外某个本质性部分的表现，不受某个本质性部分的决定。

③ 马德拉和欧扎丘克（Madra and Özselçuk 2010）从稍微不同的角度提出了精神分析和积累理论相融合的新方法，因为他们反对一些拉康主义者谈论资本主义时所包含的"再生产主义"成分——认为积累能够进行内在的自我构建。吉布森-格雷厄姆等人（Gibson-Graham et al. 2013b）也反对积累理论家，主张要承认流动性和可能性，而不能假定资本处于自我封闭的闭合回路之中。

另一方面，迈克尔·哈特和安东尼奥·奈格里(Michael Hardt and Antonio Negri 2000)的《帝国》(*Empire*)一书也使用类似的理论成分——斯宾诺莎、德勒兹、瓜塔里、米歇尔·福柯(以及还有许多其他人)的理论——重新定位了资本主义，认为资本主义是一个按照自己的多重路线而产生出共产主义的总体，资本主义这个总体在当代涵盖了全球范围。尽管哈特和奈格里把世界表述为内在性平面上的各个单一点之间的相互作用(这里他们用的是德勒兹的术语，内在性是指一切给定事物都具有积极性，具有不可减少的差异性)，但在他们的解释中，在当代的内在性这一场所中，“新人的真理受到历史、技术和政治的决定，基于这一事实，由于不可能有任何外部中介，所以单一就表现为大众”(Hardt and Negri 2000，73)。

但反过来说，大众(“这个作为复数存在的大众是全球化运动的主体，他们已经学会了在全球化的汪洋大海中航行，具有主体性，能生产、能创造”)又是一个反抗性的革命主体，它越来越向着当前结构的边界推进(Hardt and Negri 2000，60)。①

哈特和奈格里的理论是对意大利“工人主义者”(operatist)理论的借鉴和拓展。工人主义自1961年以来一直在细致研究资本主义工厂和工作场所(后来又扩展到“资本主义社会”)，考察它们的生成发展需要依赖什么样的无产主体[即它们的“阶级构成”，依照历史顺序分别是“专职性”(技能保护主义)工人、“群众性”工人和“社会性”工人]。② 工人主义者倾向于认为这些主体一经产生，就成为推动资本主义经历接连不断的各场危机、各个阶段和各次垂死挣扎的终极动力。③ 正如恩斯特·拉克劳(Ernesto Laclau)援引雅克·兰切尔(Jacque Ranciere)的话所指出的那样，人们对这一愿景有一定的了解：

---

① 这一段接下来还写道：“(大众)处于永无止境的运动中，他们用个体(singularities)和事件(events)组成了各种星丛(“星丛”是由西方马克思主义思想家本雅明最早引入的天文学术语，即通常所说的“星座”，他用星星同星座的关系来说明个体同总体的关系，强调每个个体都是自主存在的，并不是总体赋予其存在，作为总体的星座只是诸多个体星星之间的松散关联罢了，哈特和奈格里继承了这一思想，学界通译作“星丛”——译者注)，这些星丛在持续性地对体系进行全面重构。”(Hardt and Negri 2000，60)哈特和奈格里还进一步在“大众”中加入了一种具有建设性的“对各种统治形式的反抗”(Hardt and Negri 2000，90)，拉克劳对此有所不满：“抵抗的能力和意愿不是来自天堂的礼物，而是需要一系列主体方面的变革，这些变革只能是斗争本身的产物，**而斗争有可能并不会发生**。《帝国》中缺少的是关于政治主体性的连贯理论……”(Laclau 2004，28；强调为作者所加)

② 毛里齐奥·拉扎拉托(Maurizio Lazzarato 2012)关于新自由主义的资本主义社会中“负债者”的深刻见解应该也是基于这种观点而提出的，至少是部分地基于。

③ 玛丽亚·图尔凯托(Maria Turchetto 2009)对“工人主义”从形成开始到《帝国》出版为止的情况做了详尽的批判性论述，这里根据她所提供的材料对“工人主义”进行介绍。

“通过纯粹内在的运动来发挥作用的破坏性力量就是马克思主义理论所称的‘生产力’，根据兰切尔的观点，生产力的场所与《帝国》所描述的大众的行为具有严格的同源性。”

(Laclau 2004,22)

工人主义运动最初是作为意大利主流左翼的反对派出现的，主流左翼将自身的历史使命定为促进生产力发展，而工人主义则试图提出另一种战斗性的方案，但从总体上来说，他们给出的框架和他们所要打破的主流框架其实是类似的。

同时，还有其他一些21世纪的理论家对实际“生产力”之所以会持续侵蚀和减缓积累过程提出了不同的解释，这种观点十分新颖，令人印象深刻。罗伯特·布伦纳(Robert Brenner 2006)以及热拉尔·杜梅尼尔和多米尼克·莱维(Gérard Duménil and Dominique Lévy 2004;2011)都将马克思主义理论理解为一种生产力/生产关系理论，并据此开展他们的研究。他们都遵循着这一常用框架对最近资本主义运动的总体样貌进行了详尽的实证阐述，布伦纳专注于第二次世界大战以来几十年间的全球生产，杜梅尼尔和莱维则将他们关于美国和其他一些国家的研究回溯到了19世纪后期。这几位学者都是马克思主义政治经济学思潮近年来复兴浪潮中的杰出代表，对20世纪70年代以来高收入国家劳动人民长期生活困苦的现象做出了令人信服的解释。

布伦纳的理论出发点我们非常熟悉：资本主义的竞争结构不断推动企业对固定资本——新的、成本更低的技术的物化形式——进行投资。他认为制造企业具有“资本主义生产的**无计划性**、**不协调性**和**竞争性**”(Brenner 2006,7;强调为原文所加)倾向，因为它们无法充分考虑竞争对手的能力。随着潜在产出的增加和价格的下降，上一代竞争者会发现它们的固定资本投资不再能实现预期的收入。但是，这些成本较高的生产商现在并不情愿退出，而是倾向于坚持下去，不愿放弃花在固定资本上的大额投入，而国家在一定程度上也对此采取支持性政策，放任生产商这种想法。其结果是，世界主要行业都面临着持续的产能过剩、平均利润率下降。布伦纳认为，生产力的扩张确实会抑制利润率、阻碍积累，但今天生产力是(如垄断资本理论所说的那样)因为长期产能过剩而造成阻碍，而不是由于机器资本构成的原因造成阻碍。以此为基点，布伦纳对最近几十年里的许多现象成功进行了分析，包括高收入国家货币和财政政策的两难困境，以及投机性金融活动的大幅增长(Brenner 2002;2006)。

杜梅尼尔和莱维给出的解释则更接近于20世纪中后期西方主流经济学家对马克思的解读：随着积累的推进，会造成资本有机构成上升和利润率下降。

这种动态机制一直存在于“马克思的分析”中，是“资本主义动态机制的关键部分”。

同时，杜梅尼尔和莱维还认为，“不能将资本主义理解为利润率下滑的被动受害者，它并不是不知不觉滑进坟墓的”。相反，“资本主义对其内在趋势的持久的、能动的反作用”在某些条件下会完全占据主导地位（Duménil and Lévy 2014，48）。自1980年以来的几十年中，确实是反作用占主流，而不是“规律”占主流。

杜梅尼尔和莱维认为，始于1980年的新自由主义的资本主义积累时期并不是新东西，仍然属于“现代资本主义”的范畴，只不过“现代资本主义”就像一个周期性波动，新自由主义就是波形图上呈现出的最新的一段波形。20世纪初生产关系的变化导致现代资本主义在美国产生，这些变化包括从1900年开始现代公司制度逐步兴起，面向企业服务的银行也相应增长，以及管理革命实现了所有权与管理相分离，产生了越来越多的管理人员和文员（Duménil and Lévy 2011，12，90—98）。杜梅尼尔和莱维据此对资本主义的发展进行了分期，他们认为资本主义体系中的生产关系是运动的，生产关系的变化造成了资本主义的发展，同时，还会造成传统理论所认为的动力——“生产力”——发生变化。

与大多数传统的积累理论派别相比，他们这样的看法就赋予了阶级概念一种更为开放和复杂的角色定位。分析利润率下降的学者大部分[①]是在针对资产阶级的静态基础进行理论阐发，他们认为资本家努力从生产工人中提取剩余价值，特别是通过机械化来提取。相比之下，杜梅尼尔和莱维则主张，理解现代资本主义的运动需要采用一种“三足鼎立”的分析方法，要区分以下三者：资本家（他们定义为所有者）、工人（或“大众阶级”）、在现代资本主义时期新兴的管理者。此外，要了解积累的动态机制，还必须继续保持开放态度，上述三个群体还包含很多子群体，在子群体内部、子群体之间会形成不断变化的政治联盟——不断变化的阶级联盟，而这可能会周期性地重塑它们所构成的那个整体的运行方式。

然后，随着经济不断增长，各种不利于稳定的动态发展可能动摇整个体系。在某些时期，上层资本家可以在没有实质性抗衡力量的情况下将管理人员置于

① 莫斯利（Moseley 2003）在对美国利润率趋势的实证研究中，也考察了对剩余价值的非生产性索取日益增长的情况。巴兰和斯威齐（Baran and Sweezy 1966）也指出过对剩余的非生产性索取在增长，但他们是将其严格定位为第二性的“反作用”力量，体系之前已经建立起了剩余扩大和需求减少的内在逻辑，这是第一性的，“反作用”力量是作为应激反应而增长的。

他们的领导之下(作者称之为“金融霸权”[①]时期),而这会导致与利润率下降无关的其他麻烦。正如杜梅尼尔和莱维提示的那样,马克思本人有时也会强调这种一般性问题。“在《共产党宣言》中,讽刺性地把资产阶级称作手法拙劣的‘魔法师’,他们自己开创的过程自己之后却控制不了;《资本论》第三卷关于虚拟资本的丰富论述也延续了这种早期分析方法……”(Duménil and Lévy 2014,46)

因此,美国现代资本主义的初始阶段(“第一次金融霸权”阶段大约从1900年延续到罗斯福新政,其特征是上层资本家占有最高决策地位,并与顺服的管理阶级结成联盟)到了大萧条之后就结束了,杜梅尼尔和莱维认为,利润率的下降对发生大萧条没有什么特别的影响。

随之而来的是“战后妥协”的社会秩序或者说阶段,之所以能形成这个阶段,很大程度上是因为有一个极为不同的阶级联盟发挥了主导性作用,即管理者领导的、管理者和大众阶级共同组成的联盟。在这种情况下进行积累,就要强化工业企业利润的再投资,维持工人的生活水平。[②] 正如杜梅尼尔和莱维所主张的那样,现代资本主义的这一阶段在1965年至1980年间遭遇了传统理论所预期的利润率下降。利润率下降导致的危机表明旧联盟已无法再主导了,最终形成了现代资本主义的最新阶段。

随后的新自由主义社会秩序,即现代资本主义的第二次金融霸权阶段,其首要特征就是上层资本家再次获得了任意妄为的能力。上层资本家与顺服的管理层结盟,追求股东价值、不受束缚的全球化、持续金融化、不断增长的顶级收入。杜梅尼尔和莱维认为,始于2007年的危机与总利润率的持续下降无关,而是再次证明了资本主义这一手法拙劣的“魔法师”在这种情况下可以释放出多么大的破坏力(Duménil and Lévy 2014,47—48)。

像雷斯尼克、沃尔夫、格林等人一样,杜梅尼尔和莱维也在将不确定性引入马克思主义积累理论(但与此同时,他们保留了对周期性崩溃的一般预期)。[③]

---

① 金融霸权是指“资本家阶级——实际上是金融家,是资本家阶级和金融机构中的上层部分——可以不受制约地按照自己的利益,或按照他们想要的样子,领导经济和社会”(Duménil and Lévy 2011,15)。

② 对于这一时期美国资本主义的相反观点,请参见 McIntyre and Hillard(2013)。

③ 西蒙·克拉克(Simon Clarke)也在危机理论领域为这一重大变化做出了贡献。克拉克延续了传统看法,将资本主义企业在追求超额利润的竞争驱使下形成“生产过剩”趋势视为“资本主义生产的基本特征”,因而他的分析重点也是着眼于资本主义体系的生产力具有内在的破坏力量,与正统理论一致。但是,克拉克否认这种生产过剩趋势与特定资本主义危机的产生之间存在任何必然的联系。他写道:“尽管危机倾向可能是资本主义固有的,但任何特定危机的决定因素和特征始终是具体的、个别的,嵌入特定时间和地点的资本积累的具体特征中,而不能简化为一个一般的抽象概念。要分析危机,前提就是要对当代的资本结构进行具体分析。”(Clark 2012,91,95)

因此，以前那种为了设定资本主义的命运归宿而抽象设定好的积累逻辑，虽然罗莎·卢森堡把它称为马克思主义存在的理由，而且20世纪中叶的理论家都对它进行了不懈的追求，但现在人们已经不需要它、不再认可它了。这种重大变化促进了马克思主义政治经济学中那些更加契合历史的流派的发展，并有助于推进马克思本人在《资本论》第一卷第7篇中所研究的问题，即当代资本积累过程对工人生活所造成的损害。

参考文献

Adaman, F. and Y. Madra. 2002. "Theorizing the Third Sphere: A Critique of the Persistence of the 'Economistic Fallacy'." *Journal of Economic Issues* 36: 1045–1078.

Amariglio, J. 2010. "Subjectivity, Class, and Marx's 'Forms of the Commune'." *Rethinking Marxism* 22: 329–344.

Amariglio, J. and A. Callari. 1993. "Marxian Value Theory and the Problem of the Subject: The Role of Commodity Fetishism." In *Fetishism as Cultural Discourse*, E. Apter and W. Pietz, eds., 186–216. Ithaca, NY: Cornell University Press.

Baran, P. and P. Sweezy. 1966. *Monopoly Capital: An Essay on the American Economic and Social Order*. New York: Monthly Review Press.

Bergeron, S. 2006. *Fragments of Development: Nation, Gender, and the Space of Modernity*. Ann Arbor: University of Michigan Press.

Berlant, L. 2011. *Cruel Optimism*. Durham, NC: Duke University Press.

Boddy, R. and J. Crotty. 1974. "Class Conflict, Keynesian Policies, and the Business Cycle." *Monthly Review* (October): 1–17.

Bowles, S., D. Gordon, and T. Weisskopf. 1983. *Beyond the Wasteland*. New York: Anchor Press/Doubleday.

Brenner, R. 2002. *The Boom and the Bubble: The U.S. in the World Economy*. London and New York: Verso.

——. 2006. *The Economics of Global Turbulence: The Advanced Capitalist Economies from Long Boom to Long Downturn, 1945–2005*. London and New York: Verso.

Callari, A. and D. F. Ruccio. 2010. "Rethinking Socialism: Community, Democracy, and Social Agency." *Rethinking Marxism* 22: 403–419.

——. 1996. "Introduction: Postmodern Materialism and the Future of Marxist Theory." In *Postmodern Materialism and the Future of Marxist Theory: Essays in the Althusserian Tradition*, A. Callari and D. F. Ruccio, eds., 1–48. Hanover, NH: Wesleyan University Press.

Clarke, S. 1994. *Marx's Theory of Crisis*. New York: St. Martin's Press.

——. 2012. "Crisis Theory." In *The Elgar Companion to Marxist Economics*, B. Fine and A. Saad-Filho, eds., 90–95. Cheltenham: Edward Elgar.

Conill, J., M. Castells, A. Cardenas, and L. Servon. 2012. "Beyond the Crisis: The Emergence of Alternative Economic Practices." In *Aftermath: The Cultures of the Economic Crisis*, M. Castells, J. M. G. Caraça, and G. Cardoso, eds., 210–250. Oxford: Oxford University Press

Connolly, W. E. 2008. *Capitalism and Christianity, American Style*. Durham, NC: Duke University Press.

Cullenberg, S. 1994. *The Falling Rate of Profit: Recasting the Marxian Debate*. London: Pluto Press.

Deleuze, G. 2004. *Desert Islands and Other Texts, 1953–1974*. Edited by D. Lapoujade; trans. by M. Taormina. Los Angeles: Semiotext(e).

Deleuze, G. and F. Guattari. 1983. *Anti-Oedipus: Capitalism and Schizophrenia*. Trans. by R. Hurley, M. Seem, and H. R. Lane. Minneapolis: University of Minnesota Press.

——. 1987. *A Thousand Plateaus: Capitalism and Schizophrenia*. Trans. and with a foreword by

B. Massumi. Minneapolis: University of Minnesota Press.
Deleuze, G. and C. Parnet. 2007. *Dialogues II*. Trans. by H. Tomlinson and B. Habberjam. New York: Columbia University Press.
Diskin, J. 1996. "Rethinking Socialism: What's in a Name?" In *Postmodern Materialism and the Future of Marxist Theory: Essays in the Althusserian Tradition,* A. Callari and D. F. Ruccio, eds., 278–299. Hanover, NH: Wesleyan University Press.
Duménil, G. and D. Lévy. 2004. *Capital Resurgent: Roots of the Neoliberal Revolution*. Cambridge, MA: Harvard University Press.
——. 2011. *The Crisis of Neoliberalism*. Cambridge, MA: Harvard University Press.
——. 2014. "The Crisis of the Early 21st Century: Marxian Perspectives." In *The Great Recession and the Contradictions of Contemporary Capitalism*, R. Bellofiore and G. Vertova, eds., 26–49. Cheltenham: Edward Elgar.
Fine, B. and L. Harris. 1979. *Rereading Capital*. New York: Columbia University Press.
Fine, B. and A. Saad-Filho. 2010. *Marx's Capital*. 5th edition. London: Pluto Press.
Foster, J. B. and R. W. McChesney. 2012. *The Endless Crisis: How Monopoly-Finance Capital Produces Stagnation and Upheaval from the U.S.A. to China*. New York: Monthly Review Press.
Garnett, R. F., Jr. 1995a. "Markets, Modernism, and Marx: Some Thoughts on Economics after the Cold War." *Rethinking Marxism* 8(3): 26–37.
——. 1995b. "Marx's Value Theory: Modern or Postmodern?" *Rethinking Marxism* 8(4): 40–60.
Gibson-Graham, J.K. 1996. *The End of Capitalism (As We Knew It): A Feminist Critique of Political Economy*. Malden, MA: Blackwell Publishers.
——. 2006. *A Postcapitalist Politics*. Minneapolis: University of Minnesota Press.
Gibson-Graham, J.K., J. Cameron, and S. Healy. 2013a. *Take Back the Economy: An Ethical Guide for Transforming Our Communities*. Minneapolis: University of Minnesota Press.
Gibson-Graham, J.K., E. Erdem, and C. Özselçuk. 2013b. "Thinking with Marx for a Feminist Postcapitalist Politics." In *Marx' Kritik der Gesellschaft*, R. Jaeggi and D. Loick, eds. Berlin: Akademie Verlag. http://www.communityeconomies.org/site/assets/media/Esra_Erdem/Gibson Graham_Erdem_Ozselcuk-.pdf (accessed August 1, 2016).
Glyn, A. 2006. *Capitalism Unleashed: Finance, Globalization, and Welfare*. Oxford: Oxford University Press.
Glyn, A. and R. B. Sutcliffe. 1972. *Capitalism in Crisis*. New York: Pantheon Books.
Grossman, H. 1992. *The Law of Accumulation and Breakdown of the Capitalist System: Being Also a Theory of Crises*. Trans. and abridged by J. Banaji. London: Pluto Press.
Hardt, M. and A. Negri. 2000. *Empire*. Cambridge, MA: Harvard University Press.
Harvey, D. 1982. *The Limits to Capital*. Chicago: University of Chicago Press.
Heinrich, M. 2012. *An Introduction to the Three Volumes of Karl Marx's Capital*. Trans. by A. Locascio. New York: Monthly Review Press.
Kalecki, M. 1971 [1943]. "Political Aspects of Full Employment." In *Selected Essays on the Dynamics of the Capitalist Economy, 1933–70*, 138–145. Cambridge: Cambridge University Press.
Kayatekin, S. and S. Charusheela. 2004. "Recovering Feudal Subjectivities." *Rethinking Marxism* 16: 377–396.
Kliman, A. 2012. *The Failure of Capitalist Production: Underlying Causes of the Great Recession*. London: Pluto Press.
Laclau, E. 2004. "Can Immanence Explain Social Struggles?" In *Empire's New Clothes: Reading Hardt and Negri,* P. A.Passavant and J. Dean, eds., 21–30. London and New York: Routledge.
Laclau, E. and C. Mouffe. 1985. *Hegemony and Socialist Strategy: Towards a Radical Democratic Politics*. London: Verso.
Lapavitsas, C. 2013. *Profiting Without Producing: How Finance Exploits Us All*. London and New York: Verso.
Lazzarato, M. 2012. *The Making of the Indebted Man: An Essay on the Neoliberal Condition*. Cambridge, MA: Semiotext(e)/MIT Press.
Lordon, F. 2014. *Willing Slaves of Capital: Spinoza and Marx on Desire*. Trans. by G. Ash. London and New York: Verso.

Luxemburg, R. 1972. *The Accumulation of Capital: An Anti-Critique*. Edited by K. J. Tarbuck; trans. by R. Wichmann. New York: Monthly Review Press.
Madra, Y. and C. Özselçuk. 2010. "Enjoyment as an Economic Factor: Reading Marx with Lacan." *Subjectivity* 3: 323–347. http:://www.communityeconomies.org/site/assets/media/yahyamadra/Subjectivityv2b.pdf (accessed August 1, 2016).
Mandel, E. 1975. *Late Capitalism*. Trans. by J. De Bres. London: Verso.
Marglin, S. A. 1990. "Lessons of the Golden Age: An Overview." In *The Golden Age of Capitalism: Reinterpreting the Postwar Experience*, S. A. Marglin and J. Schor, eds., 1–38. Oxford: Oxford University Press.
Marx, K. 1976. *Capital: A Critique of Political Economy*, Volume 1. Trans. by B. Fowkes. Introduction by E. Mandel. London: Penguin Books.
——. 1981. *Capital: A Critique of Political Economy*, Volume 3. Trans. by D. Fernbach. Introduction by E. Mandel. London: Penguin Books.
Marx, K. and F. Engels. 1982. *The Communist Manifesto*. New York: International Publishers.
Mattick, P., Sr. 1969. *Marx and Keynes: The Limits of the Mixed Economy.* Boston: Porter Sargent.
Mattick, P., Jr. 1993. "Marx's Dialectic." In *Marx's Method in Capital: A Reexamination*, F. Moseley, ed., 115–133. Atlantic Highlands, NJ: Humanities Press.
——. 2011. *Business as Usual: The Economic Crisis and the Failure of Capitalism*. London: Reaktion Books.
McDonough, T., M. Reich, and D. M. Kotz, eds. 2010. *Contemporary Capitalism and its Crises: Social Structure of Accumulation Theory for the 21st Century.* Cambridge: Cambridge University Press.
McIntyre, R. and M. Hilliard. 2013. "Capitalist Class Agency and the New Deal Order: Against the Notion of a Limited Capital-Labor Accord." *Review of Radical Political Economics* 45: 129–148.
Mitchell, T. 2011. *Carbon Democracy: Political Power in the Age of Oil*. London and New York: Verso.
Moseley, F. 2003. "Marxian Crisis Theory and the Postwar U.S. Economy." In *Anti-Capitalism: A Marxist Introduction,* A. Saad-Filho, ed., 211–223. London: Pluto Press.
Norton, B. 1988. "The Power Axis: Bowles, Gordon, and Weisskopf's Theory of Postwar U.S. Accumulation." *Rethinking Marxism* 1: 6–43.
——. 1994. "Moses and the Prophets! Radical Economics and the Search for a Foundation (in Marx's Analysis of Accumulation in Volume 1 of *Capital*)." *Review of Radical Political Economics* 26: 111–118.
——. 2001. "Reading Marx for Class." In *Re/presenting Class: Essays in Postmodern Marxism*, J.K. Gibson-Graham, S. A. Resnick, and R. Wolff, eds. Durham, NC: Duke University Press.
O'Connor, J. 1987. *The Meaning of Crisis: A Theoretical Introduction.* New York: Blackwell.
Resnick, S. A. 2001. "Class, Contradiction, and the Capitalist Economy." In *Phases of Capitalist Development: Booms, Crises and Globalizations*, R. Albritton, M. Itoh, R. Westra, and A. Zuege, eds., 179–194. Basingstoke and New York: Palgrave.
Resnick, S. A. and R. D. Wolff. 1987. *Knowledge and Class: A Marxian Critique of Political Economy.* Chicago: University of Chicago Press.
——. eds. 2006. *New Departures in Marxian Theory.* New York: Routledge.
Rosdolsky, R. 1977. *The Making of Marx's* Capital. Trans. by P. Burgess. London: Pluto Press.
Ruccio, D. F. and J. Amariglio. 2003. *Postmodern Moments in Modern Economics.* Princeton: Princeton University Press.
Saad-Filho, A. 2002. *The Value of Marx: Political Economy for Contemporary Capitalism*. London and New York: Routledge.
Steindl, J. 1976. *Maturity and Stagnation in American Capitalism*. 2nd edition. New York: Monthly Review Press.
Sweezy, P. M. 1970 [1942]. *The Theory of Capitalist Development*. New York: Monthly Review Press.
Sweezy, P. and H. Magdoff. 1987. *Stagnation and the Financial Explosion*. New York: Monthly Review Press.
Turchetto, M. 2008. "From 'Mass Worker' to 'Empire': The Disconcerting Trajectory of Italian

Operaismo." In *Critical Companion to Contemporary Marxism*, J. Bidet and S. Kouvelakis, eds., 285–308. Chicago: Haymarket Books.
Vlachou, A. 2005a. "Environmental Regulation: A Value-Theoretic and Class-Based Approach." *Cambridge Journal of Economics* 29: 577–599.
——. 2005b. "Debating Sustainable Development." *Rethinking Marxism* 17: 627–638.
Weeks, J. 2010. *Capital, Exploitation and Economic Crisis*. London and New York: Routledge.
Wolff, R. D. 2012. *Democracy at Work: A Cure for Capitalism*. Chicago: Haymarket Books.
——. 2014. "Capitalism's Deeper Problem." Video at http://billmoyers.com/2014/07/15/capitalism%E2%80%99s-deeper-problem/ (accessed August 1, 2016).
Wolff, R. D. and S. A. Resnick. 2012. *Contending Economic Theories: Neoclassical, Keynesian, and Marxian*. Cambridge, MA: MIT Press.

第二十章

马克思的再生产公式

安德鲁·B. 特里格(Andrew B. Trigg)

导论

马克思的再生产公式被认为是有史以来第一批两部门宏观经济模型中的代表，也是有史以来第一个平衡增长的模型。马克思建立了两个大的生产部门之间相互作用的模型，一个部门专门生产资本，另一个部门专门生产消费品，显示了再生产和平衡增长所需要的条件。在这个既简单又复杂的框架中，可以捕捉到资本主义制度运作的基本原理。

然而问题在于，马克思的再生产公式是写在笔记本中的，在马克思去世后，恩格斯以这些笔记为基础汇编并出版了《资本论》第二卷。这些笔记远未成形，包含多种表格和模型，而且我们也看不到马克思关于再生产公式的目标的概括。这就为学者们留出了自行解读的广阔空间。正如罗宾逊夫人所说，“水是黑暗的，任何人都可以在水中看到自己的脸。”(Robinson 1968，111)

这种开放性也会带来一些好处。人们可以把再生产公式看成是提供了一个大框架，在其中可以组织各种不同的观点和理论。本文将阐述如何将政治经济学万神殿中的各种观点——列昂惕夫、凯恩斯、卡莱茨基、卢森堡、格拉齐亚尼(Graziani)、明斯基(Minsky)——整合到再生产公式中。我们从马克思的简单和扩大再生产公式出发，将政治经济学的不同分支黏合起来——这不是说要把这些分支组成严密的整体，而是要对它们进行批判。在最后一节中，我还指出了格拉齐亚尼和明斯基的货币理论高估了再生产所需的借贷量，这对我们从理论上阐明金融脆弱性问题有很重要的意义。

再生产公式

理解再生产公式首先要理解马克思的抽象方法。尽管经济学家倾向于研究具体现象，但《政治经济学批判大纲》提出了一种通过抽象来研究最重要因素的实证研究方法。

“例如，17 世纪的经济学家总是从生动的整体，从人口、民族、国家、若干国家等等开始；但是他们最后总是从分析中找出一些有决定意义的抽象的一般关系，如分工、货币、价值等等。”

（Marx 1973，100；见《马克思恩格斯文集》第 8 卷，人民出版社 2009 年版，第 24 页）

这就需要采用一种逐步逼近的方法，从对各种最重要的关系的抽象开始，然后转向具体的现实。分析的层次“同资本在社会表面上所表现出来的形式，是一步一步地接近了”（Marx 1981，117；见《马克思恩格斯文集》第 7 卷，人民出版社 2009 年版，第 30 页）。

马克思的抽象方法中，第一个最抽象的阶段就是从简单流通开始，即商品与商品之间的流通，马克思在《资本论》第一卷的开始章节中对此进行了阐述。这一抽象起点使得马克思有了广阔空间可以介绍简单商品生产者之间的分工。例如，面包师可以用面包与鞋匠交换，获得鞋子。交换的比率是由这些商品所包含的劳动所决定，这是马克思劳动价值论的起点。这种方法还确立了货币作为流通手段和价值尺度的基本职能。但是，尽管整个体系非常复杂，却并没有产生宏观经济剩余。个体生产者可能生产出超出其消费量的产品，以便与其他生产者交换，但是对于整个体系而言，并没有剩余。

进入简单再生产：这是马克思逐步逼近的第二个阶段，他迅速从《资本论》第一卷开头进入后面几章，再进入第二卷。在这一阶段，我们就放弃了简单流通，即不再是由独立的生产者辛勤劳动并交换商品。生产被分为两个庞大的产业聚类：第一类是生产资本品，例如机械和原材料；第二类是生产消费品。在这种生产结构中，生产者与其产出之间没有表现出任何伪装出来的联系。这两大部门的生产者都是由资本家雇佣的有酬劳动者，资本家控制着他们的产出并利用这些产出的使用价值进行大规模生产。资本品部门的工人生产的产品供消费品生产部门使用。生产者对这些产品没有任何控制权。同样的，消费品生产部门的工人尽管生产自己使用的基本生活消费品，但也会生产被资本家占有且使用的奢侈消费品[参见奥尔森(Olsen 2015)对再生产公式中非生产性支出的实证分析]。

我们遵循马克思的方法，考察两个部门中的这些物质要素的价值，并运用马克思的概念范畴来表述，将两个部门的序号记作 $i(i=1,2)$；生产资料(由部门 1 生产)被用作不变资本，C_i；消费品被用作可变资本，V_i。剩下的剩余价值(S_i)全部用作资本家消费。因此，每个部门的总产值(W_i)为：

$$W_i = C_i + V_i + S_i \tag{1}$$

再生产公式始终假设以价值为基础交换商品，假定劳动价值等于货币价格。我们在这里还假设所有资本投入在生产期间都会用完[参见 Carchedi and de Haahn(1995)对固定资本的研究]。在此基础上，简单再生产公式采用表 1 的形式(参见 Marx 1978，473)。

表 1　　马克思简单再生产公式

	C_i	V_i	S_i	W_i
部门 1	4 000	1 000	1 000	6 000
部门 2	2 000	500	500	3 000
总和	6 000	1 500	1 500	9 000

另一个关键的假设是，两个部门之间的剩余价值率(S_i/V_i)一致，为 100%。对于部门 1，我们可以看到按这个剥削率，是 1 000 单位的可变资本产生了 1 000 单位的剩余价值。部门 1 结合了 4 000 个固定资本单位，总共生产的价值为 6 000。

在社会分工的情况下，两个部门用资本品交换消费品。部门 1 出售 2 000 单位的资本品，用作部门 2 的 C_2。这些资本品是用来交换部门 2 生产的 2 000 单位的消费品。要售出这些产品，它们必须是其他行业的资本家所需要的。就像两个醉汉要互相搀扶一样，两个部门的资本家被剩余价值所束缚，也要相互依存。价值 1 500 的总剩余价值被两个部门的资本家用于 1 500 单位的剩余消费品支出。这意味着系统是静态的，没有任何剩余用于扩大生产：这种情况可以说是不现实的，但并非与资本主义的研究无关。这是揭开资本主义复杂性的抽象起点。在马克思看来，即使在资本积累的情况下，简单再生产也“总是积累的一部分”(Marx 1978，471；见《马克思恩格斯文集》第 6 卷，人民出版社 2009 年版，第 438 页)。

为了从剩余价值中获取资本扩张机会，我们必须进入第三个更具体的抽象水平：扩大再生产公式（Marx 1978，586—589）。如表 2 所示，通过对部门 1 的考察可以看出这与表 1 的简单再生产公式之间的区别。部门 1 仍然生产 6 000 单位的价值，但只需要 5 500 单位来补齐不变资本。500 单位的固定资本剩余，可在下一个生产期间用于资本存量的扩大。这既是资本主义主流的解决方案，也是问题本身。它显示了资本主义如何扩张，但也需要解决剩余资本品的需求问题。简单再生产针对的是基本目标，即资本家消费的满足，而扩大再生产的目标是资本的扩大，或者说是产出与消费的双赢。

表 2　　马克思扩大再生产公式

	C_i	V_i	S_i	W_i
部门 1	4 000	1 000	1 000	6 000
部分 2	1 500	750	750	3 000
总和	5 500	1 750	1 750	9 000

需求的结构

要说明扩大再生产的情况下产出和消费如何双赢，就必须考察需求的结构。我们需要对现代经济学的三个主要流派加以综合。首先是经典的投入-产出分析，此表是由瓦西里·列昂惕夫（Wassily Leontief）根据马克思的再生产公式提出的（参见 Gilibert 1998）。

表 3　　扩大再生产的投入-产出表

	部门 1	部门 2	dC	dV	u	W_i
部门 1	4 000	1 500	500			6 000
部分 2	1 000	750		150	1 100	3 000
S_i	1 000	750				
总和	6 000	3 000				9 000

表 2 的扩大再生产公式可以轻松地转换为投入-产出表。如表 3 所示，行代表产出，列代表投入。例如，部门 1 生产 4 000 单位供自己消费，生产 1 500 单位供部门 2 消费，生产 500 单位供应给增加的不变资本 dC。看第一列，部门 1 消耗了其自身的 4 000 单位投入、部门 2 的 1 000 单位投入，以及增加出来的

1 000 单位剩余价值。部门 2 生产的剩余直接用于新的可变资本(dV)和资本家的消费(u)。

按照特里格(Trigg 2006,17—19)的方法,可以利用矩阵代数来表示投入-产出表。这也就指明了列昂惕夫等式中内含的物理结构:

$$\mathbf{X}=\mathbf{AX}+\mathbf{h}[\mathbf{lX}]+\mathbf{F} \tag{1}$$

其中 **X** 是总物理产出的向量,**A** 是行业间系数的平方矩阵,**h** 是工人消费系数的列向量,**l** 是劳动系数的行向量,**F** 是最终需求的列向量。指定净产出向量 $\mathbf{Q}=(\mathbf{I}-\mathbf{A})\mathbf{X}$,其中 **I** 是单位矩阵,则:

$$\mathbf{Q}=\mathbf{h}[\mathbf{vQ}]+\mathbf{F} \tag{2}$$

其中 $\mathbf{v}=\mathbf{l}(\mathbf{I}-\mathbf{A})^{-1}$ 是劳动价值的行向量,即由帕西内蒂(Pasinetti 1981)定义的垂直加总的劳动系数。式(2)乘以 **v**,可得:

$$\mathbf{vQ}=\mathbf{vh}[\mathbf{vQ}]+\mathbf{vF} \tag{3}$$

再整理可得:

$$\mathbf{vQ}=\frac{1}{1-\mathbf{vh}}\mathbf{vF} \tag{4}$$

这一等式就可以将凯恩斯主义经济学的乘数分析,与马克思的再生产公式联系起来。从需求方的角度来看,最终需求($\mathbf{vF}=dC+dV+u$)包括不变资本和可变资本的增加量以及资本家消费,如表 3 中 dC 为 500,dV 为 150,u 为 1 100,最终总需求为 1 750。最终需求产生了产出的总值(**vQ**),如表 3 中表现为 9 000 单位的产值。$1/(1-\mathbf{vh})$是一个标量——凯恩斯乘数,在马克思的示例中,它的值为 $5\frac{1}{7}$。在利亚诺斯的书(Lianos 1979)中可以找到从马克思的再生产公式中求凯恩斯乘数的值的方法。

奥尔金(Olgin 1992)最先提出:在凯恩斯乘数中也可以找到代表剩余价值的项。马克思所说的劳动力价值由乘数分母中的 **vh** 表示,单位劳动者的劳动消费量(**h**)中所物化的劳动量是(**v**)。因此,乘数的分母表示每单位劳动产生的剩余价值,$e=1-\mathbf{vh}$。

在马克思《资本论》前两卷的假设中,货币价格(**p**)等于价值(**v**),我们可以将净货币产出表示为 $y=\mathbf{vQ}=\mathbf{pQ}$,将最终需求表示为 $f=\mathbf{vF}=\mathbf{pF}$。因此,凯恩斯乘数可表示为:

$$y=\frac{1}{e}f \tag{5}$$

我们进行综合的最后一步是考察米哈尔·卡莱茨基(Michal Kalecki)的见解,而他也曾直接参与过再生产公式的创建。卡莱茨基确定了资本家支出在确定利润量方面的关键作用:根据“卡莱茨基原理”(Kalecki principle),资本家赚取的是他们所花费的东西。如果我们用 $I=dC+dV$ 表示资本积累,将式(5)进行重新排列,总剩余价值($S=ey$)由以下关系式确定:

$$S=u+I \tag{6}$$

总剩余价值取决于资本家自身的消费支出或投资支出,并且在价格等于价值的假设下,该总剩余价值也等于总利润(P):

$$P=u+I \tag{7}$$

此外,卡莱茨基将资本家的消费分解为两部分:一部分是常数(B_0),另一部分是由利润根据比例 λ 确定,即:

$$u=B_0+\lambda P \tag{8}$$

把式(8)代入式(7),可得:

$$P=B_0+\lambda P+I \tag{9}$$

且

$$P=\frac{B_0+I}{1-\lambda} \tag{10}$$

上式中,卡莱茨基乘数($1/1-\lambda$)反映了通过投资确定利润的情况。

由于利润与最终需求(f)相同,因此可以将式(10)代入式(5),得出:

$$y=\frac{1}{e(1-\lambda)}(B_0+I) \tag{11}$$

这一乘数关系证明了再生产公式具有综合几派现代经济学理论的潜力。它结合了凯恩斯乘数和卡莱茨基乘数,并有着基于马克思剩余价值分类的结构,而这些又都是从列昂惕夫投入-产出分析形式下的再生产公式中得出来的。这才是一种真正的**后**凯恩斯主义的理论,因为通常所谓的后凯恩斯主义,只是萨缪尔森教科书里仅限于分析单一产品的新古典综合派。通过借鉴马克思、列昂惕夫和卡莱茨基的思想,我们将再生产公式同凯恩斯主义结合了起来,使得凯恩斯主义回到了古典传统,建立在产业的相互依存性和结构性基础之上。同样,我们这种解释方式也有助于发展卡莱茨基的理论,回应斯蒂德曼(Steedman 1992)对卡莱茨基未能考虑投入-产出关系的批评。但是,正如布伦南(Brennan 2014)所指出的,这种解释也有局限性,即使是卡莱茨基自己在将再生产公式转化为国民经济核算的形式时,实证分析也无法再维持马克思原本根据阶级划分来对剩余价值所做的分类。

再生产公式中的乘数也将马克思体系与多马(Domar)的经济增长模型联系了起来(Trigg 2006,53—57)。这个乘数并不能说明平衡增长一定会实现,实现是需要一定条件的，乘数本身并不考虑这些条件有多难满足。关键需求对投资增长率是有要求的，这就必须建立正确的乘数关系。此外，这还会带来一个问题，即如何为增长筹集资金。在简单再生产中足以为资本支出提供资金的金属货币储备，在扩大再生产中则会很快耗尽。

卢森堡提出了两个问题："需求从何而来"和"钱从何而来"。她在1913年出版的《资本积累论》(*Accumulation of Capital*)一书被认为是首部研究再生产公式的政治经济学著作。在书中，她似乎采用了一种类似于卡莱茨基原理的观点："如果资本家已经让所有在社会中流通的货币都各自派上了用场，那么他们就必须垫付实现自己的剩余价值所需的货币。"(Luxemburg 1951，71)如贝洛菲奥雷(Bellofiore 2014)所说，卢森堡并非消费不足派。需求问题牵涉到的是资本家实现其剩余价值的需求，而不是群众的消费需求。

卢森堡本人也将货币视为只是一个干扰项。"积累问题并不是由货币来源问题导致的，而是由剩余价值资本化产生的额外商品需求导致的。"(Luxemburg 1951，147)但大卫·科兹(Kotz 1991，73)在《反思马克思主义》(*Rethinking Marxism*)集刊的序言中认为，也可以说货币问题和需求问题是相关的，"因为货币问题似乎是需求问题的一个方面"。在下文中，我们将运用卡莱茨基原理来研究关于货币的问题。

货币循环

卡莱茨基原理将人们的注意力吸引到了再生产公式中的货币流通问题上。正如萨尔多尼(Sardoni 1989)所说，马克思在《资本论》第二卷中明确阐述了资本家是如何将货币投入流通的："资本家阶级自己把用于实现商品中包含的剩余价值的货币投入流通。"(Marx 1978，409；见《马克思恩格斯文集》第6卷，人民出版社2009年版，第369—370页)在扩大的再生产中，投入流通的货币既包括非生产性的资本家消费，也包括投资支出。萨尔多尼认为："因此正如卡莱茨基所分析的那样，资本家的利润取决于他们的消费和投资支出。"(Sardoni 1989，214)

大学里教的马克思主义政治经济学极大地受到了正统经济学所做的技术分析的影响，以至于人们往往忽略了马克思关于货币的论述。直到20世纪70年代，以马克思主义为基础的货币理论才出现了复兴，德·布朗霍夫(de Brunhoff 1973)的《马克思论货币》(*Marx on Money*)是其中的典型代表。随后，研究者们用格拉齐亚尼(Graziani 1989)率先提出的货币循环理论来对马克思的理论进行建模,根据当代情况对马克思的设定做了调整,从关注金属货币转向关注银行贷款。这一派理论坚持了马克思再生产公式中对投资和消费品的独到区分,被认为是对马克思经济学的一项重大贡献(Bellofiore and Realfonzo 1997)。

然而,内尔(Nell 1998)认为,在格拉齐亚尼所阐述的循环中,再生产结构是不完整的,无法确定乘数,这会高估再生产所需的货币量。式(11)中所定义的乘数是从完全互连的再生产公式中得出的,这样的乘数可以精确地确定再生产的货币需求。根据卡莱茨基原理,资本家消费和投资支出(B_0+I)会产生更高的收入(y),具体多高视乘数大小而定。最初的支出可以看作资本家从银行借来的钱,然后注入生产部门。这样一来,乘数就变成了流通速度,即经济中注入的每单位货币周转的时间。在马克思的扩大再生产的例子中(见表 3),循环速度的大小(乘数)为 $5\frac{1}{7}$,因此,最初的支出 1 750 在经济中流通了 $5\frac{1}{7}$次,创造了 9 000 的总价值。

自 2008 年全球金融危机以来,货币和金融问题变得尖锐起来,尤其证明了海曼·明斯基(Hyman Minsky)的远见卓识。众所周知,明斯基基于卡莱茨基原理建立了他的金融不稳定假说(Minsky 1978)。由于总利润受制于资本家支出,而支出要靠贷款提供资金,因此支出出现任何动摇都会造成灾难性的后果,导致利润受限,使资本家无法偿还债务。

然而,托波罗夫斯基(Toporowski 2008)提出了一个关于资本家用利润清偿贷款的能力的问题。他认为,明斯基没有考虑到个别资本家的债务与整个资产阶级的债务之间的差异。明斯基高估了资本家的债务——对于生产资本品的资本家来说,他们可以立即获得流动资金,从而不再承担金融或商业债务(Toporowski 2008,734)。这些资本家可以获得资产,其他进行资本投资的资本家会产生负债,资产和负债会在总水平上抵销。

特里格(Trigg 2014)用马克思的扩大再生产公式的实证例子(见表 3)对这一批评意见进行了拓展。如表 4 所示,可以详细说明新资本以及资本家消费会流向何方。新的不变资本有一部分专供部门 1 在下一个周期中使用($dC_1=400$);另一部分($dC_2=100$)是专门用于部门 2。类似的,新的可变资本有一部分专门用于部门 1,不妨设 $dV_1=100$,另一部分专门用于部门 2,$dV_2=50$。资本家消费被分成 u_1 和 u_2 两部分,代表每个部门中资本家的支出。

表 4　　扩大再生产和剩余产品的流向

	部门 1	部门 2	dC_1	dC_2	dV_1	dV_2	u_1	u_2	收入
部门 1	4 000	1 500	400	100					6 000
部门 2	1 000	750			100	50	500	600	3 000
支出	5 000	2 250	400	100	100	50	500	600	9 000

现在假设部门内部没有借款，我们可以通过再生产公式看部门之间是否产生负债，将每个部门的支出和收入都放在资产负债表中（见表 5）。结果是任何一个部门都不产生负债；所有支出均由收入平衡。例如，部门 2 的支出为 3 000，收入为 3 000。卡莱茨基原理认为资本家所赚取的就是他们的支出，在这里的情况下不仅适用于经济整体，而且也适用于两个部门。通过考察债务和金融脆弱性是如何从生产结构中产生出来的，进一步拓展了明斯基的理论。当然，这只是一个特定的两部门数值示例，但确实可以提示我们把马克思的再生产公式作为一个起点，探索明斯基假设可能成立的条件。

表 5　　扩大再生产下的支出和收入

部门 1 支出	部门 1 收入	部门 2 支出	部门 2 收入
4 000(C_1)	4 000(C_1)	1 500(C_2)	1 000(V_1)
1 000(V_1)	1 500(C_2)	750(V_2)	750(V_2)
400(dC_1)	400(dC_1)	100(dC_2)	100(dV_1)
100(dV_1)	100(dC_2)	50(dV_2)	50(dV_2)
500(u_1)		600(u_2)	500(u_1)
			600(u_2)
6 000	6 000	3 000	3 000

结 论

事实证明，马克思的再生产公式可以提供一个大框架，把政治经济学的不同分支内容——从乘数到卡莱茨基原理，以及货币循环和明斯基的金融不稳定假设——都组织在一起。再生产公式可以形式化地确定货币循环和金融在资本主义体系中发挥作用的精确条件，并且，上面提到的这些分支理论有时并未像再生产公式那样严格定义，而再生产公式可以批判性地对这些理论加以完善。

马克思主义者和后凯恩斯主义者的许多有用的分析工具，都得益于政治经济学在 20 世纪初开始对一些理论基础问题进行的完善工作。但因为受到了希特勒的迫害，以及斯大林时期所谓的正统观点的镇压，马克思主义的这种璀璨光芒几乎在一开始就被掐断了。许多幸存下来的社会主义者，例如卡莱茨基，也都经历了长期的打压。但是，正如卡莱茨基的波兰同事塔德乌斯·科瓦利克（Tadeusz Kowalik 2014）不久前刚被翻译成英文的作品《罗莎·卢森堡：积累和帝国主义理论》（*Rosa Luxemburg：Theory of Accumulation and Imperialism*）中所说的，再生产公式对马克思主义的历史至关重要。科瓦利克“在那些对马克思的资本主义再生产公式的研究中找到了 20 世纪政治经济学的根源……”（Toporowski 2014，xi）。此外，科瓦利克的这部重要著作揭示了对政治经济学进行社会主义批判的重要性。在他看来，卡莱茨基的追随者不应该去争先恐后地证明卡莱茨基是凯恩斯的先驱者；相反，他们应该强调卡莱茨基建立在再生产公式基础上的理论更胜一筹。此外，按照卢森堡和其后的马克思主义者的观点，再生产公式可以作为社会主义制订经济计划的工具，不过这一点已经超出了我们分析资本主义再生产的论题的范围。

参考文献

Bellofiore, R. 2014. “Luxemburg and Kalecki: The Actuality of Tadeusz Kowalik’s Reading of *Accumulation of Capital*.” In *The Legacy of Rosa Luxemburg, Oskar Lange and Michal Kalecki*, vol. 1, R. Bellofiore, E. Karwowski, and J. Toporowski, eds., 78–103. Basingstoke: Palgrave Macmillan.

Bellofiore, R. and R. Realfonzo. 1997. “Finance and the Labor Theory of Value.” *International Journal of Political Economy* 27(2): 97–118.

Brennan, D. 2014. “‘Too Bright for Comfort’: A Kaleckian View of Profit Realization in the USA, 1964–2009.” *Cambridge Journal of Economics* 38: 239–255.

Carchedi, G. and W. de Haan. 1995. “On the Replacement of Fixed Capital in Marx’s Simple Reproduction.” *History of Political Economy* 27(3): 599–604.

de Brunhoff, S. 1973. *Marx on Money*. New York: Urizen Books.

Gilibert, B. 1998. “Wassily Leontief.” In *The Elgar Companion to Classical Economics*, H.D. Kurz and N. Salvadori, eds., 40–45. Cheltenham: Edward Elgar.

Graziani, A. 1989. “The Theory of the Monetary Circuit.” *Thames Papers in Political Economy*. London: Thames Polytechnic.

Kotz, D. M. 1991. “Accumulation, Money and Credit in the Circuit of Capital.” *Rethinking Marxism* 4: 119–133.

Kowalik, T. 2014. *Rosa Luxemburg: Theory of Accumulation and Imperialism*. Trans. and edited by J. Toporowski and H. Szymborska. Basingstoke: Palgrave Macmillan.

Lianos, T. P. 1979. “Domar’s Growth Model and Marx’s Reproduction Scheme.” *Journal of Macroeconomics* 1(4): 405–412.

Luxemburg, R. 1951 [1913]. *The Accumulation of Capital*. London: Routledge & Kegan Paul.

Marx, K. 1973. *Grundrisse*. Harmondsworth: Penguin.

——. 1976. *Capital*, Volume 1. Harmondsworth: Penguin.
——. 1978. *Capital*, Volume 2. Harmondsworth: Penguin.
——. 1981. *Capital*, Volume 3. Harmondsworth: Penguin.
Minsky, H. 1978. "The Financial Instability Hypothesis: A Restatement." *Thames Papers in Political Economy*. London: Thames Polytechnic.
Nell, E. J. 1998. *The General Theory of Transformational Growth*. Cambridge: Cambridge University Press.
Olgin, D. S. 1992. "On an Accidental Proof to the 'Fundamental Marxian Theorem.'" *History of Political Economy* 24(2): 471–475.
Olsen, E. 2015. "Unproductive and Endogenous Technological Change in a Marxian Model of Economic Reproduction and Growth." *Review of Radical Political Economics* 47(1): 34–55.
Pasinetti, L. L. 1981. *Structural Change and Economic Growth*. Cambridge: Cambridge University Press.
Robinson, J. 1968. "Marx and Keynes." In *Marx and Modern Economics*, D. Horowitz, ed., 103–116. London: MacGibbon and Kee.
Sardoni, C. 1989. "Some Aspects of Kalecki's Theory of Profits: Its Relationship to Marx's Schemes of Reproduction." In *Kalecki's Relevance Today*, M. Sebastiani, ed., 206–219. Basingstoke: Macmillan.
Steedman, I. 1992. "Questions for Kaleckians." *Review of Political Economy* 4: 125–151.
Toporowski, J. 2008. "Minsky's Induced Investment and Business Cycles." *Cambridge Journal of Economics* 32: 725–737.
——. 2014. "Preface." In T. Kowalik, *Rosa Luxemburg: Theory of Accumulation and Imperialism*, J. Toporowski and H. Szymborska, trans. and eds., vii–xiii. Basingstoke: Palgrave Macmillan.
Trigg, A. B. 2006. *Marxian Reproduction Schema: Money and Aggregate Demand in a Capitalist Economy*. London: Routledge.
——. 2014. "Financial Fragility and the Kalecki Principle under Expanded Reproduction". In *The Legacy of Rosa Luxemburg, Oskar Lange and Michal Kalecki*, Volume 1, R. Bellofiore, E. Karwoski, and J. Toporowski, eds., 205–214. Basingstoke: Palgrave Macmillan.

第二十一章

利润率下降趋势:长期运动走向

安德鲁·克里曼(Andrew Kliman)

亚当·斯密、大卫·李嘉图等古典政治经济学家认为,从长远来看,利润率(利润占生产中所投资的货币量的百分比)有下降趋势。利润率下降可以从利息率下降这一证据中推断出来。斯密通过论证这两种比率具有同向运动的趋势,证明了利润率下降这一结论是正确的。

马克思接受了这些经济学家的结论,即利润率会随着时间推移而下降,但不接受他们提出的解释。他认为,这些经济学家尝试给出的解释是"自相矛盾的",利润率的下降一直是未解的"秘密",直到他提出自己的"利润率趋向下降的规律"(Marx 1991a,319;见《马克思恩格斯文集》第 7 卷,人民出版社 2009 年版,第 237—238 页)才破解了这个秘密。因此,尽管马克思不是第一个认为利润率趋向下降的人,但他率先提出了可以成功解释下降趋势的"规律"或者说解释性的理论原则,因而广受赞誉。马克思反复强调说,这是政治经济学"最重要的规律",自"亚当·斯密以来的全部政治经济学一直围绕着"(Marx 1973,748;见《马克思恩格斯全集》中文第一版第 46 卷下,第 267 页;1991b,104;1991a,319;见《马克思恩格斯文集》第 7 卷,人民出版社 2009 年版,第 238 页)揭开这个核心谜题兜圈子,而他则给出了解决方案。

然而,这一规律时至今日仍然极富争议,即使那些自称是马克思主义者的人也没有对此求得一致。关于利润率趋向下降的判断在实证上是否成立,同样也存在很大争议。

马克思在《资本论》第三卷第 3 篇中提出的规律是:"因此,一般利润率日益下降的趋势，只是劳动的社会生产力的日益发展**在资本主义生产方式下所特有的表现**。”（Marx 1991a，319；强调为原文所加；见《马克思恩格斯文集》第 7 卷，人民出版社 2009 年版，第 237 页）。换句话说，生产率的提高一般会降低利润率。该结论可以直接从该书前面几章谈到的三个原理中得出，这三个原理是：

第一，为了保持竞争力，资本家必须降低生产成本，主要方法是提高劳动生产率（每单位劳动所能完成的产品量）。生产率的提高主要是靠采用新技术来代替工人实现的。因此，马克思所说的资本的技术构成——机器和其他生产资料与所雇佣工人的数量之比——往往随着时间推移而上升。

第二，在其他所有条件都相等的情况下，每一块钱的资本投资所产生的新价值以及剩余价值会趋向于下降。这是因为根据马克思的理论，工人的劳动是新价值的唯一来源，而当工人被机器所代替时，用于生产的每一块钱投资中，就会有更多的部分是花在了不产生新价值的生产资料上，而用于雇佣劳动者创造新价值的份额变少了。因此，这两部分货币之间的比率——马克思称之为资本的价值构成——会趋向于随着技术构成的上升而上升。（这是一种趋势，而不是必然的结果，因为其他因素也会影响价值构成。）

第三，在整个经济体中，价值和剩余价值存在这种趋势，那么对价格和利润来说也存在这种趋势。某个企业和行业可能获得超过其所生产的价值的价格，从而获得比其生产的剩余价值更多的利润，但马克思的理论认为，这种收益是以牺牲其他资本家为代价的。例如，有一些企业可以凭借自身垄断地位提高价格，从而带来更多利润，但这些多出来的利润会完全被其他资本家的价格和利润损失所抵消。所有价格之和等于所有价值之和，所有利润之和等于所有剩余价值之和。马克思所说的规律是关于整个经济体的利润率的规律，因此它不受剩余价值和利润之间差异的影响。

因此，马克思所说的规律背后的基本思想可以用价格和利润来表达，而不必明确提及他的价值理论中更专门的术语，即当生产率提高时，生产一种产品所需的劳动就会减少，因此可以更廉价地生产。因此，它的价格有下降的趋势。当价格趋于下降时，利润和利润率也会下降。（严格地说，物价水平不必下降，只要通货膨胀率下降就足够了。）

马克思认识到，“必然有某些起反作用的影响在发生作用，来阻挠和抵消这个一般规律的作用，使它只有趋势的性质。”（Marx 1991a，339；见《马克思恩格斯文集》第 7 卷，人民出版社 2009 年版，第 258 页）例如，生产资料由于生产率的提高而变得廉价，所以资本的价值构成的上升速度比技术构成的上升速度慢；或者剩余价值率（粗略地说，就是利润与工资的比率）可能上升，这意味着利润的增长可能比生产中产生的新价值的增长更快。当生产率提高导致价格下降时，工人们花费比以前更少的钱即可达到同样的生活水平，因而工资在新价值中所占的份额就趋向于下降，利润会趋向于上升。

然而，马克思认为，后面这种反作用因素的影响是有限的。工人创造的价值量并不取决于他们劳动的物质生产率。工作日的长短为创造剩余价值设立了严格的上限。如果最初劳动力是有 100 人，而他们的劳动时间的一半，比如说 4 小时是剩余劳动(因为这些劳动没有得到等价的报酬，所以创造了剩余价值)，那么创造的剩余价值量是(货币表达式)4×100＝400 劳动小时。现在，如果节省劳动的技术变革让劳动力减少到 49 人或更少，那么即使现在强迫工人"靠空气生活"，让 8 小时的工作时间都变成剩余劳动，但创造的剩余价值的数量仍然必然减少，"所以……靠提高劳动剥削程度来补偿工人人数的减少，有某些不可逾越的界限"(Marx 1991a，356；见《马克思恩格斯文集》第 7 卷，人民出版社 2009 年版，第 276 页)。

斯密、李嘉图等古典政治经济学家认为，利润率的下降趋势最终会导致经济处于一种稳定状态，或者说是成为一种没有增长的经济状态，这是因为获得更大利润的机会减少了，从而资本家进行额外生产性投资的意愿也会减少。马克思不认为经济会处于稳态，在他看来，利润率下降的趋势会导致繁荣和萧条的周期现象。(似乎并没有文字证据支持马克思曾断言这种趋势会导致资本主义以自动或准自动的方式崩溃，这只是一个流行的"神话"而已。)

根据马克思的观点，"永久的危机是没有的"(Marx 1989，128；见《马克思恩格斯全集》中文第一版第 26 卷中，第 567 页脚注)，因为利润率下降间接导致了金融危机和经济下滑(衰退、萧条)，这会造成一部分投资于生产的资本价值因为破产、注销坏账而被消灭，生产资料价格下跌，厂房设备闲置，等等。因此，新的所有者可以以较低的成本收购企业，而不必承担前任所有者的全部债务，这意味着他们的利润率会高于前任，因为作为利润率分母的投资资本价值**减少了**。因此，资本价值的损毁最终会导致利润率恢复，资本主义进入一个新的扩张阶段。

在马克思看来，利润率的下降只是金融危机和经济下滑的间接原因。他承认这种下降会降低资本家投资生产的意愿，但他认为经济下滑的直接原因是金融危机，并将危机归因于债务的无法偿还，以及利润率下降时投机和欺诈行为的增加。由于这一时段平均利润率降低了，资本家为了获得更高利润就会冒过度的风险或者进行欺诈，而追求更高利润的一大原因就是他们需要额外利润来偿还债务。

上面讲的这种周期不应与短期商业周期相混淆。马克思对短期商业周期的基本解释是，在周期的扩张阶段，工资相对于利润上升，这导致生产性投资下降、经济活动收缩，从而工资相对于利润出现下降，为再次扩张奠定了基础。

马克思认为，从长期历史来看，资本主义曾经是正当的，因为它大大提高了我们的科学水平和生产力，促进了人类的发展。然而，生产率的提高产生了利润率下降的趋势，这反过来又导致“尖锐的矛盾、危机、痉挛……用暴力消灭资本——这不是靠资本的外部关系来消灭资本，而是资本进行自我保存的一个条件”(Marx 1973，749—750；参看《马克思恩格斯全集》中文第一版第 46 卷下，第 268—269 页)。他认为，资本主义的这种自我毁灭的一面是“忠告资本退位并让位于更高级的社会生产状态的最令人信服的形式”(Ibid.；见《马克思恩格斯全集》中文第一版第 46 卷下，第 269 页)。

其他的一些经济理论是将经济下滑和危机归咎于生产力低下、需求低迷、市场无政府状态、国家干预、高工资、低工资等各种原因。这些理论都认为，原则上我们通过解决这些使资本主义体系表现不佳的具体问题，就可以大大缓解或消除资本主义的危机趋势。马克思这条关于利润率趋向下降的规律则独具慧眼地指出，经济危机在资本主义下是不可避免的，因为它们不是由“外部关系”引起的，也就是说，只要保持资本主义体系完整，那就不可能消除引发危机的因素。要消除这些危机，就需要一个不同的社会经济体系。

马克思提出的这条规律之所以一直备受争议，一个主要原因就是他基于该规律所得出的危机理论具有深刻的革命意义。特别是近年来，许多左翼人士采取了另一种理论路径，他们强调资本主义在经济上是成功的，但从资本主义的经济果实分配不公的角度提出批判。这就和马克思认为资本主义本质上是自我设限、充满危机的观点有很大差异。

这条规律引发争议的另一个主要原因是许多评论者认为它看起来是违反直觉的。这条规律要成立，在很大程度上是要依赖于马克思的价值理论，但价值理论经常受到人们的驳难，有人反对这套理论是因为觉得它不自洽或者干脆说它就是错误的，还有人反对这套理论是因为觉得它是“形而上学”的。后一种反对思路似乎认为，既然价值和剩余价值不是直接可见的，那么建立在它们基础之上的论述也是不可靠的。马克思主义历史学家罗伯特·布伦纳(Robert Brenner 1998，11—12，n. 1)提出过一个著名的观点，即该条规律“违背了常识”，因为“直观地看，很明显”资本家个体为了提高自身利润率而采用的新技术最终也必然提高整个经济体中的利润率。(马克思曾认为，创新的资本家会导致整个经济体的利润率下降，但这些资本家会将后果转嫁给其他资本家，而他们自己企业的盈利能力是会提升的，因为现在他们的生产成本较低。）此外，下文中我们还要讨论所谓的置盐定理，这条定理对人们的普遍直觉进行了形式化，论证了生产率的提高必然导致利润率变高而不是降低。

斯蒂芬·库伦伯格（Stephen Cullenberg 1994）对反对意见做了很好的归纳，认为（除了经验上的反对）对马克思这条规律的技术性反对意见主要有两类：一类是关于技术进步是否**必然**导致利润率下降；另一类是关于技术进步是否**可能**导致利润率下降。他进一步指出，第一类反对意见曾长期占主导地位，直到 20 世纪 70 年代中期，第二类反对意见才后来居上。

提出第一类反对意见的包括琼·罗宾逊（Joan Robinson 1941，243－245）、保罗·斯威齐（Paul Sweezy 1970，102－104）以及其他一些论者，例如海因里希（Heinrich 2013）等，他们认为在利润率趋向下降的同时还存在反作用因素，这些反作用因素总是有可能抵消或超过这一趋势本身。由于存在这种反作用因素，而且这种因素中生产资料廉价化和工资降低这两项本身也全都是或者部分是技术进步的结果，与利润率下降是**同**出一源的，因此马克思无权将技术进步某一方面的影响奉为“规律”，而将其他方面影响置于次要地位。

我们一定要理解这些批评家使用“总是有可能”（can always）之类术语的特殊意义。他们的意思是有可能存在一些既不违反逻辑或自然规律，也不违反马克思论证前提的情况，在这些情况下利润率下降趋势压不倒反作用因素。这并不意味着这种情况的可能性很大，更不是说这种情况是合理的。任何一个负责任的利润率下降规律的捍卫者也都不会反对说反作用因素在这种特定含义下“总是有可能”更强，只不过可能性和合理性存在争议罢了。例如我们可以考虑这样一种情况，即使资本的价值构成不断上升，但因为剩余价值的增长率总是比价值构成的增长率更快，从而利润率也总是会增加。严格地说，这并不是不可能的，即使根据马克思的观点，工作日的长短对工人能够创造的剩余价值的数量设定了严格的最大限度，也仍然有可能做到这一点，只不过随着这一最大限度的逼近，工人能够创造的额外剩余价值会越来越小，这意味着只有当价值构成的增加量变得无限小时，利润率才能继续上升。

马克思这条规律的捍卫者（见 Kliman，Freeman，Potts，Gusev and Cooney 2013）认为批评者是自己树了个稻草人在打，或者说他们所攻击的是另外某种关于利润率下降的学说，但绝非马克思的观点。因为马克思提出这条规律并不是为了证明利润率在长期会不可避免地下降，他的目的是**解释性**的，是针对马克思自己和古典经济学家所认为的确凿事实——利润率确实有一个下降的趋势——进行解释。尽管马克思非常相信这种趋势比反作用因素更强——因为相反的信念与他所掌握的证据不符——但他声称证明这条规律并不是为了说明下降趋势必然越来越强。马克思提出这条规律，只不过是断言他的价值理论以及资本主义积累理论能够解释他所确信的事实罢了。

但是，利润率从长期来看必然下降这个说法本身也是充满争议的。库伦伯格(Cullenberg 1988，1994)就对利润率下降这个说法本身及其支持者提出了挑战，而不是针对马克思把这一趋势解释成规律。受斯蒂芬・雷斯尼克和理查德・沃尔夫多元决定论观点的启发，库伦伯格(Cullenberg 1988，41)对经济规律(即关于一种所谓不可改变的结果的陈述)持怀疑态度，并质疑了那些持现代性思路的典型理论家缺乏"对资本主义企业的历史特殊性和异质性的关注"。他反对假设所有企业都有相同的基本动机，并呼吁人们注意这样一个事实：技术变革以及劳动效率和劳动强度的变化，对不同企业的影响方式是不同的。因此，各个企业的表现会有所不同，它们各自的表现对总体经济的影响也会有所不同。因此，整个经济体的利润率并没有必然的下降或上升趋势。诺顿(Norton 2001)最近从类似的角度撰写文章反驳了主流观点对马克思的解读，他认为马克思并没有说过资本主义企业首要关心的是重新投资其利润，将利润分配给股东或者其他一些用途也都是非常重要的。

第二类技术性反对意见则挑战了马克思的如下观点：如果采用了新技术，用机器代替工人，那么即使这种新技术可以提高引进这些技术的企业的利润率，也会导致整个经济体的利润率下降。这类意见最早出现在 1899 年，离《资本论》第三卷出版仅仅过去 5 年，但直到 20 世纪 70 年代后期才引起广泛关注，当时日本马克思主义政治经济学家置盐信雄(Nobuo Okishio 1961)的一篇论文在西方广为传播，引发了广泛讨论。他试图给出马克思这条规律不成立的形式化证明：提高创新企业利润率的技术并不会导致整个经济体的利润率下降(尽管它可能由于其他原因而下降)。由于他所尝试的证明最初被认为是成功的，所以这个结论被称为"置盐定理"。置盐的论证是设定在没有固定资本(即存续时间超过一个生产周期的生产资料)的情况下，但是约翰・罗默(John Roemer 1981，108—109)后来从一个使用固定资本的模型中得出了同样的结论。

置盐定理广为人知之后，对它的讨论在很大程度上掩盖了关于反作用因素是否抵消了利润率下降趋势的争论。这可能是因为关于利润率**有可能不**下降的论点对马克思理论的杀伤力不够大，而置盐用他列出的原因所论证的利润率**不可能**下降这种论点更加具有根本性。

最初，人们提出了各种各样的反证，试图绕开置盐定理。例如有研究指出，在以下一些情况下，利润率是有可能下降的：技术创新伴随着实际(即实物)工资的增加（具有讽刺意味的是，这是置盐本人希望说明的主要内容之一）；又如残酷的竞争迫使企业采用从抽象角度来看并非最优的新技术；再如存在联产品的情况，在一个生产过程中生产两个或两个以上产品；还可能是新技术过早地过时；等等。然而，这些论述都不能证明马克思关于生产率提高会导致利润率下降的观点。他们也没有反驳置盐信雄所谓的定理；他们之所以得到的结果与置盐不同，只不过是因为他们改变了置盐理论中的这个或那个假设。

然而最近，对置盐定理的主要批评来自马克思价值理论的分期单一体系解法（temporal single-system interpretation，缩写为 TSSI）的支持者。这些 TSSI 学派理论家强调：置盐信雄和罗默未能证明"利润率"不可能因为马克思所声称的原因而下降；置盐他们所谓的不可能下降的利润率，在概念上不同于马克思提出的规律中所指的利润率。TSSI 学派还声称，他们已经证明了在置盐定理所设定的利润率不可能下降的条件下，马克思所说的利润率是可能下降的，这种下降正是**因为**生产率的提高。

具体来说，TSSI 学派认为，马克思所说的利润率，是指利润占实际投入生产的货币量的百分比（扣除折旧）。这与"利润率"这个术语在经济学中的标准含义即使不是完全相同，那也是非常接近的。但是，置盐定理的支持者所指的则是完全另一种"利润率"：利润占企业生产资料的重置成本（或者说现行成本）——即现行价格下重置这些生产资料所需要的成本——的百分比。如果生产资料的价格下降是因为生产率提高之类的原因，那么正在使用中的生产资料重置所需的货币量就要低于过去实际投资购买这些资料的货币量。因此，置盐所给出的利润率的分母是低于马克思所给出的利润率的分母的，这就导致了置盐所给出的利润率也要高于马克思所给出的利润率。因此，技术创新必然导致置盐所给出的利润率上升，也确实会导致马克思所给出的利润率下降，而 TSSI 学派则指出技术创新之所以会导致这种结果，正是**因为**生产率提高了。

起初，TSSI 论者的批评基本上是被有意或无意地忽视的。之后，邓肯·弗雷（Duncan Foley 1999）、大卫·莱伯曼（David Laibman 2000）等人对 TSSI 提出了反驳，他们给出了马克思意义上的利润率不可能下降的代数例子。TSSI 论者则回击说，这些例子并不能说明问题，因为置盐定理"断言任何可行的技术变革**都不可能**降低利润率。即使是一个反例也足以驳倒这个定理。我们不是提供了一个，而是提供了许多这样的反例"（Freeman and Kliman 2000，247）。

弗雷（Foley 2000）和莱伯曼（Laibman 2000）最终承认——即使只是含蓄地承认——在置盐定理声称的"那种"利润率不可能下降的条件下，马克思意义上的利润率确实可能下降。然而他们还继续争辩说，这个定理仍然是成立的，理由是它长期以来就是关于重置成本口径下的利润率的定理,而不是马克思意义上的利润率。克里曼和弗里曼(Kliman and Freeman 2000,290)则引用置盐信雄的论文来回应说:"(我们的)结论否定了(那种)马克思的利润率趋向下降的规律。"

这些批评马克思所说的规律、批评 TSSI 为马克思所做辩护的论者还认为,即使证明置盐定理所说的利润率不是马克思所指的利润率,但该定理仍是成立的,因为它是"一个数学定理,不包含任何逻辑缺陷。人们可以反对说它的设定是不恰当的,或者与马克思的设定不一样……但是这个定理是合乎逻辑的"(Robin Hahnel,quoted in Kliman 2012a,106－107)。克里曼(Kliman 2014,658,n. 21)对此回应说,这个定理在逻辑上是无效的,因为它在同一个论证中用同样的术语表达了不同的含义,犯了模棱两可的错误。[例如下面这种论证在逻辑上就是无效的,因为"man"这个词有两种不同的含义:"'人'(man)是唯一理性的动物。没有一个女人是'男人'(man)。因此,没有一个女人是理性的。"]置盐定理的数学计算中使用的"利润率"是重置成本口径下的利润率,而置盐的结论是指向"马克思的……规律"所指的利润率,因此,"这个定理不可能对马克思的规律造成损害。如果它是一个关于马克思所说规律的定理,那么它就是错误的,因而它不会损害马克思的规律。如果它是一种数学中的无关应用,那么它就不是关于马克思所说规律的定理,因而也不会造成损害"(Ibid.)。

莱伯曼(Laibman 1999,223)、热拉尔・杜梅尼尔和多米尼克・莱维(Gérard Duménil and Dominique Lévy 2011a,37)、金德敏(Deok-Min Kim 2012,255,260)等人都认为,马克思意义上的利润率趋势并不重要,真正重要的是置盐定理中重置成本口径下的利润率趋势,因为他们认为后者才是预期利润率,对投资决策具有决定作用。这种说法也受到了 TSSI 论者(见 Kliman and Freeman 2000,287－288)以及克里斯蒂安・拉格(Christian Lager 1998)的质疑。正如置盐信雄(Okishio 2001,497)自己所指出的,只有"当预期在(时间) $t+1$ 的价格和工资与(时间) t 时相同",重置成本口径下的利润率才会与预期利润率一致。重置成本口径下的利润率和预期利润率都基于当期的投资成本,但重置成本口径下的利润率是用**当期**价格下的利润除以这些成本,而预期利润率是要用预期的**未来**价格下的利润除以这些成本。当价格预期会发生变化时,这两种利润率就会有差异。(尽管马克思所说的规律是针对实际实现的利润率,而不是预期利润率,但它也是用之后价格下的利润除以投资成本。)

在最近的大衰退之后,估算利润率趋势的研究有了大幅增加。这些研究既没有证实也没有驳倒马克思所说的规律。由于该规律是对利润率**为什么会**趋向于下降的一种特定解释，所以利润率下降本身并不能证实这一规律。反过来说，在有些国家、有些时段，利润率上升也和这条规律不矛盾，至少利润率的上升本身并不会否定该规律。研究中还有一个困难之处在于，要对这条规律进行适当和直接的验证所需的一些数据无法获得，特别是有关整个世界经济的数据。

一些实证研究将利润率的变动分成与剩余价值率变化相关的、与资本价值构成变化相关的两类，但由于这两个变量本身有多重可能的原因，所以并不能为利润率的变动提供令人满意的因果解释。很少有研究试图去找出利润率变化的实际原因[但是可参见 Kliman(2012a，133－138)，其中研究了 1947—2007 年间美国公司利润率变动的原因，并提出了马克思的规律“符合事实”的论点]。

但是，度量利润率的变动对于解释造成大衰退及其长期后果的原因，仍然具有潜在的重要意义。有一些作者认为，由于新自由主义和金融化，从 20 世纪 80 年代初开始，美国公司的利润率出现了“轻微上升趋势”(Duménil and Lévy 2011b，60)。因此，他们拒绝接受利润率下降是经济衰退的原因之一的观点。另一些作者[如 Kliman(2012a)和 Freeman(2012)]则认为，利润率要么未能从 20 世纪 70 年代中期和 80 年代初的衰退中持续复苏，要么继续呈下降趋势，并认为利润率的下降是经济衰退及其后果的间接原因之一(没有人认为这是一个直接原因，因为没有人认为在经济衰退之前的泡沫时期利润率下降了)。

这实际上是一个**概念层面**的争论，而不是一个**实证层面**的争论。对事实大家并没有严重争议，但对概念的理解则又重演了当初的场景。同当初 TSSI 论者争论置盐定理的逻辑有效性时的情况一样，现在一方所说的“利润率”是重置成本的利润率，它上升了，而另一方使用的“利润率”一词则是指利润占投入生产的实际货币量(资本存量的历史成本)的百分比，它要么继续下跌，要么未能持续反弹(取决于所用的利润尺度)。“混合”利润率的观点则介于这两个极端之间，即按历史成本来估值资本投资，但使用重置成本折旧数据来计算利润(见 Basu and Vasudevan 2013)。

要解决过去几十年中关于“利润率”趋势的争议，就需要继续讨论这几种所谓的“利润率”的不同衡量标准的含义和作用。某个衡量标准是否有助于回答某个特定问题？如果是，那么是如何做到的？人们尚未开展这方面的讨论。杜梅尼尔和莱维(Duménil and Lévy 2011a，37，37 n. 36)驳斥了 TSSI 论者关于利润率的概念，认为他们“玩弄定义”。克里曼(Kliman 2012b，294)则回应说，杜梅尼尔和莱维等人“未能完整揭示他们所定义的‘利润率’的有意义和无意义之处”。

这场争论已经蔓延到了政治领域。大多数工会以及左翼的选举和非选举团体有一种重视再分配问题的倾向，并且/或者将新自由主义和金融化视为资本主义的新阶段，所以他们反对用利润率下降或马克思所说的规律来解释大衰退。他们的网站经常会刊登并且重点推荐那些认为利润率在新自由主义下发生反弹的作品。

参考文献

Basu, D. and R. Vasudevan. 2013. "Technology, Distribution and the Rate of Profit in the US Economy: Understanding the Current Crisis." *Cambridge Journal of Economics* 3(1): 57–89.

Brenner, R. 1998. "The Economics of Global Turbulence." *New Left Review* 229: 1–265.

Cullenberg, Stephen. 1988. "The Capitalist Enterprise and the Contradictory Movement in the Rate of Profit." *Review of Radical Political Economics* 20(2–3): 41–47.

——. 1994. *The Falling Rate of Profit: Recasting the Marxian Debate*. London: Pluto Books.

Duménil, G. and D. Lévy. 1999. "Response to David Laibman." *Research in Political Economy* 17: 229–233.

——. 2011a. "The Crisis of the Early 21st Century: A Critical Review of Alternative Interpretations." www.jourdan.ens.fr/levy/dle2011h.pdf (accessed August 14, 2016).

——. 2011b. *The Crisis of Neoliberalism*. Cambridge, MA: Harvard University Press.

Foley, D. K. 2000. "Response to Freeman and Kliman." *Research in Political Economy* 18: 279–283.

Freeman, A. 2012. "The Profit Rate in the Presence of Financial Markets: A Necessary Correction." *Journal of Australian Political Economy* 70: 167–192.

Freeman, A. and A. Kliman. 2000. "Two Concepts of Value, Two Rates of Profit, Two Laws of Motion." *Research in Political Economy* 18: 243–267.

Heinrich, M. 2013. "Crisis Theory, the Law of the Tendency of the Profit Rate to Fall, and Marx's Studies in the 1870s." *Monthly Review* 64(11). monthlyreview.org/2013/04/01/crisis-theory-the-law-of-the-tendency-of-the-profit-rate-to-fall-and-marxs-studies-in-the-1870s (accessed August 14, 2016).

Kim, D.-M. 2012. "Profit Rates: Current Cost vs. Historical Cost." *Marxism 21* 9(4): 248–262.

Kliman, A. 2012a. *The Failure of Capitalist Production: Underlying Causes of the Great Recession*. London: Pluto Books.

——. 2012b. "Response to Critiques of *the Failure of Capitalist Production*." *Marxism 21* 9(4): 263–315.

——. 2014. "The Whiggish Foundations of Marxian and Sraffian Economics." *Cambridge Journal of Economics* 38(3): 643–661.

Kliman, A. A. Freeman, N. Potts, A. Gusev, and B. Cooney. 2013. The Unmaking of Marx's *Capital:* Heinrich's Attempt to Eliminate Marx's Crisis Theory. http://papers.ssrn.com/sol3/papers.cfm?abstract_id=2294134 (accessed August 14, 2016).

Kliman, A. and A. Freeman. 2000. "Rejoinder to Duncan Foley and David Laibman." *Research in Political Economy* 18: 285–293.

Lager, C. 1998. "On the Notion of the Rate of Profit." *Review of Political Economy* 10(4): 447–458.

Laibman, D. 1999. "Okishio and His Critics: Historical Cost versus Replacement Cost." *Research in Political Economy* 17: 207–227.

——. 2000. "Two of Everything: A Response." *Research in Political Economy* 18: 269–278.

Marx, K. 1973. *Grundrisse: Foundations of the Critique of Political Economy*. London: Penguin Books.

——. 1989. *Karl Marx, Frederick Engels: Collected Works*, Volume 32. New York: International Publishers.

——. 1991a. *Capital: A Critique of Political Economy*, Volume 3. London: Penguin Books.

——. 1991b. *Karl Marx, Frederick Engels: Collected Works*, Volume 33. New York: International Publishers.

Norton, B. 2001. "Reading Marx for Class." In *Re/Presenting Class: Essays in Postmodern Marxism*, J.-K. Gibson-Graham, S. A. Resnick, and R. Wolff, eds., 23–55. Durham, NC: Duke University Press.

Okishio, N. 1961. "Technical Changes and the Rate of Profit." *Kobe University Economic Review* 7: 85–99.

——. 2001. "Competition and Production Prices." *Cambridge Journal of Economics* 25(4): 493–501.

Robinson, J. 1941. "Marx on Unemployment." *Economic Journal* 51: 234–248.

Roemer, J. 1981. *Analytical Foundations of Marxian Economic Theory*. Cambridge: Cambridge University Press.

Sweezy, P. M. 1970. *The Theory of Capitalist Development: Principles of Marxian Political Economy*. New York: Modern Reader Paperbacks.

第二十二章

商业周期:短期运动走向

埃尔多安·巴基尔(Erdogan Bakir)、
阿尔·坎贝尔(Al Campbell)

导论

至少从19世纪中期开始,在现代国民经济核算体系建立之前,人们就已经认识到发达资本主义经济体的一大特点是产出增长周期与收缩周期交替出现。这种重复的扩张和收缩最初被称为“贸易周期”(trade cycles),自20世纪下半叶起则开始被称为“商业周期”(business cycles)。这个词在某种程度上是不幸的,因为并没有理论和实证的根据可以证明这些扩张/收缩具有“周期”这个词所暗示的规律性、重复性,但它仍然被普遍用于描述资本主义的特征。

马克思主义经济学认为,资本因为追求利润而具有自我膨胀的特性,这种自我膨胀特性驱动着资本主义经济的运动。[①] 因而，对利润率的理论和实证研究成为马克思主义解释资本主义体系运行的核心，本文尤其要关注其中对资本主义的商业周期表现的解释。

在产出增长的过程中，利润率对商业周期波动的影响主要是通过影响投资而实现的，这既是一种“推动”，也是一种“拉动”。从“拉动”的方面来说，由于资本主义的驱动力是追求利润，利润率越高，投资动机也就会越强。这导致可以有两种方式提高产出增长率。第一种方式，因为投资是总需求的三个标准组成部分——消费、政府支出和投资——中最大的变量，所以任何需求的增加都会增加产出（除非供给受到严格限制），并由于存在众所周知的乘数效应，所以其导致的产出增加还要超越其本身。第二种方式，实际投资是通过新的资本设备（有时是直接通过改善生产过程）提高劳动生产率进而增加产出。从“推动”的方面来说，利润的增加就导致可供投资的资本的增加，可以再次投入资本循环当中。然而，2009 年之后美国的扩张疲软给我们一个警示：可用资本增加对投资的推动作用同利润率之间的关系是很复杂的。尽管现有的生产性资本带来了高额利润，从而有大量资本可以用于再投资，但实际投资以及投资带来的增长仍然很低，因为资本并没有看到新的生产性投资具有高收益机会。因此，资本只是“坐拥”大量潜在可投资资本，或者它们仅投资于金融资产，等待条件发生变化、可以获得更高的回报率时才会进行实际投资，从而造成了当前的产出增长疲弱。

马克思、恩格斯和后来的马克思主义者在近一个世纪的时间里当然也注意到了商业周期的存在，他们基本上都是结合资本主义危机的核心问题来对商业

---

① 虽然大多数马克思主义者会赞同这一简洁的陈述，但我们认为经济和社会分析协会（Association for Economic and Social Analysis，缩写为 AESA）那一派马克思主义者的批评意见也是很有价值的。我们认为，并非每个企业的每一个行为都是受利润最大化和积累利润的驱动，AESA 学派反对一些马克思主义论著中存在的“利润率降低主义”是正确的。我们认为，“平均来看”，“从长远来看”，“看各企业的总体情况、看所有时间内的总体表现”，追求利润和积累是核心因素，对企业的其他重要因素具有决定作用。因此，尽管我们也认为必须拒绝“利润率降低主义”，从而在这个意义上我们接受 AESA 学派的“多元决定”和“去中心化”观点，但该学派是把这种观点作为了一般化立场，认为所有因素都必须等量齐观，在解释资本主义的一般表现时没有哪个因素具有优先地位，我们反对这种扩大化。雷斯尼克和沃尔夫（Resnick and Wolff 1987）全面地阐述了 AESA 学派的理论基础，库伦伯格（Cullenberg 1994）将这一理论直接应用于利润率（下降）问题，诺顿（Norton 1994）的文章对该派立场做了言简意赅的论述。关于利润率对资本主义运行的影响，相关分歧意见与本文的重点话题基本无关，我们的实证研究结果显示，自第二次世界大战以来的商业周期毫无例外都是先发生利润下滑，然后才出现产出下滑，我们是在此基础上讨论这些商业周期的利润率下滑中什么因素最重要。

危机进行了分析。[①] 马克思主义大众化话语中占主导地位的是两种观点。第一种是认为每一个商业周期都是一场危机，随着资本主义继续发展，特别是资本持续积累，每一个商业周期的危机程度就会越来越严重。最终到危机程度足够深的时候，就会促使具有特殊组织形态和觉悟水平的工人阶级采取行动，为了解决危机而推翻资本主义。第二种观点也比较常见，认为商业周期不是危机。相反，由于资本主义在每次周期中都消灭了大量资本，从而可以为恢复资本积累创造条件，(暂时)解决危机。本文不去细究这两种立场之间的对立，实际上它们也并非不可调和。本文所要重点讨论的是马克思主义关于商业周期的实证/理论研究的当代主流框架，它形成于 20 世纪 70 年代后期，当时人们对于商业周期理论与危机理论之间的基本关系也是有很大争议的。但这一框架形成之后，人们就开始有意识地整合商业周期和危机理论，几乎所有马克思主义关于商业周期的研究工作都把商业周期对资本主义危机的影响作为一个重要关注点，一直延续至今。虽然商业周期和危机并不是一回事，但在今天如果要写一篇关于"马克思主义的商业周期理论"的文章，就必须要结合马克思主义的危机理论来写。

马克思主义的商业周期理论

如导论所述，马克思主义商业周期理论的早期工作几乎都是在危机理论范围内进行的。因此，这些早期研究的关注重点是每个周期的利润率下降。既然存在一个周期，那么当然就要解释是什么原因导致了利润率的下降发生扭转，为什么它开始转而上升。基本上这些研究利润率下降原因的理论在扩展到商业周期问题时都会进一步补充说，之所以会发生周期性上涨，是因为导致周期性衰退的情况发生了逆转，下文将对此做进一步讨论。当时这些马克思主义关于危机、利润率下降的理论是当代马克思主义关于商业周期研究的出发点。

早期的马克思主义危机理论为利润率下降提出了三种不同的因果解释[②]：

---

① 这是因为，包括马克思在内的早期马克思主义者虽然在理论上都很谨慎，强调无法给出一个危机引发对资本主义超越的定量时间表，但他们都认为这样一场危机"很快"就会到来，因此他们的注意力集中在解释这样一场危机将有哪些表现。

② 这三种解释在马克思主义相关文献中首次出现的确切时间顺序对本文来说并不重要，因为篇幅原因，我们在这里也不对此进行讨论。关于马克思主义对经济危机和比例失调问题的研究，以及这种传统危机理论后来逐步消亡并转化成广义危机理论的情况，参见 Shaikh(1978)、Perelman(1987)和 Clarke(1994)。关于 20 世纪 70 年代的这三种主流解释，参见 Weisskopf(1979)、Reuten(2002)和 Bakir(2006)等。值得关注的是，在 20 世纪 70 年代末商业周期理论产生时，这三种解释都得到了大量马克思主义者的支持，当时围绕着危机原因还有一场持续很久的重要辩论。

资本有机构成上升,生产过剩/消费不足,工资挤压。韦斯科普夫(Weisskopf 1978;1979)[①]在其关于当代马克思主义商业周期研究的开创性论文中引入了如下这个简单的公式,他详细讨论了这一公式对于从实证/理论上讨论各派主流危机理论的重要意义。

$$r=\frac{P}{K}=\frac{P}{Y}\times\frac{Y}{Y^*}\times\frac{Y^*}{K} \quad (1)$$

其中,r 是利润率,P 是总利润,Y 是净产出,K 是资本存量,Y^* 是用现有的 K 所能创造出来的潜在产出。我们把 P/Y 称为利润份额,Y/Y^* 称为产能利用率,Y^*/K 称为潜在产出-资本比率。

根据资本有机构成上升的基本理论,对于某一特定数量的劳动,相应的,也就是对于某一特定数量的潜在产出而言,资本主义需要投入的资本数量会随时间推移而不断增加。等式(1)表明,如果潜在产出-资本比率这一项(Y^*/K)对于 K 增加的直接影响要大于 P/Y 和 Y/Y^* 的影响,那么利润率就会下降。

同样,生产过剩/消费不足[②]意味着生产者所能获得的需求不足,无法吸收他们可能创造的产出,因而这些生产者就会降低生产数量,低于其潜在生产能力,从而实际产能利用率(Y/Y^*)下降,进而导致利润率下降。

最后,如果我们从广义上考察利润,把所有没有作为工资支付给工人的都算作利润(所以税收、租金、利息等开支都被算作利润,是把利润从生产环节转移给了其他人),那么根据定义,净产出就是工资和利润的总和,$Y=W+P$,因此如果工资总额(W)增加[③],利润率就将因为利润份额(P/Y)下降而下降。

正如韦斯科普夫在他的原始论文中指出的那样,解释利润率下降的这几个

---

① 阅读这些论文,可以凸显出当代马克思主义商业周期研究的开端与既有危机理论的密切联系。

② 在某种意义上说,生产过剩和消费不足是从相反的方面说同样的问题,即生产能力充足,却没有足够的需求来购买所有生产的产品。这在马克思主义文献中也经常被称为"实现"的问题。不过这两种说法通常带有略微不同的内涵。生产过剩倾向于关注资本和生产能力的增长(为什么潜在供给大于需求),而消费不足倾向于关注那些降低需求的因素(为什么需求小于潜在供给)。

③ 如果我们写出 $P/K=Y/K-W/K$,就可以更加详细地说明这一点,即如果工资增长导致产出增加,那只要 Y/K 的商业周期增幅小于 W/K 的增幅,利润率就仍然会下降(几乎总是如此)。在主流经济学和马克思主义经济学文献中也经常会涉及"工资挤压"的问题,它们用来进行分析的理论工具是小时工资率(ω)和劳动生产率(Y/L)(或下面将要讨论的相应实际条件)的增长,其中 L 是总劳动时间。利润份额 $P/Y=1-W/Y=1-\omega L/Y=1-\omega/(Y/L)$,所以如果小时工资率的增长高于劳动生产率的增长,那么利润份额就会下降(此时因为新增工资也会相应导致 Y/Y^* 和 Y^*/K 变化,所以利润率也就会下降)。有人把 20 世纪 60 年代末和 70 年代初的利润率下降现象称为"工资挤压",暗含着指责"工人贪婪",而这里的结论对此提出了警示。这一下降也可能是由于劳动生产率增长的下降而导致的,而不是每小时工资的增长导致的。当时确实有一次很强的下跌。劳动生产率的下降可能是由于生产关系的改变,也可能是由于资本的技术进步所导致的增长放缓。

原因(或者对这几种因素进行各种组合)从逻辑上说都可以驱动商业周期。实际上,要知道究竟是什么因素驱动了各次周期(或这些周期的长期趋势),“只能参考特定的历史环境,并通过对实证证据的分析来得出”(Weisskopf 1978, 256)。与任何关于现实世界的科学理论一样,除非某种解释在逻辑上存在矛盾,否则就需要结合实证观察才能进行进一步理论探索(但并不能简化为实证观察——“事实”不能“为自己代言”)。

马克思商业周期理论的实证研究与进一步发展

韦斯科普夫在他的开创性论文中提出的基本方法广为人们所遵循,并在后来的马克思主义者对利润率进行的实证/理论研究当中得到了极大的发展①,已成为马克思主义研究利润率问题最常见的(虽然不是普遍的)实证路径。这一研究路径的主要工作和知名成果仍然与利润率的长期表现相关。② 这一路径中对美国经济进行研究③的包括 Duménil, Glick and Rangel(1984, 1987); Michl (1988); Wolff(2001, 2003); Duménil and Lévy(2002a, 2002b, 2004a, 2011); Brenner(2002); Harvey(2005); Glyn(2006)。也有很少量研究是遵循这个理论框架原先的宗旨,用它来考察资本主义商业周期的表现,包括 Hahnel and Sherman(1982); Henley(1987); Goldstein(1996, 1999, 2002); Bakir(2006, 2015); Bakir and Campbell(2006); Cámara Izquierdo(2013)。这其中,戈德斯坦的几个作品是一个连续系列。

在研究理论问题时,要对相关实证结果做出判断,有两点很关键:第一,对现实世界的各种数据类别,要做怎样的特定排列组合才能表达出相关理论范

---

① 对于商业周期和危机的马克思主义研究存在两个根本不同的理论派别,这两派理论都包含着实证方面的工作,也都获得了广泛应用,因为篇幅的原因只能在这里指出一下而无法详加讨论。其一是谢尔曼的理论(Sherman 1991; Sherman and Kolk 1996),他提出了一套马克思主义的模型,但许多其他评论家认为这实际上是一个凯恩斯主义的模型(例如 Glombowski 1982)。其二是安瓦尔·谢赫的理论,谢赫数十年来一直主张资本家是在边际利润率而不是利润率的基础上来决定体系的运动走向,他发布了对自己理论和相关实证工作的全面陈述(Shaikh 2016)。

② 这些文献研究周期有时是作为手段,为研究长期趋势的变化而服务。而我们讨论周期的目的则是研究周期本身的表现,把解释资本主义长期运动走向作为辅助手段。

③ 对其他发达国家或者欠发达国家进行类似研究通常会得出不同的结果。在这个领域中几乎还没有开展过比较研究,我们无法确定这些不同结果是否是由操作变量的定义差异导致的(通常是由于各国国民经济核算方式存在差异),或者这些不同结果是否真的代表了不同资本主义国家的商业周期运动具有显著不同,以及如果确实代表运动走向不同的话,那么我们关于世界资本主义的性质可以得出何种理论结论。

畴；第二，对于所选取的现实世界数据，要采用怎样的特定设置来确定类别。在相关研究者的著作中，关于这两个问题的处理有许多差异，但通常来说，大多数研究结果在定性层面是相同的，可以支持差不多的理论结论。少数的实证研究人员采用了一些特殊设定，他们在定性层面得出了不同的结果，然后又从这些实证结果中得出了不同的理论结论。鉴于本文写作的目的和篇幅限制，我们在这里要展示的是我们自己的实证结果。我们这一结果在对美国商业周期的大部分实证研究中具有“广泛代表性”，可以据此来对美国商业周期的性质得出理论结论。我们具体进行处理的技术细节可参见之前的作品（Bakir 2015），在本节我们只谈一些会与“绝大多数”论者在定性层面产生分歧的概念处理。

因为第二次世界大战后，计算全国私营利润率①所需的美国政府经济数据的质量显著提高，所以上述所说的研究工作涉及的范围都是从“二战”后开始截止到各论者进行研究之时。如果把从低谷到低谷界定为一个商业周期，那么战后的第一个周期始于 1949 年。当韦斯科普夫发表他的研究时，他能够涉及的范围是 1975 年前的五个周期。图 1 使用季度数据总结了美国经济到第 11 个周期开始时为止的利润率表现。阴影部分显示的是每个周期的 B 阶段（解释见下文），经济衰退则是根据国家经济研究局的商业周期测定委员会的定义，从 B 阶段之后开始到整个周期结束这一段。

图 1 直观地展示了马克思主义关于商业周期的一些最重要的一般实证结果（黑色的垂直线分隔了不同周期），有力地支持了马克思主义者认为这些周期是受利润率驱动的观点。所有周期都几乎无一例外是由三个阶段组成。② 第一阶段称为 A 阶段，利润率在上升，产出在扩大。正如导论所述，不断上升的利润率既会“推动”也会“拉动”投资增长，投资使得经济增长提高。在 B 阶段（阴影部分），利润率停止上升，开始下降（下文将进一步讨论），而产出继续增长。由于利润率下降导致的投资减少过程要持续一段时间，投资减少对经济增长的影响也有滞后性，从而共同产生了这一阶段持续但缓慢的增长。利润率下降的影响最终导致经济增长停止并随即逆转，开始阶段 C，特征是利润率持续下降，并

① 韦斯科普夫和许多在这一流派中被引用的作品都是用非金融性企业部门作为私人资本部门的代表，因为这一部门的数据是最完整的，而且代表性也比较强，大约占到经济总量的 70%。上面提到的一些后来的工作进而将研究范围扩展到了非金融性的非企业部门。而金融部门的数据则会显示出一些特殊的问题，就我们所知，在这一理论路径中只有三部作品是涉及金融部门：Duménil and Lévy（2004b）；Bakir and Campbell（2013）；Bakir（2015）。

② 由于经济政策导致利润率在经历扩张之前就再度下降，所以第Ⅶ周期特别短，而假如没有这些政策的话，是要先有一段扩张期，然后再利润率下降的。最终来说，第Ⅶ周期中经济是从 A 阶段直接转到了 C 阶段。

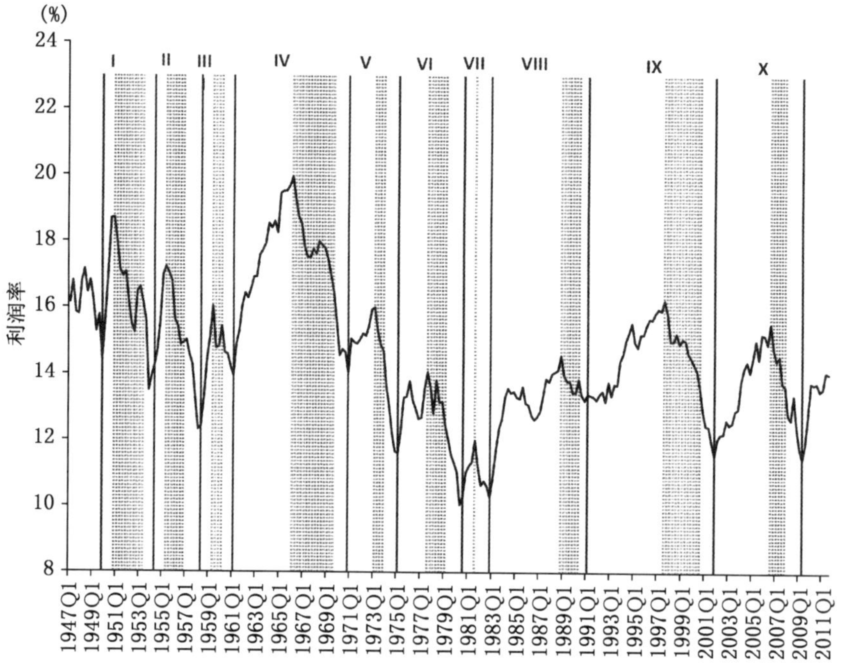

图 1　战后商业周期中非金融性企业部门的利润率

且产出收缩(衰退)。当利润率下降及其对经济的影响进一步增加,就为利润率再次开始上升创造了条件,此时新一轮的 A 阶段就开始了。

对每个周期的 C 阶段发生的产出下滑,马克思主义认为是由之前 B 阶段的利润率下降所引起,这个解释可以获得实证支持,但旋即又会有一个问题:是什么导致每个周期的 B 阶段的利润率开始下降?正如导论所述,在 20 世纪 70 年代的马克思主义话语中,对利润率下降(无论是长期下降还是我们本文中关注的商业周期衰退)有三种解释占主导地位。韦斯科普夫的实证研究发现,在他所研究的在新自由主义开始之前的五个商业周期中,对于 B 阶段的利润率下降,由潜在产出/资本的比率(Y^*/K)代表的资本有机构成的上升几乎没有贡献,由产能利用率(Y/Y^*)代表的实现失败贡献也很少,而由工资份额(W/Y)代表的工资挤压(如上所述,他认为这是由劳动强度上升所导致的,不是工人的幸运而是工人的不幸)则是迄今为止最主要的贡献所在。

既然新自由主义的一个"典型事实"是劳动同资本相比的力量失衡(在任何地方都是如此,美国尤甚),那么人们可能会想,在新自由主义全面实现后,是不是就不会再有工资挤压导致商业周期下滑了呢?事实上,在新自由主义时期,工资份额(W/Y)上升仍然是经济周期衰退的主导原因,但导致工资份额变化的原因有所不同,在新自由主义经济下有着另一套基础机制。

我们(Bakir and Campbell 2006;Bakir 2015)在一份详细的实证报告中阐述了在新自由主义下美国商业周期运行方式的历史延续性和新变化。与之前的"二战"后时期相比,有三个因素是相同的,第一个因素是B阶段的利润率下降,这会导致之后阶段产出的周期性下滑,而这主要是受第二个因素即利润份额下降(P/Y)的影响,而利润份额下降也就等价于(如上所述)第三个因素,工资份额(W/Y)上升。

要理解商业周期的动态走向,有必要将价格指数与实际量区分开。

$$\frac{W}{Y}=\frac{\omega L}{Y}=\frac{p_w}{p_y}\times\frac{w}{y/L} \tag{2}$$

其中,W、Y、ω 和 L 是上文中已经定义过的,p_w 和 p_y 是工资和产出的价格指数,y 是实际产出,w 是平均每小时实际工资。

韦斯科普夫已经注意到,工人获得的实际工资涨幅明显高于实际生产率的增长,再加上存在价格效应,这就导致了B阶段的利润下滑。他没有强调的是,尽管后一个原因也不可忽视,但实际效应始终比价格效应更为重要。此外,他当时也不可能意识到这一重要性会在之后的新自由主义时期发生逆转,价格效应会变得比实际效应更为重要。在新自由主义时期,尽管周期性衰退仍然是源于工资份额的增加,但其中的经济内涵是非常不同的,这一份额增加并不表示工人的实际工资有显著增长。出现这种内涵变化,是与新自由主义下劳工运动遭到削弱的普遍"典型事实"相适应的。

表1　每个周期的B阶段的工资份额及其组成变量的增长率(%)

	周期								
	Ⅰ	Ⅱ	Ⅲ	Ⅳ	Ⅴ	Ⅵ	Ⅷ	Ⅸ	Ⅹ
W/Y	2.5	2.4	2.0	1.7	2.6	2.4	0.9	2.1	2.6
p_w/p_y	1.1	−1.3	0.7	0.6	0.8	1.2	1.4	1.6	1.5
$w/(y/L)$	1.4	3.7	1.3	1.1	1.7	1.2	−0.4	0.5	1.2
w	3.0	4.1	3.1	2.5	−0.6	0.7	−1.2	3.5	1.8
y/L	1.6	0.4	1.8	1.4	−2.3	−0.5	−0.8	3.0	0.6

从表1可以看出,在"二战"后的妥协时期,第Ⅰ到第Ⅴ周期里,B阶段的实际工资与生产率的比率 $w/(y/L)$ 都在增加,这相对价格效应 p_w/p_y 而言具有主导作用,并且从表中我们还可以看出这一比率增加趋势后来是如何逆转的。

众所周知,新自由主义从20世纪70年代初开始对实际工资增长进行了打压,这在表1中也已经反映得很明显了,但是在20世纪70年代的两个过渡周期中的前一个即第Ⅴ周期,因为生产率发生暴跌,以及价格效应还继续在缓慢增长,所以实际效应相对于价格效应仍然具有主导作用。到20世纪70年代末的第Ⅵ周期,实际工资增长继续受到抑制,实际生产率持续下降,再加上价格效应显著增强,从而价格效应和实际效应的贡献相等。随后,在第Ⅷ、Ⅸ和Ⅹ这三个新自由主义已经完全巩固的阶段中,价格效应就要比实际效应更为重要。

在本节结尾,我们要讨论一下在计算利润率时所涉及的三个概念问题,这三个问题会导致实证结果出现一点小差异。

第一个概念问题

是税前利润还是税后利润?这两种不同利润会牵扯到一个重要的经济学议题:我们感兴趣的是哪种利润率?对此的回答就要看我们是想解决什么问题。举个例子,如果我们想要考察总产出当中哪部分被资本占有、哪部分归了工人,那么因为国家机器也属于为资本运行提供保障的设施,所以我们就要用税前利润。而如果我们想要考察私人资本将资本投入积累循环的动机和资金来源,那么我们就要用税后利润。

这两种利润也会导致实证研究结果的差异。巴苏和瓦苏德万给出了两种利润口径下两条不同的曲线(Basu and Vasudevan 2013,Figure 1)。他们的曲线和上文中我们给出的曲线初看起来是相似的,就好像是同一条,只是偏移了一个常数。如果进行更细致的研究则可以发现,由于众所周知的企业税率的下调,整个时期内两条线之间的差距是略微收窄的。这一点在巴基尔的图中(Bakir 2015,Figure 5)体现得更加清楚,巴基尔对两条曲线的坐标轴做了调整,可以看到大致从20世纪80年代中期开始两条曲线之间的差距会收窄,之前由于公司税率更高,差距要更大一点。因为绝大多数关于利润率的研究是关注利润率随时间的变化,所以既然差距相对恒定,那么在大多数情况下两种曲线中随便用哪一条都可以得到相同的定性结果。由于大多数关于利润率的研究关注的是私人资本的表现和积累情况,所以税后利润更常用。

第二个概念问题

利润中是否包括利息支出?非金融性企业将净利息支付视为营业费用,因此,在BEA的NIPA表中给出的税后利润是股息支出和留存收益之和。我们和其他一些研究者认为,净利息支出的性质和股息支出相似,应该将其视为利润的分配(分配给那些为企业提供贷款的资本)。我们之前(Bakir and Campbell 2010,336,340)已经对这种处理方法进行了详细说明,给出了这三部分利润的数据来源,以及这三部分利润的相对贡献曲线。

从对实证研究结果的影响来说,是否包括利息支出所造成的利润水平差异要比税前还是税后口径的影响小得多。从第二次世界大战到 20 世纪 60 年代后期,两种不同算法下的序列几乎是相同的。然后在 20 世纪 70 和 80 年代会出现一些分歧,首先是因为存在高利率的情况,其次是因为非金融性企业的负债增加。不过再之后,由于利率在 20 世纪 90 年代出现下降,在 21 世纪初更是进一步大幅削减,并且在 2000 年时非金融性企业也摆脱了自身的债务问题,成为净债权人(Bakir and Campbell 2010,332),所以这两个序列间差距又收窄了,不过还没有完全消除差距恢复到 20 世纪 70 年代之前的情形。

第三个概念问题

是计算资本的历史成本还是重置成本?从经济学角度来说,我们和大多数(但不是全部)在过去四十年中对利润率进行实证研究的马克思主义者(例如在导论中提到的所有人)都认为,使用资本的历史成本数据是没有意义的。资本决策者的选择决定着资本的运动走向,而这些人是根据资本重置成本口径下的利润率来做出选择的(还要结合阶级斗争情况),所以重置成本才是研究利润率变化机制的相关变量。如果在实证研究中采用历史成本,那么在资本价格存在通货膨胀的情况下,就会导致"利润率下降偏差"(沿顺时针方向旋转),这种偏差在低通胀时可以忽略,在高通胀时就会比较显著。关于这一计算方法差异所涉及的所有技术问题以及它们对所算出的利润率的影响,参见巴苏的详细论述(Basu 2013)。

结 论

马克思主义关于利润率的理论对于理解资本主义运行机制具有重要意义,而实证研究也表明这一理论对于资本主义商业周期具有极强的解释力。自 20 世纪 70 年代末以来的实证研究已经确认了是工资份额导致了利润率的周期性下滑(发生了"工资挤压"),继而导致了商业周期现象,工资份额的决定作用要超过资本有机构成(资本积累与劳动的比率)或产能利用率(产能实现率)。虽然工资挤压的主要原因是 1966 年之后实际工资增速要长期快于实际生产率增速,进而导致了新自由主义的社会转型,但这种高增速不能简单地归咎于保守派所认为的"工人贪婪"。1971—1975 年和 1975—1981 年的周期是利润率下降的主要时期，但这两个周期与前一段时期相比，恰恰表现为工资增长大幅下降，甚至在 1971—1975 年周期中实际工资增长已经为负。"工资挤压"并不是原因而是结果，是实际生产率的增长相对于前一时期急剧下降才导致"工资挤压"，在这两个周期中实际生产率增长都是负的，在 1971—1975 年周期中这一点尤其显著。在新自由主义时期，尽管工资份额的上升仍然是周期性下滑的主要原因，但这在经济学上的内涵是非常不同的，工资份额上升的主要原因是产出和工资的相对价格指数变化，而不是像之前周期中是由于实际工资与生产率的比率变化。这一变化反映出金融机制在新自由主义中发挥的作用日益增强，而工人阶级一方的相对力量则大为下降了。

参考文献

Bakir, E. 2006. "The Post-World War II Nonfinancial Corporate Business Rate of Profit in the United States: Cycles, Trends, and the Effects of Financialization." Ph.D. dissertation, University of Utah.

——. 2015. "Capital Accumulation, Profitability, and Crisis: Neoliberalism in the United States." *Review of Radical Political Economy* 47(3): 389–411.

Bakir, E. and A. Campbell. 2006. "The Effect of Neoliberalism on the Fall in the Rate of Profit in Business Cycles." *Review of Radical Political Economics* 38(3): 365–373.

——. 2010. "Neoliberalism, the Rate of Profit and the Rate of Accumulation." *Science & Society* 74(3): 323–342.

——. 2013. "The Financial Rate of Profit: What Is It, and How Has It Behaved in the United States?" *Review of Radical Political Economy* 45(3): 295–304.

Basu, D. 2013. "Replacement versus Historical Cost Profit Rates: What Is the Difference? Does It Matter?" *Metroeconomica* 64(2): 293–318.

Basu, D. and R. Vasudevan. 2013. "Technology, Distribution and the Rate of Profit in the US Economy: Understanding the Current Crisis." *Cambridge Journal of Economics* 37(1): 57–89.

Brenner, R. 2002. *The Boom and the Bubble.* London: Verso.

Cámara Izquierdo, S. 2013. "The Cyclical Decline of the Profit Rate as the Cause of the Crisis in the United States (1947–2011)." *Review of Radical Political Economics* 45(4): 463–471.

Clarke, S. 1994. *Marx's Theory of Crisis*. New York: St. Martin's Press.

Cullenberg, S. 1994. *The Falling Rate of Profit.* London: Pluto.

Duménil, G, M. Glick, and J. Rangel. 1984. "The Tendency of the Rate of Profit to Fall in the United States." *Contemporary Marxism* 9: 148–164.

——. 1987. "The Rate of Profit in the United States." *Cambridge Journal of Economics* 11(4): 331–359.

Duménil, G. and D. Lévy. 2002a. "The Field of Capital Mobility and the Gravitation of Profit Rates (USA 1948–2000)." *Review of Radical Political Economics* 34(4): 417–436.

——. 2002b. "The Profit Rate: Where and How Much Did It Fall? Did It Recover? (USA 1948-2000)." *Review of Radical Political Economics* 34(4): 437–461.

——. 2004a. *Capital Resurgent.* Cambridge, MA: Harvard University Press.

——. 2004b. "The Real and Financial Components of Profitability (United States, 1952–2000)." *Review of Radical Political Economics* 36(1): 82–110.

——. 2011. *The Crisis of Neoliberalism*. Cambridge, MA: Harvard University Press.

Glombowski, J. 1982. "A Comment on Sherman's Marxist Cycle Model." *Review of Radical Political Economy* 14(1): 42–49.

Glyn, A. 2006. *Capitalism Unleashed*. Oxford: Oxford University Press.

Goldstein, J. 1996. "The Empirical Relevance of the Cyclical Profit Squeeze: A Reassertion." *Review of Radical Political Economics* 28(4): 55–92.

——. 1999. "The Simple Analytics and Empirics of the Cyclical Profit Squeeze and Cyclical Underconsumption Theories: Clearing the Air." *Review of Radical Political Economics* 31(2): 74–88.

——. 2002. "The Profit Squeeze Is Supported by the PW Cycle Indicator." *Review of Radical Political Economics* 34(1): 75–77.

Hahnel, R. and H. Sherman. 1982. "The Rate of Profit over the Business Cycle." *Cambridge Journal of Economics* 6: 185–194.

Harvey, D. 2005. *A Brief History of Neoliberalism*. Oxford: Oxford University Press.

Henley, A. 1987. "Labour's Shares and Profitability Crisis in the U.S.: Recent Experiences and Post-war Trends." *Cambridge Journal of Economics* 11: 315–330.

Michl, T. 1988. "The Two-Stage Decline in U.S. Nonfinancial Corporate Profitability, 1948–1986." *Review of Radical Political Economics* 20(4): 1–22.

Norton, B. 1994. "Moses and the Prophets! Radical Economics and the Search for a Foundation." *Review of Radical Political Economics* 26(3): 111–118.

Perelman, M. 1987. *Marx's Crises Theory: Scarcity, Labor, and Finance*. New York: Praeger.

Resnick, S. A. and R. D. Wolff. 1987. *Knowledge and Class: A Marxian Critique of Political Economy*. Chicago: University of Chicago Press.

Reuten, G. 2002. "Business Cycles: Marxian Approach." In *Encyclopedia of Macroeconomics*, B. Snowdon and H. Vane, eds., 73–80. Cheltenham: Edward Elgar.

Shaikh, A. 1978. "An Introduction to the History of Crisis Theories." In *U.S. Capitalism in Crisis*, Union for Radical Political Economics, ed., 219–241. New York: Economics Education Project of the Union for Radical Political Economics.

——. 2016. *Capitalism: Real Competition, Turbulent Dynamics, and Global Crises*. Oxford: Oxford University Press.

Sherman, H. 1991. *The Business Cycle*. Princeton: Princeton University Press.

Sherman, H. and D. Kolk. 1996. *Business Cycles and Forecasting*. New York: Harper Collins College Publishers.

Union for Radical Political Economics (URPE), ed. 1978. *U.S. Capitalism in Crisis*. New York: Economics Education Project of the Union for Radical Political Economics.

Weisskopf, T. 1978. "Marxist Perspectives on Cyclical Crises." In *U.S. Capitalism in Crisis*, Union for Radical Political Economics, ed., 241–260. New York: Economics Education Project of the Union for Radical Political Economics.

——. 1979. "Marxian Crisis Theory and the Rate of Profit in the Postwar U.S. Economy." *Cambridge Journal of Economics* 3(4): 341–378.

Wolff, E. 2001. "The Recent Rise of Profits in the United States." *Radical Review of Political Economics* 33: 315–324.

——. 2003. "What's Behind the Rise in Profitability in the US in the 1980s and 1990s?" *Cambridge Journal of Economics* 27(4): 479–499.

第二十三章

新自由主义

阿尔弗雷多·萨德-菲略(Alfredo Saad-Filho)

对于"新自由主义"我们不能下某种单一的定义,在马克思主义文献中所说的"新自由主义"实际上涉及四个紧密相关的方面:其一是指一类名曰新自由主义的**思想**,这类思想以奥地利学派和芝加哥学派的经济学以及德国的秩序自由主义(Ordoliberalism)为指导,朝圣山学社(Mont Pelerin Society)是这派思想家的策源地;其二是指接受上述新自由主义思想指导以及/或者得到这种思想支持的**政策、制度和实践**;其三是指由国家作为资产阶级特别是金融资产阶级的代表,领导发起的**针对工人和穷人的阶级进攻**;其四是指一套新自由主义的**社会、经济和政治再生产的物质结构**,这个意义上的新自由主义也就是当代资本主义的存在方式,是当代资本主义的积累体系。

之所以相关文献会对新自由主义的理解存在差异,首先是因为当代马克思主义内部有着各种不同的方法论和具体观点,同时这些论者也受到了社会科学中非马克思主义学说的影响,此外,还因为新自由主义本身就是个很复杂的存在。从马克思主义的视角来看,在对新自由主义进行分析时会面临三个层面的困难,这三个层面之间具有很密切的联系。

第一,所有新自由主义的实践都具有明显的共性,其中有些共性是相对抽象和普遍的,例如金融力量的增长和政治民主的削弱,而另一些是相对具体和特定(国别性)的,比如私有化,以及非政府组织向以前由国营机构控制的领域扩散。新自由主义既然存在这些共性,那我们就不能用完全语境依赖性的术语来描述它,那样描述肯定是不完整的,但与此同时,新自由主义还不够普遍,不足以定义出一种具有历史独特性的新生产方式。因此，对新自由主义进行分析就不可避免地要分成好几个层次，既要涉及资本主义内部最抽象层次的因素，也要涉及相对具体一些的层次上的因素；既要解释清楚马克思主义理论中的基本概念，例如商品、价值、劳动力的表现，也要联系到剥削、阶级、竞争、价格形成、金融、国家、国际贸易之类具体因素加以阐释。

第二，按照马克思主义本身的定义来说，它要分析新自由主义，那就得进行一种系统的分析，要涵盖新自由主义的经济、社会、制度、政治、法律、文化、意识形态等各方面的内容。在新自由主义所处的时代中，世界发生了一系列剧变，主要资本主义经济体中的凯恩斯主义和社会民主主义式的劳资妥协局面瓦解了，发展主义（developmentalism）[①]也破产了，苏联解体，中国发生了巨大社会转型，欧洲周边国家面临各种危机，等等。马克思主义必须分析自由主义的“改革”为什么会改变、在多大程度上改变了经济和社会再生产。这种具有历史基础和跨学科特点的研究路径不同于社会科学中大多数传统学科的狭隘视域，有着很大的优越性。在诸多优点中，有一条就是使得马克思主义在解释新自由主义的起源及其反复出现的危机方面要比其他解释更加全面、逻辑上更加连贯。当然，其他那些社会科学学科的理论也仍然是有意义的，因为马克思主义的相关文献是采用了一套独特的概念来描述新自由主义的主要特征，但这些文献当中对于各个概念的具体所指、对于相关要素间的决定关系，还存在着不同看法，相关社会科学理论则有助于我们理解这种差异性表现。也就是说，马克思主义在分析当代资本主义的生命力、其应对危机的脆弱性、选举政治的适用范围、激进替代方案的可行性等问题时，各派可能得出截然不同的结论，但这些不同结论或多或少都有其合理之处。

第三，虽然在对新自由主义的核心内容进行概述时也可以重点关注思想领域或典型制度方面，从而合理规避“国际”领域，但实际上，现实的新自由主义实践是不能同高度复杂的全球化进程分割开的，这些实践同帝国主义和全球化具有密切的关联。从这个角度来看，新自由主义也是不能三言两语就加以界定的：既不能纯粹从概念上定义，也不能通过对历史实践的描述来归纳。

---

① 发展主义是以“二战”后阿根廷经济学家劳尔·普雷维什（Roal Prebish）为代表的一种关于发展中国家经济发展的主张。发展主义认为“外围”国家（拉丁美洲和其他发展中国家）需要专注于工业化经济发展，并发挥国家的推动作用，使本国经济提高到“中心”国家（欧美发达资本主义国家）的水平，通过经济发展解决社会各方面问题。普雷维什曾任联合国拉丁美洲和加勒比经济委员会执行秘书、联合国贸易和发展会议第一任秘书长、联合国特别顾问及经济和社会事务副秘书长，其发展主义主张在发展中国家影响颇大。——译者注

正因为马克思主义的理论家们意识到了这三项困难，所以他们关于新自由主义会形成四个不同维度的理解，他们对新自由主义的解释也会比其他流派更加深刻。例如，马克思主义的分析必然是系统的、站在阶级立场上进行的分析，并且是有一种宏观理论作为基础[这里的宏观理论是在 Mills(1959)的意义上说的]，但其他流派的解释往往要么是中观的，要么是描述性的、不系统的、方法论个人主义的(方法论这一条也有例外，例如凯恩斯主义的许多支派就不是这种方法论的)。

新自由主义思想

思想体系意义上的新自由主义可以包含一大批思想家的理论，这些人的思想往往是对立的，其中有些人还是相当非主流的，可以归入新自由主义的思想家包括弗里德里希·冯·哈耶克(Friedrich von Hayek)、路德维希·冯·米塞斯(Ludwig von Mises)、威廉·罗普克(Wilhelm Röpke)、路德维希·艾哈德(Ludwig Erhard)、米尔顿·弗里德曼(Milton Friedman)、詹姆斯·布坎南(James Buchanan)、加里·贝克尔(Gary Becker)和艾恩·兰德(Ayn Rand)(Burgin 2012;Cahill 2014;Dardot and Laval 2013;Mirowski and Plehwe 2009;Stedman Jones 2012)。

这些思想家用各自差异很大的理论论证说，由具有不同禀赋的财产所有者个人在受管制程度最低的市场中交换货物和服务(以及在某些情况下交换信息)，其分配资源的效率要比通过民主程序或国家指导进行分配来得更高。他们的理论的目的，就是为了给资本主义极端形式的自由市场作合法性辩护，而在实践中通常所造成的结果，则是直接或间接地帮助美国实现其地缘政治利益。因此毫不奇怪，他们这些人受到了大利益集团的欢迎。许多新自由主义思想家都从私人和公共渠道获得了大量经济、政治和制度层面的支持，这无疑提高了这些理论主张的公众知名度和政治影响力(Birch and Mykhnenko 2010)。

自 20 世纪中叶以来，新自由主义凭借着上述这些支持，分几条战线对苏联式社会主义、凯恩斯主义、发展主义和“过度”民主进行了批判。这几路人马通过朝圣山学社的媒介，并且依托各种学术机构、智库以及由新自由主义游说团体建立的**伪**“草根”组织，形成了广泛的社会网络，具有某种比较松散的协同(Mirowski 2009)。新自由主义的这几种批判方向，在很大程度上是随着 20 世纪 50 至 60 年代以弗里德曼的货币主义为代表的新古典经济学理论(neoclassical economic theory)迅速发展而兴起的。而到 20 世纪 80 年代以后，货币主义就衰落了，因为人们看到弗里德曼的理论并不能有效指导几个发达经济体的政策制定工作，货币主义论者面对批评意见也未能从理论上做出有效回应，所以在这个阶段新自由主义思想或多或少是处于守势，其主要的理论形态表现为“供给侧”学说、新古典经济学、新凯恩斯主义、新制度主义等（Fine，Lapavitsas and Pincus 2001；Fine and Milonakis 2009；Milonakis and Fine 2009）。20 世纪 90 年代末，新自由主义思想又在所谓的“第三条道路”中复活了，披上了一件社会民主主义的外衣，而在马克思主义的相关论者看来，第三条道路无非就是一种“具有人道外观的新自由主义”理论罢了。

仔细研究可以发现，上述几派理论尽管都支持新自由主义，但它们相互之间其实存在很大的张力。首先，比如说，奥地利学派和新古典经济学之间就存在矛盾，前者认为个人的主体性是可创新、可改变的，主张要通过市场过程来自发形成超越个体理性的秩序，一点点提高秩序的有效性，而新古典经济学则完全是从逻辑上设定了不变的个人、资源和技术条件，在此基础上探讨这些要素静态均衡的效率。所以，尽管这两派理论都诉诸亚当·斯密“看不见的手”（不过对此的理解有所不同），但它们都没有做到像斯密本人那样把政治经济学和道德哲学结合起来（Fine and Saad-Filho 2014）。其次，货币主义也是具有内在矛盾的，马克思主义和其他非正统经济学家早就已经对此做出了无情的、详尽的揭露，而“早期”新自由主义政策制定者则要到 20 世纪 80 年代才承认他们无法判断或控制货币供应、无法实现宏观经济稳定和增长。最后，“第三条道路”的理论同样也是空洞的，虽然这种理论曾有很短一段时间是广受赞誉的，但这不过是因为相关政治力量采取了机会主义态度，知识分子们都故意放弃了正直立场。“第三条道路”的论调很快就沉寂下去了，甚至其沉寂速度比所谓“三角策略”还要快（“三角策略”是美国前总统比尔·克林顿和英国前首相托尼·布莱尔在政治上的权宜之举，他们与议会两党都保持等距离，形成三角之势）（Callinicos 2001）。

新自由主义的理论本身既然存在这种内在矛盾，其所指导的具体施政也就遭遇了失败，那它似乎应该很快就被归入异端邪说，被人们所遗忘。但事实恰好相反，新自由主义理论由于获得了制度性的支持，它反而从其强大的经济学基地上继续扩张，在整个相邻的社会科学领域中称王称霸。新自由主义的相关理论文献对“竞争性”和“民主”一直都是采用一种民粹主义的解释方式，如果“竞争性”和“民主”发生了矛盾，他们就会说这是为了推动特定的政策改革，是为了压制反对派。在他们这套话语当中，竞争是指（芝加哥学派意义上的）“短期”竞争，是（现实世界中最接近于“完全竞争”的）金融市场运行中的竞争，而民主则仅限于由几派新自由主义观点在(哈耶克意义上的)政治市场中相互竞争。由于这类新自由主义的理论大力为现状进行合法性辩护,并指导推行了一系列政策改革,所以无论是马克思主义阵营还是其他思想流派在看待新自由主义时,都持有一种比较根深蒂固的唯心主义思路,认为是某种意识形态决定了社会组织形态,意识形态是本质、是第一性的存在。这就会导致一种错误的观点(见下文),认为社会和经济变革必须由观念变革来驱动(Cahill 2013)。

政策更替和制度变迁

马克思主义的相关研究指出,新自由主义政策的具体实施形式包括里根主义、撒切尔主义和(后)华盛顿共识,都在很大程度上遵循着芝加哥学派理论的指导,有五大本体论预设(Saad-Filho and Johnston 2005)。第一,是市场和国家之间的两分法,认为这两种机制之间是相互竞争、相互排斥的(很明显,秩序自由主义是反对这种两分法的)。第二,是假设市场有效,而把国家干预从定义上认定是浪费,因为它(与理想市场相比)会扭曲价格、错配资源、诱发寻租行为、保护落后技术。第三,是主张把全球变成同一个经济体,让资本可以在国家内部和国家之间快速流动,实现"全球化"(这种所谓的"全球化"是一个定义不良的过程)。"全球化"所需的条件包括技术进步、金融和资本自由流动、经济体系追求"股东价值"、世界各国都转变为新自由主义。在上述这些因素具备之后,世界各个地区的企业就都可以繁荣发展,还可以吸引到外资,实现经济快速增长;相反,如果不情愿全球化,实施"过度"的国家干预(无论这种干预是如何决策的),就会抑制资本、就业和经济增长(Kiely 2005)。第四,是假定低通货膨胀是分配效率、宏观经济稳定和产出增长的前提,而要保持低通胀就要放弃财政、汇率和产业政策等调控手段。第五,是预设国家要为金融体系提供潜在的、无限的担保,因为新自由主义的主要宏观经济政策要能够有效运作,包括贸易"自由化"、金融和劳动力市场、通胀目标、央行独立性、浮动汇率和紧缩财政等,就需要以国家担保作为前提,尽管在新自由主义下金融体系对社会资源的控制不断升级,但金融体系在结构上仍然是无法自给自足的。

马克思主义的相关分析还指出,新自由主义的政策改革通常要分成两个阶段来实施(Fine and Saad-Filho 2014)。新自由主义的第一个阶段是转变或者说冲击阶段,要求国家进行强有力的干预,对劳动一方进行遏制,瓦解左翼阵营,促进国内资本的跨国整合,并建立新的制度框架。第二个阶段是成熟阶段,主要任务是把之前所强制推行的社会关系稳定下来,巩固金融部门对资源配置的控制，巩固国家对国际生产一体化新形态的管理，并引入一套新自由主义的社会政策来对人民进行剥夺，按照新自由主义的路线重建社会(见下文)。尽管新自由主义者宣称必须“收缩”国家，但所有这些措施的推行都需要国家实行广泛的监管。

马克思主义批判了这些新自由主义的具体政策和整体制度框架，详尽阐述了各国新自由主义转型的特点和所带来的后果。但是，我们不能把新自由主义简化为只是一套政策，要是这样简化的话，那就意味着只要采取一套相反的政策举措就可以颠覆甚至超越新自由主义了。新自由主义当然一定会推动政策变化，但变化幅度有多大并不是由倡导者随心所欲的，而是要取决于左派能采取怎样的政治手段、新自由主义能争取到多大的同盟势力，以及还要看在近几十年来的新自由主义转型中，国家在分配、监管和政策方面的改革幅度有多大。要充分评估这些问题，就首先要去研究新自由主义的系统性特征，研究新自由主义对阶级关系以及对制度、经济和社会再生产过程实施了怎样的转型。

阶级和阶级斗争

马克思主义的逻辑结构和历史发展，马克思主义关于工人阶级领导共产主义革命废除资本主义的独到主张，都是与阶级分析密不可分的。而在马克思主义对新自由主义的研究中，阶级分析所发挥的影响主要在于两个方面。

一个方面是马克思主义明确从阶级的视角出发来研究新自由主义。也正因此，马克思主义者才注重考察在金融化、全球化和新自由主义改革等过程中出现的各种剥削模式，包括劳动的“灵活化”和强化，工资增长受限，集体谈判式微，福利制度改变等，他们还研究了这些剥削模式对工人、妇女、少数民族、移民等的影响。马克思主义和接近马克思主义立场的相关研究者还细致考察了私有化过程、占用“公有物”(即不存在产权或者产权属于国家的物)的过程所具有的影响(Harvey 2005)，以及社会再生产的金融化对工人阶级造成的破坏性后果(Krippner 2011;Montgomerie 2009)。马克思主义的相关分析已经证明了新自由主义会造成经济不稳定，具有产生宏观经济危机的趋势，会严重打压工人阶级和穷人(Duménil and Lévy 2011;McNally 2014)。

另一个方面的影响在于，马克思主义政治经济学是直接为指导政治行动服务的，因而它揭示新自由主义的局限性和矛盾，就是为了阐明群众行动要如何去破坏新自由主义社会的再生产。基于这个目的，马克思主义就要寻找一个未来替代方案，这种未来社会要超越当代资本主义形式，让绝大多数人都能够突破资本主义体系所强加给他们的约束，实现自己的潜能。

无论是在研究新自由主义的层面还是超越新自由主义的层面，马克思主义都坚持了阶级分析的思想，主张要把社会结构、国家、生产、技术、贸易和金融中所体现的力量对比格局说清楚、讲明白。但是，也有人可能做出一种极端化的理解，既然新自由主义是阶级对立的表现，那么新自由主义也就是一种针对工人的“资本主义的阴谋”。可是这样一来，（既然资本家和国家一直都是在阴谋反对工人，）新自由主义也就没有任何系统性和历史特异性了。又或者，有人可能从新自由主义是阶级对立的表现这一点来推论说，在以前的积累体系（凯恩斯主义、发展主义等）下“情况要好得多”，所以要反对新自由主义，对策就是回到这些以前的体系中去。

这两种推论都是没有道理的。首先，马克思主义的相关文献指出，新自由主义的那些主要措施是有着系统规划的，并不是由右翼政党、自由主义智库或者多少有些密谋性质的团体（例如朝圣山学社、彼尔德堡组织等）任意设计的，不能随意地加以取舍。其次，即使可以证明以前的积累体系在增长、就业、分配等方面具有优势，也绝不意味着我们可以恢复到这些体系。旧体系的衰落背后本身就是有其物质原因的，而且从资本的角度来看，如果这些旧体系果真具有如此明显的优越性，那么资本家自己——他们在当前的力量要比以往来得更大——早就已经推动历史逆转了。这就是说，新自由主义在满足增长需求、实现充分就业和改善分配等问题上可以给资本提供独到优势，这是之前那些改良主义体系比不上的。最后，从马克思主义的观点来看，工人阶级的愿景不应该局限在那些早期积累体系的范围内，这些早期体系并不是世界上最好的体系，工人阶级还可以有更好的选项。

新自由主义、金融化和全球化

大多数马克思主义的分析认为，金融化是新自由主义条件下积累的基本特征，自 20 世纪 70 年代以来，金融化推动全球经济实现了结构调整。对于金融化不同论者有着不同的描述，但从本质上说，金融化就是指生息资本通过各种虚拟资本形式，比之前时代更加普遍地控制了社会资源配置和社会再生产（Fine 2013，14）。新自由主义实行了广泛的制度变革以支持金融化进程，扩大和加强了金融对经济、意识形态、政治和国家的影响力（Duménil and Lévy 2004；Panitch and Gindin 2012）。

新自由主义下金融的突出地位不能归因于先前的竞争性资本主义或工业

资本主义的“扭曲”，也不能归因于金融部门对产业资本的“政变”，并不是说金融是作为一个独立部门寄生在资本身上，然后在20世纪70年代末期谋取了对资本的支配地位。因为金融并不仅仅是由金融机构持有的流动资金池，我们不能说只有“现实”（产业）资本脚踏实地，而金融则完全脱离现实。

在新自由主义经济中，一体化的跨国金融控制着资源的配置，包括资源的数量和组成、需求结构、就业水平和结构、国家财政、汇率、国际专业分工的模式等，并相应地对资本、劳动、社会和国家机器进行结构调整。因此，金融已经成为资本普遍的存在方式，其突出表现就是各个经济部门的资本被作为一个整体的资本（的利益）所吞没。金融之所以可以达成这种普遍化，一方面是通过金融市场本身的正常运作，另一方面还需要各种从属于金融的机构、规则和思想的辅助，反过来说，金融市场和金融的这些附属物本身就是金融普遍化的表现。从政策上来讲，金融占据首要地位也就意味着不是由经济部门间的偶然结盟来控制积累，而是由资本家这个**阶级**来控制积累。由此可见，在新自由主义条件下，生产与金融之间并不存在“对立”，我们也不应期望产业资本会“反叛”金融并推动恢复旧的积累体系。恰恰相反，产业资本在结构上已经内嵌于生息资本，并且是根据积累体系的金融逻辑来进行自我再生产的（Rude 2005；Panitch and Konings 2008；Saad-Filho 2008，2011）。

由于金融在新自由主义的积累结构中占据着主导地位，所以它推动了一系列虚拟资本工具的发展，导致了纯粹投机活动的扩大，并且依靠着剥削率不断提高所提供的资金，推动了各经济部门特别是金融部门的上层资本家和管理者收入爆炸式增长。此外，金融化还通过积累循环的跨国化——这通常被称为“全球化”——推动了生产结构的调整。

这些发展对以往“一国之内的”供应体系进行了重组，在企业层面提高了生产力水平，并通过跨国产权、跨国金融、跨国性产品流通的形式，建立起了新的全球（化）生产链，重塑了世界经济在国家层面的一体化样态，在压缩实际工资的同时，有利于引进新技术和劳动过程。最后，在布雷顿森林体系崩溃、美国输掉越南战争以及伊朗发生革命（Gowan 1999；Kotz 2015）之后，金融化还对美国重建其帝国主义起到了支撑作用。其结果就是，企业的力量几乎在所有地方都得到了增强，美国主导下的全球化金融体系获得了无与伦比的政策影响力，政治谱系右转，社会民主崩溃，左翼政党和群众组织萎缩，由于法律、经济运行方式以及就业模式的变化，工会在很大程度上受到了压制或者说削弱。新自由主义还造成了一种以收入为中心的积累趋势，通过（凯恩斯主义的）边际干预可以对这种趋势有所限制，但不能根本逆转这种趋势。

总之,金融化进程使得生息资本控制了大多数国家的主要资本来源和经济政策杠杆,而在全球化进程中,这些杠杆又集中到了美国主导的金融机构手中,由美国控制的国际组织来对这些杠杆进行监管。这两种相互决定的进程奠定了新自由主义的物质基础(Albo 2008;Saad-Filho and Johnston 2005)。

上面概述的这种积累结构表明,我们不能单单把新自由主义表述为某种关于国家"撤出"、市场"扩张"尤其是金融市场"扩张"的自由主义思想或者说幻想。新自由主义在所谓不干涉的意识形态面纱之下,利用国家的力量,把全球化的金融霸权强加到社会生活的各个领域,特别是强加到了生产领域,新自由主义要求国家在世界各地去推动、资助乃至直接操办生产和金融的国际化。这样所形成的社会再生产模式就是典型的**新自由主义**,是当代资本主义的特定历史存在模式,或者说是当代资本主义占统治地位的积累体系。新自由主义包含着生产和就业形式、国际交换、国家机器、意识形态、工人阶级的再生产方式等各个方面的内容,是当前在这些领域中占主导地位的模式。

进一步来说,新自由主义实际上重新定义了经济、国家、社会和个人之间的关系。它迫使每个人都按照企业家的方式来生活,使社会交往服从于经济标准,并架空了之前的政治代表结构。这其中,那种自己为自己负责的意识形态尤其发挥了重要作用,这一意识形态同工人阶级的活动方式或者说工人阶级的文化存在直接对立:它剥夺了公民们的集体行动空间,把消费放在首位,把成功的好处和失败的负担都加在了孤立的个人身上,还主张说解决任何社会问题都需要推进个体化,需要将社会交往金融化。

矛盾与局限

新自由主义的意识形态非常支离破碎,并不存在某种连贯的社会主张。新自由主义其实是一套民粹主义的话语,相关论者依托那些定义模糊的"个人自由""竞争"和"民主"概念来论证说,国家应当采取一套宽松的、金融友好型(即资本友好型)的政策和实践,所以新自由主义各派理论的目标并不完全一致,只是大致相似而已,在实践中也有着很大的弹性。由于新自由主义对经济和社会进行了重组,所以严重缩小了进行经济政策辩论的空间,人们很难对相关的政策提出疑问。

尽管新自由主义有一些优势,但马克思主义的相关文献仍然从五个不同方面指出了新自由主义的局限性所在。

第一,新自由主义在调整生产结构时所采用的相关政策破坏了先前的供给体系(新自由主义认为这些体系是“低效的”,**实际情况**通常也确实如此),降低了经济活动的协调程度,造成了社会上的不良就业模式,加剧了收入和财富的集中,阻碍了国家使用产业政策工具来执行社会确定的优先事项,还使得国际收支从结构上依赖于国际资本流动。这样一来,新自由主义就把生产、就业、分配、消费、国家财政和全球一体化进程都推入了一种不可持续的模式,增加了经济的不确定性和波动性,使得经济更易受(金融)危机影响。

第二,金融部门对经济资源和资本主要来源的控制,使其能够从生产环节中提取资源;同时,新自由主义要以牺牲小资本和工人的利益为代价,整个体系存在着对大资本的偏爱,这违背了新自由主义关于促进竞争并“让游戏更加公平”的主张。因此,新自由主义经济体的积累往往是一种泡沫形式的积累,最终会导致经济崩溃并造成破坏性影响,需要由国家出巨资来开展救助计划。这种周期性危机的例子包括20世纪80年代初的国际债务危机,80年代的美国储蓄和贷款危机,80和90年代的股市崩盘,自80年代末期以来日本的长期危机,20世纪末期几个中等收入国家的危机,21世纪前十年的互联网、金融和房地产行业泡沫,等等,一直到2007年开始发生全球性崩溃。

第三,新自由主义对自身所推行的政策是采用一种意识形态式的辩护,把政策说成是为了提高“商业信心”和“竞争力”的需要。这种论说方式极具误导性,因为首先就信心而言,这是个难以捉摸的东西,并没有某种现实基础,只能以主体自身为标准,很容易发生变动,这就会导致系统性地高估金融友好型政策对信心的影响,高估其所能带动的投资水平。其次就竞争力而言,新自由主义鼓吹为了资本需要而做自我牺牲(要“灵活”就业、顺从资本、低工资等),这种牺牲实际上是为了别人的利益而不是为自己的利益。

第四,新自由主义不会对政策做自我修正。当新自由主义并未实现之前所宣称的目标时,这些倡导者并不会改弦易辙,反而是会继续深化、推进“改革”,他们找借口说这是为了确保实现既定目标,并承诺这一次马上就会成功了。

第五,新自由主义不利于经济民主,并且把政治民主也架空了。新自由主义所谓“别无选择”(“There Is No Alternative”,缩写为TINA)的论调和实践阻碍了不同意见的政治表达,滋生了政治冷漠、民粹主义和极右派。这种结果本身也是在新自由主义的计划之中的,它本来就是要将政治民主与社会经济领域的民主隔绝开来,将民主限制于政治范围内,限制为选举投票,同时强行给公民自由和集体行动设置一些极不合理的流程限制。这种新自由主义的民主模式在很多方面都表现出了显著的危机,例如全球不稳定性增加了,有些国家的民主只是“伪”民主或者说“非自由”民主,形成了“选举专制”政权,还有一些国家沦为“失败国家”，充斥着内战以及“恐怖主义”，等等，这些情况在前殖民地国家尤为突出。同时，“先进”西方国家的人民也关注到了传统民主的局限性，许多人现在拒绝参与那种仪式性的选举，因为选出的政党并没有什么本质区别，并不能解决他们的经济和政治问题。而像遭受危机冲击的西方经济体中正在兴起的民众运动则代表了另一种路线，尽管这些运动存在局限性，但它们重申了对实质性民主形式的渴望，包括要在被新自由主义所隔绝的“经济”领域做出实质性选择，要选择另一种不同的社会供给形式、就业结构和收入分配形式（Ayers and Saad-Filho 2015）。

由于新自由主义在经济方面具有内在矛盾，其政治制度日益僵化、无法推进自我更新，乃至于其意识形态根基也不可避免地遭到了冲击，所以这一套积累体系很容易受到**政治方面的**挑战。但这并不意味着对付新自由主义靠选举战略就够了（毕竟选举制度已经被新自由主义的资本主义彻底污染了），也不是说推动社会、工业、金融或货币政策发生改变就可以满足根本目标。恰恰相反，新自由主义在实践和思想领域都一再表现出它所具有的弹性。但是，**要求扩张政治和经济民主，要求激进的政治和经济民主**，可以广泛地整合各种不同的斗争，消解新自由主义的合法性，推动替代方案的出现。

参考文献

Albo, G. 2008. “Neoliberalism and the Discontented.” In *Socialist Register* 44, L. Panitch and C. Leys, eds. London: Merlin Press.

Ayers, A. and A. Saad-Filho. 2015. “Democracy against Neoliberalism: Paradoxes, Limitations, Transcendence.” *Critical Sociology* 41(4–5): 597–618.

Birch, K. and V. Mykhnenko, eds. 2010. “Introduction: A World Turned Right-Way Up.” In *The Rise and Fall of Neoliberalism: The Collapse of an Economic Order?*, K. Birch and V. Mykhnenko, eds., 1–20. London: Zed Books.

Burgin, A. 2012. *The Great Persuasion: Reinventing Free Markets since the Depression*. Cambridge, MA: Harvard University Press.

Cahill, D. 2013. “Ideas-Centred Explanations of the Rise of Neoliberalism: A Critique.” *Australian Journal of Political Science* 48(1): 71–84.

——. 2014. *The End of Laissez-Faire? On the Durability of Embedded Neoliberalism*. Cheltenham: Edward Elgar.

Callinicos, A. 2001. *Against the Third Way*. London: Polity Press.

Dardot, P. and C. Laval. 2013. *The New Way of the World: On Neoliberal Society*. London: Verso.

Duménil, G. and D. Lévy. 2004. *Capital Resurgent: Roots of the Neoliberal Revolution*. Cambridge, MA: Harvard University Press.

——. 2011. *The Crisis of Neoliberalism*. Cambridge, MA: Harvard University Press.

Fine, B. 2013–14. “Financialization from a Marxist Perspective.” *International Journal of Political Economy* 42(4): 47–66.

Fine, B. and A. Saad-Filho. 2014. “Politics of Neoliberal Development: Washington Consensus and Post-Washington Consensus.” In *Politics of Neoliberalism*, H. Weber, ed., 154–166. London: Routledge.

Fine, B. and D. Milonakis. 2009. *From Economics Imperialism to Freakonomics: The Shifting Boundaries between Economics and Other Social Sciences*. London: Routledge.

Fine, B., C. Lapavitsas, and J. Pincus, eds. 2001. *Development Policy in the Twenty-First Century: Beyond the Post-Washington Consensus*. London: Routledge.

Gowan, P. 1999. *The Global Gamble: America's Faustian Bid for World Dominance*. London: Verso.

Harvey, D. 2005. *A Brief History of Neoliberalism*. Oxford: Oxford University Press.

Kiely, R. 2005. *The Clash of Globalisations: Neo-Liberalism, the Third Way and Anti-Globalisation*. Leiden: Brill.

Kotz, D. 2015. *The Rise and Fall of Neoliberal Capitalism*. Cambridge, MA: Harvard University Press.

Krippner, G. 2011. *Capitalizing on Crisis: The Political Origins of the Rise of Finance*. Cambridge, MA: Harvard University Press.

McNally, D. 2014. *Global Slump: The Economics and Politics of Crisis and Resistance*. Oakland: PM Press.

Mills, C. W. 1959. *The Sociological Imagination*. Oxford: Oxford University Press.

Milonakis, D. and B. Fine. 2009. *From Political Economy to Economics: Method, the Social and the Historical in the Evolution of Economic Theory*. London: Routledge.

Mirowski, P. 2009. "Postface: Defining Neoliberalism." In *The Road from Mont Pèlerin: The Making of the Neoliberal Thought Collective*, P. Mirowski and D. Plehwe, eds., 417–456. Cambridge, MA: Harvard University Press.

Mirowski, P. and D. Plehwe, eds. 2009. *The Road from Mont Pèlerin: The Making of the Neoliberal Thought Collective*. Cambridge, MA: Harvard University Press.

Montgomerie, J. 2009. "The Pursuit of (Past) Happiness? Middle-Class Indebtedness and American Financialisation." *New Political Economy* 14 (1): 1–24.

Panitch, L. and S. Gindin. 2012. *The Making of Global Capitalism: The Political Economy of American Empire*. London: Verso.

Panitch, L. and M. Konings, eds. 2008. *American Empire and the Political Economy of Global Finance*. London: Palgrave.

Rude, C. 2005. "The Role of Financial Discipline in Imperial Strategy." In *Socialist Register* 41, L. Panitch and C. Leys, eds. London: Merlin Press.

Saad-Filho, A. 2008. "Marxian and Keynesian Critiques of Neoliberalism." In *Socialist Register* 44, L. Panitch, C. Leys, G. Albo, and V. Chibber, eds. London: Merlin Press.

——. 2011. "Crisis in Neoliberalism or Crisis of Neoliberalism?" In *Socialist Register* 47, L. Panitch, G. Albo, and V. Chibber, eds. London: Merlin Press.

Saad-Filho, A. and D. Johnston. 2005. "Introduction." In *Neoliberalism: A Critical Reader*, A. Saad-Filho and D. Johnston, eds., 1–6. London: Pluto Press.

Stedman Jones, D. 2012. *Masters of the Universe: Hayek, Friedman, and the Birth of Neoliberal Politics*. Princeton: Princeton University Press.

第二十四章

金融化

迪克·布莱恩(Dick Bryan)、
迈克尔·拉夫蒂(Michael Rafferty)

“金融化”是从20世纪90年代开始流行起来的一个术语。“金融化”这个概念就像在它之前出现的“全球化”概念一样,都是试图概括出当代世界的经济与社会变革的本质,使用“金融化”这个说法的论者也就是认为这种变革的本质在于金融活动的扩张。不过对于“金融化”的具体内涵,相关论者并没有形成一个普遍认可的定义。

马克思主义在分析金融的社会影响方面有着悠久的历史,当代马克思主义的主流观点更是认为“金融化”是今天发达资本主义经济体应对危机,尤其是2007—2008年全球金融危机的主要方式。本章在介绍当代的“金融化”理论之前,首先要关注一下马克思主义早期阶段的理论探索。

早期理论

马克思曾详细地描述过货币和金融,这是他考察资本主义同危机之间矛盾的一个重要组成部分。马克思在谈到货币时,首先指出它作为一种拜物教的形式而存在,货币以物的形式表现了人与生产之间、人与阶级之间异化的社会关系,然后,马克思将货币作为描述价值与资本积累的关键。马克思对货币的实体(黄金、美元等)说得比较模糊,认为实体只是作为度量价值的物质单位(物与物通过货币的中介而等价),但是,这种实体从来都不是存在于矛盾的社会关系之外的，它们只有在社会关系之中才能表现（并度量）价值。

当马克思将货币视为价值的一般等价形式时，他是在两种观点之间摇摆不定：一种观点是将货币视为一种商品（例如黄金），它同样也像商品一样本身具有价值；另一种观点则将货币视为一种高度抽象的度量单位，本身并不一定有生产成本。如果为了解释贸易，那前面这一种观点就足够了，因为货币在贸易中的作用，仅仅是将一种商品的价值转换为另一种商品的价值，它本身只是作为社会必要劳动时间的单位。但是，如果仅仅把货币理解为黄金，就会把票据（金融合约）和银行存款这些形式给忽略掉，而为了要全面地解释清楚积累，就还必须把后面这些形式也包括在货币范畴之内：金融是对劳动价值的抽象。前一种意义上的货币只是作为交换的媒介物，而后一种意义上的货币则是作为交换的调节者。

要如何协调好这两种不同观点（把货币看成是简单交换中的现金，把金融看成是跨时段的借贷）是马克思主义（及所有的货币理论）的一大难题。罗莎·卢森堡（Rosa Luxemburg 1913）在处理这个问题时，尝试将货币看作一个独立的经济"部门"，与生产者部门、消费者部门相并列。还有人引用了马克思早期关于货币的论述认为，货币的两个维度是相互并列的，不可以把其中一个还原为另一个，这两个维度之间的张力是对阶级矛盾的反映（Žižek 2005）。

金融（或者说跨时段的、能带来一定比例利息的货币）不仅和货币一样具有上述这种模糊特性，而且它还是资本主义再生产循环中不可或缺的一部分，这一循环必须依靠货币来进行磨合。在《资本论》的第一章中，马克思就描述了资本主义积累可能遇到的问题，如果货币没有转化为商品（也就是说，货币被贮存了下来），那就会导致资本主义再生产循环的中断。

马克思在《资本论》的第二卷与第三卷中分析了积累过程，他把货币看作资本的一种存在形式，将第一卷中关于循环中断的观点做了详尽展开。在马克思的分析中，中心问题是金融在资本积累中所发挥的作用：它是被用于购买以商品形式存在的现实"产出"以供消费（也就是说，是充当金融与实物资产）呢，还是引导进行资产积累，从而为在未来生产剩余价值而服务（也就是说，是充当生息资本，能够从未来生产的剩余中索取相应份额）？如果按照前一种路径，那就是以所有权为目标进行循环，没有产生新东西；如果按照后一种路径，就会产生新的价值和剩余价值。而且，生息资本本身也可以购买和出售，从会产生了更进一步的问题，即最初获得融资是用于生产新价值，而现在融资会变成"纯粹的"信贷。

从资本积累的角度来讲，并不直接生产新价值的信贷是一种"虚拟资本"。

之所以讲它是虚拟的，是因为这部分资本会存在重复计算问题，在计算生息资本积累时会将这部分金额计入，用信贷来收购实际资产时也会将这部分金额计入(Fine 2013)。

这种差异对 20 世纪马克思主义的发展有着重要意义。在 19 世纪晚期，鲁道夫·希法亭观察到了欧洲的产业资本、商业资本和银行资本具有统一的利息率，这种统一是制度性的统一，资本依靠统一利息率来推动形成垄断、维护垄断。1910 年，希法亭出版了《金融资本》一书，研究了金融这种虚拟资本的积累。希法亭这部关于金融的著作不仅直接影响了列宁的《帝国主义论》，而且对关注垄断资本主义的新马克思主义学派产生了重大影响，垄断资本主义学派的研究焦点就是大银行和大工业相结合的资本积累模式，考察这种结合体对市场的控制能力，以及它们通过垄断性的租金获得财富的能力。更广泛地讲，希法亭的这本书还为我们提出了一个新问题，即我们需要考察资本家阶级的内部关系，在这个阶级内部既有产业资本家来监督剩余价值的生产，又有金融资本家为生产投资和存量资本交易提供资金支持，这批金融资本家也要从剩余当中占有一定的份额。在希法亭看来，这个问题之所以成为问题，首先是因为金融和产业资本从现实制度上说关系就很模糊，但与此同时也有理论层面的原因，两类资本家的关系问题实际上也就是资本循环中的不同时间(以及空间)点上货币与金融的关系问题。搞清楚这两者之间的关系，就可以为区分“生产性”资本(就生产剩余价值而言)与“非生产性”资本(或者说“虚拟”资本)奠定基础，解决这个当前理论界关于金融化辩论中的关键问题。

历史背景

随着布雷顿森林体系的终结，再加上货币汇率的自由浮动以及国际金融流动性的增强，出现了许多以市场价值和营业额来度量金融活动的指标，发展十分迅速。自 20 世纪 70 年代以来，尤其是从 80 年代开始，国际直接投资和国际投资组合迅速增长。在这一时期中，为该类投资提供的“离岸”贷款也迅速增加，最初这种贷款是根据其出现的位置而被命名为欧洲金融(Eurofinance)，苏联的硬通货储备以及中东产油国的剩余也都被纳入了全球债务市场。批发货币市场的交易商(当时被称为商业银行，现在被称为投资银行和对冲基金)以不同于正规国内市场水平的汇率和利率获得了借款，既创造了大量贷款，又扩大了套利(在同种商品或金融资产的不同价格间牟利)的机会。这些市场在很大程度上超出了单一民族国家的监管能力，实际上，想跻身这一新兴领域的金融机构是反对任何形式的监管的。

正如同最早人们关于全球化的辩论是聚焦在资本流动性如何击垮了民族国家的能力,关于金融化的辩论也是差不多的情况,人们在激辩不断增加的金融流动性对民族国家的能力会造成怎样的威胁,金融流动性是否有助于创建单一的全球市场。这一辩论还引发了更为广泛的议题,包括新自由主义的本质是什么,民族国家在实施相关政策促进金融市场与机构发展以及全球扩张的过程中,其自身的地位和能力是否在衰落,以至于“国家”本身是否也在衰落。

随着离岸金融市场的发展以及资本流动性的增长,人们对于利率和汇率的风险意识也在加强,因而导致了金融衍生品市场和相关产品的兴起。套利与风险交易是金融化过程的催化剂。欧洲金融市场可以提供比较低的利率,但是借款人在获得贷款的同时也承担了外汇风险。此外,与国内固定利率的借款相比,海外借款还存在可变利率的问题。虽然这种可变利率要低于国内利率水平,但是会发生变动,而且在 20 世纪 70 年代中期和 80 年代的大环境下,其变动幅度往往比较大。要对冲这些汇率和利率方面的风险,就要靠利率与外汇的期货、期权、掉期市场,自 20 世纪 70 年代以来,这些衍生品市场的发展正是推进“金融化”的关键因素。

所谓衍生品市场,从理论上说就是为利率和汇率风险提供保险手段(将当前与未来挂钩),包括分散风险敞口(用掉期的方式),或者锁定未来汇率或利率变动的部分或全部风险。而与此同时,衍生品市场也给人们提供了对未来价格走势进行投机的机会。

同时,在 20 世纪 70 年代末还出现了两个重大发展。一个重大发展是费希尔・布莱克(Fischer Black)和迈伦・斯科尔斯(Myron Scholes)提出了期权定价的布莱克-斯科尔斯公式,从理论上精确界定了期权应该花费多少成本来对冲投资组合(在我们这里涉及的情况就是贷款)的总市值。另一个重大发展是美国德州仪器公司推出了第一款可编程的手持计算器,该款计算器可以处理布莱克-斯科尔斯公式,能够即时计算对冲成本。衍生品交易由此得到了迅速发展。但是,只要有对冲的平台,就会有对期货进行投机的平台。处于对冲“另一侧”的人可能是一个有着相反风险的组织,也可能是些单纯来赌期货的人。下文中我们很快就会回过来说“投机”的问题。

这些衍生品市场交易的增长速度远远快于基础国际贷款的增长速度,因为对冲任何头寸都需要在汇率和利率发生变动(这种变动对许多国际化公司构成了持续性的威胁)时进行活跃交易。而且,由于金融衍生品交易也可以在基础资产价值发生变化但并不需要对资产本身进行交易的时候(也就是说,只是利率或汇率发生变化，而不是贷款本身发生变化）进行，因此衍生品也就提供了一种廉价且高效的方法来持有金融头寸：要退出一个头寸（例如赌欧元将会下跌），只要简单地把赌注押在相反方向（赌欧元会上涨）就可以了，而所有这种交易都会增加交易量。

各种专业银行（或银行分支机构）以及其他金融机构的发展也对这类交易起到了推动作用。投资银行、对冲基金之类的组织除了承担对冲者与投机者的交易风险，还开始为了牟取自己的利益去进行交易（现在这类自营交易已经被禁止），因为它们认为自己对走势情况最为了解，可以根据一系列金融和"现实世界"指标的变动趋势来调整金融头寸。其结果就是金融市场行为自 20 世纪 80 年代开始迅速发展。

此外，我们还需要考虑其他一些因素，例如个人养老金计划的出现、公有资产的私有化以及互联网泡沫的形成与消退。这些因素都说明金融市场行为的增长速度要远远超过产品与服务的生产速度，也超过新工厂与设备的投资速度以及全球贸易的发展速度。

有人根据这种发展情况，对金融化做出定义，"金融化是一种资本积累模式，在这种模式中企业更加依赖于从金融投资增长中获得利润，而不是从商品生产和交易活动中获得利润"（Krippner 2005）。

随着软件和硬件技术的迅速发展，金融交易量还会继续增长，当前的增长驱动力是高频交易。托斯卡诺（Toscano 2013，68）指出："1945 年，在美国人们对股票的平均持有时间为 4 年，2000 年降低至 8 个月，2008 年降低至 2 个月，2011 年仅为 22 秒。"同样，国际清算银行（Bank for International Settlements 2013，9）进行的三年一度的全球外汇市场调查显示，金融日成交量（以 2013 年的美元计价）从 2001 年的 1.5 万亿美元增加至 2013 年的 5.3 万亿美元。在许多马克思主义者看来，这就证明金融化实际上是虚拟资本的增长。

金融的质变

金融产业的发展是和金融那套计算逻辑的发展相统一的，两者既有区别又相互紧密配合。金融实践所遵循的计算逻辑正在渗透到商业、政府和更大范围内的社会决策之中。杰拉德·爱泼斯坦（Gerard Epstein 2005）就把这种计算逻辑的主导地位作为金融化的核心定义，认为金融化就是"金融市场、金融动机、金融机构与金融精英在经济活动以及经济监管机构的运作中发挥越来越重要的作用，无论在国内还是在国际层面都越来越重要"。

金融的这种计算逻辑居于主导地位表现在以下各个方面。

股东价值

股东价值是指股东(或代表股东的机构)对公司管理层具有影响力,可以强迫管理层走捷径进行短期投资,从而赚取高额利润,让股东能够获得更多分红。实际上,股东价值也就是追求加大剩余价值提取率,根据尚未生产出来的剩余来预支利润。

尽管由多名股东作为所有者的公司(被称为股份公司)早在 19 世纪 50 年代就出现了,但股东价值则是在当代才出现,原因在于股份公司从人格化的家族持股变为了由金融机构作为主要名义股东。(这种变化也对马克思主义者关于资本家"阶级"的看法提出了挑战,因为经此一变之后,资本所有权已经成了一种非人格化的存在。)持股机构具有决定性的投票权,而且它们的诉求往往是短期性的,追求一时的股价升值而非长期发展。因此,公司就会面临提供短期收益的压力,而这一压力又会传导到工作场所,向工人索取更多的剩余价值,要求工人的劳动更加具有"灵活性"。具有讽刺意味的是,随着养老基金(有时被称为企业年金)的兴起,有越来越多的工人储蓄变成了对公司股票的所有权,因而也就要按照股东价值来向工人自己传递压力。所以在"养老基金资本主义"之下,工人们可以说是有着相互矛盾的利益的:他们作为老板,寻求在工作场所加强对自己的剥削!在雷斯尼克和沃尔夫(Resnick and Wolff 1987)看来,这种矛盾的立场可以通过工人所处的双重阶级过程来理解,他们首先是作为生产者,这是他们的基本阶级过程,但他们又是作为剩余价值的接受者,所以他们也有另一个从属性的阶级身份:"工人"的构成具有多重面向。

股东价值仍然还是集中在工作场所来推动金融化,而其他一些推动金融化的方式则延伸到了工作场所之外。雷斯尼克和沃尔夫提出了一大套创新概念来阐述工人参与资本积累的各种模式。

债 务

信贷和债务有着悠久的历史。马克思就曾指出,"信贷体系"对于大生产投资来说是不可或缺的资金来源。但是,在金融化时代信贷和债务发生了显著的变化,有人认为马克思用于解释产业资本循环的"生息资本"范畴过于笼统,无法准确解释当前的情况。自 20 世纪 90 年代以来,债务工具激增,尤其在公司运营中,相关债务工具已变得非常复杂,其中债务与股权的区别已变得模糊不清,因此这些工具在公司的资产负债表中并不被算作银行债务,而是列入了杠杆头寸。例如，优先股既有一部分股份的属性（会出现股价波动），又有一部分债务的属性（能够确保“分红”；无投票权）。因为这些类型的资产具有混合特性，所以用“资本”来概括可能更为恰当，由于“资本”更具有普遍性，因此上述这些工具都可以归结为资本的不同变体，它们都是在资本所有权的驱使下进行积累。尽管如此，我们还是可以看到有很多论者仍然专门从债务的角度来谈问题，从债务和杠杆率不断上升来解释 2007—2008 年的全球金融危机。

有研究者在分析金融化中的债务问题时，越来越关注家庭债务。尽管在马克思那里家庭是被视作劳动力再生产的场所，但是在金融化过程中，研究者更多是关注家庭中不断增加的抵押贷款、汽车贷款、学生贷款与信用卡债务。之所以在 20 世纪 80 年代出现金融化，关键就是在经济萧条时期或者说实际工资下降时期，人们要依靠借债来支撑消费（Resnick and Wolff 2010）。

认识到这一点，就可以揭示出金融化的几个重要维度。一个维度是通过债务来对剩余价值进行“第二轮”占有——第一轮占有是在生产力提高的情况下，通过工资下降从而在工作场所占有剩余价值；第二轮则是发生在家庭中，家庭收入增加但是又被用来偿还债务，于是这部分剩余价值还是被占有了（Lapavitsas 2013）。另一个维度是掠夺性贷款行为，也就是鼓励或强制个人与家庭进行贷款，人们不得不去偿还他们实际上无法偿还的款项。最突出的例子就是次级贷款，这种贷款因为抵押贷款支持证券违约触发了全球金融危机，可以说已经是臭名昭著了，但是教育债务其实也暗含着这种问题，只是还没有爆发出来。教育债务让大学毕业生背负债务，也就导致他们无法通过储蓄来获得其他资产，其中有许多人要终生过紧日子，遭受着剥削。

在格雷伯（Graeber 2011）的著作发表之后，这种将债务视为广义的社会支配-从属形式的观点引发了一种“抵抗债务”（debt resistance）的政治，这最早发端于“占领华尔街”运动，其后还促生了“罢债”（Strike Debt）之类的组织（“罢债”组织成立于 2012 年）。

内部金融

考察金融化对社会和经济的影响还有一种新的路径，就是进入金融市场、金融机构和金融产品设计的“内部”。已经有很多人类学家、社会学家、地理学家以及“激进”会计师开展了这种“内部”研究，他们是从微观基础的角度来研究金融化和马克思主义政治经济学，有点类似于马克思当年关注工厂中的社会变革和技术变革。在金融领域，这类研究包括做交易室与交易市场的民族志研究，对货币、金融与金融数据的话语进行研究，以及对次级贷、信用违约交换

(credit default swaps,缩写为CDS)与债务抵押债券(collateralized debt obligations,缩写为CDO)之类金融产品的设计进行研究。总的来说,这类研究对我们的启示意义在于,马克思主义政治经济学必须认真考察金融的细节,如果只是对信贷和生息资本之间的差异做分类学判断,对其社会影响做道德判断,就无法讲清楚金融的创新之处。

在全球金融危机的背景下,这类研究试图确定金融产品和金融活动何以会导致出乎所有人意料的金融危机;或者至少来说,他们是想搞清楚抵押担保证券连锁崩溃的细节,CDO和CDS崩盘是怎样传导到投行并导致流动性危机的。在这个背景下,一些马克思主义者运用了海曼·明斯基提出的关于企业倾向的观点,即企业会通过借入过多债务的方式来加杠杆,或者说它们的债务水平只有在繁荣时期才是可持续的,而随着经济繁荣的消退,就不可避免地导致金融不稳定。明斯基的"金融不稳定假说"遵循的是后凯恩斯学派的理论框架,但是它强调金融会造成不稳定的观点与一些马克思主义者是一致的。不过关于明斯基理论的定性,相关理论家还存在一些争论,包括他与马克思是否给出了(或者能够给出)一种关于金融危机的统一理论(例如Crotty 1986;Bellofiore and Halevi 2011),以及他的凯恩斯主义立场是否会导致其理论与马克思理论的冲突(例如Ivanova 2012;Magdoff and Bellamy Foster 2009;Palley 2010)。

内部金融研究:马克思主义的议题

除了金融危机,这种"内部金融"研究中还有许多分支是与马克思主义政治经济学相契合的。

一个是研究家庭与金融化的关系。上文中已经提到,背负债务较多的家庭往往用于偿还债务的工资比例也会较高。如果要做经济学的形式化研究,那就要考察这个过程同劳动力价值、剩余价值的度量方式之间的联系。进而,我们还要研究积累以及剩余价值同金融之间的关系,就像我们要研究它们同生产之间的关系一样。

从更广泛的社会层面来说,我们需要研究在风险不断增加的环境下,家庭(或个人)是如何被资本和积累所吸纳的。这种吸纳是一种新型的吸纳,家庭(或个人)并不是以借款者的身份,而是以金融主体的身份被吸纳的(雷斯尼克和沃尔夫认为金融主体是工人的从属性角色)。家庭信贷合同、保险合同以及其他服务合约将家庭锁定在了金融过程以及计算过程之中,给家庭造成了"金融合规"的政治压力,这是以前所没有过的。

由此看来，是因为金融化的主体（工人阶级借款人）陷入困境，所以才导致了全球金融危机。次级贷款导致金融危机的情况表明，家庭不遵守合约规定就会使金融系统崩溃。美国的应对措施是进行金融改革，强调遵守合约规定的重要性。2005 年《破产法》的修订使得个人拖欠贷款变得更加困难，时任总统小布什关于建设“所有权社会”的抱负，就是建立在“个人责任感”基础之上的。[在福柯关于治理术的文献发表后，人们用“责任化”（responsibilization）这个术语来表述家庭同金融之间的关系，即家庭被认为要对金融负责。]由于家庭被资本的计算逻辑和资本所有权所吸纳，所以工人也受到了金融的强制，而公司作为有限责任单位是不会碰到这方面强制的。

在马克思主义者看来，这一切都说明家庭同金融的关系有了全新的样态，这种样态与 19 世纪处于工作场所中的工人期望进行技术改革、提高资本效率是一致的。马克思曾指出，这是资本对劳动“实质的吸纳”。而当前家庭与金融关系的变革，对其方向也可以认为是金融对家庭“实质的吸纳”（Cowen 1976；Bellofiore and Halevi 2011）。

由此可以直接得出结论：家庭中的性别关系，以及市场中的照护工作，都是金融化的直接结果（Folbre 2012；Fukuda-Parr，Heintz and Seguino 2013；Adkins 2015）。

“内部金融”研究还有一个分支是关注金融衍生品对社会的影响。这一研究路径是定位于一种社会理论，特别是作为一种文化研究，其中有些新进学者正在通过研究货币与金融来参与关于马克思价值理论的辩论（例如 Grossberg，Hardin and Palm 2014）。兰迪·马丁（Randy Martin 2015）提出了一个术语“衍生形式”，或者称之为“衍生逻辑”（这是与马克思的价值形式和资本逻辑概念相平行的一组概念）。马丁探索了如何从衍生品的影响出发来理解各个层面的社会组织，从文化过程到大学治理，乃至“反恐战争”中的军事战略。这种分析的实质是抓住衍生品的两个要点：一是杠杆（用少量支出购买大量风险敞口），二是把我们通常认为是整体的东西分解为一系列属性。（金融市场的目标就是将股票、贷款或投资组合分解为不同的风险要素，以便对每一种风险进行离散定价和交易。）例如，在家庭层面我们可以看到，曾经由国家承担的风险现在转移到了家庭头上，家庭需要去做决定，哪些生活事务、家庭资产应该要投保，家庭头寸要如何加杠杆来获取收益。

显然，从这种金融化理论就可以推导出一种非常特殊的阶级政治。这种政治不关注工作场所中的阶级关系，而是关注那些涉及消费者、金融关系的阶级关系：这种阶级政治与“占领华尔街”运动以及“罢债”组织的主张有很多一致之处，当然就大众对这两个运动通常所知的内容而言，其对金融的理解还略显狭隘，“内部金融”派对金融的理解要更加宽泛。

关于金融化的论战

上文中所述的这些研究路径认为，我们对于马克思主义的相关范畴要采取一种开放态度，根据现实中的这几类发展变化，吸收这些理论的讨论成果。阶级、生产、货币、劳动和价值等议题都需要结合金融化（尽管不仅仅是金融化）进行重新界定。按照雷斯尼克和沃尔夫对马克思主义的解释框架，马克思主义关注的焦点就是基本阶级过程和从属性阶级过程之间的相互作用，人们在两种阶级过程的相互作用中形成了自身所具有的多重关系，既有阶级的关系，也有非阶级的关系，雷斯尼克和沃尔夫这种理论架构的出发点就是为了精准说明现实中的各类发展变化。

相反，那种更加正统的马克思主义经济学流派则坚持传统范畴的完备性，认为只有通过考察金融化对资本积累的长期趋势、对利润率变化趋势的影响，才能够最好地了解“金融化”。

我们可以先看一下正统理论这一方。在马克思主义经济学的多数流派看来，关键的理论问题就是要区分生产了新的剩余价值的经济过程和流通现存价值的过程。在价值流通的过程中，利润来源于在生产活动中所形成的剩余。因此所谓金融化，也就是发展出了一个高利润但是非生产性的行业。有人认为，负责生产全部剩余价值的经济活动所占比例不断下降，这是不可持续的。还有人基于这一观点进一步指出，金融部门增长是各国央行在 20 世纪 70 年代长期繁荣结束后，为了使全球资本主义经济再度膨胀而采取的一项系统性政策：这是一个投机性的泡沫，在 2007—2008 年的危机中破裂了（Brenner 2006；2009）。

如果把关注重点放在产业资本和虚拟资本（或者说投机资本）的总体趋势上，那么那些“内部金融”论者所处理的问题充其量只是一些二阶的问题。传统的马克思主义经济学家在政治上关注的重点，是投机性金融负担过重的经济体具有内在的危机倾向（Duménil and Levy 2011）。在有些人看来，金融危机尤其表明了后资本主义政治的必要性。又有人认为，现在已经出现了一种监管政治，我们需要“遏制”金融，并将银行变成一种金融公共事业，使之成为实体投资的仆人。这后一派观点对“新自由主义”进行了广泛的批判。

而在那些进入金融内部的论者看来，市场与机构的技术过程向当代马克思主义许多主流观点提出了挑战，包括挑战了生产与投机的两分法，因此这种观点引发了关于剩余价值生产来源的辩论。

这一辩论涉及很多议题。例如，自治主义的马克思主义者哈特和奈格里(Hardt and Negri 2004)质疑，我们不能将“生产”概念限于工厂和劳动范围内，这过于狭隘了。一般而言，马克思主义经济学把金融内部的工作描述为“非物质劳动”，这类工作显然对资本积累是有贡献的，但通常人们认为这是间接的贡献，而且这种贡献也无法进行度量。因而，哈特和奈格里这一派论者就对此提出了质疑，认为不应将生产性劳动同非生产性劳动(从概念上和空间上)区分开来，也不应将生产所涉及的资本同价值流通中的资本区分开来。

金融化的另一方面表现是在“工业”企业内部金融活动也发展起来了，而本来所谓工业企业正是与希法亭所说的金融资本相对的概念。多年来，汽车以及其他一些耐用品生产商为其销商设立了信贷部门，向消费者提供信贷。但是在今天，我们可以看到大部分大型工业企业已经发展出了专业的财务部门，帮助企业管理剩余资金并确保金融安全。这些部门的功能类似于投资银行，对经济发挥着重大影响[参见 Froud，Sukhdev，Leaver and Williams(2006)关于通用电气公司的重要研究]。这种发展就引发了工业企业是否具有投机性和风险性的问题，我们对于资本的流动性与可替代性的研究不能仅限于金融资本，一切资本都具有这种特性。

还有一个议题是自布雷顿森林体系终结之后，人类就缺少一个获得社会认可的、稳定不变的货币计量单位。尽管美元可能已经占据了主导地位，美联储也已经成为面向全球的中央银行(Panitch and Gindin 2013)，但美元远远未能达到稳定状态：因为原先都是由各个民族国家来稳定“它们的”货币或者“它们的”利率，但美元已经超出了民族国家的能力范围。通过在市场计算中确定度量单位，很明显只能得出相对的价值度量。各国尝试了很多办法想把相对价值表示为某种绝对的量度(例如通过布雷顿森林体系、美元、伦敦银行同业拆借利率等来表示)，但它们只能在一个特定时间内形成绝对量度。

金融市场中的风险交易是一种可以在个体层面模拟跨时段和跨币种稳定性的方法。那么从理论上或许就可以说，金融交易是一种**生产**个体稳定性的尝试(但最终仍未能成功)，这里之所以将其描述为一种生产活动，是为了挑战生产与投机之间的两分法。此外，或许我们还需要将风险本身也视为被生产出来并进行交易的商品：实际上，这正是保险业的本质所在(Bryan and Rafferty 2006)。

这些问题为我们遵循马克思主义理论来考察价值的创造与度量打开了思路，因为它们直接向生产与投机的两分法提出了质疑。同时，这些问题还阐明了一种新型的阶级政治。

传统的马克思主义对金融化的分析认为,为了应对银行(和国家)所创造出的那种"投机"回报超过"实际生产"回报的情况,我们需要采取某些行动。但随即传统马克思主义的内部就发生了广为人知的辩论,一方主张对金融和银行业加以改革,另一方则预言随着信贷所催生的泡沫破裂,危机会进一步加深,我们因而有必要去超越资本主义财产关系。

那些质疑生产和流通之间的区分的人则不认为有什么长期趋势。他们关注的焦点是抵抗政治,主张要抵抗这种让个人从属于资本计算的金融化过程。在这种抵抗中,我们并没有什么充分理由要去独尊工作场所中的斗争,因为资本对工人(现在被阐述为家庭)的支配可以说是延伸到了生活越来越多的方面:工作、消费和金融。那么这里又会产生新问题,说"家庭"中的支配和抵抗并不恰当,这个词本来并不是用来界定阶级地位的,所有阶级都是生活在家庭中。那么,这究竟是一个语言问题还是一个政治问题?又将引发一场政治辩论。

参考文献

Adkins, L. 2015. "What Can Money Do? Feminist Theory in Austere Times." *Feminist Review* 109: 31–48.

Bank for International Settlements. 2013. "Triennial Central Bank Survey Foreign Exchange Turnover in April 2013." www.bis.org/publ/rpfx13fx.pdf (accessed August 14, 2016).

Bellofiore, R. and J. Halevi. 2011. "A Minsky Moment? The Subprime Crisis and the 'New' Capitalism." In *Credit, Money and Macroeconomic Policy: A Post-Keynesian Approach*, C. Gnos and L.-P. Rochon, eds., 13–32. Cheltenham: Edward Elgar Publishing.

Brenner, R. 2009. "What Is Good for Goldman Sachs Is Good for America: The Origins of the Present Crisis." https://escholarship.org/uc/item/0sg0782h#page-1 (accessed August 16, 2016).

——. 2006. *The Economics of Global Turbulence: The Advanced Capitalist Economies from Long Boom to Long Downturn, 1945–2005*. New York: Verso.

Bryan, D. and M. Rafferty. 2006. *Capitalism with Derivatives: A Political Economy of Financial Derivatives, Capital and Class.* Basingstoke: Palgrave Macmillan.

Cowen, M. P. 1976. "Capital and Peasant Households." Department of Economics, University of Nairobi.

Crotty, J. 1986. "Marx, Keynes, and Minsky on the Instability of the Capitalist Growth Process and the Nature of Government Economic Policy." In *Marx Keynes, and Schumpeter: A Centenary Celebration of Dissent*, D. Bramhall and S. Helburn, eds., 297–326. Armonk, NY: M.E. Sharpe.

Duménil, G. and D. Lévy. 2011. *The Crisis of Neoliberalism*. Cambridge, MA: Harvard University Press.

Epstein, G. 2005. "Introduction." In *Financialization and the World Economy*, G. Epstein, ed., 3–16. London: Edward Elgar.

Fine, B. 2013. "Financialization from a Marxist Perspective." *International Journal of Political Economy* 42(4): 47–66.

Folbre, N. 2012. *For Love and Money. Care Provision in the United States*. New York: Russell Sage Foundation.

Froud, J., J. Sukhdev, A. Leaver, and K. Williams. 2006. *Financialization and Strategy: Narrative and Numbers*. London: Routledge.

Fukuda-Parr, S. J. Heintz, and S. Seguino. 2013. "Critical Perspectives on Financial and Economic Crises: Heterodox Macroeconomics Meets Feminist Economics." *Feminist Economics* 19(3): 4–31.
Graeber, D. 2011. *Debt: The First 5000 Years*. Brooklyn, NY: Melville House.
Grossberg, L., C. Hardin, and M. Palm. 2014. "Contributions to a Conjunctural Theory of Valuation." *Rethinking Marxism* 26(3): 3006–3035.
Hardt, M. and A. Negri. 2004. *Multitude: War and Democracy in the Age of Empire*. New York: Penguin.
Hilferding, R. 1981 [1910]. *Finance Capital. A Study of the Latest Phase of Capitalist Development*. T. Bottomore, ed. London: Routledge & Kegan Paul.
Ivanova, M. 2012. "Marx, Minsky, and the Great Recession." *Review of Radical Political Economics* 45(1): 59–75.
Krippner, G. 2005. "The Financialization of the American Economy." *Socio-Economic Review* 3(2): 173–208.
Lapavitsas, C. 2013. *Profiting Without Producing: How Finance Exploits Us All*. London: Verso.
Luxemburg, R. 1951 [1913]. *The Accumulation of Capital: A Contribution to an Economic Explanation of Imperialism*. Edited by Dr. W. Stark. London: Routledge & Kegan Paul.
Magdoff, F. and J. B. Foster. 2009. *The Great Financial Crisis: Causes and Consequences*. New York: Monthly Review Press.
Martin, R. 2015. *Knowledge LTD: Toward a Social Logic of the Derivative*. Philadelphia: Temple University Press.
Palley, T. 2010. "The Limits of Minsky's Financial Instability Hypothesis as an Explanation of the Crisis." *Monthly Review* 61(11): 28–43. http://monthlyreview.org/archives/2010/volume-61-issue-11-april-2010/ (accessed August 14, 2016).
Panitch, L. and S. Gindin. 2013. *The Making of Global Capitalism: The Political Economy of American Empire*. London: Verso.
Resnick, S. A. and R. D. Wolff. 1987. *Knowledge and Class*. Chicago: University of Chicago Press.
——. 2010. "The Economic Crisis: A Marxian Interpretation." *Rethinking Marxism* 22(2): 170–186.
Strike Debt. 2012. *The Debt Resistors' Operations Manual*. http://strikedebt.org/The-Debt-Resistors-Operations-Manual.pdf (accessed August 14, 2016).
Toscano, A. 2013. "Gaming the Plumbing." *Mute* 3(4): 74–85.
Žižek, S. 2005. "The Parallax View." *New Left Review* 25: 125–135.

·第四篇·

资本主义、非资本主义和社会形态转变

第二十五章

马克思主义对生产性自我雇佣的看法

萨蒂亚南达·加布里埃尔(Satyananda Gabriel)

导论

在马克思所说的“古代生产方式”中[①],人们进行着一种生产性自我雇佣(productive self-employment)的阶级过程,其中的形容词“生产性”是指能够生产出供自己来占有的剩余(以实物或价值形式)。自我雇佣在美国和世界许多其他地区的历史上几乎都具有神话性的地位。但是,无论是在新古典经济学的正统理论中,还是在各种凯恩斯主义和制度主义的非正统学说中,以及在马克

① 马克思的“古代”概念不是局限于一种历史时间上的古老的、已经过去的时代,而是指和历史上的古代具有同样性质、同样表现,是“古代类型的”“具有古代那种特性的”之意,也可以存在于历史时间上的现当代。马克思在研读了摩尔根《古代社会》等的作品、系统考察了各种“古代”社会形态之后,在给查苏里奇的回信初稿中说:“总之,在俄国公社面前,资本主义制度正经历着危机,这种危机只能随着资本主义的消灭,随着现代社会回复到‘古代’类型的公有制而告终,这种形式的所有制,或者像一位美国著作家(这位著作家是不可能有革命倾向的嫌疑的,他的研究工作曾得到华盛顿政府的支持)所说的,现代社会所趋向的‘新制度’将是‘古代类型社会在一种高级的形式下的复活’。因此,不应该过分地害怕‘古代’一词。”(见《马克思恩格斯文集》第3卷,人民出版社2009年版,第572页。)本章中对“古代”概念的用法延续并极大发展了马克思的理解。——译者注

思主义理论中，都基本上没有讨论过生产性自我雇佣，尽管相对来说在马克思主义的文献中关于古代、自我剥削的论述已经是最多了(Gabriel 1989;1990)。不过在马克思主义理论界，许多人并不愿意使用马克思的形容词“古代的”，比如说不愿意称呼“古代生产方式”，而更喜欢其他一些“不那么刺激”的术语，例如独立商品生产或小农生产方式。

过去大多数关于古代生产方式和古代直接生产者的理论认为，这种独特的价值占有和分配方式在任何特定社会形态中都只处于次要地位，古代直接生产者(无论怎么称呼他们)对经济的影响力是微不足道的。既然理论界对于古代生产方式和自我剥削普遍认为意义不大，那么生产性自我雇佣就更不用说了，如此一来，为什么我们还要提这个概念呢？毕竟，当人们提到古代人时，通常都会按照一种目的论的观点或明或暗地假定，自我剥削的直接生产者要比资本家低级，就像“原始”共产主义按照目的论的观点来看也总是要低于古代生产方式和其他生产方式，例如低于马克思所设想的那种尚未实现的共产主义。人们对无产阶级很关注，但对于古代人则只是把他们看作历史舞台上的背景角色。但是古代人在过去、现在和未来的整个历史中真的只是一些“残余元素”吗？要回答这个问题，我们就必须考察一下古代生产方式。

古代生产方式

古代生产方式是一种独特的阶级过程，剩余的生产者同时也是剩余的占有者，并且是剩余的第一分配者，这种阶级过程**以个体为基础**(在此基础上创建出一个关系网络，处在关系网络中的人们要全部或部分依赖古代生产方式来提供剩余，覆盖自己至少一部分的生计)。这种生产方式在许多文化形式中都有着特殊的地位。在文学特别是乡土文学中，自我雇佣尤其占据着重要的位置。查尔斯·狄更斯在1861年出版的经典小说《远大前程》(*Great Expectations*)中就刻画了一个古代人，一个名叫乔·葛吉瑞的铁匠。在狄更斯笔下，葛吉瑞是一个勇敢、诚实、勤劳、心地善良的人，读者都对他报以极大的同情。当代作家唐娜·塔特(Donna Tartt 2013)在最近获得普利策奖的畅销书《金翅雀》(*The Goldfinch*)中，也创作了一个英勇的古代直接生产者角色，这部书实际上是对《远大前程》的致敬。塔特所创作的与乔·葛吉瑞相平行的角色名叫詹姆斯·霍巴特(昵称叫“霍比”)，霍巴特的职业是古代家具修复和仿古家具制作，他是一个诚实的工匠，但小说里那位浪漫主义者男主角西奥·戴克则几乎就是复刻了《远大前程》的主角皮普，他自作聪明地把霍巴特店里的仿制家具冒充真品出售，险些让霍巴特名誉受损。古代人在许多文学作品中都扮演着关键的角色，包括有不少作者反复在写古代人致富的套路，让自我剥削的直接生产者靠自己的努力获得了成功（这通常也就意味着他已经从自我剥削转变为剥削他人的资本家）。奇努阿·阿切贝（Chinua Achebe）的短篇小说《国内和平》（*A Civil Peace*，1971）就是一个这样的例子，小说主人公在尼日利亚的“比夫拉内战”（Biafran Civil War）结束时，把他之前埋在地下的自行车给挖了出来，开始经营车辆出租服务，随后他利用所得收入开了一家酒吧。

在媒体上，尤其是在美国，我们经常会听到有人白手起家的故事，他们从古代直接生产者/创业者开始干起，冒着金钱和大量劳动时间损失的风险去做生意。这种套路的结尾就是以前进行自我剥削的直接生产者开始雇佣他人的劳动力，并因此变得非常有名、非常富有。这种励志故事通常也是有某个真人作为基础的，虽然做了加工，并不是完全照搬。例如比尔·惠特（Bill Whyte）创办 W. S. Badger 公司就是如此。因为惠特最初是一位木匠，所以在冬季的几个月里他会皮肤开裂，于是他决定寻找一种安全有效的解决方案，开发出了一种无毒的天然成分护肤霜，顺利过冬并根除了皮肤皲裂问题。后来，他利用深夜进行生产并在周末进行灌装，把护肤霜卖给其他木匠和手工艺人（Lourie and Smith，2013）。这种霍雷肖·阿尔杰式的故事①已经成为资本主义话语中一个重要的隐性（有时是显性）套路。大多数情况下，这是因为没有区分自我剥削（古代直接生产者为了付钱给房东、放债人或税务官，强迫自己从事剩余劳动）和资本主义剥削。还有一些情况是有些论者认为这种区分并不重要，因为成功的古代人必然要么成为资本家，要么永远在资本主义社会中受压制，只能充当一个无足轻重的角色。

如果要分析生产性自我雇佣者，那就必须直面这种古代人的神话。加布里埃尔（Gabriel 1989；1990）认为，所谓古代人，就是处于古代阶级过程中的人，这种古代阶级过程至少要满足两个原则：

一是这是一个比资本主义更古老的经济过程，它不属于资本主义。在古代阶级过程或古代生产方式的基础上形成了许多神话，这些神话被有些人盗用来为资本主义服务，试图将之作为资本主义的文化例证。但其实，古代阶级过程与资本主义阶级过程之间是有区别的，就好像资本主义不同于奴隶制、封建主义一样，资本主义也不同于自我雇佣，它们之间的差异绝不亚于和那两种阶级

① 霍雷肖·阿尔杰（Horatio Alger，1832—1899），美国儿童小说作家，其一生作品有约 130 部，大多是讲穷孩子如何通过勤奋和诚实获得财富和社会成功。——译者注

过程间的差异。事实上，正如马克思在《资本论》第一卷中所阐述的那样，古代生产方式是资本主义兴起的阻碍，必须对其加以压制才能让资本主义蓬勃发展(Marx 1977[1],931)。不过另一方面，资本主义也把“为自己工作”的古代神话吸收进来作为一个故事套路，让人们相信为资本主义崛起而工作是一种福报，从而维护自身的发展。

二是这种阶级过程要契合“古代阶级过程”这个术语的本义，“古代”在这里特指“古代希腊”，整个术语是描述古代希腊的阶级状况，阐明这些阶级在希腊的民主和市场的基础上是怎样相互作用的(Gabriel 1989：135—142)。有很多种方法都可以证明，古代希腊神话与19世纪资本主义现实的民主政治进程之间是存在矛盾的，在19世纪，个体生产者几乎是没有“自由”的，而只是在“自由”市场上出售他们的劳动潜能。关键在于，我们不要将民主、市场同资本主义混为一谈。民主和市场也存在于其他的阶级过程包括古代阶级过程中，并且会对这些阶级过程发挥影响。因此，自由市场既可以为资本主义式剥削提供存在条件，也可以为古代式占有提供存在条件，古代生产方式在某些社会领域可以阻止资本主义的扩张。虽然在大多数场合，古代社会不得不让位于资本主义，但古代直接生产者还是继续在资本主义社会的缝隙中生存了下来。

马克思指出，如果不理解剥削，尤其是不理解他那个时代在英国和其他欧洲工业化国家占主导地位的资本主义剥削，对社会不正义进行反抗的斗争就不会成功。马克思考察了其他类型的剩余占有形式可能阻挡或取代资本主义剥削的条件。其他替代形式的存在条件，也就是资本主义剥削的**反向条件**(anti-conditions)，但这些存在条件本身究竟是什么还没有人正面讲清楚过。之所以说没有人讲清楚过，是因为这里清楚的标准是必须能够达到分析资本主义剥削的存在条件那个水平。因而，相应的理论构建工作必须说明古代剩余占有形式的存在条件，并且说明这种古代剩余占有形式占主导地位的社会形态的存在条件。马克思的著作中包含着对古代社会的一些相关概念的独到考察，例如“小型生产者”(small producers)“工匠”“独立业主”“小生产者”(pretty producers)“个体生产者”“简单商品生产者”和“独立手工业者”。但是，马克思并没有详细说明古代社会形态的存在条件，多年来，关于马克思主义理论所涉及的这些生产者的内涵和外延一直存在很多争论。

巴里·海因兹和保罗·Q. 赫斯特(Barry Hindess and Paul Q. Hirst 1975)通过分析马克思对古代社会的零散论述，对“古代生产方式”概念进行了深入阐发(Hindess and Hirst 1975)。按照海因兹和赫斯特对马克思的解读，某种生产方式中占主导地位的经济过程是该生产方式的本质决定因素。此外，他们的理论将“剩余劳动的古代占有方式”定义为“依靠**公民权利**而进行占有”(Hindess and Hirst 1975,82),这种理论的前提是要对马克思做一种本质主义的解读,认为政治过程应该“在社会形态中占据主导地位”(Hindess and Hirst 1975,14)。海因兹和赫斯特没有把握住分配问题中的基本阶级过程,在他们对古代生产方式所做的本质主义阐释中,是将这一基本阶级过程同其他各种非阶级性经济过程混为一谈的。这是非常令人遗憾的,因为这样就抹杀了基本经济过程和其他社会过程之间潜在的矛盾,他们按照本质主义的理解,把“古代生产方式”作为古代社会形态的核心本质,但这种生产方式本身的内涵和外延被掩盖了。

本章所阐发的**古代基本阶级过程**概念,就与海因兹、赫斯特的“古代生产方式”形成鲜明对照。要理解古代基本阶级过程的独特性,就要建立**古代必要劳动和剩余劳动**的概念。古代必要劳动是古代生产者在总产品中满足他自己生活需要的部分。如果古代生产者不能保留一些用于个人消费、由他的总劳动中的必要部分所物化成的使用价值,那么他就不会去劳动。而他超过这个范围的劳动就被定义为古代剩余劳动(Marx 1977,vol. 1,324—325)。古代基本阶级过程与其他过程相比之所以有很大差异,关键就在于其特殊的剩余劳动私人占有方式,是由单个人既生产剩余劳动,又占有剩余劳动,而这也就构成了**自我剥削**。这种把剩余劳动的生产和占有结合在一个人身上的方式,在任何其他阶级过程中都是不存在的。

进行自我剥削需要具备一定的社会和自然条件。要确保这些条件,古代生产者/占有者就面临着一个如何分配自己的劳动时间的问题,他们首先要生产出足够多的剩余,在总量上满足古代基本阶级过程所需。进而,这些古代剩余还需要分配给各种社会主体,由这些社会主体来提供相关保障条件,这种古代剩余的分配就叫作**古代的分配的阶级过程**。“分配的阶级过程”这个术语是“从属性阶级过程”的同义词。形容词“分配的”更能够说明剩余价值是通过怎样的关系而分配给各种社会主体的[参见 Gibson-Graham and O'Neill(2001)和 Gabriel(2006)关于分配的阶级过程的例子]。古代的分配的阶级过程由两方组成:一方是古代剩余劳动的第一分配者,另一方是古代剩余劳动的接受者。各种社会主体都可能成为其中的接受者,包括处在古代基本阶级过程中的个人也可以是接受者。但另一方面,古代生产者/占有者也可能在占有剩余劳动之后只是充当剩余劳动的分配者,把剩余劳动分配给别人而自己没份。但无论如何,古代的生产者/占有者至少要在分配的阶级过程中保有分配者的位置,因为他是古代剩余劳动的第一个接受者,所以他必然也是被占有的剩余劳动的第一个分配者。

古代人作为他所占有的剩余劳动的第一分配者,必须在潜在的阶级分配的接受者中进行分配,以确保继续自我剥削的条件。此时,古代人作为剩余分配者所面临的客观分配需求,可能是会和他作为古代剩余劳动的生产者、占有者的主观愿望产生直接冲突的。例如,古代人自己在主观上对于怎样分配他所占有的剩余劳动会有想法,但其他接受剩余的主体也是参与到分配的阶级过程中的,他们提出的需求就会和生产者的分配愿望相冲突。但是为了满足继续进行自我剥削的条件,就必须满足这些人的需求。各方的不同分配主张之间的矛盾必须在古代阶级过程的内部加以解决,以便这一过程本身能够继续下去。

上述这种对古代阶级过程的阐述,代表了一种对古代社会的剩余劳动占有方式和古代社会形态的**反本质主义**解释路径,其理论基础来自斯蒂芬·A. 雷斯尼克、理查德·D. 沃尔夫学派的马克思主义。雷斯尼克和沃尔夫这一学派对马克思的思想进行了批判性解读,形成了一个统一的理论框架(Resnick and Wolff 1987a;1987b)。[①] 这一派马克思主义也部分受到了法国哲学家路易·阿尔都塞的**多元决定**思想的影响。

阿尔都塞从弗洛伊德那里借用了"多元决定"这个术语并对其进行了改造。弗洛伊德在他对梦的分析中所使用的"多元决定"概念,指的是梦的内容并非由一组有限的生活事件简单地加以决定,而是人的总体生活经历的产物,或者说梦的产生是一种格式塔式的过程,包括做梦者在呈现出梦境的那个时刻的心理状态,也同样参与了对梦的多元决定。因此,在对某个人的梦进行解释(或解读)的过程中,所理解出的总是部分的意义,必然可以做更进一步的解释(Freud 1950)。阿尔都塞借用并改造了这个术语来解读马克思,特别是将之作为打破本质主义话语的武器,形成了对马克思的激进认识论和本体论的新理解(Althusser 1970,87—128)。[②]

多元决定也就意味着现实的各个方面都对塑造其他方面具有重要意义。多元决定的辩证法指出了现实的不断变化,现实的各方面样态是由各种独特影

---

① 这两部著作中较早的一部名为《经济学:马克思主义同新古典主义的对立》(*Economics:Marxian versus Neoclassical*),就是用他们所理解的特定版本的马克思主义理论来同新古典理论进行对比。

② 雷斯尼克和沃尔夫也在阿尔都塞学派的多元决定思想的基础上做了进一步改造,他们除了用多元决定来解读马克思,还以此来论述阶级过程同其他社会和自然过程之间的相互影响。

响因素协同构建出来的，这些影响因素具有持久的推动和拉动力量。[①] 矛盾正是由这些独特的影响因素所构成的。从多元决定的辩证法来看问题，就要看到古代阶级过程是可以与其他的剥削性和非剥削性阶级过程相结合的。一个古代人如果同时还雇佣工人，从这些雇佣劳动者那里提取剩余，那么这个古代人也就同时参与了古代的和资本主义的阶级过程。古代人也可能是在一个企业内既进行自我剥削，同时又接受资本主义企业所分配的阶级报酬。在这两种情况下，古代人都会处在多于一个的阶级过程之中，会具有复杂的阶级地位，导致莱文(Levin 2014)所说的**阶级结构的混合**。莱文认为，我们有必要从理论上阐明各种阶级过程(奴隶制的、封建的、古代的、资本主义的和共产主义的阶级过程)中的复杂性，阐明这些不同的阶级过程是如何相互塑造、如何塑造出更大的社会、如何塑造出前进的道路，包括塑造出两种社会间的转变的。如果我们没有认识到古代阶级过程在资本主义和其他社会中的复杂作用，就很难理解社会形态转变的问题。

因此，任何特定社会形态中都存在着古代的基本阶级过程，这也就意味着存在由这一基本阶级过程同其他社会过程、自然过程的相互作用所构成的独特矛盾。在这种相互作用中产生的矛盾会推动该社会形态走出一条独特的、多元决定的变革道路。

古代人和关于社会形态转变问题的论战

马克思经常用目的论的语言来描述资本主义剥削的反向条件，常常把这种条件称为“前资本主义的”条件。[②] 但遗憾的是，马克思这种对资本主义剥削的存在条件和反向条件的分析带有误导性。马克思和马克思主义理论家在他们的论述中都突出了不同社会形态(或阶级社会)之间的历时关系，更广为人知的说法就是这些社会形态之间在时间/历史上是依次衔接的。马克思之前的黑格

---

① 马克思认为，一种社会形态的构成，是数不胜数的各种社会和自然条件的独特相互作用的顶点。这也就是说，任何特定的社会形态都是由迄今为止影响过它的所有条件所多元决定的：“公社……的这种种不同的形式……部分地取决于部落的天然性质，部分地取决于部落在怎样的经济条件下实际上以所有者的资格对待土地，就是说，用劳动来获取土地的果实；而这一点本身又取决于气候、土壤的物理性质，受物理条件决定的土壤开发方式，同敌对部落或四邻部落的关系，以及引起迁移、引起历史事件等等的变动。”(Marx 1973，486；见《马克思恩格斯全集》中文第一版第46卷上，第484页)

② 参见马克思的《大纲》，转引自戴维·麦克莱伦所编的选集(David McLellan 1977，371)，其中马克思提到了“前资本主义的生产关系和生产资料所造成的障碍”(参看《马克思恩格斯全集》中文第一版第46卷下，第158页)。

尔也是这种思路，所以他认为历史有起点和终点、是不同的阶级社会的协调有序发展。换句话说，如果把剩余的自我占有和分配过程说成是“前资本主义的”，那就不仅是说这一过程属于过去、属于不存在资本主义的那个时代，而且排除了它与资本主义共存的可能。

这种历史观会让我们付出巨大代价。无论是在过去、现在还是将来，这样认识历史都会严重限制对于各大社会形态的构成和变化路径的考察。我们有必要以那种被多元决定的阶级为线索，重构历史分期理论，从一种类型的社会形态向另一种类型的社会形态转变并不存在某种**必然**路径。社会形态的复杂性正如“多元决定”一词所表明的那样，每一个作为社会组成成分的过程都必然对社会形态的历史运动产生自己的影响。任何社会或自然过程都不是无关紧要的。历史在一定程度上受到阶级斗争的影响，但我们不能把历史简化为由阶级斗争所单独决定(underdetermine)[①]。[②]

在理解社会形态之间的历时关系时，马克思主义理论界长期以来花了很大力气去争论从封建主义向资本主义的转变，其目的是搞清楚如何从资本主义向下一个社会转变。有两个关键人物对这场辩论乃至对马克思主义的整体理论发挥了重大影响，即莫里斯·多布(Maurice Dobb 1978)和保罗·斯威齐(Paul Sweezy 1970)。

多布和斯威齐都提出，在从封建主义向资本主义的转变时期中存在自我剥削，例如他们提到“独立的手工业生产”(Dobb 1978,7)“前资本主义的小生产模式”(ibid.,19)以及“前资本主义的商品生产”(Sweezy et al. 1978,50 n. 22)。这些称谓都表明，直接生产者是对他自己的剩余劳动进行了个体私有式的占有，即自我剥削。然而，这些术语都受到了多布和斯威齐的理论框架中认识论和本体论所具有的根本局限性的干扰。例如，尽管马克思在阐述向资本主义的转变问题时使用了“前资本主义”这个术语，呈现出一种黑格尔式的腔调，但马克思并不是想说人类历史具有某种潜在的、融贯的目的。而多布和斯威齐则把

---

① 作者这里所用的“underdetermine”一词，在单词拼写上同表示“多元决定”的“overdetermine”相对。作者这一表述带有双关义，既是直接地表示和多元决定相反的单一决定，又是借用了“underdetermine”在日常语言中表示“不足以决定”的含义，因为现实事物是多元决定的，所以“单一决定”实际上是不足以决定的。——译者注

② 关于这方面的进一步讨论，见 Resnick and Wolff 1987b,122—124。

“前资本主义”看作一个经验主义的①、目的论的②概念，既然某种社会前面可以加上“前资本主义”的形容词，那么这些社会也就是存在于资本主义历史发展之前的。值得注意的是，这一看法还包含了另一层意思，从人类发展的观点来看，这些社会在历史上是落后于资本主义的（即更接近于人类原始的起源，更远离先进的共产主义）。③

换句话说，多布、斯威齐以及其他一些马克思主义理论家，实际上是构想了一条历史发展的一般路径（不一定是单线的），在该路径中，资本主义位于更“进步”的一极，而被称为“前资本主义”的社会则处于历史进化的比较靠后的地方。此外，按照他们的观点来看，从一个确定的阶级社会向另一个确定的阶级社会的转变，也会是某些特定条件**单独决定的**产物，新社会的种子是在其先前社会的基础上种下的。④ 对于主导这一转变的主要力量，多布和斯威齐都是持一种经济决定论的理解，尽管他们对哪个经济方面是关键的、核心的决定因素有着强烈的分歧。

多布和斯威齐关于自我剥削的目的论和本质主义的理解，其影响超出了他们对社会形态转变问题的看法。特别是这种理解给分析资本主义社会形态增

---

① 斯威齐将经验主义的方法论概括为：“建构关于本质的假说，对这些假设进行解释，并根据经验数据来检查结论”（Sweezy 1970，13）。多布则在提及对一个理论的效用做简单测试时，描绘了他的经验主义的本体论立场（这种本体论立场明确表达了思想过程和“现实”之间的二分法）。根据多布的说法，理论的效用取决于“给定的假设和定义结构是否提供了一个足以代表现实、足够管用的抽象模型”（Dobb 1978，vii）。可见，斯威齐和多布都是诉诸给定的、独立自存的事实来证明自己的理论。

② 这种目的论既适用于一个体系内，也适用于不同体系之间，它认为无论是某个特定社会的内部进化，还是从一种社会形式向另一种社会形式的过渡，都属于可预测的过程。正如斯威齐所说：“各种社会体系就和各个人一样，都要经历一个生命周期，而且都会经历这么一幕，‘从生产力的发展形式’‘变成它们的桎梏’。但是，社会变革的过程并不是纯粹机械的过程，而是人类活动的产物，只不过这种活动要严格受自身所根植的那个社会的限制。”（Sweezy 1970，20）

③ 从某种意义上说，人们是从现实生活的角度理解这层意思的，认为在走向先进的共产主义生活的道路上，这段历史已经过去了，所以这种观点对社会分析的影响并不大。其害处主要是在历史分析方面，会限制人们研究那些导致资本主义社会出现的过渡形态。

④ 正如多布所说：“每个新社会的重要元素，虽然还不一定达到完整胚胎的程度，但都会包含在旧社会的子宫内……”（Dobb 1978，11）他还将社会的变革和过渡阐述为这样一种必然运动：“如果说标记历史发展中不同阶段的社会经济体系这个概念不仅仅出于研究叙述方便，而是有其必然性……那么这一定是因为在历史情境中存在一种质的规定性，这种质既在任何给定时间都具有一种在模式层面上的同质性，又会在元素的不同发展方向处于大致平衡时，造成过渡阶段具有内在的不稳定性。这是因为社会的建构并不是靠某种单一因素的简单增长，而是要靠**若干主导因素**的冲突和相互作用，这才是运动和变化的主要动因，至少就重大变革而言是这样。如果是这样的话，那么一旦发展达到一定水平，社会的各种构成因素以某种方式趋于平衡，各种历史事件就有可能以不同寻常的速度发展，不仅在数量增长的意义上，而且在构成因素平衡变化的意义上，导致社会结构出现新样态、出现或多或少的突变。做一个类比来说：就好像在某种发展水平上会发生一定的链式化学反应。”（Dobb 1978，12—13）强调为引者所加。

加了额外的限制:即使承认资本主义社会内部发生了自我剥削,其在社会分析中也不会有任何影响。然而,许多研究都不支持他们的这一主张。斯坦梅茨和赖特(Steinmetz and Wright,1989)认为,自我雇佣一直是美国社会中一种普遍的、关键的构成因素。他们特别援引了一个 20 世纪 80 年代对美国成年劳动力进行的调查指出,其中大约 32%是来自户主大多数时间是自雇人士的家庭,46%是来自户主至少部分时间是自雇人士的家庭。在对美国现代卡车行业的研究中,弗里德和沃尔夫(Fried and Wolff 1994)指出,20 世纪 30 年代时古代的阶级过程在这个行业中普遍存在,但后来通过各种政治、社会和经济过程,行业开始向资本主义转变,破坏和限制了古代阶级过程,而到 20 世纪 70 年代初,古代人又再次主导了政治、社会和经济过程,从而再次把卡车运输业变成了由古代过程主导。里约(Rio 2005)指出,美国的家庭服务业也发生过阶级转变,在早期是封建的和奴隶制的阶级过程主导,在"二战"后期开始逐渐变为主要由古代人主导。

在对发展中国家和经历"后共产主义"转型的国家的研究中,也有越来越多的人达成共识说,通过与资本主义企业建立联系从而实际**增加**资本主义积累,自我雇佣已经成为维持现代经济的关键因素。自雇型生产者帮助资本主义企业降低劳动力成本、规避政府监管,以及对商品和服务需求的变化做出快速反应。与此同时,古代直接生产者能够在许多这样的经济体中积累相当大的剩余,使这些经济体能够蓬勃发展,而不会被资本主义阶级结构打垮(Hanley 2000)。

结 论

自我雇佣或者说分配问题中的古代基本阶级过程,常常被目的论者认为是资本主义剥削形成之前的东西,或者说只是一种"残余"的阶级现象,社会是由其他"更基本"的剩余占有方式所支配的,这种"残余"现象只能存在于社会的缝隙之中。本章则反对对古代生产者做一种目的论的、本质主义的理解,指出了这种理解会掩盖和忽视自我占有的社会影响,这种社会影响是双向的,古代基本阶级过程会对社会所有其他方面造成动态影响,而这些其他方面也会反过来对自我剥削的存在、再生产或不存在具有动态影响。

参考文献

Achebe, C. 1971. "Civil Peace." In *The Story and Its Writer: An Introduction to Short Fiction*, 4th ed., A. Charters, ed. Boston, MA: Bedford Books of St. Martin's Press.

Althusser, L. 1970. *For Marx*. Trans. by Ben Brewster. New York: Random House.

Dickens, C. 1861. *Great Expectations*. London: Chapman and Hall.

Dobb, M. 1978. *Studies in the Development of Capitalism*. New York: International Publishers.

Freud, S. 1950. *The Interpretation of Dreams*. Trans. A. A. Brill. New York: Modern Library.

Fried, G. F. and R. D. Wolff. 1994. Modern Ancients: Self-Employed Truckers." *Rethinking Marxism* 7(4): 103–115.

Gabriel, S. 2006. *Chinese Capitalism and the Modernist Vision*. London and New York: Routledge.

——. 1989. "Ancients: A Marxian Theory of Self-Exploitation." Ph.D. dissertation. Amherst, MA: University of Massachusetts-Amherst.

——. 1990. "Ancients: A Marxian Theory of Self-Exploitation." *Rethinking Marxism* 3(1): 85–106.

Gibson-Graham, J.K. and P. O'Neill. 2001. "Exploring a New Class Politics of the Enterprise." In *Re/Presenting Class: Essays in Postmodern Marxism*, J.K. Gibson-Graham, S. A. Resnick, and R. D. Wolff, eds. Durham: Duke University Press.

Hanley, E. 2000. "Self-employment in Post-communist Eastern Europe: A Refuge From Poverty or Road to Riches?" *Communist and Post-Communist Studies* 33: 379–402.

Hindess, B. and P. Q. Hirst. 1975. *Pre-Capitalist Modes of Production*. London: Routledge & Kegan Paul.

——. 1977. *Mode of Production and Social Formation*. New Jersey: Humanities Press.

Levin, K. M. 2014. "Class Hybrids: From Medieval Europe to Silicon Valley." *Rethinking Marxism* 26(1): 95–112.

Lourie, B. and R. Smith. 2013. *Toxin Toxout*. New York: St. Martin's Press.

McLelland, D. 1977. *Karl Marx: Selected Writings*. Oxford: Oxford University Press.

Marx, K. 1973. *Grundisse*. Trans. by M. Nicolaus. New York: Vintage.

——. 1977. *Capital*, 3 volumes. New York: Vintage.

Resnick, S. A. and R. D. Wolff. 1987a. *Economics: Marxian Versus Neoclassical*. Baltimore: John Hopkins Press.

——. 1987b. *Knowledge and Class: A Marxian Critique of Political Economy*. Chicago: University of Chicago Press.

——. 2006. *New Departures in Marxian Theory*. New York: Routledge.

Rio, C.. 2005. "'On the Move': African-American Women's Paid Domestic Labor and the Class Transition to Independent Commodity Production." *Rethinking Marxism* 17(4): 489–510.

Steinmetz, G. and E. O. Wright. 1989. "The Fall and Rise of the Petty Bourgeoisie: Changing Patterns of Self-Employment in the Postwar United States." *American Journal of Sociology* 94(5): 973–1018.

Sweezy, P. M. 1970. *The Theory of Capitalist Development*. New York: Monthly Review Press.

Sweezy, P., M. Dobb, C. Hill, G. Lefebvre, K. Takahashi, G. Procacci, J. Merrington and E. Hobsbawm, eds. 1978. *The Transition from Feudalism to Capitalism*. London: Verso.

Tartt, D. 2013. *The Goldfinch*. New York: Little, Brown and Company.

第二十六章

社会主义和共产主义

西奥多·布尔恰克(Theodore Burczak)

经典意义上的社会主义是一种反对资本主义的无计划性和剥削制度的运动,主张用国家计划、公有制和按需分配来取而代之,避免市场的随意性。这种社会主义的目标是在人民中间广泛分配经济资源,以便为广泛的、实质性的自由创造条件,终结异化的、剥削性的劳动过程。社会主义为确保全体人民的美好生活提供了各种资源,而不仅仅是让人民拥有市场交换的自由,这种自由并不能保证体面的生活水平。这种传统的社会主义方案源于马克思和恩格斯对未来的设想,即通过废除私有财产,建立生产资料社会所有制和中央计划,超越市场分配的无政府状态。例如在《共产党宣言》中,马克思和恩格斯就明确主张要"剥夺地产"并"增加归国家所有的工厂和生产工具"(Marx and Engels 1978, 490;参看《马克思恩格斯文集》第 2 卷,人民出版社 2009 年版,第 52—53 页)。恩格斯在《社会主义从空想到科学的发展》中指出了市场无政府状态的弊端,将社会主义描述为一种"按照预定计划进行的社会生产就成为可能"的状态(Engels 1978,717;见《马克思恩格斯文集》第 3 卷,人民出版社 2009 年版,第 566 页)。社会主义以及更先进的共产主义形式将实现人类驾驭生产力的潜能,建成一种合理的经济秩序,实现社会正义,实现所有人真正的自由。

传统上人们通常是用生产资料所有权来界定社会主义和共产主义,并且有人会进而认为,这种社会主义和共产主义是由技术发展所驱动的进化过程的产物。以所有权为目标,那社会主义就要实行生产资料的国家所有制,或者按照列宁的说法就是要由国家来接管生产的制高点(commanding heights)[①]。共产主义则代表了一种更高级的发展形式,国家消亡,生产力成为工人阶级的共同财产。按照这种对社会主义和共产主义的理解,因为土地、自然资源和生产资本的私有制已经被废除了,从根本上消除了通过市场交换将生产资料转手的可能性,所以社会就要通过计划来进行协调。不能用生产资料换来产权,这就把社会给解放了,社会可以像一家企业一样通过中央计划来协调生产资料的使用,不再是为了扩大私人利润而生产,而是为了满足人类需要而生产。

弗里德里希·哈耶克反对这种观点,他把这种企图通过理性计划来创造社会秩序、实现经济正义的想法称为"致命的自负"(Friedrich Hayek 1988)。哈耶克批评社会主义理论未能认识到一点,即关于资源稀缺性的知识、消费者的偏好、成本效益高的技术、管理的手段,以及经济生活的其他有关细节,都并不是科学数据,不能归进一份包罗万象的计划中。这种知识是不同个体的主观性知识,处于不断的变化中,也可能犯错误。主观知识也需要一个恒定的检验平台来进行评价,哈耶克认为最好的检验平台就是要实行私有制,让竞争性的市场经济根据盈亏核算准则来检验。

诚然,马克思也认识到了人类知识在市场经济中是处于分散状态。但正如克里斯·夏巴拉(Chris Sciabarra 1995)的《马克思、哈耶克与乌托邦》(*Marx, Hayek, and Utopia*)一书中所指出的,马克思认为知识的分散是工人同生产资料相异化的结果,是资本主义财产关系所造成的暂时性的副作用。这与哈耶克的观点形成鲜明对比,哈耶克认为人类知识的局限性是"存在的限制",即作为人类生存的自然属性,是超历史的(Sciabarra 1995,119)。按照夏巴拉的理解,马克思是认为知识碎片化只是社会发展的一个阶段性特征,将会在社会主义或共产主义社会中被克服。在马克思看来,生产力和合作劳动关系的发展将使隐蔽的知识得以展现,使分散的知识得以融合,从而自觉引导经济活动,解决哈耶克所谓的永恒无知问题。夏巴拉将这一观点称为马克思的"综观错觉"(synoptic delusion):认为一个人可以自觉地设计一个新的社会来实现社会正义。许多马克思主义者都接受并发展了这一前提,认为**只有**通过中央计划经济才能实现马克思主义所设想的共产主义或社会主义。

然而20世纪末的那些现实情况(比如苏联解体、中国采用市场模式、朝鲜陷入贫困)似乎表明,国家经济计划已经失去了吸引力和可行性。同时,马克思

① 列宁在1922年共产国际第四次代表大会上所做的报告提出了国家掌握经济"制高点"的论断,列宁著作中译本将之意译为"命脉"。——译者注

的历史唯物主义理论中那种目的论设定也受到了许多人的反对，生产力的发展并不必然为社会向社会主义、共产主义所有制发展创造条件。这样一来，21 世纪的社会主义和共产主义理论要如何自处呢？有没有社会主义理论能够有效回应哈耶克从认识论层面对国有制、中央计划和社会正义所做的批判呢？如果没有中央计划，不废除私有制，社会主义目标还能不能实现呢？

阿玛伊格里奥和卢西奥认为，一种非目的论的、反本质主义的马克思主义，或者称之为后现代主义的马克思主义，可以有效克服大部分现代激进社会理论所坚持的资本主义非理性/社会主义有理性的二元论。阿玛伊格里奥和卢西奥批评了那种关于理性计划的错觉，认为“没有证据表明计划就会带来稳定和秩序，……或者计划就代表着一种可以满足个人和/或企业‘真正’需要的‘更好的’方法”(Amariglio and Ruccio 1998，250)。他们甚至采取了一种接近哈耶克的立场，认为“市场的无序(非均衡)可以(在某些时候，在特定情况下)实现社会需要的满足”(Amariglio and Ruccio 1998，251)。按照他们的观点，无序、去中心化和不确定性是社会生活的普遍“事实”。因此，后现代主义的马克思主义直接质疑了那种企图通过理性经济计划来实现社会正义的想法。

后现代主义的马克思主义中影响力最大的一派是由斯蒂芬·雷斯尼克(Stephen Resnick)和理查德·沃尔夫(Richard Wolff)所开创，有人将这一派称为后现代主义的马克思主义的“阿默斯特学派”①(Resnick and Wolff 1987)。雷斯尼克和沃尔夫所倡导的认识论认为，所有的人类知识都不是自然的镜像，而是由一种独特的、复杂的、具有开放式结尾的社会过程所生产出来的。他们的本体论则认为，社会事件的构成和因果性是各种——也许是无限多种——自然和社会力量多元决定的产物。因为人类的知识不可能捕捉到社会事件所有可能的因果关系，所以雷斯尼克和沃尔夫得出结论说，每个社会理论都必然要具体化，在社会分析中采用一个大家都接受的概念切入点，追踪它与社会总体中其他部分的因果关系，尽管这种因果关系只是局部的、暂时的。

后现代主义的马克思主义以阶级概念作为切入点。雷斯尼克和沃尔夫将阶级定义为生产、占有和分配剩余劳动的过程。和其他那些更为通行的阶级概念不同，这种阶级概念并不注重收入、财富和权力等的分配，也不注重不同人群的文化习惯。由此也就可以得出一种非传统的资本主义和社会主义定义。经典马克思主义认为，资本主义就是广泛的私有制同具有一定程度自由的市场相

① 雷斯尼克和沃尔夫都长期任教于马萨诸塞大学阿默斯特分校直至退休，故以他们的活动地点来命名该学派。——译者注

结合，从而产生了剥削性的经济形式。相应的，经典意义上的社会主义也就旨在用社会所有制和遵循中央计划的市场取代私有制，从而废除剥削。但是在后现代主义的马克思主义者看来，所谓剥削性的阶级过程就是指剩余劳动的生产者不参与分配，这种阶级过程同私有制、市场、中央计划的存在与否并没有一一对应的关系。在存在中央计划和社会所有制的情况下，阶级剥削也可能持续存在。比如雷斯尼克和沃尔夫认为，苏联就没有消除剥削，苏联的实践实际上就不是社会主义或共产主义，而是一种国家资本主义，是由国家官员雇佣工人并分配剩余劳动及其产品(Resnick and Wolff 2002)。因此，相比于经典马克思主义理论关注所有制形式或权力运行形式，后现代主义的马克思主义的目标是去展望和规划非剥削性的替代形式，如果剩余劳动的生产者不参与剩余劳动的分配，那就应当认为存在剥削；而如果剩余劳动的生产者参与了分配过程，就可以认为不存在剥削(这里只谈分配，关于占有问题的进一步讨论见下文)。由于这种理论反对本质主义和目的论的分析模式，所以它是一种“没有保证”的马克思主义理论。换句话说，这种马克思主义理论是关注社会生产过程的组织方式，而不是关注这些过程的具体结果。人们可以把这种马克思主义称为“自由主义”的马克思主义，因为它与罗伯特·诺齐克(Robert Nozick)的自由秩序理论相似。诺齐克所谓的自由秩序，就是社会要承认一套正义的转让规则(只要所有的财产所有者都达成共识，正义地交易其所持有的财产，正义也就实现了)，而不去考虑转让的结果是如何分配。后现代主义的马克思主义同样以过程为导向，其目的是实现一种共同占有，即剩余劳动的生产者也要参与其劳动成果的占有过程。

斯蒂芬·库伦伯格(Stephen Cullenberg 1992)对这一理论做出了重要贡献，他认为聚焦于共同占有的形式，就会得出一种“瘦身版”的社会主义理论，这正是优势所在。如果我们认识到马克思主义的社会主义或共产主义的首要目标是废除分配的剥削形式，而不是实行生产资料社会化和推行中央计划，那就会减轻社会主义的政治、文化和经济负担，可以让社会主义作为一种制度替代方案变得更可行。这种瘦身版的社会主义观点聚焦于马克思主义的程序公平观，这种公平观也主张劳动者应当占有他们的劳动产品。但是，如果只接受程序公平观的话，这种瘦身版的社会主义还仍然无法解决分配不正义的问题，包括人们的基本需要并未能得到满足，财富、收入和机会也极不平等。在一种瘦身版的社会主义或共产主义经济体中，不存在剥削，但仍然可能产生性别和民族不平等，消费和生产会存在浪费，环境也可能发生退化等等，而这些可能性在马克思主义理论传统的各分支流派中长期受到关注。因此，仅仅从非剥削性占有的替代方案角度来定义社会主义和共产主义，可能还是太过局限了。

为了解决这一问题，乔治·德马蒂诺（George DeMartino 2003）运用了雷斯尼克和沃尔夫对阶级过程的三维定义，即从剩余劳动的生产、占有和分配三方面来理解阶级过程，为思考经济正义和后资本主义社会形态做出了重要贡献。德马蒂诺认为，阶级正义有三个维度：生产正义、占有正义和分配正义。马克思关于生产正义和分配正义有一个著名表述，即“各尽所能，按需分配”，而他对占有正义又有另一套独特的观点。德马蒂诺的重构工作从寻求终结非生产者的剥削性占有的角度出发，就能够调和马克思两方面的观点。而且，德马蒂诺的这种理论还使我们能够看到在社会主义和共产主义社会中，阶级过程的三个组成部分和相应的三种阶级正义观念是如何相互作用的，它们有时会相互矛盾，有时又会相互促进。对阶级过程的三个维度进行思考，就能够得出“更厚实”的社会主义和共产主义观。

德马蒂诺认为，生产的阶级正义就是处理马克思这套伦理的前半部分“各尽所能”。在德马蒂诺看来，“生产的阶级正义是指在对生产社会剩余的劳动进行配置时实现公平”（DeMartino 2003，8）。我们至少可以从三个不同的角度来理解这种公平性。第一个角度，生产的阶级正义可以表示工人有动力以最大的努力、最高的生产率做出贡献。例如，范德文和范帕里斯（Van der Veen and Van Parijs 1986）就采用了这种观点，他们认为保持自由市场资本主义可能是获得大量剩余的最有效途径，从而能够最大限度满足需要（这种最大限度满足就是一种正义的阶级分配）。为此，范德文和范帕里斯提出要建设一种新型的资本主义经济，在其中建立一种制度使得人们能够获得较高的普遍性基本收入，他们称之为“通往共产主义的资本主义道路”。在他们看来，共产主义就是一种使得劳动成为生活的首要追求，并按照需要进行分配的体系。要实现这种分配目标，我们就要平衡劳资双方利益，达成一种折中，既为最大限度满足需要而生产，又鼓励资本主义雇主创造有足够吸引力的工作环境以留住工人生产剩余，随后可以通过税收和转移支付来对剩余进行系统分配。在劳资兼顾的前提下，可以实行尽可能高的边际税率，从而获取资金来提供一种足够高的基本收入，普遍满足人们的需要。如果存在某种机制可以把新增的剩余用来普遍满足人们的需要，那么一个在社会主义和共产主义思想指导下的民主社会就可以放弃共同占有的形式，而选择通过其他程序来实现剩余生产的最大化（这是一种潜在的生产的阶级正义）。

第二种关于生产的阶级正义目标的理解与此略有不同，认为要尽可能多地让人们都参与到生产剩余的劳动中。例如，鲍尔斯和贾亚德夫（Bowles and

Jayadev 2007,1)指出,有大量非生产性的保卫劳动("警察、私人保安、军事人员和其他一些纪律部队的从业者")之所以会存在,都是因为美国的资本主义生产和不平等造成了阶级冲突。罗伯茨(Roberts 2014)从非生产性活动扩张的角度讨论了金融部门就业的大幅增加,认为这些活动吸走了剩余,阻碍了生产性劳动者获得回报以及生产性活动的增长。从这个角度来看,生产的阶级正义就要求我们去研究如何减少那些寄生性的劳动形式,增加那些创造商品和服务的劳动形式,后面这种劳动形式才更直接地增加资本主义、社会主义或共产主义社会中典型成员的福祉。

第三种理解,是主张通过生产性和非生产性劳动角色的共享,从而实现生产的阶级正义。这种关于生产的阶级正义的看法或许契合了马克思和恩格斯在《德意志意识形态》中阐述的非专业化劳动模式的观点:

> "在共产主义社会里,任何人都没有特殊的活动范围,而是都可以在任何部门内发展,社会调节着整个生产,因而使我有可能随自己的兴趣今天干这事,明天干那事,上午打猎,下午捕鱼,傍晚从事畜牧,晚饭后从事批判,这样就不会使我老是一个猎人、渔夫、牧人或批判者。"
>
> (Marx and Engels 1970,53;见《马克思恩格斯文集》第 1 卷,人民出版社 2009 年版,第 537 页)

不过,一个复杂的社会是否能够成功地"调节整个生产"还是一个悬而未决的问题,可能需要某种中央计划,才能够在生产社会剩余的劳动中实现这种自由和公平。而将生产的阶级正义观应用到家庭生产中则可能更可行。例如,弗拉德、雷斯尼克和沃尔夫就把阶级理论应用于解释家庭生产的不同形式,提出"在家庭中采取政策让每个人在所有(劳动角色)间进行定期的、系统性的轮换,就很可能满足了家庭共产主义存在的条件"(Fraad et al. 1989,58)。在这种情况下,如果家务劳动角色的轮换有助于家庭成员平等参与确定如何进行必要和剩余家务劳动,那么家庭中的生产正义也就有助于达成占有正义。

分配的阶级正义则是涉及马克思主义伦理观的后半部分"按需分配":社会剩余产品如何分配才能最好地满足人的需要?德马蒂诺(DeMartino 2003,2000)和布尔恰克(Burczak 2006)认为,玛莎·努斯鲍姆(Martha Nussbaum 2011)和阿马蒂亚·森(Amartya Sen 1999)的正义能力理论实际上就阐发了一种复杂的、非本质主义的按需分配理论,在很大程度上是与后现代主义的马克思主义相容的,因而有助于我们考察如何实现分配的阶级正义,以及阶级正义的其他维度是否已经实现。我们可以设想,不管是资本主义企业、合作企业还是独立经营的企业，其产出的剩余都要纳税，交给按照民主方式组织起来的政府机构，由政府机构对剩余进行分配，以满足人们的普遍需要，帮助人们平等获得改善生活的能力。

在努斯鲍姆和阿马蒂亚·森的正义能力理论中，政府和非政府组织的主要目标之一应当是确保所有人都有办法、有资源来发展自身的能力，过上一种值得选择的生活。所谓值得选择的生活，就是说一个人有理由认为这种生活有价值，因为他是有选择权的，他可以选择一种让自己具备必要的或者说基本的人类机能的生活。社会制度应确保只要自然、技术和社会条件允许，所有人都将拥有必要的手段，能够选择过一种完整的、美好的生活，真正属于人的生活。美好是按基本机能的实现来定义的。在努斯鲍姆看来，要想过上美好的生活，就必须有良好的营养和教育，有足够的医疗保健和照护场所，有权去探索自己主观上认为有利的机会，有能力融入社会进行有尊严的互动。

要对基本人类机能下一个普遍适用的定义肯定是存在争议的，因为这似乎要取决于对人类美好生活的客观描述，但努斯鲍姆指出，她的正义能力理论是对这种美好生活做一种主体间性(intersubjectively)的阐述，是通过跨文化对话来回答这样一个问题：是什么让我们认识到他人也是人？通过这种对话方式，我们就能得出结论说，基本人类机能并不是一成不变的，其具体内容总是社会的产物，也因而一直会在不断对话和询问的过程中加以修正。但是，我们还是可以列一份临时性的机能清单，从而来审查社会制度在多大程度上允许个人有机会过上使他们能够实现人类机能的生活。这份清单可以提供一个基准，判断社会结构和资源分配的主流样态是否使所有有意愿的人们都能够过上美好生活。如果答案是否定的，那么在正义能力理论看来，为了实现分配的(阶级)正义，政府就有义务制定和实施某些政策，来提高人们实现基本人类机能的能力和过上美好生活的机会。

范德文和范帕里斯所谓的通过资本主义道路走向共产主义，主张设立可观的普遍基本收入，是社会主义或共产主义政府分配剩余、满足人的需要的一种具体形式。但是，尽管基本收入因为简单易行、手段平等而吸引了很多人，但它也可能导致具有不同能力的个人在需要的满足程度上有所不同。例如，盲人需要更多的资源才能达到与视力正常的人相同程度的美好生活。因此，埃内斯托·斯克雷潘蒂(Ernesto Screpanti 2004)主张要搞另外一种社会收入方案，以各种社会产品的形式——例如，教育、医疗保健、社会空间——更直接地满足人们的各种需要，切合努斯鲍姆和阿马蒂亚·森的正义能力理论。斯克雷潘蒂还指出，闲暇时间也是一种人们可以通过消耗它而从中获得享受的东西，也属于一种社会产品，可以通过政府减少工作日长度的政策来增加这种产品的供给。斯克雷潘蒂认为，“社会产品扩大的历史趋势”是“共产主义的建设和自由的扩展过程的一个组成部分”（Screpanti 2004，187）。后现代主义的马克思主义既然聚焦于剩余占有的替代形式，那么就可以把社会产品的扩大，包括进行减少工作日的劳动立法，也都看成是在追求分配的阶级正义。

约翰·罗默（John Roemer 1996）提出了另一种实现社会主义分配正义的模式，认为企业的利润收入应该平等地分配给所有成年公民。为了实现这种分配，他主张消灭资本主义的股票市场（corporate stock market），而代之以社会主义的息票市场（coupon stock market）。在罗默的模型中，所有公民将得到平等份额的息票，这些息票只能用来购买企业的股份。企业为了筹集资金购买资本设备，就要通过国家财政部来发行股票并将公民投入的息票兑成现金。政府将向公民征税以填充财政部的投资基金。特定时期内发行的股票数量以及基金的税收数额就将决定息票的现金价格。企业通过使用资本设备获得利润，购买股票的公民就可以从利润中获得相应份额，但他们没有权利决定企业管理层的组成。

虽然公民不能用息票兑换现金，但他们可以随时出售自己的股票来兑换息票，他们认为有利可图的话也可以再购买其他承诺更高利润的企业股票。这样，股票的票面价格就将反映公民对企业未来盈利能力的预期，从而提供关于企业运营效率的信息。公民的股票会在他死亡时被出售，收益返回国家，防止息票和股票财富通过继承而产生集中。

息票市场的一个优点是，所有人每年都会得到一笔独立于工资和薪水收入的钱。例如在2014年，如果美国企业利润平均分配给所有成年人（超过18岁）的话，每人大约可以得到8 500美元，这笔钱足以大大减少美国的贫困。这个方案的第二个实质性好处是，它将减少少数富裕精英在资本主义制度下享有的政治权力。罗默认为，由于股份在资本主义社会中的集中，所以少数股东为了增加利润收入，就会有动机去影响政治进程。这些股东会运用自己的影响力来尽可能削弱污染防治、劳动监管和其他可能减少利润的立法，还会增加政府在有利可图的情况下侵略别国的可能性，例如可能是为了确保廉价石油供应而去进行侵略。今天少数人为了谋取利润，就会支持游说集团去反对那些花费利润但增加公共品供给的政策，但实行利润收入的平等分配之后这种现象就会减少。因为进行政治游说成本高昂，而且随着利润收入的分散分配，游说的利益也会分散给大家，罗默预计，他的息票市场可以让政府更加关心人们共同利益的增进。企业利润的平等分配——一种社会主义的阶级正义——因此就将有助于实现有些人所说的有效的有产者民主。①

既然后现代主义的马克思主义首要关注的是如何终结剥削性的阶级过程，那我们就尤其要注意他们是如何理解占有的阶级正义的，而什么算剥削，怎样才能让生产中没有剥削，这两个问题是与占有的概念本身密不可分的。雷斯尼克和沃尔夫将占有定义为“接受……直接到某人的手中”(Resnick and Wolff 1987,146)。我们可以把他们的定义重新表述为“成为资产的第一位持有人”。在这个定义中，占有并不是作为交换的结果才发生的，因为在交换期间，两个当事人之间是对已经确定好的产权进行转移。② 因此，既然分配的阶级正义是关注生产的**结果**，那么占有的阶级正义也就是要关注生产的**过程**是如何组织的。

约翰·洛克(John Locke 1980)在其经典著作中阐述了一种通过劳动获得产权的理论，将占有问题限定在对先前无人拥有(或者是由人们共同拥有)的自然物品的第一所有权。戴维·埃勒曼(David Ellerman 1992)在他的重要著作《经济学中的财产与合同》(*Property and Contract in Economics*)中指出，占有是指将产权赋予那些使用具有清晰产权界定的原料而新制成的商品。在生产过程中，新商品在被创造出来以前并不属于任何人，因此不可能通过交换而获得它们。例如，在装配线末端生产出来的汽车，身上就并没有附着什么明显的、预先存在的产权。这辆汽车必须被占有，必须由某人成为它的第一个所有者。

埃勒曼指出，占有还有另一个维度。在制造像汽车这样的商品的过程中，是有一些产权被消灭的。例如，电力被一家资本主义企业用于生产汽车，那这些电就不再作为法律意义上的实体而存在，不能在生产了汽车之后再次进行买卖。这些电已经物化在了最新生产出的汽车中，而这家车企就是电力的最后所有者。而在这类现象中，最重要的一项就是在典型的资本主义生产过程中，资本家是工人劳动时间的最后所有者。正如马克思所指出的，在资本主义企业中，“工人在资本家的监督下劳动，他的劳动属于资本家”(Marx 1976,291;见《马克思恩格斯文集》第5卷，人民出版社2009年版，第216页)。成为产权的最后所有者有时也可以被称为征收(expropriation)。埃勒曼要求我们把这种征

---

① 罗默(Roemer 2013)后来又否定了这种模型，认为实施和维持息票市场存在困难。他现在主张采用更传统的社会民主主义模式，保留资本主义的劳动关系，但实行高额累进税，从而支撑广泛的福利制度。社会民主主义可能(像息票市场一样)实现一种社会主义的分配的阶级正义，但是它没有涉及生产和占有的阶级正义。

② 主观主义的奥地利经济学家伊斯雷尔·柯兹纳(Israel Kirzner 1979)指出，商品的经济意义从来都不是凝固不变的，商品的购买者所看到的商品的用途和价值，可能和出售者有很大不同，所以交换行为本身就可能产生新价值，中间商所占有的也正是这种新价值。这种交换中的占有会给我们考察非剥削性经济形式造成一定的困难，在本章中将其忽略。

收看作制造汽车所必需的“对负债的占有”。他之所以提醒我们占有的这第二个维度,就是要让我们把注意力集中到企业对**全部产品**——产出资产和投入负债——的占有上,而不仅仅是占有剩余产品。

在埃勒曼看来,全部产品的占有是指成为生产过程中所有产出或资产的第一所有者,同时也成为在生产过程中消耗的所有投入的负债,特别是劳动时间的最后所有者。虽然马克思显然没有对占有的概念给出明确的定义,但是埃勒曼的观点确实抓住了马克思曾指出的资本主义劳动过程两个特别重要的特征:一是工人不拥有任何由他们的劳动共同创造的产品,二是资本家是工人劳动时间的最后所有者(Marx 1976,291—292)。虽然雷斯尼克和沃尔夫的阶级概念要求我们把注意力集中在对剩余劳动及其产品的占有上,但是很难想象某种制度安排会一边允许工人参与对剩余劳动及其产品的占有,一边又不提供便利使劳动者参与对必要劳动及其产品的占有。因此,在下面我们将使用埃勒曼的占有概念来设想后资本主义的、非剥削性的未来景象。

从全部产出的第一所有权以及全部投入的负债的最终所有权的角度来考察占有,我们就能够避开罗伯茨(Roberts 2014)明确阐发过的那个棘手争论——在我们所设想的社会主义和共产主义中,哪些工人应该被视为在生产剩余意义上的生产性工人——中的某些方面。废除剥削也就意味着要终结非生产者对剩余劳动的占有,马克思认为这可以通过“最终消灭雇佣劳动制度”来实现(Marx 1965,79;见《马克思恩格斯文集》第3卷,人民出版社2009年版,第78页)。有趣的是,马克思的结论与埃勒曼所倡导的普遍自我雇佣——或者是独立经营,或者是在民主的、以工人为主体的合作企业中工作——非常吻合。埃勒曼主张通过禁止用劳动时间来交换工资从而实现这种普遍自我雇佣,理由是雇佣劳动是与所谓的不可剥夺的自治权(肯定会有许多马克思主义者否认有这种权利)不相容的。但显然,废除雇佣制度不仅会终结非生产者对剩余劳动的占有,还会更普遍地禁止用劳动时间来交换工资,从而终结非生产性的雇主一方对工人时间的占有。终结剥削,不仅仅是对已经生产出来的、凝结着剩余劳动的商品的第一所有权进行重新分配,它还促使我们思考当存在雇佣劳动时,占有是如何发生的。谁**是**或谁**应该是**工人劳动时间的最后所有者:例如在私人资本主义和国家资本主义中那些不劳动的(潜在地是剥削性的)雇佣方,还是工人本身,又或者是一个由社区成员和劳工(或劳工和资本所有者)合作管理并共同占有的合作企业?

基于上述这种占有的概念,设想社会主义的途径之一,就是把社会主义看成工人通过如下方式来占有自己产品的体系:工人们占有他们自己努力生产出的所有商品，成为他们自己所消耗的劳动时间的最后所有者。按照这种理解，社会主义就可以是由独立经营者以及工人合作组织管理的企业组成的混合体系，企业中的所有工人（并且只有工人）都参与占有过程。这种只包含个人独立经营和工人自我管理式企业的社会主义，也可以在一个存在私有财产、存在市场但是依法废除了用工资交换劳动时间（即劳动租赁）的体系下实行。著名的工人自我管理理论的倡导者雅罗斯拉夫·瓦内克（Jaroslav Vanek）提出过一项宪法修正案，要求通过禁止人力租赁来实现上述目标。他的说法是：

> “只要人们在一个共有的企业里一起工作（无论他们的人数有多少），那么他们的劳动成果，无论是积极的（产品）还是消极的（成本和负债），就都只有他们自己才能够占有，并且也只有他们自己才能根据平等投票或者按照付出劳动的权重来对企业进行民主控制和管理。这些工人可能是也可能不是他们劳动所涉及的资本资产的所有者，但不管是不是所有者，这种所有权都不会赋予所有者任何对于企业的控制权。”
>
> （Vanek 1996，29）

共产主义则将对生产方法做进一步的限制，终结任何形式的个人占有，在任何情况下都要求集体占有，因而也就是要限制资本主义企业和个体经营者。雷斯尼克和沃尔夫（Resnick and Wolff 1988）区分了两种可能的共产主义。第一种类型的共产主义，其制度安排是要让“社会中所有成年人都集体参与……作为剩余劳动的占有者，但只有一部分（人数较少）从事剩余劳动”（Resnick and Wolff 1988，142）。可能的制度形式之一是让工人与非生产者在占有过程中实现民主共享，这就要求每个企业的董事会都由工人和相关社区所选出的成员共同组成，这里的社区可能有各种不同情况，也可能是在政区或全民层级上选代表。这样一个由工人和周围地区的公民代表组成的共产主义董事会，将管理生产过程（即占有负债）并占有企业产出。生产资料所有权则可以采取各种我们所能设想的形式，无论是个人所有、工人所有还是社区所有。

雷斯尼克和沃尔夫所说的第二种类型的共产主义中，只有生产剩余劳动的人才参与占有，非生产者是被排除在外的。沃尔夫（Wolff 2012）在他的著作《劳动中的民主》（*Democracy at Work*）中提出了一个属于第二类共产主义的方案，他主张用他所谓的“工人自我监督的企业”（workers' self-directed enterprises）来取代资本主义企业。在一个工人自我监督的企业中，每一个生产工人都将作为企业董事会的平等成员。沃尔夫指出，生产性工人可以雇佣非生产性工人进入雇佣关系，但并不邀请他们加入企业作为共同成员，因为他们并不生产剩余。

正如他所说，在一个工人自我监督的企业中，生产性工人将使用“剩余的一部分来根据需要提供预算，雇佣经理人、职员、保安人员、律师以及其他不直接生产剩余的工人”（Wolff 2012，124）。这种工人自我监督的企业同合作式的自我雇佣企业（cooperative self-employment firm）具有显著的差异，在后者中是没有人雇佣人的情况的，所有自我雇佣的工人，不论是生产性工人还是非生产性工人，都集体参与占有全部产品。[①] 自我雇佣企业不属于雷斯尼克和沃尔夫所说的两类共产主义中的任何一类，这就是为什么说它们是社会主义而不是共产主义的原因所在。但是，正如自我雇佣企业可以同多种生产资料所有权形式共存一样，工人自我监督企业的体系中也可以允许土地和资本品的私有制、允许生产利润、允许存在商品市场。但是，无论财产所有权的形式如何，在社会主义或共产主义体系下，都不能依靠财产权来获得占有权。

占有的阶级正义显然需要实现某种形式的工作场所民主以及某种形式的工人占有，而且由于民主的工作场所也可以是租用归私人、社区或国家所有的资本品，所以不实行传统社会主义的那种“生产资料社会化”[②]也可以达到占有的阶级正义。但是赫伯特·金迪斯（Herbert Gintis 2010）认为，要实现工作场所的民主以及工人占有，就要让工人拥有资本品，因为如果资本设备是归不劳动的人所有，那么要从他那里借或租，就必须让他在某种程度上控制生产过程，控制这些资本设备的使用和维护，否则他是不会愿意出借或出租的。因此，金迪斯认为要实行工人占有，那就得实行生产性财产的工人所有制。这种制度安排在资本-劳动比率比较低的生产过程中是可行的，但在许多大型企业（即那些最有可能用公司形式筹集大量必要资本的企业）中，工人所有制是吸引不了普通工人的。如果读者想了解其中的原因，那我们不妨考虑一下 2012 年的情况，该年度美国公司雇用了 53 500 000 人，这些公司的总市值为 18 668 333 210 000.5 美元[③]，因此在公司类的企业中，平均到每名工人头上的资本为 350 000 美元，这个数字要远远高于普通工人的平均净资产。即使我们能够设想通过某种经济或政治机制，将公司的所有权直接转让给工人，对大多数工人来说，把大部分资产留在他们的工作场所、让他们在工作中同时获得劳动收入和资本收入，这也是

---

① 如果综合考虑分工和比较优势的话（也就是说，绝对生产率更高的人也会在非生产性活动中具有比较优势），那么在企业内部要区分生产性与非生产性劳动会很难操作。

② 有关生产者合作社（工人在其中作为占有者）的讨论，可参见 Jossa（2014）和 Kristjanson-Gural（2011）。

③ US Census，http://www.census.gov/library/publications/2015/econ/g12-susb.html；World Bank，http://data.worldbank.org/indicator/CM.MKT.LCAP.CD(accessed April 28，2016).

十分危险的。即使我们假设瓦尼克提出的那个宪法修正案获得通过,从而为了实现工人占有而不得不建立工人所有制,工人在经营归他们所有的企业时,也很可能过分谨慎。

由于占有的可行类型往往并不独立于生产性资产的所有权和分配权,所以在不考虑生产性资产的所有权是如何分配的情况下,在可预见的将来我们是很难把社会主义和共产主义的占有形式从理论上确定下来的。会有很多选项。戴维·施韦卡特(David Schweickart 2012)提倡一种他称之为"经济民主"的后资本主义模式。他所设想的未来形态是小企业"像现在一样运作",而大企业——大致就是那些目前以公司形式组织的企业——归整个社会"所有"(Schweickart 2012,206—207)。社会化的企业将由工人而不是国家官员来控制,工人选举出企业董事会的代表,从而实现一种社会主义的分配正义。施韦卡特建议由公共银行通过向所有公司征收资本资产税来筹集资金,然后再对这些公司进行投资。虽然这种模式避免了全盘实行工人所有制的困难,但必须仔细设计规则和制度,以确保民主型企业维持足够的资本存量,并防止特殊利益集团篡夺筹资、投资过程。

为了能够在不对"制高点"的所有权进行社会化的条件下就推动工人占有,西奥多·布尔恰克(Theodore Burczak 2006)主张建立一种社会主义的"持筹"(stakeholding)补助金。他的这一观点是源自布鲁斯·阿克曼和安妮·阿尔斯托特(Bruce Ackerman and Anne Alstott 1999)关于持筹社会的理论模型。阿克曼和阿尔斯托特主张在每个公民成年时就发给他一笔数额可观的现金——8万美元的基本资本补助,从而实现真正的机会平等。他们的持筹设想是"基于社会有义务通过为每个人提供平等资源以发展他独特的才能,从而给予每个人平等的尊严"(Ackerman and Alstott 1999,194)。对阿克曼和阿尔斯托特的持筹设想做一定的调整之后,就可以成为一个有吸引力的制度结构,可以实现工作场所的民主化,达到某种社会主义的分配正义。对阿克曼—阿尔斯托特方案要做的第一点修正,就是把持筹补助金用来购买个人成长的那个社会所积累下来的资本存量的份额。阿克曼和阿尔斯托特把能够上大学作为机会平等的标准,因而他们主张要发8万美元的资本补助,而保留了私人财产的社会主义或共产主义体系,则要把能够买下平均到每个工人头上的资本存量作为机会平等的标准。要做的第二点修正,是必须将补助金用于建设非剥削性的工作环境。阿克曼和阿尔斯托特并不限制人们如何使用资本补助金,因为他们信奉自由,认为美好生活的概念是多元的。他们认为,一旦政府为个人提供了获得机会的手段,就要由那些个人自行来决定他们补助金的最佳使用方式,他愿意在海滩上开派对开一年也是可以的。而从马克思主义的观点来看，财富补助金本身不过尔尔，其价值在于可以资助自我雇佣或者资助工人自我所有、自我监督的企业，从而增加非剥削性的工作机会。如果要发挥这一功能，就要将补助金限制在对人力资本和物质资本的投资：中学后的教育，职业培训，个体经营所需的设备，以及加入工人自我所有、自我监督的企业可能需要的会员费。

相比于基本资本补助金方案，约瑟夫·布拉西等人（Joseph Blasi，Richard Freeman and Douglas Kruse 2013）则主张实行一种分享型的资本主义，通过各种税收政策改革来鼓励资本主义企业与工人分享利润，并将股权分配给全体职工，这种共享资本主义可以逐步进化为社会主义和共产主义的占有形式。例如他们建议，如果是贷款给那种部分或全部归工人所有的企业，那么对所赚取的利息收入就要在所得税上有所倾斜；对于所有者死亡后出售给工人的小型企业，遗产税也要调低；而对于从公司税中扣除股票期权和股票赠与的做法则要收紧，只有当所有公司雇员都可以获得股票期权和股票赠与时才允许扣除。虽然他们提倡利润分享和扩大工人所有权是着眼于减少不平等（以及加强社会主义的分配正义），但这些建议也可以促进我们所讲的社会主义的占有正义的发展。[①]

在生产资产所有权分配不均的情况下，处于资本主义和社会主义之间的另一种分享占有和渐进演化形式是要求企业董事会同时吸纳劳资双方代表，工人选一部分代表，资本所有者也选一部分代表。在当代德国，这种共同主宰企业的制度得到了广泛的实践，德国的法律规定大公司至少要保留三分之一的董事会席位分给该公司的工人代表。

社会主义者和共产主义者有充分的理由拒绝哈耶克关于所谓“致命的自负”的诊断，因为他们寻求的是更加平等的生产、占有和分配的阶级正义形式，这并不一定要以废除资本市场并实行国有制为前提，也不一定要把国家经济计划作为后资本主义发展的手段和目的。剥削性的资本主义企业和“自由市场”的生产分配之所以能够维持，是因为其微观经济基础是一张由法律、文化、产权、交换机制和公共政策所组成的巨大网络。而非剥削性的企业和平等主义的生产分配，同样也有能力通过社会主义和共产主义干预而在相同的网络中发展，并不需要认为这些企业和分配形式一定要同之前的体系一刀两断（Gibson-Graham 2006）。

---

①　鲍尔斯和金迪斯（Bowles and Gintis 1998）提出过另一种公共政策方案，推动在市场经济条件下实现工作场所中的民主自我管理。

参考文献

Ackerman, B. and A. Alstott. 1999. *The Stakeholder Society.* New Haven, CT: Yale University Press.

Amariglio, J. and D. Ruccio. 1998. "Postmodernism, Marxism, and the Critique of Modern Economic Thought." In *Why Economists Disagree*, D. Prychitko, ed., 237–273. Albany: State University of New York Press.

Blasi J., R. Freeman, and D. Kruse. 2013. *The Citizen's Share.* New Haven, CT: Yale University Press.

Bowles, S. and H. Gintis. 1998. *Recasting* Egalitarianism. London and New York: Verso.

Bowles, S. and A. Jayadev. 2007. "Garrison America." *The Economists' Voice* 4(2): 1–7.

Burczak, T. 2006. *Socialism after Hayek.* Ann Arbor: University of Michigan Press.

Cullenberg, S. 1992. "Socialism's Burden: Toward a 'Thin' Definition of Socialism." *Rethinking Marxism* 5 (Summer): 64–83.

DeMartino, G. 2000. *Global Economy, Global Justice: Theoretical Objections and Policy Alternatives to Neoliberalism.* London and New York: Routledge.

——. 2003. "Realizing Class Justice." *Rethinking Marxism* 15 (January): 1–31.

Ellerman, D. 1992. *Property and Contract in Economics.* Oxford: Basil Blackwell.

Engels, F. 1978. *Socialism: Utopian and Scientific.* In *The Marx-Engels Reader*, 2nd edition, R. Tucker, ed., 683–717. New York and London: W. W. Norton.

Fraad, H., S. A. Resnick, and R. D. Wolff. 1989. "For Every Knight in Shining Armor, There's a Castle Waiting to Be Cleaned." *Rethinking Marxism* 2 (Winter): 9–69.

Gibson-Graham, J. K. 2006. *A Postcapitalist Politics.* Minneapolis: University of Minnesota Press.

Gintis, G. 2010. "Hayek Plus Sen Rings a Bell." Amazon review, September 9, http://www.amazon.com/review/R353KJO6WNGME0/ref=cm_cr_dp_title/186-1918575-8051514?ie=UTF8&ASIN=0472069519&channel=detail-glance&nodeID=283155&store=books (accessed October 8, 2016).

Hayek, F. 1988. *The Fatal Conceit.* Chicago: University of Chicago Press.

Jossa, B. 2014. *Producer Cooperatives as a New Mode of Production.* London and New York: Routledge.

Kirzner, I. 1979. *Perception, Opportunity, and Profit.* Chicago: University of Chicago Press.

Kristjanson-Gural, D. 2011. "Value, Cooperatives and Class Justice." *Rethinking Marxism* 23 (July): 352–363.

Locke, J. 1980. *Second Treatise on Government.* Edited by C. B. Macpherson. Indianapolis, IN: Hackett.

Marx, K. 1965. *Wages, Price, and Profit.* Peking: Foreign Language Press.

——. 1976. *Capital*, Volume 1. Trans. by B. Fowkes. New York: Vintage.

Marx, K. and F. Engels. 1970. *The German Ideology.* New York: International Publishers.

——. 1978. *Manifesto of the Communist Party.* In *The Marx-Engels Reader*, 2nd edition, R. Tucker, ed., 683–717. New York and London: W. W. Norton.

Nussbaum, M. 2011. *Creating Capabilities: The Human Development Approach.* Cambridge, MA: Belknap Press.

Resnick, S. A. and R. D. Wolff. 1987. *Knowledge and Class.* Chicago: University of Chicago Press.

——. 1988. "Communism: Between Class and Classlessness." *Rethinking Marxism* 1(1): 14–42.

——. 2002. *Class Theory and History: Capitalism and Communism in the USSR.* London and New York: Routledge.

Roberts, B. 2014. "Productive/ Unproductive: Conceptual Topology." *Rethinking Marxism* 26(3): 336–359.

Roemer, J. 1996. *Equal Shares: Making Market Socialism Work,* ed. E. O. Wright. London and New York: Verso.

——. 2013. "Thoughts on Arrangement of Rights in Productive Assets." *Analyse and Kritik* 1: 55–63.

Schweickart, D. 2012. "Property-Owning Democracy or Economic Democracy?" In *Property-Owning Democracy: Rawls and Beyond*, M. O'Neill and T. Williamson, ed., 201–222. Malden, MA: Wiley-

Blackwell.
Sciabarra, C. 1995. *Marx, Hayek, and Utopia*. Albany: State University of New York Press.
Screpanti, E. 2004. "Freedom and Social Goods." *Rethinking Marxism* 16(1): 185–206.
Sen, A. 1999. *Development as Freedom*. New York: Anchor Books.
Van der Veen, P. and P. Van Parijs. 1986. "A Capitalist Road to Communism." *Theory and Society* 15(5): 635–655.
Vanek, J. 1996. "The Austrians and Self-Management: A Positive Essay." In *Advances in Austrian Economics*, volume 3, P. Boettke and D. Prychitko, ed., 27–40. Greenwich, CT: JAI Press.
Wolff, R. D. 2012. *Democracy at Work: A Cure for Capitalism*. Chicago: Haymarket Books.

第二十七章

国际移民

埃斯拉·埃德姆(Esra Erdem)、
马里哈·萨夫里(Maliha Safri)

导 论

本章将对马克思主义学者关于阶级与移民之间相互关系的理论进行批判性概述,其中的核心主题无疑是移民会对剥削的逻辑造成怎样的影响。此外,还将涉及劳工史,发达国家的排外行为,资产阶级利用移民分化罢工,以及移民本身开展罢工等问题。我们必须承认,我们的材料选取严重受制于自身的地理位置(即局限在美国和欧洲),无法全面公正地看待全球各地移民模式的丰富样态。在我们看来,从理论上阐明移民问题对于马克思主义来说有很大的意义,有助于解决关于失业、产业后备军、剥削、资本主义/后资本主义划分等理论议题中的矛盾和困难。

移民被纳入成为生产方式的一部分

在前资本主义经济以及向资本主义转变的经济形态中,移民问题对于阐明社会关系和生产方式具有非常关键的意义。首先,跨大西洋的奴隶制是通过强制移民来组织的,这些移民在美洲生产烟草、棉花和糖等经济作物。对移民劳动力的残酷剥削不仅支撑了奴隶制的生产方式,而且奴隶制所产生的利润还为第二次工业革命提供了资金，刺激了资本主义在英国的扩张（Williams 1944；Grelet 2001；Beckert 2014；Baptist 2014）。移民问题除了通过深度内嵌于资本主义的奴隶制发挥影响，而且还影响了从封建主义向资本主义的转变。[①]

在欧洲从封建主义向资本主义转变的时期，人口流动带动了城市的发展，生产场所也从农田转移到了工厂。农民在原始积累过程中被驱离出土地、流离失所，这是巩固资本主义生产方式的关键一环（Marx 1976）。伴随着这些过程，像英国《济贫法》这样的压制性措施也有助于将被视为流浪汉的流动人口塑造成温顺的劳动力（Polanyi 1944）。简而言之，农村向城市的移民大大增加了可供产业资本支配的廉价劳动力，同时也极大地改变了生产关系下的社会文化结构。

马克思是最早指出资产阶级自由观念对资本主义、劳动力流动的影响的人之一。他在讨论资本的积累运动如何使工人不断从经济衰退的部门迁移到扩张的工业部门时指出，迁徙自由和契约自由等公民自由对完成这种迁移是至关重要的。另一方面，如果工人用以维持生计的生产资料还没有被剥夺，那么他们是无须为寻求就业而迁移的。

根据马克思的这些见解，马克思主义者们通常把移民问题作为劳动后备军理论的一部分来加以阐述。所谓劳动后备军，也就是说，资本可以根据需要而调用的失业工人的"可移动蓄水池"。[②] 然而，这种后备军的可用性、规模和组成，要受很多因素的影响，特别是会受制于主权国家对跨国界流动的管制方式。今天所谓的劳动力移民计划，就是一种促进和管控资本对接国际劳动力市场的工具。[③] 但劳动后备军并不是直接组建出来的，它需要经过移民、资本和民族国家（无论是送出移民还是接收移民的国家）之间的利益博弈。

主张"移民自主权"的那派学者相当详尽地研究了在移民管制之下资本同劳动力对接的复杂情形。在意大利马克思主义的"工人主义"（operaismo）思想传统的启发下[对其的概述可参见 Virno and Hardt（1996），Wright（2002）]，移民自主论者认为资本主义下移民过程的特征，就是流动逻辑与剥削逻辑之间存

---

① 许多阿尔都塞学派的研究者认为，各种不同的生产方式（封建主义、奴隶制甚至是共产主义的生产方式）在当下也是存在的，是与资本主义同时并存的阶级过程，但我们用"前资本主义"这个术语描述的是历史上移民对奴隶制和封建主义发挥重大影响的时期。不过，我们也认为移民是与当代奴隶制和封建主义的阶级过程有交叉的，尤其是非法移民往往最容易受到这类形式的剥削条件的影响。

② 历史上，后备军的职能也曾经是由从事家务劳动的妇女和特定种族的群体来充当。尽管这些后备军在职能上有相似之处，但还是应该指出，种族主义、民族主义和性别歧视各自所建构出的过程是有很大区别的。因此，每一类后备军作为资本主义的工具，都涉及不同内容的社会和文化对立。

③ 关于"二战"后欧洲工人招募的一个典型例子，参见 Castles and Kosack（1973）。

在基本矛盾。劳动力流动是一种有助于资本保持活力的生产力，但劳动力的流动同时还必须被控制和利用，从中提取剩余价值。[①] 民族国家制定的移民管理政策对于调解这种矛盾关系起着至关重要的作用。[②] 有人可能误解说，只要通过招募计划和边界管制，就可以充分调整跨境人员流动了。当局也经常采用弥补立法漏洞、改进边界巡逻的路线和技术之类的应对措施，试图对移民们自己所设计的流动模式进行引导。[③] 但是，正如最近的难民运动所表明的那样，非法移民“过剩”的情况始终存在，如果想要实施那种被某些人比喻成“欧洲要塞”的总体控制，只能是一种幻想（Mezzadra and Neilson 2013；Bojadžijev and Karakayalı 2010；Papadopoulos，Stephenson and Tsianos 2008）。[④]

因此，移民自主论者反对当代主流经济学那些居于统治地位的移民模型，否认有一种总体化机制可以把移民作为市场“推动和拉动”的对象。这些主流模型认为移民是夹在劳动和资本对立当中，但相关论者忽视了他们自己经常把移民流动比喻成水的流动，由此产生了一种（虚幻的）感觉，以为能对劳动力供应和商业周期进行控制（Mezzadra and Neilson 2013）。

移民的劳动力价值：剥削和抵抗

现在让我们回过头来考察移民的劳动力是如何被纳入剥削逻辑之中，但同时又表现出自身某种特殊性的。移民工人与资本主义企业中所有的生产工人一起分担着剥削、分担着企业对剩余劳动的提取。但是，移民所承受的剥削率与其他生产工人不同，这构成了他们的特殊性。因此，移民的人权和劳动者权

---

① 马克思在《资本论》中给出了一个很好的例子，说明了劳动力的流动是怎样构成剩余价值的生产和资本主义占有的存在条件的。马克思提醒读者“资本不是一个物，而是一种人与人之间的社会关系”，他叙述了皮尔先生的情况：

> “皮尔先生把共值5万镑的生活资料和生产资料从英国带到西澳大利亚的斯旺河去。皮尔先生非常有远见，他除此以外还带去了300名工人阶级成员——男人、妇女和儿童。可是，一到达目的地，‘皮尔先生竟连一个替他铺床或到河边打水的仆人也没有了’。不幸的皮尔先生，他什么都预见到了，就是忘了把英国的生产关系输出到斯旺河去！”
>
> （Marx 1990，932—933；参看《马克思恩格斯文集》第5卷，人民出版社2009年版，第877—878页）

② 虽然经济影响无疑起着重要的作用，但这些方案涉及的范围以及所附的资格标准也总是会受到社会政治考量的制约。像德国这样以民族同质原则（血统主义）为基础的想象出来的共同体，即使面临劳动力短缺的雇主施加了巨大压力，但亲移民的立法在政治上依然还是不可能通过的。

③ 这里的论证回应了“工人主义”认为产业资本为了重新获得对劳动过程的控制而引入新的生产技术的观点。有关移民政策失败的类似论述，可参见Castles（2004）。

④ 类似的，德热那亚将美国和墨西哥边界上的军事管制称为一种以虚幻的控制为特征的奇观（De Genova 2005）。

利的普遍性必须结合他们遭受过度剥削的实际来进行考察。维护移民的人权和劳动者权利,注重的是普遍的平等,但要考察他们所受的过度剥削,我们就必须看到其中的结构性差异。

为了解释为什么资本家支付给移民的报酬要低于国内劳动力价值,目前有三种思路。第一种思路认为,移民的劳动力价值要低于国内劳动力(至少在抵达目的国之后的初始阶段),因为其劳动力价值的参照点仍然是原籍国的情况,那里劳动力再生产成本比较低。第二种思路认为,许多移民工人的法律意识淡薄并且经济状况不稳定,这导致其对雇主的谈判地位较低。① 因此,即使他们知道不公平,也无法拒绝那些低薪的工作。非法移民经常遭遇拒付工资,或者不按时支付合法工资、工资低于承诺水平之类的情况,这些都是真实存在的。随着移民停留在目的国的时间越来越长,他们对劳动力价值的评估也会提高,工资歧视问题就会加深,形成不平等的交换。在第一种情况下,移民和本国工人之间的工资差距是由他们的劳动力价值不同造成的,而在第二种情况下,由于移民已经融入了接收国,工资差距纯粹是由歧视而造成的。②

第三种思路,也就是所谓的劳动力市场碎片化(the segmented labor market,缩写为 SLM)理论,这派学者描述了资本家是如何制造烟雾屏障,将移民工人和非移民工人划分为相互割裂的、碎片化的不同劳动力市场,从而实现剩余提取的最大化(Reich 1981;Gordon,Edwards and Reich 1982;Drago 1995)。劳动力市场碎片化理论结合了制度主义和马克思主义的相关学说,在阐释劳动力市场上的种族和性别歧视方面有很大的影响力,将这些歧视从不平等交换问题转化为职业隔离问题。虽然做相同工作但工资不平等(即纯粹的非法歧视)的问题仍然存在,但相比之下更突出的问题是,有些群体会完全缺席某些职业和劳动力市场。贝克尔(Becker)的新古典经济学模型认为,是市场竞争最终导致了歧视性障碍(Bohmer 1999),但在劳动力市场碎片化理论看来,例如赖希(Reich 1981)认为,工资差距会长期存在,而这会导致所有工人的平均收入降低,资本家的利润率更高。

---

① 德热那亚(De Genova 2005)研究了非法移民因为怕被美国政府查处而不敢自由迁徙的问题,认为这导致他们在劳动力市场上相对雇主处于弱势地位。

② 在这两种情况下,移民的雇主都是扩大了相对剩余价值,因为缩减了必要劳动时间,扩大了剩余劳动时间。但这并不是说移民的雇主不会扩大绝对剩余,例如他们通过聘用移民特别是非法移民从而延长工作日,就是在扩大绝对剩余。移民最开始的时候面对的是一种平等交换,因为他们刚到目的国的时候,其收入虽然低于接收国的劳动力价值,但是接近于原籍国的劳动力价值。而随着他们居留时间越来越长,他们的生活水平已经提高了,但由于工资歧视,他们仍然会继续得到较低的工资,这时移民遭遇的才是不平等的交换,因为他们的劳动力价值增加了,但是收到的工资没有增加。

显然，这就提出了一个问题：为什么资本能如此成功地让移民工人和非移民工人之间相互竞争？虽然在马克思主义的历史上有很多关于国际阶级团结的主张，但事实是，资本与劳动之间的阶级对立是受到各种跨阶级的民族与种族划分的多元决定作用的。[①] 马克思在阐述爱尔兰问题时，就以其特有的尖锐笔调指出：

"英国的工人阶级现在都分裂为英国无产者和爱尔兰无产者这样两个敌对阵营。普通的英国工人憎恨爱尔兰工人，把他们看作会使自己的生活水平降低的竞争者。他们对爱尔兰工人怀着宗教、社会和民族的偏见。他们对待爱尔兰工人的态度大致像以前美国各蓄奴州的白种贫民对待黑人的态度。而爱尔兰人则以同样的态度加倍地报复英国工人……这种对立就是英国工人阶级虽有自己的组织但没有力量的秘密所在。这就是资本家阶级能够保存它的势力的秘密所在。这一点资本家阶级自己是非常清楚的。"

(Marx 1977［1870］，169；参看《马克思恩格斯全集》中文第一版第 32 卷，第 655—656 页)

劳工史上的大量记载都表明了工资竞争、岗位隔离以及工会组织中的种族歧视是如何破坏移民与非移民工人之间关系的。但是，如果说是资本的"分而治之"策略将种族主义植入了工人阶级的淳朴头脑中，那就太过粗糙了。种族和阶级是彼此不同但多元决定的社会关系，其中任何一个都不能还原为另一个。同时，无论是资本家还是无产者，都不会在种族隔离问题上作为一个同质化的利益集团具有整齐划一的立场。[②] "资本家阶级"（就像上文中马克思所暗示的那种具有同一种认识的英国资本家阶级）并不是作为某种具有同质化利益的同质化阶级，从而会在幕后煽动种族主义、性别歧视和仇外心理，同样对于工人来说，也不存在同质化利益、同质化阶级的情况。

平等的公民权利除了作为克服对移民歧视的必要条件，还可以在多大程度上作为充分条件，这一点在左翼内部仍存在激烈争论。巴利巴尔（Balibar 2004）认为，将享受权利的公民和无权利的"sans-papiers"（无合法证件的人）之间的划分加以固化，在欧洲形成了一个新的种族隔离结构。巴利巴尔呼应"新劳工"运

① 美国曾经雇用中国移民劳工来制止铁路罢工（Briggs 2001），20 世纪 60 年代法国在煤矿罢工后则是雇用了摩洛哥工人，这样的例子不胜枚举。资本家从过去到现在一直都在利用移民工人来破坏罢工，通过移民工人来削弱世界各地非移民工人对工资和工作条件的谈判能力（Bacon 2014）。雇主也恰到好处地把移民工人作为自己所造成问题的替罪羊（Davis and Chacon 2006）。

② 例如在南非的种族隔离时代，面临国际禁运的资本家的利益与白人工会的利益截然不同。在德国法西斯统治之下，犹太人的资本家成了反犹主义的针对对象。

动的蓬勃发展，认为这些“sans-papiers”的存在是侮辱公民权的典型，他主张推动西方民主制更加具有包容性，切合这一制度关于全面民主的理想。

移民工人也同样没有简单地让自己成为工厂阶级斗争中的棋子。在19世纪和20世纪初发生过很多移民罢工，引发了劳资关系的重大变化。举例来说，1912年在马萨诸塞州洛厄尔由“世界产业工人联盟”所组织的罢工，就汇集了来自意大利、波兰、匈牙利、葡萄牙、法国、加拿大、斯拉夫和叙利亚等地的移民。女性罢工者高举标语说：“我们要面包，但是也要玫瑰！”——这表明移民工人既提高了对工资的经济要求，也要求资方承认自己的基本人性和尊严。在20世纪60年代和70年代初，西德的南欧移民针对工资歧视、恶劣的工作和住房条件，以及主流白人工会的傲慢，也进行过几次自发罢工（Bojadžijev 2008）。最近，美国新一轮的移民劳工浪潮也刺激了相关理论研究和劳工运动，其中的催化剂就是1990年主要由拉丁裔非法移民所举行的洛杉矶清洁工大罢工（Milkman 2006）。除此以外，还出现了一种“新劳工”运动，主要由在家政、出租车、建筑、杂货零售以及其他一些低薪服务行业中的移民所组成，远远超出了传统的以制造业为基础的工会组织模式。这其中许多职业的移民密集度非常高，工作无保障（有时可能只能干日结工作），再加上很多移民是非法身份，这些新特点就需要有新的组织模式，例如要与移民社区组织合作，要对知名企业的恶劣工作条件进行广泛宣传。受近几十年来这些非正统劳工组织进行勇敢抵抗的激励，许多人现在将新移民的阶级斗争视为全国范围内劳工运动复兴的先兆，甚至可能作为运动的基础（Ness 2005；Davis and Chacon 2006）。

后资本主义和移民

在本章的最后我们要指出，阶级与移民之间的相互关系并不局限于资本主义或前资本主义生产方式。相反，这个问题会延续到各种后资本主义①形态中，当前有很多论者正在研究移民在这些形态中会表现出怎样的经济主体特性。我们认同马克思主义，在马克思主义看来，各种非资本主义的经济形式、组织和阶级过程都是现在已经存在的，而不是要在“革命的紧要关头”之后才会发展起来（Resnick and Wolff 1987；Gibson-Graham 1996）。而在我们对后资本主义的

① 各种后资本主义的形式不应理解为在资本主义之后才到来，不应否认其当下的存在，而应当理解为各种不属于资本主义的政治和经济形式（Gibson-Graham 1996，2006；Mance 2007）。“后”这个前缀更多的是表示对经济和经济发展的不同理解方式，即不只是将资本增长作为改善福祉的唯一手段（Safri 2015）。

研究中,则是重点从移民和推行合作社之间关系的角度来进行阐发,当然我们必须指出,这只是考察后资本主义的许多方向之一。工人合作社为工人提供了一种可以在民主的工作场所谋生的方式,剩余劳动是集体生产、集体占有、集体分配的(Resnick and Wolff 1987;Wolff 2012)。出于这个原因,我们不仅要叙述移民在当今是如何参与合作社的,而且要叙述移民是如何成为美国城市人群中建设、经营、培育新的工人合作社的主力的。

在美国,有一些很著名的工人合作社是由移民妇女运营的:旧金山的 WAGES(Women's Action to Gain Economic Security),纽约长岛的 UNITY Housecleaners,纽约布鲁克林的 Si Se Puede。在美国最大的工人合作社"布朗克斯家庭照护合作社"(Cooperative Home Care Associates in the Bronx)中,70%的成员是拉丁裔第一代和第二代移民妇女。不仅移民自己参与这些非资本主义企业,而且他们还通过孵化其他工人合作社,热情地推广这种模式并分享自己的学习经验(Bransburg 2011)。虽然所有这些合作社的成员都是移民,但具体合作结构有很大差异,至少有两个拉丁裔家庭合作社的比较案例研究表明,合作社中的阶级过程的样态会受到目标消费者市场(高端或低端)以及工人成员的移民属性、社会地位的重大影响(Salzinger 1991)。

移民与后资本主义的另一个交汇点是汇款。通过寄钱给原籍国的家庭成员,移民汇款为不同的经济形式提供资金,既有资本主义的形式,也有非资本主义的形式。菲律宾有一个具体案例就是由非政府组织 Ulad Kabayan 设立了一个"移民储蓄替代投资计划",该计划是从在香港工作的菲佣那里汇集资金,以帮助在移民来源地区建立社区企业(Gibson-Graham 2006)。部分汇款融资项目就是采取了非资本主义的组织形式。另一个案例是由移民汇款支持的墨西哥工人合作社"Mujeres Embasadoras de Nopales de Ayoquezco",这个合作社从种植胭脂掌(一种可供观赏的仙人掌)起步,现在已经发展到在阿约克斯科市建立了第一家工业加工厂(Safri and Graham 2015)。其中的工人(都是移民的女性亲属,她们接受移民工人寄给家里的汇款)负责种植、加工、包装、销售和出口胭脂掌。

这些工人合作社形式可能最终成为向后资本主义的移民政治迈进的一个步骤,但这一进程必然会要走很多步,这只是其中的一步,而且这些形式之间也必然存在内部矛盾。

例如在工人合作社高度集中的意大利的艾米利亚-罗马涅大区,现在就存在这种工人合作社之间发生矛盾的情况。这些合作社在 2011—2013 年的一系列罢工使得移民和本土意大利工人工作条件差异大幅降低(Sacchetto and

Semenzin 2016)。一个主要争议点就在于这些合作社是雇用移民作为没有社员身份的工人,导致这些移民工人工资水平低、劳动强度高,缺乏职业安全感——这实际上是在复制资本主义的生产关系,搞劳动力市场分割。这种由本土的合作社成员和非社员的移民工人组成的混合型合作社,也就从非剥削性企业变为了带有剥削性质的二元型企业。本土工人"理应"参与对剩余的经济决策,但移民工人则被排斥在外,这证明排外主义和种族主义并不是某种生产方式所特有的。

结论:移民的角色

在政治经济学中,移民往往被认为受劳动力市场的推动或者拉动,例如受到过度剥削,被当作对付本土工人的工具等。这些说法都是有问题的,哪怕只是为了阐述剥削问题而善意做出类似论断也不行。"新劳工"学派向我们展现了,移民主导的劳工运动和斗争已经成为历史的转折点,甚至还可能是当代劳工运动的中坚力量。"工人主义"目前已经把关注点转移到移民这一特殊过程上,认为这一过程并不能还原为资本主义的某种表现。移民的角色已经超出了资本主义的控制能力,过剩移民的爆发事实上是资本最终无法控制的,这种情况每天都可以在逃离边界的全球秘密移民那里看到。尽管移民无疑也会被打上资本主义的烙印,被资本主义所分割,但移民问题终究可以证明,资本主义并不能统摄和驯服世界。

我们的结论就是要超越资本主义框架本身。对此,我们必须重视上述这些研究领域,特别是关注其中的研究不足之处:移民与后资本主义或反资本主义具有怎样的相互作用?关于这个问题,我们甚至还需要进一步探讨反资本主义和后资本主义的区别是什么,这种区别有什么政治意义。我们追求的唯一道路即合作社也有一些潜在的矛盾可能会表现出来。这些议题就需要我们进行深刻的、有洞察力的研究,并且搞清楚这些议题也将有助于回答马克思主义最迫切的政治问题之一:怎么办?[1]

---

① 参见本书第 217 页译者注。

参考文献

Bacon, D. 2014. "Why Is This Farm Using Guest Workers as Strike Breakers?" *The Nation*, May 2.
Balibar, E. 2004. *We the People of Europe? Reflections on Transnational Citizenship*. Princeton: Princeton University Press.
Baptist, E. E. 2014. *The Half Has Never Been Told: Slavery and the Making of American Capitalism*. New York: Basic Books.
Beckert, S. 2014. *Empire of Cotton: A Global History*. New York: Alfred A. Knopf.
Bohmer, P. 1999. "Marxist Theory of Racism and Racial Inequality." In *Readings in Black Political Economy*, J. Whitehead and C. K. Harris, eds. Dubuque, IA: Kendall/Hunt.
Bojadžijev, M. 2008. *Die windige Internationale: Rassismus und Kämpfe der Migration*. Münster: Westfälisches Dampfboot.
Bojadžijev, M. and S. Karakayalı. 2010. "Recuperating the Sideshows of Capitalism: The Autonomy of Migration Today." *e-flux* 17 (June). http://www.e-flux.com/journal/recuperating-the-sideshows-of-capitalism-the-autonomy-of-migration-today/ (accessed August 6, 2016).
Bransburg, V. 2011. "The Center for Family Life: Tackling Poverty and Social Isolation in Brooklyn with Worker Cooperatives." *Grassroots Economic Organizing Newsletter* 2(8). http://geo.coop/node/636 (accessed August 6, 2016).
Briggs, V. M., Jr. 2001. *Immigration and American Unionism*. Ithaca, NY: Cornell University Press.
Castles, S. 2004. "Why Migration Policies Fail." *Ethnic and Racial Studies* 27(2): 205–227.
Castles, S. and G. Kosack. 1973. *Immigrant Workers and Class Structure in Western Europe*. London: Institute of Race Relations.
Davis, M. and J. Akers Chacon. 2006. *No One is Illegal*. Chicago: Haymarket Press.
De Genova, N. 2005. *Working the Boundaries*. Durham, NC: Duke University Press.
Drago, R. 1995. "Divide and Conquer in Australia: A Study of Labor Segmentation." *Review of Radical Political Economics* 27(1): 25–70.
Gibson-Graham, J. K. 1996. *The End of Capitalism (As We Knew It): A Feminist Critique of Political Economy*. Oxford: Blackwell Publishers.
——. 2006. *A Postcapitalist Politics*. Minneapolis: University of Minnesota Press.
Gibson-Graham, J. K., S. A. Resnick, and R. D. Wolff, eds. 2000. *Class and Its Others*. Minneapolis: University of Minnesota Press.
Gordon, D., R. Edwards, and M. Reich. 1982. *Segmented Work, Divided Workers*. New York: Cambridge University Press.
Grelet, S. 2001. "The Art of Flight: An Interview with Yann Moulier-Boutang." *Rethinking Marxism* 13(3/4): 227–235.
Mance, E. 2007. "Solidarity Economics." In *What Would It Mean to Win?*, Turbulence Collective, ed., 66–73. Oakland, CA: PM Press.
Marx, K. 1976. *Capital*, Volume 1. London: Penguin Books.
——. 1977 [1870]. "Letter to Meyer and Voght." In *Writings*, Volume 3, 169. New York: Vintage.
Mezzadra, S. and B. Neilson. 2013. *Border as Method*. Durham, NC: Duke University Press.
Milkman, R. 2006. *L.A. Story: Immigrant Workers and the Future of the U.S. Labor Movement*. New York: Russell Sage Foundation.
Ness, I. 2005. *Immigrants, Unions and the New U.S. Labor Market*. Philadelphia: Temple University Press.
Papadopoulos, D., N. Stephenson, and V. Tsianos. 2008. *Escape Routes: Control and Subversion in the 21st Century*. London: Pluto Press.
Polanyi, K. 1944. *The Great Transformation*. Boston: Beacon Press.
Reich, M. 1981. *Racial Inequality*. Princeton: Princeton University.
Resnick, S. A. and R. D. Wolff. 1987. *Knowledge and Class*. Chicago: University of Chicago Press.
Roberts, B. 2011. "Exploitation, Appropriation, and Subsumption." *Rethinking Marxism* 23(3): 341–351.

Ruccio, D. 2011. "Cooperatives, Surplus, and the Social." *Rethinking Marxism* 23(3): 334–340.
Sacchetto, D. and M. Semenzin. 2016. "Workers' Cooperatives in Italy: Between Solidarity and Autocratic Centralism." In *Social Economy in China and the World*, N. Pun, B. Hok-bun Ku, H. Yan, and A. Koo, eds., 135–155. New York: Routledge.
Safri, M. 2011. "Worker Cooperatives: A Class Analysis." *Rethinking Marxism* 23(3): 329–333.
——. 2015. "Mapping Noncapitalist Supply Chains: Toward an Alternate Conception of Value Creation and Distribution." *Organization* 22(6): 924–941.
Safri, M. and J. Graham. 2015. "International Migration and the Global Household: Performing Diverse Economies on the World Stage." In *Making Other Worlds Possible*, G. Roelvink, K. St. Martin, and J. K. Gibson-Graham, eds., 244–268. Minneapolis: University of Minnesota Press.
Salzinger, L. 1991. "A Maid by Any Other Name." In *Ethnography Unbound*, M. Burawoy, ed., 139–160. Berkeley: University of California Press.
Virno, P. and M. Hardt, eds. 1996. *Radical Thought in Italy: A Potential Politics*. Minneapolis: University of Minnesota Press.
Williams, E. 1944. *Capitalism and Slavery*. Chapel Hill: University of North Carolina Press.
Wolff, R. D. 2012. *Democracy at Work: A Cure for Capitalism*. Chicago: Haymarket Books.
Wright, S. 2002. *Storming Heaven: Class Composition and Struggle in Italian Autonomist Marxism*. London: Pluto Press.

第二十八章

农业经济和农业问题

伊丽莎白·A. 拉米(Elizabeth A. Ramey)

导 论

自 19 世纪晚期以来,马克思主义政治经济学家们一直在致力于解决"农业问题",当时欧洲的马克思主义者面临着一个至关重要的问题:在迅速崛起的欧洲资本主义经济中如何理解农民这一角色的作用和意义?马克思主义的革命者们把农业问题看成是迫切的理论和现实政治问题,因为他们认为同农民的阶级联盟是最有可能推动共产主义事业的。在马克思和他的追随者最早提出所谓的"农民问题"之后,农业经济与资本主义发展之间的关系问题一直争论不休。现在 125 年过去了,农业问题仍然是一个难题。

自农业问题被首次提出以来,相关文献中已经形成了三个重要论域(Byres 1986;Bernstein 1996)。这三个方面的内容都可以追溯到经典马克思主义著作。第一个领域是恩格斯对欧洲农民政治的研究,重点关注法国和德国的社会主义政党同农民结成政治联盟的基础和可能性。第二个领域是从第一个演变而来的,研究农业生产发生资本主义转型的可能性。第三个领域研究农业本身及其在更广泛经济发展中的作用。本章将依次考察这三个领域的议题以及相关的主要文献,农业经济和农业问题在马克思主义理论传统中一直受到忽视,但这一分支其实很有可议之处,我们希望对此做一个平衡的概述。

第一次提及农业问题：恩格斯和农民问题

到19世纪晚期，马克思主义理论家们显然必须承认农民在整个欧洲地区的政治和经济持续发展过程中的重要性。在欧洲社会，资本主义工业的发展并没能取代被马克思主义者通常认为是落后的、过时的前资本主义社会的遗迹。农业问题就是由资本主义发展不完全或者发展受阻的困境所引发出来的，农民的存在被认为是这一困境的无奈体现。马克思主义的预言是：只有农民被边缘化或者消亡，经济发展才能够成功；反过来，只有经济发展成功，才会让农民被边缘化或者消亡，两者互为表里。这一观点从一开始就内嵌于农业问题的讨论中。

由于农民在经济发展过程中还没有淡出舞台，所以有必要研究一下他们的政治主张。农民会站在哪一边呢？是反动派还是革命派呢？因而农业问题最开始是讨论“农民问题”。

T. J. 拜尔斯(T. J. Byres 1986)在其研究农业问题的巨著中，认为19世纪晚期欧洲马克思主义者的著作中确立了三大主题或者说三个“问题式”——政治、生产、积累，其中的头一个就是政治。拜尔斯认为恩格斯在1894年的著作《法德农民问题》中，对政治这个问题式的强调要远大于另外两个。

恩格斯在考察欧洲经济格局时指出，当时欧洲大部分地区是农民农业占主导地位，这意味着农民是“人口、生产和政治力量的非常重要的因素”(Engels 1894,2；见《马克思恩格斯文集》第4卷，人民出版社2009年版，第509页)。小块土地的所有者或租佃者和他们的家人一起劳动，他们是社会中的中间阶级，是“过去的生产方式的一种残余”(Ibid.,4；见《马克思恩格斯文集》第4卷，人民出版社2009年版，第512页)，他们既不是完全的资本主义剥削者，也并非一无所有的无产者。由于农民具有这种模棱两可的中间立场，所以他们的政治忠诚很容易受到“大地主这个披着狼皮的羊”以及资产阶级的操纵，受到他们虚假承诺的侵害，“不用很费气力就能够激起农民对社会主义工人的怀疑和憎恨，把他们想象成……设法抢夺农民财产的一群懒惰而贪婪的城里人”(Ibid.,2—3；参看《马克思恩格斯文集》第4卷，人民出版社2009年版，第509页)。因此恩格斯认为，社会党再也不能在政治斗争中忽视农村了，要避免农民这个沉睡的巨人被动员起来成为社会党的敌人。“这样一个政党能心安理得地任凭注定灭亡的农民继续被他们的伪保护者所控制，直到农民从工业工人的消极敌人变成工业工人的积极敌人吗？”(Ibid.；见《马克思恩格斯文集》第4卷，人民出版社

2009 年版，第 510 页）。

在恩格斯看来，欧洲农民在经济上分化出来的“小农”和“中农”的物质利益与工业工人阶级、社会党的利益最为接近。事实上，恩格斯认为，在许多方面小农的经济状况甚至比无产阶级更加不稳定，因为他们承受着沉重的债务负担和日益加剧的全球竞争，并且为了拯救自己的土地而陷入了一场注定失败的战斗中。小农那“根深蒂固的私有观念”（Engels 1894，5；见《马克思恩格斯文集》第 4 卷，人民出版社 2009 年版，第 513 页）不仅扭曲了他们的政治忠诚，也加速了他们的经济毁灭。“正是以个人所有权为条件的个体经济，使农民走向灭亡。如果他们要坚持自己的个体经济，那么他们就必然要丧失房屋和家园，资本主义大生产将排挤掉他们陈旧的生产方式。”（Ibid.，14；参看《马克思恩格斯文集》第 4 卷，人民出版社 2009 年版，第 525－526 页）在恩格斯看来，小农毫无疑问“同过了时的生产方式的任何残余一样，在不可挽回地走向灭亡。他们是未来的无产者”（Ibid.，5；见《马克思恩格斯文集》第 4 卷，人民出版社 2009 年版，第 513 页）。

因此，恩格斯认为“农民问题”根本就没有解决办法。社会党会站在小农的立场上，但他们并不能保证保护小农的财产，除非他们准备“向小农群众作出一些明知不能兑现的许诺”（Engels 1894，13；见《马克思恩格斯文集》第 4 卷，人民出版社 2009 年版，第 523 页）。该党的立场是“随时随地向农民解释……要保全他们那样的小块土地所有制是绝对不可能的，资本主义的大生产将把他们那无力的过时的小生产压碎，正如火车把独轮手推车压碎一样是毫无问题的”（Ibid.，15；见《马克思恩格斯文集》第 4 卷，人民出版社 2009 年版，第 527 页）。

第二次提及农业问题：考茨基、列宁和资本主义农业

恩格斯对“农民问题”的分析是出于政治现实的考虑，缺乏系统的理论分析。而卡尔·考茨基作为当时最有影响力的马克思主义理论家，他把马克思的理论应用和推广到了农村。他基于对德国农业的实证研究，在 1899 年出版的《土地问题》一书中阐述了自己的结论。列宁在该书出版后写道：“考茨基的这本书是《资本论》第三卷出版以后当前最出色的一本经济学著作。在此以前马克思主义还缺少一部系统地考察农业中的资本主义的著作。现在考茨基填补了这个空白。”（Lenin 1899a，94；参看《列宁全集》中文第二版第 4 卷，第 79 页）列宁本人之前也刚刚完成了关于俄国农业问题的著作手稿，即几个月后出版的《俄国资本主义的发展》。考茨基和列宁的著作是在农业问题中阐述“生产问

题”的主要代表。

就像恩格斯一样，考茨基的写作也是出于对德国农民政治的担忧，但他为了解决这个问题将注意力从政治转向经济。这种注意力的转移反映了一种唯物主义观点，即经济活动和经济利益是政治活动和政治利益的出发点。考茨基和恩格斯一样也认为农村社会主义的基础是农民的无产阶级化。考茨基写道：“小土地所有者的心中居住着两个灵魂：一个是农民，一个是无产者。”(Kautsky 1899,324)只有当广大的小农成为受压迫的雇佣劳动者，那个无产者的灵魂才会变强大，农民的革命潜力才会得以实现。因此，政治分析的关键在于要解释资本主义是如何在农村中发展的。正如考茨基所解释的那样，他的目的是要考察**“资本是否做到以及如何做到以下几点：抓住农业，使其发生变革，摧毁生产和所有制的旧形式，使得新形式成为必然”**(Kautsky 1899,12；强调为原文所加)。

同时，考茨基也像恩格斯一样意识到农民之间的经济分化过程的重要性，因此他对这些过程进行了详细的研究。考茨基最初的假设是，从理论上讲，农民农业注定要遭受与制造业中的小商品生产同样的命运。资本积累和竞争有利于农场的集中和整合，使其成为更大的生产单位，其所有者会变成农村资产阶级的成员。小农场将会在竞争中被淘汰，其中的居民就会变成为剩下的大型资本主义农场工作的农村雇佣劳动者。因此，就像工业一样，农业的资本主义发展的过程会产生资本主义农场主和农村无产者这两个对立的阶级。

然而，对小农户消亡的预测并没有得到经验证据的支持。与此相反，1895年的德国人口普查表明，“自19世纪50年代以来，小农场并没有输给大农场”，事实上，“一些地区的小农场似乎正在增长”(Kautsky 1899,11)。因此，考茨基认为马克思的资本主义发展理论不能简单地应用于农业。“农业并不是按照工业所遵循的模式来发展的：它遵循着自己的规律。”(Ibid.)考茨基发现了阻止农业向资本主义转变的几大障碍。尽管大型农场在技术上优越，效率更高，但由于多种因素，小农场仍然可以无限期地生存下来。农民可以通过自我剥削和家庭劳动剥削，实现对劳动力的“过度剥削”。农民会减少自身消费或者增加劳动，从而提高应对竞争的能力，降低自己的平均劳动力成本。此外，小农还可以向更大的资本主义农场提供兼职劳动力，为农村资本主义的发展服务。因此，考茨基的实证分析表明，农民农业可以在不解体的情况下融入资本主义农业。

考茨基的经济分析虽然复杂而细致，但他的政治结论反映了一种对农民的刻板印象，即农民是作为传统社会秩序的保守的、基本是被动的基础，并且他还重新陷入了对历史必然性的简单化理解。在他看来，农民过度剥削自己的倾向是他们竞争优势的根源，而这将使他们永远落后和贫穷。“我们必须承认，在我们看来，小农的优势无非就是他们低人一等的饮食和超人一等的勤奋。两者都证明了其在经济上的落后。”(Kautsky 1899，116)小农的这一缺点连同他们的孤立特性，以及他们对自身真正利益的无知，导致“其他阶级是为了求得自身解放而花了大量精力”，小农却会“花同样那么大的精力去为剥削自己的人效劳”，这会压制其革命的潜力。因此，考茨基建议社会党中立而不是去动员农民(Ibid.，10)。

《土地问题》直到 1988 年才被翻译成英文，部分原因是考茨基与俄国马克思主义者在俄国革命问题上发生了分歧。列宁在 1917 年以后依然在“官方马克思主义”语境中享有美誉，而考茨基则成了“叛徒考茨基”①。因此，虽然考茨基的作品在“一战”之前的欧洲极具影响力，但是列宁的著作得到了更广泛的翻译和阅读。列宁的《资本主义在俄国的发展》一书把马克思的理论应用于分析俄国，他于 1896 年在狱中开始写这本书，并在流放西伯利亚三年之后完成写作。尽管有这些条件的限制，列宁还是依托俄国关于农民家庭的详细而广泛的统计资料，在著作中进行了深入的分析。

与考茨基一样，列宁也强调农民的分化过程是理解资本主义农业崛起的关键。他指出了有两种不同的转变道路：一种是普鲁士道路，即自上而下的资本主义；另一种是美国道路，即自下而上的资本主义。② 列宁认为，俄国的农民阶级已经处于一种分裂状态，或者说是“非农化”，农村资产阶级和无产阶级正在逐步形成。导致农业资本主义转型的因素包括技术变革、全球竞争加剧，以及农民为了维持消费而借更多的债。

列宁与考茨基的不同之处在于，他认为农民拥有巨大的革命潜力。自我剥削的严酷条件，或者说他所谓的“对劳动的掠夺”，会使小农更易于与工人结成政治联盟。由于俄国存在大量的小农、农村无产者和半无产者，所以为了革命成功就必须有这样的联盟(Lenin 1899b)。

---

① “十月革命”后，原先作为马克思、恩格斯的学生和重要阐释者的考茨基，却对俄国革命和新生的苏维埃政权持否定态度，认为社会主义革命一定要在资本主义高度发达以后才爆发，俄国是在违背客观规律蛮干。对此，列宁写成了名著《无产阶级革命和叛徒考茨基》，反驳了考茨基的攻击，批判了他对马克思主义和无产阶级革命的背叛。——译者注

② “普鲁士道路”的资本主义农场主是由前封建地主阶级演化而来。“美国道路”的资本主义农场主则是在农民的不断分化中形成的(Byres 2012)。

第三次提及农业问题：普列奥布拉任斯基

考茨基和列宁的著作中所强调的第二个方面的农业问题，即农业生产的问题，在“一战”之前的阶段对欧洲极具影响力。但在1917年十月革命之后，马克思主义在农业问题上的影响和学术研究的中心也随之转移到了俄国。革命之后，苏联对于管理经济发展和土地改革的实际关切占据了农业问题研究的主导地位。俄国马克思主义者最关心的问题就是如何改造俄国衰败的经济、实现工业化并且避免政治动荡。因此，俄国的马克思主义者把注意力转移到了积累问题上，或者说是如何尽可能利用广大农村地区的农民农业、农业经济来为社会其他部门的资本积累和转型提供资金。

苏联刚成立时，其经济由于第一次世界大战和内战而瘫痪，到1921年已经到了危机点。经济产出远远低于战前水平。工农之间的关系日益动荡，作为革命基础的工农联盟面临着瓦解的危险。列宁在1921年颁布了“新经济政策”，试图缓解危机。围绕着新经济政策，布尔什维克党内在20世纪20年代产生了激烈的斗争，1924年列宁去世后，党内爆发了“关于工业化问题的辩论”。以尼古拉·布哈林为首的右翼理论家支持新经济政策，这一派在1928年之前一直是官方政策的主导者。与之对立的是由托洛茨基领导的左派反对派，其理论代表是叶夫根尼·普列奥布拉任斯基(Evgenii Preobrazhensky)。普列奥布拉任斯基于1926年出版的《新经济学》详细阐述了他在这场辩论中的观点。

辩论的双方都同意，工业化是维护社会主义所必需的，但争论的焦点在于实现该目标的恰当模式和步伐。任何计划的成败都取决于农民。新经济政策在经济上看起来是成功的，到1927年工业和农业产量都已经恢复到了战前水平，但新经济政策也有意识形态和政治方面的矛盾。政策允许私人农业市场的发展，尽管这一市场要受到国家监管部门的严格控制和管理。因此，新经济政策代表了国家计划的部分退却，而在当时的人们看来，国家计划是和社会主义画等号的，因而这也就是社会主义在退却。[①] 布哈林认为，这种退却对于安抚农民是必要的，因为农民可以通过拒绝购买工业产品，或者通过消费和囤积农产品来轻易地“否决”工业化政策。由于存在这种农民的否决权，布哈林认为苏联应该依据农村的条件来决定工业化的步伐。他主张进行“蜗牛步伐”的工业化

---

① 关于苏联的“社会主义”实际上是国家资本主义的问题，详细讨论请参阅 Resnick and Wolff (2002)。

政策，让农业与工业“平衡增长”(Preobrazhensky 1921，n. p.)。

而普列奥布拉任斯基这一方则表示担心，如果允许资本主义在农村发展，那就将产生一个强大的富农阶级，他们会推翻社会主义的革命目标和实现这一目标的手段。① 因此，新经济政策的政治风险最终会压倒经济收益。普列奥布拉任斯基认为，苏联必须在几十年的时间里，自觉地完成英德等国家自发发展花了几百年才完成的工作。他仿照马克思的资本主义原始积累的概念，提出了一个“社会主义原始积累”的概念，用以概括自己的思想。

社会主义原始积累是“创造社会主义生产的物质前提的时期”(Preobrazhensky 1926，81)。由于苏联处于被隔绝状态，所以它不得不依靠内部的剩余来产生原始积累，或者说要从非工业生产部门获得原料、食品和工人，以此来推进工业部门的发展。普列奥布拉任斯基解释说，“小生产既可以作为资本主义积累的供给基地，也可以作为社会主义积累的供给基地”(Ibid.，78)。为了避免这种策略遭遇政治上的抵制，他倾向于不直接征税，而是操纵农业和工业之间的贸易条件，实行“价格剪刀差”。通过提高工业品同农产品的相对价格，国家可以从农民手中获得剩余，将之转移到工业中去。在普列奥布拉任斯基看来，由于政局不稳定，所以社会主义的原始积累时期必须相对短暂。他解释说，“如何能尽快地度过这一时期，如何能尽快地让社会主义制度发挥出自己对资本主义应有的优越性——这对社会主义国家来说是一个生死攸关的问题。”(Ibid.，89)

今天的农业问题：美国

在上述这些关于农业问题的主要论著中，隐含着对资本主义(或社会主义)及其同农民关系的一般看法。正如吉布森-格雷厄姆所说，大多数马克思主义的论述(包括上面这些论述)中认为资本主义具有某些本质属性：统一性、独特性和总体性。说资本主义是统一的，就是指它是一个自身完备、自我调节的整体。内部的运动规律会推动资本主义沿着一条普遍的、确定的发展道路，不断地前进。在这个意义上，资本主义是独一无二的。资本主义并不存在于非资本主义的经济形式中，当资本主义产生时，它就是占主导地位的。说资本主义是总体性的，是指它把所有其他经济形式都包含在自身之中。资本主义不存在

① 事实上，新经济政策确实造成了这样的后果。面对国内的动荡和外国干涉的威胁，斯大林被迫废除了新经济政策，在1928年实施了残酷的工业化计划，即苏联的第一个五年计划。

“外部”(Gibson-Graham 2006,253—259)。

这种关于资本主义的看法也影响了对农业问题的研究。因此,这种研究在生产关于农民的知识时,也生产了关于资本主义的知识,反之亦然。正如我们刚才所看到的,“农民”和“资本主义”被认为是相互排斥的范畴,也就是说,农民主要是从事非资本主义的经济活动。而“资本主义”则是一种更发达、更高效、更理想的经济形式。这种非资本主义或前资本主义的形式要先于资本主义存在,最终也必将被资本主义所取代。(同样的,资本主义也是实现社会主义的必要前提。)农民的存在是落后和发展不够全面的表现。如果农民继续在资本主义的内部(而不是在资本主义的旁边)存在,那么就需要对他们的存在进行解释(或者进行搪塞)——为了能够在马克思主义理论语境中把问题说圆,就既要承认其存在,又要从根本上否定他们的独立性或影响力。我们马上就会看到,今天对农业问题的探讨仍然存在这种情况。

上文中我们说过,经典语境中所谓的农业问题有三层含义,即政治、生产和积累。每一层含义都是马克思主义者为了试图回应当时的紧迫问题而提出的。这几类问题今天依然是紧迫问题。农民农场仍然是全球农业生产的主要形式。关于经济发展和农业向资本主义转变的问题在贫穷的发展中国家仍然是大问题。事实上,当代大多数论著也是关注这些方面的农业问题。(详细述评请参见 Bernstein 1996; Akram-Lodhi and Kay 2010a; Akram-Lodhi and Kay 2010b。)

不过,农业问题在诸如美国这样的工业化国家里也同样很重要,在美国,资本主义的发展极大地改变了粮食和农业体系。但即使在高度发达的资本主义经济体中,农民也仍然是农业生产的主导力量。众所周知,农民农场在美国表现为家庭农场。[①] 家庭农场在政治上极具影响力,在文化上极具代表性,在数字占比上也很庞大。根据美国农业部的数据,2014 年美国 200 万农场中有 97%

---

① 在美国,人们也是煞费苦心地将“农民”(peasant)与“家庭农场主”(family farmer)区别开来,这也许反映出马克思主义者和非马克思主义者都认同农民是落后的。在马克思主义者中有一个明显的例外是罗莎·卢森堡,她在《资本积累论》(*The Accumulation of Capital*)中认为美国的家庭农场主也就是农民(Rosa Luxemburg 1913)。拜尔斯对农民农场的定义是“小生产者使用自己的生产资料和劳动力进行生产(虽然不一定完全如此)”,这一定义也适用于家庭农场(Byres 2012,11)。因此,“农民”和“家庭农场主”之间的区别似乎仅仅是词语上的区别而已(Brookfifield 2008,111)。应该指出的是,关于“家庭农场”的定义存在着广泛的争论,关于农业问题的文献中对此的认识很复杂。

是家庭农场(MacDonald 2014)。①

家庭农场是内嵌于所谓的“工农业综合体”中的,其身旁环伺着“农业企业”这种资本主义巨兽。在整个 20 世纪,美国都是鼓励农民将工业逻辑应用于农场生产,将农场变为“田间工厂”。结果就是大型专业化农场兴起,大量生产标准化产品,并且由于实现了机械化,以及农场购置的其他投入品也都是高科技产品,所以农场对熟练劳动力(或者任何种类的劳动力)的需求减少了。农民以前都是自己生产各种化学、生物和机械的投入品,现在则直接买入。因此,现代的工业化农民是被资本主义大企业所包围的,要从这些企业获取投入品,农场的产品也要靠这些企业来运输、加工、包装和营销。虽然农业本身在美国经济产出中所占的份额微乎其微,但工农业综合体被世界上几家最大的公司所控制,这几家公司可以说都是经济和政治上的巨头。

家庭农场在资本主义内部发生了转型,但不一定是转型成资本主义农场,尽管资本主义农场的定义问题也像家庭农场一样并没有得到解决。事实上,许多涉及工业化国家农业问题的文献都是侧重于解释家庭农场的难题(相关评述请参见 Reinhardt and Barlett 1989;McLaughlin 1998)。在上述那种认为资本主义具有统一性、独特性和总体性的人看来,家庭农场是非资本主义实体,并不属于资本主义经济。因此,他们就需要解释家庭农场何以在资本主义经济中继续存在。第一种解释策略是主张家庭农场已经是资本主义性质的,或者说正处在变成资本主义的过程之中。第二种策略是归因于农业领域中的资本主义发展存在某些障碍,如果没有这些障碍的话,家庭农场就无法逃脱灭亡的命运了。相关论者往往会同时采用这两种论证策略,例如理查德·莱旺廷(Richard Lewontin 2000)就认为由于农民对农业生产过程具有决策权,所以阻止了农业领域中“资本主义的成熟”,直到最近伴随着“农业企业”的兴起,农民才开始丧失这种权威,而这也就是农民无产阶级化的先兆。

也有些理论家对这种主流观点持有异议,他们在相关论著中认为,不能把家庭农场看成是消极的、过时的经济形式,它们并不是反常地存在于资本主义

---

① 关于家庭农场的现有“官方”定义中并没有任何明确提及阶级的内容。例如,美国农业部发布的家庭农场的定义中,是根据财产和权力来划分家庭农场的。也就是说,家庭农场是“主要经营者和与他(她)有血缘或婚姻关系的人拥有农场大部分的业务”(MacDonald 2014)。主要经营者则被定义为“对农场或牧场日常业务负责的决策人”。显然,这一定义涵盖了在家庭农场这个范畴之中所包含的各种变体,从以家庭劳动力为主的古代和封建企业,到以雇佣劳动力为主的大型资本主义企业。联合国粮农组织的定义又加了一条标准:要参与农场的劳动过程。按照这种定义,家庭农场就不仅是农场业务由家庭来拥有和管理,而且大部分的农场劳动力也必须由家庭来提供。根据这个更严格的定义,家庭农场在美国农场总数以及美国农业生产中的比例分别是 87%和 57.6%(MacDonald 2014)。

经济的缝隙之中，而是作为能动的、强健的非资本主义形式，具有适应性、复杂性和稳定性，它们存在于资本主义经济之旁，又参与到资本主义经济之中。

这些反对意见中尤其值得注意的是苏联经济学家 A. V. 恰亚诺夫(A. V. Chayanov)出版于 1925 年的著作《农民经济理论》(*The Theory of Peasant Economy*)。恰亚诺夫同样使用了列宁著作中的数据，再加上他和他的学生的实地考察数据，认为农民农场或家庭农场是一种高效可行的生产方式，可以在农业上与资本主义竞争。这是因为农民家庭不必支付市场水平的工资，可以依靠无酬家庭劳动的灵活性来降低成本(Chayanov 1925)。

在恰亚诺夫这本书于 1966 年出版英译本时，引发了新一轮关于家庭农场的辩论。从那时起，有其他一些论者也遵循这种观点做出了论述，他们研究了家庭农场在美国生存下来的多种策略和适应方式。在最近的一个例子中，E. A. 拉米(E. A. Ramey 2014)论述了 20 世纪美国中西部家庭农场所采用的各种生存策略，包括采用新的农业技术，提高对无酬家庭劳动的剥削率等。她认为，非资本主义家庭农场的生存策略之一，就是参与非农领域的雇佣劳动，而不是把农场本身转变为资本主义形式。[关于家庭农场所具有的这种弹性，进一步的文献可参见 Brookfield(2008)所做的综述。]

结论:21 世纪的农业问题

由于农业的工业化，以及家庭农场主为了适应环境变化采用了一系列生存策略，美国的家庭农场主已经成为美国历史上生产率最高的一群人。然而，在 21 世纪，工业化农业充满了争议。这一体系牵涉到越来越多关于人类健康、环境、社会和伦理道德的严重问题。迈克尔·波伦(Michael Pollan 2006)的《杂食者的两难》(*The Omnivore's Dilemma*)一书对这些问题做了一些通俗解释，同时还有其他很多学者和记者针对大众读者撰写文章，激发起了一场替代食品运动(alternative foods movement)。

马克思主义理论家也参与了这些议题的讨论，相关文献涉及企业权力、民主和不平等，环境的可持续性和气候变化，饥饿和肥胖，将机器逻辑应用于自然系统的问题，异化、去技能化和农民自主权的丧失等诸多问题。罗伯特·阿尔布里坦(Robert Albritton 2009)在《让他们吃垃圾食品:资本主义是如何制造饥饿和肥胖的》(*Let Them Eat Junk: How Capitalism Creates Hunger and Obesity*)一书中，从马克思主义的视角出发，论述了与工业化农业相关的诸多问题。在他看来，“资本主义生产指望直接利益最大化的全部精神，都和维持人类世世代代不断需要的全部生活条件的农业有矛盾”(Marx in Albritton 2009,2;参看《马克思恩格斯文集》第7卷,人民出版社2009年版,第697页)。像其他马克思主义理论家一样,他的目的就是要证明资本主义是同粮食供应体系的合理形态存在根本矛盾的。

有越来越多的人开始意识到粮食和农业体系已经被破坏了。事实上,这是资本主义经济出问题的一个鲜明例证。所以,人们现在开始反对资本主义农业体系,建设替代性的食物链。或许没有其他议题会如此广泛、普遍地唤起人们支持**系统性变革**,接受对资本主义的批判。在粮食和农业议题上,马克思主义理论家作为系统性批判资本主义的专家,有关于农业向资本主义转变问题的大量论著,可以为支持这一运动做出独到的贡献。

显然,新产生的一系列农业问题是相互关联的。家庭农场在产生与工业化农业之间的矛盾问题上发挥了什么作用?它在向非资本主义、非剥削性的农业替代形式的转变中可以起什么作用?在资本主义和非资本主义的经济中,粮食和农业部门会有怎样的变化?然而,要充分利用这一系列新的农业问题来考察家庭农场在社会变革中的潜在作用,我们关于资本主义的根本认识就需要采用一种新的话语。

既往的主流观点认为资本主义具有统一性、单一性和整体性,但其关于农民和家庭农场的所有预测,无论在历史上还是在当代社会都没有得到证实。其结果就是马克思主义在这一领域中被边缘化,因为现有的关于工业化国家中农业问题的学术研究,主要都是集中于家庭农场是否能在工业化经济中继续存在、如何才能持续存在。由于马克思主义的农业问题研究视野受限,也就脱离了现实问题,不具有政治紧迫性。事实上,新古典经济学的农业理论也是很鄙视家庭农场的,它也需要有个替代方案,但怎样构建新理论还不甚清晰。这意味着马克思主义关于家庭农场及其在未来农业领域的转变中能发挥什么作用,在理论上还有很大的发展余地。我们需要对资本主义社会中像家庭农场这样的非资本主义实体的作用进行多维的、细致的、系统的分析。上文中所讨论的这些观点都是寻找理论替代方案的必要尝试。

要使家庭农场摆脱在马克思主义学术研究中的边缘位置,其基础性工作就是要发展出另一种关于资本主义的话语体系,根据这种新话语体系来考察农业问题。吉布森-格雷厄姆认为“相较于经济和社会的整体”,资本主义是“去中心化的、分散的、多元的和局部性的”(Gibson-Graham 2006,259)。以此来看待资本主义,我们就可以打开思路,设想、期望和确定当今社会中非资本主义实体(包括非剥削实体)的存在,并就其在社会变革中的作用进行新的思考。资本主义绝不是一个包罗万象的整体，并不是要在立即改变或者根本不变之间二选一。当我们能够以更加开放的态度来看待非资本主义经济形式，那么我们也就可以有更大的可能性去进行有效的政治和经济干预。从这样的角度来看，像家庭农场之类的形式并不是从属于资本主义的，而是现实的、可操作的替代性农业生产形式。这些替代形式不仅可以在遥远的过去或将来获得成功，而且也已经在今天取得了成功。以此来看待资本主义和家庭农场，马克思主义关于农业问题的研究也就可以获得复兴，马克思主义学者可以充分参与当代相关重要问题的讨论。

参考文献

Akram-Lodhi, A. H. and C. Kay. 2010a. "Surveying the Agrarian Question (part 1): Unearthing Foundations, Exploring Diversity." *The Journal of Peasant Studies* 37(1): 177–202.

——. 2010b. "Surveying the Agrarian Question (part 2): Current Debates and beyond." *The Journal of Peasant Studies* 37(2): 255–284.

Albritton, R. 2009. *Let Them Eat Junk: How Capitalism Creates Hunger and Obesity*. London and New York: Pluto Press.

Bernstein, H. 1996. "Agrarian Questions Then and Now." *The Journal of Peasant Studies* 24(1-2): 22–59.

Brookfield, H. 2008. "Family Farms Are Still Around: Time to Invert the Old Agrarian Question." *Geography Compass* 2(1): 108–126.

Byres, T. J. 1986. "The Agrarian Question, Forms of Capitalist Agrarian Transition and the State: An Essay with Reference to Asia." *Social Scientist* 14(11/12): 3–67.

——. 2012. "The Agrarian Question and the Peasantry." In *The Elgar Companion to Marxist Economics*, B. Fine and A. Saad-Filho, eds., 10–15. Cheltenham: Edward Elgar.

Chayanov, A. V. 1925. *The Theory of Peasant Economy*. Manchester: Manchester University Press.

Engels, F. 1894. "The Peasant Question in France and Germany." https://www.marxists.org/archive/marx/works/download/Engles_The_Peasant_Question_in_France_and_Germany.pdf (accessed June 1, 2016).

Gibson-Graham, J. K. 2006. *The End of Capitalism (As We Knew It): A Feminist Critique of Political Economy*. Minneapolis: University of Minnesota Press.

Kautsky, K. 1899. *The Agrarian Question*. Trans. by P. Burgess. London and Winchester, MA: Zwan Publications.

Lenin, V. I. 1899a. "Book Review: Karl Katusky. Die Agrarfrage." In *Lenin Collected Works*, 4:94–99. Moscow: Progress Publishers. https://www.marxists.org/archive/lenin/works/1899/mar/kautsky.htm (accessed June 1, 2016).

——. 1899b. *The Development of Capitalism in Russia*. https://www.marxists.org/archive/lenin/works/1899/devel/index.htm (accessed June 1, 2016).

Lewontin, R. 2000. "The Maturing of Capitalist Agriculture." In *Hungry for Profit: The Agribusiness Threat to Farmers, Food, and the Environment*, F. Buttel, F. Magdoff, and J. B. Foster, eds., 93–106. New York: Monthly Review Press.

Luxemburg, R. 1913. *The Accumulation of Capital*. https://www.marxists.org/archive/luxemburg/1913/accumulation-capital/ (accessed July 1, 2016).

MacDonald, J. 2014. "Family Farming in the United States." USDA, Economic Research Service. http://www.ers.usda.gov/amber-waves/2014-march/family-farming-in-the-united-states.aspx#.VYhFq6bvjOo (accessed June 1, 2016).

McLaughlin, P. 1998. "Rethinking the Agrarian Question: The Limits of Essentialism and the Promise of Evolutionism." *Human Ecology Review* 5(2): 25–39.

Pollan, M. 2006. *The Omnivore's Dilemma: A Natural History of Four Meals*. New York: Penguin Press.
Preobrazhensky, E. 1921. "Biographical Note." In *From N.E.P. to Socialism*. Trans. by B. Pearce. https://www.marxists.org/archive/preobrazhensky/1921/fromnep/index.html (accessed June 1, 2016).
——. 1926. *The New Economics*. Trans. by Brian Pearce (1965). Oxford: Clarendon Press.
Ramey, E. A. 2014. *Class, Gender, and the American Family Farm in the 20th Century*. London: Routledge.
Reinhardt, N. and P. Barlett. 1989. "The Persistence of Family Farms in United States Agriculture." *Sociologia Ruralis* 29(3/4): 203–225.
Resnick, S. A. and R. D. Wolff. 2002. *Class Theory and History: Capitalism and Communism in the U.S.S.R.* New York and London: Routledge.

第二十九章

经济发展

安詹·查克拉巴蒂(Anjan Chakrabarti)、
阿努普·达尔(Anup Dhar)

战后马克思主义和新马克思主义的“发展”理论,从批判各国国内和全球资本主义体系下的“欠发达”,延伸到了批判那种将帝国主义看成发展先驱的观点。今天那种“计划经济的社会主义”已经崩溃了,剩下的几个社会主义国家也在后全球化时代进行了改革,所以我们面临的问题就是要凸显马克思主义的发展理论同其他发展理论的区别,特别是要同那些主流发展理论区分开来。在当代背景下,人们尤其对马克思主义同发展的关系、阶级同社会需要的关系感到好奇。为了应对这类问题,我们在下文中要介绍马克思主义发展理论的一些新进展,这种新型的马克思主义发展理论通过考察“经济发展”问题的历史背景和理论文献,对发展问题进行了批判性的讨论。

关于欠发达问题的争论

西方国家与“落后国家”之间的关系是 20 世纪初期马克思主义文献中的重要议题。[①] 布哈林和列宁对于垄断资本主义阶段中帝国主义能否推动进步表示怀疑,他们认为垄断资本主义已经成为生产力发展的障碍,相应的,帝国主义也就是一种为垄断资本和帝国权力服务、攫取市场和掠夺落后国家资源的工具,

---

① 进一步的综述和分析,请参见 Larrain(1989),Chakrabarti and Cullenberg(2003),Ruccio(2011)。

而在这一过程中，那些成为帝国主义殖民地的国家也就会欠发达。要打破欠发达的枷锁，唯一的途径就是发动世界社会主义革命，特别是那些欠发达国家要进行革命，这样才能推翻或绕过资本主义。从20世纪50年代到70年代，保罗·巴兰(Paul Baran)、保罗·斯威齐(Paul Sweezy)和A. G. 弗兰克(A. G. Frank)等学者正式将“欠发达”作为一个理论议题进行阐述，提出了“中心-边缘”“不平等交换”或“世界体系”等不同的学说，认为外围国家/地区欠发达的原因，相应也正是核心发达国家/地区发达的原因所在，即所谓的“靠欠发达而发展”。在他们看来，资本主义的矛盾在于它加剧了外围的欠发达程度，而不是促进生产力发展。

这一论点引发了尖锐的反驳。比尔·沃伦(Bill Warren 1980)批判列宁的观点，非常挑衅地宣称帝国主义及其当代版本——新殖民主义(即外围国家独立后经济的发展状况)是资本主义的开拓者。对于资本主义通过帝国主义的方式向第三世界国家渗透，沃伦辩护说帝国主义有助于打破封建的或前资本主义的束缚，解放生产力，并且帮助这些国家建立先进的资本主义社会。即使人们接受欠发达理论关于国际性束缚的论点，但假如真的采用了这派理论家所支持的保护主义政策，那就会导致缺乏外商投资、缺乏国际交换关系，结果还不如做帝国主义的卫星国。亚洲一些国家作为当代最晚一批发达起来的国家，其经济崛起被认为给沃伦的观点提供了经验证据。

罗伯特·布伦纳(Robert Brenner 1977)在参与西欧特别是英国从封建主义向资本主义转变问题的辩论时，认为历史唯物主义所认为的核心变革动力并不是任何经济因素，例如生产力，而是阶级斗争的政治方面。布伦纳批评了多布(Dobb)的经济本质主义(认为生产力的发展是首要动因)和斯威齐的非阶级观点(认为对外贸易是首要动因)，进而对欠发达理论开展了全面批判(Hilton 1978)。在布伦纳看来，欠发达理论忽视或者说轻视了阶级关系、阶级剥削和阶级斗争，对欠发达问题做了非马克思主义的解释。而布伦纳本人认为先进国家并不是依赖于欠发达国家才获得增长或者进行奢侈品消费的，欠发达国家的经济困境应该从其**内部**的阶级结构和阶级斗争政治中考察，而不是从与发达国家的外部关系中考察。

最后，阿尔都塞学派也批判了欠发达理论对阶级结构和生产方式问题的轻视。雷伊(Rey 1978)对经典版本的历史唯物主义做了修正，改变了对于传统生产方式、殖民地生产方式等概念的理解，认为资本主义天生就是一个动态发展的存在，不应让它对欠发达问题负责。外围国家的欠发达是由于前资本主义生产关系阻止或减缓了资本主义的发展。因此，这些国家欠发达的原因就在于当地现有的社会形态。资本主义通过暴力消灭这种封建的生产方式是合理的；而且因此也就不得不剥夺农民的土地。但是这种暴力最终会产生反作用，并将为激化更深刻更广泛的阶级斗争、为社会主义革命创造条件。

但所有这些反驳意见也都遭到了全面批判，相关批判认为这些反对意见从方法论上都是决定论（经济或政治的决定论）和目的论的，因为它们都认为暴力是资本主义的必要条件，是使社会发生改变/转变的必要条件，而对阶级和生产方式的认识不够充分，内在地具有一种资本中心主义（capitalocentrism）。由于受到马克思主义内部的批评，上述这些理论的影响到 20 世纪 80 年代逐渐减弱。此外，在后全球化世界中，这些外围国家的社会生活的生产已经越来越依赖于全球资本循环，并且全球资本主义也正在过去的欠发达国家中崛起（例如，我们可以注意到资本主义向金砖国家的转移），那种认为外围国家是只有本土资本/非资本的纯朴之地，或者只是作为西方工业资本主义的卫星国的观点，已经不符合实际了。

马克思主义对主流发展观的批判

在由雷斯尼克和沃尔夫率先提出的聚焦于阶级的马克思主义理论中，“经济”被看作去中心化、分散化的存在，是由各种资本主义的和非资本主义的阶级过程所构成的，而这些阶级过程又是由各种其他非阶级过程包括非经济过程所多元决定的。从这种聚焦于阶级的观点来看，主流发展观的认识论的根源就是一种经济二元论。经济二元论假定有一个“掌握霸权的自我”和一个“有缺陷的他者”（例如资本和前资本），将这种二元划分作为理论起点，例如亚瑟·刘易斯（Arthur Lewis）的发展理论就是划分了农业-工业或者说正规-非正规经济。这种二元论（在去中心化、分散化的经济现实中）设定了两个**先验的**建构中心：一个是“作为中心的资本”或者说资本中心主义，另一个是“作为中心的欧洲或西方”，这也就产生了欧洲中心主义或东方主义。在主流的发展观中，资本中心主义和东方主义是相互建构的，形成了一种相互补充的连锁逻辑，为经济二元论提供了稳定的确定性核心。聚焦于阶级的马克思主义理论则指出，经济二元论中的资本中心主义和东方主义观点自认为反映了经济现实，但实际上是一种政治结构，其作用是为了延续关于发展的决定论和目的论想象，马克思主义学者分析了其中的原因和具体运作方式（Chakrabarti and Dhar 2010）。

首先，**制造**这种经济二元论，有助于掩盖阶级（过程）的问题，或者更确切来说，是掩盖经济中的阶级话语。抹杀了阶级过程，也就抹杀了和“阶级过程”范畴联系在一起的各种可能性，导致无法理解经济现实的去中心化和分散化。因此，也就不可能理解各种存在差别的“不属于资本主义阶级过程”的东西了，反而把这些多样化的存在都归为“非资本主义”这一同质化整体。此外在东方主义看来，南方世界的非资本主义也就统一被归为“有欠缺的他者”，即缺乏现代欧洲式的工业资本主义。

东方主义者还进一步把非资本主义看作前资本主义，认为前资本主义不仅仅是同资本主义空间联系在一起的同质化空间，而且是对所谓的第三世界的状态的反映乃至于反思。异质性的“不属于资本主义的”阶级空间被描述为一个有缺陷的、多余的、欠发达的他者——一个资本主义阶级过程中的**前**资本主义**他者**——为方便起见，也可称为“受害的他者”和“多余的他者”。这样，“传统的前资本主义的第三世界”在他们眼里就成为经济落后的标志；家庭、农业和非正规经济部门成为落后的传统场所；农民家庭、土著民众、部落群体、非正规部门劳动者、穷人以及遭受贫穷和苦难的妇女儿童，就成为疾病的征兆，是所谓传统的衰败结构的受害者，是“振兴事业”和外在/外部国家（国际）干预的合法主体（实际上是**客体**）。多样化的非资本主义阶级过程既然都被描述为某种前资本主义的东西，那未来就只剩下两种可能——要么蜕变为资本主义阶级过程，要么在资本主义原始积累过程中被摧毁。

但是这种第三世界的他者、前资本主义的他者、有缺陷的他者，并不是完全**外在于**现代资本主义，而是相对于后者而言被认为是**欠缺**(lacking)。这种他者不是由“它是什么”来定义的，而是由现代资本主义中欠缺或缺失的东西来定义的；因此它并不是一种作为他者的他者（Other qua Other)，而是资本内部的他者，尽管是作为资本的欠缺。显然，外在于资本的“生活经验”，或者说资本的作为他者的他者，相比于那种把外部/他者表述为欠缺或第三世界的想象，要丰富得多。

因此，在二元论模型中也会出现作为他者的他者。我们姑且称这个作为他者的他者是“第三的世界”（world of the third)［区别于“第三世界”（third world)］。因此，从聚焦于阶级的观点来看，即使存在霸权主义，发展格局也不是二维而是三维的，我们可以列出这三个坐标轴：(1)现代主义/资本主义为“p”；(2)有欠缺的他者/第三世界如果一定要表示，那就可以写成“～p”；(3)被抹杀的他者/“第三的世界”。如果第三世界是发展的**内部构成要素**，或者说是“被占有的他者”，那么“第三的世界”就是**外部的构成要素**，即发展的“未被占有的他者”。

由于对阶级和“第三的世界”的抹杀和排斥（Chakrabarti，Dhar and Cullenberg 2012)，“资本”和“现代”也就成为资本中心主义、东方主义认识论的锚定点，以此来对经济和发展进行二元化的划分，而这也成了今天我们组织思想世界、相关实践和经验的基础。我们把去中心化、分散化的经济现实代换和还原到“p”与“～p”的二元结构中，给(p)赋值，而**他者**(～p)则被视为“欠缺 p”，因此是负值。人是处在各种具体情境、制度和实践之中的，并且要通过这些情境、制度和实践来进行其质询和主体化的过程，但上述这种对经济、社会形态转变问题的二元想象已经在其中深深扎根了，所以我们会毫不怀疑地去定义——特别是在南方世界——对经济、文化、政治和进步的日常常识性理解。“现在到处都是西方，无论是在西方内部还是在西方外部，其结构和思想都是西方式的”(Nandy 1983，xii)。

可悲的是，即使是对资本主义持批判态度的后发展主义者，或者对资本主义之外的其他可能性抱有同情态度的人，也往往不能区分**欠缺**的逻辑和**欠缺**的现实，将其他的、不同的样态都视为有欠缺，把“他者”(other)归结为“非-”(non-)这个前缀。其所造成的影响是非常深远的。

对后发展和帝国的质疑

后发展主义在批判主流发展理论时，表现出了以下几个立场：(1)他们是用东方主义的视角看问题，将南方经济体建构/贬损为“第三世界”；(2)他们在看待南方世界或者第三世界经济体这一概念时，是采用一种本质主义的思路；(3)他们在用一种现代西方的进步观念(理想)来消解和破坏非西方、非现代的经济体，而这种现代西方的进步观念(理想)是建立在资本主义发展及其目的论话语基础上的(Escobar 1995)。总而言之，他们是想从资本主义发展的普遍事业中，寻找到“第三世界”自由和振兴的出路。随即，人们就对后发展主义理论提出了两大批评。

吉布森-格雷厄姆和卢西奥(Gibson-Graham and Ruccio 2001)指出，后发展主义所采用的是一种现实主义认识论，即“假设经济知识是对一个被称为‘经济’的现实存在物(通常被理解为资本主义的统治地位)的反映”(Ibid.，162)，而把经济还原为资本主义的做法又被认为“在某种程度上是外在于话语的，是超越解构力量的……(好像)从本体论上来看是理所应当的，是一种具有无穷威力的做法，因为这样做让各种具有多重意义的概念摆脱了话语实践，摆脱了意义不稳定性，具有无可争辩的现实性”(Ibid.，165)。结果是，“后发展主义在批评资本主义时不是把经济看成一个根本异质性的社会空间，而是强化了资本主义的话语霸权，结果导致他们试图推动的所有替代性经济实践都被边缘化了”(Ibid.,166)。

后发展主义接受了人们通常对经济的理解(而这种理解内在地就包含一种现实主义和资本中心主义的观点)，从而也就不可能看到经济的去中心化和分散化。从另一个角度来讲，这就意味着后发展主义者无法站在经济空间去中心化、分散化的立场上，正确鉴别出经济的二元(论)模型何以产生，其中的中心主义逻辑何以产生。相反，他们会认为经济的真正现实就只能是既定的二元结构，只能是划分为现代资本主义经济(p)和传统的前资本主义经济(～p)，在前人所设定的条条框框中丝毫无法逃离。

第二个批评来自笔者关于“第三的世界”的理论。我们认为这种“第三的世界”与所谓的第三世界截然不同，但后发展主义者深层的认识论认为资本中心主义-东方主义驱动了经济发展，所以他们就看不到这两者之间的区别(Chakrabarti and Dhar 2010)。因此，埃斯科巴指出：“发展的话语……创造了一种非常有效的手段，可以使人们生产出**关于第三世界的知识**，生产出**对第三世界的权力行使**”(Escobar 1995,9;强调为引者所加)。他认为“第三世界是有争议的现实，其现状有待审查和磋商”(Ibid.,214—215)，所以他坚定了要拯救“第三世界”的信心。一般来说，后发展主义者最终同样会得出一个(p,～p)的二元模型，并且对(～p)的负值表示感到烦恼。他们站在经济二元论的反面，质疑却又捍卫着同一个“x”。“制造-不制造”第三世界不仅是一种经验层面的事情，而且更最主要的是一个理论问题：在一个去中心化和分散化的经济体中，要如何从理论上去阐明同中心(也就是以资本-现代为中心)相对的**外部**？也有人想要抵制对于第三世界的负面理解，却完全没有意识到，第三世界是资本主义发展的“作为组成部分的有欠缺的内部”，这个概念只可能是一种诋毁性的概念。

假如从理论上阐明了**外部**，那么就可以看到**发展的控制、调控和渗透对象并不是第三世界，而是“第三的世界”**。“第三的世界”蕴藏着外在于、超越(全球)资本主义现代性的非资本主义语言-逻辑-生活经验-伦理的可能性，可以抛弃资本主义的伦理和语言。但是，在发展逻辑中，“第三的世界”又会被替换为“第三世界”——作为前资本主义的第三世界，这是资本逻辑和线性时间阶梯中的下面一级台阶。“第三的世界”作为对资本主义当下和未来的批判，因而也会被还原为第三世界那种**过去**。困在二元论框架中不仅会封闭(抹杀)我们对于非资本主义的替代方案——替代资本主义发展的方案——的想象/表达，而且会使我们对于具有霸权的**内部**(即全球资本主义)的考察也不够充分。

无法从理论上阐明外部的绝不只是后发展主义者。那种认为“本地”从属于全球化趋势的观点也有这方面问题。例如，哈特和奈格里（Hardt and Negri 2000）所说的“帝国”的趋势中，全球就是缺少某种**外部**的。他们断言，全球化已经将所有国家都移入了全球资本的逻辑之中，从而外部的概念已经变得多余了。第三世界曾经是一种能够发挥抵抗性的外部，但这种第三世界已经是历史陈迹了。结果，哈特和奈格里的帝国理论中由于否定第三世界的存在，而忘记了更加重要的“第三的世界”。

破解正规-非正规二元论

如果想要破解正规-非正规经济的二元论，破解（p，～p）的正负值对立，就要采用聚焦于阶级的去中心化理论来分析经济，把日常生活中的劳动分成三大类型：(1)个人劳动（A），(2)非劳动（B），(3)集体劳动（C）。此外，我们还要增加另外两个标准：分配和报酬。在分配方面，我们只看两种产出分配形式——商品和非商品。相应的，工人的报酬也只看两种形式——工资和非工资。这样，我们可以得到 24 个“阶级集合”（Cullenberg 1992）。

即使在这种最初步的分析水平上，一个经济体也可以表现为这 24 个阶级集合搭配出的无数种制度形式。考虑到这些阶级集合的存在条件（剩余的分配和接受过程，社会需要，种族，种姓，性别，财产结构，权力关系，等等）的多元决定作用，经济的异质性程度还会更高。因为任何一个阶级过程都不能还原为另一个，所以聚焦于阶级的经济体从基本构成方式来说就是分散化的。由于无法将经济还原为某一个或某一组阶级集合（例如还原为资本主义或封建主义的阶级集合），所以聚焦于阶级的经济体也就是去中心化的。

表 1

序号	剩余劳动的生产方式	剩余的占有方式	产出分配	工人报酬
1	A	A	商品	工资
2	A	A	非商品	工资
3	A	A	商品	非工资
4	A	A	非商品	非工资
5	A	B	商品	工资
6	A	B	非商品	工资

续表

序号	剩余劳动的生产方式	剩余的占有方式	产出分配	工人报酬
7	A	B	商品	非工资
8	A	B	非商品	非工资
9	C	A	商品	工资
10	C	A	非商品	工资
11	C	A	商品	非工资
12	C	A	非商品	非工资
13	A	C	商品	工资
14	A	C	非商品	工资
15	A	C	商品	非工资
16	A	C	非商品	非工资
17	C	B	商品	工资
18	C	B	非商品	工资
19	C	B	商品	非工资
20	C	B	非商品	非工资
21	C	C	商品	工资
22	C	C	非商品	工资
23	C	C	商品	非工资
24	C	C	非商品	非工资

只要我们聚焦于阶级来看待经济和经济学，经济二元论就站不住脚了。1999 年由国际劳工组织/国际自由工会联合会举办的国际研讨会，将非正规部门的劳动力分为三大类：(1)微型企业的所有者-雇主，雇用几名有酬工人，带或者不带学徒；(2)拥有并经营一人企业、自负盈亏的工人，他们单独工作，或者是有若干无酬工人从旁帮助，通常是由其家庭成员和学徒来做这种帮工；(3)有酬或无酬的非独立工人，包括微型企业的有酬工人、无酬的家庭成员、学徒工、包身工、家庭雇工、有酬的家务劳动工人。这三类情况可以映射到 24 个阶级集合中，其中既有剥削性的阶级集合，例如资本主义的、封建主义的、奴隶制的以及各种 CA 组合类型(5—12，17—20)，也有独立型阶级集合(1—4)，还有非剥削性的阶级集合，例如各种 AC 组合类型的社群主义集合，以及共产主义的集合

(13—16,21—24)。[①]一旦放弃了资本中心主义-东方主义的经济观,转而聚焦于阶级来把握经济的去中心化样态,那么从逻辑上说就不存在某种特定的经济组织形式——例如资本主义的经济组织形式——甚至某类阶级集合形式可以单独受优待,被算作正规经济部门。同样的,也没什么根据可以说哪个特定的阶级集合是“非正规”的。人们所熟知的“正式部门”和“非正式部门”这两个术语,以及正规/非正规的二元论,都消融在了各种阶级过程的异质性的、多元决定的无限性之中。

此外,有许多不同种类的阶级集合都可以算作正规经济部门。首先我们排除以下形式,这肯定不算正规经济:(1)采用无酬劳动或实物报酬;(2)从通常定义的正规部门以非商品形式获得分配。然后可以算作正规部门的阶级集合就包括(5,9,13,17,21),其中属于资本主义的阶级集合只有(5,17)。而第21组集体进行劳动、集体占有剩余,但同时劳动力和产出又是市场化的,如果实现的话就应当算作共产主义的阶级集合。同样,这些阶级集合中有很多属于非正规部门,这反过来又使得正规和非正规之间的界限变得模糊,以至于根本无法区分。以我们的发展观来看,把正规部门归结为资本主义、把非正规部门归结为非/前资本主义是站不住脚的。

最后,由于阶级集合会持续不断地流变,从一种类型变为另一种类型,所以所谓的转变也就具有开放式结尾,是非目的论的(Chakrabarti and Cullenberg 2003)。这与主流理论例如国际劳工组织(International Labour Organization 2002)所提出的经济**正规化**的确定性路线图形成了鲜明的对比。

经济二元论对于这样一个去中心化的、分散化的经济体会造成什么影响呢?二元论结构实际上主张要进一步重构这个经济体,其手段就是要把某个特定的阶级过程**固定下来,赋予其特权**,这个阶级过程就是资本主义阶级过程,即把(5,17)这样的特定阶级过程作为正规部门的代表,而其他阶级过程则被同质化为非资本主义或前资本主义,是非正规部门。此外,让我们回想一下,主流理论是给“正规”,即给这里所说的默认为资本主义阶级过程的那些属性,赋予一个正号(例如,可参见 Porta and Shleifer 2014)。与此同时,非资本主义阶级过程因为欠缺这些属性,相应也就被定位为负值。这些非资本主义阶级过程也就因而被打包进了一个同质化的角色:**前**资本主义。由于人们通常会把资本主义

① 所谓社群主义的阶级过程(CA 和 AC),指的是两种可能的情景:(1)虽然直接生产者是集体生产剩余(C),但只有其中一个生产者(A)占有剩余(例如,家庭农业单位中的男性户主),其余人则被排除在外;(2)虽然直接生产者是单独生产剩余劳动(A),但占有是集体性的(C),没有人被排除在外(例如,在独立型农场中,所有成员都是进行个体生产,但他们会聚在一起分配剩余)(Chakrabarti and Dhar 2010)。

部门看成正规经济部门的核心，所以正规-非正规的二元对立通常也映射为资本主义-前资本主义的二元对立。即使后续有人试图偷偷输入异质性，也仍然会被禁锢在这个预先设定的二元结构中。

虽然国际劳工组织的话语在描述非正规经济时说它欠缺权利、法律、承认、体面、安全等一系列正规经济的核心要素，但从经济学的角度来看，最重要的区分却是在生产方面，是根据生产率(附加值)和竞争力来划分正规和非正规。如果接受了这种资本中心主义-东方主义的视角，那么正规-非正规二元模型下的转变逻辑就赤裸裸地成为一种(政治)企图，就是要独尊资本主义的、现代性的实体，根据它们的利益和观点来重新定位、重新构建非正规部门的社会经济样态。波尔塔和施莱弗(Porta and Shleifer 2014)认为非正规企业生产效率低下且停滞不前。对于一个中等样本国家，非正规企业的每个雇员要比正规企业的雇员多花费 15%的价值。这意味着非正规部门绝大多数是充斥着简单再生产的企业，无法产生足够的剩余价值去积累资本再投资，从而企业也就无法成长、无法去参与竞争。这种生产率的差异反映在收入、产品质量和竞争力的差异上，就使他们得出结论："这种企业绝不是创业的富源，而是落后的沼泽。它们可以让其所有者和雇员活下去，但除此以外就再没有其他什么好处了。"(Porta and Shleifer 2014，118)现在世界各国决策者普遍认同，试图给非正规部门限价，或者想靠非正规部门来获得长期发展，都是徒劳无益的(可参见印度的例子：India Ministry of Finance 2013)。非正规经济除了被视为其自身落后的结构性缺陷的**受害者**(如国际劳工组织和世界银行所声称的那样)，其顽固的存在也成为欠发达经济体向现代资本主义经济体转变的**威胁**。由发展理论所得出的转变逻辑认为，非正规部门必然消亡(必然被消灭)。

作为社会形态转变危机的发展危机

刘易斯(Lewis)遵循这种古典发展叙事，提出了一个由小型**工业**资本主义经济和主要存在于**农业**的前资本主义经济所构成的二元模型，他遵循资本中心主义-东方主义的转变逻辑，认为后者会受到阻碍，而前者会迅速发展(Escobar 1995；Chakrabarti 2014)。20 世纪 60—80 年代的东亚经常被认为是这种转变的成功例子。然而，人们也普遍认识到刘易斯式的转变逻辑在世界许多地方遇到了问题。以印度为例，人们**大批**离开农村经济确实是一个"机会"，但是虽然印度在过去的二十年中经济高速增长，这些人却无法在吸收劳动力的正规部门中找到工作(从而导致非正规部门迅速崛起)，这预示着印度有一个社会形态转变危机

(India Ministry of Finance 2013)。在这种背景下,为了实现发展的乌托邦,就必须对非正规部门实施正规化战略。因此,从农业转变到工业、从非正规经济转变到正规经济这两条转变逻辑,就成为当代发展范式中统一的理论基础。

作为增长的发展:全球资本主义与原始积累

在后全球化时期,由于新自由主义政策的推行,全球资本成为“中心”,它试图用一种新的中心主义来映射各经济体。

既然大众贫困被认为是源于“传统的”“前资本主义的”社会经济结构,所以消除贫困的“灵丹妙药”也就应该是结构变革(这是结构调整的基础),消灭或者变革掉这些落后的第三世界结构,转而采用现代的基础设施、制度、态度/习惯(包括法律),教育模式要能够创造人力资本,治理模式也要有利于推动向资本主义方向的增长。因此,要实现增长并减少大众贫困,唯一途径就是实现结构性转变,摆脱现代资本主义所认为的那种第三世界样态。尽管实现转变过程中存在许多坎坷和曲折(不平等、再分配、人类发展等),但转变本身仍然是首要的发展目标和发展战略(世界银行的任何一份报告都证实了这一点)。

而在马克思主义看来,这一漫长的转变过程会造成“第三的世界”主体同其生产和生活资料的分离,包括会造成劳动力的大规模商品化。这个“分离”过程可能是通过零敲碎打,也可能是通过原始积累的大规模替代。随着以增长为导向的发展战略在历史进程中发生了变化,原始积累作为向资本主义方向增长的持续性过程,其形式和模式也同样发生了变化。

以印度为例。1991 年后印度开始进行改革,改变在计划经济时期依赖本国国有资本的模式,确立了全球私人资本的中心地位,并开始建立竞争性市场经济的漫长过程。全球资本主义企业通过外包、分包、离岸经营和雇用印度廉价劳动力等方式,将限于国界范围内的本地企业(本地市场)同国界之外的企业(全球市场)联系在了一起。具体来说,全球资本是通过本地-全球市场,同附属于自己的本地企业(规模或大或小、资本主义或非资本主义的本地企业)和其他机构(银行、贸易、运输等企业)建立起联系,形成了**全球资本的循环**。受全球资本(主要是制造业和服务业资本)扩张的影响,印度经济快速增长,并推动了爆炸式的城市化进程,逐步形成了个人主义、消费主义的文化,人们对于成功内涵有了新的观念,企业家精神和人力资本也培育起来了,劳动者和监督者之间的关系有了新的裁决方式,劳动/性别/种姓等的相关习俗也正在发生变化。结果是,人们的社交聚落(social cluster),即人们的各种实践、活动和关系,形成了一个训练营——字面意义上的训练营[①]。我们将其命名为“全球资本训练营”。全球资本的循环阵营可以姑且命名为“全球资本主义”。

另外,“第三的世界”成为受资本主义和非资本主义企业多元决定的空间,这些企业的产生是**外在于**本地-全球市场的交易的,因而也是外在于全球资本循环的。与这个空间的语言-逻辑-精神-生活经验联系在一起的社交聚落,即一套实践、活动和关系,相应也就构成了“第三的世界的训练营”。在新自由主义全球化和全球资本主义时代,发展在逻辑上也有一个**他者**,这个他者的空间表现就是“第三的世界”的循环训练营。对于“第三的世界”,我们不能做**先验**的价值判断,它的具体表现可以是“农业”部门也可以是“非正式”部门;它可以在农村也可以在城市,可以在印度也可以在巴黎;它可以是单纯的好与坏,也可以是好坏的复合;可以是富也可以是穷;可以是自由也可以是极权;可以是剥削性的也可以是非剥削性的;等等。这并不意味着两个训练营之间的边界是僵化和割裂的;相反,双向之间会有各种各样的(经济、政治、文化和自然)流动,双方相互构成、相互转化,甚至现在的“第三的世界”未来也可以成为全球资本循环的一部分,反之亦然(Chakrabarti et al. 2012,ch. 7—9)。

我们所说的“第三的世界”的循环训练营,用现代主义的发展话语来说就是“第三世界”:这种“第三世界”是资本和现代所必经的东方主义环节,它要经由这一环节才能够成为中心。也正因此,它们才能将分散化的非资本主义空间转换掉。第三世界作为一个欠缺的角色,是大众贫困的缩影,而这种情况在很大程度上要归因于其本身**低效率**的、**缺乏竞争力**的实践和活动,归因于其“落后”的制度。第三世界孕育了过多的劳动力,形成了一支庞大的失业者/未充分就业者大军。人们并没有意识到全球资本循环可能存在**外部**,而是抹杀了“第三的世界”,失去了这一视野。于是,留给我们的就是一个负值的空间,是一个欠缺的底层——第三世界,它需要被改变/变革。

印度经济版图变化的主要驱动力,过去/现在是创造、占有、分配剩余价值的各种全球资本主义场所,通过把高增长率作为核心政策目标,导致全球资本生产的循环训练营的扩大,进而又掀起了对“第三的世界”进行原始积累的新浪潮。全球资本一直在扩张,但不一定具有包容性,它从结构上讲就是不包容的。迄今为止,封闭的农业和林业经济的堡垒在全球资本和全球市场的无情冲击下

---

① 作者这里说的“训练营”(camp),是借用了童子军的训练营概念。童子军采用野外宿营等形式,训练青少年学习技能、强健体魄、互助合作,是英美等许多国家广泛采用的课外教育形式,是其社会成员人格养成的重要途径。作者以此来比喻性地说明人们的各种实践、活动和关系对处于其中的每个成员的培育和塑造作用。——译者注

迅速瓦解，产生了：(1)持续的国内危机和年轻人口移民；(2)土地、森林、河流等不断被转让和征用。然而，这在现代主义看来是进步，从“第三的世界”的角度来看则是不正当的伤害和暴力[包括会导致 Jonathan Lear(2007)所称的“概念丧失”“事件丧失”和“精神状态丧失”，至少会导致“身份有丧失的威胁”]。反过来，这也就使我们能够理解全国范围内对此进程的抵抗，不会把这种抵抗还原为一种资本中心主义-东方主义逻辑下的抵抗，因为人们并不是遵循该逻辑进行成本收益计算后才做出抵抗的。在后殖民条件下，我们不仅在社会物质层面是分裂的(社会在结构上、收入上分裂)，而且我们全体人民在观点上、在对“进步”和“正义”的理解上也是分裂的。这就要求马克思主义在原始积累问题上发出自己的声音，不是去称赞这种原始积累是“在历史上不可避免的”，而是要解构历史必然性，解构那种历史向着资本主义和现代主义前进的决定论、目的论叙事，批判性地分析原始积累(Chakrabarti and Dhar 2010)。

社会需要的发展：阶级和再分配

就像经典发展理论强调增长一样，经典马克思主义也强调生产方式，在阐述发展(阶段)问题时强调生产的中心地位，追溯到生产来谈分配。但是，如果不研究再分配，马克思主义理论就无法与当代发展理论对话，因为当代发展理论是要把经济增长和再分配结合起来考察的(例如进行人类发展研究，包容性增长/发展研究)。就目前而言，还没有任何一派马克思主义理论(或者说任何一派理论)能够将生产、分配和再分配整合在一个框架中，特别是将阶级与社会需要结合起来考察。

聚焦于阶级本身并不能解释穷人、老年人之类的“边缘性”存在，这些人群的条件无法支撑起阶级过程。如果我们要遵循阶级分配的原则，那就要根据相关主体的条件来确定支付额度，只有这样，在阶级支付的过程中才不会耗尽剩余。我们在进行完可归入阶级性的支付之后，还要给这些人也保留一份额度。所以从理论上说，就必须有两种形式的分配：一种是归入阶级性的支付(是指向生产的)，称为**生产性剩余**(production surplus)，另一种则是超出了生产性剩余范围，要在生产性剩余的额度之上再多一块，被称为**社会性剩余**(social surplus)。社会性剩余是提供给那些没有为生产、占有剩余的基本阶级过程做出贡献的人，满足他们所具有的各种由社会所决定的需要(例如由贫困、环境、儿童、失业、年老等导致)。

从概念上讲，是因为给阶级过程做出过贡献而分配剩余，还是为了再生产社会需要而分配剩余，两者之间是有很大区别的。马克思自己也意识到了这种区别，他在《哥达纲领批判》中不仅谈到了与生产相关的剩余分配，而且提到了那种“不属于生产的一般管理费用”，“用来满足共同需要的部分，如学校、保健设施等”，“为丧失劳动能力的人等设立的基金，总之，就是现在属于所谓官办济贫事业的部分”(Marx 1977，13—30；参看《马克思恩格斯文集》第 3 卷，人民出版社 2009 年版，第 433 页)。

此外，我们所理解的需要并不是一种自然的空间，而是包括某种预先定义的客观目标。“需要”本身是一个空泛的范畴，要通过理论解释的冲突、通过社会斗争的冲突，在一定的历史背景下以具体/特定的形式表现出来。

因此，需要是作为特定的社会需要而出现的，它的性质是由社会决定的，它是开放的，可以对其进行各种解释、改变，甚至也可以取消某种需要。围绕着需要的发展，就要进行斗争，斗争的焦点包括：需要是什么，需要的性质是怎样的，占有和分配社会剩余要采取怎样的方式、机制和形式，哪些人应该被认为是社会剩余的正当接受者。需要空间的参与者包括中央政府、地区政府、本地实体、非政府组织、世界银行等国际机构、阶级结构、政党和社会运动。

在界定和论证了社会性剩余之后，让我们用会计术语来总结一下我们的剩余图式(Chakrabarti，Cullenberg and Dhar 2008)。我们用 TS(total surplus)来表示一个国家的总剩余，即剩余价值＋剩余产品，并将 TS 分成生产性剩余和社会性剩余两部分。将 SV^1 定义为付给生产性剩余的剩余价值总和，即能归入阶级支付的支付的总和(subsumed payments，缩写为 SC)，SV^2 则是剩下的那部分剩余价值，是付给社会性剩余(social surplus，缩写为 SS)的。此外，许多商品可能是被直接消费掉的。所以用 SUV(surplus appropriated in use value form)来代表以使用价值形态来占有的剩余，按照这部分剩余产品的价值量(SSE)来计入等式。① 综上，我们的分析涵盖了生产、分配(分配给生产环节)和再分配(在生产之外进行分配)，可以得出以下公式：

$$\text{总剩余} = \underbrace{\left\langle \left\{SV^1 = \sum_{i=1}^{n} SC_i\right\} + \left\{SUV' = \sum_{r=1}^{n} SSE\right\} \right\rangle}_{\text{生产性剩余}}$$

$$+ \left\{ \underbrace{\underbrace{\left\{SV^2 = SS = \sum_{k=1}^{m} SS_k\right\}} + \underbrace{\left\{SUV'' = \sum_{z=1}^{g} SSE\right\}}}_{\text{社会性剩余}} \right\}$$

① 为了简单起见，我们假定 SUV 也是用社会必要的抽象劳动时间来度量的。

如果关于生产性剩余的斗争是一种与阶级相关的过程,并因此可以归为阶级斗争,那么关于社会性剩余的斗争,为了争取或反对某种需要而进行的斗争,就是一种与需要相关的发展斗争。阶级斗争和关于需要的斗争(它们本身也会受到各种非阶级的斗争和无关需要的斗争的影响)是处于各种多元决定的矛盾关系之中的。

这个结尾开放式的发展空间可以为那些具有反霸权潜力的社会需要(可以称之为激进需要)提供替代性的解释和工具,但与此同时,也始终存在着强大的势力,尤其是国家和国际机构,试图促进另一类社会需要,即可以确保对“第三的世界”的主体进行控制和调节的社会需要(其手段是将“第三的世界”定位为受害者/边缘化的/邪恶的)。我们可以把后面这种需要称为霸权需要。我们的发展理论对激进需要和霸权需要都是开放的,为激烈但又不可预测的发展斗争的各种可能性打开了需要的空间。

发展型国家:慈悲的和暴力的

在当今发展大势之下,马克思主义的国家理论特别关注了国家的地位和作用。问题在于,迄今为止马克思主义理论都是被引向对“资本主义”国家的批判(例如,在许多欠发达国家和发展中国家),但与此同时,国家又被认为对实现“社会主义”的政治事业至关重要。之所以会产生这种悖论,是因为未能将社会主义/资本主义的范畴同国家区分开,导致将社会主义/资本主义同究竟哪一派政治力量掌握国家权力、赞成计划还是市场(这种赞成本身就很可疑)混淆了起来。更进一步来说,混淆的根源就在于未能认识到从马克思主义视角来看,社会主义的评价空间至少需要达到哪些特定的正义条件——生产正义,占有正义,经济民主/正义,发展正义。今天关于国家的地位和职能,有些模式是企图通过现代化和资本主义,用发展型国家来领导后殖民经济。而如果能在多元决定的矛盾现实中,包括在国家这一结尾开放式的场所内,发挥上述这些正义条件(以及其他多种因素)的作用,就必然会极大地改变国家的地位和职能。

资本主义发展通过社会性剩余的再分配来唤起和激活霸权的社会需要,这种发展强调国家慈悲的一面,关注国家要如何打着振兴第三世界所谓衰败景象的旗号来掌控“第三的世界”。但由于国家政策推动的是一种以资本主义为导向、以增长为中心的发展,所以它又会有另一个逻辑,即全球资本循环训练营的生成和扩张所具有的一种暴力逻辑,这种暴力逻辑会通过国家鼓励和促进原始积累释放出来。发展型国家以振兴第三世界的名义对“第三的世界”进行干预,尽管其中也包括对“第三的世界”大力施压以促进原始积累的过程，但也针对社会需要实施了许多包容性发展的社会项目。因此，要抵制资本主义发展，就必须抓住两个要点：一是挑战原始积累，必须迫使国家放弃对其的支持；二是提出激进的需要，迫使国家来解决这些问题。把这些反对阶级剥削的诉求同后资本主义的想象和事业（无论是潜在的还是现实的）结合起来，就可以挑战资本主义发展的霸权。只有这样，后发展的愿景才会实现。

参考文献

Brenner, R. 1977. “The Origins of Capitalist Development: A Critique of Neo-Smithian Marxism.” *New Left Review* 104: 25–93.

Chakrabarti, A. 2014. “A Post-Colonial Critique of Economic Dualism and Its Politics.” *Journal of Contemporary Thought* 40 (Winter): 158–165.

Chakrabarti, A. and S. Cullenberg. 2003. *Transition and Development in India*. New York: Routledge.

Chakrabarti, A., S. Cullenberg, and A. Dhar. 2008. “Rethinking Poverty beyond Non-Surplus Theories: Class and Ethical Dimensions of Poverty Eradication.” *Rethinking Marxism* 20(4): 673–687.

Chakrabarti, A. and A. Dhar. 2010. *Dislocation and Resettlement in Development: From Third World to World of the Third*. London: Routledge.

Chakrabarti A., A. Dhar, and S. Cullenberg. 2012. *World of the Third and Global Capitalism*. New Delhi: World View Press.

Chakrabarti, A., A. Dhar, and B. Dasgupta. 2015. *The Indian Economy in Transition: Globalization, Capitalism and Development*. New Delhi: Cambridge University Press.

Cullenberg, S. 1992. “Socialism’s Burden: Toward a ‘Thin’ Definition of Socialism.” *Rethinking Marxism* 5(2): 64–83.

Escobar, A. 1995. *Encountering Development: The Making and Unmaking of the Third World*. Princeton: Princeton University Press.

Gibson-Graham, J. K. and D. Ruccio. 2001. “After Development: Negotiating the Place of Class.” In *Re/presenting Class: Essays in Postmodern Political Economy*, K. Gibson, J. Graham, Stephen R. and R. Wolff, eds., 158–181. Durham, NC: Duke University Press.

Hardt, M. and A. Negri. 2000. *Empire*. Cambridge, MA: Harvard University Press.

Hilton, R., ed. 1978. *The Transition from Feudalism to Capitalism*. London: Verso.

India Ministry of Finance, Economic Division. 2013. *Economic Survey 2012–13*. New Delhi: Oxford University Press.

International Labour Office. 2002. *Decent Work and the Informal Economy: Sixth Item on the Agenda*. Report (International Labour Conference), 90th Session, 6. Geneva: ILO.

Kanth, R. K., ed. 1994. *Paradigms in Economic Development: Classic Perspectives, Critiques and Reflections*. New York: Routledge.

Larrain, J. 1989. *Theories of Development*. Cambridge: Polity Press.

Lear, J. 2007. “Working through the end of civilization.” *International Journal of Psychoanalysis* 88: 291–308.

Marx, K. 1977. “The Critique of the Gotha Programme.” In *Karl Marx: Selected Writings*, 2nd edition, D. McLennan, ed., 13–30. New York: Oxford University Press.

Nandy, A. 1983. *The Intimate Enemy: Loss and Recovery of Self under Colonialism*. New Delhi: Oxford University Press.

Porta, R. L. and A. Shleifer. 2014. “Informality and Development.” *Journal of Economic Perspectives* 28(3): 3–24.

Rahnema, M. and V. Bawtree. 1997. *The Post-Development Reader*. London: Zed Books.

Rey, P. P. 1978. *Les alliances de classes*. Paris: Maspero.

Ruccio, D. 2011. *Development and Globalization: Marxian Class Analysis*. New York: Routledge.

Warren, B. 1980. *Imperialism: Pioneer of Capitalism*. London: Verso.

第三十章

社会形态转变

安詹·查克拉巴蒂(Anjan Chakrabarti)、
阿努普·达尔(Anup Dhar)

马克思主义那种全盘性的社会形态转变理论的起点可以追溯到恩格斯那里(Olsen 2009)。正如奥尔森所说,沿着恩格斯的思路,既形成了一套转变理论,同时也形成了生产方式和社会形态理论,并从后者中发展出了辩证唯物主义哲学,奠定了经典的历史唯物主义的理论基础。经典历史唯物主义被用来解释社会中的各种成分及其相互联系,描绘了一套社会转变逻辑,本章要涉及的就是这套逻辑。斯大林主义在全球范围内推广了这套理论,后斯大林主义的各种马克思主义流派尽管对斯大林及其教条有诸多批评,但仍然是在经典历史唯物主义的大方向之下进行理论阐述,只是内部有一些分歧。

马克思主义内部也有人探讨过这种正统叙事,包括列宁、卢森堡、葛兰西、法兰克福学派、阿尔都塞、海因兹和赫斯特等都提出过不同意见。阿尔都塞和他的弟子们试图用"多元决定"的范畴来修正辩证唯物主义哲学,并从而改造经典历史唯物主义,但他们还是赞同经济对社会具有归根结底的决定作用,最终他们的努力并未取得成功。南方世界的一些理论家也对经典历史唯物主义提出了质疑,特别是在发展问题上提出了不同意见(见本书第二十九章"经济发展")。

由于在经典历史唯物主义的内部和外部提出不同意见的理论有很多、非常驳杂,所以我们在本章中着重于进行深度研究,在覆盖面上会有所缺失。人们通常把历史唯物主义和辩证唯物主义配对加以讨论,我们在这里不采用这种方式，而是赞同柯亨对经典历史唯物主义进行辩护时的观点（Cohen 1978；1988），在解释从一个阶段到另一个阶段的转变问题时，辩证唯物主义的理论框架或许并不能直接解决问题，而是要用他所谓的功能解释。此外，在我们看来，柯亨对转变问题的诠释已经触及了经典历史唯物主义的基本观点和批评意见的最前沿。有些意见为我们提供了反思社会形态转变问题以及马克思主义的新方向，我们将在下文中探讨其中的两点。

模型一：社会形态转变的决定论模型

柯亨援引了马克思在《〈政治经济学批判〉序言》中的一段话，其中包含了一系列可辩护的真理主张，柯亨将**社会**或**社会总体**定义为一个以等级的方式，把各个相互独立、相互分割的层次联系起来的整体性表述：生产力（包括物质生产资料和劳动力）、生产的阶级关系（根据对生产资料和劳动力的经济权力[①]来定义）、上层建筑[社会的政治方面（包括国家）、法律和文化方面（教育等）]和社会意识（主体形成的场所）。在柯亨对经典历史唯物主义的表述中，有一个所谓的**首要性命题**，即以技术发展为标志、由外来因素所给定的生产力决定了生产关系，并且在默认情况下，也最终决定了一切之后的层次。这是一种技术决定论。虽然阶级的生产关系可以是多样化的，但社会或者说社会形态最终可以被还原为"主导"的生产关系，这种生产关系是被历史性地选择出来为生产力发展服务的。上层建筑取决于阶级的生产关系，是由这种生产关系所引起、需要由这种生产关系来解释的。这就是我们所说的阶级决定论，制度、政治（特别是阶级政治）和主观性最终都可以被还原为阶级的生产关系；而且，由于阶级的生产关系体现了经济结构，所以经济决定论和阶级决定论也是一致的。最后，因为社会的结构（包括生产力、生产关系和上层建筑）决定了主体/意识，所以我们又可以得出一种结构决定论。这种决定论的认识论贯穿于经典历史唯物主义的始终。

生产力不仅在解释社会时是首要的，而且在社会转变问题上也享有独尊地位。柯亨相应提出了所谓的**发展命题**，这条公理认为生产力是随时间推移有进步性发展的。但在讨论马克思的历史理论之前，我们需要讨论一个至关重要的问题。

马克思在序言中说："人们…… 发生一定的、必然的、不以他们的意志为转

① 也有其他一些人不是以权力而是以财产为基础来定义阶级的生产关系。但由于经典历史唯物主义的基本结构是保持不变的，所以他们内部有这些细节调整并不会改变过渡逻辑。

移的关系，即同他们的物质生产力的一定发展阶段**相适合**的生产关系。”(见《马克思恩格斯文集》第 2 卷，人民出版社 2009 年版，第 591 页)在柯亨看来，“适合”这个词包含着一个重大的难题。一方面，有人认为生产力是独立存在的，并且与生产关系之间具有因果关系，生产力影响生产关系，生产力解释了生产关系的存在。另一方面，也有人认为生产关系影响和控制着生产力。这两种观点可以同时成立吗?

柯亨对经典历史唯物主义做出了决定性的贡献，他认为，马克思所指出的不同结构之间的这种适合关系，只有根据功能解释才能获得融贯的理解，即原因的存在要根据其影响效果来解释。如果采用功能解释之后，那么就可以得出以下几个命题:

(1)生产力的发展水平解释了为什么某些生产关系而不是其他生产关系会提高生产力。

(2)某种能够提高生产力的生产关系是因为其实际提高了生产力，所以才会流行。

由此可以得出:

(3)生产力的发展水平可以解释生产关系的性质。

命题 1 断定了某种生产关系，比如说 k 类型的生产关系，**可以**适合发展生产力。命题 2 则肯定了 k 类型的生产关系在事实上促进了生产力的发展，解释了为什么这种类型的关系会**流行**。结合 1 和 2 得出了命题 3，即使生产关系有助于生产力的发展，但它也确保了生产力对于生产关系而言具有首要性。难题解决了。

功能性解释的逻辑同样还可以用来阐述社会其他层次之间的适合关系，形成以下命题:

(4)经济结构解释了上层建筑的性质。

(5)经济结构和上层建筑解释了社会性的人和人的内在意识(主体)。

最后，这些命题还需要与发展命题相结合，发展命题就是:

(6)生产力在整个历史中是趋于发展的。

(3)(4)(5)(6)可以对经典历史唯物主义及其历史理论做出连贯一致的解释。尤其是其中的首要性命题(3)和发展命题(6)，对于建立经典历史唯物主义关于社会形态转变问题的根本逻辑具有关键作用。

根据发展命题，历史唯物主义对社会形态转变问题的基本看法是，生产力“选择”特定的生产关系，而根据功能性解释，这种生产关系又反过来促进生产力的发展，两种说法是一致的。同样，政治和其他文化制度/实践要适合于生产关系，社会意识形式如何塑造也要适合于上层建筑。如果在任何时候生产关系束缚了生产力的自由发展，那就会出现历史性的社会危机，只有新的生产关系降临才能解决这种危机，为生产力的利用和发展提供最大的空间。显然，人们试图克服物资匮乏状态的那种内在理性（总是以牺牲其他选择为代价来选择更优越的财富创造方式）将确保可以获得这样一种最优的生产关系。任何其他情况（即选择任何其他生产关系）都是次优的，可以认定是人的非理性行为。人们会拒绝这种次优的历史选择，永远不会采纳它。在经济结构发生最优变化之后，又会带来上层建筑的变化，上层建筑进而带来意识形式的变化。

历史是否遵循某种模式，把从一个时代到另一个时代的最优变化连在一起？对此，柯亨（Cohen 1978，1—27，175—215）描述了黑格尔和马克思的历史图景之间具有的详细对应关系。但是柯亨认为，马克思的唯物主义之所以超越了黑格尔的唯心主义，就是因为马克思的理论不像黑格尔那样是一种历史哲学，而是一种历史理论，能够对社会的内在运动及其在不同形态间转变做出严格的解释。他还指出，在黑格尔的辩证法理论中，有价值的是它的“描述性残余”（而不是它的解释性特征），当我们解读马克思的历史理论时，可以把黑格尔理论作为一个参照，从而能够更好地看出马克思在对各阶段进行阐述时有了怎样的提升。

我们可以把黑格尔的三段式归纳成：无差别的统一/肯定—有差别的不统一/否定—有差别的统一/否定之否定。这三个阶段是依次转变的。以此为参照来分析经典历史唯物主义，则历史就是从无差别的统一（原始共产主义）走向有差别的不统一（奴隶社会、封建社会和资本主义社会，在这些社会形态中由于面临最优性的危机，并且存在阶级划分和阶级冲突，所以社会是不统一的），最终实现有差别的统一（共产主义，或者说是一个物质丰富、没有最优性危机因而也没有阶级和阶级冲突的社会）。这种转变遵循着生产关系的更替序列、遵循功能性解释，由每个转变点的生产力水平来做出历史性的选择。

显然，这种历史阶段论包含着一个预先确定的根本目标，引导社会朝着一个明确的方向运动。这种必然性的转变逻辑是一种历史主义的逻辑：社会形态转变是一种理性的、有序的、进步的社会运动，从预定的起点到预定的终点。理性因素是本质，在这里理性因素就是生产力，它的发展也就标志着社会向更高级的秩序进步。这场进步运动从一个给定的点——原始共产主义开始，并以一种有规律、有秩序的方式走向一个历史注定要到达的终点：共产主义。[1]“进步”是以历史阶段向共产主义的趋近来判断的。因此，在这个方向上的每一个最优选择都是进步的。实现最优选择的阶级具有革命性，而那些试图保留旧的生产关系或选择其他次优生产关系的阶级是反动的或者无关紧要的。我们能跳过这些阶段吗？柯亨回答说“绝不可能”。在现有的生产关系还有进一步发展生产力的空间时，它是决不会灭亡的。

社会形态转变要以阶级斗争为中介，但阶级斗争的作用是第二位的，因为它处在“（历史）进程的重大事件和社会的表层救济”的层次上，而不是“历史进程和社会结构的基础解释”层次（Cohen 1988，14）。柯亨并不把持续不断的阶级斗争看成是策略行为（例如有人就把阶级斗争看成是一种博弈论的问题[2]），而是认为阶级斗争在马克思主义中的意义就在于解决社会形态转变问题，根据是马克思说过，阶级斗争这一解决方案要依赖于“生产力的性质”。这种解释通过阶级斗争在社会转变中的作用来凸显它的重要性，但它的作用仍然是第二位的，在假定生产力发展必然性的条件下，现存生产关系促进生产力发展才是第一位的。

我们可以推论，如果说决定论是经典历史唯物主义无可争议的逻辑，那么历史主义就是无可争议的社会形态转变逻辑，这两种逻辑相辅相成。本质（生产力）这一理性要素不可阻挡的增长，是解释社会转变的引擎。

辩证唯物主义作为社会形态转变的解释机制

辩证唯物主义倾向于接受黑格尔辩证法（并将这种辩证法与某些所谓的自然科学定律结合起来）作为解释工具（Olsen 2009）。通过财产/权力方面的阶级关系的变化以及由此导致的上层建筑变化，就可以保证生产力在历史各个阶段的必然发展，而变化的方式就是按照从量变到质变和否定之否定的规律进行飞跃（这种飞跃意味着生产力和生产关系之间的矛盾点被打破，从而导致新的生产关系）。正如阿尔都塞（Althusser 1969）在其通俗版本的叙述中所说，辩证唯物主义追随黑格尔的思路，将复杂的社会还原为一个简单的本质（例如生产力），并将社会的转变还原为这一本质的自动过程；而通过这种因果性表达，其

---

① 马克思主义内部关于这个发展序列中是否还有一个亚细亚生产方式存在争议，但我们在这里忽略这一问题。

② 例如，与柯亨同属分析的马克思主义学派的罗默、埃尔斯特等人就主张对阶级斗争进行博弈论的分析。——译者注

对社会和历史的解释就把原本复杂的东西给简化了，把原本充满曲折、断裂和新表达方式的东西以一种欧几里得的方式给拉直了，使原本不确定、模糊和偶然的东西变得清晰和确定了。

虽然辩证唯物主义与柯亨的理论在一些主要特征（如决定论和历史主义）上是相同的，但柯亨并不认同辩证唯物主义，认为这套逻辑在解释社会形态转变问题时是不够充分的。他批判了辩证唯物主义关于过程、相互渗透和运动规律的思想，认为要从理论上阐明历史的这些构成要素（生产力、生产关系、上层建筑和社会意识），就必须把它们定义为彼此独立的几个层次，它们之间的关系必须采用功能性解释。相互渗透只会模糊这些要素的定义，模糊它们各自的作用和相互关系；柯亨批评认为，马克思主义者这种理论是有待商榷的。此外，从柯亨的理论出发还可以批判说，辩证唯物主义理论给出的只是一套历史哲学而不是历史**理论**。“否定之否定”也并不像辩证唯物主义通常所主张的那样有很强的解释力。社会形态转变理论必须解释某个特定的要素兴衰起伏的机制，并在这个过程中帮助确定和区分不同历史阶段；而在这个问题上，辩证唯物主义的回答也是很笼统的（其从量到质的拐点是很模糊的），柯亨认为功能性解释才是一个好答案。

有趣的是，阿尔都塞（Althusser 1969）在生产方式和上层建筑的层面上也承认了非黑格尔主义解释的重要性，认为这可以解决上述经典历史唯物主义中的根本性难题。他试图通过经济“归根结底的决定作用”和上层建筑的“有效性”“相对独立性”和“相互作用”等概念，既解决前者的首要地位，又容纳后者的重要作用。当然，柯亨对阿尔都塞这种理论并不感到满意，在他看来，这种理论并不足以解决经典历史唯物主义的根本性难题，而且会造成理论上的自相矛盾。此外有人还进一步批评说，结构主义现在已经接过了本质的衣钵（Hindess and Hirst 1977），“归根结底的决定作用”仍然是决定论，从而也就揭示出了阿尔都塞批判黑格尔辩证法、改造经典历史唯物主义的真正目的（Resnick and Wolff 1987，ch. 2）。

批 评

决定论和目的论

理论界对经典历史唯物主义的各种决定论（技术决定论、阶级决定论、经济决定论、结构决定论等）和目的论（历史主义）提出了非常激烈的批评，文献资料非常丰富(Laclau and Mouffe 1985;Resnick and Wolff 1987;Gibson-Graham 1996;Chakrabarti and Cullenberg 2003;Ruccio 2011);对生产方式和阶级分析理论中的定义和逻辑矛盾的批评也是如此(Hindess and Hirst 1977;Hindess 1987)。

经济主义

布伦纳(Brenner 1986)认为,多布、斯威齐、柯亨等人的经典历史唯物主义实际上都是采信了亚当·斯密对于增长驱动经济发展的解释,认为经济行为个体追求获得更高的生产率,从而提高了经济效率。布伦纳不认同这种经济/技术强制,而是强调政治上的阶级斗争和其结果的偶然性。布伦纳的批评并不是针对经典历史唯物主义本身,他也接受做出一些修正之后(比如用财产来定义生产关系)的经典历史唯物主义,但是他的观点已经突破了经典历史唯物主义对社会形态转变的主要因果决定要素的看法。具体来说,布伦纳用财产关系取代了生产力的首要地位,这就使得社会转变的根本动力变成了关于财产权的阶级斗争,而不再是生产力及其假定的发展。但是有一个问题仍然存在:布伦纳将阶级斗争作为转变的主要驱动力是否会陷入阶级的本质主义?此外,在经典历史唯物主义的理论前提之下,社会的发展、阶级斗争的具体形式,以及阶级斗争所造成的结果,可以说从长远来看都将取决于生产力的发展水平。如果同意这种说法,那么归根结底,布伦纳所强调的政治阶级斗争最终还是取决于经济,从而就削弱了他对经济决定论的批评。

社会形态转变的历史必然性

晚年的马克思成了和早年的马克思不同的"另一个"马克思,他在面对"俄国道路"或者说"俄国问题"时(这个问题是他在与俄国马克思主义者的通信中提出的,马克思对俄国社会形态转变道路的关注从19世纪70年代开始一直延续到他去世),最终挑战了"历史必然性"的观点以及相应的历史阶段论(Marx 1983;Bailey and Llobera 1981;Shanin 1983;Chakrabarti and Dhar 2010,ch. 6 and 7)。

首先,我们需要回顾一下马克思和恩格斯早年在《共产党宣言》中所描绘的全球资本主义的景象:

> "资产阶级……迫使一切民族——如果它们不想灭亡的话——采用资产阶级的生产方式;它迫使它们在自己那里推行所谓的文明,即变成资产者。一句话,它按照自己的面貌为自己创造出一个世界。"

(Marx 2005,34;见《马克思恩格斯文集》第2卷,人民出版社2009年版,第35—36页)

回顾历史,虽然马克思对资本主义走向全球的描述确实是符合当代情况的,但我们也有足够的理由可以怀疑,资产阶级是否有能力在《共产党宣言》中所描述的整个世界中所有的关系上、所有的空间中打上自己的烙印;我们甚至可以怀疑即使资本主义的剥削形式不遭遇挑战,资产阶级是否就愿意这样做。当然,马克思所描绘的这种景象中体现着一种必然性,(西方白人)资产阶级是这一历史主义逻辑的人格化。这似乎也可以支持柯亨乃至所有经典历史唯物主义叙事中的主张,历史是一个又一个阶段渐次更替的序列,其中有一种历史必然性。

但是,当晚年的马克思被问及落后的俄国是否应该像英国和其他西欧国家那样不可避免地走上资本主义发展道路时,他开始怀疑起来。针对米海洛夫斯基(Mikhailovskii)强调马克思著作中的目的论观点,马克思本人反驳说,他绝不主张"把我关于西欧资本主义起源的历史概述蜕变成**一般发展道路的历史哲学理论,一切民族,不管它们所处的历史环境如何,都注定要走这条道路**——以便最后都达到在保证社会劳动的生产力极高度发展的同时又保证每个工业生产者个人最全面的发展这样一种经济形态"(Marx in Shanin 1983,59;参看《马克思恩格斯文集》第3卷,人民出版社2009年版,第466页)。在谈到"落后"的俄国的历史必然性的具体情况时,马克思反复强调了可能存在许多可选道路,其中也包括后资本主义的路径。马克思的这一论述为历史的偶然性开辟了空间,从而对柯亨所强调的目的论思想提出了挑战。此外,马克思还以俄国土地公社为例,指出盲目遵循某种超历史的逻辑会付出巨大代价,他在1881年2月下旬和3月上旬写给查苏里奇的回信的初稿中,写下了下面这段引人注目的文字:

"正当人们吸着公社的血、蹂躏它、耗尽它的地力、使它的土地贫瘠的时候,'社会新栋梁'的文坛奴仆却以嘲弄的口吻指出,公社所受的创伤正是它自然衰老的征兆;并宣称,公社的灭亡是自然的死亡,缩短它的临终的时间是一件好事。因此,这里涉及的已经不是有待解决的问题,而简直是应给以打击的敌人。要挽救俄国公社,就必须有俄国革命。而且,政府和'社会新栋梁'正在尽一切可能准备把群众推入这一灾祸之中。如果革命在适当的时刻发生,如果它能把自己的一切力量集中起来以保证农村公社的自由发展,那么农村公社就会很快地变为俄国社会新生的因素,变为优于其他还处在资本主义制度奴役下的国家的因素。"

(Marx in Marx and Engels 1970, 161；见《马克思恩格斯文集》第 3 卷，人民出版社 2009 年版，第 582 页)

马克思颠覆了历史主义逻辑所主张的科学的必然性，反对说资本主义和工业社会的起源及其所谓的进步具有必然性。他还揭示了在这个过程中资本主义“被掩盖的政治特征”，以及现代西方世界对他者世界、其他可能性的“潜在敌意”(他不再把这些可能性视为过时或者倒退)。《共产党宣言》中被视为具有革命性的“撕碎”(torn asunder)[①]式行为在这里被批判为是暴力的、倒退的和灾难性的。因此，晚年的马克思推翻了柯亨的马克思。

其含义是非常深远的。一旦我们在社会形态转变问题上摆脱了目的论，就没有必要在思考转变道路时被资本主义所束缚。相反，这条**道路**本身就是对多种可能性开放的。在这个过程中，我们也就需要对社会形态转变问题和“进步”概念进行彻底的理论反思，在此必须再提出一个问题：在马克思主义理论看来，所谓的社会形态转变**到底是**什么呢？

模型二：非决定论的社会形态转变理论

由于有大批论者反对经典历史唯物主义的叙事，其中还有人提出用类似于宇宙创生的“大爆炸”模型来解释社会转变，所以聚焦于阶级的马克思主义学派提出了关于社会形态转变的第二种解释，主张对社会的分散化阶级结构做一种非决定论的理解。由于他们主张非决定论、非目的论，所以其在方法论基础上同经典历史唯物主义存在根本的区别(Chakrabarti and Cullenberg 2003)。

按照这种思路，我们需要把聚焦于阶级的现实理解为无限多个互成的阶级和非阶级过程(其中每个过程的变化都会影响和改变其他过程)的组合效应，社会形态转变是这种多元决定的矛盾现实的转变，不能还原为任何更深层次的、具有预先决定好的原则的本质(如生产力)，因而也就不存在某种内在的目的(例如经典历史唯物主义的发展命题)可以推动社会运动。相反，相互矛盾的各种推力和拉力保证了变化是具有多种方向的，是不均衡、不可预测的。由于处在这种不断流变的状态中，我们也就不可能对社会转变进行某种理性的排序，

---

① 《共产党宣言》中描述说：“资产阶级在历史上曾经起过非常革命的作用。资产阶级在它已经取得了统治的地方把一切封建的、宗法的和田园诗般的关系都破坏了。它无情地**斩断**了把人们束缚于天然尊长的形形色色的封建羁绊，它使人和人之间除了赤裸裸的利害关系，除了冷酷无情的‘现金交易’，就再也没有任何别的联系了。”(见《马克思恩格斯文集》第 2 卷，人民出版社 2009 年版，第 33—34 页。)这里的“斩断”为中译本意译，德语原文“zerrissen”，英译本译为“torn asunder”，都表示撕碎、扯断。——译者注

不可能限定社会必须走向某个注定的终点。

为了揭示社会潜在地具有多重阶级、这些阶级是同时进行着运动，我们在这里要采用在第二十九章“经济发展”中所提出的“阶级集合”的概念。根据剩余劳动的生产和分配情况，我们可以确定三种类型：自我占有、剥削性占有和集体占有。分配形式有两种：商品和非商品。工人报酬形式有两种：工资和非工资。这三组元素的组合就可以构成 24 个阶级集合，一个经济体中可能存在的各种阶级结构都需要采用其中的某一种制度安排。由于经济是去中心化、分散化的，所以不能把它还原为单独一个资本主义部门，而是要分散到各种不同的阶级集合类型（包括国家和私人形式）中。此外，根据定义，非资本主义形式也要分为各种类型（奴隶制的、封建的、社群主义的、共产主义的和独立型的）。如果再把这些阶级集合的其他存在条件也考虑进来，例如哪些可以归入剩余的分配和接受的阶级性条件、财产结构、权力结构、收入分配等，就可以进一步揭示出阶级结构的异质性，并相应更进一步揭示出聚焦于阶级的去中心化经济的异质性。[①]

用这些阶级集合就可以实现一个经济体中阶级分化的图景，通过各种类型和形式的阶级结构的一系列不均匀、分散化和相互联系的显著变化，就可以从理论上解释社会形态转变问题（Chakrabarti and Cullenberg 2003）。无论是阶级集合的类型发生直接变化（例如从资本主义到共产主义）还是形式发生直接变化（例如从国家资本主义到私人资本家），又或者阶级集合的任何存在条件影响到阶级集合时，都会发生社会形态转变。阶级过程和非阶级过程相互影响，不断使对方产生异质性、流动性和同时性运动，从而也就使得社会现实处于流变和非决定论的状态。

由社会过程的多元决定[②]和矛盾导致的转变过程无穷无尽，这些转变过程会相应生产出一种历史理论，但不是人们通常所误解成的混沌历史理论，而是（由阶级的话语焦点和聚焦于阶级的经济共同缔造，）能够描述社会运动众多混沌维度的历史理论。在这种社会形态转变理论中，不再根据某种线性的“进步”观念来对各个社会进行末世论、目的论的排序。

由于经济是去中心化和分散化的，所以这也为重新思考社会形态转变问题

① 每个阶级集合都从属于某个特定的阶级结构，阶级结构这个概念无非就是指各种阶级和非阶级过程发生综合作用的场所，将阶级集合定义中的各项内容都包括在内也就是阶级结构的定义。

② 阿尔都塞（Althusser 1969）在多元决定的定义中还保留了“经济的归根结底的决定作用”，而在这里所说的多元决定则抛弃了这一点（Resnick and Wolff 1987，ch. 2），多元决定是由各种不断变化的过程相互构成，没有哪个过程比其他过程更重要。

开启了大门,转变不一定是向资本主义转变,也不一定是要通过资本主义的视角来看待转变。聚焦于阶级的马克思主义所提出的社会形态转变理论并不是不可知论的,而且他们自己也是支持一定的社会变革方向的,并不是对方向漠不关心。换言之,这一学派实际上认识到,转变的道路问题也是一场斗争,斗争所涉及的不仅是转变的内涵(比如说,宇宙大爆炸式同微观多层结构式的斗争),而且还涉及从去中心化和分散化的经济体内部出发可以有怎样的理想和实际转变道路。在这一背景下,马克思主义的正义标准批判了所有剥削类型的阶级结构(封建主义的、奴隶主义的、资本主义的、CA 式社群主义的),而支持采用共产主义的和 AC 式社群主义的阶级结构,因为它们是非剥削性的。[①] 此外,这种正义标准也可以用来辩护分配正义和发展正义。这些正义标准就构成了马克思主义的立场。

上面所讨论的意思是,阶级集合的运动既有同时性(即聚焦于阶级的经济是同时发生变化的),也有一种相对弱一点的历时性(即在微观层面上实际发生或可能发生的**那种变化**是有时间先后的)。经典历史唯物主义把前者还原为了后者,又把后者也做了决定论式的还原。而在我们看来,社会形态转变是通过这两种方式的综合作用而进行的,任何一种方式都不是先验的、可预测的或确定性的。这并不是软弱的表现,而是打开了另一扇门,可以以马克思主义的正义为基础,通过在微观层面上干预存在不同阶级结构的经济,来推行实际的和可能的社会政治变革。从马克思主义的观点来看,社会形态转变并不是"怎么样都行",在转变过程中我们可以识别出并能动干预其变化的性质(进步的或倒退的),为转变指明方向。

值得注意的一点是,我们的这种社会形态转变理论所说的进步和发展,并不包含发生学、目的论或进化论的偏见。我们反对那种认为社会的进化遵循某种预先给定模式的观点,社会的进化并不是通往某个非剥削性的、相对"公平"的社会的确定性运动。相反,我们认为社会形态转变是一个值得追求的解决方案,当形势有这样的要求,出现了相应的可能性,人们就应该支持这种转变,为实现转变而奋斗,但为之奋斗当然并不能保证它就一定会实现。此外,即使我们假设某种更好的社会样态实现了,但由于存在各种多元决定的矛盾过程,在其综合作用之下那种新社会样态是无法永远保持下去的。可能有一些阶级结构回到剥削形式,财富的社会分配也可能再次变得极为"不公平"。换句话说,我们的社会形态转变理论并不能保证有一个永远没有任何剥削的社会、有一种

---

① 关于 AC 和 CA 阶级过程的定义,请参见本书第二十九章"经济发展"。

永远比较公平的收入分配来作为历史的确定的终点(无论这种状况看起来有多么值得追求)。相反,从马克思主义的正义观出发,为社会形态转变而进行的阶级斗争和非阶级性斗争是一场永久的斗争。这与经典历史唯物主义的阶级斗争思想截然不同,经典历史唯物主义相信在某种力量(例如生产力)驱动下的进步性,它内在地有一种社会线性发展的观念,认为社会问题的解决方案归根结底是已经定局了的,这种进步的理想既是社会发展的本质,也是社会形态转变过程的目标,但聚焦于阶级的社会形态转变理论则反对这种观点。

模型三:政治性的社会形态转变

第三种模型将社会形态转变视为一个彻底的政治问题(而不是历史学或技术学问题)。在一定意义上,社会形态转变被认为是"时间政治"和"空间政治"的问题——也是一个关于解释政治(the politics of interpretation)和变革政治(the politics of transformation)的问题(Chakrabarti, Dhar and Dasgupta 2015)。

时间政治

因为模型一把西方和非西方中的各种异质性、经验性的暂时性——即由**非**资本主义(而不是**前**资本主义)的阶级过程和阶级集合所造成的暂时性——还原为了资本中心主义或者说现代性中心主义的时间想象,所以时间就处在倾斜的(不自然的)过程中;并且时间呈现为线性的、阶梯状的。吉布森-格雷厄姆(Gibson-Graham 1996)通过对资本中心主义的批判(资本中心主义就是将他者——特别是非资本主义的他者——的时间和经验还原为资本的时间-语言-逻辑),打破了那种认为资本是所有社会形态转变的本质和目的的虚妄。这种虚妄使人沉默,呈现为"不可说"和"未知","包裹"和"掩盖"了阶级**剥削**和原始积累的暴力,也"包裹"和"掩盖"了外在于全球资本循环的非资本主义的存在,即"第三的世界"(参见本书第二十九章"经济发展")。

空间政治

因为模型一将西方和非西方中通过阶级过程进行的空间异质性布置还原为一种二元论——一边是先进/发达/现代的第一世界,另一边是落后/欠缺/迟滞/前现代的第三世界,所以该模型是一种东方主义的理论。正如上文中所述,晚年的马克思是抗拒资本中心主义和东方主义的。而这里的模型三的理论前提，就是要对模型一中的时间政治和空间政治进行批判，包括要批判经典历史唯物主义，以及还要批判模型二中的发展思想和发展实践，它们都是资本中心主义和东方主义的。模型三不仅仅是将社会形态转变视为单纯的变化（无论是历时的变化还是上文刚刚描述过的共时性的变化），而是作为**变了的东西**（the *changed*）和**不变的东西**（the *unchanged*）的辩证法，以及是作为**表达出来的东西**（the *expressed*）和**秘密的东西**（the *secret*）[德里达（Derrida 1986）将“**秘密的**”称为“**藏入密室的**”（the *crypted*）]的辩证法，在社会形态转变中不变的东西会继续保持作为秘密，而变了的东西则是被公开表达出来。

那么，社会形态转变也就是“变化所具有的不变相貌”（unchanged *face* of change）和“未变的东西的变化着的相位”（changing *phases* of the unchanged）。[1] 相位**掩盖**了相貌吗？这些相位是不是作为**遮罩**（mask）？我们想在相貌和相位之间进行清晰的区分。相貌是特征逻辑，正是由它告诉我们某某是什么东西或者某某是谁——例如，资本主义是什么东西？资本不可或缺的东西是什么？答案就是剥削和原始积累。而相位是暂时的，是正在消逝或者可以消逝的。国家可以从“福利国家”或“发展型国家”变为“新自由主义全球化”；可以从一个处在前台、大包大揽、全盘掌控的国家变为一个缓慢退居后台的、将权力和权威移交给竞争性市场经济的国家。我们要解释资本主义的“转变”，就要关注对于正在变化中的相位（例如，在资本主义内部和资本主义之间的变化相位）和不变的相貌（例如，剥削和原始积累）的多元决定作用。

根据这种观点，我们认为马克思所关注的就是阶级过程和阶级斗争同经济/社会**转变**的联系，而我们所说的转变是指从一种剥削形式变为另一种剥削形式。历史上出现过的剥削组织（从奴隶制到封建主义再到资本主义）就代表着几个转变的相位，这些相位是某种具体的阶级剥削体系的不同变体。按照这种理解，就不需要去对时间和空间进行排序和评价，如我们先前所说，这种做法正是晚年的马克思所放弃的做法。即使剥削本身保持不变，转变的各个相位也已经涵盖了各种变化的剥削形式。这就好像是说，剥削的形式在变，而剥削的内容是静态的。运动中的静态就是转变的秘密，将其藏入密室就可以使（相位

---

① 作者在这里玩了一个文字游戏，用英语中读音很接近、含义也有联系的两个词 face 和 phase 来进行对举。phase 在英语中可以表示“月相”，即在地球上看到的、每晚盈亏各不相同的月亮明亮部分的形状，天文学中则用 phase 来表述更加一般化的、适用于其他星球观测的“相位”概念。phase 所表示的这些“相”和“相位”，都只是光照效果和观测角度的外在变化，是呈现出的外在形象的变化，但月亮本身的圆形是不变的，就像人的 face（相貌）是由面部骨架、皮肤、五官的生理特性所决定的一样，通过抹粉、打光可以改变显露的形象，但脸上的相貌本身是不变的。——译者注

的)转变得以继续进行并保持活力。因此,转变既包含变化,也包含不变,这个定义可以改变政治的样态。为了保存剥削的阶级组织而进行的阶级斗争(即使是在改变剥削形式的情况下)与以消灭剥削的阶级组织为目的的阶级斗争之间存在着根本的区别。通过阶级斗争来进行转变,就是在阶级剥削中进行转变。阶级分化社会的转变,就是要穿越阶级剥削的视域。在马克思看来,这也就意味着,那种为了达到没有剥削、后资本主义的未来(以及为了消灭原始积累)而与资本主义进行的斗争,同时也是一场超越转变的斗争。为后资本主义的未来而进行的阶级斗争,必然也是在为"后转变"的未来而斗争(Chakrabarti et al. 2015,ch. 5)。

因此,转变问题就变成了一个政治问题,一方面是围绕表达出来的变化而产生的虚妄希望,另一方面则是藏入了密室的惰性或静态。这种密室(Abraham and Torok 1986)是我们对转变中的"秘密"的经验和现象所进行的政治-理论速记;它象征着正在变化的相位中的**不变的东西**;它是在明显的、连续的运动之下的**秘密的静态**。例如我们可以说,当前全球资本主义转变的秘密就在于:

第一,关于剩余劳动的阶级过程。

第二,作为全球资本循环的**外部**的"第三的世界"(而**不是**第三世界)。

第三,原始积累。

因此,关于转变的政治问题就在于,是**通过**保护密室而改变,还是**为了**保护密室而改变(例如,从国家资本主义变为全球资本主义,就是保护处于转变中的资本的密室),或者是那种开启之后**超越**密室的持久斗争的改变(例如,像晚年的马克思在谈论俄国公社时所做的那样,对向资本主义转变这个**给定前提**提出疑问)。我们要问:当前的转变是不是**在资本主义之中做改变**,而不是**改变资本主义**?在资本主义之中做改变不就是保护密室吗?因此,尽管许多经济、政治、文化甚至自然景观发生了变化,但密室并没有变。有些问题,例如阶级作为过程的问题,有些观点,例如"第三的世界",是作为**外部**而不是作为全球资本循环的第三世界的**底层**。有些经验,例如阶级剥削的经验、作为外部的经验,以及原始积累中的暴力侵害经验,即使世界对转变充满狂热,也仍然被掩埋、被遗忘、被藏入密室。有些指称符号,例如阶级、"第三的世界"和原始积累,在各种流传的新旧话语中仍然是禁忌。相反,另一些指称符号(如竞争、利润、增长、第三世界等)则被推到前台,围绕着转变的"煽动话语"是围绕着这些前台的"指称符号"而组织起来的。因而,转变同时被打上了运动(即前台"指称符号"的运动)和不变(即禁忌符号不变)的烙印。马克思主义的转变政治就是要对**不变**的东西进行质疑和转化。

许多马克思主义和进步主义者，以及许多关注**变革**（transformation）的发展理论，都对于**转变**（transition）有一种痴迷，而这种政治转变理论则试图寻求一种改变。这是否意味着要有一个概念转变，从**是什么**转变到**将要是什么**？换句话说，是否要从单纯的描述转变到**应该**、转变到**伦理**？马克思主义不仅是对表面现象发生转变的虚妄面纱进行描述，而且是朝着正义的、值得追求的方向进行变革性的实践。因此，也就要从转变的那份透明脚本中找出被话语所掩盖和隐藏的东西。其中要找出的一项政治条件，就是转变话语的密室中要素的丢失，并且对这种丢失的漠不关心——好像这些元素不是丢失，而是被特地藏到了某个秘密金库中只不过是忘记了一样。能够对保护密室安全（在政治上）造成威胁的事情，是**秘密发生的事情**（即虚妄的事情）或者**在一个秘密的地方发生的事情**（即被抹杀的事情）（Derrida 1986，xv）。

我们的号召是：我们不要成为转变的**奴隶**。让我们成为变革的**雕塑家**。我们不该仅仅是寻找**替代性的转变方案**。让我们去寻找**把"转变"本身给替代掉的方案**。

参考文献

Abraham, N. and M. Torok. 1986. *The Wolf Man's Magic Word: A Cryptonymy*. Trans. by N. Rand. Minneapolis: University of Minnesota Press.

Althusser, L. 1969. *For Marx*. Trans. by B. Brewster. London: Allen Lane, The Penguin Press.

Bailey, A. M. and J. P. Llobera. 1981. *The Asiatic Mode of Production: Science and Politics*. London: Routledge & Kegan Paul.

Brenner, R. 1986. "The Social Basis of Economic Development." In *Analytical Marxism*, J. E. Roemer, ed., 23–53. Cambridge: Cambridge University Press.

Chakrabarti, A. and S. Cullenberg. 2003. *Transition and Development in India*. New York: Routledge.

Chakrabarti, A. and A. Dhar. 2010. *Dislocation and Resettlement in Development: From Third World to World of the Third*. London and New York: Routledge.

Chakrabarti, A., A. Dhar, and B. Dasgupta. 2015. *The Indian Economy in Transition: Globalization, Capitalism and Development*. New Delhi: Cambridge University Press.

Cohen, G. A. 1978. *Karl Marx's Theory of History: A Defence*. Oxford: Oxford University Press.

——. 1988. *History, Labor and Freedom*. Oxford: Oxford University Press.

Derrida, J. 1986. "Foreword." In *The Wolf Man's Magic Word: A Cryptonymy*, N. Abraham and M. Torok, eds., Nicholas Rand, trans., xl–xlviii. Minneapolis: University of Minnesota Press.

Gibson-Graham, J. K. 1996. *The End of Capitalism (As We Knew It): A Feminist Critique of Political Economy*. Oxford: Blackwell.

Hindess, B. 1987. *Politics and Class Analysis*. Oxford: Blackwell.

Hindess, B. and P. Hirst. 1977. *Mode of Production and Social Formation: An Auto-Critique of "Pre-Capitalist Modes of Production."* London: Macmillan.

Laclau, E. C. and Mouffe. 1985. *Hegemony and Socialist Strategy: Towards a Radical Democratic Politics*. Trans. by W. Moore and P. Cammack. London: Verso Press.

Marx, K. 1983. "Marx-Zasulich Correspondence: Letters and Drafts." In *Late Marx and the Russian Road: Marx and "The Peripheries of Capitalism"*. Edited by T. Shanin, 97–126. New York: Monthly Review Press.
Marx, K. and F. Engels. 1970. "First Draft of the Reply to V. I. Zasulich's Letter." In *Karl Marx and Fredrick Engels, Selected Works*, Volume 3. Moscow: Progress Publishers.
——. 2005. "The Communist Manifesto: In *Manifesto: Three Classic Essays on How to Change the World*, 27–68. Melbourne and New York: Ocean Press.
Olsen, E. K. 2009. "Social Ontology and the Origins of Mode of Production Theory." *Rethinking Marxism* 21(2): 177–195.
Resnick, S. A. and R. D. Wolff. 1987. *Knowledge and Class: A Marxian Critique of Political Economy*. Chicago: University of Chicago Press.
Road: Marx and "The Peripheries of Capitalism". Edited by T. Shanin, 97–126. New York: Monthly Review Press.
——. 2002. *Class Theory and History: Capitalism and Communism in the USSR*. New York: Routledge.
Ruccio, D. 2011. *Development and Globalization: Marxian Class Analysis*. New York: Routledge.
Shanin, T., ed. 1983. *Late Marx and the Russian Road: Marx and "The Peripheries of Capitalism"*. New York: Monthly Review Press.

第五篇

马克思主义的各分支流派

第三十一章

后现代主义

杰克·阿玛伊格里奥(Jack Amariglio)、
戴维·F. 卢西奥(David F. Ruccio)

在20世纪末和21世纪初,思想界出现了一股用后现代主义来对马克思主义政治经济学批判进行彻底改造的潮流,相关论者广泛采用后现代主义(以及与后现代主义相伴随的后结构主义和所谓的解构)来对马克思主义经济学理论的关键概念和概念框架进行根本性的反思,并运用后现代主义来整体把握和发展马克思主义。马克思主义的理论传统此前长期被现代性的研究方式所遗忘或者说压制了,而运用后现代主义来把握和发展马克思主义,就可以探索马克思主义同其他学科(例如人类学、哲学、文学批评等)和经济学其他理论传统(特别是制度主义、女权主义、后殖民主义、奥地利学派等)的交集,从而也就产生了对马克思主义经济学理论的后现代主义解读,这种解读极富特色。

对马克思主义经济学的传统解读主要是建立在一种现代性的研究方法之上。现代性的马克思主义经济学家采用反映论的认识论和决定论的因果观,认为资本主义是受规律支配的,马克思的《资本论》在客观的劳动价值论(这种理论同新古典经济学之类基于偏好的主观价值理论相对立)的基础上得出了关于资本主义的科学。根据这种解读,马克思主义经济学所要解决的问题就是确定资本主义在其无序外观之下所具有的秩序,并指明从资本主义的无序性走向社会主义有计划的秩序的转变趋势。

有一个例子很能说明问题,即现代性的马克思主义经济学对生产和交换之间关系的看法。按照现代性的解读,价值和剩余价值(由劳动者创造、被资本家所占有的额外价值)是在资本主义有序的生产过程中被创造出来的,价格和利润是在资本主义混乱无序的交换领域中获得的,价值和剩余价值决定着价格和利润,因而我们可以用前者来解释后者。既然资本主义经济的无政府性导致危机,那么现代性的马克思主义者就论证说,私有制和市场的无序性、非理性应当被取代,代之以社会主义国有制和计划经济的秩序和理性。

后现代主义的解读思路则大为不同,他们的认识论通常是相对主义的(马克思以及马克思主义的经济学理论之所以能和其他经济学理论相区分,原因在于它的起点、逻辑、话语结构、社会影响等方面的特殊性),他们的因果观是非决定论的(这里的非决定论是指,每一个事物都应当被认为既是原因又是结果)。按照后现代主义的解读,马克思主义经济学的目标就是创造出一个关于资本主义和非资本主义的特定阶级分析的故事,指引人们走向非剥削性的或者说共同体性质的经济社会生活组织方式,这种方式不是单一的而是多样化的。

我们同样可以用生产过程和交换过程之间的关系问题来说明后现代主义解读的特点。在他们看来,无论是生产还是交换,本身都是有序和无序的结合,这种结合是具体的、不断变化的,两者处在相同的对话层次上,不是谁决定谁。例如,资本主义需要按照商品的交换价值买入商品,并用这些商品生产出新的商品,新的商品又需要卖出,从而实现其中所凝结的价值和交换价值。这里我们就可以看到,每个商品都具有两个量,生产价值和交换价值,两者相互决定。资本主义之所以会碰到各种阶级剥削的问题,同样也是由于生产和交换两方面(以及这两方面之间的相互作用)。在后现代主义的马克思主义经济学家看来,社会主义的实现方式是变动不居的,只要消灭资本主义剥削(并消灭剥削的条件和结果),创造各种条件让创造出剩余产品的劳动者们来集体占有和分配这些产品,这就已经是社会主义了。

后现代主义

从后现代主义这一概念兴起以来,它至少在四种含义上同马克思主义理论具有密切关联。后现代主义的第一种含义,是指称世界历史中的一个特定**阶段**,即当代资本主义阶段[这通常是指比利时马克思主义者埃内斯特·曼德尔所说的"晚近资本主义"(Ernest Mandel 1975)]的文化逻辑。这种含义的后现代主义的创始人是弗雷德里克·詹姆逊(Fredric Jameson 1991)和大卫·哈维(David Harvey 1989)。这一派理论认为广大群众的商品化程度(以及全球生产方式的变化程度和新型信息技术的增长程度)已经形成了一种后现代文化,这种文化的特点就是碎片化、肤浅化、普遍异化和缺乏历史感。后现代主义的第二种含义,是指在话语中特别是在知识、技术和科学等方面的话语中所发生的变化,这一派的主要代表人物是让-弗朗索瓦·利奥塔(Jean-François Lyotard 1984)。这种后现代主义是当代生活所具有的一种**状态**,当代的人们不再相信自启蒙运动以来的那种宏大叙事(马克思主义也属于这种叙事模式),转而兴起了一种关于科学"游戏"的叙事,认为意义和结果都只是存在于玩游戏的过程之中。后现代主义还有第三种含义,是指一种新的做理论的**风格**,这一派后现代主义的创始人是福柯(Michel Foucault 1972;1973)和德里达(Jacques Derrida 1976)。福柯的"知识考古学"强调,知识的不同形式随着时代变迁,状态发生了根本的改变(因此,这种后现代主义的叙事挑战了关于科学"进步"的理念),德里达强调,文本中的词语和符号创造出了"不受决定的"环节,而在一些德里达主义者看来,世界也是这样的"文本",它可以创造出"不受决定的"环节。

上述这些不同含义的后现代主义理论究竟在多大程度上能够和马克思主义以及其他社会批判理论兼容,存在很大争议。[关于这方面争论,比较好的综述请参见 Best and Kellner(1991)、Sarup(1993)和 Drolet(2003);对后现代主义的重要批判作品请参见 Hutcheon(1989)、Callinicos(1990)和 Eagleton(1996)。]但是,后现代主义还有第四种含义,正是这种意义上的后现代主义实实在在地影响了近年来的马克思主义经济学理论,这种后现代主义是一种**批判**。作为批判的后现代主义虽然也受到过上面三种后现代主义的启发,但这种后现代主义对阶段、状态、风格持回避态度,并不去挑战现代性理论家对马克思主义经济学范畴和分析形式的解读和应用,也不提出另一种解读和应用。

这种作为批判的后现代主义同马克思主义经济学的总体关系,表现在三个既有区别又有联系的方面,分别见于如下三个文本中:斯蒂芬·雷斯尼克和理查德·沃尔夫(Stephen Resnick and Richard Wolff 1987)的《知识与阶级》(*Knowledge and Class*);吉布森-格雷厄姆(J. K. Gibson-Graham 1996)的《资本主义的终结——如我们所知的那样》[*The End of Capitalism*(*As We Knew It*)];戴维·F. 卢西奥和杰克·阿玛伊格里奥(David F. Ruccio and Jack Amariglio 2003)的《现代经济学中的后现代环节》(*Postmodern Moments in Modern Economics*)。

或许有点讽刺,《知识与阶级》的作者雷斯尼克和沃尔夫当年是在阿尔都塞作品(Louis Althusser and Balibar 1970)的影响下才开始批判大多数马克思主义经济学理论所持有的现代性观点的,批判它们的决定论和本质主义(而讽刺之处就在于,按照一般的观点来看,阿尔都塞的理论正是一种现代性的“结构主义”)。虽然雷斯尼克和沃尔夫并没有明确提出后现代主义,但他们所用到的许多概念和框架在罗蒂(Richard Rorty 1979)等人那里成为后现代主义的重要理论工具。例如,雷斯尼克和沃尔夫一方面批判了自启蒙运动以来理论与现实两分的主流认识论形式(经验论和唯理论),另一方面批判了主张由某个原因来决定某个结果的种种决定论思想(诸如经济“基础”的决定作用,人的本质的决定作用,等等)。他们阐发了一种非决定论的或者说后现代的认识论(话语是由各种不同的理论组成的,这些理论分别在自身范围内创造了“现实”,各个“现实”彼此不同也不可通约,话语塑造着外部世界,外部世界也塑造着话语),以及一种非决定论的或者说后现代的因果论(每一个事物都应当被认为既是原因又是结果,因为每一个事物都和社会总体中的另一事物构成矛盾,与他物的矛盾建构了这种因果的同时性)。他们(按照阿尔都塞从弗洛伊德那里借用过来并极大发展了的术语)把这种新的学说称为“多元决定论”。

吉布森-格雷厄姆(Gibson-Graham,这是 Julie Graham 和 Katherine Gibson 两人合作的笔名)也受到过阿尔都塞影响,同时还受到了女权等理论的影响,她们提出了一套不同于雷斯尼克和沃尔夫的学说。吉布森-格雷厄姆认为,当今马克思主义经济学存在的关键问题是叙述方式和分析方式,这种经济学把资本主义描绘成一个统一的、总体性的体系,把资本主义说成是被某种单一的逻辑所支配,并把这种支配逻辑称为资本主义的“运动规律”,吉布森-格雷厄姆认为,上述这种做法是一种“资本中心主义”(capitalocentrism)。对于上面这种常见的关于资本主义的理解,吉布森-格雷厄姆进行了“去中心化”的操作:一方面,她们用“话语”来建构资本主义,其所指范围要小于当今马克思主义学界所理解的资本主义,这种资本主义的内部也不那么统一;另一方面,她们提出了“话语空间”的概念,这种话语空间处于经济和社会场景之中,内部包含多种非资本主义的形式。这样一来,她们就把资本主义看作一种经济空间,是一种存在差异性的场域,其中的成分包括各种资本主义和非资本主义的交易、各种类型的劳动和企业(包括剩余价值的各种生产、占有和分配方式),以及上述因素之间复杂而矛盾的相互作用。

卢西奥和阿玛伊格里奥代表着另一种阐发和应用后现代主义的方式,他们是把后现代主义作为“环节”引入马克思主义经济学理论当中。他们认为,现行的经济学理论(包括但不限于马克思主义经济学)所秉持的那些现代性基本元素——科学主义、决定论、人本主义等——催生了一系列后现代环节，例如不确定性、主体的不稳定性、可能存在多种不同的理性等，这些明显是不符合现代性的，它们会冲击甚至冲决现代性的边界。如果能够从马克思本人的文本中、从马克思主义经济学的发展史中找出这些后现代性元素、阐发这些元素，我们就可以对现代性的马克思主义理论进行解构（包括解构科学与意识形态、有序与无序之类的两分法），改用后现代的方式把握马克思主义经济学的关键概念（例如企业的去中心化，利润的不确定性，资本主义竞争的无序性）。

三十年来，前面提到的这三本书（以及影响了这三本书和受这三本书影响的后现代主义、后结构主义、解构主义的作品）在马克思主义经济学中催生了一大批后现代取向的作品，这个势头至今还在不断增长。这些后现代论者在许多问题领域中都颇有建树，包括哲学、价值理论、主体性、阶级、社会主义和共产主义等。

马克思主义经济学

长期以来，人们都是戴着现代性的有色眼镜来解读马克思主义经济学所蕴含的哲学认识论和方法论的。后现代马克思主义则对这种现代性的叙事框架提出了挑战，它要用后现代主义来重新诠释马克思主义政治经济学批判的哲学方法。在认识论领域，后现代马克思主义避免采用“科学主义”的立场（科学主义认为，真理只有一个，或者说真理只可能有一个，人们只能通过一种特定的话语或方法而达成真理），支持多种不同的科学框架或者话语框架（也就是说，真理是多样的，或者说真理有可能是多样的，人们可以通过多种各不相同、不可通约的话语和方法达成真理）。例如，在后现代马克思主义看来，马克思主义经济学之所以不同于新古典经济学和凯恩斯主义经济学（Resnick and Wolff 2012），是因为马克思主义和其他经济学有着不同的起点（它们对阶级、人性和结构的看法不同）和逻辑（它们分别遵循着决定论和多元决定论的逻辑）。这就意味着，这些理论各自的视角和研究过程分别创造着多个答案，当我们比较这些答案之间的差异时，重点并不在于看它们对现实的符合程度，也不是看它们各自理论预设的现实程度，而是要看它们对经济和社会所造成的影响。后现代马克思主义还特别强调了身体（body）和权力（power）在各种现代性的知识理论中所发挥的作用（Amariglio 1988），批判了那种让数学在经济学话语中占主导的做法（Ruccio 1988），并指出了这种现代性话语同其他一些哲学流派的非现代性思潮之间其实有着很大的重合之处，例如杜威的实用主义（Wilson 1996；Aoki

2005),女权主义(Gibson-Graham 1996;Bergeron 2006),制度主义(Cullenberg 2000),后殖民主义(Charusheela 2000)等。后现代马克思主义还分析了经济学话语的"施事性"(performativity)[也就是说,马克思主义经济学和其他的经济学理论都在努力分析现实,但它们所分析的现实在一定程度上正是这些理论本身所创造出来的,参见 Gibson-Graham(1996);Madra and Adaman(2014)]。

类似的,后现代马克思主义也对马克思主义经济学中的决定论因果观提出了挑战。决定论认为因果性是单向的,由原因来决定结果。例如,经济学中的决定论会设定,经济(这里的经济指生产方式,至少部分地指生产方式,包括生产力和生产关系等)直接或间接地决定了社会总体中的其他方面(包括文化和政治等)。决定论在马克思主义经济学中另一个重要的表现形式是理论上的人本主义,即把人性设定为解释经济社会中各种实践和制度的"本质",这里所谓的人性通常又被进一步简化为人性中的某些成分,例如理性、需要、经济利益之类。后现代主义拒绝采用这种决定论,它对于因果性有另一套看法,强调因果关系是随机的,偶然性也会造成影响,事件具有不确定性,可能的原因有多种,看上去可能是某种原因和结果,但这种关系是流变的,因与果的位置是可逆的。当然,有人必然质疑后现代主义说,它不搞决定论就是主张"怎么样都行"[见 Carling(1990),后现代主义一方的回应参见 Resnick and Wolff(1992)],这样一来,人们在理论和实践上就都无法对事物进行有效分析了。后现代主义对此的回应是,他们并不是不要因果关系本身,而是对因果关系有着另一种理解,他们把因果关系理解成多元决定、地位并列、同时发生、不断变化,同时,后现代主义也是赞成要对事物进行分析的,但他们强调要进行连续性的分析,而许多分析都是特殊的、局部的、不完备的。后现代主义对决定论的批判对马克思主义经济学中许多概念都提出了质疑,包括资本积累的"规律"(Norton 1986),马克思主义经济危机理论中的必然性/偶然性二元对立(DeMartino 1993),利润率下降理论中的总体性思想(Cullenberg 1994),消费对生产的从属性(McIntyre 1992;Diskin and Sandler 1994;Pietrykowski 1994;MacNeill 1997)。

由于价值理论在马克思主义的政治经济学批判中具有核心地位,现代性和后现代两派经济学解读在阐释价值理论时尤其存在对立。两派的对立首先在于生产和交换的关系问题,现代性的解读认为生产决定着交换(采用了一种本质主义的叙事),而后现代的解读则认为生产和交换是相互成就的(并不采用那种常见的比喻说法,认为生产是更深层的因素)。并且后现代的解读认为,《资本论》整个三卷对生产和交换的讨论从第一卷讲生产到第二卷讲交换,再到第三卷生产和交换一起讲,并不是表示一种层次性、因果性(没有认为生产比交换

“更重要”),这只是话语的表述方式,《资本论》三卷所谈的是一个去中心总体的几个步骤。除了生产和交换的关系问题,后现代主义也影响到马克思主义价值理论的其他许多方面。在最一般的层面,后现代主义认为《资本论》(在对象和分析方法上)同古典政治经济学进行了彻底的决裂(Wolff,Callari,and Roberts 1984;Roberts 1987),把现代和后现代的环节或因素结合在了一起(Garnett 1995),帮助人们看到资本主义经济的量的关系所包含的阶级内容(Roberts 1996),在价值概念中引入社会的偶然因素(而不只是把价值看作恒定不变的、凝结了的劳动)(Biewener 1998)。此外,后现代主义还认为,作为《资本论》本身立论基础的“抽象”也是分成多个不同层次的,每一层次上的抽象都蕴含着新的例外情况(Kristjanson-Gural,2008b)。因而,后现代主义促使人们既要关注剩余价值的生产/占有,也要关注分配/收入(Resnick and Wolff 1987),既要关注价值的实现,也要关注剩余价值的再分配,并且要关注资本流动、垄断力量等因素对剩余价值再分配的影响(Roberts 1988),利润率下降趋势并非必然(Cullenberg 1998),供给和需求是如何共同发挥作用决定价值和交换价值的(Kristjanson-Gural 2003),货币在商品经济中的枢纽地位,以及货币作为私人劳动和社会分工的中介手段(Kristjanson-Gural,2008a)。

对马克思主义经济学的现代性解读提出了具有本质主义性质的主体概念。例如,对于(马克思在《资本论》第一卷第1章中提出的)商品拜物教,他们是将其解读为关于资本主义社会中的主体的理论,把拜物的主体看作由深层经济现实所造成的结果,认为这种主体具有一种“虚假意识”。但后现代主义大大深化了对商品拜物教的理解,认为主体及其意识形态在历史和社会中的地位是可变的,既是历史和社会的产品,也是历史和社会的生产者。主体及其意识形态除了作为商品交换的结果,同样也是商品交换中“拜物”的经济过程的原因或条件[相关论述参见 Amariglio and Callari(1989)]。阿尔都塞提出过关于“无主体的过程”(即认为历史并不是由某个主体所开展的事业,既不是绝对主体的事业,也不是人类主体的事业)以及主体受意识形态询唤(interpellation)的理论(Althusser 1971),而后现代主义进一步发展了阿尔都塞的这种主体理论,对马克思主义经济学产生了重大影响(Özselçuk 2013)。例如,根据后现代主体理论就可以说明:在一个人类劳动产品作为商品形式而存在的社会中,主体也会有多样性,有各种不同的个体主体和集体主体(Ruccio 1992);拉康心理学(Özselçuk and Madra 2010)是对马克思主义的有益补充,可以帮助构建关于主体虚无性的理论(即主体并非完全受社会现实所决定或制约)和关于再主体化操作的理论[即阐明在新的、非资本主义的主体性形成过程中,障碍在哪里?可能性在哪里？相关讨论见 Graham and Amariglio（2006），Madra（2006），Özselçuk（2006），Byrne and Healy（2006），Rebello（2006），Sato（2006）]；对非资本主义性质的主体性的反思，例如对封建社会中主体性的反思，可以帮助我们界定主体对从属关系的忍受和各种抵抗形式（Kayatekin and Charusheela 2004）；人们之所以能构建起公共的主体性，既是仰仗历史中存在过多种类型的公共社群（Amariglio 2010），同时也需要“穿透幻象”，超越现存的资本主义（Madra and Özselçuk 2010）。

阶级分析是马克思主义经济学理论的核心内容，因此，后现代主义也对阶级分析进行了修正和反思，但更看重阶级的话语意义。并且，后现代主义对阶级分析进行了去中心化，在阶级分析中既考虑到社会的整体性（在一个社会形态中可以有着不同的阶级结构），也考虑到社会中的具体个人（具体某个人在共时和历时层面可以具有多重的阶级地位）。所以在后现代主义看来，阶级更多的应该是作为一个形容词而不是名词（应当用阶级来修饰某一类构成社会的过程，而不是用来指代社会中的某个特定群体），阶级斗争也应当主要着眼于矛盾冲突的目标（后现代主义看待社会中特定的个体和群体的斗争，界定这是不是阶级斗争，是看他们是为了社会哪方面的问题而斗争，是为社会的质的方面斗争还是为量的方面斗争，而不能看斗争的主体是谁）。

《阶级及其他者》（*Class and Its Others*）（Gibson-Graham，Resnick and Wolff 2001a）和《呈现/再现阶级：后现代马克思主义论集》（*Re/Presenting Class：Essays in Postmodern Marxism*）（Gibson-Graham，Resnick and Wolff 2001b）两部书可以代表后现代马克思主义对阶级分析的前沿研究状况。后现代主义的新型阶级分析包括如下一些专门议题：非洲裔美国妇女在家务劳动中所从事的独立商品生产具有怎样的非资本主义性质（Rio 2001）；实行自我雇佣的“偶然性”工人所分成的众多不同群体之间存在怎样的重大差异（Hotch 2001）；身份形成对于决定家庭生产的阶级性质而言有什么意义（Cameron 2001）；洛杉矶之类的空间中多种阶级过程的混合配比对于决定这一空间中“阶级版图”而言有什么意义（Arvidson 2001）；长期影响着左翼和工会政治的蓝领/白领二元划分存在哪些严重问题（Southern 2001）；资本家对于剩余价值的多种不同分配方式（即不只是用来进行资本积累）之间具有怎样的矛盾张力（Norton 2001）；共同体的发展实践对于超越资本主义的剥削观念、创造集体性观念有什么作用（Biewener 2001）；人们为剩余价值的分配而进行的斗争是如何重塑了资本主义企业以及这些企业对社会的广泛影响作用的（Gibson-Graham and O'Neill 2001；Vlachou 2001）；文化（在美国南部的租佃制中）和政治（在伊朗）对于封建制、奴隶制和资本主义这几类阶级过程生存条件的形成发挥了怎样的作用(Kayatekin 2001;Gabriel 2001);在美式的文理学院中,由教师的雇佣劳动来生产“学时”商品,这类院校中的阶级结构是怎样的(Curtis 2001)。此外,后现代主义的议题还包括美国家务劳动中阶级结构的变动(Fraad,Resnick and Wolff 2009),移民家庭中因为汇款而产生的阶级后果和阶级矛盾(Safri 2009),以及企业中(共产主义的、资本主义的和其他性质的)不同阶级结构的混合(Levin 2014)。上述这些对马克思主义阶级分析的后现代式阐发,其后发展的核心话语直接挑战了资本主义(Gibson-Graham and Ruccio 2001),培养了人们对于阶级正义的渴望(DeMartino 2003),对于激进政治中本质主义的霸权地位也有消解作用(Wolff and Resnick 2005),还可以通过对阶级差异的各种场域的识别和培育,创造出新的政治变革的可能性(Gibson-Graham 2005)。

最后,后现代主义也涉及现代性的马克思主义理论对社会主义和共产主义的理解(例如 Burczak 2006)。所谓社会主义和共产主义,也就是人们已经创造出来和能够创造出来的在资本主义社会“之后”的一整套经济和社会形式,之前现代性理论常见的做法是将社会主义、共产主义描绘成由公有制和计划经济等因素所形成的和谐有序状态,以此来克服资本主义市场所导致的无序性,后现代思想家所特别强调的则是在社会主义和共产主义的概念中具有一种“全面性”。后现代的马克思主义经济学理论的做法一方面是收拢视域,专注于社会主义、共产主义的定义本身,另一方面又拓宽视域,考察在当代资本主义的内部和周边所存在的社会主义、共产主义趋势。在收拢视域方面的工作,澄清了马克思主义所界定的社会主义、共产主义概念必须具有特定的阶级维度(Resnick and Wolff 1988;Diskin 1996),这也就反过来形成了一种“狭义”的社会主义、共产主义概念,这种社会主义、共产主义的唯一标准,就是要求让经济剩余的集体性占有成为在社会中的主导占有方式(Cullenberg 1992)。与此同时,社会主义、共产主义的概念又有拓展的一面,即首先要求一种反本质主义的主体性,包括要有一种集体性的社会个体(Ruccio 1992)和集体性的阶级地位(Amariglio 2010);其次,社会主义、共产主义要求有一种正义的公理,这种正义并不是指一种理想的社会秩序,而是指人人都参与到剩余的占有和分配中去,绝无遗漏(Madra 2006)。

参考文献

Althusser, L. 1971. "Lenin before Hegel." In *Lenin and Philosophy and Other Essays*, 71–84. New York: Monthly Review Press.

——. 2001. "Ideology and Ideological State Apparatuses (Notes Towards an Investigation)." In *Lenin and Philosophy and Other Essays*. Trans. by B. Brewster, 85–126. New York: Monthly Review Press.

Althusser, L. and E. Balibar. 1970. *Reading Capital*. Trans. by Ben Brewster. London: New Left Books.

Amariglio, J. 1988. "The Body, Economic Discourse, and Power: An Economist's Introduction to Foucault." *History of Political Economy* 20(4): 583–613.

——. 2010. "Subjectivity, Class, and Marx's 'Forms of the Commune'." *Rethinking Marxism* 22(3): 329–344.

Amariglio, J. and A. Callari. 1989. "Marxian Value Theory and the Problem of the Subject: The Role of Commodity Fetishism." *Rethinking Marxism* 2(3): 31–60.

Aoki, M. 2005. "Whipping Boy or Ally? Rethinking Dewey on Education and Capitalism." *Rethinking Marxism* 17(1): 119–137.

Arvidson, E. 2001. "Los Angeles: A Postmodern Class Mapping." In *Class and Its Others*, J. K. Gibson-Graham, S. A. Resnick, and R. D. Wolff, eds., 163–189. Minneapolis: University of Minnesota Press.

Bergeron, S. 2006. *Fragments of Development: Nation, Gender, and the Space of Modernity*. Ann Arbor: University of Michigan Press.

——. 2012. "Postmodern Subjects and the Power of Economics." *Rethinking Marxism* 24(3): 338–343.

Best, S. and D. Kellner. 1991. *Postmodern Theory*. New York: Guilford Press.

Biewener, C. 1998. "Socially Contingent Value." In *Marxian Economics: A Reappraisal*, vol. 2, *Price, Profits, and Dynamics*, R. Belllofiore, ed., 57–69: New York: St. Martin's Press.

——. 2001. "The Promise of Finance: Banks and Community Development." In *Re/Presenting Class: Essays in Postmodern Marxism,* ed. J. K. Gibson-Graham, S. A. Resnick, and R. D. Wolff, 131–158. Durham, N.C.: Duke University Press.

Burczak, T. 2006. *Socialism after Hayek*. Ann Arbor: University of Michigan Press.

Byrne, K. and S. Healy. 2006. "Cooperative Subjects: Toward a Post-Fantasmatic Enjoyment of the Economy." *Rethinking Marxism* 18(2): 241–258.

Callinicos, A. 1990. *Against Postmodernism: A Marxist Critique*. New York: St. Martin's Press.

Cameron, J. 2001. "Domesticating Class: Femininity, Heterosexuality, and Household Politics." In *Class and Its Others*, ed. J.K. Gibson-Graham, S. A. Resnick, and R. D. Wolff, eds. 47–68. Minneapolis: University of Minnesota Press.

Carling, A. 1990. "In Defence of Rational Choice: A Reply to Ellen Meiksins Wood." *New Left Review* 184 (November/December): 97–109.

Charusheela, S. 2000. "On History, Love, and Politics." *Rethinking Marxism* 12(4): 45–61.

Cullenberg, S. 1992. "Socialism's Burden: Toward a 'Thin' Definition of Socialism." *Rethinking Marxism* 5(2): 64–83.

——. 1994. *The Falling Rate of Profit: Recasting the Marxian Debate*. London: Pluto Press.

——. 1998. "Decentering the Marxian Debate over the Falling Rate of Profit: A New Approach." In *Marxian Economics: A Reappraisal. Essays on Volume II of Capital*, Volume 2: *Price, Profits, and Dynamics*, ed. R. Bellofiore, 163–176. New York: St. Martin's Press.

——. 2000. "Old Institutionalism, New Marxism." In *Capitalism, Socialism and Radical Political Economy: Essays in Honour of Howard Sherman*, R. Pollin, ed., 81–102. Cheltenham: Edward Elgar.

Curtis, F. 2001. "Ivy-Covered Exploitation: Class, Education and the Liberal Arts College." In *Re/Presenting Class: Essays in Postmodern Marxism,* ed. J. K. Gibson-Graham, S. A. Resnick, and R. D. Wolff, eds., 81–104. Durham, NC: Duke University Press.

DeMartino, G. 1993. "The Necessity/Contingency Dualism in Marxian Crisis Theory: The Case of Long Wave Theory." *Review of Radical Political Economics* 25(3): 68–74.

——. 2003. "Realizing Class Justice." *Rethinking Marxism* 15(1): 1–31.

Derrida, J. 1976. *Of Grammatology*. Trans. by G. C. Spivak. Baltimore: Johns Hopkins University Press.

Diskin, J. 1996. "Rethinking Socialism: What's In a Name?" In *Postmodern Materialism and the Future of Marxist Theory: Essays in the Althusserian Tradition*, ed. A. Callari and D. F. Ruccio, eds., 278–299. Hanover: Wesleyan University Press.

Diskin, J. and B. Sandler. 1994. "Essentialism and the Economy in the Post-Marxist Imaginary: Reopening the Sutures." *Rethinking Marxism* 6(3): 28–48.

Drolet, M., ed. 2003. *The Postmodernism Reader: Foundational Texts*. New York: Routledge.

Eagleton, T. 1996. *The Illusions of Postmodernism*. Malden, MA: Blackwell.

Foucault, M. 1972. *The Archaeology of Knowledge and the Discourse on Language*. Trans. by A. M. S. Smith. New York: Harper and Row.

——. 1973. *The Order of Things: An Archaeology of the Human Sciences*. Trans. by A. Sheridan. New York: Vintage.

Fraad, H., S. A. Resnick, and R. D. Wolff. 2009. "For Every Knight in Shining Armor, There's A Castle Waiting To Be Cleaned: A Marxist-Feminist Analysis Of The Household." In *Class Struggle on the Home Front: Work, Conflict and Exploitation in The Household*, G. Cassano, ed., 19–70. New York: Palgrave Macmillan.

Gabriel, S. J. 2001. "A Class Analysis of the Iranian revolution of 1979." In *Re/Presenting Class: Essays in Postmodern Marxism*, J. K. Gibson-Graham, S. A. Resnick, and R. D. Wolff, 206–226. Durham, NC: Duke University Press.

Garnett, R. F., Jr. 1995. "Marx's Value Theory: Modern or Postmodern?" *Rethinking Marxism* 8(4): 40–60.

Gibson-Graham, J. K. 1996. *The End of Capitalism (As We Knew It): A Feminist Critique of Political Economy*. Cambridge, MA: Blackwell.

——. 2005. "Dilemmas of Theorizing Class." *Rethinking Marxism* 17(1): 39–44.

Gibson-Graham, J. K. and P. O'Neill. 2001. "Exploring a New Class Politics of the Enterprise." In *Re/Presenting Class: Essays in Postmodern Marxism*, J. K. Gibson-Graham, S. A. Resnick, and R. D. Wolff, eds., 56–80. Durham, NC: Duke University Press.

Gibson-Graham, J. K., S. A. Resnick, and R. D. Wolff, eds. 2001a. *Class and Its Others*. Minneapolis: University of Minnesota Press.

Hutcheon, L. 1989. *The Politics of Postmodernism*. New York: Routledge.

Jameson, F. 1991. *Postmodernism or, the Cultural Logic of Late Capitalism*. Durham, NC: Duke University Press.

Kayatekin, S. A. 2001. "Sharecropping and Feudal Class Processes in the Postbellum Mississippi Delta." In *Re/Presenting Class: Essays in Postmodern Marxism*, J. K. Gibson-Graham, S. A. Resnick, and R. D. Wolff, eds., 227–246. Durham, NC: Duke University Press.

——. 2012. "Walking in the Graveyard that Is Economics: Comments on *Postmodern Moments in Modern Economics*." *Rethinking Marxism* 24(3): 344–354.

Kayatekin, S. A. and S. Charusheela. 2004. "Recovering Feudal Subjectivities." *Rethinking Marxism* 16(4): 377–396.

Kristjanson-Gural, D. 2003. "Demand and the (Re)distribution of Value: An Overdetermined Approach." *Rethinking Marxism* 15(1): 117–140.

——. 2008a. "Money Is Time: The Monetary Expression of Value in Marx's Theory of Value." *Rethinking Marxism* 20(2): 257–272.

——. 2008b. "Poststructural Logic in Marx's Theory of Value." *Rethinking Marxism* 21(1): 14–33.

Levin, K. M. 2014. "A Class Theory of Hybrid-Directed Enterprises." *Rethinking Marxism* 26(4): 507–525.

Lyotard, J. F. 1984. *The Postmodern Condition: A Report on Knowledge*. Trans. by G. Bennington and B. Massumi. Foreword by F. Jameson. Minneapolis: University of Minnesota Press.

MacNeill, A. 1997. *New Directions in the Political Economy of Consumption*. Ph.D. dissertation, University of Massachusetts, Amherst.

Madra, Y. M. 2006. "Questions of Communism: Ethics, Ontology, Subjectivity." *Rethinking Marxism* 18(2): 205–224.

Madra, Y. M. and F. Adaman. 2014. "Neoliberal Reason and Its Forms: De-Politicisation Through Economisation." *Antipode* 46: 691–716.
Madra, Y. M. and C. Özselçuk. 2010. "Jouissance and Antagonism in the Forms of the Commune: A Critique of Biopolitical Subjectivity." *Rethinking Marxism* 22(3): 481–497.
Mandel, E. 1975. *Late Capitalism.* London: Verso.
McIntyre, R. 1992. "Consumption in Contemporary Capitalism: Beyond Marx and Veblen." *Review of Social Economy* 50(1): 40–60.
Mulder, C. 2009. *Unions and Class Transformation: The Case of the Broadway Musicians*. New York: Routledge.
Norton, B. 1986. "Steindl, Levine, and the Inner Logic of Accumulation: A Marxian Critique." *Social Concept* 3 (December): 43–66.
——. 2001. "Reading Marx for Class." In *Re/Presenting Class: Essays in Postmodern Marxism*, J. K. Gibson-Graham, S. A. Resnick, and R. D. Wolff, 23–55. Durham, NC: Duke University Press.
Özselçuk, C. 2006. "Mourning, Melancholy, and the Politics of Class Transformation." *Rethinking Marxism* 18(2): 225–240.
——. 2013. "Louis Althusser and the Concept of Economy." In *Encountering Althusser: Politics and Materialism in Contemporary Radical Thought*, K. Diefenbach, S. R. Farris, G. Kim, and P. Thomas, eds. London: Bloomsbury Publishing.
Özselçuk. C. and Y. M. Madra. 2010. "Enjoyment as an Economic Factor: Reading Marx with Lacan." *Subjectivity* 3: 323–347.
Pietrykowski. B. 1994. "Consuming Culture: Postmodernism, Post-Fordism, and Economics." *Rethinking Marxism* 7(3): 62–80.
Rebello, J. T. 2006. "The Economy of Joyful Passions: A Political Economic Ethics of the Virtual." *Rethinking Marxism* 18(2): 259–272.
Resnick, S. A. and R. D. Wolff. 1987. *Knowledge and Class: A Marxian Critique of Political Economy.* Chicago: University of Chicago Press.
——. 1988. "Communism: Between Class and Classless." *Rethinking Marxism* 1(1): 14–42.
——. 1992. "Everythingism, or Better Still, Overdetermination." *New Left Review* 195 (September–October): 124–126.
——. 2005. "The Point and Purpose of Marx's Notion of Class." *Rethinking Marxism* 17(1): 33–37.
——. 2012. *Contending Economic Theories: Neoclassical, Keynesian, and Marxian.* Cambridge, MA: MIT Press.
Rio, C. M. 2001. "'This Job Has No End': African American Domestic Workers and Class Becoming." In *Class and Its Others*, ed. J. K. Gibson-Graham, S. A. Resnick, and R. D. Wolff, 23–46. Minneapolis: University of Minnesota Press.
Roberts, B. 1987. "Marx after Steedman: Separating Marxism from 'Surplus Theory'." *Capital & Class* 11(2): 84–103.
——. 1996. "The Visible and the Measurable: Althusser and the Marxian Theory of Value." In *Postmodern Materialism and the Future of Marxian Theory*, A. Callari and D. F. Ruccio, eds., 193–211. Hanover, NH: Wesleyan University Press.
Rorty, R. 1979. *Philosophy and the Mirror of Nature.* Princeton: Princeton University Press.
Ruccio, D. F. 1988. "The Merchant of Venice, or Marxism in the Mathematical Mode." *Rethinking Marxism* 1(4): 37–68.
——. 1992. "Failure of Socialism, Future of Socialists?" *Rethinking Marxism* 5(2): 7–22.
Ruccio, D. F. and J. Amariglio. 2003. *Postmodern Moments in Modern Economics.* Princeton: Princeton University Press.
Safri, M. 2009. "Economic Effects of Remittances on Immigrant and Non-Immigrant Households." In *Class Struggle on the Home Front: Work, Conflict and Exploitation in the Household*, G. Cassano, ed., 176–196. New York: Palgrave Macmillan.
Saitta, D. 2001. "Communal Class Processes and Pre-Columbian Social Dynamics." In *Re/Presenting*

Class: Essays in Postmodern Marxism, J. K. Gibson-Graham, S. A. Resnick, and R. D. Wolff, eds., 247–263. Durham, NC: Duke University Press.

Sarup, M. 1993. *An Introductory Guide to Post-Structuralism and Postmodernism.* 2nd ed. Athens: University of Georgia Press.

Sato, C. 2006. "Subjectivity, Enjoyment, and Development: Preliminary Thoughts on a New Approach to Postdevelopment." *Rethinking Marxism* 18(2): 273–288.

Southern, J. 2001. "Blue Collar, White Collar: Deconstructing Classification." In *Class and Its Others*, J. K. Gibson-Graham, S. A. Resnick, and R. D. Wolff, eds., 191–224. Minneapolis: University of Minnesota Press.

Vlachou, A. 2001. "Nature and Class: A Marxian Value Analysis." In *Re/Presenting Class: Essays in Postmodern Marxism*, J. K. Gibson-Graham, S. A. Resnick, and R. D. Wolff, eds., 105–130. Durham, NC: Duke University Press.

Wilson, L. 1996. *John Dewey's Pragmatism and Economic Method: Modernism and Postmodernism in Economics*. Ph.D. dissertation, University of Massachusetts, Amherst.

Wolff, R. D., A. Callari, and B. Roberts. 1984. "A Marxian Alternative to the Traditional 'Transformation Problem'." *Review of Radical Political Economics* 16(2/3): 115–135.

第三十二章

分析的马克思主义

罗伯托·威尼兹亚尼(Roberto Veneziani)

导论

什么是分析的马克思主义？分析的马克思主义对马克思主义理论又做出了什么贡献？这两个问题并没有统一的答案。对于分析的马克思主义的定义问题，各人各派都有其主观看法，一片混乱。对于分析的马克思主义的贡献问题，同样也充满争议，这或许正是第一个问题众说纷纭的必然逻辑结果。

尽管许多前辈学人都定义过分析的马克思主义[①]，但分析的马克思主义作为一个自觉的理论学派(以下简称“分马学派”)，其产生时间应当是在20世纪70年代末，此时正值结构主义的马克思主义衰落，自由平等主义兴起，而分析哲学对马克思主义重新产生了兴趣(Miller 1983；Levine 2003)。1978年，加拿大哲学家柯亨(Jerry Cohen)出版了《卡尔·马克思的历史理论：一个辩护》(*Karl Marx's Theory of History: A Defence*)，他在书中提出了一个对历史唯物主义的重建方案，这个方案只遵循“两个约束条件：一个是马克思本人所写的内容，另一个是20世纪分析哲学所特有的清晰性和精确性标准”(Cohen 1978，ix)。1979年，分马学派的几个大佬碰面，形成了一个叫作“不扯淡的马克思主义九月小组”，简称“九月小组”(这也是更加学术化、更加中性的称谓)。

---

① 例如，Nowak(1998)定义了一个波兰的分析的马克思主义学派，它存在于20世纪50—60年代。

之后的几十年间，分马学派运用分析哲学的范式对马克思的理论进行了深度解读，形成了一批极富争议的成果。经典的分马学派作品涵盖了经济学理论（Roemer 1981，1982）、政治哲学（Elster 1985；Cohen 1988，1995）、历史（Brenner 1977）、阶级理论（Wright 1985，1997）和政治科学（Przeworski 1985a）。分马学派为社会科学中许多重大论题提供了一个重要视角，包括历史理论、发达资本主义经济的阶级结构、剥削理论等。但是，按照分马学派的这种分析，我们就需要拒斥许多概念和命题，或者需要对它们进行彻底的修正。人们会质疑：马克思主义的社会理论是否可以采用这种分析的范式，采用了之后还是马克思主义吗？

因此毫不奇怪，分马学派对马克思主义的贡献（以及对一般社会理论的贡献），分马学派本身的合法性，都是人们争议的核心热点问题。许多批评意见干脆就直接忽略了分马学派。对分马学派最差的评价，是把它认作反马克思主义思潮中“特别恶毒”的一翼，分马学派就是一批“彻头彻尾进行欺骗”的理论贩子（Hunt 1992，105）。对分马学派最好的评价，也不过是“如同 A. E. 豪斯曼在一篇评论中所说的那样，‘比直接打断我们的研究好了那么一丁点’”（Suchting 1993，158）。

分析的马克思主义者和分马学派的批评者很少能够达成共识，但有意思的是，（一部分）分析的马克思主义者和分马学派的批评者都对该学派的合法性和未来前途持负面看法。莱文非常形象地评论说，如果分马学派的目标是发掘出马克思主义理论的合理内核、并在此基础上重构马克思主义，那么我们大概可以总结说，“手术（或多或少）是成功的，但病人死了。”（Levine 2003，132）

本文中，我们试图澄清分马学派的合法性，以及它对一般社会理论的贡献和对马克思主义的特有贡献。下一节中我们将进行这项工作的第一步，界定一下分析的目标。

分析的马克思主义

分析的马克思主义者在理论上、方法论上乃至政治立场上都并非同质的，无论是从理论本身还是从组成人员来看，要界定分马学派的边界都是很困难的（Ware 1989；Wright 1989；Nielsen 1993）。例如，与流行的观点相反，分马学派和九月小组其实是不重合的：有几个分析的马克思主义者从未加入过小组，而有几个九月小组成员也从未把自己界定为马克思主义者（无论是分析的马克思主义者还是其他什么马克思主义者)。[①]

类似的,要界定出分马学派的核心理论,给出一套基础命题(例如 Tarrit 2006 和 Goldstein 2006),也很难令人信服。通常所归纳出的一些方法论主张(例如拒斥辩证法)和基础性命题(例如拒斥劳动价值论)不可避免地是含混的,因而往往也是不准确的。例如,并不是**所有**分析的马克思主义者都认为马克思本人缺乏清晰和精确性,这种说法是错误的,或者至少来说也是误导性的(Tarrit 2006,598)。并且一个可能更为重要的问题是,如果我们要在这批内部存在分化的理论家中界定出一个最小公约数,那么我们得出的命题清单就不仅是在界定分马学派和其他理论流派的差异,而且也是在界定分马学派自身内部的差异。的确,"没有任何分析的马克思主义者……承认利润率下降趋势规律……并且……只有一个布伦纳(Brenner),……仍然坚持《资本论》第一卷所阐发的劳动价值论是正确的"(Callinicos 1987,68)。但光凭这一点很难就把他们界定为是一个团队。[②]

韦尔认为,其实"世界上并不存在一套单一的(分马学派)理论,甚至不存在一套单一的(分马学派)研究方法"(Ware 1989,5)。在实践中,有些论者特别强调分马学派"缺乏一种统一性"(Bertram 1998,236),他们更倾向于把分马学派称作一个"密友小组"(Gintis 1987,983)。有批评者认为,问题不仅在于以往的定义方式混同了分马学派的异质性,而且在于要给分马学派下一个定义本身就是难以服众的,既然分马学派的内部具有深刻的理论裂痕,缺乏作为一个学派的自觉性,再要去定义出一个分马学派,那就必然是一个无法完成的目的(Suchting 1993)。

分马学派确实存在一些共有的特质,即使不是一种"完全成熟的范式"(Carling 1986,55),也可以定义出"一种理论类型"(Wright,Levine and Sober 1994,56)。分马学派的一个主要信条,同时也是他们对经典马克思主义的主要背离之处,就是否认马克思主义有一种特殊的方法论。卢卡奇有一段名言可以代表经典马克思主义的观点:

"正统马克思主义并不意味着无批判地接受马克思研究的结果。它不是对

---

① 符合这种情况的"九月小组"成员包括萨缪尔·鲍尔斯(Samuel Bowles)、罗伯特·范德文(Robert van der Veen)、普拉纳·巴德翰(Pranab Bardhan)和希勒尔·施蒂纳(Hillel Steiner)等人。但要是按照"九月小组"来定义,就搞不清楚是否应当把他们算作分析的马克思主义者,所以我们在这里是并不把他们算在内。

② 达兰特列出了一张命题清单来界定分马学派,但他在之后的分析中又说,拒斥利润率下降"是唯一一个所有分析的马克思主义者都同意的理论点"(Tarrit 2006,607)。

这个或那个论点的'信仰',也不是对某本'圣'书的注解。恰恰相反,马克思主义问题中的正统仅仅是指方法。"

(Lukacs 1971,1)

而在分马学派看来,世界上并不存在这种与众不同的方法论:

"蒙昧主义经常搞出一套特别的术语和逻辑来,要一套理论的瑜伽术来包装自己。马克思主义的理论瑜伽术就是'辩证法'。辩证逻辑的几条基础性命题或许可以作为一种归纳而成立,但要作为推理原则还差得远……在马克思主义的社会科学中,人们往往是用辩证法来证明一种目的论推理。"

(Roemer 1986a,191)

分马学派主张,马克思主义应当"服从社会科学和分析哲学的公认标准"(Wright,Levine and Sober 1992,5—6)。E. O. 赖特则更加精确地归纳出了四条承诺,这四条承诺可以作为分马学派的特征。

定义 1(Wright 1989,38—39)

承诺 1:"在阐述理论和开展研究工作时,遵循公认的科学规范。"

承诺 2:"在概念表述中强调系统性……注重概念的定义和概念之间的逻辑融贯。"

承诺 3:"在串联概念形成理论论证时,注重各个论证步骤的统一规整。"

承诺 4:"在解释性和规范性理论中,都注重各个个体的意向性行为。"

定义 1 所主张的分马学派的边界,要比人们通常所认为的宽泛得多、复杂得多。定义 1 涵盖了所有自我界定为分析的马克思主义者的人士,但这个定义也足够普世,能够涵盖一大批方法论和实质观点中的差异见解,例如可以包括英国马克思主义学派的历史学家之类。各种马克思主义哲学家和社会科学家,只要多少有一点分析哲学倾向,即使他们本人并不把自己和分马学派联系在一起,也都可以算进来。当然,"要说在分马学派作为一个自觉学派出现之前,马克思主义中就缺少上述这几条特质,那就太傲慢了"(Wright 1989,39)。其实,"清晰和精确是一切领域中的**好**哲学、**好**思想都具有的优良品质,并不是分析哲学专门垄断了的"(Sayers 1989,81)。

尽管如此,承诺 1—4 也并非不证自明、毫无争议的。相关文献中的反对意见可以分成两大类:一类是反对分马学派强调形式逻辑和数学模型的做法;另一类是更一般地反对分马学派的分析方法。下文中我们将依次分析这两类反对意见。

对形式化模型的应用

有许多批评意见是针对形式化模型在社会科学中的作用，对形式化模型会导致的后果提出了质疑。有一些批评者认为，数学模型内在地就是和资产阶级科学和资产阶级政治联系在一起的。在进行斗争时，“任何手段-目的的计算、成本-收益的计算，都会导向改良主义的方案”(Kieve 1986，574)；真正的问题“不是定量计算的问题，不是个人主义式地去计算手段一目的，不是计算细节上的成本一收益，而是生死攸关的问题”(Kieve 1986，574)。另一种相对不那么激进的批评意见是如柯克帕特里克所说：“对数学上明晰性的追求忽略了时间，使得历史和社会理论丧失了其所具有的时间维度。”(Kirkpatrick 1994，485；并请参见 Bronner 1990；Kennedy 2005)布朗纳认为：

> “数学规律或者说博弈论规律，是把一切普遍的政治现象和特殊的政治运动都定义为社会行为者，把它们等量齐观。这样，在最好的情况下其结果也是回避掉了质变的问题……而更加常见的结果则是把一切阶级和运动都看作特定的分析单元，一视同仁地对待它们。从而，各个阶级和运动的独特属性，以及指导和塑造了这些阶级和运动的意识形态所具有的质的差异，就都被抹杀掉了。”
>
> (Bronner 1990，250)

认为形式化模型同马克思主义具有内在的不相容性，并不是很有说服力：斯莫林斯基(Smolinski 1973)和马修斯(Matthews 2002)就充分证明，马克思本人也钻研过纯数学，他相信数学是可以应用到社会科学中去的。并且，这种反对形式化模型的意见实际上有一个立论的前提，即认为我们不能用任何数学的因素(这可以说是无限多的)去分析马克思主义理论的任何一个分支，这是非常武断的。最后，我们没有任何理由认为数学模型会必然导致理论的静态性、非历史性，更不会必然导致丧失“整个理论和实践事业的规范性目标”(Bronner 1990，248)。人们经常把分马学派归入“数学拜物教”，上述这派反对意见恐怕也是犯了这种片面性的错误。

另外有一些反对意见是站在后现代主义的认识论立场上，把数学乃至所有的科学语言都仅仅归结为是各种“话语”。后现代主义的批评意见(Resnick and Wolff 1987；Ruccio 1988；Amariglio Callari and Cullenberg 1989)抹杀形式化模型的解释效力，把数学解读为一种“‘举例说明’的形式。对马克思主义者来说，应当把数学概念和数学模型理解为比喻性、启发性的工具”(Ruccio 1988,36)。但是,这种方法论立场并没有马克思原著的支持,卢西奥的解读并没有给出任何文本证据,而上一段中我们提到的斯莫林斯基(Smolinski 1973)和马修斯(Matthews 2002)则可以证明在马克思那里情况正好相反。并且,这种后现代主义的解读思路存在一个众所周知的问题,它无法说清楚在几个相互竞争的假说之间人们要如何进行理性的评估,更不要说对它们进行检验了。最后,后现代主义对数学的看法代表着这一流派对所有理论抽象的解释效力所持有的否定立场。[①] 后现代主义本身所强调的“具有历史的具体性的社会过程”令人难以捉摸,例如,它认为“可以说,是诸多社会过程构成了某个时间点上的社会或者社会形态”,而马克思主义的阶级“可以被分析成社会过程的整个体系所决定的结果”(Ruccio 1988,38),但是,这种“社会过程”的叙事仍然只是一种含混的一般化公式。

还有一些批评意见认为,分马学派注重形式化,那么就会忽视一些不采用数学公式的重大理论议题和政治议题,而这些批评者认为“可以不用数学证明就建立起”对资本主义社会的批判性陈述(Wood 1989,466)。强调形式化会遮蔽重大的理论议题和政治议题,并“以精确性之名削弱马克思主义理论”(Anderson and Thompson 1988,228)。并且,当抽象超出其适用范围之后,“它通过逻辑和分析的精确性所收获的,都会在社会和历史的关联性中丧失掉”(Dymski and Elliott 1989,367)。更一般来说,分马学派的形式化会遮蔽经验关联性议题,因为“‘它有什么意义?’的问题要优先于它是否具有经验的真理性的问题”(Kirkpatrick 1994,43)。

分析的马克思主义者本身也承认(例如 Roemer 1981,2—4),上述这类反对意见提出的问题确实是切中肯綮的,不能像之前几类意见那样直接无视。但是,这些批评者所论证出来的结论其实应当是要求一种方法论的多元主义,而不是**因为**分马学派采用形式化模型就要拒斥它。分马学派所秉持的方法论承认数学的有效性,但与此同时,他们并不认为形式化模型是唯一的方法,他们赞成要对形式化模型的预设和结论、范围和界限加以精确的研究。

其实,这类反对意见并不支持对形式化模型方法的拒斥。要把一个问题的核心特质、基本的因果联系解析出来,理论抽象是必不可少的。要从一组清晰表述的假设中得出因果性解释,形式化模型法是精确的方法**之一**。并且,“在每个非形式化因果解释的背后都隐藏着一个默不作声的形式化模型。一切解释

---

① 例如,我们可以看 Resnick and Wolff(1987)对多元决定这个概念的阐发,人们通常的观念就是认为,社会中的结果并不是自己影响自己,我们可以确定这些结果的原因所在,而多元决定则对此种观念提出直接批判。作者在此要感谢匿名评审对这个问题的建议。

性理论都要作假设，都要给出其解释的适用条件，以及各项不同机制的协同作用方式”（Wright 1989，45）。要求各种解释性理论准确地提出假设、恰当地进行形式化建模，这是在对它们进行严格的监督。

“‘数学’或者说模型并不是理论的全部。一个理论必然有一个模型作为其原理图，我们不能短视地认为就不存在其他的原理图。反而……为同一个理论提出几个不同的、相互矛盾的模型可以指引我们去关注理论的灰色地带。”

（Roemer 1981，3）

形式化模型也同样可以在经验性的社会分析中发挥作用：“在现实生活的社会情境中，一般很难营造一个现实的实验环境来发现因果作用机制（甚至通过比较法、‘准实验’设计也不行），因此，我们在实践中对于任何具体问题提出因果解释时，都很有必要采用思想实验来说服人。”（Wright 1989，45）

总而言之，形式化模型并不会囊括马克思主义理论的一切相关方面，分马学派强调“逻辑、数学、模型建构等现代工具……并大胆承诺抽象的必要性”（Roemer 1986b，3）既不是不证自明的，也不是人畜无害的，分马学派并不会因为采用形式化模型就比其他马克思主义解读思路更优越。但反过来说，也没有什么证据可以说在社会理论中采用形式化方法就具有内在缺陷，其他不采用形式化方法的流派在方法论上并没有什么钦定的优越性，它们对分马学派的拒斥是不能成立的。从这个角度来说，最重要的不是基于数学进行抽象讨论，而是提供了一个分析性框架作为可选项。此外我们还要强调，分马学派并没有要钦点某个特定的模型，这一点我们将在下一部分进行讨论。

分析的方法

对于分马学派最根本的反对意见，是反对他们在哲学和方法论立场上倚重分析哲学。有些批评者认为，分析的方法是建立在一个“死板而封闭的两分法框架”（Sayers 1989，83）基础之上的，因而这种方法带给我们的“不是清晰和精确，而是系统性的误解和误读”（Sayers 1989，83）。还有一些批评者认为，为了追求清晰性而采用分析的方法，所得到的结果并不是中性的，“清晰性从来就不是实践理论、批判理论或……阿尔都塞主义的马克思主义所具有的理论品质。具体到新功能主义、后现代主义或结构化理论而言，也都不具备这项理论品质”（Porpora 1995，169）。并且

“让论证变得清晰这个说法究竟是什么意思，人们是有不同的意见和看法

的……我们或许应当反思，为什么我们要那么看重清晰性，同一套关于清晰性的标准是否能够适用于一切理论话语、是否就可以不考虑其适用对象的性质”。

(Kirkpatrick 1994，36)

在这些论者看来，采用分析哲学的方法会不可避免地从根本上扭曲马克思主义理论，要分析马克思主义的理论，就应当采用马克思主义特有的方法，根据辩证法和/或方法论的整体主义来分析。

这种彻底否定的批判意见并没有什么说服力，他们的立论基础是认为分马学派所要求的精确定义是不可能达成的，但这一点是未经证明的，并且他们在大多数情况下对分马学派所主张的精确定义存在误解。

第一，并没有什么完全可信的一般化证明或者比较有力的论证说马克思理论的任何组成部分都不能运用分析哲学来进行有效的分析。塞耶斯(Sayers 1989)曾经论证说，分马学派内部关于马克思与道德的关系所进行的争论可以证明，分析哲学无法抓住马克思理论的历史性质。但是，分马学派的莱文对马克思理论的重构(Levine 1982)，是和塞耶斯书中对马克思的解读大体一致的。柯克帕特里克认为，柯亨的“历史理论所采取的论域是和马克思相异质的，柯亨把历史这个概念理解成了一个包罗万象的‘总体’”(Kirkpatrick 1994，39)。但是，柯亨的《卡尔·马克思的历史理论》(Cohen 1978)一书对历史唯物主义的分析即使不算正统，至少也是紧扣文本进行解读的，连柯亨的批评者也承认：“不管人们怎么看待《卡尔·马克思的历史理论》对历史唯物主义的解读，这本书都是 20 世纪马克思主义哲学的经典作品之一。”(Callinicos 2001，171)

第二，主张马克思主义有那么一个专属的方法论，并以此来反对分马学派对分析方法的强调，这尤其具有误导性，因为辩证法本身就有好几种定义，甚至方法论的整体主义也是可以有多种表述的。其实，辩证逻辑并不一定就和形式逻辑内在地不相容，如今也已经有好几种用分析的术语来表述辩证法的方案[例如，可以参见 Wright，Levine and Sober(1994)对“总体”概念的讨论，以及 Arnsperger(2003)和 Wood(2004)对辩证法的分析学派解读]。

况且，即使假定辩证法有一个唯一正确的定义，分马学派的批评者也承认，分析学派对社会现实的表述可能是片面的，但并不必然是错误的(Devine 1993，51)。例如塞耶斯指出，分析虽然是片面的，却是“任何科学解释都必不可少的一项特征”(Sayers 1984，3)。布朗纳指出，在对集体行为的分析中，“理性选择的相关理论非常有助于说明阻碍阶级意识形成的因素”(Bronner 1990，252)。麦卡尼虽然不满意埃尔斯特对辩证法的解读，但他也认为埃尔斯特的解释中存在“若干元素……可以为更加充分地解读马克思提供素材”(McCarney 1989，

154ff)。另外,可能更加重要的问题还在于,分马学派所得出的否定性结论,特别是经济学中的否定性结论,靠"辩证逻辑"本身并不一定就能扳回来。[①]

第三,要把实证主义-经验主义传统下的马克思主义理论改写成分析哲学式的理论可能确实很困难,有人可能论证说,分马学派得出的结论主要都是否定性的,这本身就可以证明"运用那类专门设计出来埋葬马克思主义的哲学工具是有害的,这种危害已经成为现实"(Kennedy 2005,341),这里所说的哲学工具不仅包括分析方法,而且包括方法论的个人主义和理性选择理论。但是,这种论证是把分马学派看作一个统一体,既包括了上文中定义1所指的分马学派,也包括了分马学派中的另一个支派,即理性选择的马克思主义(下文中简称"理马学派"),这个支派的主要成员是乔恩·埃尔斯特(Jon Elster)、亚当·普泽沃斯基(Adam Przeworski)和约翰·罗默(John Roemer)。理马学派接受定义1中的承诺2、承诺3,但是对承诺1、承诺4给出了更严格的规定[②]:

承诺1a:使用"分析哲学和'实证'社会科学的行文方法进行陈述"(Roemer 1986b,3—4)。

承诺4a:方法论的个人主义和理性选择理论。

对分马学派和理马学派要进行明确的区分。承诺1a和4a要比承诺1和4强得多,并且理马学派持有一种非常强的还原主义立场,这并不是一切分析的马克思主义者都认同的。在柯亨对历史唯物主义的解读中,"**从根本上来说**,马克思主义所关注的不是行为,而是制约和引导行为的力和关系"(Cohen 1982,489)。赖特对科学持现实主义立场,他认同方法论的多元主义(Wright 1989),在赖特的阶级理论中,核心概念是阶级关系和阶级结构(Wright 1985,1997,2005),"人的行为之所以会具有结构性的交互性质,最重要的是源于人们对生产资料的权利和权力"(Wright 2005,9)。而这一点

> "为我们从理论上考察选择和行为开辟了道路……方法论的个人主义者可能倾向于认为,对社会过程的解释可以还原为对个人的选择和行为的相关属性的解释,但我们在这里丝毫没有这个意思。(社会的或者阶级的)关系本身就具有解释力"。
>
> (Wright 2005,脚注11)

---

① 有些论者是基于后现代主义,解释出了一套价值和交换价值之间的内在逻辑关系[参见Wolff, Callari and Roberts(1982)]。但是,这种解释是对劳动价值论进行了彻底的概念重构,而且也很难说在他们的形式化体系中"辩证法"有没有作用、有多少作用。这方面更加详尽的讨论请参见Mohun and Veneziani(2016)。

② 对理马学派更详尽的讨论请参见Veneziani(2012)。

无论是分析的马克思主义者本身还是他们的批评者，都经常忽视分马学派和理马学派的区别，或者认为这种区别是次要的。卡林(Carling 1986)认为承诺 4a 也适用于分马学派，因为他对承诺 4a 里所谓的理性选择和方法论个人主义做了一个非常弱、非常宽松的理解，实际上是把承诺 4a 塌缩为承诺 4。① 塔里(Tarrit 2006)错误地认为分马学派是一种逻辑实证主义。菲尔普和杨认为分马学派"也使用了理性行为者的模型"(Philp and Young 2002，314)，而还原主义"更是分马学派的特有印记"(2002，316)。②

上述这类误解就导致了对分马学派的评价混乱。分马学派和理马学派之间存在的区别具有重要理论意义，可以从中推出若干重要结论。我们不应该认为因为分马学派遵循逻辑实证主义，它就必然是错的。虽然分马学派里有很多人确实"在哲学上蕴含着一种经验主义或者更准确地说是实证主义的承诺，关于意义采取工具主义的理论"(Weldes 1989，360ff)，但和流行的观点(例如 Kirkpatrick 1994；Tarrit 2006)相反，分马学派并不必然支持实证主义和经验主义立场。分析传统中的马克思主义哲学家认为，分析传统的定义并不在于持有某一组共同的教条，而在于为成功推进哲学实践而形成的若干共同标准(Ware 1989；Nielsen 1993；Wood 2004)，这类哲学家还提出了一种很有意思的后实证主义的分析方法，以此来解读马克思，"这种类型的分析哲学已经和实证主义立场决裂了"(Miller 1984，4)。按照这派观点来看，承诺 1 只是要求马克思主义的命题严格服从经验和理论的检验。

如果正确区分了分马学派和理马学派，那么即使对于分马学派所得出的那些否定性结论，我们也可以有一个不同的观察视角。这里的关键在于，承诺 1a 和 4a 较之于承诺 1 和 4，在方法论和实质观点上的推论都要严格得多。

在承诺 4a 的条件下，理马学派分析马克思著作的关键要素所得出的结论是要抛弃马克思的理论，如果不是绝大多数都要抛弃，至少也是要抛弃很大一部分，包括要抛弃马克思主义的经济学、科学社会主义、辩证唯物主义、生产力和生产关系理论(Elster 1985)，以及马克思主义关于阶级斗争和革命的理论(Elster 1985；Przeworski 1985a)；或者说，马克思主义需要被彻底修正，这和宣布其彻底死亡也差不了多少，马克思主义的既有理论留下的只是一点点影子，例如就像在罗默的剥削理论中那样(Roemer 1982)。正如普泽沃斯基所说：

---

① 后来 Carling(1994)认识到了分马学派和理马学派的区别。

② 他们真正具有误导性的观点是在于认为"(分马学派)不能一边宣称其理论工作遵循分析和实证的传统，一边宣称支持批判现实主义的科学观"(Philp and Young 2002，316)。只要我们把分马学派和理马学派正确区分开来，这两种宣称之间就不存在矛盾。

“如果在方法论上接受个人主义设定的有效性，那么对马克思主义理论的那些传统看法就必须重新加以阐释，如果不说是全部都需要重释，也得是绝大部分需要。我不知道这样一种最终结果还能不能确证出什么马克思主义历史理论的实质命题，这样得出的理论还能不能在任何意义上区别于非‘马克思主义’的理论。”

(Przeworski 1985b,400)

而分马学派的结论与上述理马学派的大不相同，因为分马学派重构出了一组核心命题，它试图用这组核心命题来作为马克思主义的基础，使得马克思主义能够区别于其他非马克思主义的社会理论。

(分析的)马克思主义的内核[①]

在分马学派看来，马克思主义的区别性特征就是“它围绕着一组基础问题来开展论述，其他的理论传统对这些问题要么忽视、要么排斥，而马克思主义则直面这些问题，界定出了一组相互联系的因果过程，这使得马克思主义区别于其他理论派别”(Wright 2009,102)。莱文(Levine 2003)认为，分马学派所重构出的马克思主义合理内核至少有四块。

第一块是马克思主义的历史理论或者说历史唯物主义，这一块理论为长期的历史运动提供了理论解释。分马学派和大多数当代西方马克思主义不同，它认为历史唯物主义是马克思主义最重要的理论特征。分马学派对历史唯物主义的解读可以归结为两个论题。第一个论题认为，经济结构的性质可以由生产力的发展水平来进行解释(经济结构承担着为生产力服务的功能，经济结构的性质要适应于这种功能)。第二个论题认为，法的、政治的、意识形态的上层建筑可以由经济结构的性质来进行解释(上层建筑承担着为经济结构服务的功能，上层建筑的性质要适应于这种功能)。

在分马学派看来，历史唯物主义根据生产力所内在具有的发展趋势，揭示出了历史是受生产方式依次演进所决定的内源性过程(Cohen 1978;Wright et al. 1992)。近年来，分析的马克思主义者进一步发展了历史唯物主义，将其解读为“一种关于由‘生产力’发展所开启的历史可能性的理论”(Levine 2003,164)。按照这个思路，历史唯物主义把社会主义解释成一种可能性，这种可能性是由物质运动和资本主义矛盾所造成的，社会主义的诸种行动“假如不是以

① 这部分论述利用了 Veneziani(2012)的相关内容。

这种观点为指导，就只是美好愿望的堆积，甚至沦为反动，而历史唯物主义把社会主义的因素整合为一种严谨追求更美好生活的运动”(Levine 2003，171)。因此，历史唯物主义就是科学社会主义的理论基础，也是马克思主义的社会解放理论的基础。

第二块是马克思主义的阶级理论，这一块理论把一个社会的阶级结构作为解释社会的核心，以此可以解释个人的经济产出和他生活中的可能境遇、社会的阶级矛盾，以及一系列重大社会现象(Wright 1997，2005)。分马学派在阶级理论方面的主要贡献是建立起了一个严密的概念框架，用以分析发达资本主义经济中的复杂阶级结构。马克思主义阶级理论的区别性特征就在于它对阶级概念的把握，它认为阶级“是由一定的支配机制和剥削机制所构建的，某些人对另一些人及其活动具有控制权，正是由于有了这些机制，人们各自的经济地位分布才能满足人对人进行控制”(Wright 2009，102)。标准的马克思主义阶级分析是从人们对资本的所有权差异来得出人对人的剥削，这种分析能够解释资本主义的主要阶级对立，并且能够解释资本主义同之前各种社会形态的核心差异，但这种分析的理论抽象程度比较低，不足以分析发达资本主义中的复杂阶级结构和复杂阶级行动。赖特在罗默的剥削理论[①](Roemer 1982)的基础上，定义了在生产中除资本之外的其他几类资产，例如技术资产和组织资产，这些资产在各经济主体之间的分配是不平等的，也因而产生了各种特定的支配关系和剥削关系。因此，一个经济体中的阶级结构是多维度的，对上述几种生产性资产的所有权和控制状态可以定义出三个维度上的阶级结构。

这样，就可以从理论上提出一个统一框架来解释复杂的阶级结构，“中间阶级”不再被认为是社会持续分化中的例外或暂时性情况，而是“矛盾的阶级地位”的产物，中间阶级在一个维度上可能是受剥削者(例如，当他们不拥有物质资本或者只有极少数物质资本)，但在另一个维度上他们可能是剥削者(例如，当他们拥有技术或组织资产)。因此，这个分析框架可以对阶级行为进行复杂的分析：例如，它阐明了在物质利益的(复杂)结构之下蕴含着阶级联合的可能性。从经验上来说，这个理论所提出的框架根据对生产性资产的所有权和控制状况，就可以有效地、精确地构建出各个发达经济体中的阶级结构图，这种分析方法适用于各个时期和国度(Wright 1997，2005)。

第三块是马克思主义的国家理论，认为国家反映着在经济上占支配地位的阶级的统治：每一种经济结构都对应于一种不同的国家形式。在分马学派看

---

① 更详尽的讨论，请参见 Veneziani(2007，2012，2013)。

来，无产阶级国家的特异性在于，它的历史目标是消灭人们对国家的需求，各派现代政治哲学都专注于国家本身，而马克思主义的国家观则与之根本不同（参见 Levine 2008）。

第四块是马克思主义关于社会主义的规范性承诺——尽管社会主义并不专属于马克思主义。分马学派对马克思主义的规范性维度进行了系统性讨论和辩护，这是分马学派投入最多的理论领域之一。因为“所有的经典马克思主义者都信仰某种意义的平等，虽然他们当中许多人可能不承认这一点，甚至可能他们都无法精确地表述自己所信仰的平等原则”（Cohen 1995，5）。在分马学派看来，马克思“坚决反对在阶级分化的社会中运用道德理论”（Levine 2003，137），但马克思并不反对上面那种道德理论，马克思并不羞于“使用规范性乃至道德性术语来谴责经济、社会和政治制度”（Levine 2003，139）。马克思的规范性承诺包括自我实现、共同体、自治和平等，这些都是就一个无阶级社会而言的［参见 Cohen（1995）］。

对上述这些命题进行严密的重构，可以说是分马学派重大的积极贡献，这种工作将对社会主义理论的复兴发挥重要作用。

参考文献

Amariglio, J., A. Callari, and S. Cullenberg. 1989. "Analytical Marxism: A Critical Overview." *Review of Social Economy* 47: 415–432.

Anderson, W. H. L. and F. W. Thompson. 1988. "Neoclassical Marxism." *Science and Society* 52: 215–228.

Arnsperger, C. (2003). "Cohen, Rawls and the Advent of an Analytical Dialectics." Mimeo, Louvain-la-Neuve.

Bertram, C. 1998. "Review of 'Analytical Marxism: A Critique'." *Historical Materialism* 3: 235–241.

Brenner, R. 1977. "The Origins of Capitalist Development: A Critique of Neo-Smithian Marxism." *New Left Review* 104: 25–92.

Bronner, S. E. 1990. "Politics and Judgment: A Critique of Rational-Choice Marxism." *Review of Politics* 52: 242–264.

Callinicos, A. 1987. *Making History*. London: Polity.

——. 2001. "Having Your Cake and Eating It." *Historical Materialism* 9: 169–195.

Carling, A. H. 1986. "Rational Choice Marxism." *New Left Review* 160: 24–62.

——. 1994. "The Strength of Historical Materialism: A Comment." *Science and Society* 58: 60–72.

Cohen, G. A. 1978. *Karl Marx's Theory of History: A Defence*. Princeton: Princeton University Press.

——. 1982. "Reply to Elster on 'Marxism, Functionalism, and Game Theory." *Theory and Society* 11: 483–495.

——. 1988. *History, Labour, and Freedom*. Oxford: Oxford University Press.

——. 1995. *Self-ownership, Freedom and Equality*. Cambridge: Cambridge University Press.

Devine, J. 1993. "Micro-foundations and Methodology in Modeling Capitalism." *Review of Radical Political Economics* 25: 51–59.

Dymski, G. and J. E. Elliott. 1989. "Should Anyone Be Interested in Exploitation?" *Canadian Journal of Philosophy* Suppl. 15: 333–374.

Elster, J. 1985. *Making Sense of Marx*. Cambridge: Cambridge University Press.

Gintis, H. 1987. "Review of 'Analytical Marxism'." *American Political Science Review* 81: 983–984.
Goldstein, J. 2006. "Marxian Microfoundations: Contribution or Detour?" *Review of Radical Political Economics* 38: 569–594.
Hunt, E. K. 1992. "Analytical Marxism," In *Radical Economics*, B. Roberts and S. Feiner, eds., Boston: Kluwer.
Kennedy, S. 2005. "G.A. Cohen and the End of Traditional Historical Materialism." *Historical Materialism* 13: 331–344.
Kieve, R. A. 1986. "From Necessary Illusion to Rational Choice? A critique of Neo-Marxist Rational-Choice Theory." *Theory and Society* 15: 557–582.
Kirkpatrick, G. 1994. "Philosophical Foundations of Analytical Marxism." *Science and Society* 58: 34–52.
Levine, A. 1982. "Toward a Marxian Theory of Justice." *Politics and Society* 11: 343–362.
——. 2003. *A Future for Marxism?* London: Pluto Press.
——. 2008. *The General Will: Rousseau, Marx, Communism* (2nd Edition). Cambridge: Cambridge University Press.
Lukacs, G. 1971. *History and Class Consciousness*. Cambridge, MA: MIT press.
Matthews, P. H. 2002. "The Dialectics of Differentiation: Marx's Mathematical Manuscripts and Their Relation to His Economics." Working Paper 0203, Middlebury College.
McCarney, J. 1989. "Elster, Marx and Methodology." *Canadian Journal of Philosophy* Suppl. 15: 135–161.
Miller, R. W. 1983. "Marx in Analytic Philosophy: The Story of a Rebirth." *Social Science Quarterly* 64: 846–861.
——. 1984. *Analyzing Marx: Morality Power and History*. Princeton: Princeton University Press.
Moggach, D. 1991. "Monadic Marxism. A Critique of Elster's Methodological Individualism." *Philosophy of the Social Sciences* 21: 38–63.
Mohun, S. and R. Veneziani. 2016. "Value, Prices and Exploitation: The Logic of the Transformation Problem." Mimeo, Queen Mary University of London.
Nielsen, K. 1993. "Analytical Marxism: A Form of Critical Theory." *Erkenntnis* 39: 1–21.
Nowak, L. 1998. "The Adaptive Interpretation of Historical Materialism: A Survey. On a Contribution to Polish Analytical Marxism." *Poznan Studies in the Philosophy of the Sciences and the Humanities* 60: 201–236.
Philp, B. and D. Young. 2002. "Preferences, Reductionism and the Microfoundations of Analytical Marxism." *Cambridge Journal of Economics* 26: 313–329.
Porpora, D. V. 1995. "Review of 'Analytical Marxism'." *Contemporary Sociology* 24: 166–169.
Przeworski, A. 1985a. *Capitalism and Social Democracy*. Cambridge: Cambridge University Press.
——. 1985b. "Marxism and Rational Choice." *Politics and Society* 14: 379–409.
Resnick, S. A. and R. D. Wolff. 1987. *Knowledge and Class*. Chicago: University of Chicago Press.
Roemer, J. E. 1981. *Analytical Foundations of Marxian Economic Theory*. Cambridge, MA: Harvard University Press.
——. 1982. *A General Theory of Exploitation and Class*. Cambridge, MA: Harvard University Press.
——. 1986a. "'Rational Choice' Marxism: Some Issues of Method and Substance." In *Analytical Marxism*, J. E. Roemer, ed. Cambridge: Cambridge University Press.
——. 1986b. "Introduction." In *Analytical Marxism*, J. E. Roemer, ed. Cambridge: Cambridge University Press.
Ruccio, D. F. 1988. "The Merchant of Venice, or Marxism in the Mathematical Mode." *Rethinking Marxism* 1: 36–68. [Reprinted in 1991 in *The Social Scientist* 212–213: 18–46.]
Sayers, S. 1984. "Marxism and the Dialectical Method: A Critique of G.A. Cohen." *Radical Philosophy* 36: 4–13.
——. 1989. "Analytical Marxism and Morality." *Canadian Journal of Philosophy*, Suppl. 15: 81–104.
Smolinski, L. 1973. "Karl Marx and Mathematical Economics." *Journal of Political Economy* 81: 1189–1204.
Suchting, W. 1993. "Reconstructing Marxism." *Science and Society* 57: 133–159.
Tarrit, F. 2006. "A Brief History, Scope and Peculiarities of 'Analytical Marxism'." *Review of Radical*

Political Economics 38: 595–618.
Veneziani, R. 2007. "Exploitation and Time." *Journal of Economic Theory* 132: 189–207.
——. 2012. "Analytical Marxism." *Journal of Economic Surveys* 26: 649–673.
——. 2013. "Exploitation, Inequality, and Power." *Journal of Theoretical Politics* 25: 526–545.
Ware, R. 1989. "Introduction." *Canadian Journal of Philosophy* Suppl. 15: 1–26.
Weldes, J. 1989. "Marxism and Methodological Individualism: A Critique." *Theory and Society* 18: 353–386.
Wolff, R. D., A. Callari, and B. Roberts. 1982. "Marx's—not Ricardo's—'Transformation Problem': A Radical Reconceptualisation." *History of Political Economy* 14: 564–582.
Wood, A. 2004. *Karl Marx*. London: Routledge.
Wood, E. M. 1989. "Rational Choice Marxism. Is the Game Worth the Candle?" *New Left Review* 177: 41–88.
Wright, E. O. 1985. *Classes*. London: Verso.
——. 1989. "What is Analytical Marxism?" *Socialist Review* 19: 35–56.
——. 1997. *Class Counts: Comparative Studies in Class Analysis*. Cambridge: Cambridge University Press.
——. 2005. "Foundations of a Neo-Marxist Class Analysis." In *Approaches to Class Analysis*, E. O. Wright, ed. Cambridge: Cambridge University Press.
——. 2009. "Understanding Class." *New Left Review* 60: 101–116.
Wright, E. O., A. Levine, and E. Sober. 1992. *Reconstructing Marxism*. London: Verso.
——. 1994. "Historical Materialism: Theory and Methodology." *Science and Society* 58: 53–60.

第三十三章

马克思主义和凯恩斯主义

克劳迪奥·萨多尼(Claudio Sardoni)

导 论

如果从意识形态和政治的角度来看,我们很难找出马克思主义和凯恩斯主义之间有什么联系。不过,虽然这两种经济学初看起来差得很远,但两者对于经济问题的看法确实存在着许多重要的交汇点。

凯恩斯对马克思知之甚少,他关于马克思主义经济学的了解主要来自二手材料①,但他据此在《就业、利息和货币通论》(以下简称《通论》)中以及在此之前和之后对马克思提出了尖锐批评[例如,可参见 Sardoni(1997)]。

不过,尽管凯恩斯本人尖锐批评马克思,但一直有人对马克思主义和凯恩斯主义经济学之间的关系很感兴趣。② 凯恩斯主义经济学的重要成员罗宾逊夫人就一直在关注马克思的经济学,以及马克思经济学同凯恩斯主义经济学的关系。并且,凯恩斯本人在逐步形成《通论》思想的过程中,也在一些方面积极关

---

① 罗宾逊夫人很肯定地认为,凯恩斯"从来没打算去读马克思"(Joan Robinson 1973,ix),他一向都"没有弄懂马克思"(Robinson 1965,96)。更近一些的研究认为(Thweatt 1983;Behrens 1985),凯恩斯对马克思作品的了解要超出人们通常所认为的程度。

② 《通论》出版之后,就有一些论者尝试对马克思和凯恩斯两人的经济学进行系统的比较,例如可参见 Fan-Hung(1939)和 Alexander(1940)。更近的研究工作可参见 Dasgupta(1983),Crotty(1985),Crotty(1986),Dillard(1984),Hein(2006),Wolff and Resnick(2012)。

注了马克思的思想，特别是马克思对萨伊定律的批判。

在本文中，我们一是要考察马克思和凯恩斯对萨伊定律的看法，二是要考察罗宾逊夫人对马克思经济学和凯恩斯主义经济学关系的看法，在她看来，如果更加深入严谨地考察马克思经济学，凯恩斯主义经济学也会获益良多。

马克思对萨伊定律所做的批判和凯恩斯《通论》中对萨伊定律所做的批判无疑有着很大的差异。但是在 1936 年《通论》出版之前，凯恩斯批判萨伊定律的思路是和马克思后学们的思路非常相似的，尽管双方所批判的是萨伊定律的两种不同表述形式。[①] 下一节中我们就将考察马克思和凯恩斯两派经济学在这个问题上的联系。

罗宾逊夫人认为马克思的再生产公式是一个非常重要的分析工具，可以从再生产公式中阐发出马克思主义经济学和凯恩斯主义经济学之间的丰富联系。根据这个思路，罗宾逊夫人认为卡莱茨基的经济学分析是见识非常深刻的，他遵循了马克思的理论路径而非马歇尔的新古典主义，也正因此才得到了和凯恩斯相近的结论。我们将在第三节中考察这方面内容。

马克思和凯恩斯对萨伊定律的批判

马克思

马克思认为资本主义的生产和循环过程的本质特征可以表述为这样一个公式：$M—C—M'$。

资本家所预付的货币资本的量是 M，用这个资本所生产出的商品量是 C，商品售出就产生了比 M 更大的货币量 M'，$M'-M$ 就是货币利润。

资本主义企业家的目的就是生产和出售商品，以此获得比自己预付的货币更多的货币，用这份更多的货币他们就可以去购买生产资料、雇佣工人。资本主义企业家是为了创造货币利润而进行生产。从这一点中可以生发出两个相互关联的议题。

一方面，马克思从这一点出发，分析资本家追求利润为什么会导向一种商品生产普遍相对过剩的危机；另一方面，马克思也由此来分析资本为利润而进

---

① 马克思批判的是萨伊定律的古典形式，而凯恩斯批判的是新古典形式。关于萨伊定律的两种不同表述形式，请参见 Sowell(1972)和 Sardoni(2011,47—50)。

行生产的取向要如何才能形成一种生产、流通、增长的有序过程。[①] 在这两方面的分析中,货币都扮演了核心角色。

本节中,我们要考察马克思在拒斥萨伊定律的基础上所提出的危机理论,但我们的考察要限于危机的可能性方面,而不去进一步解释危机的实际发生。因为马克思和凯恩斯的相似点只限于前一步,所以两人对实际危机的解释大相径庭。

马克思考察危机问题的起点是对李嘉图的批判,李嘉图认为按照萨伊定律,不可能发生普遍生产过剩的危机。而马克思分析指出,之所以会发生普遍生产过剩的危机,是因为资本家们的储蓄倾向会不断增强,对各种特殊商品的总需求就转向了对货币的需求(Marx 1968,505;见《马克思恩格斯全集》中文第一版第 26 卷中,第 576 页)。对商品的总需求低于总供给。

资产阶级之所以会倾向于进行积累,正是由于资本主义企业家是出于创造利润的目的才去生产商品。马克思批判李嘉图,认为他抽掉了这个本质的方面(Marx 1968, 529)。在李嘉图看来,商品的生产和出售给资本家带来了收入,这份收入资本家要么用于消费,要么储蓄下来花在其他方面,即进行投资、雇佣更多工人。按照这种设定,货币只是一种让商品交换变得更容易的工具。货币收入不会发生闲置,货币如果闲置,人们就无法从中获益。[②]

马克思则指出货币是有可能闲置的,这是资本主义经济和物物交换的本质区别,此时萨伊定律也就不再成立,有可能发生普遍生产过剩的危机。马克思还指出,由于资本主义生产的目的是创造利润,因而资产阶级也就可能在主观上希望货币闲置,只要资本主义的生产者预期生产和投资无利可图,他们就会让货币闲置下来,这也会导致商品生产过剩。

凯恩斯

1933 年,凯恩斯写了《通论》中的几章草稿,其中对古典经济学和萨伊定律提出了批判,凯恩斯的立论基础就是区分了协作经济和企业家经济(或者说货币经济),“我们现实地生活”于其中的资本主义经济是后者而不是前者。在这部分内容中,凯恩斯明确提到了马克思,认为马克思从 $M—C—M'$ 的公式出发,

---

① 对危机问题最重要的分析,马克思是在《剩余价值理论》第二卷(Marx 1968)中批判李嘉图学说时进行的。资本主义的有序增长过程,马克思主要是在《资本论》第二卷(Marx 1956)中用其著名的再生产公式来阐述的。

② 在李嘉图看来,用货币进行交换和物物交换从理论上来说并没有区别(Ricardo 1951,291—292)。

已经指出了资本主义经济的本质特征。

在协作经济中，即使用货币来进行交换，本质上也还是物物交换，货币只是一项“临时性便利手段”，用来购买社会产品中的一个既定份额。如果有一些社会成员不是把自己的所有报酬都用来购买当期产品，而是用来雇佣社会成员去购买业已存在的财富，那么只要既成财富的出售者获得收入之后去购买当期产品，总需求和总供给就仍然保持相等（Keynes 1979，76－77）。换句话说，人们可以把收入花掉购买货物，也可以把收入储蓄下来，但储蓄下来的钱也是花掉了的，也就是说，是被投资掉的。

在凯恩斯看来，古典经济学如果把资本主义经济设定为一种协作经济，那么当然可以说萨伊定律在资本主义中成立、资本主义能确保充分就业。但是，资本主义经济和协作经济有本质的区别（Keynes 1979，78－79）。资本主义的企业家之所以开启生产过程，是为了赚得货币利润，而不是为了生产更多货物、雇佣更多工人。如果企业家预期生产无利可图，他们就会把货币闲置下来（Keynes 1979，82）。

货币并不是当期产品，因此如果对货币的需求上升了，对当期产品的需求就会下降，从而生产和就业就会下降。货币的特点在于，并没有什么压力能迫使购买者用货币去交换商品，当企业家预期需求不足以让他们通过生产商品获利，他们就可以很方便地留存货币而不去搞生产。

凯恩斯在描述企业家经济的运行方式时提到了马克思的 $M—C—M'$ 公式，他说马克思

> “指出现实世界中生产的本质并不像经济学家们经常假设的那样是 $C—M—C'$，也就是说，并不是为了商品（或工作量）而进行交换。可能私人消费者是持有这种立场。但商业不是这样，商业是 $M—C—M'$，也就是说，是用货币换取商品（或工作量），目的是获得更多的货币”。
>
> （Keynes 1979，81）

因此，马克思和凯恩斯都批判他们的经济学前辈把资本主义经济混同于物物交换的经济（或协作经济）。萨伊定律只适用于货币单纯充当交换媒介、充当“临时性便利手段”的经济形式。但在资本主义经济中，货币还被用来作为价值的贮藏手段。只有当生产和投资能够获利，人们才会把货币花出去。如果资本家对于能否获利持悲观预期，那么对闲置货币的需求就会上升，对商品和工人的需求就会下降。

不过，虽然马克思和凯恩斯的理论起点相似，都是对前人理论加以批判，但

他们之后对资本主义经济实际运动的分析走向了不同方向。这其中的原因有很多，而两人最主要的区别在于，马克思认为总需求和总供给必然不平衡，这就会导致普遍生产过剩的危机，而凯恩斯则认为这种不平衡也可能导致“不充分就业型的均衡”。[①]

从马克思的再生产公式到卡莱茨基和后凯恩斯主义经济学

马克思的再生产公式是他对经济学理论的最重大贡献之一。马克思主义的经济学家或者说对马克思主义有强烈兴趣的经济学家，以及古典学派的经济学家，都非常关注马克思的再生产公式。[②]

马克思再生产公式的贡献特别体现在两个方面。第一，马克思虽然只举了少数几个例子，但已经确定了一个由多个部门构成的经济体在没有额外产品供给和需求的情况下，维持再生产和获得增长的条件。第二，马克思通过分析货币在再生产过程中的地位，指出了资本家关于流动性的决策对于总需求水平的提高至关重要，资本家决定提供足够的流动性，才能使总需求水平足够吸收全部产品，使潜在货币利润获得实现。在这里，我们不去考察每个部门中达成供需平衡的详细条件，这方面的工作需要去具体研究再生产的宏观经济指标和货币在其中的作用。[③]

资本主义进行简单再生产或者扩大再生产的过程如果是有序的，就必须使得总需求水平足够高，能够确保资产阶级把之前生产过程中创造的利润实现出来。[④] 为了实现利润，出售总产品所获得的货币 M' 必须大于资本家为生产所预付的货币 M。这就要求有一个货币差额（$M'-M$）注入资本主义经济体系。

马克思在考察（$M'-M$）的可能来源时，重点关注了资本家流动性偏好必然降低的问题，即资本家会倾向于减少货币贮藏，把货币投入流通。只有资产阶级才会有富余的货币，而资产阶级之所以会做出减少货币贮藏份额的决策，是因为他们必须负担消费和投资的扩张（Marx 1956，338－339，425）。[⑤] 这份富余

---

① 这方面的详细讨论，请参见 Sardoni（1987，2011）。

② 在研究马克思再生产图式的比较晚近的作品中，繁人都重在 20 世纪 40 年代的研究可以算是古典学派的成果（Tsuru 1942），但奥尔森（Olsen 2013）对繁人都重的观点进行了批判。其他一些研究马克思再生产图式的作品包括 Brody（1970），Harris（1972，1978），Okishio（1988）。

③ 要考察达成平衡的详细条件，可参见 Sardoni（2009）。

④ 众所周知，马克思在《资本论》第一卷（Marx 1954）中已经分析过，剩余价值和利润来源于对工人的剥削，这里只是把潜在的剩余价值和利润实现出来。

⑤ 在简单再生产中，资本家只需要负担自身消费所需要的货币额。

的货币在流通过程的终点会流回到资产阶级手中,恢复成贮藏货币。

所以在马克思看来,经济增长的可能性取决于资本家的流动性偏好,而资本家的流动性偏好又依赖于预期利润。如果资本家对未来利润持悲观预期,他们的流动性偏好就会比较高,他们所决策的预付货币量$(M''-M)<(M'-M)$,总利润水平也会受到消极影响:总货币需求$(M+M'')$会少于总供给$(C'=M')$所要求的数量,总利润也会减少,因为总利润的货币价值$(M''-M)<(M'-M)$。

马克思这些对于经济增长过程的分析和凯恩斯主义/后凯恩斯主义的相关理论联系非常密切,特别是卡莱茨基的再生产和增长理论。可以说,卡莱茨基就是马克思主义和凯恩斯主义两派思想之间绝佳的沟通者。[①]

卡莱茨基(Kalecki 1968)设想了一个由三个部门组成的封闭经济体。这三个部门在生产流程上依次相连,一个生产原材料,一个生产中间产品,还有一个生产最终产品。部门 1 的产品总价值记作 I,I 必须等于总投资与相应的中间产品、原材料的价值之和。部门 2 的产品总价值记作 C_K,C_K 必须等于资本家的消费品与相应的原材料、中间产品的价值之和。部门 3 的产品总价值记作 C_W,C_W 必须等于工人的消费品与相应的原材料、中间产品的价值之和。三个部门的工资额分别记作 W_1、W_2、W_3。

前两个部门的总利润相应可以表示为:

$$\Pi_1=I-W_1$$

$$\Pi_2=C_K-W_2$$

第三个部门在支付了部门内工人的工资之后,剩下的份额(C_W-W_3)要由前两个部门的工人来购买。工人消费品的供求要平衡就需要满足:

$$\Pi_3=C_W-W_3=W_1+W_2$$

从而总利润要满足:

$$\Pi=\Pi_1+\Pi_2=I+C_K$$

要能够实现总利润,取决于资本家对支出(投资和消费)方案的决策。如果资本家所决策的支出低于$(I+C_K)$,那么整个经济体的利润水平就会下降,生产水平和就业水平也会下降。[②]

如果经济体在下一个周期要增长,那么资本家要到哪里去筹措资金从而负

---

① 关于卡莱茨基和马克思再生产公式的关系,Sardoni(1989)进行了更加详尽的考察。

② 关于总利润的确定问题,参见 Kalecki(1965)。

担更多的投资和/或消费呢？[①] 这就产生了金融问题，要由银行系统来提供金融服务。由银行来筹措资金，投资(和/或消费)总水平就增加了，而银行的流动性降低了。在周期结束时，资本家把贷款还给银行，银行的流动性水平也恢复如初。

银行在经济增长过程中扮演了关键角色。如果银行的“流动性偏好”比较高，不借钱给产业资本家，或者借出的钱不够多，经济增长过程就必然会停止或减缓。银行也是资本主义企业，如果银行预期借贷无利可图或者风险太大，它们也会具有较高的“流动性偏好”。[②]

如果我们把产业资本家和借贷资本家合在一起作为一个“资产阶级”，那么就可以说是资产阶级通过调整流动性偏好水平和投资消费决策，决定着自己的收入水平。资产阶级作为一个整体来对自己的收入进行财务安排，就必须接受流动性下降，虽然流动性水平在经济发展过程结束时会恢复如初，但是整个资产阶级届时也会赚得更高的利润。换句话说，为了把更高的利润、更高的剩余价值实现出来，流通领域所需货币额度要由资产阶级作为一个整体来投入。卡莱茨基的分析结果和马克思的非常接近。

在凯恩斯主义经济学家中，罗宾逊夫人最为明确地表示，马克思的再生产公式和卡莱茨基的进一步发展，对凯恩斯主义的宏观经济学和有效需求理论有重要意义[例如，可参见 Robinson(1951，1965，1966)]。罗宾逊夫人认为，如果凯恩斯是从马克思出发而不是从正统经济学出发，那么他会省掉“一大堆麻烦”(Robinson 1965，96)，而且会像卡莱茨基那样得出更加一般、更加有力的结论。[③] 此后，其他一些经济学家也对马克思和卡莱茨基的增长理论同凯恩斯主义经济学的关系开展了研究。[④]

---

① 如果一个经济体不增长，过去实现的利润就是用来负担资本家的消费和当期总投资(这种总投资也就等于重置投资，没有净投资)，即 $\Pi_{t-1}=I_{t-1}+C_{k,t-1}$，同时 $I_t=I_{t-1}$，$C_{k,t}=C_{k,t-1}$。资本家阶级作为一个整体来掌握资金，为所需支出提供融资支持。

② 凯恩斯也强调过银行在经济增长过程中所扮演的关键角色，他认为：“一般来说，银行在经济活动规模从小到大转变的过程中具有关键的地位。如果银行不放松银根，短期贷款市场或新股发行市场就会日益拥挤，不管银行是想把未来收入用于多么健康的公共目标上，在当下都会抑制经济增长。”(Keynes 1973，222)

③ 罗宾逊夫人指出：“1931 年我在剑桥的‘凯恩斯学术圈’和卡恩一起讨论过凯恩斯的《货币论》。卡恩在解释储蓄和投资问题时，先把生产资本品的行业想象成有隔离带围起来，然后再去研究生产资本品的行业和生产消费品的行业之间的贸易：卡恩是在劳心费力地重新发现马克思的再生产公式，而卡莱茨基则是在马克思的基础上继续前进。”(Robinson 1965，95—96)

④ 特里格(Trigg 2002，2006)专门分析了马克思的再生产公式、凯恩斯的乘数理论和多马增长模型之间的关系。关于马克思的模型和多马模型之间的关系，可参见 Lianos(1979)。巴杜里(Bhaduri 1986)曾基于马克思的再生产公式和卡莱茨基的分析写过一本关于宏观经济学的导论教材。

参考文献

Alexander, S. S. 1940. "Mr. Keynes and Mr. Marx." *Review of Economic Studies* 7(2): 123–135.
Behrens, R. 1985. "What Keynes knew about Marx." *Studi Economici* 26: 3–14.
Bhaduri, A. 1986. *Macroeconomics: The Dynamics of Commodity Production*. London: Macmillan.
Brody, A. 1970. *Proportions, Prices and Planning; A Mathematical Restatement of the Labor Theory of Value*. Amsterdam: North-Holland Publishing Company.
Crotty, J. 1985. "The Centrality of Money, Credit, and Financial Intermediation in Marx's Crisis Theory: An Interpretation of Marx's Methodology." In *Rethinking Marxism: Struggles in Marxist Theory. Essays for Harry Magdoff and Paul Sweezy*, S. A. Resnick and R. D. Wolff, eds., 45–81. Brooklyn, NY: Autonomedia.
——. 1986. "Marx, Keynes, and Minsky on the Instability of the Capitalist Growth Process and the Nature of Government Economic Policy." In *Marx, Schumpeter, Keynes: A Centenary Celebration of Dissent*, S. W. Helburn, and D. F. Bramhall, eds., 297–324. Armonk, NY: Sharpe.
Dasgupta, A. K. 1983. *Phases of Capitalism and Economic Theory*. Oxford: Oxford University Press.
Dillard, D. 1984. "Keynes and Marx: A Centennial Appraisal." *Journal of Post Keynesian Economics* 6 (3): 421–432.
Fan-Hung. 1939. "Keynes and Marx on the Theory of Capital Accumulation, Money and Interest." *Review of Economic Studies* 7(1): 28–41.
Harris, D. J. 1972. "On Marx's Scheme of Reproduction and Accumulation." *Journal of Political Economy* 80(3): 505–522.
——. 1978. *Capital Accumulation and Income Distribution*. Stanford: Stanford University Press.
Hein, E. 2006. "Money, Interest and Capital Accumulation in Karl Marx's Economics: A Monetary Interpretation and Some Similarities to Post-Keynesian Approaches." *European Journal of the History of Economic Thought* 13(1): 113–140.
Kalecki, M. 1965. *Theory of Economic Dynamics*, 2nd edition. London: Allen & Unwin.
——. 1968. "The Marxian Equation of Reproduction and Modern Economics." *Social Science Information* 7(6): 73–79.
Keynes, J. M. 1973. *The General Theory and After. Part II, Defence and Development*, Volume 14 of *The Collected Writings of John Maynard Keynes*. London: Macmillan.
——. 1979. *The General Theory and After. A Supplement*, Volume 29 of *The Collected Writings of John Maynard Keynes*. London: Macmillan.
Lianos, T. P. 1979. "Domar's Growth Model and Marx's Reproduction Scheme." *Journal of Macroeconomics* 1(4): 405–412.
Marx, K. 1954. *Capital*, Volume 1. Moscow: Progress Publishers.
——. 1956. *Capital*, Volume 2. Moscow: Progress Publishers.
——. 1968. *Theories of Surplus-Value*, Part 2. Moscow: Progress Publishers.
Okishio, N. 1988. "On Marx's Reproduction Scheme." *Kobe University Economic Review* 34: 1–24.
Olsen, E. K. 2013. "The Comparability of the Aggregates Revisited." *European Journal of the History of Economic Thought* 20(3): 489–512.
Ricardo, D. 1951. *On the Principles of Political Economy and Taxation*, Volume 1 of *Works and Correspondence of David Ricardo*. Cambridge: Cambridge University Press.
Robinson, J. V. 1951. "Marx and Keynes." In *Collected Economic Papers, Vol. I*, 133–145. Oxford: Basil Blackwell.
——. 1965. "Kalecki and Keynes." In *Collected Economic Papers, Vol. III*, 92–99. Oxford: Basil Blackwell.
——. 1966. *An Essay on Marxian Economics*. London: Macmillan, 2nd edition.
Robinson, J. V., ed. 1973. *After Keynes*. Oxford: Basil Blackwell.
Sardoni, C. 1987. *Marx and Keynes on Economic Recession*. New York: New York University Press.
——. 1989. "Some Aspects of Kalecki's Theory of Profits: Its Relationship to Marx's Schemes of

Reproduction." In *Kalecki's Relevance Today*, M. Sebastiani, ed., 206–219. Basingstoke: Macmillan.
——. 1997. "Keynes and Marx." In *A 'Second Edition' of The General Theory*, Volume 2, G. C. Harcourt, and P. Riach, eds., 261–283. London and New York: Routledge.
——. 2009. "The Marxian Schemes of Reproduction and the Theory of Effective Demand." *Cambridge Journal of Economics* 33(1): 161–173.
——. 2011. *Unemployment, Recession and Effective Demand*. Cheltenham: Edward Elgar.
Sowell, T. 1972. *Say's Law: An Historical Analysis*. Princeton: Princeton University Press.
Sweezy, P. M. 1942. *The Theory of Capitalist Development*. New York: Monthly Review Press.
Thweatt, W. O. 1983. "Keynes on Marx's *Das Kapital*." *History of Political Economy* 15(4): 617–620.
Trigg, A. B. 2002. "Marx's Reproduction Schema and the Multisectoral Foundations of the Domar Growth Model." *History of Economic Ideas* 10(2): 83–98.
——. 2006. *Marxian Reproduction Schema*. London and New York: Routledge.
Tsuru, S. 1942. "Appendix A: On Reproduction Schemes." In *The Theory of Capitalist Development*, P. M. Sweezy, 365–374. New York: Monthly Review Press.
Wolff, R. D. and S. A. Resnick. 2012. *Contending Economic Theories*. Cambridge, MA.: MIT Press.

第三十四章

积累的社会结构

泰伦斯·麦克多诺(Terrence McDonough)

"积累的社会结构"(Social Structure of Accumulation,缩写为SSA)理论是一种阐述资本主义发展的阶段的理论。这里所说的资本主义发展的"阶段",是介于商业短周期和整个资本主义历史之间的一种时段层次。在资本主义发展的每一个阶段中,都是前半段一个很长的相对稳定的资本积累期,后半段则是一个很长的危机和崩溃期。每一个阶段都有一套制度来保障资本积累,这套制度就叫作"积累的社会结构"。以美国为例,19世纪后半叶"积累的社会结构"是自由竞争资本主义,这套社会结构最终陷入了长期的萧条;到20世纪初,美国建立起新的"积累的社会结构",即垄断资本主义,这一社会结构终结于20—30年代的大萧条;"二战"后,美国又形成了一套"积累的社会结构",它终结于20世纪70年代的滞胀。

由于在资本主义社会中存在阶级分化和资本竞争,特别是由于创造利润在社会中居于核心地位,这个社会的制度就会周期性地发生不稳定,积累也会中断。要重新开始稳定的积累,就要抑制上述这些不稳定的根源,建设一套新的可持续的经济、政治和意识形态制度,以此来保障利润率,提供安全预期,从而刺激长期投资。这种制度建设工作是新的一段积累期的基础,也是资本主义新阶段的基础,所有这些制度的总和,就构成了"积累的社会结构"。

随着资本积累的继续进行,"积累的社会结构"中的各项制度会被阶级冲突、资本竞争和资本积累过程本身所破坏。由于这些力量对制度的破坏,并且由于社会结构中的各项制度是相互依存的,所以最终整套制度都会崩溃,利润率会下跌，积累会衰竭，这时危机时段就开始了，只有建设一套新的制度才能克服危机。所以说，要形成资本主义发展的"阶段"，就要形成一套相互依存的经济、政治和意识形态的制度保障，从而可以在一个时期内比较顺畅地进行积累。但这段增长期必然会终结，进入一段危机时期，资本只能在动荡之中缓慢地进行积累。[关于"积累的社会结构"概念的解释、评价和运用，请参见如下几本论文集：Kotz，McDonough and Reich 1994；McDonough，Reich and Kotz 2010；McDonough，Kotz and Reich 2014。]

"积累的社会结构"这个理论框架产生于"二战"后美国资本主义"黄金时代"开始衰落之际。20 世纪 70 年代中期这段资本主义危机的特点是高失业和高通胀并存，这种"滞胀"现象和正统凯恩斯主义的说法恰好相反，在凯恩斯主义看来，失业率和通胀率这两项宏观经济指标是不会同时上升的。在这段危机时期，现实情况与凯恩斯主义理论之间的矛盾促生了经济学理论的新发展。一方面，货币主义以及其他一系列自由市场经济理论（例如供给侧经济学、理性预期理论、真实商业周期理论等）开始占据经济学主流地位。这些理论对于政府的作用看法都很一致——低税收，去管制，拿走劳动者的收入，这些政策被称为新自由主义。另一方面，后凯恩斯主义学派则提出了比凯恩斯主义更加激进的解决方案，主张回归到凯恩斯本人在投资理论中所强调的"不确定性"。后凯恩斯主义对"不确定性"加以发挥，认为通货膨胀是由分配领域的矛盾所导致的。而在一些马克思主义理论家看来，这次新的危机只不过是资本主义危机的又一次表现而已，和之前 19 世纪末的大萧条、20 世纪 30 年代的大萧条都差不多，但和后一次萧条尤其类似。这些马克思主义者实际上认为，资本主义的各个发展阶段以及各阶段最终所陷入的危机，都可以用一种一般化的理论来解释。

传统上的马克思主义危机理论认为，资本主义危机是由资本主义经济的一些根本趋势所导致的，从而资本主义必然会出现危机，这些根本趋势包括利润率下降的趋势，各经济部门之间比例失调的趋势，以及生产过剩或者消费不足的趋势。因此，危机不过是上述长期存在的趋势在一定的具体时刻的呈现。但是在 20 世纪 70 年代和 80 年代早期出现了一些新的马克思主义理论流派，这一时期资本主义正从滞胀危机中恢复过来，出现的这些新理论不再像传统的马克思主义理论那样强调资本主义的根本趋势导致危机了。在这些新理论看来，危机的原因在于制度框架的崩溃，资本主义在每次危机前都有一段扩张期，这种扩张是靠一套制度框架才得以实现的，制度框架崩溃了，资本主义也就转而陷入危机。某个特定的"积累的社会结构"之所以崩溃，传统马克思主义理论所认定的那些导致危机的长期性趋势确实也有可能起到了作用，但它们并不是在每一次危机中都必然发挥作用。新理论所说的资本主义会周期性发生危机，是指一种特定严重程度的危机，一方面要高于普通的商业周期的下行波动，另一方面又要低于资本主义终极危机的程度。

为了论证这种新的危机定义，这些新理论流派还从马克思主义文献中找根据，归纳出了不同于上述那种传统马克思主义的另一个理论“传统”。这个传统就是关于资本主义发展阶段的理论传统，开山之作是希法亭的《金融资本》(Hilferding 1910)。希法亭写作此书的目的是为了解释资本主义何以从 19 世纪末以来的长期萧条中恢复过来，他本身的关注点是金融资本占据统治地位，但他还对资本主义的多项制度进行了分析，通过这种制度分析希法亭指出，资本主义已经进行了好几项重大的变革，通过这些变革资本主义解决了之前的长期萧条，开创了资本主义扩张的新时代。布哈林在《世界经济和帝国主义》(Nicolai Bukharin 1915)一书中概括整理了希法亭对资本主义多个方面变化的论述，布哈林本人在这些新变化中特别强调资本主义经济活动的全球化。他的这种新看法表明希法亭的工作并不是偶然的和个别的，而是代表着某种整体性研究路径的变化。列宁在《帝国主义是资本主义的最高阶段》(Lenin 1917)中也概括了希法亭的相关论述，列宁关注的则是资本主义变革到了垄断的阶段。上面这些马克思主义的文献都认为，金融资本或帝国主义的产生有可能暂时性地解决危机，并为资本主义的新阶段奠定基础，这一思想传统在埃内斯特・曼德尔(Ernest Mandel 1970，1978，1980)、保罗・斯威齐(Paul Sweezy 1968)、保罗・巴兰(Baran and Sweezy 1966)那里得到了进一步的发扬。

这些新理论不仅关注周期性危机已经呈现出来的那段时期，而且关注危机之前资本的稳定期和扩张期。在危机发生之前，会有一段很长的(平均 25—30 年)相对平稳时期，资本的再生产和积累可以相对比较顺利地进行。按照这种思路来看待 20 世纪 70 年代滞胀那种严重程度的危机，就可以得出一种新的危机理论，用以考察资本主义这种长期的增长时段和长期的危机时段。我们可以从不同的角度来看待这些新理论，既可以把它们归为资本主义的历史长波理论，也可以归为资本主义发展阶段理论。也就是说，这些新理论提出了一种中间层次的危机概念，既提出了一种新的长波理论，也提出了一种新的资本主义发展阶段理论。

这种新理论在欧洲有两个分支。一支是埃内斯特・曼德尔(Ernest Mandel 1978)，他写出了新理论的奠基之作《晚期资本主义》(*Late Capitalism*)，但曼德尔对资本主义长波的研究在后人那里没有得到广泛发扬。在欧洲产生更大影响的是新理论的另一个分支，即法国的调节学派。米歇尔・阿格列塔(Michel

Aglietta 1979)的《资本主义调节理论》(*A Theory of Capitalist Regulation*)是调节学派的奠基之作。调节学派认为,如果不想让资本主义的运动趋势打破稳定局面导致危机,就得对这些运动趋势进行制度性的"调节"。调节学派定义了所谓的"积累体制"(regimes of accumulation),它是生产领域的各种体制和消费领域为实现利润所必需的各种社会规范的总和。调节学派还阐述了所谓的"调节模式","调节模式"是在上述"积累体制"之外的货币、国家等方面的制度。积累体制和相配套的调节模式能够为资本主义带来一段稳定期,例如"二战"后的"福特主义"时期就是这样一段稳定期。但是,这些制度安排虽然能够保障资本增长,但它们的效力会逐渐耗尽,最终会导致接下来的一段危机时期。

与欧洲调节学派理论的发展大致同时,在美国也产生了关于"积累的社会结构"的理论框架。"积累的社会结构"学派的奠基之作是大卫·M. 戈登(David M. Gordon)、理查德·爱德华兹(Richard Edwards)和迈克尔·赖希(Michael Reich)所著的《劳动的碎片化与工人的分化:美国劳工的历史变革》(*Segmented Work, Divided Workers: The Historical Transformation of Labor in the United States*)一书。在此之前,大卫·戈登就已经发表过两篇关于长波理论和资本主义发展阶段理论的文章(David Gordon 1978,1980),在那之前美国马克思主义理论界是由保罗·巴兰和保罗·斯威齐所建立的垄断资本学派一统天下,而戈登就此开辟出了一条新路径。垄断资本学派认为,列宁所阐述的垄断资本本身从长期来看就具有滞胀的趋势,只不过"二战"后资本的扩张暂时打断了这一趋势,20 世纪 70 年代的大萧条无非是长期趋势呈现为现实而已。在巴兰和斯威齐看来,"二战"后的资本扩张是由于一系列独特的外部历史条件所造成的,这些条件不可重复,垄断资本主义的滞胀趋势必然会重新呈现为现实的危机。

戈登的长波理论则对垄断资本学派的这种思路提出了质疑,他认为"二战"后资本扩张的原因并不能简单归于外部条件影响,更重要的是美国资本主义进行了强有力的制度重组。戈登举出了一系列可以解释美国战后繁荣的新建制度,包括跨国公司、二元的劳动力市场、美国的国际霸权、实施一套保守版的凯恩斯主义、由官僚体系来控制工作场所等。而 20 世纪 70 年代的危机之所以会发生,则是因为上述这些保障资本主义顺利进行积累的制度失灵了。

前文中我们提到了资本主义向垄断资本主义的转变,而现在资本主义又有了一次重大的制度变革,这就促使人们去深刻地思考:从资本主义这些制度变革中,我们能否归纳出一个理论来解释资本主义不断开创出发展新阶段的情况? 在《劳动的碎片化与工人的分化》一书中,戈登、爱德华兹和赖希的回答思路是认为资本主义向垄断资本主义的转变和在“二战”后的转变都有一个基础，这个基础就是建设“积累的社会结构”。建设一套“积累的社会结构”，也就为资本主义的新阶段奠定了制度基础，这套“积累的社会结构”崩溃了，资本主义的这个阶段也就终结了。

在《劳动的碎片化与工人的分化》一书中，作者不仅归纳出了“积累的社会结构”的理论框架，还用这套理论来解释美国的劳资关系发展史。该书三位作者之前就已经提出过劳动力市场碎片化的理论，也阐述过资本主义向垄断资本主义转变的问题，现在他们用“积累的社会结构”理论来解释劳资关系史，这就形成了一个清晰的历史解释框架，而反过来，“积累的社会结构”理论的这种应用也证明了自身的解释力。可以说，戈登、爱德华兹和赖希到此已经构建起了一套关于增长和萧条长波的理论，一套关于资本主义发展阶段的理论，也间接地给出了一套资本主义危机理论，并为解释资本主义的制度历程中几次主要的转变提供了一个理论框架。

上述欧洲和美国的几派资本主义发展阶段理论在之后几十年里有了进一步的发展，而从总体上反对资本主义发展阶段理论的正统马克思主义者也变多了，这可能是由于这些马克思主义者认同价值理论、强调利润率下降规律，从而他们在理论上也就会倾向于认为危机是一贯如此的而非分成不同阶段的。这派正统的马克思主义理论否认在滞胀之后资本主义进入了一个全球化的新自由主义时期，否认新自由主义（临时性地）解决了危机。在这些马克思主义者看来，资本主义在 20 世纪 70 年代中期以后与之前时期具有相同的性质，处在一段连续的危机中，因而他们认为曼德尔长波理论关于资本主义有可能从危机中恢复过来的假说（虽然曼德尔也认同利润率下降）已经不再适用于当下了。

同对待曼德尔的态度相反，属于正统马克思主义一脉的激进政治经济学对许多调节学派的概念进行了广泛讨论。调节学派把战后的资本积累体制称为“福特主义”，其特征是工资和生产率挂钩，生产规模大、消费规模也大。马克思主义者们也广泛地讨论了“福特主义”，并相应地大谈特谈“福特主义的危机”，并对“后福特主义”体制会呈现何种样态进行了推测。看起来，这是法国调节学派的重大胜利，但调节学派自己却改变了理论立场，他们宣布放弃马克思主义，转而求助于制度主义和微观经济学关于“习惯”（conventions）的学说来为自己提供理论框架。

“积累的社会结构”这一派的理论框架也要比曼德尔更受后来的马克思主义者的欢迎，但还没有达到调节学派的“福特主义”“后福特主义”等概念的流行程度。而且和调节学派不同，“积累的社会结构”学派坚持自己的理论内核。赖希在20世纪90年代后期的作品中,仍然认为"积累的社会结构"理论坚持用"马克思主义的观点来考察由生产和分配所导致、在工作场所和政治领域中所发生的阶级冲突,用马克思主义和凯恩斯主义的宏观经济学来对这种阶级冲突进行分析"(Michael Reich 1997)。虽然我们必须得承认其中已经掺入了美国制度主义学派的影响,但这种表述基本上还是准确的。

在理论框架上,"积累的社会结构"学派最初比较接近于萨缪尔·鲍尔斯、大卫·M. 戈登和托马斯·韦斯科普夫(Thomas Weisskopf)的宏观经济模型,他们用这种模型来分析"二战"后"积累的社会结构"的"兴起和消亡"。在《超越贫乏:用民主来解决经济衰退》(*Beyond the Wasteland:A Democratic Alternative to Economic Decline*)一书中,鲍尔斯等人(Bowles,Gordon and Weisskopf 1983)认为"二战"后"积累的社会结构"有三大支柱,即美国强权下的和平局面,劳资之间有限的和谐,资本主义制度和公民之间有限的和谐。这套制度最开始的时候提高了利润率,但制度崩溃时利润率就降低了,危机也开始了。他们在之后的一系列学术论文中进一步发展了这个学说(Weisskopf,Bowles and Gordon 1983; Bowles, Gordon and Weisskopf 1986, 1989)。韦斯科普夫等人(Weisskopf,Bowles and Gordon 1983)为上述假说提供了经济学证据,从"二战"后"积累的社会结构"中资本力量的定量指标的变化,能够相应地解释利润率的变化。这个经济学模型后来还被用于解释希腊和韩国的情形(Mihail 1983;Jeong 1997)。近年来,"积累的社会结构"学派的作品不太注重这种宏观经济分析了,但理论界对多个国家的积累长波进行统计检验的研究还是取得了长足的进步(Goldstein 1999;Li,Xiao and Zhu 2007)。

"积累的社会结构"理论最初是用来分析美国的,但现在也拓展到了其他国家,印度是当今"积累的社会结构"研究的一大关注点。在《印度的劳动》(*India Working*)一书中,芭芭拉·哈里斯-怀特(Barbara Harriss-White 2003)运用"积累的社会结构"理论来考察了社会制度在某个特定时间点上对积累的制约作用,书中特别着力于对主要城市地区之外的非正规经济形式进行分析,性别、宗教、空间、阶级和国家在其中都具有重要的影响。

希尔帕·兰格南丹和哈兰德·普雷切尔(Shilpa Ranganathan and Harland Prechel 2007)分析了印度在更长历史时期内的"积累的社会结构"。他们认为,印度在摆脱英国殖民统治之后,经历了从殖民地资本主义到民族资本主义的转变,而在1991年债务危机之后,印度又发生了一次重大转变,变成了一种更加具有跨国属性的资本主义。威廉·I. 罗宾逊(William I. Robinson 2003,2004,2008)则对拉丁美洲"积累的社会结构"的历史进程做了大量阐发。罗宾逊对拉美的分析从属于一个更加宏大的理论建构，他试图证明全球化已经使得整个世界的资本主义都进入了一个新时代，这个新时代的特征是出现了跨国性的资产阶级，绝大多数国家也重新结合成了一个生产和金融体系。还有人是用“积累的社会结构”理论去解释南非的种族隔离（Heintz 2002），但这一点争议颇多。

此外，也有人用“积累的社会结构”理论去分析某些特定制度的历史进程。戈登、爱德华兹和赖希当时用“积累的社会结构”理论分析了资本对劳动的统治手段的发展史，“空间化”（spatialization）学派想直接拓展这种分析方法，将其运用到当代社会。戈登、爱德华兹和赖希当时所认定的成功统治手段是无产阶级化、平均化和碎片化。迈克尔·华莱士和大卫·布雷迪（Michael Wallace and David Brady 2010）则提出了空间化的统治手段，由于资本具有流动性，它可以用自身的迁徙来威胁劳动，从而统治劳动。华莱士和布雷迪按照《劳动的碎片化与工人的分化》一书中的论证思路，对当下“积累的社会结构”基础上的资本统治形式进行了论述。

制度分析派除了分析资本对劳动的统治制度，还更加一般化地分析了社会统治制度。大卫·E. 巴罗、梅丽莎·H. 巴罗和西奥多·G. 基里科（David E. Barlow, Melissa H. Barlow and Theodore G. Chiricos 1993, 146）观察到：

> “刑事司法系统是资本主义社会‘积累的社会结构’中至关重要的一环。由于资本主义国家在社会统治形式中具有最高强制力，刑事司法也就可以在维护社会秩序方面扮演关键角色，建立起对资本主义有利的商业环境。”

因此，他们细致地考察了美国从1789年至今的刑事司法政策，梳理了刑事司法政策领域的长波历程或者说“积累的社会结构”历程。雷蒙德·J. 米哈洛夫斯基和苏珊·M. 卡尔森（Raymond J. Michalowski and Susan M. Carlson 2000）则考察了失业数同犯罪数、入狱数的关系，这个研究也指出了相关数据在“积累的社会结构”的不同阶段所具有的特殊表现。

菲利普·安东尼·奥哈拉（Phillip Anthony O'Hara 1995）进一步指出，家庭也是影响美国“二战”后资本积累的重要制度因素之一，奥哈拉强调了家务劳动在资本主义经济运动中的一般意义。弗朗西斯科·瓦尔德斯和赵秀美（Francisco Valdes and Sumi Cho 2011）在种族问题的研究中，试图阐发出一套批判性的、唯物主义的种族理论，其中也把“积累的社会结构”理论作为一大思想来源，而这种新理论的构建反过来又改造了“积累的社会结构”学说，使得种族领域的历史变迁也被归入了“积累的社会结构”。

马丁·H. 沃尔夫森（Martin H. Wolfson 2013）用“积累的社会结构”理论

来对美国金融的发展史进行了解释。哈兰德·普雷切尔(Harland Prechel 2000)则从更加微观的层次上用"积累的社会结构"来分析了企业形式和企业经营策略的变迁。

肯特·A. 克里特加德及其同事(Hall and Klitgaard 2012;Klitgaard and Krall 2012)指出,生态经济学已经比较深入地阐明了人类经济活动必然从属于一个更大的自然生态系统,因为人要从生态系统中获得资源并反过来影响生态。但克里特加德等人又指出,生态经济学还存在不足之处,没有充分阐述资本主义经济运动的规律,以及周期性危机所反映的资本主义经济的局限性。因而他们认为"积累的社会结构"理论可以很好地填补这块空缺。

最后,"积累的社会结构"理论还被用来探讨滞胀危机后逐步出现的新型"积累的社会结构"。新社会结构可以体现在新自由主义、全球化、金融化等制度性变化中。我们可以从很多方面来揭示资本主义这一最新阶段的特征。正如本章开篇谈资本主义的发展阶段问题时说过的,希法亭等论者在分析 20 世纪初那个发展阶段时都指出这个阶段有多重特征,但他们所强调的特征各有不同,今天的情况也是这样。关于大卫·科兹和麦克多诺(Kotz and McDonough 2010)认为当今的"积累的社会结构"是全球性的新自由主义,阿西马科普洛斯(Asimakopoulos 2009)则认为是全球性的劳动碎片化,布雷迪和华莱士认为是资本对劳动统治的空间化(见前文),威廉·K. 塔布认为最重要的因素是金融化,威廉·I. 罗宾逊(William I. Robinson 2012)则延续其早期著作中的思想认为,之所以说全球化时代世界资本主义发生了质变、资本主义进入了一个新阶段,是因为出现了跨国性的资产阶级,世界上大多数国家重新结合成了一个全球性生产和金融体系。

大卫·M. 科兹(David M. Kotz 2010)和邓肯·K. 弗雷(Duncan K. Foley 2012)通过分析当今"积累的社会结构"及其危机,把结构性危机分成了不同的种类。大卫·M. 科兹认为,一类是调节型社会结构终结之后的危机,另一类是自由型社会结构终结之后的危机,后一种危机更加严重、更难解决,也对资本主义社会具有更大的威胁,而我们今天所面临的正是这后一种危机。弗雷的分法则认为,一类是由利润率下降所导致的危机,另一类是由剥削率提高所导致的危机,我们今天所面临的是后一种危机,要摆脱今天的危机就需要解决需求不足的问题。

单单按照"积累的社会结构"框架构建出新理论并以此来分析当下还不够,"积累的社会结构"理论还需要有其理论基础,需要一种关于社会科学的哲学,但这方面的讨论就比较少了。其他研究资本主义发展阶段问题的马克思主义流派一般都是承袭了传统的辩证唯物主义哲学或者阿尔都塞哲学，以此作为自己的理论基础(Lipietz 1993)。“积累的社会结构”学派所考察的“结构”，是介于阿尔都塞所谓的历史“紧要关头”和资本主义历史总体之间的多层次结构，因而这派理论的本体论基础也需要能够把这些多层次的结构梳理清楚。有一个倾向是想把英国哲学家罗伊·巴斯卡(Roy Bhaskar)的批判实在论作为本体论基础。现实中存在着各种发挥决定作用的社会结构，对于资本主义发展阶段论所做的深层哲学解释必须能够解释得通这些社会结构——思维所抽象出来的不同层级的“结构”，资本主义发展史中不同时间跨度的“结构”，包括紧要关头、阶段和总体，都要能解释得通。按照这个理论标准，我们就得搞清楚实在论哲学究竟能否帮助我们梳理清楚资本主义某个时段上各种社会结构，给出多层次的叙述，只有这样它才算是为资本主义发展阶段理论提供了哲学基础。

“积累的社会结构”这一理论框架中所说的“制度”概念，是从制度经济学中的凡勃仑(Veblen)学派那里借用过来的，所以这种“制度”指的是那种现存的、未经反思的、经验性的制度，包括风俗、习惯、规则、法律等。“积累的社会结构”认为这种制度反映了某个特定时间点上各阶级力量所达成的均衡态势。在社会学中，已经对一个社会中结构性关系的起源做出了充分的讨论，但社会学的讨论更加强调行为主体的作用，这种强调已经超出了马克思主义的界限，“积累的社会结构”理论需要对此进行反思，深化对“制度”问题的马克思主义理解。

“积累的社会结构”理论所考察的危机发展史范围也可以进一步回溯，应该深入地研究19世纪上半叶欧洲的“积累的社会结构”，把更多的危机发展阶段纳入研究。研究早期欧洲的危机，既需要描述清楚历史事实，也需要建立一种叙事，能够解释清楚一系列相互依存的制度结构是如何发生、发展并出现危机的，同时，还要把这一段时期的运动同之后的阶段进行对比研究。19世纪20年代萧条之前的阶段和1848年革命前的阶段尤其值得研究。

除了上述历史研究和理论研究工作，“积累的社会结构”理论在未来短期内的关注焦点无疑是从2007—2008年开始的这场经济危机。在本文的写作过程中，精英们已经对这场危机给出了应对方案，主要就是企图强化新自由主义。而“积累的社会结构”理论已经表明，正是新自由主义的制度结构导致了危机，想通过继续强化这种制度结构来解决危机是绝对办不到的。可能的解决方案显然应该是从另一个方向上来看问题，要么是在资本主义社会的界限内做出重大的制度重组，要么就是为人类创造一种新社会，超越资本主义那种长期增长和危机交替出现的模式。换句话说，我们迫切需要更深层次的思考和分析。

参考文献

Aglietta, M. 1979. *A Theory of Capitalist Regulation*. London: Verso.

Asimakopoulos, J. 2009. "Globally Segmented Labor Markets: The Coming of the Greatest Boom and Bust, Without the Boom." *Critical Sociology* 35(2): 175–198.

Baran, P. A. and P. M. Sweezy. 1966. *Monopoly Capital*. New York: Monthly Review Press.

Barlow, D. E., M. H. Barlow, and T. G. Chiricos. 1993. "Long Economic Cycles and the Criminal Justice System in the U.S." *Crime, Law and Social Change* 19(2): 143–169.

Bowles, S., D. M. Gordon, and T. E. Weisskopf. 1983. *Beyond the Wasteland: A Democratic Alternative to Economic Decline*. Garden City, NY: Anchor Press/Doubleday.

——. 1986. "Power and Profits: The Social Structure of Accumulation and the Profitability of the Postwar US Economy." *Review of Radical Political Economics* 18(1–2): 132–167.

——. 1989. "Business Ascendancy and Economic Impasse: A Structural Retrospective on Conservative Economics, 1979–87." *Journal of Economic Perspectives* 3(1): 107–134.

Bukharin, N. 1973 [1915]. *Imperialism and World Economy*. New York: Monthly Review Press.

Foley, D. K. 2012. "The Political Economy of Postcrisis Global Capitalism." *South Atlantic Quarterly* 111(2): 251–263.

Goldstein, J. P. 1999. "The Existence, Endogeneity, and Synchronization of Long Waves: Structural Time Series Model Estimates." *Review of Radical Political Economics* 31(4): 61–101.

Gordon, D. M. 1978. "Up and Down the Long Roller Coaster." In *U.S. Capitalism in Crisis*, Crisis Reader Editorial Collective, ed., 22–35. New York: Union for Radical Political Economics.

——. 1980. "Stages of Accumulation and Long Economic Cycles." In *Processes of the World-System*, T. K. Hopkins and I. Wallerstein, eds., 9–45. Beverly Hills, CA: Sage Publications.

Gordon, D. M., R. Edwards, and M. Reich. 1982. "Long Swings and Stages of Capitalism." In *Segmented Work, Divided Workers: The Historical Transformation of Labor in the United States*, D. M. Gordon, R. Edwards, and M. Reich, eds., 18–47. Cambridge: Cambridge University Press.

Hall, C. A. S. and K. A. Klitgaard. 2012. *Energy and the Wealth of Nations: Understanding the Biophysical Economy*. New York: Springer.

Harriss-White, B. 2003. *India Working: Essays on Society and Economy*. Cambridge: Cambridge University Press.

Heintz, J. 2002. "Political Conflict and the Social Structure of Accumulation: The Case of South African Apartheid." *Review of Radical Political Economics* 34(3): 319–326.

Hilferding, R. 1980 [1910]. *Finance Capital*. London: Routledge & Kegan Paul.

Jeong, S. 1997. "The Social Structure of Accumulation in South Korea: Upgrading or Crumbling?" *Review of Radical Political Economics* 29(4): 92–112.

Klitgaard, K. A. and L. Krall. 2012. "Ecological Economics, Degrowth, and Institutional Change." *Ecological Economics* 84: 247–253.

Kotz, D. M. 2010. "The Final Conflict: What Can Cause a System-Threatening Crisis of Capitalism?" *Science and Society* 74(3): 362–379.

Kotz, D. M. and T. McDonough. 2010. "Global Neoliberalism and the Contemporary Social Structure of Accumulation." In *Contemporary Capitalism and Its Crises*, T. McDonough, M. Reich, and D. M. Kotz, eds., 93–120. Cambridge: Cambridge University Press.

Kotz, D. M., T. McDonough, and M. Reich. 1994. *Social Structures of Accumulation: The Political Economy of Growth and Crisis*. Cambridge: Cambridge University Press.

Lenin, V.I. 1969 [1917]. *Imperialism, the Highest Stage of Capitalism*. New York: International Publishers.

Li, M., F. Xiao, and A. Zhu. 2007. "Long Waves, Institutional Changes, and Historical Trends: A Study of the Long-Term Movement of the Profit Rate in the Capitalist World-Economy." *Journal of World-Systems Research* 13(1): 33–54.

Lipietz, A. 1993. "From Althusserianism to 'Regulation Theory.'" In *The Althusserian Legacy*, E. A.

Kaplan and M. Spinker, eds., 99–138. London: Verso.
Mandel, E. 1970. *Marxist Economic Theory*. New York: Monthly Review Press.
——. 1978. *Late Capitalism*. London: Verso.
——. 1980. *Long Waves of Capitalist Development*. Cambridge: Cambridge University Press.
McDonough, T., D. M. Kotz, and M. Reich. 2014. *Social Structure of Accumulation Theory*, Volumes 1 and 2. Northampton, MA: Edward Elgar.
McDonough, T., M. Reich, and D. M. Kotz. 2010. *Contemporary Capitalism and Its Crises*. Cambridge: Cambridge University Press.
Michalowski, R. J. and S. M. Carlson. 2000. "Crime, Punishment, and Social Structures of Accumulation: Toward a New and Much Needed Political-Economy of Justice." *Journal of Contemporary Criminal Justice* 16(3): 272–292.
Mihail, D. M. 1993. "Modelling Profits and Industrial Investment in Postwar Greece." *International Review of Applied Economics* 7(3): 290–310.
O'Hara, P. A. 1995. "Household Labor, the Family, and Macroeconomic Instability in the United States: 1940s–1990s." *Review of Social Economy* 53(1): 89–120.
Prechel, H. 2000. *Big Business and the State: Historical Transitions and Corporate Transformation, 1880s-1990s*. Albany: State University of New York Press.
Ranganathan, S. and H. Prechel. 2007. "Political Capitalism, Neoliberalism, and Globalization in India: Redefining Foreign Property Rights and Facilitating Corporate Ownership, 1991–2005." In *Politics and Neoliberalism: Structure, Process and Outcome*, Harland Prechel, ed., 201–243. Amsterdam: JAI Press/Elsevier Ltd.
Reich, M. 1997. "Social Structure of Accumulation Theory: Retrospect and Prospect." *Review of Radical Political Economics* 29(3): 1–10.
Robinson, W. I. 2003. *Transnational Conflicts: Central America, Social Change, and Globalization*. London: Verso.
——. 2004. *A Theory of Global Capitalism: Production, Class, and State in a Transnational World*. Baltimore: Johns Hopkins University Press.
——. 2008. *Latin America and Global Capitalism: A Critical Globalization Perspective*. Baltimore: Johns Hopkins University Press.
——. 2012. "Global Capitalism Theory and the Emergence of Transnational Elites." *Critical Sociology* 38(3): 349–363.
Sweezy, P. 1968. *The Theory of Capitalist Development*. New York: Monthly Review Press.
Tabb, W. K. 2012. *The Restructuring of Capitalism in Our Time*. New York: Columbia University Press.
Valdes, F. and S. Cho. 2011. "Critical Race Materialism: Theorizing Justice in the Wake of Global Neoliberalism." *Connecticut Law Review* 43(5): 1513–1572.
Wallace, M. and D. Brady. 2010. "Globalization or Spatialization? The Worldwide Spatial Restructuring of the Labor Process." In *Contemporary Capitalism and Its Crises: Social Structure of Accumulation Theory for the 21st Century*, T. McDonough, M. Reich, and D. M. Kotz, eds., 121–144. Cambridge: Cambridge University Press.
Weisskopf, T. E., S. Bowles, and D. M. Gordon. 1983. "Hearts and Minds: A Social Model of US Productivity Growth." *Brookings Papers on Economic Activity* 2: 381–441.
Wolfson, M. H. 2013. "An Institutional Theory of Financial Crisis." In *The Handbook of the Political Economy of Financial Crises*, M. H. Wolfson and G. A. Epstein, eds., 172–190. New York: Oxford University Press.

第三十五章

垄断资本理论

汉斯·G. 德斯潘(Hans G. Despain)

垄断资本理论通常是指保罗·斯威齐和保罗·巴兰关于资本主义的垄断阶段或所谓"垄断资本主义"的理论。后来,人们还对这套理论加以发展,用以解释资本主义的金融化。从垄断资本理论的观点来看,金融化可以说是资本主义在其发展进程中充分体现垄断本质的阶段(Foster and Magdoff 2009;Foster and McChesney 2012;Despain 2009,2013)。

所谓垄断资本主义,是指资本主义从 19 世纪晚期的"铁路时代"(Dobb 1946,296)开始的一个特定历史阶段,垄断资本主义这一形态到 20 世纪中期发展成熟。莫里斯·多布(Maurice Dobb)认为,垄断资本主义是"一个垄断性的新时代"(Dobb 1937,186;1925,97－112),是一个"垄断时代"(Dobb 1946,321－325;并参见 Sweezy 2004 and Despain 2016a)。

自 20 世纪 20 年代开始,经济学界的研究热点转向关注**不完全**竞争以及市场支配力问题。这一研究潮流中的代表性流派有很多(Samuelson 1967),其中尤其值得一提的是新剑桥学派的"新生代"经济学家,他们阐述了资本主义社会制度的历史发展(Marcuzzo 2007),其关于"不完全竞争"的研究对垄断资本理论的发展具有深刻影响。

多布(Dobb 1925)详尽阐述了垄断资本主义的历史发展。斯拉法(Sraffa 1926)进而深入批判了完全竞争假设并产生了重要影响。

剑桥学派关于不完全竞争的理论在罗宾逊夫人那里(Robinson 1933)发展到了顶峰,她阐明了不完全竞争对社会福利的巨大影响作用。我们可以把剑桥学派同不完全竞争理论区别开来作为一个单独流派，或者用爱德华·张伯伦（Edward Chamberlin 1933）的话来说，剑桥学派所论述的是一种"垄断性竞争"理论。萨缪尔森（Samuelson 1967，20—21）认为："在当代我们已经可以相互替换着使用'垄断性竞争'和'不完全竞争'这两个术语。"这一看法是错误的。罗宾逊夫人专门强调了不完全竞争会减少福利，而张伯伦认为垄断性竞争造成产品差异化，这会增加福利。

垄断资本理论沿着剑桥学派的路径继续前进，认为不完全竞争对社会福利所造成的影响会损害资本主义经济体系本身，这种影响作用是同经济体系本身相矛盾的。在垄断资本理论发展的最初阶段，斯威齐（Sweezy 1939）论证了寡头企业自身可以提高价格，但很难有力量去迫使它们降低价格，这就会减少社会福利，进而从根本上导致：（1）停滞成为垄断资本主义的常态；（2）宏观经济运行不稳定；（3）"浪费"成为必要；（4）金融化成为晚期垄断资本主义进行浪费的典型形式。

垄断资本理论强调垄断对宏观经济运行的影响，这就把这个派别同罗宾逊夫人、张伯伦等人关于垄断资本主义的理论区别开来。垄断资本主义理论是研究不完全竞争的新时期的一门理论，它对不完全竞争给宏观经济的结构性运动所造成的影响开展了系统研究。

垄断资本主义经济的历史发展和宏观运行机制

卡莱茨基是最早"把不完全竞争和就业理论联系在了一起"（Robinson 1969，viii），他的宏观经济理论是建立在不完全竞争或者说"某种程度的垄断"的基础上的。卡莱茨基的这套理论是以马克思的生产成果的分配方式决定社会阶级构成的理论和资本主义的垄断化趋势为前提的。卡莱茨基在马克思的影响下，指出各种自由竞争的力量会产生出一种资本不断积聚和集中的趋势。

多布（Dobb 1925；1946）认为，资本主义本身就是起源于垄断性的市场支配力和商人、地主特权的综合作用，它在历史演化中必然导致大企业的扩张，这是自由放任的资本主义在逻辑上和实际表现的必然结果，马克思关于资本的积聚和集中的理论已经揭示了这一点。

卡莱茨基的"垄断程度"理论发展了多布关于垄断是资本主义历史和逻辑的必然结果的思想。卡莱茨基（Kalecki 1971，43—61）认为，"垄断程度"和收入分配之间存在很强的关联性，垄断的程度可以决定商品和服务的市场售价，使得这个售价高于该货物和服务的平均成本（平均成本由工资和原材料价格所决定)。卡莱茨基(Kalecki 2009,30)从宏观经济的层面指出,私营部门中"平均的垄断程度"是"工资在私营部门总收入中相对占比"的首要决定因素。卡莱茨基赞同凯恩斯的观点,认为收入水平是由总需求和"决定收入分配方式的相关因素"或者说"分配因素"所决定的(Kalecki 1971,80—81),而其中首要的决定因素是"垄断程度的长期发展趋势"(Kalecki 1971,65;Kalecki 2009,47)。

垄断程度的长期发展趋势是增长,因为更高的垄断程度可以在如下四个方面帮助企业在资本主义的竞争中生存和**发展壮大**(Dobb 1925,157—175)。第一,企业的规模大了,就可以加强对不确定性因素的承受能力。第二,规模大了,可以给企业带来更强的变革能力。第三,企业规模大了,可以吸引到更多的经济资源,对投资者和银行更加具有吸引力,金融机构是偏好大企业所具有的稳定性和市场支配力的。第四,"已经掌握着大量资本"的大企业"会更容易获得追加的资本和信贷"(Dobb 1925,167)。

卡莱茨基在多布观点的基础上进一步认为,"垄断是深植于资本主义体系的本性之中的:某些论者所假设的自由竞争可能在研究资本主义的最初阶段时是有效的,但如果要把自由竞争说成是资本主义经济的常态,那就是一种神话了"(转引自 Dobb 1973,223)。卡莱茨基的意思就是说,我们需要改变那种认为边际生产率决定收入分配的观点,应当去考察垄断程度,考察资本家和工人之间的斗争,看它们对收入分配的决定作用。

卡莱茨基(Kalecki 1971)指出,大企业对一国的资本存量(Ibid.,179—181)和投资行为(Ibid.,105—109)具有极强的掌控力。投资领域中的波动经过放大,就会引起整体经济活动的波动(Ibid.,78—88)。大企业所具有的主要调控工具是资本使用率,它们拥有的过剩产能可以作为调控经济强弱的杠杆(Ibid.,135—137)。反过来说,产能过剩程度本身就是由社会"垄断程度"所决定的(Ibid.,182)。

卡莱茨基除了揭示出大企业有能力在一个产业部门中操控资本的积累、积聚、集中(Kalecki 1971,105—109),还指出当一个产业部门中少数大企业占据优势地位并同中小企业开展竞争时,就会形成一种带有垄断性的资本主义样态,使得剥削程度趋向于**加强**(Ibid.,93—99)。卡莱茨基认为,这种垄断性的资本主义的内在趋势就是会带来过度储蓄和投资不足,因而造成不稳定,带来商业周期波动(Ibid.,124—137)。

卡莱茨基指出,投资会导致生产力扩张,因此如果投资持续扩张,就必须得有足够多的有效需求才能容纳这些生产力(Kalecki 1971,146—156)。在卡莱茨基看来,如果没有特别的技术进步,新增投资从长远来看是趋向于下降的,一直会降到零(Dobb 1973,232)。这是经济之所以会趋向于停滞的内在基础。

成熟垄断资本的发展与停滞

从卡莱茨基的一般化理论中可以推论出资本主义会产生长期停滞,约瑟夫·斯坦德尔(Josef Steindl 1952)在《美国资本主义的成熟与停滞》(*Maturity and Stagnation in American Capitalism*)一书中对这一点进行了详尽分析。斯坦德尔认为"资本主义从不完全竞争发展为垄断和寡头形态的进程""内在地蕴含着"长期停滞的因素(Hansen 1955),因而,停滞是当代资本积累的总趋势。斯坦德尔的核心观点是,大企业在资本积累的过程中总在想方设法地增加利润、降低存量资本的使用率,也就是说,它们总是想方设法地提高"过剩产能"。

斯坦德尔认为,当剩余价值率和毛利率上涨时,由于有产能过剩,所以最终能实现的净利率可能是停滞或下降的。例如,当一家大企业碰到市场需求下降的情况时,它会调低产能利用率而不是选择降价。但降低产能就会阻碍投资需求,可能导致长期停滞。

斯坦德尔指出了资本主义发展内在地孕育着长期停滞,这是理解寡头支配关键产业部门的体制下资本积累的宏观运动和具体进程的重要一步。斯坦德尔着重论述了从不完全竞争到垄断和寡头制的发展进程,这种发展可以帮助企业抵御价格竞争,但与此同时也会降低**过剩产能**,从长期来看产生停滞。

保罗·斯威齐(Sweezy 1954)和阿尔文·汉森(Alvin Hansen 1954)随即指出了斯坦德尔的错误,斯坦德尔谈了内部因素但忽视了外部因素,在资本主义这种内在趋势真正实现为衰退和危机之前,创新和新兴产业之类的外部因素就可能打断这一趋势。斯坦德尔接受了这一批评,承认自己"确实犯了错误,忽视了创新在资本主义经济运动中的作用"(Steindl 1984,176)。

斯坦德尔还承认他低估了寡头把投资能力转移到其他产业部门的能力(Steindl 1984,174),寡头可以向大型企业集团发展。在20世纪60年代以后,大型集团是企业发展的常见形式。

但斯坦德尔坚持认为,有很多证据可以表明大企业更加偏好的是投资安全,而非单纯瞄准更多利润。因此,斯坦德尔和卡莱茨基一样认为资本主义在其发展的成熟阶段上所存在的首要问题是剥削程度加强、就业不充分、总利润过高、过度储蓄、产能过剩、投资不足和长期停滞。

垄断资本主义的发展、欠发达和停滞

保罗·巴兰(Paul Baran 1957)的《增长的政治经济学》(*The Political Economy of Growth*)是马克思、多布、卡莱茨基、斯威齐、斯坦德尔这一条思想脉络中的又一部代表作。巴兰的核心概念是"剩余"(Baran 1957,22—43)。"剩余"可以简单地定义为社会的产出同消费之间的差额(Ibid.,22)。尽管"剩余"这个概念"确实有点难以捉摸"(Ibid.),并不是很精确,但它把握住了垄断资本主义的宏观经济运动的关键所在(Szlajfer 1984;Foster 2014,24—50)。巴兰指出,那些垄断性企业会通过限制产业准入来为自己营造"避风港"(Baran 1957,77)。大企业为了承受经济波动会扩大其过剩产能,**并且**,它们会把扩大过剩产能作为限制竞争者进入的战略性武器。这样就会造成在过剩产能扩大的同时投资动力却减弱了(Ibid.,123),经济剩余也会增加。这样一来,利润率也就不会平均化而是保持在高位,利润总额也会高企,但是投资渠道则会变得更加狭窄,所以最终失业、不充分就业以及停滞就会成为这个时代的主旋律(Ibid.,85)。

巴兰这本书最具影响力的一点是在多布(Dobb 1951)理论的基础上指出,世界上的欠发达国家想要效仿发达资本主义国家(例如英、法、美等国家)的发展方式来发展自己几乎是不可能的。这些国家在殖民时期无法发展是很显然的事情,但巴兰进一步指出,在后殖民时期这些国家依旧无法发展。之所以无法发展,关键问题正如保罗·斯威齐所指出的那样,全球经济是由大型跨国私营企业所控制的(Sweezy 1942),而政府对大企业的支持会维护和加剧全球经济的寡头特性(Baran 1957,113—116)。

巴兰因而定义了一种"新帝国主义",即由几家大型寡头企业在政府的支持之下开展全球竞争。

> "正如福格特先生在其书中得出的结论所言,'人类现在陷入了一种困境中,就好像穿的两只鞋尺码都小了两号'。他的这一刻画非常准确,这两只鞋一只是垄断资本主义,另一只是帝国主义。"
>
> (Baran 1957,248)

"资本主义体系曾经是经济发展的有力引擎",但它现在被两面夹击钳制住了,一边是几家跨国性的大型寡头企业的竞争,另一边是各国政府在一国范围内的政策意图,资本主义"已经变成人类进步的巨大障碍"(Baran 1957,249)。

巴兰赞同多布关于全球政治经济学的观点(Dobb 1951),认为“必须建立社会主义计划经济,这是欠发达国家实现经济和社会进步的必备条件”(Baran 1957,261)。

经济失序和社会失序

之后,巴兰于1966年又与保罗·斯威齐合作出版了巨著《垄断资本:论美国的经济和社会秩序》(*Monopoly Capital: An Essay on the American Economic and Social Order*),发展了自己在这方面的创见。巴兰和斯威齐在书中给出了一套更加完整的关于大型企业投资的理论,分析了资本主义面对体系中经济剩余强劲增长的趋势所采取的政策措施及其历史发展进程,还分析了过剩产能和**剩余吸收**(surplus absorption)问题。因此,巴兰和斯威齐可以说是极大地推进了对垄断资本的矛盾的研究。

垄断资本之所以会有矛盾,不是根源于这个体系的失败,而是根源于它的成功。垄断资本主义的大型企业提高了生产率和利润,而高产能和高储蓄的趋势会导致在充分就业还没有达成的时候投资就已经先一步降低了。

要推动经济增长,就要创造新产能,垄断资本在这一点上做得很好,但问题在于当经济增长使得剩余迅速增加的同时,也就产生了有待投资的份额。垄断资本主义是一套自相矛盾的经济运行机制,也就是说,这套制度“从长期来看无法吸收它自己所能生产出来的那么多剩余”(Baran and Sweezy 1966,109)。

巨大的产能**不仅会**持续增加剩余本身,**而且会**持续增加“有待投资的经济剩余”,但并不会“创造相同量级的投资渠道”(Baran and Sweezy 1966,88)。

根据马克思的再生产公式,要让有待投资的剩余真的能投资出去,就需要生产资料的增长(第一部类)显著超过消费品和服务的增长(第二部类)。最终,生产资料就会生产过量,产能和消费需求之间就会出现比例失调(Foster 1987,61)。“不管翻过来倒过去怎么论,我们都必然得出结论说,垄断资本主义就是一个自相矛盾的体系”(Baran and Sweezy 1966,108)。由于工人阶级处于受过度剥削和不充分就业的状态,过剩产能会趋向于持续降低未来的净投资,因为投资无利可图。也就是说,当大型企业所生产出的剩余快速增长时,垄断资本主义的体系**既**提供不了消费渠道,**又**提供不了投资渠道。

卡莱茨基(Kalecki 1939,149)将这种情况称为“投资的悲剧”(the tragedy of investment)。既然投资是悲剧,那么资本就会选择不再生产无法被吸收的剩余。因此,“可以推论说垄断资本主义经济的**常态**就是停滞”(Baran and

Sweezy 1966,108)。

巴兰和斯威齐指出,要吸收剩余并不是只有消费和投资两种渠道,**浪费**也可以吸收(Baran and Sweezy 1966,79)。既然通过消费和投资来吸收剩余的方式具有内在矛盾,那么考察如何通过浪费来吸收就成为"巴兰和斯威齐《垄断资本》一书的关键部分"(Foster 2014,74),是他们解释当代垄断资本主义的宏观经济运行的理论主体部分(Foster 2014,89)。

巴兰和斯威齐认为,资本主义体系越来越依赖"浪费"(Foster 2014,12)。浪费的形式包括:(1)把力气花在销售环节,投入广告、市场调研、销售网点、销售人员、公共关系、政策游说、建设吸引人眼球的商业空间、改进产品外观、加强外包装、强制产品换代、更新产品款式,等等(Baran and Sweezy 1966,115—141);(2)战争、军国主义、帝国主义或者其他形式的非防御性公共支出(Baran and Sweezy 1966,151—217);(3)把潜在的经济剩余转移进金融部门(即在国民经济核算中所列的"金融、保险、房地产"部门)(Baran and Sweezy 1966,139—141)。

由于资本主义体系越来越依赖经济浪费,所以乍一看好像长期停滞已经是老皇历了。但巴兰和斯威齐指出,垄断所带有的矛盾性依然存在,对经济状况详加分析的话,就会看到其中深层的经济失序和社会失序。在垄断资本主义体系的宏观经济运行中,优先考虑的是让大型企业获得高额边际利润,人的真正需要则是越来越靠边站的。

巴兰和斯威齐这套关于垄断资本主义的理论影响巨大,引发了大规模的争论,也受到了很多严厉批评。约翰·贝拉米·福斯特[Foster 2014(1986)]的《垄断资本主义理论》(*The Theory of Monopoly Capitalism*)一书比较完备地收录了早期的一些争论和辩护意见(Despain 2014)。

尽管《垄断资本》一书见解深刻、富有革命性,但它还只是一个"概说",远不是对垄断资本主义的详尽研究,该书的明显缺点包括:(1)没有深入研究劳动过程;(2)对垄断资本主义以及全球秩序的描述还不充分;(3)对金融部门吸收潜在经济剩余的解释还不充分。《垄断资本》所缺的这几个方面,在垄断资本主义理论的进一步发展中都得到了展开论述。

垄断资本主义的劳动过程中的劳动退化

哈里·布雷弗曼(Harry Braverman 1974)的《劳动与垄断资本:二十世纪中劳动的退化》(*Labor and Monopoly Capital*: *The Degradation of Work in the Twentieth Century*)是一部具有里程碑意义的作品。自马克思的《资本论》之后可能就再也没有一本书对资本积累中的劳动过程做过全景式的分析。布雷弗曼赞同巴兰和斯威齐《垄断资本》中的观点,并认为对于垄断资本和大型企业的历史发展进程还需要做出一种新的分析,对马克思当年的分析进行补充。

布雷弗曼在书的一开头首先对20世纪的劳动过程所存在的一个矛盾进行了概述。一方面,有人认为,技术革新和生产自动化会对劳动者的教育水平、智力水平、技能水平提出更高的要求;另一方面,众所周知的是,劳动过程越来越细分,这些"细化操作对技能和训练水平的要求降低了;劳动在当代的'无脑化'和'官僚化'趋势使得越来越多的劳动者'异化'了"(Braverman 1974,3)。

布雷弗曼指出,劳动的细分导致了两个后果:(1)提高了生产效率,降低了成本;(2)增强了管理层和资本所有者对劳动过程的控制力(Braverman 1974,78)。这种对劳动的"控制机制"可以从几个不同的方面来看:第一,劳动的细分使得工人行动的"指挥者"或者说优秀的管理层成为必需;第二,劳动细分所造成的致命伤害提高了工人个体的异化程度,以及工人个体对生产场所中成体系的劳动过程的依赖程度(Ibid.,197—206)。

劳动的细分是由垄断资本主义所造成的,资本主义体系强加给工人、由管理层具体执行的那套控制机制,也被垄断资本主义所强化了。这种控制机制使得垄断资本主义能够从工人那里提取更多的剩余劳动。

布雷弗曼预言,垄断资本主义中的"中间层",即所谓的"新中产阶级",他们的劳动和薪资结构同样也会遭遇"退化",他们的境遇和蓝领工人是一样的,都是受到"控制"的(Braverman 1974,403—409)。近年来的研究可以证明布雷弗曼的观点是多么具有远见卓识(Jonna and Foster 2014;2016)。

布雷弗曼的基本观点是,垄断资本的积累过程必然会向相对**少数**的劳动者提出更高的劳动技能要求,改善他们的劳动条件,付给他们更多的工资,而对于**大多数**的劳动者来说,他们遭遇的则是劳动越来越细分,技能要求的退化,越来越多的来自监督者和管理者的控制,以及工资的停滞甚至下降。

全球秩序和垄断资本主义

《垄断资本》(Baran and Sweezy 1966)一书唤起了对全球垄断资本主义时期帝国主义新形式的研究和批判(Magdoff 1968;Magdoff 1978;Magdoff and Foster 2003)。巴兰和斯威齐在各自的早期作品中(Baran 1957;Sweezy 1942)都论述过帝国主义。巴兰认为欠发达国家在自由市场的意识形态指导下进行发展已经失败了，它们只是“变成了西方资本主义‘中心市场’的附庸”（Baran 1957，177）。萨米尔·阿明（Samir Amin 1976，233—240）发展了巴兰这一观点，指出欠发达经济体向全球开放市场后并没有收获投资的“倍增效果”，因为国际贸易投资所获得的利润会有虹吸效应，会从欠发达国家流回到发达国家。巴兰的观点也深刻影响了安德鲁·贡德·弗兰克。弗兰克认为，“‘潜在的’经济剩余之所以未能实现、未能用于投资，这要归咎于资本主义的垄断结构”（Andre Gunder Frank 1967，6—7）。而这就会导致一种发展不平均的趋势，西方的垄断资本主义国家获得了发展，所谓“第三世界”国家则永生永世处于“欠发达”状态（Frank 1967，8）。

萨米尔·阿明认为（Amin 1977，229—235），这种永世不得发展的状况需要有两个初始条件：第一个是欠发达国家中的工人阶级受到发达国家资产阶级的“超级剥削”；第二个是随着资本流动的便捷，全球范围内的跨国“垄断”增加了。资本流动性使得大型跨国企业能够靠“劳动套利”过程来获取“帝国主义租金”，所谓“劳动套利”，就是大企业把生产活动迁移到工资水平较低、劳工法律保护欠缺的地区。

马克思在《资本论》中分析了资本家提高剩余价值率的两种办法：第一种是延长工作日，即增加绝对剩余价值；第二种是减少生产消费品的工人的必要劳动时间，即增加相对剩余价值。马克思也稍微提了一下把工人工资压低到劳动力价值以下的可能性，但没有对此深究，因为马克思假设劳动力是完全按照其价值出售和购买的。而在今天，劳动套利成为增加剩余价值的第三种办法。通过劳动套利，大型跨国企业可以常态化地按照低于劳动力自身价值的价格来购买劳动力（Smith 2016，236—240）。史密斯充分论证了大型跨国企业可以不必“输出资本”就从工人身上榨取剩余价值（Ibid.，233）。史密斯认为，“现在迫切要做的事情”就是提出一种理论，用以统摄垄断资本主义的经济本质和把全球秩序划分成“压迫者国家和受压迫者国家”的政治本质（Ibid.，233）。这种理论就是关于进行全球劳动套利的垄断金融资本主义的理论（Ibid.，187—196，297—301）。

约瑟夫·哈列维（Joseph Halevi）和雅尼斯·瓦鲁法克斯（Yanis Varoufakis）也发展创新了帝国主义理论，将金融化过程、货币和财富从穷国流向富国的过程列入考察范围（Halevi and Varoufakis 2003）。

垄断-金融资本理论

科斯塔斯·拉帕维查斯（Costas Lapavitsas 2013，15—20）非常正确地指

出，垄断资本理论的道理千万条，重点的第一条是要阐明金融领域的发展。想当年，正是垄断资本理论的论者率先认识到了金融化过程的重要性，他们对2007—2008年衰退的预言、对经济危机和之后长期停滞的解释理应获得人们的赞誉。拉帕维查斯进一步指出，有太多的政治经济学家都"未能意识到他们同《每月评论》学派的密切关系（我们还可以补充说，他们是欠下了一笔理论债）"（Lapavitsas 2013，23）。

垄断资本理论认为，要是不搞清楚"金融剥削"是如何重塑了当代资本主义的，基本上也就无法理解20世纪的政治经济学（Sweezy and Magdoff 1972，7—29），同样，也无法理解21世纪的政治经济学（Foster and McChesney 2012，29—64）。在巴兰和斯威齐看来（Baran and Sweezy 1966，14—51），垄断资本主义之所以发展起来，并不是因为某种纯粹的资本主义生出了一个孽种，垄断资本主义完全遵循着资本主义的发展"规律"，它是资本主义"天经地义的"产物，是从资本主义进化而来的。马格多夫和斯威齐（Magdoff and Sweezy 1983）也持类似观点，认为金融化并不是单纯地寄生在"职能资本家"身上，而是资本主义发展规律合乎逻辑的、必然的产物。巴兰和斯威齐在1966年的时候认为，私营部门的销售成本和公共部门的支出是浪费的主要形式，而在今天，就像福斯特和马格多夫（Foster and Magdoff 2009）、福斯特和麦克切斯尼（Foster and McChesney 2012）所阐述的那样，过量的经济剩余主要是通过金融部门来吸收的。福斯特等人为了强调金融的重要性，提出了"垄断-金融资本"的概念，突出金融在垄断资本中的结构性作用，强调这种结构性作用是垄断资本所必需的，这是非常正确的。

"垄断-金融资本"这个提法完全符合斯威齐所一贯坚持的观点，即彻底实现"金融资本的胜利"已经成为经济力量和政治力量的共同目标。金融资本的胜利可以暂时地稳定宏观经济变动并实现经济增长。但归根结底，金融资本的胜利本身也只是停滞的一种表现形式，只不过表现得比较华丽而已（Sweezy 1994，1—11）。

停滞作为垄断资本主义的根本问题所在，并没有因为金融资本的胜利而得到解决，反而实际上更加恶化了（Foster and Magdoff 2009，5—7）。之所以会导致停滞，从根本上是由于垄断资本主义体系越来越难以吸收自身所产生的经济剩余了。从这个意义上来说，发生金融爆炸、金融资本取得胜利，是"资本主义社会的根本矛盾"最显著的证明。这里的根本矛盾就是说，"一边是生产，它是作为一种自然—技术过程，创造使用价值；另一边是资本主义，它是作为一种历史性的体系，创造交换价值，两边的目的存在矛盾"（Sweezy 1942，172）。

换句话说，垄断-金融资本所进行的金融活动，其意义就在于开展一种体系性的**浪费**。这并**不是**说浪费是不必要的，剩余吸收对体系的再生产来说就是必要的。问题在于，金融活动虽然有很大的吸收空间，但并不会使生产增长。正如拉帕维查斯新出的一本书（Lapavitsas 2013）的标题所示，当今的资本家《获利但不生产》（*Profiting Without Producing*）。

垄断-金融资本所造成的根本结果是：垄断金融资本的高产能造成了大量的经济剩余，以及过度储蓄和过剩产能。需求侧的任何波动都会促使大型企业为了维持利润边际而减少产量和就业岗位，造成过剩产能超量。这时企业通常都会选择调整产量而不是调整价格。整个经济体系缺乏有利可图的投资机会，无法通过生产投资活动来完全吸收过多的经济剩余，因此经济体系要再生产就只能诉诸**浪费**，这样才能避免出现常态化的停滞。垄断资本的组织方式使得资方在同劳方的阶级斗争中具有了政治优势，可以提高剥削率，使得大多数弱势的工人要受到过度剥削。在企业与企业之间也存在斗争，大型企业控制了定价权，这就造成利润率的层级分化，大致来说，企业的利润率能达到哪个层级，是由企业的规模、相对“垄断程度”和政治力量所决定的。过剩产能极大地提高了潜在的资本积累率，反过来，这就使得潜在产出（交换价值）和剩余吸收（使用价值）之间形成了一个鸿沟（或者说根本性的矛盾），这种根本性的矛盾会以停滞的形式表现出来。“浪费”是克服这种根本性矛盾的主要手段。浪费的主要形式包括把剩余花费在销售成本，对非生产阶级进行再分配，政府开支，乃至一切金融活动等，但这些浪费都会给资本主义的体系带来新的矛盾和问题。

结语：垄断资本理论的双重革命

《垄断资本》冠于全书之前的开篇词是黑格尔的名言：“真理是全体。”巴兰和斯威齐在书中对垄断资本主义所做的理论分析，可以对美国经济体系和全球秩序方方面面的社会因素、生态因素进行解释。

《垄断资本》的出版对于研究 20 世纪的美国和全球秩序而言具有先导性、革命性的意义。《垄断资本》把大型企业看作社会秩序的中心，把寡头垄断看作社会生理机制的本质特征，这并非首创，在多布、卡莱茨基、斯威齐、斯坦德尔等人对马克思主义政治经济学的理论发展中也都提到了这一点。巴兰和斯威齐在这个理论谱系中真正具有革命性的点，是他们分析了垄断秩序之下人们的社会生活，尽管这种分析还只是尝试性的，不如他们对垄断资本所做的政治经济学研究那样细致深入。巴兰和斯威齐高度关注人在各方面所发生的**退化**，包括心理健康、家庭生活、种族关系、民主观念与政治参与、广义上的人权等等。他们还非常担忧社会所呈现出的不平等加剧、长期贫困、学校教育失效等趋势，担忧人们的学习不充分和知识碎片化。巴兰和斯威齐认为，垄断资本主义的顶层设计是集权主义的、不民主的，其为社会所设定的目标是纯粹受利益驱动的、反人道的，而要改变垄断资本主义的目标设定，就需要从教育和知识生产方面、从媒体和文化休闲活动方面寻求突破。

垄断资本主义的经济发展趋势就是走向停滞，产生违背人们意愿的产能过剩、不平等、不稳定、就业不充分、劳动及劳动场所的退化。用更加社会学一点的话来说，垄断资本主义"带来了生产力和财富，但它没有在此基础上帮助社会成员健康和幸福地发展"(Baran and Sweezy 1966，285)。巴兰和斯威齐所开创的垄断资本主义议题，集政治经济学、文化、生态、人权等于一体，后续有着成百上千的论者、论文、论著对此进行了深入探讨，大家可参阅《每月评论》杂志和每月评论出版社的相关书目。

参考文献

Amin, S. 1976. *Unequal Development: An Essay on the Social Formations of Peripheral Capitalism*. New York: Monthly Review Press.

——. 1977. *Imperialism and Unequal Development*. New York: Monthly Review Press.

Baran, P. 1957. *The Political Economy of Growth*. New York: Monthly Review Press.

Baran, P. and P. Sweezy. 1966. *Monopoly Capital: An Essay on the American Economic and Social Order*. New York: Monthly Review Press.

Braverman, H. 1974. *Labor and Monopoly Capitalism: The Degradation of Work in the Twentieth Century*. New York: Monthly Review Press.

Chamberlin, E. 1933. *Theory of Monopolistic Competition*. Cambridge, MA: Harvard University Press.

Despain, H. G. 2009. "Review: *The Great Financial Crisis: Causes and Consequences*, by John Bellamy Foster and Fred Magdoff." *Journal of Economic Issues* 43(4): 1075–1077.

——. 2013. "Review Article: *The Endless Crisis: How Monopoly-Finance Capital Produces Stagnation and Upheaval from USA to China*, by John Bellamy Foster and Robert W. McChesney." *Marx and Philosophy Review of Books*, January 30th: http://marxandphilosophy.org.uk/reviewofbooks/reviews/2013/694 (accessed October 12, 2016).

——. 2014. "Review Article: *The Theory of Monopoly Capitalism: An Elaboration of Marxian Political Economy*, by John Bellamy Foster." *Marx and Philosophy Review of Books*, July 14th: http://marxandphilosophy.org.uk/reviewofbooks/reviews/2014/1076 (accessed October 12, 2016).

——. 2015. "Secular Stagnation: Mainstream versus Marxian Traditions." *Monthly Review* 67(4): 39–55.

——. 2016a. "Maurice Herbert Dobb (1900–1976)." In *The Palgrave Companion to Cambridge Economics*, R. Cord, ed., 623–648. New York: Palgrave Macmillan.

——. Forthcoming. "Why Secular Stagnation?: Larry Summers and Monopoly Power." *Monthly Review*.

Dobb, M. 1925. *Capitalist Enterprise and Social Progress*. London: Routledge & Kegan Paul.

——. 1937. *Political Economy and Capitalism*. London: Routledge & Kegan Paul.

——. 1946. *Studies in the Development of Capitalism*. London: Routledge & Kegan Paul.

——. 1951. *Some Aspects of Economic Development: Three Lectures*. London: Routledge & Kegan Paul.
——. 1973. *Theories of Value and Distribution since Adam Smith*. Cambridge: Cambridge University Press.
Foster, J. B. 1987. "What is Stagnation?" In *The Imperiled Economy: Macroeconomics from a Left Perspective*, R. Cherry, et. al. eds. New York: Union for Radical Political Economics.
——. 2014. *The Theory of Monopoly Capitalism: An Elaboration of Marxian Political Economy*. New York: Monthly Review Press.
Foster, J. B. and F. Magdoff. 2009. *The Great Financial Crisis*. New York: Monthly Review Press.
Foster, J. B. and R. W. McChesney. 2012. *The Endless Crisis: How Monopoly-Finance Capital Produces Stagnation and Upheaval from the USA to China*. New York: Monthly Review Press.
Frank, A. G. 1967. *Capitalism and Underdevelopment in Latin America*. New York: Monthly Review Press.
Halevi, J. and Y. Varoufakis. 2003. "The Global Minotaur." *Monthly Review* 55(3): 56–74.
Hansen, A. 1954. "Growth or Stagnation in the American Economy." *Review of Economics and Statistics* 36(4): 409–414.
——. 1955. "The Stagnation Thesis." In *Readings in Fiscal Policy*, A. Smithies and J. K. Butters, eds., 540–557. Homewood, IL: Richard D. Irwin.
Jonna, R. J. and J. B. Foster. 2014. "Beyond the Degradation of Labor: Braverman and the Structure of the U.S. Working Class." *Monthly Review* 66(5): 1–23.
——. 2016. "Marx's Theory of Working-Class Precariousness: Its Relevance Today." *Monthly Review* 67(11): 1–21.
Kalecki, M. 1939. *Essays in the Theory of Economic Fluctuations*. New York: Russell and Russell.
——. 1971. *Selected Essays on the Dynamics of the Capitalist Economy*. Cambridge: Cambridge University Press.
——. 2009. *Theory of Economic Dynamics: An Essay on Cyclical and Long-Run Changes in Capitalist Economy*. New York: Monthly Review Press.
Lapavitsas, C. 2013. *Profiting without Producing: How Finance Exploits Us All*. London: Verso.
Magdoff, H. 1968. *The Age of Imperialism: The Economics of U.S. Foreign Policy*. New York: Monthly Review Press.
——. 1978. *Imperialism: From Colonial Age to the Present*. New York: Monthly Review Press.
Magdoff, H. and J. B. Foster. 2003. *Imperialism without Colonies*. New York: Monthly Review Press.
Magdoff, H. and P. M. Sweezy. 1983. "Production and Finance." *Monthly Review* 35(1): 1–13.
Marcuzzo, M. C. 2007. "The 'First' Imperfect Competition Revolution." In *A Companion to the History of Economic Thought*, W. J. Samuels, J. E. Biddle, and J. B. Davis, eds. Malden, MA: Blackwell Publishing.
Robinson, J. 1933. T*he Economics of Imperfect Competition*. London: Macmillian.
——. 1969. *The Economics of Imperfect Competition*, 2nd edition. London: Macmillan
Samuelson, P. 1967. "The Monopolistic Competition Revolution." In *Monopolistic Competition Theory: Studies in Impact*, R. E. Kuenne, ed. New York: John Wiley & Sons.
Smith, J. 2016. *Imperialism in the Twenty-First Century: Globalization, Super-Exploitation, and Capitalism's Final Crisis*. New York: Monthly Review Press.
Sraffa, P. 1926. "The Laws of Returns under Competitive Conditions." *Economic Journal* 36(144): 535–550.
Steindl, J. 1952. *Maturity and Stagnation in American Capitalism*. Oxford: Oxford University Institute of Statistics Monographs.
——. 1984. "On Maturity in Capitalist Economics." In *The Faltering Economy: The Problem of Accumulation Under Monopoly Capitalism*, J. B. Foster and H. Szlajfer eds. New York: Monthly Review Press.
Sweezy, P. 1939. "Demand under Conditions of Oligopoly." *Journal of Political Economy* 47(4): 68–73.
——. 1942. *The Theory of Capitalist Development: Principles of Marxian Political Economy*. New York: Monthly Review Press.
——. 1954. "Maturity and Stagnation in American Capitalism." *Econometrica* 22(4): 531–533.

——. 1994. "The Triumph of Financial Capital." *Monthly Review* 46(2): 1–11.
——. 2004. "Monopoly Capitalism." *Monthly Review* 56(5): 1–10.
Sweezy, P. M. and H. Magdoff. 1972. *The Dynamics of U.S. Capitalism.* New York: Monthly Review Press.
Szlajfer, H. 1984. "Economic Surplus and Surplus Value Under Monopoly Capitalism." In *The Faltering Economy: The Problem of Accumulation Under Monopoly Capitalism*, J. B. Foster and H. Szlajfer eds. New York: Monthly Review Press.

第三十六章

马克思主义、女权主义和家务劳动

德鲁西拉·K. 巴克(Drucilla K. Barker)、
苏珊娜·伯格伦(Suzanne Bergeron)

马克思主义在女性、阶级、家务等问题上和女权主义有很多的交集。过去五十多年间,在这些交集领域中发生过大量的理论争论,涉及的议题包括对劳动概念的界定、非市场性生产的价值、家务在经济活动中的作用、社会矛盾和变革对女性和家庭的影响、未来的公正社会要采取怎样的社会再生产方式,等等。在本文中,我们将对这些争论做一个概览。

首先我们要注意,在马克思发表出来的关于资本主义和阶级的理论中,对上述这些议题并没有重点加以关注,但马克思的确进行过相关的探讨,例如他在《资本论》第一卷[Marx (1876)1976]中讨论过工人阶级的女性在家务劳动中所受的沉重压迫。恩格斯在《共产党宣言》中批判过资产阶级家庭对女性的压迫[Marx and Engels (1848)1998],在《家庭、私有制和国家的起源》一书中更是对女性在家务劳动中的地位、家务劳动在资本主义社会中的地位问题有着直接的论述[Engels (1884)2010],马克思主义的女权主义者通常是把这本书作为自己学派的基本文献(Benston 1969;Leacock 1974)。《家庭、私有制和国家的起源》反驳了那种认为父权制恒常不变并由此才导致性别不平等的流俗见解,恩格斯用一种历史的观点来看待父权制,他认为在私有制出现之前社会是非常平等的,在性别问题上也是如此,但随着私有制和资本主义的产生,这种平等的局面就发生了改变。发生改变的原因有很多:第一,随着私有制的产生,为交换而进行的生产就取代了原始共产主义社会为使用价值而进行的生产。新的生产方式不断超出家庭事务的范围，劳动强度也越来越大，女性无法再像过去那样把生产劳动和再生产劳动统一到对使用价值的生产中。第二，私有制导致了核心家庭这种家庭形式的产生，核心家庭的目的就在于控制女性的性行为，从而确保血统有序继承。核心家庭最初是在有产阶级中形成的，但这种父权制的理念逐步传播到了整个社会。尽管这两大变化并不是毫无例外，还存在着其他一些类型的生产方式和家庭形式，但最终绝大多数女性都在家庭中降格成为苦力。

20 世纪 60—70 年代，马克思主义的女权主义学派诞生了，该派学者援引恩格斯的理论来解释女性所受到的压迫，但女权主义同恩格斯的理论之间存在一个重大差别，他们不仅把家庭定义为进行劳动再生产的场所，而且认为家庭本身就是一个进行生产的场所，女性在家庭中的无酬劳动对经济运行做出了重大贡献，但这种贡献被人们所忽视了（Oakley 1974）。女权主义者沿着这一思路专门提出了“家庭内部劳动”的概念，包括无酬的家务劳动和家庭照护劳动，这种家庭内部劳动支撑和维持了资本主义社会中的生产性劳动，但资本主义贬低了家庭内部劳动的价值。女权主义的理论工作就是要向大众揭示出这种劳动的意义，使它获得应有的价值。例如，“给家务劳动付工资”（“Wages for Housework”）运动就主张，既然家庭内部劳动对社会生产做出了贡献，它在再生产出劳动力的过程中贡献了剩余价值，那么在资本主义体系中这种劳动就应当获得补偿（Dalla Costa and James 1972；Federici 1975）。这样看来就应当得出结论：因为家务劳动而获得工资的女性也理应获得雇佣工人的议价权，从而去向资产阶级讨回一部分剩余价值。并不是所有的女权主义者都致力于为家务劳动讨要工资的话题，但大多数女权主义者持有差不多的思路，认为女性在家务劳动中所受到的剥削是和无产者受剥削的情况类似的，剩余价值中有一部分就来自女性所受的这种剥削。但是也有女权主义者认为，无产者和家庭妇女从很多方面来说并不是一回事，例如女性的家务劳动要如何进行计算，以及从家务劳动中要如何提取剩余价值，这些问题的处理都和无产者有所不同。例如有人指出，家务劳动对人际交往和情感联系起到增进作用，这就不同于商品市场中的劳动使人孤立化的情况（Himmelweit and Mohun 1977；Himmelweit 1995）。这两种不同观点就被称为“家庭内部劳动之争”，形成了一大批理论文献，争论马克思关于价值和剩余价值的理论抽象是否能被推广用于分析女性家务劳动（Delphy and Leonard 1980；Gardiner 1975；Himmelweit 1995；Molyneux 1979；Seccombe 1974）。

到了 20 世纪 70 年代晚期，又有一种分析路径开始对早期马克思主义女权主义的阶级决定论框架提出挑战。这一路径的论者常被称为“社会主义的女权主义者”，他们认为仅仅诉诸资本主义逻辑是无法讲清楚女性所受压迫的特殊性的。人类学家盖尔·鲁宾(Gayle Rubin)指出：

“说清楚女性对资本主义的用处是一回事，要用这种用处来解释女性所受压迫的成因则是另一回事……女性在社会中所受的压迫无论如何都不能说成是资本主义性质的。”

(Rubin 1975,163)

类似的，海蒂·哈特曼(Heidi Hartmann 1979)指出，在当下社会并不是只有资本家才从女性的家务劳动中获利，劳动的性别分工贬低了女性在家庭中生产商品和服务的劳动的价值，而男性作为一个群体则是从中获益的。

洛德斯·贝内丽亚(Lourdes Benería 1979)指出，摆在女性面前的基本矛盾是男女利益共享和女性地位从属于男性之间的矛盾。因此，女性受压迫的根源并不只是资本主义的体系，而是劳动中资本主义和父权制的双重体系(参见Eisenstein 1978)。由于哈特曼和其他“双重体系”论者是把性别关系同阶级关系分开看待的，他们就必须给出一套理论来说明家务劳动的资本主义分工和父权制分工之间复杂并且相互拉锯的关系。例如南希·弗波莱(Nancy Folbre 1994)认为，性别分工除了把女性降格为从事无酬的照护劳动，也把男性和自食其力联系在了一起，这种分工方式把有酬劳动说成是财富和人类美好生活的唯一来源，掩盖了资本主义的剥削。性别分工不仅抹杀了女性从事无酬的家庭内部劳动的贡献和价值，而且会使得这类照护工作本身带上女性化的色彩，即使这类工作实现了社会化，改由雇佣工人来承担，那么工人劳动的价值也还是会被低估。

弗拉德、雷斯尼克和沃尔夫(Fraad, Resnick and Wolff 1994)在早期的马克思主义女权主义和后来的社会主义女权主义基础上提出了另一套理论，他们充分考虑到了资本主义和家务劳动这两种场域之间的联系、交叉和对立，试图从中来解释女性所受到的压迫是如何建立起来和/或埋下根基的。弗拉德等人采用的是一种反本质主义的阶级分析方法，在他们所描绘出的经济差别图景中可以有并行不悖的多重阶级过程，它们共存于一个构造复杂的经济和社会体系中，资本主义并不是这个体系的唯一决定因素。弗拉德他们用这一框架来分析美国的家务劳动，以及剩余劳动的生产、占有和分配方式。与许多其他关注此话题的论者不同，弗拉德等人并不认为家务劳动的阶级结构、父权制的权力关系、资本主义的盈利需求三者之间存在某种本质性的联系。相反，他们更关注的是不同经济场域——以及奠定了女性从属地位的权力运作机制——之间发生勾连的具体方式，关注这种勾连的演变路径、外部条件和矛盾特点。

并且，弗拉德等人和“双重体系”论者不同，他们认为经济过程和政治过程（例如父权制的权力运作机制）、社会过程相比是有其特殊之处的——当然，他们绝不是说经济过程具有决定作用。在他们看来，封建性的阶级过程，即妻子处于依附地位而丈夫占有妻子的家务劳动的形式，在美国家务劳动的阶级体系中占据主导，但与此同时，他们也关注到美国存在一些公有性质的家务劳动，例如单身成年人士自己占有自己的剩余劳动。这一套理论关注了各种可能的阶级过程，这些过程独立于资本主义阶级过程，并不是由资本主义所决定的。这种对妇女劳动所受剥削的解释思路同前文所述的单线逻辑和双重逻辑观点都大为不同，为考察阶级过程和非阶级过程的相互作用和对立冲突留出了空间，例如像性别的意识形态就是非阶级过程，非阶级过程和阶级过程是混合在一起从而构建出对女性的压迫的。

当弗拉德等人的反本质主义阶级观在 20 世纪 80 年代发展时，女权主义理论家们也对本质主义的性别观提出了质疑，他们提出了一套新的模型来解释女性的差异化经验是如何被强化的（Spelman 1988）。在考察阶级和性别对女性生活的影响的过程中，女权主义者们越来越意识到女性并不是一个统一的阶级，女性遭受着多重的压迫，性别、种族、性生活、阶级等方面的差异都会形成对女性的压迫，各种压迫相互交织（Joseph 1981；Molyneux 1979）。例如，贝尔·霍克斯（Bell Hooks 1984）就提出了一个很著名的论断，认为女权主义的主流观点试图通过劳动力平等而实现女性解放，这忽视了在所有的女性中具体是哪些人通常可以从事有酬劳动，又有哪些人无法从事，哪些人可以得到“好工作”，又有哪些人只能从事前者（即白人中产阶级的女性）挑剩下的工作，例如照顾孩子、干家务。安吉拉·戴维斯（Angela Davis 1983）指出，美国的黑人女性通常情况下是不得不去干家务，包括自家的家务和其他女性的家务。注意到种族差异和阶级差异对从事家务劳动的影响，就抓住了问题的关键，之所以存在阶级剥削和性别压迫，前提条件就在于资本主义企业和家庭之间存在联系，由此入手才能理解它们、变革它们。

到 20 世纪 80 年代晚期，理论界对于女性的无酬家务劳动在资本主义经济和家庭中所起作用的争论逐渐消退，人们逐渐转向讨论马克思主义和女权主义其他一些新的结合点。之所以产生这种趋势，第一个原因是对必要劳动和剩余劳动的讨论本身只是一种抽象理论分析，无法用来分析具体历史的复杂性，理论界在对性别剥削和阶级剥削的研究中越来越关注行为主体和主体性的议题

(Vogel 2000),而针对必要劳动和剩余劳动的理论分析对此是无能为力的。第二个原因是到 20 世纪 70—80 年代时,欧美发达国家的工业日益衰落而服务业则呈现出扩张之势,例如有酬的照护工作发展起来了,这种趋势日益模糊了市场和家庭、资本主义生产和劳动力再生产之间的界限,冲击了家庭内部劳动理论的根基(Weeks 2007)。第三个原因是全球范围内发生的大重组改变了家庭内部劳动和社会再生产的性质。原子家庭的形式和由男性养家的方式逐渐丧失其主导地位,全球范围内女性的劳动参与度提高了,劳工移民的规模和家务劳动的全球化程度提高了,这些都促使人们改变思路,重新考察性别、家务劳动和资本主义之间的关系。

这种重大变化使得马克思主义的女权主义提出了许多新的见解。原先所谓的“家务劳动”被新产生的“社会再生产”概念所取代,这一新概念含义更加广泛,涵盖了各种无酬和有酬形式下的劳动力再生产,例如对儿童和成人的照护,儿童抚养的适度社会化,甚至是必要的自我照护也可以纳入其中(Bakker and Gill 2003;March and Runyan 2000;Nakano Glenn 1992;Peterson 2003)。在这一领域中,也有论著是关注资本主义如何通过给女性增加负担来消解社会再生产劳动力的。例如在 20 世纪 80 和 90 年代的新自由主义改革中,政府削减了对照护工作的支持,将缺口转嫁给了女性的无酬家庭劳动(Elson and Cagatay 2000),造成全球护理岗位的枯竭(Hoskyns and Rai 2007)。与此同时,随着照护工作的市场化,越来越多的女性被吸纳到低薪的服务性岗位中。这种家庭和市场之间、再生产劳动和生产劳动之间边界的重新排定,导致以前由社会来提供的再生产劳动发生了私有化,照护工作发生了商品化(Barker and Feiner 2004)。

随着这些照护危机的显现,以及由于女性在社会再生产中遭受到了新型的性别和阶级剥削,早期马克思主义的女权主义所提出的“家庭内部劳动”的议题被重新激活(Weeks 2011;Federici 2012;Vogel 2000;Vrasti 2016)。这些学者认为,做饭、打扫卫生、养育孩子、照顾老人和照顾自己等日常性的工作不仅是资本主义体系运行的核心,也是任何社会运行的核心,和这个社会的经济组织形态无关。如果把这些日常性工作限制在父权制家庭的范围内,就会遮蔽它们的重要性,在当前就会被人用来证明新自由主义的合理性,证明资本和政府对社会再生产的成本漠不关心是合理的。

例如,在《零点的革命》(*Revolution at Point Zero*)一书的序言中,西尔维娅·费德里奇(Silvia Federici 2012)回顾了她在 20 世纪 70 年代参与的“给家务劳动付工资”(“Wages for Housework”,缩写为 WfH)运动。根据她的叙述,

WfH 运动的支持者们认为家务是资本主义的基础，阶级斗争不仅存在于男性无产阶级中，也存在于“被奴役者、被殖民者、无酬劳动者……以及无产阶级的家庭主妇中”(Federici 2012,7)。WfH 运动受到了意大利的“社会工厂”思想的启发，这一理论认为“社会工厂”是资本主义的一个阶段，在这个阶段“每一种社会关系都被包含在资本之中，社会和工厂之间的区别瓦解了”(Ibid.)。也就是说，剥削并不局限于工作场所，而是存在于日常生活的建构中。这个社会工厂以厨房、卧室作为起点和中心。用费德里奇的话说，WfH 运动不是要求实际拿到工资，而是号召进行革命。她在 1975 年的《工资与家务劳动的对立》(Wages Against Housework)一文中指出：

> “女性在讨论给家务劳动付工资的问题时之所以遇到困难、之所以含混不清，往往是因为她们将家务劳动的工资降格为一件东西、一笔钱，而不是将之视为一种政治观点……”
>
> (Federici 1975,75)

因此，这场运动有两个目的：一是揭示妇女的从属性地位，二是揭示资本主义维持其权力、维持工人阶级的分裂状态的机制。对这场运动可以有两种截然不同的理解思路：一种是仅仅看到它要求支付家庭主妇工资，另一种则还要看到运动具有打倒资本主义的革命立场。因此，提出给家务劳动付工资的要求，实际上是为了让女性有能力去拒绝从事家务劳动，拒绝在家庭私有的形式下从事再生产劳动。

凯西·威克斯(Kathi Weeks)在哈特和奈格里的“自治马克思主义”启发下，也对 WfH 运动做出了类似的解读，认为关于基本收入的诉求实际上承载着某种政治主张(Weeks 2011)。在过去 50 年的社会变革中，生产和再生产之间的关系已经变得比 WfH 运动在 20 世纪 70 年代所描绘的状态复杂得多。如上文所述，生产和再生产之间的界限已经变得模糊，因为原先由家庭所提供的产品已经实现了商品化，照护老人和孩子等服务现在已经是由雇佣劳动来提供。正如再生产变得越来越像生产一样，生产也变得越来越像再生产，因为生产不仅是生产出物质形态的产品，而且还生产出了非物质的情感，即“社会景观、交往语境和文化形式”(Weeks 2011,141)。情感劳动是一种非物质性劳动，是人类相互联系和相互作用的劳动。这种劳动既是物质性的，也是情感性的，因为它的产品是无形的幸福感、满足感等，它产生了人的各种社交网络和各种形式的共同体。因此，要生产出满足后工业经济需要的生产者和消费者，要使这些生产者和消费者具有态度、情感能力和交往技能，相应的再生产劳动就不能局限于家庭或家务范围，而必须在更大范围的社会进程中实现(Hardt and Negri 2000)。

这种非物质生产的理论对威克斯关于基本收入的诉求至关重要，因为今天我们已经很难说这种物质和情感生产是某类劳动者专属的了，可以说人人都有份。正如“给家务劳动付工资”的诉求可以体现再生产劳动对于雇佣劳动的支撑作用，对基本收入的诉求也可以体现出所有人都在以各自的方式为社会做贡献，无论他们是否具有可以用货币来计算的价值，甚至无论他们是否具有可以计算的价值，他们的劳动都在为社会做贡献(McKay and Vanevery 2000，转引自 Weeks 2011)。提出关于基本收入的诉求，就打破了工资与收入之间的联系，哪些活动有工资拿、哪些活动没工资拿实际上都是任意确定的，并没有什么本质性的根据。实行了基本收入制度，就可以揭示出性别、阶级、种族和殖民权力的运作方式，以及它们是如何导致贫富差距不断扩大的。

威克斯所描述的后工业化、信息化的经济运动也是一种全球化的经济运动。在新自由主义的指引下，全球化已经使得社会再生产的组织结构发生了巨大变化。但是，尽管劳动力再生产的过程经历了剧变，家庭内部劳动仍然是再生产的中心(Federici 2012；Vogel 2000；Vrasti 2016)。全球化使得世界各地女性从事雇佣劳动的人数大为增加了，但这种增加是在极不平等的基础上实现的。那些从事好工作的女性——无论是信息经济领域的知识劳动者、传统行业的管理人员和经理人，还是服务业中的专业人员——都能获得丰厚的劳动报酬。而与此同时，其他的带有女性色彩的劳动者——无论其本身是男性还是女性——则只是从事产品组装的工作，或者为高薪劳动者的日常工作提供关联服务(Peterson 2003)。从事后一类工作的女性和男性，在社会的特权序列中处于底层，他们中有很多是来自南方世界的移民。这些移民在部分缓解北方世界的社会再生产危机的同时，他们自己的生活却充满了贫穷和动荡。这些劳动者被称为“一次性人口”——他们时刻处于危险境地，没有公民权，无法享有符合人类尊严的权利和待遇(Chang 2000)。正如古特雷斯-罗德里格斯所指出的那样，从事家务劳动会使得“为他人创造舒适生活和休养条件的人本身遭受非人化的待遇”(Gutiérrez-Rodríguez 2007，72)。

吉布森-格雷厄姆对上述观点有不同看法。在她们看来，大部分关于社会再生产的女权主义学说尽管富有想象力和政治影响力，但也存在一个重大问题，即这些学说都把经济描绘成由资本主义逻辑所单一决定的。例如，上文中那些关于社会再生产和全球化问题的论述就是这种做法的典型，这些论述完全遵循着单一性逻辑的思路，只是将再生产劳动加入资本主义“逻辑”的方程式中，我们从中所获得的无非是对这一逻辑了解得更加完整罢了(Gibson-Graham 2008)。与此相反，吉布森-格雷厄姆则是借鉴了反本质主义的阶级理论(Resnick and Wolff 1987；Fraad，Resnick and Wolff 1994)，明确指出经济具有异质性，并以此来为制订后资本主义替代方案论证可能性。例如，吉布森-格雷厄姆没有把对妇女的过度剥削说成资本主义危机的必然结果，而是强调了这些危机过程具有不平衡性，对其所做出的反应也可以是多样的。虽然有一些家庭中的女性确实可能因为再生产劳动的负担增加而受到压榨，但也可能有别的家庭变革为更加平等的结构，还可能有家庭干脆放弃了资本主义和/或父权制关系，创造出其他有酬和无酬的方式来满足照护方面的需求，例如可以建设一种非资本主义的经济主体，可以搞合作社，也可以遵循某种非资本主义的目标，还可以实行礼物经济(gift economy)[①]。

例如，珍妮·卡梅伦(Jenny Cameron 1996)的研究中就描述了澳大利亚家庭组合方式的多样化，有的家庭分工中是由妇女来从事照护劳动，有的家庭则是由男性和女性分别独立持家，此外还有伴侣式家庭，其结构相对来说更加具有合作性。马里哈·萨夫里和朱莉·格雷厄姆(Maliha Safri and Julie Graham 2010)关于全球化家庭的研究指出，在移民到美国的墨西哥男性中出现了家务公共化的情况，产生了后资本主义性质的主体。斯蒂芬·希利(Stephen Healy 2008)研究了老年人非正规照护所带来的新型家务劳动分工，这种分工使得照护劳动突破了只能受私有化压榨的单一形式，人们可以立足于社区进行互助劳动。麦凯(McKay 2004)发现，菲律宾的家庭由于女性出国做佣人而发生了结构变化，改为由男性来从事传统上由女性承担的工作，例如照料孩子和洗衣服，而归国的妇女则进入了传统上由男性把持的政府部门。这些情况说明，在不同的背景条件下，家庭生产的架构可能正在发生改变，从父权制下的性别分工变为一种集体的或公共的生产方式，由男女来分担决策和生产责任。

从上述这种关于经济多样化的观点来看待市场和家庭之间的关系，就可以证明在家庭这一场域中并不是注定只能进行资本主义剥削，在家庭中也能进行阶级斗争，从事照料工作的负担是有可能减轻的。这种多样化观点也让我们远离某种关于女性的本质主义的性别设定，女性并不总是投身于异性恋家庭中的家务工作的(Bedford 2009；Bergeron 2011)。通过对性别和阶级的去本质化，这种多元论承认在父权制和异性恋家庭之外还存在许多其他样式的家庭，这些家庭代表着另一种经济选项，例如个人家庭、合作家庭、朋友之间进行照护等，我

① 礼物经济，即作为礼物付出而不追求回馈。——译者注

们不能预设某种特定的分工，只把女性作为从事照护工作的主体。

万达·弗拉什蒂（Wanda Vrasti 2016）也对阶级制度和性别分工进行了深入考察，她认为今天的经济危机既是社会再生产的危机，也是想象力的危机。关于社会再生产问题，她认为今天这已经不再是女性唯一关心的问题，或者说这个问题实际上从来就不是女性唯一关心的问题。并且，所谓社会再生产并不仅仅等同于家务劳动，要进行社会再生产还需要提供住房、教育和医疗保健，以及交通运输、环境卫生、公用事业、老年保障等市政服务。由于现在实行了新自由主义的政策，以前由政府和雇主承担的社会再生产成本转移到了个人和家庭身上，这就使得人们对社会再生产的基本需求越来越难以得到满足（Roberts 2013）。而弗拉什蒂所说的想象力危机，则是指人们面对着一切反面证据却仍然相信新自由主义的教条，相信所谓资本主义自然的市场关系是组织社会的最佳方式。上述这两种危机是相辅相成的：要有效解决想象力危机，我们就要设想一种抗争型的政治、一种重建社会的政治。反对资本主义的根本方略就在于要追求一种新的生活方式，摆脱“债务和工作所造成的个体化道德”（Vrasti 2016，249）。

在她看来，20 世纪 70 年代唯物主义女权主义所产生的女权观点和实践，特别是由于“给家务劳动付工资”运动的贡献，已经为人们提供了武器来对抗资本主义所强加给自己的孤立和分裂。只有给出一份能够和性别分工相匹敌的蓝图，确保再生产的劳动不再被边缘化，由男女来平等分担并且获得计价，才能营造出一种持久性的抗争文化，或者形成一种如费德里奇（Federici 2008）所说的“自我再生产”（self-reproducing）运动。按照这种蓝图的描绘，再生产劳动也应该具有必要的资源和社会关系，从而建立起人与人之间的团结，把人同世界联系在一起。“自我再生产”运动的指导原则不是要废除繁衍的任务，而是要超出单纯进行繁衍的层次，沿着更具参与性和平等主义的路线来对繁衍加以重构，并且消除生产和再生产之间的区别。之前人们建立过的一些共同体形态其实都可以看作“自我再生产”运动的实例，例如黑豹党[①]为儿童提供免费早餐就属于这方面的初步尝试，此外还有许多更加精致的共同体样式，例如田纳西州的“农场”（The Farm）、墨西哥的萨帕塔主义运动、拉丁美洲的“buen vivir”运动乃

① 黑豹党是 20 世纪 60 年代在美国成立的黑人左翼激进组织，之后部分成员转向在城市贫民窟从事社区服务工作。——译者注

至最近的占领华尔街运动等[①]。“自我再生产”运动把照护和再生产置于生活和价值的中心，因此它得以将人们聚集在一起过集体生活方式。在资本主义制度下人们的集体生活方式正在迅速消失，“自我再生产”运动则要发扬这种方式。弗拉什蒂认为，这些运动中有的比较成功，有的则不尽如人意，但我们应当从中吸取某些具有一般意义的原则和价值观，包括女权主义、性别平等、满足人的基本需求、为儿童提供照护、儿童照护的社会化、关心人们的情感生活等，把这些都纳入作为激进政治的组成部分。

总之，在过去的五十年里，马克思主义女权主义的批判性研究确认了当代社会中的各种不公正，并对这种不公正提出了严正挑战。第一，这一流派将阶级分析同女权主义分析结合了起来，阶级分析考察了剩余劳动的生产和剥削，女权主义分析则考察了在性别、阶级、种族和民族等问题交叉领域中的权力运作方式，从而这一流派的学术研究已经足以改变人们对于劳动及其价值的理解。第二，虽然马克思主义所得出的经济运行公式是其重大理论成就，但马克思主义的女权主义者并不是把家庭内部劳动简单代入公式中。第三，马克思主义的女权主义还改变了我们对经济整体图景的理解。例如，这一流派突出了社会阶级形式的多样性，以前我们既忽视了家庭当中封建的和父权制的阶级关系，也忽视了其中具有公共性、平等性的阶级关系，而这些正是马克思主义的女权主义所强调的。第四，马克思主义的女权主义通过突出社会再生产和生产的关系，有力地揭示了资本主义和家庭经济形式之间的联系和互动。这种论述有助于我们认识到当前性别和阶级体系中的不稳定和分裂性，我们可以针对这一情况有效推动社会变革运动。第五，马克思主义的女权主义提出了以再生产活动为中心的未来愿景，提供了一种公正的、可持续的后资本主义社会方案。

---

① “农场”是20世纪70年代由大学教师史蒂芬·盖斯金(Stephen Gaskin)与其数百位学生在田纳西州建立的一个公社性质的社区，直接以“农场”作为自己的名称，成员共同生产生活，带有宗教灵修的乌托邦主义色彩。萨帕塔主义运动得名于墨西哥1910—1917年革命时期的农民军领袖萨帕塔(1919年被资产阶级政府杀害)，1994年墨西哥以萨帕塔名字命名的“萨帕塔民族解放军”起义，掀起了保护原住民财产和土地公有制、反对新自由主义经济模式和全球化的斗争。“buen vivir”是西班牙语，意为“美好的生活”，这一概念源于拉丁美洲原住民的古老哲学，拉美“buen vivir”运动反对经济增长至上，倡导一种以社区为中心、生态平衡、保护传统文化的生活方式。——译者注

参考文献

Bakker, I. and S. Gill. 2003. "Power, Production and Social Reproduction." In *Power, Production and Social Reproduction: Human In/security in the Global Political Economy*, I. Bakker and S. Gill, eds., 3–16. Basingstoke: Palgrave Macmillan.

Barker, D. K. and S. Feiner. 2004. *Liberating Economics: Feminist Perspectives on Families, Work, and Globalization*. Ann Arbor: University of Michigan Press.

Bedford, K. 2009. *Developing partnerships: Gender, Sexuality, and the Reformed World Bank*. Minneapolis: University of Minnesota Press.

Benería, L. 1979. "Reproduction, Production and the Sexual Division of Labour." *Cambridge Journal of Economics* 3(3): 203–225.

Benston, M. 1969. "The Political Economy of Women's Liberation." *Monthly Review* 21: 13–27.

Bergeron, S. 2011. "Economics, Performativity and Social Reproduction in Global Development." *Globalizations* 8(2): 15–25.

Cameron, J. 1996. "Throwing a Dishcloth into the Works: Troubling Theories of Domestic Labor." *Rethinking Marxism* 9(2): 24–44.

Chang, G. 2000. *Disposable domestics: Immigrant Women Workers in the Global Economy*. Cambridge, MA: South End Press.

Dalla Costa, M. D. and S. James. 1972. *The Power of Women and the Subversion of the Community*. Bristol: Falling Wall Press.

Davis, A. Y. 1983. *Women, Race & Class*. New York: Vintage Books.

Delphy, C. and D. Leonard. 1980. "A Materialist Feminism Is Possible." *Feminist Review* 4: 79–105.

Eisenstein, I. 1978. *Capitalist Patriarchy and the Case for Socialist Feminism*. New York: Monthly Review Press.

Elson, D. and N. Cagatay. 2000. "The Social Content of Macroeconomic Policies." *World Development* 28(7): 1347–1364.

Engels, F. 2010. *The Origin of the Family, Private Property and the State*. London: Penguin Classics.

Federici, S. 1975. *Wages against Housework*. London: Power of Women Collective.

———. 2008. "Precarious Labour: A Feminist Perspective." *The Journal of Aesthetics and Protest* 1(9): 21–35.

———. 2012. *Revolution at Point Zero: Housework, Reproduction, and Feminist Struggle*. Oakland, CA: PM Press.

Folbre, N. 1994. *Who Pays for the Kids?: Gender and the Structures of Constraint*. London: Routledge.

Fraad, H., S. A. Resnick, and R. D. Wolff. 1994. *Bringing It All Back Home: Class, Gender, and Power in the Modern Household*. London: Pluto Press.

Gardiner, J. 1975. "Women's Domestic Labor." *New Left Review* 69: 47–58.

Gibson-Graham, J. K. 2008. "Diverse Economies: Performative Practices for 'Other' Worlds." *Progress in Human Geography* 32(5): 613–632.

Glenn, E. N. 1992. "From Servitude to Service Work: Historical Continuities in the Racial Division of Paid Reproductive Labor." *Signs: Journal of Women in Culture and Society* 18(1): 1–43.

Gutiérrez-Rodríguez, E. 2007. "Reading Affect-On the Heterotopian Spaces of Care and Domestic Work in Private Households." *Forum: Qualitative Social Research*. www.qualitative-research.net/index.php/fqs/article/view/240 (accessed June 5, 2016).

Hardt, M. and A. Negri. 2000. *Empire*. Cambridge, MA: Harvard University Press.

Hartmann, H. 1979. "The Unhappy Marriage of Marxism and Feminism." *Capital and Class* 3(2): 1–33.

Healy, S. 2008. "Caring for Ethics and the Politics of Health Care Reform." *Gender, Place and Culture* 15(3): 267–284.

Himmelweit, S. 1995. "The Discovery of 'Unpaid Work': The Social Consequences of the Expansion of 'Work'." *Feminist Economics* 1(2): 1–19.

Himmelweit, S. and S. Mohun. 1977. "Domestic Labour and Capital." *Cambridge Journal of*

Economics 1(1): 15–31.

Hooks, b. 1984. *Feminist Theory from Margin to Center*. Boston: South End Press.

Hoskyns, C. and S. Rai 2007. "Recasting the Global Political Economy: Counting Women's Unpaid Work." *New Political Economy* 12(3): 277–317.

Joseph, G. 1981. "The Incompatible Ménage-a-trois: Marxism, Feminism and Racism." In *Women and Revolution: A Discussion of the Unhappy Marriage of Marxism and Feminism*, L. Sargent, ed. Boston: South End Press.

Leacock, E. 1972. Introduction to Frederick Engels, *The Origin of the Family, Private Property and the State*. New York: International Publishers.

March, M. H. and A. S. Runyon. 2000. *Gender and Global Restructuring: Sightings, Signs, Resistances*. New York: Routledge.

Marx, K. 1976. *Capital*, Volume 1. Trans. by B. Fowkes. Hardmonsworth: Penguin Books.

Marx, K., F. Engels, and E. J. Hobsbawm. 1998. *The Communist Manifesto: A Modern Edition*. London: Verso.

McKay, A. and J. Vanevery. 2000. "Gender, Family, and Income Maintenance: A Feminist Case for Citizens Basic Income." *Social Politics: International Studies in Gender, State & Society* 7(2): 266–284.

McKay, D. 2004. "Performing Identities, Creating Cultures of Circulation: Filipina Migrants Between Home and Abroad." Paper presented at the 15th Biennial Conference of the Asian Studies Association of Australia, Canberra.

Molyneux, M. 1979. "Beyond the Domestic Labor Debate." *New Left Review* 116(3): 3–27.

Nakano Glenn, E. 1992. "From Servitude to Service Work: Historical Continuities in the Racial Division of Paid Reproductive Labor." *Signs* 18(1): 1–43.

Oakley, A. 1974. *The Sociology of Housework*. New York: Pantheon.

Peterson, V. S. 2003. *A Critical Re-Writing of Global Political Economy: Integrating Reproductive, Productive and Virtual Economies*. New York: Routledge.

Resnick, S. A. and R. D. Wolff. 1987. *Knowledge and Class: A Critique of Political Economy*. Chicago: University of Chicago Press.

Roberts, A. 2013. "Financing Social Reproduction: The Gendered Relations of Debt and Mortgage Finance in Twenty-First-Century America." *New Political Economy* 18(1): 21–42.

Rubin, G. 1975. "The Traffic in Women: Notes on the Political Economy of Sex." In *Toward an Anthropology of Women*, R. R. Reiter, ed., 157–210. New York: Monthly Review Press.

Safri, M. 2009. "Economic Effects of Remittances on Immigrant and Non-Immigrant Households." In *Class Struggle on the Homefront Work, Conflict, and Exploitation in the Household*, G. Cassano, ed., 176–196. New York: Palgrave Macmillan.

Safri, M. and J. Graham. 2010. "The Global Household: Toward a Feminist Postcapitalist International Political Economy." *Signs* 36(1): 99–125.

Seccombe, W. 1974. "Housework under Capitalism." *New Left Review* 83: 85–96.

Spelman, E. V. 1988. *Inessential Woman: Problems of Exclusion in Feminist Thought*. Boston: Beacon Press.

Vastri, W. 2016. "Reproducing Movements and the Enduring Challenges of Materialist Feminism." In *Scandalous Economics*, A. A. Hozić and J. True, eds., 248–265. New York: Oxford University Press.

Vogel, L. 2000. "Domestic Labor Revisited." *Science & Society* 64(2): 151–170.

Weeks, K. 1978. "Life Within and Against Work: Affective Labor, Feminist Critique, and Post-Fordist Politics." *Ephemera* 7(1): 233–249.

——. 2011. *The Problem with Work: Feminism, Marxism, Antiwork Politics, and Postwork Imaginaries*. Durham: Duke University Press.

第三十七章

马克思主义和生态学

布雷特·克拉克(Brett Clark)、
斯蒂凡诺·B. 隆哥(Stefano B. Longo)

第二次世界大战后，人类对地球的破坏在规模和速度上都急剧上升，造成了现代生态危机的“大加速”(Angus 2016；Hamilton and Grinevald 2015；Steffen et al. 2015；Waters et al. 2016)。相应的，环保运动也在全球兴起，对污染扩散、自然资源汲取过度、生态系统退化、核武器风险等提出了抗议。在20世纪60和70年代，环保运动获得了极大发展，并提出了彻底改造社会的要求。

在这一时期，有许多严肃的研究对社会进步特别是资本主义经济增长之所以会造成环境问题的原因进行了详尽分析。蕾切尔·卡逊(Rachel Carson 1962)深入阐述了农药在食物链中的累积会造成大量危险和死亡。在卡逊看来，“利润和生产崇拜”是生态退化的主因(Carson 1998，210)，她考察生态环境问题所得出的结论是：企业“唯生产的速度和数量是从，唯利润的快捷简易是从，这种偶像崇拜产生了极大的罪恶”(Carson 1998，194)。巴里·康芒纳(Barry Commoner 1967；1971)研究了放射性沉降物和化学污染所造成的环境和健康危害。他认为资本主义生产体系，特别是“二战”之后的资本主义生产体系，由于合成化学品的增加而造成了人类与地球关系的根本破裂，加速了生态条件的退化。罗马俱乐部运用一套评估人口增长、经济发展和自然资源可利用率之间关系的统计模型提出警告说，社会系统存在明显的自然极限，如果超过这一极限，就将突破地球的承载能力，造成严重的生态恶化，给人类带来伤害(Meadows et al. 1972)。莫里·布克钦(Murray Bookchin)广泛论述了土壤退化、城市衰败、食品污染，以及空气、水和土地污染等一系列环境问题。他告诫说，我们正处于一种“环境崩溃”之中，这种崩溃“不仅源于贪婪，而且源于一个以市场为导向的体系，在这个体系中一切事物都被简化为商品，每个人都被简化为买家或卖家，各项经济活动都围绕着资本积累而进行。因此，这种当代主流社会样态在本质上是反生态的”（Bookchin 1974，xxxiii）。这些经典的研究成果使得人们意识到了生态问题的存在以及生态具有其极限，唤起了人们对经济无限度增长进行批判性考察。

马克思主义在大多数生态相关的思想范式中发挥了较大影响，论述了包括人对自然的支配、自然的极限、人和自然之间的辩证关系、绿色政治、可持续发展和生产主义等一系列议题（见 Benton 1989；Gareau 2008；Gorz 1983，1994；Hughes 2000；Kovel 2002；Leiss 1974；Schmidt 1970；Vlachou 2005）。在下文中，我们将概述生态马克思主义三个既有区别又有联系的流派——生产自我加压理论、资本主义的第二对矛盾理论和物质变换理论。我们之所以选取这几派学说，是因为它们的叙述牵涉到政治经济学方面的问题，考察了资本主义经济运动和自然生态领域的联系，以及这种联系对生态马克思主义发展的影响。

资本主义的无限度积累

卡尔·波兰尼（Karl Polanyi）受马克思以及“二战”期间一些著作的影响，在《大转型》（*The Great Transformation*）（首次出版于 1944 年）一书中描述了“市场型社会”的出现对社会和生态之间关系的改变。波兰尼指出，在资本主义兴起之前，生产和消费的经济体系是内嵌于（embedded within）社会制度和社会的文化实践之中的，同时，它还要内嵌于一个更大的生态综合体之中。在以前，劳动和分配更多的是受包括家庭、互惠和再分配等方面的行为原则的制约，这些原则的导向是增强社会凝聚力和团结。换句话说，社会通过各种社会规范和习俗来管理经济活动，指导它们为特定目的服务，比如为人类的需要服务。因此，“经济体系是由非经济动机所驱动的……经济体系仅仅是作为对社会进行组织时的职能之一”，这一特点抑制住了人们绝大多数的冲动（Polanyi 1957，49，74—75）。

资本主义的产生和扩张逐步改变了人与生态的关系。波兰尼的观点和马克思类似，认为在资本主义市场经济的条件下，社会生活从属于经济领域的需求。他认为，“一切交易都变成了货币交易”——都是为了满足资本的需要（Polanyi 1957，44，132；并参见 Marx 1976）。这种新型的经济形式只服从于自身，

"脱嵌"于("disembedded" from)社会、文化和生态等种种关系，不再受它们的规范和约束。资本主义经济创造了一种新的秩序或者说运作体系，因为"市场经济只能在市场型社会中存在"。这种新秩序使得商品化进程获得了极大的扩张和强化，使得社会和作为"社会之基础"的自然世界全方位地服从"市场规律"(Polanyi 1957,49,74—75)。社会的生产和消费活动不是关注质的交换，而是注重量的交换。

波兰尼(Polanyi 1957,165)解释说，在变革为资本主义社会关系的过程中，"必须对有机社会进行清算"，资本主义的特点就在于"分离出了独立的经济动机"，它在人类历史上的创新性也在于此，它使得这种分离成为新常态(Polanyi 1957,54)。完成了这种分离之后，生产的首要目的就是为了获得无限的收益，而不是为了满足社会需要和效用。这种"不受制约、没有极限"的生产加剧了异化，增加了对自然生态领域的总体压力(Polanyi 1957,57)。

保罗·斯威齐(Paul Sweezy)对资本主义体系的独特性及其后果进行了反思，他解释说：

> "正是由于有这种对资本积累的痴迷，所以资本主义绝不是像主流经济理论所描述的……单纯为了满足人类需求的体系。由资本积累所驱动的体系永远不会停歇，它处在不断变化当中，不断采用新的生产和分配方法而抛弃掉旧的，不断开拓新的领土，并让整个社会服从自己的目标，社会太过弱小，在这个体系面前无力保护自身。在体系永不停歇的创新和扩张过程中，如果其中的受益者挡了道或者中途跌倒，那么这个体系会毫不客气地从他们身上踩过去。在资本主义看来，自然环境并不是什么值得珍惜和享用的东西，它们只是手段，是服务于获取利润和实现资本积累的最终目的的。"
>
> (Sweezy 2004,92)

资本主义是一个动态体系，它的存在要以无限积累作为前提。资本主义体系面临着增长或死亡二选一的局面，而它要发展就必须扩大交换价值，这纯粹是一个量的尺度(Burkett 1999;Mészáros 1995)。至于质的方面，例如人们的生活条件之类，并不是资本主义要优先加以考量的事情。马克思著名的M—C—M′公式就是用来说明这个问题的。我们需要把资本的存在方式理解为"不断从货币形态转化为商品形态，又不断从商品形态转化为货币形态"(Heilbruner 1985,36)。资本只是一种交换价值，它只知道量的增长，而不知道使用价值，也不知道生产的质的方面，正是这一特性驱动着资本主义体系(Burkett 1999;Foster et al. 2010;Kovel 2002)。因此，资本要不断地蜕变为更多的资本，它必须变为剩余价值或者说利润，产生剩余价值是“这个生产方式的绝对规律”（Marx 1976，769；见《马克思恩格斯文集》第 5 卷，人民出版社 2009 年版，第 714 页）。这种资本扩张的根本趋势推动了经济体系向前发展，同时其对自然生态领域的影响也在规模和广度上大大增加了（Foster 2000；Li 2009；Marx 1976）。

生产的自我加压

生产的自我加压（the treadmill of production）①理论从政治学和经济学的交叉学科视角向我们解释了“二战”后环境破坏如此迅速的原因。这一流派的首创者是阿兰·施耐博格（Allan Schnaiberg），他吸收了许多马克思主义政治经济学家和资产阶级学者的先行研究成果，前者包括查尔斯·安德森（Charles Anderson）、保罗·巴兰（Paul Baran）、哈里·布雷弗曼（Harry Braverman）、哈里·马格多夫（Harry Magdoff）、詹姆斯·奥康纳（James O’Connor）、保罗·斯威齐（Paul Sweezy），后者包括约翰·肯尼思·加尔布雷斯（John Kenneth Galbraith）和加布里埃尔·科尔克（Gabriel Kolko）等。

施耐博格（Schnaiberg 1980）指出，资本主义的增长强制性造成了一种路径依赖，与环境之间存在着“持久冲突”（参见 Schnaiberg and Gould 1994）。在他看来，“竞争和资本积聚内在地就会形成一种社会性力量，使得生产不断自我加压”（Schnaiberg 1980，230）。资本家不断地努力增加利润，这些利润又被用于再投资推动技术创新和商品开发，从而使得生产的规模和强度不断扩大。由于资本积累是驱动整个增长循环的主导目标，所以生产增长必须被置于首位（Schnaiberg 1980）。从一般趋势上说，新技术会取代工人、降低劳动力成本，同时也会提高商品生产的总体效率。政府作为资本的代表则通过税收参与经济运动，促进“国家发展”和/或确保“社会保障”。这一发展模式依托“二战”后马歇尔计划和布雷顿森林体系，扩张了资本主义全球经济，从南方世界获取了更多矿产和能源资源，并在南方世界开辟了新兴市场。

不断追求利润、不断扩张资本主义商品生产，对自然资源开采、污染排放和整体环境条件都造成了直接的影响。“对生态系统而言，资源开采服务于利润增殖和投资增长的程度越高，对生态系统各种要素的需求就增长得越快。”（Gould et al. 2004，297）因此，资本主义的增长需要有不断扩张的资源（即物质

---

① “treadmill”是古代对囚犯的一种苦役刑罚，要求囚犯没完没了地踩踏滚轮驱动磨盘，用以形容生产过程自我加压、自我折磨。——译者注

和能量)来满足其贪得无厌的胃口。这种增长的后果就是人类对环境的提取和添加都出现了总量失调(Schnaiberg 1980)。对环境的提取是指提取和消耗自然资源,如化石燃料、树木、营养物质和矿物质。对环境的添加是指产生各种生态系统不易吸收和/或分解的废物,添加的形式包括合成化学物质、营养物质在水道中的积累以及大气中二氧化碳浓度的增加。这一分析中的关键点在于,为了支持商品生产就需要使用物质和能源,需要排放废物,这就会对地球系统提出越来越大的需求。生产过程每扩张一点,这种需求就会提高一点,需求的规模和速度不断提升,超过了生态系统的再生能力(Burkett 1999;Foster et al. 2010;Schnaiberg 1980)。

K.威廉·卡普(K. William Kapp 1971,231)指出,资本主义必然是“一种不付出成本的经济形式”;换句话说,资本主义经济体系产生了一系列负外部性——与生产相关的社会和环境成本,如水污染,这些成本都被转嫁给了其他经济活动参与方(一般是公众)和自然界(Anderson 1976)。这些成本都不被计算在市场交易之内,资本主义企业因此能够获得更大利润。

随着能源密集型材料如塑料和合成化学品之类在制造业中使用越来越多,就造成了更加广泛的废物和污染排放,上述那种趋势变得越来越明显了(Schnaiberg and Gould 1994;Pellow 2007)。更糟糕的是,正如凡伯伦(Thorstein Veblen 1964)以及巴兰和斯威齐(Paul Baran and Paul Sweezy 1966)所阐述的那样,垄断资本为了给商品创造消费者,为了资本主义自身的再生产和扩张,还催生出了现代市场营销。为营销服务的包装产业是仅次于食品和能源的世界第三大产业(Foster and Clark 2012;Moore 2011),而这个行业的产品在人们买东西时几乎立即就会被丢弃掉。自我加压论者得出结论说,当代社会在资本主义的强制增长的主导下会不断加速运行,加速消耗能源和资源,加速制造污染和浪费。

资本主义的第二对矛盾

詹姆斯·奥康纳所提出的资本主义的第二对矛盾理论也看到了资本主义经济体系的不断扩张和增长依赖特性,他是从资本主义体系的内部来考察危机。奥康纳早期关于国家财政危机和总体积累危机的作品曾对施耐博格的自我加压理论产生过影响(O'Connor 1973;1984)。后来,奥康纳(O'Connor 1998)又提出了关于资本的第二对矛盾理论,把环境状况纳入了对资本主义经济危机的分析中。

奥康纳(O'Connor 1998)的观点和自我加压理论类似,认为资本主义体系对自然环境和劳动力的剥削造成了它们的退化。在历史上,资本主义的发展带来了世界的两极分化和发展不平衡,帝国主义殖民体系把粮食和其他资源从南方世界输送到北方世界,推进了北方的积累进程,南方人民则陷于贫困之中。奥康纳进一步指出(O'Connor 1998,189),随着时间的推移,南方世界的地位变得有些复杂,多数的外围国家"仍然是原材料供应商,有一些则成为核心国家将富余产品出售获利的市场,而所有这些国家或多或少都成为北方世界过剩资本的重要输出地"。在某些情况下,来自北方的资本为了扩大利润会将"先进技术"输出到南方,使用当地低工资的劳动力。这种不平衡发展模式的后果之一就是"最严重的人类生态灾难通常发生在南方",南方成为污染集聚地。全球资本在南方开采自然资源,集聚废物,将自己的社会和环境成本丢给外部、丢给弱势群体,加剧了世界范围内的不平等(另见 Guha and Martinez-Alier 1997;Wall 2005)。

在奥康纳(O'Connor 1998,176)对全球资本主义体系的分析中,"资本主义的第一对矛盾是体系内部的矛盾,它与生产条件(包括自然条件)无关"。这对矛盾就是资本过剩的矛盾,其根源是阶级斗争,是资本对劳动力的过度剥削,资本为了榨取更多的剩余,就限制劳动力的工资,并采用新技术来取代劳动力。结果资本扩大了商品生产,但劳动人口没有足够的钱消费这些商品。因而也有人认为,资本主义之所以出现这对矛盾,问题是出在需求方面。

奥康纳认为,资本主义的第二对矛盾是由于资本生产不足而产生经济危机,这种经济危机涉及外部生产条件的退化问题。资本要存在就需要有一定的外部条件,包括劳动者能够作为人来生活也属于这里所说的外部条件。资本要存在,就要让劳动者能够再生产自己的劳动能力,并具备相关自然条件,还要有能够维护社会运作的公共机构和基础设施。奥康纳(O'Connor 1998,165)认为,资本在无限追求增长的过程中,是在损害和破坏"而不是再生产(资本)自己的存在条件",资本赖以获取原材料的自然发生了退化,工人的健康状况也下降了。资本主义的经济体系为了不断扩张,"自毁式"地掠夺环境,破坏了它赖以生存的自然条件,使得自身的进一步扩张遇到了自然障碍,资本的盈利能力受到了负面影响(Kovel 2002,39—40;O'Connor 1998,177)。因此可以说,资本主义在这里所面临的矛盾是源于自然条件的退化,问题是出在需求方面而不是生产方面,资本主义处于一种生产成本日益增长的困境中。日益恶化的环境条件引发了轰轰烈烈的环保运动(环保运动的主力不是阶级,而是所谓的"新社会运动"),这将有助于促使资本主义经济体系发生变革。

物质变换及其断裂

物质变换理论回到马克思那里，挖掘出了历史唯物主义经典理论的生态学基础，从而构建起一套统一的社会生态批判。尤其是保罗·伯克特（Paul Burkett 1999）和约翰·贝拉米·福斯特（John Bellamy Foster 1999；2000）同政治经济学的传统进行了很好的结合，开创了马克思主义生态学的理论流派，阐述了马克思关于"自然界的普遍物质变换""社会物质变换"和物质变换断裂的理论，构建了一个三元体系（参见 Foster and Clark 2016）。

伯克特（Burkett 1999）揭示了马克思作品当中对"生态的价值形式的分析"，即马克思区分了财富和价值，财富是自然和劳动共同创造的，价值则单纯是由劳动所创造的。马克思概括了资本主义社会中价值形式的片面性。古典政治经济学家把自然看作资本收到的"免费馈赠"。因此，资本主义的会计核算不考虑自然的贡献，允许资本主义经济体系"掠夺"自然，忽视自然的极限，把体系的成本丢给社会和自然界。马克思对资本主义的批判则聚焦于财富与价值之间的矛盾。在马克思看来，自然和劳动共同构成了财富的来源。而对于资本来说，自然不在价值计算的范围内，因此无限度地推动积累就会产生一种破坏性趋势，超越自然的极限（Burkett 1999；Marx 1967，745）。

马克思将社会经济体系嵌入了一个范围更大的自然生态领域中，详尽研究了环境和社会之间物质和能量的交换（Foster 2000；Foster and Burkett 2016）。马克思在经过了一系列理论辩论和探索之后，把物质变换（metabolism）的概念纳入了他的政治经济学批判中，根据马克思的说法，他是用这个词来表示"生产的'自然'过程，即人和自然之间的物质交换（Stoffwechsel）"（Marx 1975，209；参见 Marx and Engels 1975，553；参看《马克思恩格斯全集》中文第一版第 19 卷，第 422 页）。马克思详细说明了人类和地球之间是如何存在必要的"物质变换的相互作用"，以及劳动是如何充当"人和自然之间的过程，人在这个过程中以自身的活动来中介、调节和控制人和自然之间的物质变换"（Marx 1976，283；参看《马克思恩格斯文集》第 5 卷，人民出版社 2009 年版，第 207—208 页）。相对这一物质变换的自然过程而言，资本主义则是某个特定历史阶段上的积累体制，它的根本目的是推动经济增长。从这个意义上说，资本主义就是对马克思所说的"社会的物质变换"进行约束的一套独特秩序，它有其自身的运行逻辑（Mészáros 1995）。

马克思认为，社会的物质变换是在"自然界的普遍物质变换"中进行的，后者为前者提供了生态方面的条件，而这种生态条件的生产和再生产需要遵循自然生态领域的特定周期和程序（Foster 2013，8；Marx and Engels 1988，54—66）。在资本主义商品生产中，两种物质变换之间的关系被异化了，这种异化造成了生态危机，使得社会与自然之间的社会—生态物质变换发生"断裂"。在这种观点的指引下，马克思既不是将自然从属于社会，也不是将社会从属于自然，他避开了"绝对唯心主义和机械科学的陷阱"（Foster 2013，8）。马克思的物质变换理论认为，人类和自然界的其余部分之间存在不断的相互作用，从而双方相互影响、相互决定、相互依赖。

资本主义条件下的社会物质变换不是像之前社会形态那样通过社会—生态体系来实现，而是由资本的扩张和积累来驱动形成。正如斯威齐（Sweezy 2004，86—93）所阐述的那样，在资本家们"对利润的追求"中，他们"被驱使去积累更多的资本，这成为他们的主观目标和整个经济体系的动力"。资本的需求被强加于自然界，增加了废物的产出和生态系统的负担。

马克思在研究农业生产方式的演变所造成的社会变革时，也对社会物质变换理论进行了阐述。他在研究同时代科学家的论著时指出，土壤需要获得氮、磷和钾来维持其肥力，因为植物在生长过程中会吸收掉这些营养物质。资本主义时期所兴起的圈地运动和土地集中造成了城乡的分割，导致城市人口增长。人们为了增加农作物生产的利润，引进了集约化、工业化的农业生产技术，在更少的土地上生产出了更多的粮食，城市中心扩大了。食品和纤维被运到了远离其产地的市场，把土壤中的营养物质也从乡村运到了城市（以及从南方世界运到了北方世界）。这些物品被消耗后，其中的营养物质会以废物的形式积累起来，而不是回到农村去肥沃土地。马克思（Marx 1976，637；参看《马克思恩格斯文集》第 5 卷，人民出版社 2009 年版，第 579 页）解释说，这种生产方式"破坏着人和土地之间的物质变换相互作用"，造成了土壤养分循环的断裂，阻碍了"土地持久肥力的永恒的自然条件发挥作用"。在这种情况下，资本主义的社会物质变换就侵害了土壤养分循环的普遍物质变换（或者说侵害了土壤养分恢复的规律），破坏了自然条件对人类社会的支撑作用。

物质变换论者指出，能量和营养物质的转移是同资本的积累过程结合在一起的，这种转移和积累越来越具有全国性乃至国际性的规模，农村和边远土地的丰富资源已经被转移到了北半球的城市中心。工业资本主义的农业活动提高了食物和纤维的产量，但往往也就加剧了养分循环中的物质变换断裂，浪费了土壤的财富。例如在 19 世纪，人们把大量鸟粪从秘鲁运往北方世界，用以肥沃贫瘠的土壤（Clark and Foster 2009；Foster 2000）。现在人们已经开发出了人工肥料来替代鸟粪。但是由于城乡差异和积累资本的驱动,养分循环中的物质变换断裂依然存在(Magdoff 2011;Mancus 2007)。

在《全球变暖的政治经济学》(*The Political Economy of Global Warming*)一书中,德尔·韦斯顿(Del Weston 2014,66)认为,"物质变换的断裂是马克思对资本主义的生态批判的关键,这一点揭示出了社会体系和自然界其他部分之间的脱节"。物质变换论者研究了现代资本主义全球体系的社会物质变换在超过自然的普遍物质变换的界限之后所造成的特定环境问题。例如,资本主义的经济增长长期依赖于燃烧大量的煤炭、天然气和石油(Clark and York 2005;Foster and Clark 2012)。这种消耗量超出了植物吸收太阳能固碳的能力,造成了大量碳排放。与此同时,经济增长所造成的生态退化(例如砍伐森林)大大减少了碳汇①(carbon sinks),进一步加剧了大气中二氧化碳的积累,造成了碳循环断裂,加剧了人为的气候变化。资本主义由于其自身所具有的增长强制,会不顾自然界的极限来推进社会物质变换,从而在许多种自然循环和体系中都产生了社会生态断裂。即使在某些人们不太关注的领域,如海洋系统,资本主义的社会物质变换也在改变生态系统的运行机制和生命周期。例如,已经有研究证明,资本积累对全球渔业的产业结构和功能发挥着主导作用,在资本主义经济力量的驱使下,人类捕捞速度超过了鱼类繁殖速度,有时甚至引发了渔业崩溃(Longo 2010;Longo et al. 2015)。

社会物质变换的加剧需要更多的能源和原材料,产生了一系列生态矛盾和断裂(Burkett 2006;Foster et al. 2010)。物质变换理论以及自我加压理论的支持者认为,技术创新在资本主义的发展中扮演着至关重要的角色,它促进了劳动过程的合理化和自动化,自动化降低了成本。新技术一般会提高能源和原材料的使用效率,但这种创新不一定会降低对自然生态领域的总体需求。事实上,资源利用效率的提高往往会增加对特定资源的总消费量——形成了一种被称为"杰文斯悖论"的社会经济运动,该悖论是以19世纪经济学家威廉·斯坦利·杰文斯(William Stanley Jevons)的名字命名的(Clark and Foster 2001;Jevons 1906;Polimeni et al. 2008)。杰文斯在《煤炭问题》(*The Coal Question*)一书中提出了这个悖论,虽然通过提高能源使用效率可以节约一定量的能源,但能源消费反而会增长,这个增量要超过节约下来的份额。不过,杰文斯并没有对悖论发生的原因做出充分解释,对此马克思主义的物质变换理论认为,通

---

① "碳汇"是指通过植树造林、森林管理、植被恢复等措施,利用植物光合作用吸收大气中的二氧化碳,并将其固定在植被和土壤中。——译者注

过提高经营效率所做出的节约会被用于扩大生产投资，从而促进了生产和消费的增长，并相应地提高了能源消耗量、原材料使用量和产生二氧化碳的量（Foster et al. 2010；York 2010）。这种悖论所导致的结果就是，生产效率最高的国家往往正就是自然资源消费量最大的国家（York et al. 2004）。要理解这种悖论产生的原因，我们就必须考虑资本的增长强制特性和资本的积累过程对经济运动的影响，杰文斯悖论是资本主义社会关系的产物，这一悖论尤其说明了生态问题不能单纯地靠技术手段来解决。

在资本积累的不断驱动之下，社会和生态之间形成了明显的断裂和危机。伯克特（Burkett 1999）讨论了马克思对资本的批判中两种不同的生态危机概念。首先，资本积累所遇到的环境危机是由资源稀缺引起的——正如奥康纳关于资本的第二对矛盾的命题所说的那样——资源稀缺会增加资本家个体和资本整体的经营成本。这种情况会定期发生，例如美国内战造成了英国的棉花危机。其次，还有一种可能影响更加深远的生态危机，在这种生态危机中资本的积累过程会导致人类生存条件的普遍退化。在这一类危机中，由于成本的外部化，资本不一定会去计较恶化情形的存在，全球气候变化大致来说就属于这种情况。由于生态成本的上升几乎无法反馈到经济危机上，资本主义对人类生存条件的破坏也就不受节制地愈演愈烈。更糟糕的是，即使人们已经意识到了这方面的问题，资本主义的商品化趋势也会推动发展从环境破坏中获利的新行业和/或市场，例如推动发展废物管理、水产养殖和碳交易等（Foster 2009；Foster et al. 2010；Longo et al. 2015）。

资本主义作为一个动态体系，它要做出一系列改变、采用一系列技术手段来维持其扩张，而在此过程中它会遭遇到环境的障碍，例如会面临特定资源的短缺或枯竭。对此，资本主义会通过将新资源纳入生产过程、改换生产地点或开发新技术以提高效率来解决环境因素的制约。但通常来说，这种改变并不会解决生态断裂，而是会积累起新的问题，对人类的生存条件造成新的破坏，而且往往破坏的规模还会更大（Foster et al. 2010）。今天，在资本积累的驱动下，人们对地球的物质变换的破坏程度也在不断增加，这对包括人类自己在内的无数物种具有不可逆转的灾难性影响。

结 论

在这一章中，我们简要地讨论了资本主义的兴起和扩张如何从根本上改变了社会和生态关系。我们还概述了政治经济学理论的三个典型流派——生产的自我加压理论、资本主义的第二对矛盾理论和物质变换理论——的共同关注点和一些具体论点。这三派理论阐述了资本主义体系引发环境退化的内在运作机制。不出所料，这几派观点之间是存在互补和重叠的。物质变换理论是三派分析方法中最新的一种，它明确地分析了社会与自然之间的相互交流和相互渗透。因此在很大程度上可以说，社会物质变换理论可以作为自然科学和社会科学之间的桥梁(Fischer-Kowalski 1998)。所有这几派理论的共同立场是，认为诸如全球气候变化、淡水减少和生物多样性丧失等一系列环境问题，都可以部分地归咎于资本积累的内在驱动。这几派理论都认为资本主义是一个不可持续的社会经济体系，导致了广泛的生态退化。因此，我们有必要改变这一体系，创建出一种新的社会经济秩序，这种新秩序所追求的是在保护人类生存条件的前提下满足人类需求(而不是满足资本需求)。

参考文献

Anderson, C. H. 1976. *The Sociology of Survival*. Homewood, IL: Dorsey Press.

Angus, I. 2016. *Facing the Anthropocene*. New York: Monthly Review Press.

Baran, P. and P. Sweezy. 1966. *Monopoly Capital*. New York: Monthly Review Press.

Benton, T. 1989. "Marxism and Natural Limits." *New Left Review* 178: 51–86.

Bookchin, M. 1974. *Our Synthetic Environment*. New York: Harper Colophon Books.

Burkett, P. 1999. *Marx and Nature*. New York: St. Martin's Press.

——. 2006. *Marxism and Ecological Economics*. Leiden: Brill.

Carson, R. 1962. *Silent Spring*. Boston: Houghton Mifflin.

——. 1998. *Lost Woods*. Boston: Beacon Press.

Clark, B. and J. B. Foster. 2001. "William Stanley Jevons and the Coal Question." *Organization & Environment* 14: 93–98.

——. 2009. "Ecological Imperialism and the Global Metabolic Rift." *International Journal of Comparative Sociology* 50(3–4): 311–334.

Clark, B. and R. York. 2005. "Carbon Metabolism." *Theory and Society* 34: 391–428.

Commoner, B. 1967. *Science and Survival*. New York: Viking Press.

——. 1971. *The Closing Circle*. New York: Alfred A. Knopf.

Fischer-Kowalski, M. 1998. "Society's Metabolism." *Journal of Industrial Ecology* 2(1): 61–78.

Foster, J. B. 1999. "Marx's Theory of Metabolic Rift." *American Journal of Sociology* 105(2): 366–405.

——. 2000. *Marx's Ecology*. New York: Monthly Review Press.

——. 2009. *The Ecological Revolution*. New York: Monthly Review Press.

——. 2013. "Marx and the Rift in the Universal Metabolism of Nature." *Monthly Review* 65(7): 1–19.

Foster, J. B. and P. Burkett. 2016. *Marx and the Earth*. Leiden: Brill.

Foster, J. B. and B. Clark. 2012. "The Planetary Emergency." *Monthly Review* 64(7): 1–25.

——. 2016. "Marx's Ecology and the Left." *Monthly Review* 68(2): 1–25.

Foster, J. B., B. Clark, and R. York. 2010. *The Ecological Rift*. New York: Monthly Review Press.

Gareau, B. 2008. "Class Consciousness or Natural Consciousness? Socionatural Relations and the Potential for Social Change." *Rethinking Marxism* 20(1): 120–141.

Gorz, A. 1983. *Ecology as Politics*. London: Pluto.

——. 1994. *Capitalism, Socialism, Ecology*. London: Verso.

Gould, K. A., D. N. Pellow, and A. Schnaiberg. 2004. "Interrogating the Treadmill of Production." *Organization & Environment* 17(3): 296–316.
Guha, R. and J. Martínez-Alier. 1997. *Varieties of Environmentalism*. London: Earthscan.
Hamilton, C. and J. Grinevald. 2015. "Was the Anthropocene Anticipated?" *The Anthropocene Review* 2(1): 59–72.
Heilbroner, R. 1985. *The Nature and Logic of Capital*. New York: W.W. Norton.
Hughes, J. 2000. *Ecology and Historical Materialism*. Cambridge: Cambridge University Press.
Jevons, W. S. 1906 [1865]. *The Coal Question*. London: Macmillan.
Kapp, K. W. 1971. *The Social Costs of Private Enterprise*. New York: Schocken.
Kovel, J. 2002. *The Enemy of Nature*. London: Zed Books.
Leiss, W. 1974. *The Domination of Nature*. Boston: Beacon Press.
Li, M. 2009. "Capitalism, Climate Change, and the Transition to Sustainability." *Development and Change* 40: 1039–1062.
Longo, S. B. 2010. "Mediterranean Rift: Socio-Ecological Transformations in the Sicilian Bluefin Tuna Fishery." *Critical Sociology* 38(3): 417–436.
Longo, S. B., R. Clausen, and B. Clark. 2015. *The Tragedy of the Commodity*. New Brunswick: Rutgers University Press.
Magdoff, F. 2011. "Ecological Civilization." *Monthly Review* 62(8): 1–25.
Mancus, P. 2007. "Nitrogen Fertilizer Dependency and its Contradictions." *Rural Sociology* 72(2): 269–288.
Marx, K. 1967. *Capital*, Volume 3. New York: International Publishers.
——. 1975. *Texts on Method*. Oxford: Blackwell.
——. 1976. *Capital*, Volume 1. New York: Vintage.
Marx, K. and F. Engels. 1975. *Collected Works*, Volume 24. New York: International Publishers.
——. 1988. *Collected Works*, Volume 30. New York: International Publishers.
Meadows, D. H., D. L. Meadows, J. Randers, and W. W. Behrens III. 1972. *The Limits to Growth*. New York: Universe Books.
Mészáros, I. 1995. *Beyond Capital*. New York: Monthly Review Press.
Moore, C. 2011. *Plastic Ocean*. New York: Avery.
O'Connor, J. 1973. *The Fiscal Crisis of the State*. New York: St. Martin's Press.
——. 1984. *Accumulation Crisis*. New York: Blackwell.
——. 1998. *Natural Causes*. New York: Guilford Press.
Pellow, D. 2007. *Resisting Global Toxins*. Cambridge, MA: MIT Press.
Polanyi, K. 1957. *The Great Transformation*. Boston: Beacon Press.
Polimeni, J. M., K. Mayumi, M. Giampietro, and B. Alcott. 2008. *The Jevons Paradox and the Myth of Resource Efficiency Improvements*. London: Earthscan.
Schmidt, A. 1970. *The Concept of Nature in Marx*. London: New Left Books.
Schnaiberg, A. 1980. *The Environment*. New York: Oxford University Press.
Schnaiberg, A. and K. A. Gould. 1994. *Environment and Society*. New York: St. Martin's Press.
Steffen, W., W. Broadgate, L. Deutsch, O. Gaffney, and C. Ludwig. 2015. "The Trajectory of the Anthropocene: The Great Acceleration." *Anthropocene Review* 2(1): 81–98.
Sweezy, P. 2004. "Capitalism and the Environment." *Monthly Review* 56(5): 86–93.
Veblen, T. 1964. *Absentee Ownership and the Business Enterprise in Modern Times*. New York: Augustus M. Kelley.
Vlachou, A. 2005. "Debating Sustainable Development." *Rethinking Marxism* 17(4): 627–638.
Wall, D. 2005. *Babylon and Beyond*. London: Pluto Press.
Waters, C. N., J. Zalasiewicz, C. Summerhayes, A.D. Barnosky, C. Poirier, A. Gałuszka, A. Cearreta, M. Edgeworth, E. C. Ellis, M. Ellis, C. Jeandel, R. Leinfelder, J. R. McNeill, D. deB. Richter, W. Steffen, J. Syvitski, D. Vidas, M. Wagreich, M. Williams, A. Zhisheng, J. Grinevald, E. Odada, N. Oreskes, and A. P. Wolfe. 2016. "The Anthropocene Is Functionally and Stratigraphically Distinct from the Holocene." *Science* 351(6269): 137–147.
Weston, D. 2014. *The Political Economy of Global Warming*. New York: Routledge.
York, R. 2010. "The Paradox at the Heart of Modernity." *International Journal of Sociology* 40: 6–22.
York, R., E. A. Rosa, and T. Dietz. 2004. "The Ecological Footprint Intensity of National Economies." *Journal of Industrial Ecology* 8: 139–154.